烟草
科技词系统

主　编　贾　楠　刘亚丽

副主编　龚金龙　冯伟华　郑新章　程　彪　王　锐

编　者　（按姓氏笔画排序）

马永瑾　马晓伟　王　鸣　王　欣　王　奕　王　锐
王力杰　王金棒　勾　萍　甘大广　卢志菁　叶兰钦
田昊庭　冯伟华　冯银龙　毕蒙蒙　庄亚东　刘亚丽
刘明宏　刘晓旭　齐海英　江　楠　安　毅　严春芳
杜传印　李　阳　李小斌　杨　磊　杨红武　吴志强
何　力　何声宝　张仕华　张运良　张丽娜　张剑锋
张家韬　陈志厚　林天然　林国泰　林智慧　罗　林
岳雪梅　郑厚清　郑新章　胡立朝　茹呈杰　洪广峰
洪群业　袁有波　贾　楠　徐　敏　高　琳　郭灰祥
唐志明　曹　杰　龚金龙　崔　磊　崔宇翔　章　喆
彭黔荣　董志坚　韩红旗　喻奇伟　程　彪　路　征
解　燕　熊　冰

中国・武汉

图书在版编目(CIP)数据

烟草科技词系统/贾楠,刘亚丽主编. —武汉:华中科技大学出版社,2019.12
ISBN 978-7-5680-4977-1

Ⅰ.①烟… Ⅱ.①贾… ②刘… Ⅲ.①烟草工业-科学技术-名词术语-知识组织系统 Ⅳ.①TS4-61 ②G254.0

中国版本图书馆 CIP 数据核字(2019)第 255530 号

烟草科技词系统 贾 楠 刘亚丽 主编
Yancao Kejici Xitong

策划编辑:曾 光
责任编辑:刘姝甜
封面设计:孢 子
责任监印:朱 玢
出版发行:华中科技大学出版社(中国·武汉) 电话:(027)81321913
武汉市东湖新技术开发区华工科技园 邮编:430223
录 排:武汉正风天下文化发展有限公司
印 刷:湖北新华印务有限公司
开 本:880mm×1230mm 1/16
印 张:37.25
字 数:1500 千字
版 次:2019 年 12 月第 1 版第 1 次印刷
定 价:185.00 元

前　言

在科技创新活动中，科研人员选题策划、立项评审、研发实施、结题验收、成果评价和成果推广都需要科技信息的支撑。面对大规模增长的科技信息资源，科研人员对及时、准确地获取信息的需求日益强烈，这对科技信息工作提出了新的、更高的要求，信息资源加工、组织和服务的理论方法及技术亟待创新。科技信息工作的开展离不开信息技术尤其是知识技术的进步。知识组织系统是知识技术的核心，是提高各类信息资源开发利用效率的重要工具，也是推进知识服务的关键与基础。知识组织系统包括图书分类法、主题词表、本体、词系统等多种类型。

本书围绕烟草的相关科学技术，比较全面地覆盖了烟草行业各大类基础概念和应用领域，涵盖了烟草农业、烟草工业、烟草商业、烟草行业相关机构以及部分卷烟产品的品牌和规格等几大类。词汇类型覆盖全面，同时结合烟草行业发展特点，既能满足一般人员参考阅读的需要，又能为科研工作者提供准确全面的解释。衷心希望本书的出版能够推动烟草知识组织系统相关研究和实践的发展。

本书在编写过程中参考了许多相关文献，在此一并向相关作者表示衷心的感谢。

由于编者水平有限，书中难免有疏漏和不足之处，恳请读者批评指正。

目　　录

第一部分　词系统背景知识

1　汉语科技词系统的发展

中国科学技术信息研究所(以下简称“中信所”)在继新能源汽车领域汉语科技词系统之后,又陆续完成新一代工业生物技术、智能材料与结构技术、重大自然灾害监测与防御、新能源四个领域汉语科技词系统的建设。经过这五个领域汉语科技词系统的建设,建设思路和方法已经比较成熟,词系统建设之初所设定的目标已经完成。此后,中信所调整了词系统的发展战略,不再以自身为主单独启动词系统建设项目,而是结合其他项目综合需要或者根据合作单位的需求,开展建设任务或者建设咨询工作。中信所开展了电动汽车领域科技词系统建设,也根据合作单位的需求,先后启动铝业、金融银行、航空等领域词系统建设的论证工作。这些领域词系统的建设有可能陆续开展。在相关工作开展过程中,中信所的研究人员先后多次与多家企业和科研机构的有关人员进行深入细致的交流,了解业务需求,拓宽发展思路。

回顾汉语科技词系统发展,主要有以下三点认识。第一,汉语科技词系统等知识组织系统的建设有巨大的现实需求,主要集中在企业知识管理和竞争情报方面。当然,不同行业不同领域的应用需求有一定差异,如有的需要强调同义词,有的需要强调主题分类一体化。不同领域涉及和关注的实体也会有所差别,如有的需要增加组织机构,有的需要体现政策方针。第二,汉语科技词系统作为一种典型的知识组织系统,具有一定的领域适应性。而且,经过过去的建设实践,相关的流程方法进一步规范和成熟,工具平台也进一步完善。可以预见,今后构建词系统的时间将进一步缩短,成本将进一步下降。第三,汉语词系统也不一定局限在科技领域。在其他领域,只要涉及知识的组织、管理和服务,就会有词系统的一席之地。汉语科技词系统的知识类型是灵活的,只要配置得当,词系统就能发挥作用。

2　汉语科技词系统的知识内容配置

汉语科技词系统包含的各项知识内容,由于需求本身的差异,以及建设难易程度和对建设者的要求不同,所以不能也不应该在所有的领域都求全责备,这里涉及一个词系统知识内容灵活配置的问题。随着对不同领域词系统的建设实践及其研究,在建设过程中我们对相应的知识内容配置也可以做一些调整。在五个已经完成的词系统中,必备的部分包括核心词的英文翻译、核心词的定义、以核心词为中心的关系和属性、核心词和领域粗分类之间的映射关系。当然,这并不意味着这些内容是不可或缺的。

此外,尽管不同领域的知识内容配置的组成类似,但是在配置的比例上可能存在较为显著的差异。例如,比较已经完成的两个领域汉语科技词系统,就会发现:新一代工业生物技术领域关系实例数量较少而属性实例数量较多,而重大自然灾害监测与防御领域关系实例数量较多而属性实例较少。

3　汉语科技词系统相关平台工具进展

3.1　汉语科技词系统协同构建平台改进

随着各领域汉语科技词系统的建设,协同构建平台系统出现的一些问题已修改完善,其中典型的就是检索结果的分页浏览,以及对检索结果的排序处理。另外,在功能上也有少量的增加,主要有以下两点:一是在属性和定义添加中,允许增加图片等辅助说明材料,以富文本(rich text)方式进行编辑;二是从编辑和审核细节角度进行了一些改进，如可以补充是否对删除信息进行检索查询，以满足对保留和删除状态的知识进行检索的个性需求。

3.2 汉语科技词系统语料库平台建设

汉语科技词系统语料库平台是为了配合汉语科技词系统建设流程而专门开发的。开发的核心思想是利用相关领域的期刊论文、会议论文、学位论文、专利等科技文献进行计算分析，提供对选词和关联关系构建的统计支持。当然，该语料库平台也可以基于企事业单位的自有资源进行有针对性的分析，只需对相关资源的元数据做一定的转换处理。

该平台具有三项前台功能和四项后台功能。前台功能包括关键词词频统计、关键词共现和语料全文检索。关键词词频统计，主要从文献中提取关键词，并对词频做分析；分析可以从所属领域、语料类型、出现位置、时间范围、出现频率五个角度进行，从而实现初步的选词功能。关键词共现则是在选定的词条（包括机器筛选的和人工修订完善的）基础上进行两两共现分析，从而支持关系构建。共现类型分为关键词共现、句内共现和文献内共现三种，可以根据需要为不同的共现类型赋予不同的权重。语料全文检索基于 Lucene 构建，主要用于构建过程中临时的共现分析。这是因为知识工程师在知识构建过程中，总会引入一些已经筛选好的词表中没有的词，这些词与已有的词的共现信息并没有预先计算，需要以全文检索来补充。后台功能包括领域范围管理、语料管理、专业词典维护和数据计算。领域范围管理用于管理语料库平台中多个领域的增加、删除和修改；语料管理主要用于浏览、增加和删除各领域的语料；专业词典维护可以将人工修订的筛选词导入系统，使得系统能够在这一基础上进行共现计算；数据计算主要分为三个子功能，分别是索引建立、词频统计和共现计算，还有一些辅助计算功能。

4 汉语科技词系统的建设流程变化

4.1 汉语科技词系统的人员配置建议

汉语科技词系统的建设流程日益细化，人员分工进一步明确。首先，专家团队仍然有知识组织专家和领域专家，只是又进一步区分为高级专家和普通专家，从而达到分工协作和提高效率的目的。其次，至少保证有两名高级领域专家在不同阶段发挥作用，一名参与词系统的建设，另一名以第三方领域专家的身份评估领域知识配置的合理性。再次，在新的建设流程中增加了专业的平台维护和数据处理人员，他们将更好地维护平台稳定性，同时满足知识内容的导入导出的需求，提高工作效率。最后，还增加了用户代表，他们参与整个建设流程，以保证词系统令用户完全满意。

新的词系统建设配置流程的主要人员的类型、职责、能力要求、参考数量和代号如表 1-1 所示。参考数量按建设一个大约 5 000 条核心词，知识总量 50 000 条规模的词系统的人员配置的建议取值。代号用于后续说明在建设流程中哪些人员参与哪个阶段的工作。

表 1-1 汉语科技词系统的人员配置建议

人员类型	职　　责	能力要求	参考数量/人	代号
项目负责人	负责项目实施，协调相关资源	有管理和协调能力	1～2	A
高级知识组织专家	统筹知识架构，评估解决词系统知识架构相关争议，最终判定领域知识是否应该收录	词系统相关专家，有累计 6 年以上相关经验，最近 2 年有相关的经验，对词表、词系统和本体熟悉	1～2	B
知识组织专家	从知识架构角度，判断知识工程师提供的知识是否应该收录	词系统相关专家，有累计 3 年以上词表、词系统或本体相关经验	2～3	C

续表

人员类型	职　　责	能力要求	参考数量/人	代号
高级领域专家	一名参与统筹知识架构，评估解决词表知识内容相关争议，最终判定领域知识是否正确和准确(D1)，另一名作为第三方领域专家对阶段建设成果进行评估(D2)	专业领域相关专家，有累计6年以上相关经验，对本领域有广泛的了解，应有正高职称	2	D
领域专家	从知识准确和正确的角度，判断知识工程师提供的知识是否应该收录	专业领域相关专家，有累计3年以上相关经验，对本领域有广泛的了解，应有副高职称或者博士学位	2～3	E
知识工程师	分别进行关系、属性、分类映射、定义、翻译等知识加工	相关专业或者情报学相关专业本科及以上(硕士研究生尤佳)，需要简单培训，专兼职皆可	10～15	F
平台维护和数据处理人员	负责系统维护，在不同阶段导入导出数据，按照不同的要求给出输出结果	计算机相关专业，了解词系统平台，熟悉数据库操作	2	G
词系统用户代表	明确相关业务实际情况及业务需求	具有典型性	3～5	H

4.2　汉语科技词系统的建设流程建议

具体的建设流程如表1-2所示。如果规模增大，则工期会相应延长。由于不同的工作任务可以重叠，尤其是知识加工和审核，所以总的工期在125个工作日左右。

表1-2　汉语科技词系统建设流程

标识号	名　　称	前置任务	参与人员	工　　期
1	项目启动	—	A	1个工作日
2	知识结构设计	—	B,C,H	6个工作日
3	专家和知识工程师培训	—	B,C,E,F,D	3个工作日
4	检索策略制订	—	B,C,D1,E,G	3个工作日
5	语料资源采集	4	G	3个工作日
6	初始加工实验	3	F,D1,E	10个工作日
7	语料导入	5	G	2个工作日
8	词条筛选	7	B,C,D1,E	2个工作日
9	正式数据加工	8	F	66个工作日
10	范畴分类设计	—	B,C,D1,E	15个工作日
11	数据加工审核	—	B,G,D1,E	51个工作日
12	数据抽样	10,11	G	1个工作日
13	内部自查	10,11	B,C,G	4个工作日
14	外部专家审核	12	D2	16个工作日
15	内部补充修订完善	13	B,C,D1,E,F	17个工作日
16	根据外部专家意见修订	14	B,C,D1,E,F	24个工作日
17	修订成果审定	16	A,B,C,D1,D2,E,H	6个工作日
18	导出方案确定	—	G,B,C	10个工作日
19	发布前最终修订	—	B,C,D1,E,F	1个工作日
20	数据导出	18,19	G	1个工作日

4.3 汉语科技词系统语料库平台使用

在整个建设过程中，语料库平台得到广泛的使用。

首先是选词阶段，目前文献来源主要是万方数据的期刊论文、学位论文、会议论文和专利等文献数据。根据实际情况，可以补充实际中可能用到的用户的数据，这样效果会更好。目前选词主要遵循以下五个原则。

(1) 高频词优先，低频词尽量不选用。当然，根据不同领域的情况以及选词要求，也可保留部分低频词。虽然理论上来说也有一些高频词实际上接近通用词，不宜选用，但是在初始处理上已经做到尽量选用作者所用的关键词或者已有词表词库作为选词基础，所以在一定程度上可以避免这个问题。此外，后续还有人工审核互动过程，可以进一步排检。

(2) 关键位置上的词优先。针对目前涉及的文献，关键位置一般包括标题和关键词部分，在这些位置上的词相对更重要。

(3) 时间靠后优先。也就是同等情况下，近期出现频次较高的词，相对来说较为重要，并且有逐步变得更加重要的趋势。

(4) 用户自有资料优先。一般来讲，在用户自有资料中的频次比在通用文献中的频次更重要，因为以后可能会大量处理类似的自有资料。

(5) 具体的频次数值、年代数值没有一个统一的参考值，因为不同领域所能得到的基础文献和资料的数据差异较大，但一般以希望选择出来的词的 1.5～2 倍为宜。这一过程，可以通过反复尝试和在检索结果中进行再检索实现。

核心词实际上有三个来源：一是语料库中的统计数据(经领域专家审定、删除后保留的)；二是领域专家审定过程中补充添加的词条；三是知识工程师在加工过程中补充的词条。

语料库平台在建设过程中的作用主要是共现分析：分析经过专家审定后的所有词条，计算共现频次，以适当的形式提供给知识工程师参考。此外，还利用全文检索功能，为知识工程师新增词典外相关关系时提供一部分语料支撑。为保证新增的知识有依据，如果试图在两个词条间建立关联，在资料或者文献中从未共现过，则需要重新重点评估其准确性。

5 汉语科技词系统的领域扩展尝试

领域扩展第一批选取的是新一代工业生物技术、智能材料与结构技术、重大自然灾害监测与防御和新能源四个领域，这些领域都来自 2005 年 12 月国家发布的《国家中长期科学和技术发展规划纲要(2006—2020 年)》(以下简称《纲要》)。新一代工业生物技术属于"前沿技术"的"生物技术"分支下的重要领域，智能材料与结构技术属于"前沿技术"的"新材料技术"分支下的重要领域，重大自然灾害监测与防御是"公共安全"分支下的优先主题，新能源本身隶属于重点领域，在《纲要》中多次提及，此外《中共中央关于制定国民经济和社会发展第十二个五年规划的建议》(以下简称《建议》)明确将新能源技术作为重点方向。

在合作建设单位的选择上，中信所也非常慎重，不但多次调研，还召开专家论证会进行论证。

机械工业信息研究院作为中信所建设第一个领域科技词系统(新能源汽车领域汉语科技词系统)的合作单位，在词系统建设方面积累了较为丰富的经验，同时在人员和技术方面有一定储备，并且与新一代工业生物技术相关研究单位及研究者有较多的交流和联系。因此，以机械工业信息研究院作为该领域的合作研究单位。

中国化工信息中心在材料科学等方面有较多资源和人才积累，同时也多次参与中信所词表的相关工作，因此选择其为智能材料与结构技术领域的合作建设单位。

在重大自然灾害监测与防御领域，选取东北师范大学自然灾害研究所为合作单位。该所在综合学术水平、团队构成及交通人力成本方面具有优势。该研究所主要的研究方向为自然灾害相关理论和工程研究，较为贴合词系统建设要求。带头人为日本京都大学(在灾害防治方面处于国际领先)的博士后，在博士后期间参与编写了自然灾害防治方面的词典和多语词汇列表各一部，有一定的知识组织系统建设经验，并且与京都大学联系密切，掌握了相关的日文资源。该研究所研究人员和研究生力量较为雄厚，有能力承担该领域的词系统建设。

新能源领域与已经完成的新能源汽车领域有一定关联，但也有本质区别。《建议》提出“积极有序发展新一代信息技术、节能环保、新能源、生物、高端装备制造、新材料、新能源汽车等产业”，已将两个领域明确区分。由于河海大学在水电等方面具有突出优势，因此选择该校作为合作单位。该校有关的研究机构和项目除了水利水电外，还包括风能、海洋能源、可再生能源、太阳能热发电技术、光伏垂直一体化技术等。相关科研人员具有叙词表、本体和词系统相关知识，能够正确分析建设工作的难点，可以调动的教师和研究生力量充足，有能力承担该领域的词系统建设。

6　汉语科技词系统发展中的争议问题讨论

6.1　知识的权威性

汉语科技词系统选取的领域均选自《纲要》。既然相关领域一直处在发展之中，那么相对也是较新的，其确切的内涵可能还存在争议。如何才能保证正确选取词条和建立知识的权威性呢？

我们首先想到的是借助权威领域专家的力量，但是在实际操作上存在一定困难：一是权威领域专家的时间非常宝贵，无法全力投入词系统的建设工作；二是权威领域专家也有自己的专长和特长，不可能对每个细分的子领域都非常熟悉。所以权威领域专家不能作为保证知识权威性的唯一途径。但是一些相对权威的文献，包括项目指南、会议论文、学位论文、期刊论文等，还是具有一定的权威性的。在权威性保证方面，除了权威领域专家和权威文献之外，还需要保证其相对较高的使用率，即不能采用出现频率过低的词条和关联知识。对于这些新领域，要保证知识的权威性还应该注意词条或者知识的发展趋势，相对而言，出现频率增长较快的，更具发展潜力。这可能是与较为成熟领域词条和知识选择的差异。尽管有这些保证，知识的权威性也会随着时间的变化逐渐明朗，但仍需要在后续更新中加以完善。

6.2　知识的准确性和客观性

汉语科技词系统相关理论方法和建设平台并不能保证全部的知识都是正确的，我们的目标是尽可能准确和客观。但是也有一些专家学者对此，尤其是属性中优点和缺点类型的设置，多次提出意见。下面就这个问题做进一步分析。

卡尔·波普尔指出：“可以用经验证伪的理论才是科学，科学的发展是不断试错证伪的过程，尽管科学被不断证伪，但是不影响其在一定的约束条件下继续发挥作用。”由于我们建设的词系统本身也要保证科学性，所以可以借鉴这一观点。我们会在应用需求和时间资源的双重约束下，尽力保证全部知识的准确性，而不追求所有的知识绝对正确。

汉语科技词系统吸收了本体的思想，尽量保证建立知识的客观性。但是客观性也是相对的，“一千个读者眼里有一千个哈姆雷特”，“横看成岭侧成峰”，都是对客观性的相对性的说明。因此，通常采用大多数或者相对多数的知识可能更好。但是这也会存在一个问题：对于一些矛盾冲突的知识，可能都有一定数量的支持者，在这种情况下，也许可以默许这些知识并存，从另一个角度如实反映现状。从某种程度上说，这也是客观性的表现，而且不可避免出现“真理掌握在少数人手中”的情况，所以为了保证客观性，应该让多种观点并存。这正是目前词系统在容错性上的支持，没有对本体的一致性全盘继承。这一看似矛盾的处理方法，将在汉语科技词系统多维表达理论发展成熟后得到解决。

汉语科技词系统在知识配置上，更多采用一种映射的思路，而不是一种固定值的思路。固定值的思路，代表某个属性绝对的取值，是必然这样，不能有其他可能。但是客观世界并非如此，往往一条知识反映的不是绝对的知识，这种情况更多的是一种映射关系，说明可能有这样的联系，但不绝对。既然如此，那么就应该允许多取值的情况。所以，词系统中允许一个中文词条和多个英文词条映射，一个词条有同一类型的多种关系和多种属性，一个词条也可能与多个分类类目映射。

汉语科技词系统在知识配置的形式上是绝对的，但是运用上可以是相对的。例如，有的专家指出像“优点”“缺点”这种属性是否应该配置的问题，并提出“所有的优点都是相对的，所有的缺点也是相对的”。这样的观点有一定的合理性，如果把相对性的知识依次剥离，我们的知识组织系统最后会剩下什么？毫无疑问，什么都不会存在。连最基本的同义关系甚至近义关系都是相对的，如在化学检测中，氯化钠和食盐的概念差之千里。如果推广这一判断，包括在《纲要》中有一些含有价值判断的提法都是错误的，如“新能源”“新能源汽车”“新一代工业生物技术”都会随着时间变化不再“新”了。

6.3 同义词环引入词系统的分析

关于同义关系在不同的知识组织体系中有不同的处理方法。在叙词表中，通常将同义词作为等同关系处理，但是对于有极性的同义词，以用代关系（USE 和 USED FOR）这种不对称的关系来描述这种极性，同时需要指定优选词。在词系统中，并没有采用这种方案，而是采用同义词环来描述。同义词环的优点是无极性，所有的环中的词条同等对待，同义词中某个词特定的知识可以附着在该词上描述，更加准确和自然。但是由于没有指定优选词，所以有的知识配置上可能存在重复，如同义词环 A（具体的词为 A1，A2，…，An）中的部分或者全部的词都与另外一个词 B 建立了关系知识，也可能存在一些容易引起歧义的地方。假设 A1 和 B 的关系为 R1，A2 和 B 的关系为 R2，并且 R1 和 R2 不同，那么同义词环代表的概念和 B 代表的概念究竟是什么关系，这一问题目前还没有解决。所以从长期发展看，引入同义词环来表达同义关系本身会带来一些优点，但也有缺点，所以这方面还需要进一步探索。

7 汉语科技词系统的 SKOS 格式转换

7.1 SKOS 格式转换

汉语科技词系统的知识从格式上来看，原来有两种：一种是采用多张关联表的关系数据库格式，另外一种是格式化的供人阅读文档格式。但是，在实践中，有一些工具（如标引工具 Maui Indexer）采用了一些特定格式的词表数据，其中比较有代表性的是 SKOS 格式。SKOS 格式本身并不复杂，是 W3C 提出的用于语义网并推荐的词表格式。为了推动词系统在 SKOS 格式上的应用，我们尝试了 SKOS 格式转换并成功应用于基于 Maui Indexer 的标引系统。转换可以采用自己编写程序的方式，也可以采用已有的工具，如 D2RQ。我们在这里采用 D2RQ，该软件具有使用 SPARQL 语言查询 non-RDF 数据库、像访问网络上关联数据一样访问数据库中的内容、将关系数据库导出为 RDF 格式以便存储到 RDF 数据库以及使用 Apache Jena API 访问 non-RDF 数据库的信息的功能。SKOS 格式转换主要使用其将关系数据库导出为 RDF 格式的功能，但是其 RDF 格式是通用的，需要自己根据 SKOS 标准定义 RDF 的标签。由于 SKOS 标准设计是为了兼容大多数词表，所以其设置往往不够细致，因此词系统转化的时候需要做一些准备工作。首先，要把同义词环的关系合并，从同义词环中选取关系数量最多的一个作为优选词，其余的作为可替代的词条，并将关系命名为 alterLabel。然后将所有附加在非优选词上的其他关系都转移到优选词上。根据方向将三个子类层级关系重新归并为 narrower 和 broader 两类，将其余关系归结为 related。归并完成之后，存到两张表中，其中一张表是概念表（concept），另一张表是关系表（relation）。概念表包含 CID（主键）和 CCN 两个字段，分别表示词条的 ID 以及中文概念名称，即中文词形。关系表包含 CID1、REL 和 CID2 三个字段，分别表示两个词条的 ID 以及它们之间的关系，自左向右来解释。由于经过上述处理获得的关系表可能是存在冗余的，所以关系表中没有设定主键。接下来，需要在关系表中查重，去掉重复的关系，然后查找 CID1 和 CID2 都相同但 REL 不同的数据。最后，需要根据关系的优先级进行删除，narrower 和 broader 之一如果出现，则优先选用这个关系，否则就选用 related 关系；如果 narrower 和 broader 的关系都出现，对于这种极端情况，则统一修订为 related。在这一过程中，尽量减少人工的判断，主要是由于原来的词系统都是领域专家和知识组织专家共同建设和审定而成的，如果完全依赖一两个人进行人工判断，很难保证准确性。而按照以上的原则，则可以相对保证其一致性，同时，其速度也较快。

为了利用 D2RQ 工具，需要根据数据库结构和 SKOS 标签来编辑映射文件（＊.ttl），并将其置于工具所在目录。例如，在我们转换新能源汽车领域科技词系统的实验中，用到的映射文件如下：

```
:concept_CCN a d2rq:PropertyBridge;
    d2rq:belongsToClassMap:classmap_concept;
    d2rq:property skos:prefLabel;
    d2rq:column "concept.CCN";
    d2rq:lang"zh";
    .
# Table relation
    :classmap_relationl a d2rq:PropertyBridge;
    d2rq:belongsToClassMap:classmap_concept;
    d2rq:property skos:broader;
    d2rq:refersToClassMap:classmap_concept;
    d2rq:condition "relation. REL='broader'";
    d2rq:join "relation.CID1=concept.CID":
    d2rq:join "relation.CID2=conceptcopy.CID";
    d2rq:alias "concept AS conceptcopy";
    .
:classmap_relation2 a d2rq:PropertyBridge;
    d2rq:belongsToClassMap:classmap_concept;
    d2rq:property skos:narrower;
    d2rq:refersToCIassMap:classmap_concept;
    d2rq:condition "relation.REL='narrower'";
    d2rq:join "relation.CID1=concept.CID";
    d2rq:join "relation.CID2=conceptcopy.CID";
    d2rq:alias "concept AS conceptcopy":
    .
:classmap_relation3 a d2rq:PropertyBridge;
    d2rq:belongsToClassMap:classmap_concept;
    d2rq:property skos:related;
    d2rq:refersToClassMap:classmap_concept;
    d2rq:condition "relation.REL='related'";
    d2rq:join "relation.CID1=concept.CID";
    d2rq:join "relation.CID2=conceptcopy.CID";
    d2rq:alias "concept AS conceptcopy";
    .
:classmap_relation4 a d2rq:PropertyBridge;
    d2rq:belongsToClassMap:classmap_concept:
    d2rq:property skos:alterLabel;
    d2rq:column "conceptcopy.CCN";
    d2rq:lang"zh";
    d2rq:condition "relation.REL='alterLabel'";
    d2rq:join "relation.CIDl=concept.CID";
    d2rq:join "relation.CID2=conceptcopy.CID";
    d2rq:alias "concept AS conceptcopy";
    d2rq:lang "zh";
```

在以上基础上，我们做了测试，测试用机为台式机，其配置为英特尔 Core 2 Quad Q9550@2.83GHz，4G内存，运行 Microsoft Windows 7 Professional(SPI)操作系统，jdkl.6.0_24 开发包以及 MySQL 5.1，最终经过约 7 min，得到最终的 RDF 文件，这个文件有 86 368 行，其时间还是可以接受的。

7.2 导出格式中简化处理的说明

本来词系统设计考虑了更为复杂的关系，但是导出为 SKOS 格式的时候却对关系做了归并，并且属性和定义以及分类映射等也没有加到 SKOS 格式中。与此对应的叙词表转化为 SKOS 格式相对简单，那么是否意味着词系统的复杂的关系和属性等其他知识建设没有必要呢？其实不然，如对于定义可以用 skos:definition 的标准词汇来表示。之所以没有引入，只是因为对于我们使用的标引工具来说，是否利用这一知识，对系统改善没有差别。相应的，其他的知识配置也和应用有关系。对于简单的主题标引，上述一些 SKOS 标签反映的关系就足够了，但是对于更复杂的情报分析工作，必然需要更复杂的关系类型，尤其是领域特定的语义关系类型，以及其他知识。

第二部分　烟草科技词系统的建设

1　领域的界定

烟草科技词系统选择统一的科技领域作为知识组织工程的应用对象，包括从烟草基因到卷烟生产再到卷烟销售的全过程，同时根据烟草行业科研大数据重大专项推进实施的背景需要，加入并构建机构组织及部分卷烟品牌和牌号的相关内容。

1.1　烟草农业

在烟草农业方面，主要收录范围包括烟草种质资源、烟草种植区划、烟叶的调制、烟叶品质评价、烟草大农业生产、烟草病虫害、烟草农用机械设备（烤房、晾房、插苗机等）、烟草遗传学、烟草组学、烟草细胞生物学、部分科研仪器设备等。

1.2　卷烟工业

在卷烟工业方面，主要收录范围包括打叶复烤、烟叶贮藏、卷烟加工过程（卷烟配方、制丝、烟草膨胀、再造烟叶、加料与加香、辅助材料、滤棒成型、卷接包装）、工业物流等，同时还收录烟草化学学科、烟用添加剂、烟草工业机械设备和仪器设备、烟草制品和新型烟草制品的相关内容。

1.3　烟草商业

在烟草商业方面，主要收录范围包括烟草的专卖管理制度、卷烟品牌培育和市场营销、卷烟物流及部分烟草行业信息化建设的相关内容。

1.4　烟草行业相关机构

烟草行业相关机构的收录，基本上覆盖全行业单位，包括地方烟草专卖局（公司）、卷烟工业企业以及相关打叶复烤企业、卷烟辅助材料生产企业、烟草行业教育培训机构。同时，主要突出收录了烟草行业内外科研院所等的相关信息，补充了少量国外烟草公司的相关信息。

1.5　卷烟品牌及规格

根据需要，在烟草科技词系统构建后期，补充录入了2015—2017年国内主要生产销售的卷烟品牌及规格信息。由于工作量及品牌规格信息变更较频繁，暂只收录名称，并未收录每个品牌及规格的详细信息。

2　建 设 流 程

烟草科技词系统由知识工作者、领域专家和知识组织专家利用中信所开发的汉语科技词系统协同工作平台构建完成。该协同工作平台是词系统编纂工作顺利完成的保障，是在已有词表构建平台上建立的，强调对知识内容、领域、词汇等级三个维度的条块分割，从而实现对知识加工和浏览的控制。

协同工作平台支持的词条类型包括核心词、基础词。核心词,是在某一领域内处于核心骨干地位的词条,它从基础词中选出,该领域人员对此概念有共同认识。与核心词相关的知识内容包含基本信息(中文、英文、拼音等)、关系、属性、定义等多个类型。各类知识(包括词条)都有四种状态,分别是草稿状态、候选状态、审核状态和删除状态。删除只是逻辑删除,不是物理删除,以后知识工程师编辑同样知识则会自动拒绝。根据用户不同的角色可以使用不同的权限对此进行操作。

根据烟草科技领域知识特征和词系统协同工作平台特点,烟草科技词系统建设的流程如图 2-1 所示。

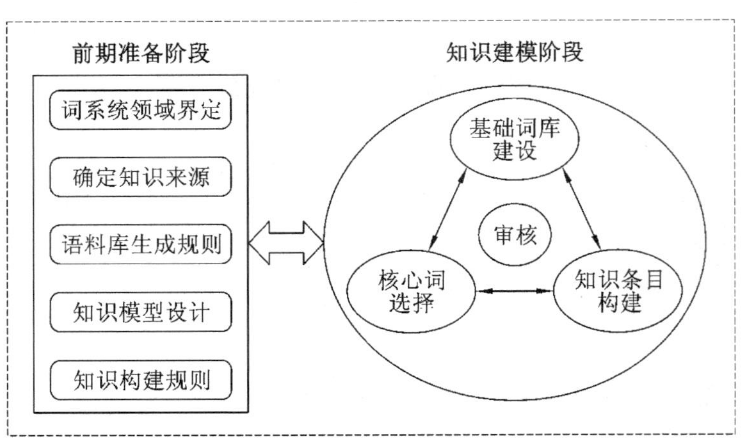

图 2-1 烟草科技词系统建设流程

烟草科技词系统建设主要分为两个阶段:前期准备阶段、知识建模阶段。这两个阶段根据构建情况相互影响、相互调整,而审核工作始终贯穿这两个阶段,以便于对词系统的质量进行控制。

2.1 前期准备阶段

前期准备阶段由知识工程师、领域专家和知识组织专家共同完成,包括领域的界定、知识来源的确定、语料库的建设、知识模型的设计和知识构建规则的确定。

(1) 领域的界定。烟草科技词系统领域的界定由知识工程师和领域专家共同完成。由于烟草行业包括的领域范围较广,没有明确的定义,而且学术界和工业界从不同的研究角度提出不同的定义,在不同的阶段,其所研究的重点又有所不同。因而在烟草科技词系统构建之前,知识工程师首先通过阅读大量的国内外文献、政策法规,理解其所表达的内涵,再通过领域专家咨询、网络资源调查等方式进行领域的界定。

(2) 词系统知识来源的确定。由于对烟草行业科技发展过程中不同领域、不同阶段的认知程度有所不同,因而不同领域的科研工作者在对相同内容的描述或不同时期对同一内容的描述等方面都会有所不同。因此,在词系统知识来源选择时,需要选取权威的知识供给来源。烟草科技词系统知识主要来自相关领域的工具书、论文、专著、标准、权威网站等。

工具书主要有百科全书、辞典、主题词表、年鉴、相关标准等。例如,《中华人民共和国烟草专卖法 2015 年修正本》、《烟草百科全书 上・下卷》、《汉语主题词表—烟草》、《2014—2016 中国烟草年鉴》、《中国图书馆分类法・第五版》、《英汉烟草词汇》、《GB/T 18771.1—2015》烟草术语系列标准等。

专著主要有《烟草育种》、《烟草栽培学》、《分子生物学》、《卷烟工艺学》、《烟草打叶复烤》、《烟用香精香料》、《烟草科技成果汇编》等。

相关期刊论文主要来自中文核心、EI 和 SCI 期刊,主要利用数据库资源(如万方数据、CNKI、中文科技期刊全文数据库)获得,结合语料库,确定新词及其知识关系。

网络资源主要为烟草行业权威网站,如国家烟草专卖局网站、各省级工业和商业公司网站、中国烟草科教网网站、东方烟草网网站、中国烟草资讯网网站等。

(3) 语料库的建设。知识工程师通过文献阅读和专家咨询确定本领域核心词和核心期刊。知识工程师生成基础词库、确定核心词及其相关知识。

(4) 知识模型的设计。吸收主题词表、词典和本体等知识组织系统的数据模型及设计思想涉及的知识模型。

(5) 知识构建规则的确定。主要确定核心词的选词规则，属性和关系的抽取规则及构建规则。具体情况见第三部分。

2.2　知识建模阶段

根据烟草领域知识特征，将构建用户初步划分为知识工程师、领域专家和知识组织专家。具体建模流程如下：

(1) 按照一定的规则从语料库、工具书中抽取的基础词和核心词与领域专家咨询所得核心词建设形成最初的基础词库和核心词词库，知识工程师对此进行核心词初选，将错误词条(如词形错误)或无关词条删除。

(2) 领域专家对经过初选的核心词进行初审得到初选核心词，对不认可的核心词打回基础词。

(3) 知识工程师在基础词和初选核心词的基础上构建知识条目，并向外扩展延伸选择基础词和初选新核心词。

(4) 领域专家和知识组织专家对知识条目初审，将不合格知识条目删除。

(5) 知识组织专家和领域专家再共同审核选定核心词和知识条目，删除不合格知识条目，审核通过达成一致意见的核心词及其知识条目。

在此流程中词条和知识条目经历了一个多用户即知识工程师、领域专家认知趋同的过程，从知识建模的表现形式来看，就是一个词条和知识条目的状态演变过程。词条和知识条目状态演变如图 2-2 和图 2-3 所示。

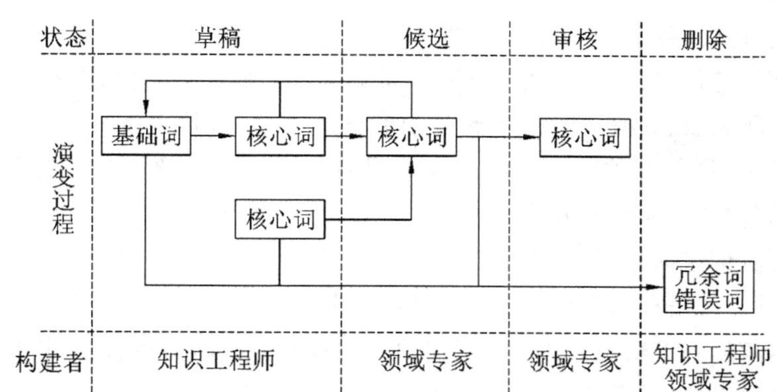

图 2-2　构建者与词条状态演变关系图

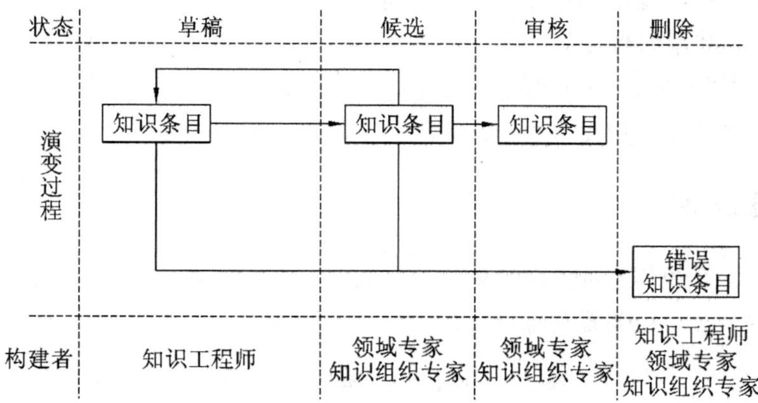

图 2-3　构建者与知识条目状态演变关系图

由图 2-2 和图 2-3 可知，核心词和知识条目状态变化的过程，也就是知识工程师、领域专家和知识组织专家对领域知识表示的看法循环往复不断交融的过程。首先，知识工程师根据对该领域的理解，通过一定的途径，对相关领域词条进行收集整理、初步判断去除自身认为不正确的词后，形成基础词库和核心词库，即将其设为词条处理草稿状态。领域专家对前者初选的核心词形式或内容进行初审，确定该领域的核心词，将相关程度不高的词打回给知识工程师，将错误的词删除，此时初审通过的核心词的状态为候选。知识工程师根据自身对领域知识的理解对核心词进行相关知识条目加工，此时知识条目状态为草稿。如果知识组织专家和领域专家认为某知识表示无误，即将其设为候选状态；如果觉得该知识错误，或领域不对，可以打回或删除。最后，知识组织专家和领域专家进行全局审核，从该领域整体考虑，对内容和知识表示形式进行审核，审核通过的核心词或知识条目此时的状态为审核，从此这些知识正式进入词系统。在整个演变的过程中，如果知识工程师在自查过程中或者专家在审核过程中，感觉有些词或条目知识构建错误，或者无实用价值，或者相关程度不高，则根据相应的权限，直接删除，或将其状态变为删除状态，或相互间进行讨论得出结论。

由于烟草科技词系统是一个多学科、多领域的词系统，在构建的过程中，每个领域的知识工程师和领域专家根据自身领域的实际情况进行选择和表示，因而不仅需要领域内合作，领域间的交流亦尤其重要。

3　领域知识结构

3.1　核心词条筛选

烟草科技词系统收录的核心词，是指那些在烟草行业各领域中处于核心地位的词条，领域人员对此概念有共同认识。对烟草领域及其相关程度较高的概念术语选词从细，对通用概念和相关概念选词从粗。核心词主要来自主题词表、辞典、标准、专著、年鉴、期刊论文和意见等。

针对不同来源的知识特征，核心词初选主要遵循以下四个原则：①直接选用本领域中得到认可、经常使用的概念术语。来自主题词表、辞典、标准、年鉴等中的概念术语，直接入选。②增加热门词汇或新词。主要根据语料库的词频确定，词频高的入选。③知识条目较多的概念术语入选。这些概念术语主要来自专著、论文等。④专家建议的核心词直接入选。

多个准同义词的核心词选词原则：①中文全称与其中文简称、中文全称与英文简称、异形同义词，选用较通用、使用率较高的词。②俗称与学名、旧称与新称、本名与别名，选用学名、新称、本名为核心词。

对于核心词条基本信息的编辑遵循以下三个规则：①词条中出现标点符号时，用英文标点符号。②词条中出现"的"时，在不影响词条意义的情况下，省去"的"。③词条中出现"和""及""/"时，在不影响词条意义的情况下，可拆分为多个词条。

对于核心词条英文翻译的编辑遵循以下四个规则：①多个英文翻译，中间用英文的";"隔开。②直接使用资料中现有的翻译。③利用网络资源，例如全国科学技术名词审定委员会、标准及相关专业词典，资料中没有英文翻译的，可利用语料库、中国知网翻译助手。④专家翻译。

核心词的最终确定主要由领域专家和知识组织专家共同审定。

3.2　关系和属性确定

关系类型在原有词汇系统的基础上继续采取以自底向上类型发现为主，结合自顶向下完善的方式。通过实践将关系类型设置分为一级关系和二级关系，如表 2-1 所示。

表 2-1　烟草科技词系统关系类型表

一　级	二　级
借助关系	借助、利用、通过、依赖于、表达、用途
因果关系	结果、成因、影响、受影响(有关)、取决、导致、基础、反义
对应关系	相似、类比、对应、相关、无关、方法、概念-实例、实例-概念

续表

一　级	二　级
层级关系	类属、子类、被类分依据
等同关系	同义、基本等同、化学式、英文缩写
组成关系	组成、部件、拆解为、成分、隶属于
单位关系	下辖、隶属、管理、合署办公、已撤销、挂靠、未上划、机构-品牌、品牌-规格

属性设置以自底向上类型发现为主，如表 2-2 所示，一级属性包括分类和概述，二级属性则为实质性描述。

表 2-2　烟草科技词系统属性类型表

一　级	二　级
分类	专卖管理与“两烟”经营、卷烟境内生产、卷烟境外生产、雪茄烟生产、烟草物流、商贸、投资管理、服务管理、打叶复烤、烟草机械工业、卷烟辅助材料生产、科研院所、培训教育
概述	详情介绍、机构设置、股权分配

3.3　建设成果

截至 2018 年 4 月，烟草科技词系统中包含 5 050 条词条，其中 724 条为核心词，其余为基础词；设计并使用 43 种二级关系类型，并建有 12 230 个关系实例。

将烟草科技词系统拓展到烟草行业相关领域发展，并根据此词系统的知识特征，将核心词或基础词扩展为短语，以更好地揭示烟草行业科技发展进程。

第三部分　烟草科技词系统实例

1　格 式 说 明

所有实例的格式主要由词条名称、基本信息、定义或词条属性和词条关系几部分构成，具体解释见样例灰色文字。

◎红花烟草→词条的中文名称。

【基本信息】→包括英文名、拼音和基础词/核心词区分等。

【英文名】 *Nicotiana tabacum* L.

【拼音】 hong hua yan cao

【核心词】→表示该词条是核心词。如果是基础词则以"【基础词】"表示。

【定义】

(1) 异源四倍体植株，证据表明可能是来源于林烟草与绒毛状烟草的杂交后代。作为最重要的商业化栽培品种，红花烟草几乎遍布世界各地。它的叶片基本上都紧密地与茎合拢，叶侧脉与中脉成锐角。花色有粉白色直至红色等多种，花序呈圆锥状。侧芽或腋芽一般从最上面的叶腋中伸出，但有的品种也可从下部叶腋长出(下部腋芽)。该烟草具有高度适应性，因此适于在多种环境下生长。目前还没有充分的证据说明该物种具有野生生长阶段。

【来源】《烟草百科全书》→将有具体参考文献的定义的出处标示出来。

(2) 花色为红色的一类重要栽培烟草。红花烟草属一年生草本植物，茎秆直立，单叶互生，无叶柄或有宽大的翼状柄，叶形多样，常见的有披针形、长卵圆形、长椭圆形或心脏形，顶生圆锥花序，花冠呈漏斗状，花色多为淡红、粉红至深红色，果实为蒴果，全株有腺毛。其烟叶是卷烟的主要原料。烤烟、晒烟、晾烟、白肋烟、马里兰烟和香料烟等均属红花烟草。

【来源】烟草术语标准《GB/T 18771.1—2015》→将有具体参考文献的定义的出处标示出来。

→表示该词条定义，如果有多条定义，以(1)(2)等顺序标识。

【词条属性】→词条属性分两级显示，以缩进表示层级。第一层表示一级属性，第二层表示二级属性。一级属性是对二级属性的归纳总结，不参与具体的属性构建；而二级属性是实际使用的属性。

【词条关系】→词条关系分两级显示，以缩进表示层级。第一层表示一级关系，第二层表示二级关系，一级关系是对二级关系的归纳总结，不参与具体的关系构建；而二级关系是实际使用的关系。

【关键指标】 花

【类比】 黄花烟草

【同义】 普通烟草

2　实 例 正 文

根据烟草科技词系统内容，将词条分类为：①烟草科技词汇；②烟草行业主要单位；③国内卷烟(含雪茄型)主要品牌及规格；④国内主要烤烟栽培品种；⑤烟草行业主要媒体。

2.1 烟草科技词系统:烟草科技词汇

◎ 烟草

【基本信息】

【英文名】 tobacco

【拼音】 yan cao

【核心词】

【定义】

在植物学分类上属茄科(*Solanaceae*)烟草属(*Nicotiana*)的植物。目前已发现的烟草属有75个种,其中多数是野生种,栽培利用的有两个种,一是红花烟草,另一个是黄花烟草。

【词条关系】

【被类分依据】 烟草植物学分类

【被类分依据】 烟叶调制方法和生物学性状分类

◎ 红花烟草

【基本信息】

【英文名】 *Nicotiana tabacum* L.

【拼音】 hong hua yan cao

【核心词】

【定义】

(1) 异源四倍体植株,证据表明可能是来源于林烟草与绒毛状烟草的杂交后代。作为最重要的商业化栽培品种,红花烟草几乎遍布世界各地。它的叶片基本上都紧密地与茎合拢,叶侧脉与中脉成锐角。花色有粉白色直至红色等多种,花序呈圆锥状。侧芽或腋芽一般从最上面的叶腋中伸出,但有的品种也可从下部叶腋长出(下部腋芽)。该烟草具有高度适应性,因此适于在多种环境下生长。目前还没有充分的证据说明该物种具有野生生长阶段。

(2) 花色为红色的一类重要栽培烟草。红花烟草属一年生草本植物,茎秆直立,单叶互生,无叶柄或有宽大的翼状柄,叶形多样,常见的有披针形、长卵圆形、长椭圆形或心脏形,顶生圆锥花序,花冠呈漏斗状,花色多为淡红、粉红至深红色,果实为蒴果,全株有腺毛。其烟叶是卷烟的主要原料。烤烟、晒烟、晾烟、白肋烟、马里兰烟和香料烟等均属红花烟草。

【词条关系】

【关键指标】 花

【类比】 黄花烟草

【同义】 普通烟草

◎ 普通烟草

【基本信息】

【英文名】 *Nicotiana tabacum* L.

【拼音】 pu tong yan cao

【核心词】

【定义】

红花烟草。

◎ 黄花烟草

【基本信息】

【英文名】 *Nicotiana rustica* L.

【拼音】 huang hua yan cao

【核心词】

【定义】

(1) 烟草属黄花烟草亚属。黄花烟草品种多样,已被商品化栽培,可制成卷烟、鼻烟和嚼烟。叶子呈圆形至椭圆形,黄色至深绿色,叶间距大,侧脉几乎与中脉成直角。长出地面不久,茎就开始分枝。花黄色至黄绿色,呈五裂波浪状扩展。黄花烟草分布于南美洲、非洲、中亚、东南欧地区和波兰、俄罗斯及其他独联体国家。这些品种烟碱含量高,已被作为商品化烟碱的提取材料。

(2) 花色为黄色的一类栽培烟草。黄花烟草属一年生草本植物,植株矮小,茎秆直立,叶片较少(多在15片以下),单叶互生,有叶柄,叶卵圆形或心脏形,顶生花序,花冠呈筒状钟形,花色绿黄、淡黄至黄色,生育期较短而耐寒性较强。烟叶调制方法以晒为主,晾晒结合。兰花烟、莫合烟、蛤蟆烟等均属黄花烟草。

【词条关系】

【关键指标】 花

【子类】 水烟烟草

【子类】 小叶烟

【子类】 莫合烟

【子类】 粉蓝烟草

【子类】 大叶烟

【子类】 黄蛤蟆烟

【子类】 红蛤蟆烟

【子类】 兰州水烟

◎ 野生烟草

【基本信息】

【英文名】 wild tobacco

【拼音】 ye sheng yan cao

【核心词】

【定义】

一年生或多年生的草本、灌木或乔木状植物，形态各异，无商品价值的一类烟草。红花烟草和黄花烟草两个栽培种之外的烟草均属于野生烟草。

【词条关系】

【类比】 红花烟草

【类比】 黄花烟草

◎ 烤烟

【基本信息】

【英文名】 flue-cured tobacco

【拼音】 kao yan

【核心词】

【定义】

烟叶采用烘烤设施(如烤房)或设备调制的一类烟草。调制后的烟叶是卷烟的主要原料。

◎ 晒烟

【基本信息】

【英文名】 sun-cured tobacco

【拼音】 shai yan

【核心词】

【定义】

烟叶利用阳光晒制的一类烟草。按调制后的烟叶颜色可分为晒红烟和晒黄烟。调制后的烟叶是斗烟、水烟、嚼烟以及混合型卷烟的原料。

【词条关系】

【子类】 晒红烟

【子类】 晒黄烟

【用途】 斗烟

【用途】 水烟烟草

【用途】 嚼烟

【用途】 鼻烟

◎ 晾烟

【基本信息】

【英文名】 air-cured tobacco

【拼音】 liang yan

【核心词】

【定义】

烟叶采用晾制设施或放在阴凉通风的场所调制的一类烟草，按调制后烟叶的颜色深浅分为浅色晾烟(白肋烟、马里兰烟)和深色晾烟。

【词条关系】

【子类】 马里兰烟

【子类】 雪茄烟草

【子类】 白肋烟

◎ 白肋烟

【基本信息】

【英文名】 burley tobacco

【拼音】 bai lei yan

【核心词】

【定义】

烟株的茎和叶脉呈乳白色的一类烟草，是马里兰型阔叶烟的一个突变种，属于浅色晾烟。调制后的烟叶有较强的吸收料液能力和填充性能，是混合型卷烟的主要原料。

【词条关系】

【子类】 白色白肋烟

◎ 马里兰烟

【基本信息】

【英文名】 Maryland tobacco

【拼音】 ma li lan yan

【核心词】

【定义】

原产于美国马里兰州而得名的一类烟草，属于浅色晾烟。这种烟草叶片宽大，茎节较密，调制后的烟叶烟气芳香、叶片薄、填充性强、燃烧性好，是混合型卷烟的原料。

【词条关系】

【类属】 浅色晾烟

◎ 雪茄烟草

【基本信息】

【英文名】 cigar tobacco

【拼音】 xue jia yan cao

【核心词】

【定义】

调制后烟叶可用作雪茄烟原料的一类烟草，

属于晾烟。雪茄烟草多采用遮阴栽培。根据用途，雪茄烟草可分为雪茄外包皮烟、雪茄内包皮烟和雪茄芯烟 3 种。

【词条关系】

【用于】 雪茄外包皮烟

【用于】 雪茄内包皮烟

【用于】 雪茄芯烟

◎ 雪茄外包皮烟

【基本信息】

【英文名】 cigar wrapper tobacco

【拼音】 xue jia wai bao pi yan

【核心词】

【定义】

调制后烟叶适用于卷制雪茄烟外包叶（茄衣）的深色或浅色晾烟，烟叶具有叶片薄、叶脉细、组织细致、柔韧性较好等特点。

◎ 雪茄内包皮烟

【基本信息】

【英文名】 cigar binder tobacco

【拼音】 xue jia nei bao pi yan

【核心词】

【定义】

调制后烟叶适用于包裹或固定雪茄烟内胚芯的内包皮叶（茄套）的深色或浅色晾烟，烟叶具有组织较粗糙、弹性和张力较好等特点。

◎ 雪茄芯烟

【基本信息】

【英文名】 cigar filler tobacco

【拼音】 xue jia xin yan

【核心词】

【定义】

调制后烟叶适用于填充雪茄烟内胚芯（茄芯）的晾烟。

◎ 香料烟

【基本信息】

【英文名】 oriental tobacco

【拼音】 xiang liao yan

【核心词】

【定义】

在地中海东部沿海地带等特殊的生态条件下长期驯化形成的一类烟草，又称土耳其型烟草或东方型烟草。其植株纤瘦、叶片多而小、叶形为宽卵圆形或心脏形。烟叶调制方式是先晾至凋萎变黄再晒制，调制后烟叶具有较强的芳香香气，吃味好，是多种类型卷烟中调香的重要原料。根据叶形、叶色和品质，香料烟可分为两种类型：B 型香料烟和 S 型香料烟。

【词条关系】

【子类】 B 型香料烟

【子类】 S 型香料烟

◎ B 型香料烟

【基本信息】

【英文名】 Basma type oriental tobacco

【拼音】 B xing xiang liao yan

【核心词】

【定义】

叶片小（一般叶长 8～20 cm）、厚、长椭圆形，无叶柄，叶脉细，颜色以橘黄为主，具有柔和芳香气味的香料烟类型。

◎ S 型香料烟

【基本信息】

【英文名】 Samsun type oriental tobacco

【拼音】 S xing xiang liao yan

【核心词】

【定义】

叶片较小（一般叶长 12～22 cm），心脏形，有叶柄，叶脉较细，颜色以棕色、咖啡色为主，具有浓郁的芳香和特殊吃味的香料烟类型。

◎ 烟草育种

【基本信息】

【英文名】 tobacco breeding

【拼音】 yan cao yu zhong

【核心词】

【定义】

运用遗传学、育种学、分子生物学及其他相关学科的理论和技术，选育和创造符合生产需要的烟草新品种的过程。

【词条关系】

【类属】 育种

【子类】 杂交育种

【子类】 诱变育种

【子类】 分子育种

◎ 引种

【基本信息】

【英文名】 introduction

【拼音】 yin zhong

【核心词】

【定义】

从外地或国外引进的烟草品种或种质材料，作为本地育种材料或经过适应性试验直接推广应用的措施。

【词条关系】

【类比】 育种

◎ 转基因烟草

【基本信息】

【英文名】 transgenic tobacco

【拼音】 zhuan ji yin yan cao

【核心词】

【定义】

通过基因工程或现代生物技术改变基因组构成的烟草。转基因烟草不包括自然发生、人工选择和杂交育种技术得到的烟草；不包括化学或物理方法诱变得到的烟草；不包括通过器官、组织或细胞培养及原生质体融合、染色体倍性操作得到的烟草。

【词条关系】

【方法】 生物技术

【方法】 遗传工程

【方法】 转化

◎ 转基因烟草控制

【基本信息】

【英文名】 control of transgenic tobacco

【拼音】 zhuan ji yin yan cao kong zhi

【核心词】

【定义】

采取各项有效措施，限制或杜绝转基因烟草的种植、加工和市场流通的过程。

【词条关系】

【影响】 转基因烟草

◎ 转基因烟草检测

【基本信息】

【英文名】 detection of transgenic tobacco

【拼音】 zhuan ji yin yan cao jian ce

【核心词】

【定义】

通过测定转基因烟草特定的标记序列，以确定该样品是否经过人工基因修饰的过程。

◎ 烟草品种

【基本信息】

【英文名】 tobacco varieties

【拼音】 yan cao pin zhong

【核心词】

【定义】

在一定的生态和经济条件下，根据需要进行人工选育或发现的有经济价值和遗传稳定性及生物学一致性并赋予适当名称的烟草群体。

【词条关系】

【概念-实例】 “云烟 87”

【概念-实例】 “中烟 100”

【概念-实例】 “翠碧一号”

【概念-实例】 “龙江 911”

【概念-实例】 “豫烟 6 号”

◎ 烟草种子

【基本信息】

【英文名】 tobacco seed

【拼音】 yan cao zhong zi

【核心词】

【定义】

胚珠经过传粉受精发育而成的烟草繁殖体，由种皮、胚和胚乳三部分组成。

【词条关系】

【方法】 引发

【方法】 催芽

【关键指标】 发芽率

【关键指标】 发芽势

【子类】 烟草包衣种子

◎ 原原种

【基本信息】

【英文名】 breeder's seed

【拼音】 yuan yuan zhong

【核心词】

【定义】

育种家育成的遗传性状稳定、具有特异性和

一致性的品种的最初一批烟草种子，又称育种家种子。

【词条关系】

【隶属于】　烟草种子

【同义】　育种家种子

◎ 原种

【基本信息】

【英文名】　foundation seed

【拼音】　yuan zhong

【核心词】

【定义】

用原原种繁殖的第一代或按特定生产技术规程生产的达到规定质量要求的烟草种子。

【词条关系】

【用于】　杂交育种

【隶属于】　烟草种子

◎ 良种

【基本信息】

【英文名】　certified seed

【拼音】　liang zhong

【核心词】

【定义】

用原种繁殖的第一代或杂交种达到规定质量要求的生产用烟草种子。

【词条关系】

【隶属于】　烟草种子

◎ 烟草包衣种子

【基本信息】

【英文名】　coated tobacco seed

【拼音】　yan cao bao yi zhong zi

【核心词】

【定义】

用种衣剂等包裹加工后形成的烟草种子。烟草种子非常小(每克 12 000～13 000 粒)，有时被包上外衣以实行机械播种。根据包衣材料的溶解性，制成的烟草包衣种子粒径不宜超过 1.5～2.0 mm，否则将会对种子萌芽产生不利影响。包衣种子中有时含有杀真菌剂(如预防苗床中的霜霉病)、高度可溶性营养元素(氮、钾或钙)和杀虫剂。采用包衣种子有助于生产健壮的烟苗，保证种子的均匀分布，使每粒种子有足够的空间，避免烟苗过密和间苗。

◎ 引发

【基本信息】

【英文名】　priming

【拼音】　yin fa

【核心词】

【定义】

通过控制烟草种子(缓慢)吸水，使其保持在吸胀阶段，促进细胞膜、细胞器、DNA 的修复和酶的活化，使烟草种子处于准备发芽但胚根尚未突破种皮的过程。

◎ 催芽

【基本信息】

【英文名】　pregermination

【拼音】　cui ya

【核心词】

【定义】

(1) 通常不需要采取烟草催芽措施，只有当时间紧迫(例如，种子调运过迟，而萌芽的最低温度为 10～20 ℃，否则易受冻害)、播种必须有充分的水量以避免对种子的危害时采用。

(2) 在一定的光、温、水、气条件下，采用物理、化学方法促使烟草种子集中、整齐萌发，使胚根突破种皮(露白)的过程。

◎ 发芽势

【基本信息】

【英文名】　germination energy

【拼音】　fa ya shi

【核心词】

【定义】

烟草种子在发芽初期(7 d)，正常发芽种子数占供检种子总数的比率，以百分数表示。

◎ 发芽率

【基本信息】

【英文名】　germination rate

【拼音】　fa ya lü

【核心词】

【定义】

烟草种子在发芽终期(14 d)，正常发芽种子占供检种子总数的比率，以百分数表示。

◎ 育苗

【基本信息】

【英文名】 seedling

【拼音】 yu miao

【核心词】

【定义】

在温室或育苗棚内，通过苗床或育苗盘等载体完成烟草种子萌发至成苗的全过程。

【词条关系】

【子类】 托盘育苗

【子类】 漂浮育苗

◎ 托盘育苗

【基本信息】

【英文名】 seedling in tray

【拼音】 tuo pan yu miao

【核心词】

【定义】

采用直播或烟苗假植于苗盘等方式使烟苗在托盘内完成成苗过程的烟草育苗方式。

【词条关系】

【类比】 漂浮育苗

【借助】 假植

◎ 漂浮育苗

【基本信息】

【英文名】 seedling in float system

【拼音】 piao fu yu miao

【核心词】

【定义】

利用成型的聚苯乙烯或其他材料格盘作为载体，装填以人工配制的适宜基质后，将格盘漂浮于含有营养成分的育苗池水中，完成种子的萌发及成苗过程的烟草育苗方式。

【词条关系】

【类属】 育苗

◎ 假植

【基本信息】

【英文名】 temporary transplantation

【拼音】 jia zhi

【核心词】

【定义】

幼苗在长出 4～5 片真叶时，将其植入另外的苗床、营养袋或营养钵中而培育成烟苗的农艺措施。

◎ 炼苗

【基本信息】

【英文名】 seedlings hardening

【拼音】 lian miao

【核心词】

【定义】

烟苗移栽前采取的通风、透光、控制水肥供应等适应自然环境、提高抗逆能力的农艺措施。

◎ 剪叶

【基本信息】

【英文名】 clipping

【拼音】 jian ye

【核心词】

【定义】

为控制烟苗生长，剪除烟苗上部相互交错的叶片 1/3～1/2 部分的农艺操作。剪叶目的是获得大小均匀一致的烟苗，促进烟苗根系的发育。此外，在不宜移栽时，剪叶还可以延缓烟苗的生长。

◎ 苗龄

【基本信息】

【英文名】 seedling age

【拼音】 miao ling

【核心词】

【定义】

从出苗至成苗的天数。

◎ 成苗

【基本信息】

【英文名】 seedling desired transplanting

【拼音】 cheng miao

【核心词】

【定义】

适合移栽的烟苗。

◎ 生育期

【基本信息】

【英文名】 growth and development stage

【拼音】 sheng yu qi
【核心词】
【定义】
烟草从播种到种子成熟的生长发育时期，栽培烟草从播种到烟叶采收结束的时期。

◎ 苗床期

【基本信息】
【英文名】 seedling stage
【拼音】 miao chuang qi
【核心词】
【定义】
从播种至成苗的时期。
【词条关系】
【类属】 生育期

◎ 播种期

【基本信息】
【英文名】 sowing date
【拼音】 bo zhong qi
【核心词】
【定义】
烟草种子播入母床或育苗盘等的日期。
【词条关系】
【类属】 生育期

◎ 出苗期

【基本信息】
【英文名】 full seedling stage
【拼音】 chu miao qi
【核心词】
【定义】
从播种至50%幼苗的子叶完全展开的时期。
【词条关系】
【类属】 生育期

◎ 小十字期

【基本信息】
【英文名】 two cross-shaped stage
【拼音】 xiao shi zi qi
【核心词】
【定义】
幼苗在第三片真叶出现时，第一、第二片真叶与子叶大小相近，交叉呈十字形的时期。
【词条关系】
【类属】 生育期

◎ 大十字期

【基本信息】
【英文名】 four cross-shaped stage
【拼音】 da shi zi qi
【核心词】
【定义】
幼苗在第五片真叶出现时，第三、第四片真叶与第一、第二片真叶大小相近，交叉呈十字形的时期。
【词条关系】
【类属】 生育期

◎ 成苗期

【基本信息】
【英文名】 date of seedling desired transplanting
【拼音】 cheng miao qi
【核心词】
【定义】
50%烟苗达到适合移栽的壮苗要求，可进行移栽的日期。
【词条关系】
【类属】 生育期

◎ 大田生育期

【基本信息】
【英文名】 field growth duration
【拼音】 da tian sheng yu qi
【核心词】
【定义】
从烟苗移栽至烟叶采收结束(留种田至种子采收结束)的整个生长发育时期。
【词条关系】
【类属】 生育期

◎ 移栽期

【基本信息】
【英文名】 transplanting date
【拼音】 yi zai qi
【核心词】
【定义】
烟苗栽植入大田的日期。
【词条关系】
【类属】 生育期

◎ 还苗期

【基本信息】

【英文名】 seedling restitution stage

【拼音】 huan miao qi

【核心词】

【定义】

烟苗从移栽至成活的时期。移栽后50%以上烟苗根系恢复生长，叶色较青，日晒不萎，心叶开始生长的烟苗即为成活。

【词条关系】

【类属】 生育期

◎ 伸根期

【基本信息】

【英文名】 root spreading stage

【拼音】 shen gen qi

【核心词】

【定义】

烟苗从成活至团棵的时期。

【词条关系】

【类属】 生育期

◎ 团棵期

【基本信息】

【英文名】 rosette date

【拼音】 tuan ke qi

【核心词】

【定义】

烟田中50%烟株叶片为12～13片，且烟株横向生长的宽度与纵向生长的高度比例约为2:1，株形似半球状的日期。

【词条关系】

【类属】 生育期

◎ 旺长期

【基本信息】

【英文名】 fast growing stage

【拼音】 wang zhang qi

【核心词】

【定义】

烟株从团棵至现蕾的时期。

【词条关系】

【类属】 生育期

◎ 现蕾期

【基本信息】

【英文名】 flower-bud appearing date

【拼音】 xian lei qi

【核心词】

【定义】

50%烟株的花蕾完全露出的日期，一般是烟草植株发育中要打顶的时间。

【词条关系】

【类属】 生育期

【关键指标】 腋芽

【关键指标】 打顶

◎ 开花始期

【基本信息】

【英文名】 early flowering date

【拼音】 kai hua shi qi

【核心词】

【定义】

10%的烟株第一中心花开放的日期，又称始花期。

【词条关系】

【类属】 生育期

◎ 开花盛期

【基本信息】

【英文名】 full flowering date

【拼音】 kai hua sheng qi

【核心词】

【定义】

50%的烟株第一中心花开放的日期，又称盛花期。

【词条关系】

【类属】 生育期

◎ 烟叶成熟期

【基本信息】

【英文名】 leaf mature stage

【拼音】 yan ye cheng shu qi

【核心词】

【定义】

烟株现蕾后至烟叶采收结束的时期。

【词条关系】

【类属】 生育期

◎ 成熟特征

【基本信息】

【英文名】 characteristics of maturity

【拼音】 cheng shu te zheng

【核心词】

【定义】

田间烟叶成熟时，烟叶外观上呈现的一些特征。例如，叶色呈现不同程度的黄绿色，中部及上部烟叶时有黄斑，烟叶表面茸毛脱落，有黏手感，主脉和部分支脉变白发亮，叶尖和叶缘下垂，茎叶角度增大等。

◎ 生理成熟

【基本信息】

【英文名】 physiological mature

【拼音】 sheng li cheng shu

【核心词】

【定义】

旺长期后，烟株干物质积累最多、生物学产量最高，叶片开始出现某些成熟特征的状态。

◎ 工艺成熟

【基本信息】

【英文名】 technical mature

【拼音】 gong yi cheng shu

【核心词】

【定义】

生理成熟后，烟叶内在物质发生充分生理生化转化，达到了烟草制品原料所要求的可加工性和可用性，烟叶品质达到最佳的状态。

【词条关系】

【类属】 成熟

◎ 蒴果成熟

【基本信息】

【英文名】 capsule mature

【拼音】 shuo guo cheng shu

【核心词】

【定义】

50％蒴果呈黄绿至黄褐色，大多数种子已成熟的状态。

◎ 早花

【基本信息】

【英文名】 premature flowering

【拼音】 zao hua

【核心词】

【定义】

在干旱、低温等异常生长条件下，烟株未达到本品种正常栽培条件下应有的高度和叶数特性就提前现蕾开花的现象。

◎ 底烘

【基本信息】

【英文名】 withering

【拼音】 di hong

【核心词】

【定义】

在异常生长条件下，烟株的下部烟叶尚未达到正常成熟就提早变黄或凋萎，进而干枯的现象。

◎ 返青

【基本信息】

【英文名】 return to green

【拼音】 fan qing

【核心词】

【定义】

田间进入工艺成熟期的已落黄烟叶，在特殊条件下(如降雨等)颜色再次转绿的现象。

◎ 黑暴烟

【基本信息】

【英文名】 stout tobacco leaf

【拼音】 hei bao yan

【核心词】

【定义】

由于肥水供应过量导致成熟期叶片仍保持较深绿色，脆性大、肥厚且不落黄的烟叶。

◎ 打顶

【基本信息】

【英文名】 topping

【拼音】 da ding

【核心词】

【定义】

为减少烟株内部营养物质因开花结实而消耗，促使体内营养物质分配到叶片中以提高烟叶品质而摘除烟株顶端的一种农艺措施。

【词条关系】

【关键指标】 开花

◎ 留杈

【基本信息】

【英文名】 keep suckers on stalk

【拼音】 liu cha

【核心词】

【定义】

烟株出现早花时或因某种需要，采取早打顶促使腋芽生长并选留一个腋芽加以培育的农艺措施。

◎ 抹芽

【基本信息】

【英文名】 suckering

【拼音】 mo ya

【核心词】

【定义】

烟株打顶后及时摘除腋芽的农艺操作。

◎ 抑芽剂

【基本信息】

【英文名】 sucker control agent；suckercide

【拼音】 yi ya ji

【核心词】

【定义】

对烟株的腋芽具有杀伤或抑制生长作用的物质，用以防止烟株打顶后出现腋芽或已有的腋芽进一步生长。根据作用方式，抑芽剂分为 3 种类型：脂肪醇触杀剂、局部内吸剂、内吸剂。

【词条关系】

【子类】 脂肪醇

【子类】 二硝基萘胺

【子类】 马来酰肼

【子类】 二硝基苯胺

【用途】 腋芽

◎ 农艺性状

【基本信息】

【英文名】 agronomical characters

【拼音】 nong yi xing zhuang

【核心词】

【定义】

烟草所具有的与生长发育相关的农艺学特征或特性。

◎ 叶龄

【基本信息】

【英文名】 leaf age

【拼音】 ye ling

【核心词】

【定义】

烟叶自出现(长 2 cm 左右，宽 0.5 cm 左右)到成熟采收时的天数。

◎ 叶形

【基本信息】

【英文名】 leaf shape

【拼音】 ye xing

【核心词】

【定义】

依据叶片的长宽比以及叶片最宽处的位置而确定的烟叶形状。烟草常见的叶形有椭圆形、卵圆形、心脏形和披针形等。

◎ 种植密度

【基本信息】

【英文名】 plant density

【拼音】 zhong zhi mi du

【核心词】

【定义】

(1) 单位面积的烟株数。种植密度由移栽时的行距和株距决定。增加单位面积的株数会造成叶片变小、变薄，单叶重降低，但可能会导致单株叶片数减少；减少单位面积的株数，会使叶片变大、变厚，单叶重增加，甚至会使单株叶数增加。单位面积上株数过多或过少，均会引起烟株叶片部位结构的变化，还将对烟叶质量产生不利的影响。不同烟草类型、品种、土肥条件下种植密度有差异。比较典型的种植密度：烤烟，1 000～1 300 株；白肋烟，1 200～1 500 株；香料烟 10 000～15 000 株。

(2) 单位面积烟田种植的烟株数，通常以每公顷株数表示。

【词条关系】

【关键指标】 行间距

【关键指标】 植株间距

【关键指标】 株距

◎ 烟叶产量

【基本信息】

【英文名】 tobacco yield

【拼音】 yan ye chan liang

【核心词】

【定义】

单位土地面积上生产的有经济价值的调制后烟叶的质量。烟叶产量由单位面积烟株数、单株叶片数和单叶质量3个因素构成。

◎ 烟叶品质

【基本信息】

【英文名】 tobacco quality

【拼音】 yan ye pin zhi

【核心词】

【定义】

烟叶本身固有特性的优劣程度。烟叶品质通常包括感官、物理和化学品质等，受部位、颜色、成熟度、叶片结构、身份、油分、色度、残伤、破损等因素的影响。

【词条关系】

【关键指标】 身份

【关键指标】 颜色

【关键指标】 油分

【关键指标】 烟叶尺寸

【关键指标】 破损

【关键指标】 叶片结构

【关键指标】 成熟度

【关键指标】 烟叶部位

【关键指标】 色度

【关键指标】 残伤

◎ 烟草病害

【基本信息】

【英文名】 tobacco disease

【拼音】 yan cao bing hai

【核心词】

【定义】

由于遭受病原生物的侵害或其他非生物因子的影响，烟草的生长和代谢作用受到干扰或破坏，发生了形态、生理或生化的病理变化，导致产量和产值降低，品质变劣，甚至出现局部或整株死亡的现象。

【词条关系】

【关键指标】 病情指数

【关键指标】 发病率

【子类】 烟草非侵染性病害

【子类】 烟草侵染性病害

◎ 烟草侵染性病害

【基本信息】

【英文名】 tobacco infection disease

【拼音】 yan cao qin ran xing bing hai

【核心词】

【定义】

由病原生物侵染烟草而引起的一类病害。依据侵染源的不同，烟草侵染性病害分为真菌性病害、细菌性病害、病毒性病害、线虫性病害、寄生性种子植物病害等多种类型。

【词条关系】

【子类】 真菌性病害

【子类】 细菌性病害

【子类】 病毒性病害

【子类】 线虫性病害

【子类】 寄生性种子植物病害

◎ 烟草非侵染性病害

【基本信息】

【英文名】 tobacco non-infection disease

【拼音】 yan cao fei qin ran xing bing hai

【核心词】

【定义】

由不适宜的气候、环境或物理化学等非生物因素直接或间接引起的烟草病害，又称生理性病害或非传染性病害。

◎ 发病率

【基本信息】

【英文名】 incidence rate

【拼音】 fa bing lü

【核心词】

【定义】

发病植株占调查植株总数的百分率或植物器官（叶片、根、茎、果实、种子等）占调查器官总数的比例。发病率以百分率表示。

◎ 病情指数

【基本信息】

【英文名】 disease index

【拼音】 bing qing zhi shu

【核心词】

【定义】

烟草群体水平上的病害发生程度，是以发病率和病害严重度相结合统计结果，并用数值表示发病的程度。

◎ 烟草害虫

【基本信息】

【英文名】 tobacco pest

【拼音】 yan cao hai chong

【核心词】

【定义】

能够直接取食烟草或传播烟草病害并对烟草生长或经济价值造成损失的动物。烟草害虫多数属于昆虫，也包括螨类和软体动物。

【词条关系】

【关键指标】 虫口密度

【子类】 蔬菜象甲

【子类】 马铃薯块茎蛾

【子类】 蝼蛄

【子类】 金针虫

【子类】 蛞蝓

【子类】 跳甲虫

【子类】 甲虫

【子类】 蛴螬

【子类】 潜叶蛾

【子类】 烟草大蟋蟀

【子类】 蝗虫

【子类】 蟋象

【子类】 灰翅夜蛾幼虫

【子类】 盲蝽

【子类】 蚂蚁

【子类】 地老虎

【子类】 尺蠖

◎ 虫口密度

【基本信息】

【英文名】 population density

【拼音】 chong kou mi du

【核心词】

【定义】

单位面积、单位质量或每株烟中为害烟草的害虫活虫头数。

◎ 损失率

【基本信息】

【英文名】 losing rate

【拼音】 sun shi lü

【核心词】

【定义】

烟草受到病虫破坏，烟叶损失的部分占整体烟叶的产量或产值的百分数。

【词条关系】

【受影响(有关)】 烟草病虫害

◎ 采收

【基本信息】

【英文名】 harvest

【拼音】 cai shou

【核心词】

【定义】

(1) 一些种植区对收获烤烟的另一种说法。

(2) 通过分次采叶或砍茎而获得烟叶的操作过程。

【词条关系】

【方法】 半整株砍收

【方法】 分次采叶

【方法】 整株砍收

◎ (分次)采叶

【基本信息】

【英文名】 priming

【拼音】 (fen ci) cai ye

【核心词】

【定义】

分次逐叶采收已成熟烟叶的收获方式。

【词条关系】

【基本等同】 分次采叶

◎ 整株砍收

【基本信息】

【英文名】 stalk cutting

【拼音】 zheng zhu kan shou

【核心词】

【定义】

砍下整个烟株(烟叶附着在茎秆上)的收获方式。

◎ 半整株砍收

【基本信息】

【英文名】 mixed cutting

【拼音】 ban zheng zhu kan shou

【核心词】

【定义】

下部烟叶采叶、上部烟叶砍茎的收获方式。

◎ 调制

【基本信息】

【英文名】 curing

【拼音】 tiao zhi

【核心词】

【定义】

利用自然温湿度或人工控制温湿度的方法，促使采收后的烟叶颜色发生相应变化并达到干燥的工艺过程，包括烘烤、晾制、晒制等。每种方法都会影响烟气特征和烟草的颜色。①烘烤，完全依靠人工加热干燥烟叶；②晾制，烟叶被悬挂在空气中，但不让阳光直接晒到；③晒制，这种方法是将烟叶直接放在阳光下晒。还有明火烘烤，即把烟叶悬挂在以薪木为燃料的明火上方，让烟叶吸收木材烟气中的香味。

【词条关系】

【方法】 晾制

【方法】 烘烤

【方法】 晒制

◎ 烘烤

【基本信息】

【英文名】 flue-curing

【拼音】 hong kao

【核心词】

【定义】

采收后的烟叶以一定方式放置在特定设施内，采用人工控制温湿度的方法使烟叶颜色由绿变黄并不断脱水干燥的全过程。烘烤通常划分为变黄阶段、定色阶段、干筋阶段。

【词条关系】

【方法】 散叶烘烤

【方法】 密集烘烤

【子类】 隧道式烘烤

【借助】 烤房

◎ 烘烤特性

【基本信息】

【英文名】 curing characteristics

【拼音】 hong kao te xing

【核心词】

【定义】

烟叶在生长发育过程中形成的、在烘烤过程中表现出来的特性。烘烤特性包括易烤性和耐烤性。

【词条关系】

【子类】 易烤性

【子类】 耐烤性

◎ 易烤性

【基本信息】

【英文名】 easy curing potential

【拼音】 yi kao xing

【核心词】

【定义】

烟叶在烘烤过程中表现出的易于变黄和定色的特性。

◎ 耐烤性

【基本信息】

【英文名】 endurable curing potential

【拼音】 nai kao xing

【核心词】

【定义】

烟叶在变黄和定色期间对烘烤环境的适应性和不容易烤坏的特性。

◎ 密集烘烤

【基本信息】

【英文名】 bulk curing

【拼音】 mi ji hong kao

【核心词】

【定义】

利用烟夹、烟杆、散叶堆积等装烟方式将采收的烟叶紧密地装挂或放置在烤房内，采用强制热风循环方式进行烟叶烘烤的过程。

◎ 散叶烘烤

【基本信息】

【英文名】 loose leaf curing

【拼音】 san ye hong kao
【核心词】
【定义】
采收的烟叶不用烟夹、烟杆而是按照叶尖向上、叶基部向下叶片自然堆放进行调制的一种烘烤方式。

◎ 烤房

【基本信息】
【英文名】 flue-curing barn
【拼音】 kao fang
【核心词】
【定义】
借助于供热设备加热、通风等手段烘烤烟叶的专用设施，如自然通风形式的普通烤房和机械强制通风、热风循环形式的密集烤房。
【词条关系】
【子类】 普通烤房
【子类】 密集烤房

◎ 普通烤房

【基本信息】
【英文名】 commonness barn
【拼音】 pu tong kao fang
【核心词】
【定义】
装烟密度小、采用自然通风或辅助通风等方式烘烤烟叶的专用传统设施。
【词条关系】
【类比】 密集烤房

◎ 密集烤房

【基本信息】
【英文名】 bulk curing barn
【拼音】 mi ji kao fang
【核心词】
【定义】
装烟密度较大，采用强制通风、自动或半自动控制温湿度等方式烘烤烟叶的专用设施。

◎ 晾制

【基本信息】
【英文名】 air-curing
【拼音】 liang zhi
【核心词】
【定义】
采收后的烟叶或烟株悬挂在专用的晾房、晾棚内或放在阴凉通风的场所，使烟叶逐渐失水干燥，颜色逐渐变黄变褐的过程。
【词条关系】
【类属】 调制
【借助】 晾房

◎ 晾房

【基本信息】
【英文名】 air-curing barn
【拼音】 liang fang
【核心词】
【定义】
晾制烟叶的专用设施。

◎ 晒制

【基本信息】
【英文名】 sun-curing
【拼音】 shai zhi
【核心词】
【定义】
采收后的烟叶以一定的方式置于阳光下晒至自然变黄、变褐并干燥的过程。晒制分为索晒和折晒等。
【词条关系】
【子类】 折晒
【子类】 索晒

◎ 索晒

【基本信息】
【英文名】 sun-curing with string
【拼音】 suo shai
【核心词】
【定义】
采收的烟叶用绳串起、悬挂晒制的过程。
【词条关系】
【类属】 晒制

◎ 折晒

【基本信息】
【英文名】 sun-curing with pair of bamboo grates
【拼音】 zhe shai
【核心词】

【定义】

采收的烟叶夹在烟折内晒制的过程。

【词条关系】

【类属】 晒制

◎ 凋萎

【基本信息】

【英文名】 wilting

【拼音】 diao wei

【核心词】

【定义】

在一定的温湿度条件下,烟叶叶肉细胞因失水而萎缩、烟叶变软的过程。

【词条关系】

【受影响(有关)】 调制

◎ 变黄

【基本信息】

【英文名】 yellowing

【拼音】 bian huang

【核心词】

【定义】

调制前期,在一定的温湿度条件下烟叶的颜色由黄绿色转变为黄色的过程。

【词条关系】

【受影响(有关)】 调制

◎ 定色

【基本信息】

【英文名】 colour fixing

【拼音】 ding se

【核心词】

【定义】

在一定的温湿度条件下使烟叶叶片干燥的同时将所需的色泽固定下来的过程。该过程对短期的烤烟调制过程比晾烟调制过程更严格。

【词条关系】

【受影响(有关)】 调制

◎ 干筋

【基本信息】

【英文名】 kill

【拼音】 gan jin

【核心词】

【定义】

(1) 烟叶调制后期,在一定的温湿度条件下使主脉失水并干燥的过程。

(2) 烘烤过程中除去部分干燥烟叶中剩余水分的表达。通过提高温度到 80 ℃完成,去除主脉中的水分从而减少体积。干筋是烟叶调制的最后一步,其后是回潮及后续处理。

【词条关系】

【受影响(有关)】 调制

◎ 回潮

【基本信息】

【英文名】 ordering

【拼音】 hui chao

【核心词】

【定义】

(1) 烟叶调制结束后,通过打开门窗使湿润空气进入烤房或采用人工加湿的方法使烟叶吸收水分并变软的过程。回潮使烟叶的柔软度足够以最佳状态经受搬运、加工和制造,使造碎率最小。

(2) 复烤工序的一部分,将一定程度的水分回加到干燥烟叶的过程。回潮能减少烟叶破碎,促进醇化。

【词条关系】

【子类】 真空回潮

◎ 组

【基本信息】

【英文名】 group

【拼音】 zu

【核心词】

【定义】

依据着生部位、颜色以及与其总体品质相关的外观特征把烟叶划分成的组别。

【词条关系】

【被类分依据】 烟叶品质

【被类分依据】 烟叶部位

【被类分依据】 颜色

◎ 等级

【基本信息】

【英文名】 grade

【拼音】 deng ji

【核心词】

【定义】

依据外观质量特点和优劣程度把烟叶划分成的不同级别。划分依据一般包括叶位、颜色和成熟度，还有烟气的特征以及其他因素，如组织结构和香气等。

【词条关系】

【受影响(有关)】 类型

◎ 烟叶部位

【基本信息】

【英文名】 leaf position;stalk position

【拼音】 yan ye bu wei

【核心词】

【定义】

烟叶在烟株上着生的位置。烟叶由下而上分为下部叶、中部叶、上部叶，或分为脚叶、下二棚叶、中部叶、上二棚叶、顶叶。

【词条关系】

【子类】 下部叶

【子类】 中部叶

【子类】 上部叶

◎ 下部叶

【基本信息】

【英文名】 lower leaf

【拼音】 xia bu ye

【核心词】

【定义】

着生在烟株主茎下部的若干片烟叶，包括脚叶和下二棚叶烟叶。

【词条关系】

【子类】 下二棚叶

【子类】 脚叶

◎ 脚叶

【基本信息】

【英文名】 fly;priming

【拼音】 jiao ye

【核心词】

【定义】

着生在烟株主茎最下面靠近地面的若干片烟叶。

◎ 下二棚叶

【基本信息】

【英文名】 lug

【拼音】 xia er peng ye

【核心词】

【定义】

着生在脚叶之上并与脚叶相邻的若干片下部烟叶。

◎ 中部叶

【基本信息】

【英文名】 cutter

【拼音】 zhong bu ye

【核心词】

【定义】

(1) 白肋烟和烤烟的中部叶组的等级代号。

(2) 着生在烟株主茎中部的若干片烟叶。

◎ 上部叶

【基本信息】

【英文名】 upper leaf

【拼音】 shang bu ye

【核心词】

【定义】

着生在烟株主茎上部的若干片烟叶，包括上二棚叶和顶叶。

【词条关系】

【子类】 上二棚叶

【子类】 顶叶

◎ 上二棚叶

【基本信息】

【英文名】 leaf

【拼音】 shang er peng ye

【核心词】

【定义】

着生在中部叶之上并与中部叶相邻的若干片上部烟叶。

◎ 顶叶

【基本信息】

【英文名】 tip

【拼音】 ding ye

【核心词】

【定义】

着生在烟株主茎最上部的若干片烟叶。

◎ 成熟度

【基本信息】

【英文名】 maturity

【拼音】 cheng shu du

【核心词】

【定义】

烟叶的成熟程度，包括田间成熟和调制成熟程度。成熟度分为过熟、完熟、成熟、尚熟、欠熟、假熟等档次。

【子类】 过熟

【子类】 完熟

【子类】 成熟

【子类】 尚熟

【子类】 欠熟

【子类】 假熟

◎ 过熟

【基本信息】

【英文名】 overmature

【拼音】 guo shu

【核心词】

【定义】

烟叶生长发育超过成熟的要求，干物质过多转化消耗的状态。

【词条关系】

【类比】 成熟

◎ 完熟

【基本信息】

【英文名】 mellow

【拼音】 wan shu

【核心词】

【定义】

营养充足、发育良好的上部叶在田间达到高度成熟，且调制后熟充分的状态。一般情况下，完熟烟叶叶面上有较多“成熟斑”，有时伴随病斑等斑块。

◎ 成熟

【基本信息】

【英文名】 ripe

【拼音】 cheng shu

【核心词】

【定义】

烟叶生长发育和干物质转化适当，在田间和调制后均具备明显可辨认的成熟特征的状态。采收时烟叶的成熟程度是影响调制后烟叶在烟草制品中适用性的非常重要的因素。成熟的烟叶易调制，容易醇化，烟气浓郁宜人。烤烟也应在较成熟时采收。颜色变化通常是判断田间烟叶成熟度的主要指标。成熟的烟叶更加充实饱满，不宜萎蔫，从茎上摘下声音清脆、断口整齐。欠熟烟叶采收时茎秆表皮常会随叶柄一起撕下。

【词条关系】

【关键指标】 油斑

【关键指标】 成熟度

【关键指标】 黄酮

◎ 尚熟

【基本信息】

【英文名】 mature

【拼音】 shang shu

【核心词】

【定义】

烟叶基本完成了生长转化过程，已部分具备较多可辨认的成熟特征但未达到成熟或调制失当后熟不够的状态。

◎ 欠熟

【基本信息】

【英文名】 unripe

【拼音】 qian shu

【核心词】

【定义】

烟叶尚处于生长发育阶段，不完全具备成熟特征或调制失当的状态。

◎ 假熟

【基本信息】

【英文名】 premature

【拼音】 jia shu
【核心词】

【定义】

(1) 烟叶在未达到植物学上的充分发育之前表现出成熟特征的现象。

(2) 由于各种因素(营养不良、光照不足、天气严重干旱或涝渍等)影响,烟叶在没有真正达到成熟之前就表现出外观上黄化的现象。

◎ 叶片结构

【基本信息】

【英文名】 leaf structure
【拼音】 ye pian jie gou
【核心词】

【定义】

烟叶细胞排列的疏密程度。

【词条关系】

【关键指标】 疏松
【关键指标】 尚疏松
【关键指标】 紧密
【关键指标】 稍密

◎ 身份

【基本信息】

【英文名】 body
【拼音】 shen fen
【核心词】

【定义】

烟叶厚度、细胞密度或单位叶面积质量的总体体现。一般认为:①烟气香味方面,指烟气吃味丰满程度,由评吸小组判定测定;②烟叶方面,指一个难以确切定义的技术方面的术语。一般来说,身份指的是烟叶整体质量,尤其是指与烟叶组织的柔韧性相结合的烟叶厚度和密度。有时也使用单位面积重量表示身份。身份好的烟叶不一定比身份差的叶片重。有身份的烟叶单位面积的细胞数比无身份的烟叶要少,但是其细胞的体积较大,所以烟叶的体积也比较大。

【词条关系】

【子类】 薄
【子类】 稍薄
【子类】 中等
【子类】 稍厚
【子类】 厚

◎ 油分

【基本信息】

【英文名】 oil
【拼音】 you fen
【核心词】

【定义】

烟叶内含有的一种柔润的半液体或液体物质(芳香油和树脂等),在烟叶外观上表现出油润或枯燥的感觉。

◎ 光滑

【基本信息】

【英文名】 slick
【拼音】 guang hua
【核心词】

【定义】

描述烟叶组织表现出的平滑或僵硬、无颗粒外观的术语。

◎ 色度

【基本信息】

【英文名】 colour intensity
【拼音】 se du
【核心词】

【定义】

烟叶表面颜色的饱和程度、均匀度和光泽强度的综合表现。

◎ 残伤

【基本信息】

【英文名】 waste
【拼音】 can shang
【核心词】

【定义】

烟叶受到破坏、失去成丝强度和坚实性的那部分组织。残伤包括烟叶的枯焦和病斑等,残伤程度以残伤面积占整片烟叶面积的百分数表示。

◎ 破损

【基本信息】

【英文名】 injury
【拼音】 po sun
【核心词】

【定义】

叶片因受到机械损伤而失去原有完整性的部分组织，以破损面积占整片烟叶面积的百分数表示。

◎ 烟叶尺寸

【基本信息】

【英文名】 leaf size

【拼音】 yan ye chi cun

【核心词】

【定义】

烟叶的大小（大、中或小）。

【词条关系】

【子类】 烟叶宽度

【子类】 烟叶长度

◎ 烟叶长度

【基本信息】

【英文名】 leaf length

【拼音】 yan ye chang du

【核心词】

【定义】

从叶片主脉基端至烟叶尖端间的距离。香料烟则是指烟叶叶尖到叶底（基）的距离（不包括叶柄）。

◎ 烟叶宽度

【基本信息】

【英文名】 leaf width

【拼音】 yan ye kuan du

【核心词】

【定义】

烟叶最宽处对边之间直线距离。

◎ 颜色

【基本信息】

【英文名】 colour

【拼音】 yan se

【核心词】

【定义】

描述调制后烟叶呈现的深浅不同的色彩、色泽饱和度和色值的外观术语。烟叶颜色分基本色和非基本色。烟草的颜色是一个重要的因素，既表明其本身品种特征，也表明其质量。例如，它可表明烟叶是否成熟，其光泽和亮度为判断烟叶的整体情况提供了依据。

【词条关系】

【子类】 基本色

【子类】 红棕色

【子类】 非基本色

【子类】 青黄色（烤烟）

【子类】 橘黄色

【子类】 杂色

【子类】 微带青

【子类】 柠檬黄（烤烟）

◎ 基本色

【基本信息】

【英文名】 basic colour

【拼音】 ji ben se

【核心词】

【定义】

调制后烟叶所表现出的正常的主体颜色，包括黄色、红色和棕褐色三种。除此之外的各种杂色为非基本色。

【词条关系】

【类属】 烟叶颜色

【子类】 黄色

【子类】 红色

【子类】 棕褐色

【类比】 杂色

◎ 柠檬黄（烤烟）

【基本信息】

【英文名】 lemon

【拼音】 ning meng huang (kao yan)

【核心词】

【定义】

烟叶表面呈现出的纯正柠檬色的黄色。

【词条关系】

【影响】 烟叶品质

◎ 橘黄色

【基本信息】

【英文名】 orange

【拼音】 ju huang se

【核心词】

【定义】

烟叶表面呈现出的以黄色为主、微带红的黄色。

◎ 红棕色

【基本信息】

【英文名】 reddish brown

【拼音】 hong zong se

【核心词】

【定义】

烟叶表面呈现出的明显红黄色或浅棕黄色。

◎ 青黄色(烤烟)

【基本信息】

【英文名】 green-yellow

【拼音】 qing huang se (kao yan)

【核心词】

【定义】

黄色叶片上带有可见的不超过三成的青色。

◎ 微带青

【基本信息】

【英文名】 greenish

【拼音】 wei dai qing

【核心词】

【定义】

调制后叶片上叶脉带青或叶片含微浮青的现象。这种微带青色存放一段时间后会消失。

◎ 杂色

【基本信息】

【英文名】 variegated

【拼音】 za se

【核心词】

【定义】

除青黄烟和残伤外，烟叶表面存在的非基本色的颜色斑块。杂色包括轻度阴筋、蒸片、挂灰、青痕、烤红、潮红等。

【词条关系】

【子类】 潮红

【子类】 (烤烟)烤红

【子类】 (烤烟)阴筋

【子类】 挂灰

【子类】 青痕

◎ (烤烟)阴筋

【基本信息】

【英文名】 swelled stem; wet rib

【拼音】 (kao yan)yin jin

【核心词】

【定义】

由于干筋期烤房内温度下降，尚未烤干的主脉中水分渗透到已烤干的叶片内，使烘烤后烟叶沿主脉处呈现褐色长条状斑块的现象。

◎ 挂灰

【基本信息】

【英文名】 scalding

【拼音】 gua hui

【核心词】

【定义】

烟叶表面呈现出的局部或全部浅灰色或灰褐色的现象。挂灰一般是当烟叶含水率仍然很高时，加热过量烟叶产生的缺陷。这种烟叶受多酚氧化作用产物的影响。

◎ 青痕

【基本信息】

【英文名】 green spotty

【拼音】 qing hen

【核心词】

【定义】

烟叶在调制前受到机械擦、压伤而造成的青色痕迹。

◎(烤烟)烤红

【基本信息】

【英文名】 scorched leaf

【拼音】 (kao yan) kao hong

【核心词】

【定义】

由于干筋期烤房内温度过高或湿度偏大，烘烤后烟叶叶面出现红色、红褐色斑点或斑块的现象。

◎ 潮红

【基本信息】

【英文名】 sponged leaf

【拼音】 chao hong

【核心词】

【定义】

烟叶调制后因回潮过度，相对湿度过高，烟叶变成红褐色的现象。

◎ 把烟

【基本信息】

【英文名】 bundle

【拼音】 ba yan

【核心词】

【定义】

同一等级一定数量(20 片左右)的烟叶,在其烟柄处用同级的 1～2 片烟叶缠绕扎紧成的一束烟叶。

【词条关系】

【子类】 自然把

【子类】 平摊把

◎ 自然把

【基本信息】

【英文名】 crumpled leaf bundle

【拼音】 zi ran ba

【核心词】

【定义】

调制后烟叶按其自然形态分级,叶柄对齐而扎成的把烟。

◎ 平摊把

【基本信息】

【英文名】 flattened leaf bundle

【拼音】 ping tan ba

【核心词】

【定义】

在烟叶分级过程中将烟叶平摊开,使叶面平展后叶柄对齐而扎成的把烟。

◎ 散烟

【基本信息】

【英文名】 loose leaves

【拼音】 san yan

【核心词】

【定义】

分级后不扎把、排列整齐的烟叶。

◎ 纯度允差

【基本信息】

【英文名】 tolerance

【拼音】 chun du yun cha

【核心词】

【定义】

某等级烟叶中混入上、下一级烟叶总和的允许程度,以混级烟叶量占抽检样品烟叶总量的百分数表示。

【词条关系】

【用于】 烟叶等级

【用于】 等级

◎ 异物

【基本信息】

【英文名】 foreign matter

【拼音】 yi wu

【核心词】

【定义】

混杂在烟叶中的烟梗、烟芽、烟杈以及其他非烟叶物质。

◎ 叶柄

【基本信息】

【英文名】 petiole

【拼音】 ye bing

【核心词】

【定义】

烟叶叶片基部与烟株茎秆连接的那一部分主脉。叶柄是用于描述香料烟的相关术语。

【词条关系】

【隶属于】 香料烟

◎ 无柄烟叶

【基本信息】

【英文名】 sessile leaf

【拼音】 wu bing yan ye

【核心词】

【定义】

宽大的叶基直接连在烟株茎秆上的烟叶。

◎ 长宽比

【基本信息】

【英文名】 diametrical ratio

【拼音】 chang kuan bi

【核心词】

【定义】

烟叶长度和最大宽度的比率。

◎ 中心距

【基本信息】

【英文名】 central distance

【拼音】 zhong xin ju

【核心词】

【定义】

烟叶叶基与烟叶最大宽度处间的垂直距离。

◎ 椭圆度系数

【基本信息】

【英文名】 coefficient of ovality

【拼音】 tuo yuan du xi shu

【核心词】

【定义】

烟叶长度与中心距的比率。

【词条关系】

【影响】 烟叶品质

◎ 叶尖角

【基本信息】

【英文名】 tip angle

【拼音】 ye jian jiao

【核心词】

【定义】

从烟叶叶尖到叶缘画出的两条切线之间的夹角，是用于描述香料烟的术语。

【词条关系】

【受影响(有关)】 香料烟

◎ 手

【基本信息】

【英文名】 hand

【拼音】 shou

【核心词】

【定义】

成熟时一起采摘的具有相同尺寸和形态的一组烟叶。一手又称一次采叶，一般用于描述香料烟。

◎ 穿绳

【基本信息】

【英文名】 stringing

【拼音】 chuan sheng

【核心词】

【定义】

用针从烟叶的主脉到叶柄部位把烟叶穿在一起的过程。

【词条关系】

【影响】 香料烟

◎ 打包

【基本信息】

【英文名】 baling

【拼音】 da bao

【核心词】

【定义】

使用适宜的方法将同产地同级别的烟叶压紧并包装好的过程。

【词条关系】

【用于】 烟片

◎ 烟包

【基本信息】

【英文名】 bale

【拼音】 yan bao

【核心词】

【定义】

最适合于仓储、发酵和运输的一种烟叶包装形式。在香料烟产区通常使用的烟包形式是通加包。根据包内烟叶质量的多少，通加包可以分为大通加包和小通加包两种。打包操作通常利用液压装置进行，偶尔也会有手压包。包装材料一般是黄麻、亚麻、棕榈叶或其他材料，或者这些材料的混纺物。烟叶一般被缝进包中，但也可以用绳子扎系。打包使用的压力差异较大。

【词条关系】

【方法】 通加包

【子类】 小通加包

【子类】 大通加包

◎ 大通加包

【基本信息】

【英文名】 big tonga bale

【拼音】 da tong jia bao

【核心词】

【定义】

质量为 31～55 kg 的烟包。

◎ 小通加包

【基本信息】

【英文名】 small tonga bale

【拼音】 xiao tong jia bao

【核心词】

【定义】

质量为 20～30 kg 的烟包。

◎ 包布

【基本信息】

【英文名】 wrapper

【拼音】 bao bu

【核心词】

【定义】

用于包裹烟包的材料。通常使用的织物是麻袋布、打包麻布或可以透气和透过水分的其他类似材料。

【词条关系】

【用于】 烟包

◎ 底包布

【基本信息】

【英文名】 bottom wrapper

【拼音】 di bao bu

【核心词】

【定义】

用于覆盖烟包下面、上面和后面的包布。

【词条关系】

【用于】 烟包

◎ 侧包布

【基本信息】

【英文名】 side wrapper

【拼音】 ce bao bu

【核心词】

【定义】

用于覆盖没有被底包布遮盖的烟包的前面、右面和左面的包布。

◎ 通加绳

【基本信息】

【英文名】 tonga rope

【拼音】 tong jia sheng

【核心词】

【定义】

用麻或其他类似的非污染材料制成的一种绳子，用于系紧底包布的上面和下面。

◎ 缝包线

【基本信息】

【英文名】 bale sewing thread

【拼音】 feng bao xian

【核心词】

【定义】

用麻或其他类似的非污染材料制成的一种线，用于缝连底包布和侧包布。

【词条关系】

【用于】 底包布

【用于】 侧包布

◎ 通加打包箱

【基本信息】

【英文名】 tonga baling box

【拼音】 tong jia da bao xiang

【核心词】

【定义】

由木料、钢材或其他无污染材料制成的长方形箱子，是通加包专用的箱子。

【词条关系】

【用于】 小通加包

【用于】 大通加包

◎ 烟草制品

【基本信息】

【英文名】 tobacco products

【拼音】 yan cao zhi pin

【核心词】

【定义】

以烟草为主要原料制成的消费品。烟草制品分为燃吸类烟草制品和非燃吸类烟草制品。燃吸类烟草制品包括卷烟、雪茄烟、吸用烟丝等。非燃吸类烟草制品包括无烟气烟草制品和加热不燃烧的新型烟草制品等。

【词条关系】

【子类】 吸用烟丝

【子类】 雪茄烟

【子类】 卷烟

【子类】 无烟气烟草制品

◎ 卷烟

【基本信息】

【英文名】 cigarette

【拼音】 juan yan

【核心词】

【定义】

用卷烟纸包裹烟丝卷制而成供人们燃吸的烟草制品。

【词条关系】

【子类】 香料烟型卷烟

【子类】 混合型卷烟

【子类】 晒烟型卷烟

【子类】 外香型卷烟

【子类】 烤烟型卷烟

【子类】 雪茄型卷烟

【子类】 无嘴卷烟

【子类】 滤嘴卷烟

◎ 烤烟型卷烟

【基本信息】

【英文名】 virginia type cigarette

【拼音】 kao yan xing juan yan

【核心词】

【定义】

主流烟气中具有明显烤烟香气的卷烟。

◎ 混合型卷烟

【基本信息】

【英文名】 blended type cigarette

【拼音】 hun he xing juan yan

【核心词】

【定义】

主流烟气中具有明显烤烟和晾晒烟混合香气特征的卷烟。

【词条关系】

【子类】 美式混合型卷烟

【子类】 中式混合型卷烟

◎ 外香型卷烟

【基本信息】

【英文名】 exotic flavour type cigarette; external flavour type cigarette

【拼音】 wai xiang xing juan yan

【核心词】

【定义】

主流烟气中具有按照产品设计所要求的独特并且明显的非烟草香气的卷烟。薄荷烟、丁香烟等属此类。

【词条关系】

【子类】 薄荷卷烟

【子类】 丁香烟

◎ 雪茄型卷烟

【基本信息】

【英文名】 cigar type cigarette

【拼音】 xue jia xing juan yan

【核心词】

【定义】

主流烟气中具有明显雪茄烟香气的卷烟。

◎ 晒烟型卷烟

【基本信息】

【英文名】 sun-cured type cigarette

【拼音】 shai yan xing juan yan

【核心词】

【定义】

主流烟气中具有明显晒烟香气的卷烟。

◎ 香料烟型卷烟

【基本信息】

【英文名】 oriental type cigarette

【拼音】 xiang liao yan xing juan yan

【核心词】

【定义】

主流烟气中具有明显香料烟香气的卷烟。

◎ 无嘴卷烟

【基本信息】

【英文名】 plain cigarette; non-filter cigarette

【拼音】 wu zui juan yan

【核心词】

【定义】

不接装滤嘴的卷烟。

◎ 滤嘴卷烟

【基本信息】

【英文名】 filter cigarette

【拼音】 lü zui juan yan
【核心词】
【定义】
接装有滤嘴的卷烟。

◎ 雪茄烟

【基本信息】
【英文名】 cigar
【拼音】 xue jia yan
【核心词】
【定义】
用烟草作茄芯,烟草或含有烟草成分的材料作茄衣、茄套(如有)卷制而成,具有雪茄型烟草香味特征的烟草制品。雪茄烟加工方式包括手卷、机制、半机制等。用作茄衣、茄套(如有)的含有烟草成分的材料中自然烟草成分含量应在20%以上,烟支中晾晒烟应占烟支质量(不含烟嘴)的70%以上。
【词条关系】
【拆解为】 茄芯
【拆解为】 茄衣
【拆解为】 茄套

◎ 吸用烟丝

【基本信息】
【英文名】 cut tobacco for smoking
【拼音】 xi yong yan si
【核心词】
【定义】
将烟叶加工成丝、颗粒或碎片状,以烟斗、烟筒或手工自卷烟等方式使用的燃吸类烟草制品。包括旱烟丝、水烟丝、斗烟丝及自卷烟丝等。国际上一般称为细切烟丝。
【词条关系】
【基本等同】 细切烟丝
【用途】 细切烟丝燃吸品

◎ 细切烟丝

【基本信息】
【英文名】 fine-cut tobacco
【拼音】 xi qie yan si
【核心词】
【定义】
经加工供消费者用于自制燃吸品的烟草。

◎ 细切烟丝燃吸品

【基本信息】
【英文名】 fine-cut smoking article
【拼音】 xi qie yan si ran xi pin
【核心词】
【定义】
由消费者自行将细切烟丝用材料包裹或器具装填而成的燃吸类烟草制品。

◎ 无烟气烟草制品

【基本信息】
【英文名】 smokeless tobacco products
【拼音】 wu yan qi yan cao zhi pin
【核心词】
【定义】
使用时无须燃烧且不产生烟气的烟草制品。
【词条关系】
【子类】 鼻用型无烟气烟草制品
【子类】 口用型无烟气烟草制品

◎ 口用型无烟气烟草制品

【基本信息】
【英文名】 oral smokeless tobacco products
【拼音】 kou yong xing wu yan qi yan cao zhi pin
【核心词】
【定义】
放入口腔使用的无烟气烟草制品。
【词条关系】
【子类】 溶烟
【子类】 含烟
【子类】 膏烟
【子类】 嚼烟

◎ 嚼烟

【基本信息】
【英文名】 chewing tobacco
【拼音】 jiao yan
【核心词】
【定义】
通过咀嚼方式使用的口用型无烟气烟草制品。成品形式为散叶状、压缩烟砖状、绳索状、块状、片状等,可添加其他许可的添加剂等非烟草成分。
【词条关系】
【子类】 纺嚼烟

【子类】 绳索嚼烟
【子类】 烟丝结

◎ 含烟

【基本信息】
【英文名】 snus; snuff
【拼音】 han yan
【核心词】
【定义】
使用时置于嘴唇和牙龈之间,通过唾液溶出部分可溶物的口用型无烟气烟草制品。成品形式为松散或独立小袋装细小烟草颗粒或烟草细丝。
【词条关系】
【类属】 口含烟

◎ 膏烟

【基本信息】
【英文名】 paste tobacco
【拼音】 gao yan
【核心词】
【定义】
由烟草提取物与其他许可的添加剂混合而成的膏状口用型无烟气烟草制品。
【词条关系】
【类属】 口用型无烟气烟草制品

◎ 溶烟

【基本信息】
【英文名】 dissolvable tobacco
【拼音】 rong yan
【核心词】
【定义】
使用时可完全溶解的口用型无烟气烟草制品。由烟草提取物与其他许可的添加剂混合而成,成品形式为块状、片状、条状、棒状等。
【词条关系】
【类属】 口含烟

◎ 鼻用型无烟气烟草制品

【基本信息】
【英文名】 nasal smokeless tobacco products; nasal tobacco
【拼音】 bi yong xing wu yan qi yan cao zhi pin
【核心词】
【定义】
通过鼻腔嗅吸使用的无烟气烟草制品。成品形式通常为含水率较低的棕黄色或深棕色烟草粉末。在我国通常称为鼻烟。
【词条关系】
【同义】 鼻烟

◎ 烟叶

【基本信息】
【英文名】 leaf tobacco; tobacco leaf
【拼音】 yan ye
【核心词】
【定义】
烟草的叶,是烟草工业的主要原料。烟叶是烟草植株主要器官,是干物质的合成器和能量供应器。优质烟叶应在叶片满足需求但其可溶性养分开始分解之前适时采收。烟叶大小和形状随品种不同而不同:黄花烟草通常是有柄的,卵圆形或心形,而普通烟草多是椭圆形或长椭圆或矛尖形。叶表面也有所不同:黄花烟草黑而发亮,而普通烟草则由于缺乏足量的氮而没有光泽。叶片大小和形状可能是烟叶品质和价格的重要指标,如香料烟(大小)或雪茄外包叶烟(形状)。
【词条关系】
【关键指标】 pH 值
【关键指标】 叶形
【关键指标】 光泽

◎ 初烤烟

【基本信息】
【英文名】 cured tobacco; raw tobacco
【拼音】 chu kao yan
【核心词】
【定义】
调制后未经复烤的烟叶,也可称为原烟。
【词条关系】
【同义】 原烟

◎ 复烤烟

【基本信息】
【英文名】 redried tobacco

【拼音】 fu kao yan

【核心词】

【定义】

将初烤烟经再次干燥处理后，含水率达到适合于贮运的烟叶。

【词条关系】

【受影响(有关)】 复烤机

◎ 叶片

【基本信息】

【英文名】 lamina

【拼音】 ye pian

【核心词】

【定义】

烟叶叶脉之间的区域。区别于包括中脉的整个叶片，是描述与中脉分离的烤后或未烘烤烟叶组织的植物学名词。

【词条关系】

【类比】 烟叶

◎ 叶尖

【基本信息】

【英文名】 leaf tip

【拼音】 ye jian

【核心词】

【定义】

烟叶上主脉直径约小于 1.5 mm 的尖端部分。

◎ 叶基

【基本信息】

【英文名】 leaf base

【拼音】 ye ji

【核心词】

【定义】

烟叶上主脉直径约大于 3 mm 的基端部分。

◎ 片烟

【基本信息】

【英文名】 strips

【拼音】 pian yan

【核心词】

【定义】

打叶或抽梗后的叶片。

【词条关系】

【子类】 配打片烟

【子类】 单打片烟

◎ 单打片烟

【基本信息】

【英文名】 non-blended strips

【拼音】 dan da pian yan

【核心词】

【定义】

单等级烟叶打叶加工后形成的片烟。

◎ 配打片烟

【基本信息】

【英文名】 blended strips

【拼音】 pei da pian yan

【核心词】

【定义】

两个(含)以上等级烟叶按一定质量比例混合打叶加工后形成的片烟。

◎ 叶丝

【基本信息】

【英文名】 cut lamina; cut strips

【拼音】 ye si

【核心词】

【定义】

片烟经切丝工序后制成的一定宽度的细丝。

【词条关系】

【类比】 梗丝

【类比】 再造叶丝

【类比】 再造梗丝

◎ 膨胀叶丝

【基本信息】

【英文名】 expanded cut lamina; expanded cut strips

【拼音】 peng zhang ye si

【核心词】

【定义】

经过膨胀工艺处理后体积明显增大的叶丝。

【词条关系】

【类比】 膨胀梗丝

◎ 烟梗

【基本信息】

【英文名】 stem

【拼音】 yan geng

【核心词】

【定义】

（1）烟叶上直径大于 1.5 mm 的主脉。

（2）烟叶的主脉。烟梗不同于植株茎秆，尽管这两个词使用时并未严格区分。大叶烟草加工前必须去除主脉，可以用手工或机器操作，然后经过切丝或辊压，或将之加工成细丝，制成淡味的几乎无香气的产品加到廉价的斗烟和卷烟中，或者粉碎用在再造烟叶中。粗的主脉排水时间长，而叶片等其他部分干燥得非常快，因此粗梗在干燥期间会引起麻烦。

◎ 梗片

【基本信息】

【英文名】 rolled stem；flattened stem

【拼音】 geng pian

【核心词】

【定义】

经过压梗工序处理后制成的适宜厚度的片状烟梗。

◎ 梗丝

【基本信息】

【英文名】 cut rolled stem

【拼音】 geng si

【核心词】

【定义】

梗片或者烟梗经切丝工序后制成的一定宽度的细丝。制作梗丝首先是使梗片或烟梗充分湿润，关键是使水分均匀地渗入皮层和木质脉管组织，以防止这两部分分离或不能正常压扁。接着，趁热在压梗机上将梗片或梗丝压扁，再切成需要的宽度，经过干燥、冷却，加入吸用烟丝、卷烟烟丝或鼻烟中。如果是加入鼻烟中，还要经过碾磨加工。

【词条关系】

【英文缩写】 CRS

◎ 膨胀梗丝

【基本信息】

【英文名】 expanded cut stem

【拼音】 peng zhang geng si

【核心词】

【定义】

经过膨胀工艺处理后体积明显增大的梗丝。

【词条关系】

【类比】 膨胀烟丝

【手段】 膨胀

◎ 膨胀梗粒

【基本信息】

【英文名】 expanded stem granules

【拼音】 peng zhang geng li

【核心词】

【定义】

经过膨胀、制粒、筛分等工序处理后体积明显增大且尺寸较为一致的烟梗颗粒物。

【词条关系】

【类属】 膨胀烟草

【类比】 膨胀烟丝

【类比】 膨胀梗丝

◎ 梗签

【基本信息】

【英文名】 stem sticks

【拼音】 geng qian

【核心词】

【定义】

烟丝中形状与牙签相似、未膨胀或膨胀效果未达到卷制工艺要求的烟梗。

◎ 梗块

【基本信息】

【英文名】 stem bits

【拼音】 geng kuai

【核心词】

【定义】

烟丝中呈块状的烟梗。

◎ 再造烟叶

【基本信息】

【英文名】 reconstituted tobacco；tobacco sheet

【拼音】 zai zao yan ye

【核心词】

【定义】

以烟末、碎片烟、碎烟丝、烟梗等为主要原料，经加工制成可作为烟草制品原料使用的薄片。

【词条关系】

【方法】 辊压法

【方法】 稠浆法

【方法】 造纸法

【子类】 辊压法再造烟叶

【子类】 造纸法再造烟叶

【子类】 稠浆法再造烟叶

【子类】 再造烟叶丝

【子类】 再造梗丝

【同义】 烟草薄片

【同义】 重组烟草

◎ 辊压法再造烟叶

【基本信息】

【英文名】 rolling process reconstituted tobacco; rolling process tobacco sheet

【拼音】 gun ya fa zai zao yan ye

【核心词】

【定义】

按配方设计要求，将再造烟叶原料粉碎后与水、胶黏剂及其他添加剂混合并搅拌均匀，经辊压和干燥制成的薄片。

【词条关系】

【类比】 造纸法再造烟叶

【类比】 稠浆法再造烟叶

◎ 稠浆法再造烟叶

【基本信息】

【英文名】 slurry process reconstituted tobacco; slurry process tobacco sheet

【拼音】 chou jiang fa zai zao yan ye

【核心词】

【定义】

按配方设计要求，将再造烟叶原料粉碎后与水、胶黏剂及其他添加剂混合并搅拌均匀，形成浆状物并均匀铺在循环金属带上，经干燥、铲剥制成的薄片。

◎ 造纸法再造烟叶

【基本信息】

【英文名】 paper process reconstituted tobacco; paper process tobacco sheet

【拼音】 zao zhi fa zai zao yan ye

【核心词】

【定义】

按配方设计要求，将再造烟叶原料分别用水或其他溶剂浸泡萃取，分解为可溶性物质和不溶性物质，不溶性物质以类似造纸的方法制成像原纸一样的片基，然后在片基上涂布经浓缩后的可溶性物质和其他添加剂，经干燥制成的薄片。

◎ 再造烟叶丝

【基本信息】

【英文名】 reconstituted tobacco cut rag; cut tobacco sheet

【拼音】 zai zao yan ye si

【核心词】

【定义】

再造烟叶经切丝工序后制成的一定宽度的细丝。

【词条关系】

【基本等同】 再造叶丝

◎ 烟丝

【基本信息】

【英文名】 cut tobacco; cut rag

【拼音】 yan si

【核心词】

【定义】

由叶丝、膨胀叶丝、梗丝、膨胀梗丝、再造烟叶丝等按设定的质量比例组成的用于卷制卷烟等烟草制品的混合物。

【词条关系】

【组成】 再造烟叶丝

【组成】 膨胀叶丝

【组成】 膨胀梗丝

【组成】 梗丝

【组成】 叶丝

◎ 回收烟丝

【基本信息】

【英文名】 recycled cut tobacco

【拼音】 hui shou yan si

【核心词】

【定义】

卷制、接装等过程中产生的废次卷烟、废次烟条、废次烟支等经过废烟处理后得到的可回掺到烟丝中再次使用的部分。

◎ 配方叶组

【基本信息】

【英文名】 formulation group

【拼音】 pei fang ye zu

【核心词】

【定义】

用不同种类和等级的片烟、再造烟叶等按设定的质量比例组成的配方单元。

【词条关系】

【组成】 片烟

【组成】 再造烟叶

◎ 茄芯

【基本信息】

【英文名】 filler

【拼音】 jia xin

【核心词】

【定义】

雪茄烟中心填充的烟草，如整片烟叶、叶片或烟丝。

◎ 茄套

【基本信息】

【英文名】 binder

【拼音】 jia tao

【核心词】

【定义】

雪茄烟中用于固定茄芯位置的烟草或含有烟草成分的材料。

◎ 茄衣

【基本信息】

【英文名】 wrapper

【拼音】 jia yi

【核心词】

【定义】

雪茄烟最外层的烟草或含有烟草成分的材料。

◎ 内胚

【基本信息】

【英文名】 bunch

【拼音】 nei pei

【核心词】

【定义】

茄芯被茄套包卷后成为具有一定规格但尚未包卷茄衣的雪茄烟在制品。

【词条关系】

【拆解为】 茄芯

【拆解为】 茄套

◎ 烟条

【基本信息】

【英文名】 tobacco column

【拼音】 yan tiao

【核心词】

【定义】

已卷制成型但尚未分切的卷烟在制品，即连续的长烟条。烟条随后被切成单支烟长度。烟支的长度随产品的种类而异。烟支和滤嘴用接装纸机装在一起。

◎ 烟支

【基本信息】

【英文名】 tobacco rod

【拼音】 yan zhi

【核心词】

【定义】

将烟条按产品设计要求分切成一定长度后的滤嘴卷烟在制品。

【词条关系】

【来源】 烟条

◎ 烟草加工

【基本信息】

【英文名】 tobacco processing

【拼音】 yan cao jia gong

【核心词】

◎ 烟草工艺

【基本信息】

【英文名】 tobacco processing technology

【拼音】 yan cao gong yi

【核心词】

【定义】

将烟叶等原材料加工制造成烟草制品的方法和过程。

【词条关系】

【类属】 烟草加工

◎ 工艺参数

【基本信息】

【英文名】 processing parameter

【拼音】 gong yi can shu

【核心词】

【定义】

烟草制品加工制造过程中所涉及的技术条件。

【词条关系】

【类属】 烟草加工

◎ 真空回潮

【基本信息】

【英文名】 vacuum conditioning

【拼音】 zhen kong hui chao

【核心词】

【定义】

利用抽真空的方式排除烟包内的空气，再破除真空增加烟包内烟叶温度和含水率的工艺过程。真空回潮也适用于片烟。

【词条关系】

【类属】 打叶复烤

◎ 切尖

【基本信息】

【英文名】 tipping

【拼音】 qie jian

【核心词】

【定义】

(1) 烟的初加工过程的一部分。在切尖台上用旋转的圆刀将叶尖切掉，切掉部分约占烟叶重量的 20%。该过程有时与切柄结合进行，在卷烟生产中，常与切剩部分的打叶相结合。

(2) 将叶尖部分切下，使叶尖与烟叶其余部分分离的工艺过程。

【词条关系】

【类属】 打叶复烤

◎ 切基

【基本信息】

【英文名】 leaf base cutting

【拼音】 qie ji

【核心词】

【定义】

将叶基部分切下，使叶基与烟叶其余部分分离的工艺过程。

【词条关系】

【类属】 打叶复烤

◎ 解把

【基本信息】

【英文名】 tie-leaf cutting

【拼音】 jie ba

【核心词】

【定义】

将把烟的捆扎物切断，使其易于散开的工艺过程。

【词条关系】

【用于】 松叶

【类属】 打叶复烤

◎ 润叶

【基本信息】

【英文名】 ordering

【拼音】 run ye

【核心词】

【定义】

对烟叶进行一定程度的加温加湿处理，增强其韧性和耐加工性的工艺过程，也适用于片烟。

【词条关系】

【类属】 打叶复烤

◎ 光电除杂

【基本信息】

【英文名】 photoelectric classifying

【拼音】 guang dian chu za

【核心词】

【定义】

利用光电检测器，去除混入烟叶中的杂物的工艺过程，也适用于片烟。

◎ 打叶

【基本信息】

【英文名】 threshing

【拼音】 da ye

【核心词】

【定义】

用机械方式将烟叶的烟梗和侧脉与叶片分离的工艺过程。

【词条关系】

【类属】 打叶复烤

【子类】 全叶打叶

【子类】 配方打叶
【子类】 切基打叶
【子类】 切尖打叶
【子类】 柔式打叶
【用途】 去梗

◎ 全叶打叶

【基本信息】
【英文名】 whole leaf threshing
【拼音】 quan ye da ye
【核心词】
【定义】
整片烟叶进入打叶去梗工段的工艺处理方式。

◎ 切尖打叶

【基本信息】
【英文名】 threshing after leaf tip cutting
【拼音】 qie jian da ye
【核心词】
【定义】
烟叶经过切尖处理后，其余部分进入打叶去梗工段的工艺处理方式。

◎ 切基打叶

【基本信息】
【英文名】 threshing after leaf base cutting
【拼音】 qie ji da ye
【核心词】
【定义】
烟叶经过切基处理后，其余部分进入打叶去梗工段的工艺处理方式。

◎ 配方打叶

【基本信息】
【英文名】 threshing proportionately
【拼音】 pei fang da ye
【核心词】
【定义】
把两个(含)以上等级烟叶按一定质量比例混合成符合特定卷烟产品配方模块要求的叶组，再进行打叶并形成成品配打片烟的工艺处理方式。

◎ 风分

【基本信息】
【英文名】 pneumatic separating
【拼音】 feng fen
【核心词】
【定义】
利用风力，将叶片与烟梗分离的工艺过程。
【词条关系】
【类属】 打叶复烤

◎ 抽梗

【基本信息】
【英文名】 stripping
【拼音】 chou geng
【核心词】
【定义】
从烟叶中撕去烟梗，得到大致无损的两个半片烟叶的过程。
【词条关系】
【类属】 打叶复烤

◎ 复烤

【基本信息】
【英文名】 redrying
【拼音】 fu kao
【核心词】
【定义】
将打叶、风分后的片烟或烟梗分别采用高温处理，使其含水率达到所规定的指标，以利于长期贮存的工艺过程。
【词条关系】
【借助】 复烤机

◎ 片烟包装

【基本信息】
【英文名】 strips(stem) packing
【拼音】 pian yan bao zhuang
【核心词】
【定义】
对复烤后的片烟进行批量计量、预压成型、打包捆扎、标识的工艺过程。
【词条关系】
【类属】 打叶复烤

◎ 烟梗包装

【基本信息】
【英文名】 strips(stem) packing
【拼音】 yan geng bao zhuang

【核心词】

【定义】

对复烤后的烟梗进行批量计量、预压成型、打包捆扎、标识的工艺过程。

【词条关系】

【类属】 打叶复烤

◎ 卷烟加工

【基本信息】

【英文名】 cigarette processing

【拼音】 juan yan jia gong

【核心词】

【定义】

卷烟加工的统称,包括卷烟原材料、卷烟各过程以及相关的机械和装置。

◎ 醇化

【基本信息】

【英文名】 ageing

【拼音】 chun hua

【核心词】

【定义】

将复烤后的片烟、晾烟及晒烟烟叶等置于贮存条件良好的仓库内贮存一定时间(通常为1～3年),借助其内部缓慢的生化反应,以达到提高原料品质目的的工艺过程。

【词条关系】

【类属】 卷烟加工

◎ 人工发酵

【基本信息】

【英文名】 artificial fermentation

【拼音】 ren gong fa jiao

【核心词】

【定义】

通过人为改变贮存条件,促使复烤后的片烟、晾烟及晒烟烟叶等在较短时间内发生类似醇化过程中的化学和生化变化,以达到快速提高原料品质目的的工艺过程。人工发酵一般指提高贮存环境的温度和相对湿度。在贮存物表面喷洒酶制剂、生物制剂、糊米水等也属此类。人工发酵也适用于雪茄烟叶。

【词条关系】

【类属】 卷烟加工

◎ 制丝

【基本信息】

【英文名】 preliminary processing

【拼音】 zhi si

【核心词】

【定义】

(1) 原料烟草转变为烟丝的过程,主要包括回潮、打叶、混配、加料、切丝、烘丝和加香等过程。

(2) 将片烟、烟梗等原料加工成符合卷烟质量标准及卷制工艺要求的烟丝的工艺过程。

【词条关系】

【类属】 卷烟加工

【关键指标】 加料

【关键指标】 加香

【关键指标】 回潮

【关键指标】 切丝

【关键指标】 打叶

【关键指标】 干燥

【关键指标】 混配

◎ 备料

【基本信息】

【英文名】 preparing

【拼音】 bei liao

【核心词】

【定义】

按产品设计要求和原料标准,准备原料的工艺过程。

◎ 开箱

【基本信息】

【英文名】 opening

【拼音】 kai xiang

【核心词】

【定义】

将带包装的原料与包装物分离的工艺过程。

【词条关系】

【类属】 卷烟加工

◎ 切片

【基本信息】

【英文名】 slicing

【拼音】 qie pian

【核心词】

【定义】

将开箱后的片烟坯按工艺要求尺寸进行分切的工艺过程。

【词条关系】

【类属】 卷烟加工

◎ 松散回潮

【基本信息】

【英文名】 bulk loosening and conditioning

【拼音】 song san hui chao

【核心词】

【定义】

增加切片后片烟的温度和含水率，以使其松开分散的工艺过程。

【词条关系】

【类属】 卷烟加工

◎ 片烟预配

【基本信息】

【英文名】 strips presetting

【拼音】 pian yan yu pei

【核心词】

【定义】

将松散回潮后的不同类型、不同等级片烟按设定的质量比例初步掺配的工艺过程。

【词条关系】

【类属】 卷烟加工

◎ 加料

【基本信息】

【英文名】 casing

【拼音】 jia liao

【核心词】

【定义】

按工艺要求将料液均匀、定量地施加于片烟、梗丝、叶丝、再造烟叶等烟草在制品上的工艺过程。

【词条关系】

【类属】 卷烟加工

◎ 加里料

【基本信息】

【英文名】 primary casing; basic casing

【拼音】 jia li liao

【核心词】

【定义】

针对白肋烟等某些晾烟、晒烟烟叶含糖量少、含氮量高等特点，为改进其吸食品质，减少杂气和刺激性，增加香气，对其施加添加剂的工艺过程。

【词条关系】

【类属】 卷烟加工

◎ 白肋烟烘焙

【基本信息】

【英文名】 burley toasting

【拼音】 bai lei yan hong bei

【核心词】

【定义】

对加里料后的白肋烟烟叶采用高温处理，以增强香气、去除杂气和减少刺激性，改善余味和色泽的工艺过程。

【词条关系】

【类属】 调制

◎ 加表料

【基本信息】

【英文名】 over casing; top casing

【拼音】 jia biao liao

【核心词】

【定义】

（1）为烘培后的白肋烟添加的挥发性更强的加料。表料为水溶性的液体。

（2）白肋烟等晾烟、晒烟烟叶在加里料、烘焙、冷却、回潮后，单独或与烤烟片烟等一起施加料液的工艺过程。

【词条关系】

【类属】 卷烟加工

◎ 水洗梗

【基本信息】

【英文名】 stem washing

【拼音】 shui xi geng

【核心词】

【定义】

使用一定温度的清水对烟梗进行清洗，使其清洁并增加含水率的工艺过程。

【词条关系】

【类属】 卷烟加工

◎ 贮叶(梗)

【基本信息】

【英文名】 strips (stem) storing

【拼音】 zhu ye (geng)

【核心词】

【定义】

将片烟或烟梗等掺配均匀并贮存一定时间，以平衡含水率和温度、匹配前后工序生产能力等的工艺过程。

【词条关系】

【类属】 卷烟加工

◎ 筛分

【基本信息】

【英文名】 sieving

【拼音】 shai fen

【核心词】

【定义】

(1) 用一定尺寸的筛网将大小或长短不等的烟叶、片烟、烟丝、烟梗及烟末等分离的工艺过程。

(2) 用振动或旋转筛将粉尘、短丝、碎片等从烟丝或经过打叶后的叶片中去除的操作。它还可以用来对混配样品进行筛分试验。

【词条关系】

【类属】 卷烟加工

◎ 压梗

【基本信息】

【英文名】 stem rolling; stem flattening

【拼音】 ya geng

【核心词】

【定义】

利用压辊将烟梗滚压成为规定厚度梗片的工艺过程。

【词条关系】

【类属】 卷烟加工

◎ 切丝

【基本信息】

【英文名】 cutting

【拼音】 qie si

【核心词】

【定义】

将片烟、烟梗、梗片、再造烟叶等切成一定宽度(厚度)细丝的工艺过程。

【词条关系】

【类属】 卷烟加工

【关键指标】 卷烟烟丝宽度

◎ 增温增湿

【基本信息】

【英文名】 conditioning

【拼音】 zeng wen zeng shi

【核心词】

【定义】

增加叶丝、梗丝等的温度和含水率，以满足后续干燥或膨胀工序要求的工艺过程。

【类属】 卷烟加工

◎ 叶丝干燥

【基本信息】

【英文名】 cut lamina drying

【拼音】 ye si gan zao

【核心词】

【定义】

脱去叶丝中的水，使其含水率均匀降至工艺要求，并提高其填充能力的工艺过程。叶丝干燥可采用薄板、高温气流、微波等多种方式。

【词条关系】

【类属】 卷烟加工

◎ 叶丝膨胀

【基本信息】

【英文名】 cut lamina expansion

【拼音】 ye si peng zhang

【核心词】

【定义】

将叶丝用膨胀介质(如液态二氧化碳、液态氮等)浸渍处理后快速干燥，使其体积明显胀大、填充值明显增加的工艺过程。

【词条关系】

【类属】 卷烟加工

◎ 梗丝膨胀

【基本信息】

【英文名】 cut stem expansion

【拼音】 geng si peng zhang

【核心词】

【定义】

将经过增温增湿处理后的梗丝快速干燥，使其体积明显胀大、填充值明显增加的工艺过程。

【词条关系】

【类属】 卷烟加工

◎ 叶丝冷却

【基本信息】

【英文名】 cut lamina cooling

【拼音】 ye si leng que

【核心词】

【定义】

对干燥或膨胀后的叶丝进行冷却、定形的工艺过程。

【词条关系】

【类属】 卷烟加工

◎ 梗丝冷却

【基本信息】

【英文名】 cut stem cooling

【拼音】 geng si leng que

【核心词】

【定义】

对干燥或膨胀后的梗丝进行冷却、定形的工艺过程。

【词条关系】

【类属】 卷烟加工

◎ 烟梗膨胀制粒

【基本信息】

【英文名】 stem expansion and granules making

【拼音】 yan geng peng zhang zhi li

【核心词】

【定义】

将烟梗经过膨胀、制粒、筛分等工序处理以形成体积明显增大且尺寸较为一致的颗粒物的工艺过程。

【词条关系】

【类属】 卷烟加工

◎ 风选除杂

【基本信息】

【英文名】 pneumatic classifying

【拼音】 feng xuan chu za

【核心词】

【定义】

利用风力，去除烟丝、叶丝、梗丝等中不符合卷制工艺要求的结团烟丝、梗签、梗块和杂物的工艺过程。

【词条关系】

【类属】 卷烟加工

◎ 比例掺配

【基本信息】

【英文名】 mixing proportionately

【拼音】 bi li chan pei

【核心词】

【定义】

按照卷烟产品设计要求，将叶丝、膨胀叶丝、膨胀梗丝、再造烟叶丝和回收烟丝等按一定质量比例掺在一起的工艺过程。

◎ 加香

【基本信息】

【英文名】 flavouring

【拼音】 jia xiang

【核心词】

【定义】

按照卷烟产品设计及工艺要求将香精均匀、定量地施加于烟丝、梗丝或膨胀叶丝等物料上的工艺过程。

【词条关系】

【类属】 卷烟加工

【受影响(有关)】 香精

◎ 贮丝

【基本信息】

【英文名】 cut tobacco storing

【拼音】 zhu si

【核心词】

【定义】

将烟丝、梗丝或膨胀叶丝等送入专用柜内存放一定时间，以实现平衡其含水率和温度、均匀配比、匹配前后工序生产能力等功能的工艺过程。

【词条关系】

【类属】 卷烟加工

◎ 烟丝配送

【基本信息】

【英文名】 cut tobacco delivering

【拼音】 yan si pei song

【核心词】

【定义】

利用风力、机械或人力等方式，将烟丝从贮丝柜输送到卷烟机供丝装置的工艺过程。

【词条关系】

【类属】 卷烟加工

◎ 卷制

【基本信息】

【英文名】 cigarette making

【拼音】 juan zhi

【核心词】

【定义】

用卷烟纸包裹烟丝制成一定规格无嘴卷烟或滤嘴卷烟烟支的工艺过程。

【词条关系】

【类属】 卷烟加工

◎ 接装

【基本信息】

【英文名】 filter assembling

【拼音】 jie zhuang

【核心词】

【定义】

将滤棒连接到卷烟烟支一端，并分切形成滤嘴卷烟的工艺过程。

【词条关系】

【用于】 滤棒

【用于】 烟支

【类属】 卷烟加工

◎ 卷烟包装

【基本信息】

【英文名】 cigarette packing

【拼音】 juan yan bao zhuang

【核心词】

【定义】

使用专用设备，用适宜的包装材料包裹一定数量的卷烟，制成可供市场销售、贮存、运输的硬(软)盒、条盒和箱等形式的产品的工艺过程。

【词条关系】

【类属】 卷烟加工

◎ 盒包装

【基本信息】

【英文名】 packet packing

【拼音】 he bao zhuang

【核心词】

【定义】

使用专用设备，用内衬纸(如有)、盒包装纸、包装膜等包装材料包裹一定数量的卷烟，制成一定规格盒装卷烟的工艺过程。

【词条关系】

【类属】 卷烟包装

【拆解为】 内衬纸

【拆解为】 盒包装纸

【拆解为】 包装膜

◎ 条包装

【基本信息】

【英文名】 carton packing

【拼音】 tiao bao zhuang

【核心词】

【定义】

使用专用设备，用条包装纸、包装膜等包装材料包裹一定数量的盒装卷烟，制成一定规格条装卷烟的工艺过程。

【词条关系】

【类属】 卷烟包装

◎ 装封箱

【基本信息】

【英文名】 case packing and sealing

【拼音】 zhuang feng xiang

【核心词】

【定义】

将一定数量的条装卷烟装入一定规格的烟箱内并在烟箱开口处贴上封条，制成一定规格箱装卷烟的工艺过程。

【词条关系】

【类属】 卷烟包装

◎ 废烟处理

【基本信息】

【英文名】 ripping

【拼音】 fei yan chu li

【核心词】

【定义】

将卷制、接装等过程中产生的废次卷烟、废次烟条、废次烟支等拆开，使烟丝与卷烟纸、滤嘴等分离，并筛分得到回收烟丝的工艺过程。

【词条关系】

【类属】 卷烟加工

◎ 滤棒成型

【基本信息】

【英文名】 filter rod making

【拼音】 lü bang cheng xing

【核心词】

【定义】

将烟用丝束等过滤材料卷制成一定规格滤棒的工艺过程。

◎ 开松

【基本信息】

【英文名】 blooming

【拼音】 kai song

【核心词】

【定义】

用专用设备使烟用丝束均匀伸展为符合工艺要求的匀质纤维网的工艺过程。

【词条关系】

【用于】 烟用丝束

◎ 打孔

【基本信息】

【英文名】 perforating

【拼音】 da kong

【核心词】

【定义】

用机械、静电、激光或等离子等方式在卷烟滤嘴上或接装纸上打出小孔以提高通风度的工艺过程。孔的尺寸大小依据所使用的打孔方式不同而不同。一般地，微激光打孔直径约为 0.1 mm，为圆孔，宏激光打孔约 0.2 mm 宽、1 mm 长，静电打孔直径约为 0.01～0.15 mm，机械打孔宽度约为 0.2～0.4 mm 或更大，为正方形孔。

【词条关系】

【子类】 在线打孔

【子类】 预打孔

【子类】 等离子打孔

【子类】 机械打孔

【子类】 静电打孔

【子类】 激光打孔

◎ 在线打孔

【基本信息】

【英文名】 on-line perforating

【拼音】 zai xian da kong

【核心词】

【定义】

(1) 通常为二氧化碳激光打孔的方法。应用这种打孔装置产生脉冲并反射在卷烟制造机和滤嘴接装机组上，在卷烟离开加滤嘴机组之前，激光在成品香烟的接装纸上击穿形成一个个微小的孔。

(2) 滤嘴接装到烟支上制成滤嘴卷烟时，直接在生产线上在卷烟滤嘴上打孔的工艺过程。

【词条关系】

【类属】 打孔

【类比】 离线打孔

◎ 预打孔

【基本信息】

【英文名】 pre-perforating

【拼音】 yu da kong

【核心词】

【定义】

预先在接装纸上打孔的工艺过程。

【词条关系】

【影响】 透气度

◎ 机械打孔

【基本信息】

【英文名】 mechanical perforating

【拼音】 ji xie da kong

【核心词】

【定义】

用机械方式，如在滤嘴接装机搓板处安装带

齿鼓轮等,在卷烟滤嘴上或预先在接装纸上打孔的工艺过程。

◎ 静电打孔

【基本信息】

【英文名】 electrostatic perforation

【拼音】 jing dian da kong

【核心词】

【定义】

用电火花预先在接装纸上打孔的工艺过程。卷烟接装纸打孔的方法:接装纸在电极间运行,利用电极间产生的电火花在纸上烧成小孔。打孔区一般几毫米宽,孔是圆的并以无规则的形式分布于弯曲处周围。

◎ 激光打孔

【基本信息】

【英文名】 laser beam perforating

【拼音】 ji guang da kong

【核心词】

【定义】

(1) 用脉冲激光光束在卷烟滤嘴上或预先在接装纸上打孔的工艺过程。

(2) 一种卷烟通风的方法,通过增加进入滤嘴的空气量并减少抽吸量以降低主流烟气中的烟碱和焦油量。激光打孔是对成品卷烟或者卷制前的接装纸施以脉冲激光光束完成的。

【词条关系】

【用于】 过滤通风

【类属】 打孔

【类比】 静电打孔

【类比】 等离子打孔

◎ 等离子打孔

【基本信息】

【英文名】 plasma perforating

【拼音】 deng li zi da kong

【核心词】

【定义】

用等离子弧预先在接装纸上打孔的工艺过程。

◎ 雪茄烟加工

【基本信息】

【英文名】 cigar processing

【拼音】 xue jia yan jia gong

【核心词】

【词条关系】

【类属】 烟草加工

◎ 切包叶

【基本信息】

【英文名】 wrapper shape-cutting; wrapper shaping

【拼音】 qie bao ye

【核心词】

【定义】

将雪茄内包叶、外包叶裁切成包卷雪茄烟时所需茄套、茄衣的规格形状的加工过程。

【词条关系】

【类属】 雪茄烟加工

◎ 卷内胚

【基本信息】

【英文名】 bunch making

【拼音】 juan nei pei

【核心词】

【定义】

用茄套包卷茄芯制成一定规格形状内胚的加工过程。

【词条关系】

【类属】 雪茄烟加工

◎ 内胚定型

【基本信息】

【英文名】 bunch cutting

【拼音】 nei pei ding xing

【核心词】

【定义】

用刀具将内胚切成符合工艺要求的规格形状的加工过程。

【词条关系】

【类属】 雪茄烟加工

◎ 卷外包叶

【基本信息】

【英文名】 wrapping

【拼音】 juan wai bao ye

【核心词】

【定义】

用茄衣包卷定型后的内胚制成一定规格雪茄烟在制品的加工过程。

【词条关系】

【类属】 雪茄烟加工

◎ 雪茄烟定型

【基本信息】

【英文名】 cigar shape fixing; cigar moulding

【拼音】 xue jia yan ding xing

【核心词】

【定义】

将已包卷茄衣的雪茄烟在制品放入专用夹板中压制出一定形状的加工过程。

【词条关系】

【类属】 雪茄烟加工

◎ 雪茄烟切头

【基本信息】

【英文名】 cigar finishing;cut leftover

【拼音】 xue jia yan qie tou

【核心词】

【定义】

将定型后的雪茄烟制品按照工艺要求切去毛头的加工过程。

【词条关系】

【类属】 雪茄烟加工

◎ 烟草贮存

【基本信息】

【英文名】 tobacco storages

【拼音】 yan cao zhu cun

【核心词】

【定义】

烟草及烟草制品的贮存。

◎ 通风

【基本信息】

【英文名】 ventilation

【拼音】 tong feng

【核心词】

【定义】

一般是指利用库房的门、窗、通风洞或机械设备,使库内外空气交换。在烟草行业中更广义的通风还用于种植、调制、发酵和卷烟生产等过程。①种植:在苗床上覆盖塑料薄膜或其他覆盖物时,以通风控制温湿度。这对防止湿度过高、控制病害的发展以及移栽前炼苗是必要的。②调制:在烤房中利用通风调节湿度,帮助控制叶片的干燥度以达到调制目标。在现代化烤房中,通过连接在传感器上的电子管可自动调节通风。③发酵:发酵期间,把烟包中间的叶片重新翻到烟包外面,从而达到通风。这种处理的目的是防止温度超过设定温度。④卷烟:卷烟过程中通风表示让空气从未点燃的除了前端(点燃端)以外的任何地方进入到卷烟中。使用打孔卷烟纸、打孔接装材料和抽吸端纸上环形打孔可实现通风。点燃后每抽吸一口烟,一定量的空气就通过这些孔进入烟支,稀释烟气。

【词条关系】

【影响】 烟草贮存

◎ 去湿

【基本信息】

【英文名】 reducing humidity

【拼音】 qu shi

【核心词】

【定义】

利用吸潮剂和空气去湿机降低库内相对湿度。

【词条关系】

【影响】 烟草贮存

◎ 密封

【基本信息】

【英文名】 sealing

【拼音】 mi feng

【核心词】

【定义】

利用导热性差、隔潮性好的材料,将库房或烟垛与环境隔离,防止外界环境影响。

【词条关系】

【类属】 烟草贮存

◎ 霉变

【基本信息】

【英文名】 molding

【拼音】 mei bian

【核心词】

【定义】

因霉菌在烟叶或卷烟上滋生繁殖引起的发霉变质。

【词条关系】

【类属】 烟草贮存

◎ 码垛

【基本信息】

【英文名】 stacking

【拼音】 ma duo

【核心词】

【定义】

按照烟叶或卷烟贮存的规定，将烟包、烟桶或烟箱逐层堆放成一定高度烟垛的过程。

【词条关系】

【类属】 烟草贮存

◎ 翻垛

【基本信息】

【英文名】 turning stock

【拼音】 fan duo

【核心词】

【定义】

烟叶贮存期间，为调节烟包温度，定期或不定期地更换烟垛中烟包的上下位置、内外位置并重新码垛的过程。

【词条关系】

【类属】 烟草贮存

◎ 虫情监测

【基本信息】

【英文名】 pest monitoring

【拼音】 chong qing jian ce

【核心词】

【定义】

调查与监视贮存、加工和运输环节环境中昆虫信息素诱捕的贮烟害虫数量和分布情况的过程。

【词条关系】

【用于】 烟草贮存

◎ 贮烟害虫

【基本信息】

【英文名】 pests in stored tobacco

【拼音】 zhu yan hai chong

【核心词】

【定义】

在烟叶、片烟、烟梗及卷烟等贮存、加工和运输环节中，危害贮存物品的有害昆虫。

【词条关系】

【子类】 卷烟甲虫

【子类】 步行甲虫

【子类】 甲虫

【子类】 烟草粉螟

【影响】 烟草贮存

◎ 防虫线

【基本信息】

【英文名】 pest control line

【拼音】 fang chong xian

【核心词】

【定义】

在库房外四周等处喷布杀虫药剂，以阻止库外害虫侵入库内的隔离线。

【词条关系】

【用途】 烟草贮存

◎ 熏蒸法

【基本信息】

【英文名】 fumigation method

【拼音】 xun zheng fa

【核心词】

【定义】

将一定量的熏蒸剂(如磷化氢或按一定比例混合的磷化氢和二氧化碳等)施入密封的库房、烟垛或帐幕中，并保持一定的密闭时间和熏蒸浓度，以防治贮烟害虫的方法。

【词条关系】

【子类】 帐幕熏蒸

【子类】 混合熏蒸

【借助】 磷化氢

◎ 帐幕熏蒸

【基本信息】

【英文名】 sealing sheet fumigation

【拼音】 zhang mu xun zheng

【核心词】

【定义】

将一定量的熏蒸剂施入密封的帐幕中，并保持一定的密闭时间和熏蒸浓度，以防治贮烟害虫的过程。

◎ 混合熏蒸

【基本信息】

【英文名】 mixed fumigation

【拼音】 hun he xun zheng

【核心词】

【定义】

运用混合熏蒸剂防治贮烟害虫的过程。

【词条关系】

【用途】 烟草贮存

◎ 喷雾法

【基本信息】

【英文名】 spraying method

【拼音】 pen wu fa

【核心词】

【定义】

采用喷粉、喷雾（烟雾或气雾）等方式，将杀虫药剂均匀撒布在库房的空间、墙壁、地面和贮存物品包装物外表面等，以防治贮烟害虫的方法。

【词条关系】

【用于】 烟草贮存

◎ 气调贮存法

【基本信息】

【英文名】 controlled atmosphere storages method

【拼音】 qi tiao zhu cun fa

【核心词】

【定义】

通过改变贮藏环境中的气体成分（如氧气等），以防治贮烟害虫和防止霉变的方法。

◎ 自然低温法

【基本信息】

【英文名】 natural freezing storages method

【拼音】 zi ran di wen fa

【核心词】

【定义】

利用自然条件使库房中温度降低（如降至0 ℃以下）并维持一定的时间，以防治贮烟害虫和防止霉变的方法。

【词条关系】

【用途】 烟草贮存

◎ 烟用材料

【基本信息】

【英文名】 material for tobacco products

【拼音】 yan yong cai liao

【核心词】

【定义】

除烟草之外，在烟草制品加工和包装过程中所使用的材料。烟用材料主要有卷烟用纸、烟用丝束、烟用滤棒、烟用包装材料、烟用胶、烟草添加剂和烟用印刷油墨等。

【词条关系】

【子类】 烟草添加剂

【子类】 滤嘴

【子类】 烟用包装材料

【子类】 烟用印刷油墨

【子类】 烟用滤棒

【子类】 烟用活性炭

【子类】 烟用胶

【子类】 卷烟用纸

【子类】 烟用丝束

◎ 卷烟用纸

【基本信息】

【英文名】 paper for cigarette

【拼音】 juan yan yong zhi

【核心词】

【定义】

加工卷烟过程中所使用的纸品。卷烟用纸主要有卷烟纸、接装纸、滤棒成型纸等。

【词条关系】

【子类】 接装纸

【子类】 卷烟纸

【子类】 滤棒成型纸

◎ 卷烟纸

【基本信息】

【英文名】 cigarette paper

【拼音】 juan yan zhi

【核心词】
【定义】
用于包裹烟丝成为卷烟烟支的专用纸，一般由植物的漂白纸浆制成，纸浆中加入了沉淀碳酸钙以获得良好的不透明性及适宜的燃烧特性。通过使用燃烧添加剂可获得对卷烟纸燃烧特性的微调。卷烟纸必须满足一系列的条件：必须适用于各种类型的卷烟机而不会断裂并具有良好的可黏合性。其抗张强度、伸长度和破裂强度都是重要的质量参数。其外观（暗水印、明水印、仿水印等）应当美观。颜色是净白或微黄，但也有许多其他颜色的卷烟纸。卷烟纸还必须能按设计要求控制烟气的产出，这要依靠卷烟纸的燃烧特性和透气度来实现，这两项参数都必须控制在窄的限度内。卷烟纸可以是盘纸或是供自卷卷烟的纸片。近年来，烟草业使用的卷烟纸种类大大增加，可满足某些特殊设计的卷烟如低侧流烟气卷烟的制作需要。
【词条关系】
【用于】 烟丝
【关键指标】 灰分
【关键指标】 透气度
【子类】 低侧流烟气卷烟纸
【子类】 机制雪茄烟纸
【子类】 低引燃倾向卷烟纸
【子类】 香味卷烟纸
【子类】 高透气度卷烟纸

◎ 机制雪茄烟纸

【基本信息】
【英文名】 cigar wrapper
【拼音】 ji zhi xue jia yan zhi
【核心词】
【定义】
用于卷制机制雪茄烟的卷烟纸。

◎ 低引燃倾向卷烟纸

【基本信息】
【英文名】 low ignition propensity cigarette paper
【拼音】 di yin ran qing xiang juan yan zhi
【核心词】
【定义】
按一定方式添加阻燃材料，以便控制卷烟自由燃烧倾向且能满足引燃性能测试规定要求的卷烟纸。
【词条关系】
【类属】 卷烟纸

◎ 低侧流烟气卷烟纸

【基本信息】
【英文名】 sidestream smoke reducing cigarette paper
【拼音】 di ce liu yan qi juan yan zhi
【核心词】
【定义】
含有某些特殊成分，能以吸附、分解等方式控制卷烟侧流烟气释放量的卷烟纸。
【词条关系】
【类属】 卷烟纸

◎ 接装纸

【基本信息】
【英文名】 tipping paper
【拼音】 jie zhuang zhi
【核心词】
【定义】
用于将烟用滤棒与卷烟烟支卷接在一起的专用纸。
【词条关系】
【子类】 接装纸原纸
【子类】 打孔接装纸
【类比】 卷烟纸

◎ 打孔接装纸

【基本信息】
【英文名】 perforated tipping paper
【拼音】 da kong jie zhuang zhi
【核心词】
【定义】
采用激光、静电、机械等方法打有微孔的接装纸。
【词条关系】
【方法】 打孔

◎ 接装纸原纸

【基本信息】
【英文名】 tipping base paper
【拼音】 jie zhuang zhi yuan zhi
【核心词】

【定义】

(1) 接装纸原纸是由平网造纸机生产的，纸的基本重量为 36～40 g/m²。纸张通常上光以保证较好的印刷性能和很低的孔隙度。颜色可为白色或黄软木色。接装纸原纸被卷成巨大的卷筒送到加工公司做进一步加工。

(2) 加工接装纸时所使用的基纸。

◎ 滤棒成型纸

【基本信息】

【英文名】 plug wrap; plug wrapping paper; filter wrapping paper

【拼音】 lü bang cheng xing zhi

【核心词】

【定义】

加工烟用滤棒时用于卷包滤材的专用纸。高透气性的滤棒成型纸包裹在滤材外处于滤材与接装纸之间，越来越多地被用作降低卷烟递送量的手段。因滤棒成型纸处于滤材与接装纸之间，在成品烟支上是看不到的。

【词条关系】

【子类】 高透滤棒成型纸

◎ 高透滤棒成型纸

【基本信息】

【英文名】 high porosity plug wrap; porous plug wrap; high porosity filter wrapping paper

【拼音】 gao tou lü bang cheng xing zhi

【核心词】

【定义】

透气度满足通风滤棒设计要求的滤棒成型纸。

【词条关系】

【用于】 滤棒成型

【类属】 滤棒成型纸

◎ 烟用丝束

【基本信息】

【英文名】 filter tow

【拼音】 yan yong si shu

【核心词】

【定义】

用于加工烟用滤棒，由大量连续长丝集束并卷曲而成的长条带状纤维束。烟用丝束主要有二醋酸纤维素丝束和聚丙烯丝束等。

【词条关系】

【子类】 二醋酸纤维素丝束

【子类】 醋酸丝束

【子类】 聚丙烯丝束

【基本等同】 滤嘴丝束

【单位】 分特

【单位】 旦尼尔

◎ 二醋酸纤维素丝束

【基本信息】

【英文名】 cellulose acetate tow

【拼音】 er cu suan xian wei su si shu

【核心词】

【定义】

以天然高分子纤维素二醋酸酯为原料加工制成的丝束。

◎ 聚丙烯丝束

【基本信息】

【英文名】 polypropylene tow

【拼音】 ju bing xi si shu

【核心词】

【定义】

以聚丙烯树脂为原料加工制成的丝束。

【词条关系】

【类比】 二醋酸纤维素丝束

◎ 烟用滤棒

【基本信息】

【英文名】 filter rod for cigarette

【拼音】 yan yong lü bang

【核心词】

【定义】

以烟用丝束、植物纤维、滤棒成型纸等为主要原料，通过加工、卷制、分切等工艺制成的对卷烟烟气具有过滤作用的圆柱形棒，主要有醋酸纤维滤棒、聚丙烯丝束滤棒和特种滤棒等。

【词条关系】

【子类】 醋酸纤维滤棒

【子类】 特种滤棒

◎ 醋酸纤维滤棒

【基本信息】

【英文名】 acetate filter rod

【拼音】 cu suan xian wei lü bang
【核心词】
【定义】
以二醋酸纤维素丝束、滤棒成型纸等为主要原料加工制成的滤棒。
【词条关系】
【部件】 滤棒成型纸
【部件】 二醋酸纤维素丝束

◎ 聚丙烯丝束滤棒

【基本信息】
【英文名】 polypropylene filter rod
【拼音】 ju bing xi si shu lü bang
【核心词】
【定义】
以聚丙烯丝束、滤棒成型纸等为主要原料加工制成的滤棒。
【词条关系】
【拆解为】 滤棒成型纸
【拆解为】 聚丙烯丝束

◎ 特种滤棒

【基本信息】
【英文名】 special filter rod
【拼音】 te zhong lü bang
【核心词】
【定义】
采用特殊滤棒成型工艺加工制成的滤棒。特种滤棒主要有纸质滤棒、活性炭滤棒、醋纤沟槽滤棒、加香滤棒、复合滤棒等。
【词条关系】
【子类】 纸质滤棒
【子类】 醋纤沟槽滤棒
【子类】 活性炭滤棒
【子类】 复合滤棒
【子类】 加香滤棒

◎ 纸质滤棒

【基本信息】
【英文名】 paper filter rod
【拼音】 zhi zhi lü bang
【核心词】
【定义】
以植物纤维生产的纸、滤棒成型纸等为主要原料，通过特殊滤棒成型工艺加工制成的滤棒。

◎ 活性炭滤棒

【基本信息】
【英文名】 carbon filter rod
【拼音】 huo xing tan lü bang
【核心词】
【定义】
以烟用活性炭、烟用滤材、滤棒成型纸等为主要原料，通过特殊滤棒成型工艺加工制成的滤棒。主要用于制造复合滤棒。
【词条关系】
【概念-实例】 活性炭-醋纤二元复合滤棒

◎ 醋纤沟槽滤棒

【基本信息】
【英文名】 acetate fibre flute filter rod
【拼音】 cu xian gou cao lü bang
【核心词】
【定义】
以二醋酸纤维素丝束、专用纤维素纸和滤棒成型纸为主要原料加工制成，丝束与成型纸之间的纤维素纸呈规则沟槽状的滤棒。按纤维素纸沟槽的形状可将醋纤沟槽滤棒分为间段式沟槽滤棒和截点式沟槽滤棒等。
【词条关系】
【子类】 截点式沟槽滤棒
【子类】 间段式沟槽滤棒
【同义】 沟槽滤棒

◎ 间段式沟槽滤棒

【基本信息】
【英文名】 sectioned flute filter rod
【拼音】 jian duan shi gou cao lü bang
【核心词】
【定义】
纤维素纸沟槽呈间段排列的沟槽滤棒。
【词条关系】
【类属】 沟槽滤棒

◎ 截点式沟槽滤棒

【基本信息】
【英文名】 dam flute filter rod
【拼音】 jie dian shi gou cao lü bang

【核心词】
【定义】
纤维素纸沟槽中有截点的沟槽滤棒。
【词条关系】
【类属】 沟槽滤棒

◎ 加香滤棒

【基本信息】
【英文名】 flavouring filter
【拼音】 jia xiang lü bang
【核心词】
【定义】
以烟用香料、烟用滤材、滤棒成型纸等为主要原料，通过特殊滤棒成型工艺加工制成的滤棒。加香滤棒可使烟气获得某种独特香味（如薄荷醇）或增强吃味。较方便的施加方法是使用一种可直接加到醋纤、纸或复合滤嘴中的加香线。
【词条关系】
【借助】 加香线

◎ 复合滤棒

【基本信息】
【英文名】 composite filter rod
【拼音】 fu he lü bang
【核心词】
【定义】
由两种或两种以上不同滤棒（醋酸纤维滤棒、聚丙烯丝束滤棒、纸质滤棒、活性炭滤棒等）按一定比例复合加工制成的滤棒，主要有二元复合滤棒、三元复合滤棒及其他类型复合滤棒等。
【词条关系】
【子类】 三元复合滤棒
【子类】 二元复合滤棒
【子类】 其他类型复合滤棒

◎ 活性炭-醋纤二元复合滤棒

【基本信息】
【英文名】 activated carbon-acetate dual filter rod
【拼音】 huo xing tan-cu xian er yuan fu he lü bang
【核心词】
【定义】
由活性炭滤棒和醋酸纤维滤棒按一定比例复合加工制成的滤棒。
【词条关系】
【类属】 复合滤棒

◎ 滤嘴

【基本信息】
【英文名】 filter
【拼音】 lü zui
【核心词】
【定义】
接装在卷烟烟支一端，对主流烟气起过滤作用的滤棒。滤嘴一般为单滤嘴或者复合滤嘴。滤嘴的材料一般包括醋酸纤维、加工过的纤维网纸、活性炭和其他吸附剂等。
【词条关系】
【子类】 通风滤嘴
【子类】 纸质滤嘴
【子类】 单滤嘴
【子类】 复合滤嘴
【拆解为】 滤嘴丝束

◎ 通风滤嘴

【基本信息】
【英文名】 ventilated filter
【拼音】 tong feng lü zui
【核心词】
【定义】
带有通风孔，对主流烟气有稀释作用的滤嘴。

◎ 烟用活性炭

【基本信息】
【英文名】 activated carbon for cigarette
【拼音】 yan yong huo xing tan
【核心词】
【定义】
符合一定技术指标要求，作为吸附剂施加于烟用滤棒中的专用活性炭。
【词条关系】
【用途】 烟用滤棒

◎ 烟用包装材料

【基本信息】
【英文名】 packaging material for cigarette
【拼音】 yan yong bao zhuang cai liao
【核心词】

【定义】

卷烟等烟草制品包装过程中所使用的材料。烟用包装材料主要有瓦楞纸箱、条包装纸、盒包装纸、内衬纸、框架纸、封签纸、包装膜、拉线等。

【词条关系】

【子类】　包装膜
【子类】　内衬纸
【子类】　封签纸
【子类】　条包装纸
【子类】　盒包装纸
【子类】　瓦楞纸箱
【子类】　拉线
【子类】　框架纸

◎ 瓦楞纸箱

【基本信息】

【英文名】　corrugated case；corrugated box
【拼音】　wa leng zhi xiang
【核心词】

【定义】

由瓦楞纸板制成的用于包装整条卷烟、烟用滤棒、雪茄烟和复烤片烟等的纸箱。

【词条关系】

【来源】　瓦楞纸板

◎ 条包装纸

【基本信息】

【英文名】　carton blank；parceling paper
【拼音】　tiao bao zhuang zhi
【核心词】

【定义】

印有商标、条码、图案、文字等内容，将一定数量的盒装（硬盒或软盒）卷烟包装成条的专用纸。

◎ 盒包装纸

【基本信息】

【英文名】　packet blank；label
【拼音】　he bao zhuang zhi
【核心词】

【定义】

印有商标、条码、图案、文字等内容，将一定数量的卷烟包装成盒（硬盒或软盒）的专用纸。

【词条关系】

【子类】　封签纸

◎ 内衬纸

【基本信息】

【英文名】　inner liner
【拼音】　nei chen zhi
【核心词】

【定义】

（1）衬于卷烟软盒或硬盒内层，对卷烟起一定保护作用的专用纸。

（2）镀金属箔纸，用于包装并保护在软的或硬的烟盒内的卷烟。硬盒的内衬纸经压印可获得更好的可加工性。这种内衬纸也可印上标识或“拉/PULL”字样。“内衬纸”也用作集合名词，统指复合的、镀金属膜的印刷的内衬纸。

◎ 框架纸

【基本信息】

【英文名】　inner frame；inner frame board
【拼音】　kuang jia zhi
【核心词】

【定义】

用于支撑和定位卷烟硬盒框架的卡纸。

【词条关系】

【类比】　内衬纸
【类比】　盒包装纸

◎ 封签纸

【基本信息】

【英文名】　stamp，stamp paper
【拼音】　feng qian zhi
【核心词】

【定义】

用于粘封卷烟软盒开口端的长方形纸。

【词条关系】

【类属】　盒包装纸

◎ 包装膜

【基本信息】

【英文名】　film overwrap；overwrap film
【拼音】　bao zhuang mo
【核心词】

【定义】

用于卷烟条、盒的外层包装，具有一定防潮、保香、美观等功能的透明薄膜。常用的有双向拉伸聚丙烯（BOPP）薄膜等。

◎ 拉线

【基本信息】

【英文名】 tear tape

【拼音】 la xian

【核心词】

【定义】

黏附在包装膜上，便于打开条包装、盒包装的一条细带。

【词条关系】

【关键指标】 拉线持黏性

【关键指标】 拉线180°剥离强度

◎ 烟用胶

【基本信息】

【英文名】 adhesive for cigarette

【拼音】 yan yong jiao

【核心词】

【定义】

卷烟等烟草制品生产和包装过程中所使用的胶黏剂。烟用胶按用途可分为卷烟搭口胶、卷烟接嘴胶、滤棒搭口胶、滤棒中线胶、聚丙烯丝束滤棒成型胶、包装用胶、再造烟叶胶等。常用的有热熔胶、水基胶、淀粉胶等。

【词条关系】

【子类】 卷烟搭口胶

【子类】 滤棒增塑剂

【子类】 水基胶

【子类】 滤棒搭口胶

【子类】 卷烟接嘴胶

【子类】 淀粉胶

【子类】 滤棒中线胶

【子类】 包装用胶

【子类】 聚丙烯丝束滤棒成型胶

【子类】 热熔胶

【子类】 再造烟叶胶

◎ 卷烟搭口胶

【基本信息】

【英文名】 side seam adhesive for cigarette rod

【拼音】 juan yan da kou jiao

【核心词】

【定义】

在烟支加工过程中用于黏合卷烟纸的胶黏剂。

◎ 卷烟接嘴胶

【基本信息】

【英文名】 tipping adhesive

【拼音】 juan yan jie zui jiao

【核心词】

【定义】

在滤嘴接装过程中用于黏合接装纸的胶黏剂。

【词条关系】

【类属】 胶黏剂

◎ 滤棒搭口胶

【基本信息】

【英文名】 side seam adhesive for filter rod

【拼音】 lü bang da kou jiao

【核心词】

【定义】

在滤棒加工过程中用于黏合滤棒成型纸的胶黏剂。

◎ 滤棒中线胶

【基本信息】

【英文名】 central line adhesive for filter rod

【拼音】 lü bang zhong xian jiao

【核心词】

【定义】

在滤棒加工过程中用于粘接丝束与滤棒成型纸，防止丝束移位的胶黏剂。

◎ 聚丙烯丝束滤棒成型胶

【基本信息】

【英文名】 polypropylene filter rod adhesive

【拼音】 ju bing xi si shu lü bang cheng xing jiao

【核心词】

【定义】

在聚丙烯丝束滤棒成型过程中洒涂在纤维丝束上，具有纤维黏结、滤棒定型和增加滤棒硬度等作用的胶黏剂。

【词条关系】

【用于】 纤维丝束

◎ 包装用胶

【基本信息】

【英文名】 packaging adhesive

【拼音】 bao zhuang yong jiao

【核心词】

【定义】

卷烟等烟草制品包装过程中所使用的胶黏剂，主要用于瓦楞纸箱、条包装纸、盒包装纸、封签纸等的粘结。

【词条关系】

【用于】 瓦楞纸箱

【用于】 条包装纸

【用于】 盒包装纸

【用于】 封签纸

◎ 再造烟叶胶

【基本信息】

【英文名】 reconstituted tobacco adhesive

【拼音】 zai zao yan ye jiao

【核心词】

【定义】

再造烟叶加工过程中所使用的胶黏剂。

◎ 热熔胶

【基本信息】

【英文名】 hot melt adhesive

【拼音】 re rong jiao

【核心词】

【定义】

通过加热熔融施胶且在室温下能迅速固化的胶黏剂。热熔胶主要用于高速滤棒成型机滤棒搭口和高速包装机条或盒的粘接。

◎ 水基胶

【基本信息】

【英文名】 water-based adhesive

【拼音】 shui ji jiao

【核心词】

【定义】

用于卷烟加工和包装，以水为分散介质的水溶性或水乳液型胶黏剂。水基胶主要用于卷烟搭口、滤嘴接装、滤棒中线、聚丙烯丝束滤棒成型以及卷烟包装等。

【词条关系】

【用途】 卷烟搭口

【用途】 滤嘴接装

【用途】 滤棒中线

【用途】 滤棒成型

【用途】 卷烟包装

◎ 淀粉胶

【基本信息】

【英文名】 starch adhesive

【拼音】 dian fen jiao

【核心词】

【定义】

用于卷烟加工和包装，以淀粉为主要原料制成的胶黏剂，主要用于卷烟搭口、滤嘴接装、滤棒中线及卷烟包装等。

◎ 滤棒增塑剂

【基本信息】

【英文名】 filter rod plasticizer

【拼音】 lü bang zeng su ji

【核心词】

【定义】

在醋酸纤维滤棒成型过程中洒涂在纤维丝束上，有利于滤棒定型并对滤棒有增塑固化作用的加工助剂，主要指烟用三乙酸甘油酯。烟用三乙酸甘油酯是由丙三醇与乙酸或乙酸酐在酸催化作用下经酯化制得的无色无味、油状黏稠液体。

◎ 烟草添加剂

【基本信息】

【英文名】 tobacco additive

【拼音】 yan cao tian jia ji

【核心词】

【定义】

在烟草制品加工过程中用于改善烟草理化性能且符合安全卫生使用标准的物质。主要有烟用香料、烟用香精等。

【词条关系】

【基本等同】 添加剂

◎ 香料

【基本信息】

【英文名】 fragrance; spice; flavouring substance

【拼音】 xiang liao

【核心词】

【定义】

具有一定香味或香气的物质，包括用不同方法制取的天然香料、人工制备的合成香料以及反应香料等。香料应同时具备下列条件：①具有一定的香气或香味质量；②符合一定的安全卫生标准；③具有一定的理化指标；④对相应的加香基质有较好的适应性与稳定性。

【词条关系】

【类属】 烟草添加剂

【子类】 烟用香料

◎ 烟用香料

【基本信息】

【英文名】 tobacco fragrance

【拼音】 yan yong xiang liao

【核心词】

【定义】

单独或经调配成香精后添加于烟草及烟草制品的香料。

【词条关系】

【类属】 香料

【子类】 鸢尾酮

【子类】 香兰素

【子类】 肉豆蔻油

◎ 香精

【基本信息】

【英文名】 flavour；essence；flavouring

【拼音】 xiang jing

【核心词】

【定义】

用两种或两种以上香料和某些辅料按照一定的配比和调配工艺制成的香料混合物。主要由顶香、体香和基香三种类型的香料组成。香精应具备以下条件：①具有一定的香型或香气、香味特征；②具有一定的香料和辅料的配比和调配工艺；③符合一定的安全卫生标准；④具有一定的理化指标；⑤对加香工艺和加香基质有较好的适应性与稳定性。

【词条关系】

【类属】 烟草添加剂

【子类】 烟用香精

【子类】 香味液体

◎ 烟用香精

【基本信息】

【英文名】 tobacco flavour

【拼音】 yan yong xiang jing

【核心词】

【定义】

用两种或两种以上香料、适量溶剂和其他成分调配而成的，在烟草制品加工过程中起增强或修饰烟草制品风格、改善烟草制品品质等作用的混合物。

◎ 料液

【基本信息】

【英文名】 casing

【拼音】 liao ye

【核心词】

【定义】

在烟草制品加工过程中施加于烟草中，能改善烟草制品理化性能和吸味品质的液体混合物。通常用调味剂、保润剂、助燃剂等与丙二醇、乙醇和水调配混合而成。

【词条关系】

【类属】 烟草添加剂

【子类】 助燃剂

【子类】 保润剂

【子类】 调味剂

◎ 调味剂

【基本信息】

【英文名】 seasoning agent; taste modifier

【拼音】 tiao wei ji

【核心词】

【定义】

能调节烟草制品吃味，减轻烟气刺激性和改善余味的物质。常用的调味剂有糖类、有机酸类物质等。

◎ 保润剂

【基本信息】

【英文名】 humectant

【拼音】 bao run ji

【核心词】
【定义】
能增强烟草、烟草在制品以及烟草制品保湿性能、增加柔软性、降低碎损的物质。典型的保润剂是甘油、山梨醇、二甘醇和丙二醇，常以喷雾的形式施用。
【词条关系】
【子类】 乙二醇
【子类】 1，3-丁二醇
【子类】 山梨糖醇
【子类】 丙二醇
【同义】 保湿剂

◎ 助燃剂

【基本信息】
【英文名】 combustion-supporting agent；combustion improver
【拼音】 zhu ran ji
【核心词】
【定义】
能促进烟草燃烧，改善烟草制品燃烧性能的物质。
【词条关系】
【基本等同】 燃烧添加剂

◎ 烟用酒精

【基本信息】
【英文名】 alcohol for cigarette
【拼音】 yan yong jiu jing
【核心词】
【定义】
以谷物、薯类、糖蜜或其他可食用农作物为原料，经发酵、蒸馏精制而成的，用于烟草及烟草制品的酒精。
【词条关系】
【类属】 烟草添加剂

◎ 烟用印刷油墨

【基本信息】
【英文名】 ink for cigarette
【拼音】 yan yong yin shua you mo
【核心词】
【定义】
卷烟、接装纸及烟用包装材料等生产过程中所使用的油墨。烟用印刷油墨主要有钢印印刷油墨、接装纸印刷油墨、包装印刷油墨等。
【词条关系】
【子类】 接装纸印刷油墨
【子类】 钢印印刷油墨
【子类】 包装印刷油墨

◎ 钢印印刷油墨

【基本信息】
【英文名】 monogram ink
【拼音】 gang yin yin shua you mo
【核心词】
【定义】
卷烟加工过程中用于印刷卷烟烟支钢印的油墨。

◎ 接装纸印刷油墨

【基本信息】
【英文名】 tipping paper ink
【拼音】 jie zhuang zhi yin shua you mo
【核心词】
【定义】
接装纸加工过程中用于印刷接装纸的油墨。
【词条关系】
【类比】 钢印印刷油墨
【类比】 包装印刷油墨

◎ 包装印刷油墨

【基本信息】
【英文名】 packaging ink
【拼音】 bao zhuang yin shua you mo
【核心词】
【定义】
烟用包装材料加工过程中用于印刷烟用包装材料的油墨。

◎ 大气

【基本信息】
【英文名】 atmosphere
【拼音】 da qi
【核心词】
【定义】
其环境条件由以下一个或几个参数确定：温度、相对湿度、压力；适用于烟草行业科研、检测等领域。

【词条关系】

【子类】 测试大气

【子类】 调节大气

◎ 调节大气

【基本信息】

【英文名】 conditioning atmosphere

【拼音】 tiao jie da qi

【核心词】

【定义】

试验前保存试样或试料的大气。调节大气由温度、相对湿度和压力这三个参数中的一个或几个来确定，这些参数的数值变化在给定的时间内应保持在规定的允差范围内。“调节”一词是指在试验之前，作为整个试验的一部分，把试样或试料放置在一个温度和湿度已设定的条件下，使其在调节大气下保持一段给定的时间。调节可以在实验室、特殊的密封测试箱或调节箱内进行。调节和测试的大气环境的参数值和时间周期取决于被测试样或试料的性质。

◎ 测试大气

【基本信息】

【英文名】 test atmosphere

【拼音】 ce shi da qi

【核心词】

【定义】

在试验过程中试样或试料被暴露的大气。测试大气由温度、相对湿度和压力这三个参数中的一个或几个参数来确定，这些参数的数值在给定的时间内其变化应保持在规定的允差范围内。测试可以在实验室、特殊的密闭测试箱或调节箱内进行，选择哪一种方式取决于试样或试料的性质和试验本身。如果在试验期间试样或试料的特性改变不大，就没有必要严格控制测试大气。

【词条关系】

【类属】 大气

◎ 抽样

【基本信息】

【英文名】 sampling

【拼音】 chou yang

【核心词】

【定义】

为测定整批产品的质量参数从统计学上取出样品的过程。

【词条关系】

【用于】 检测

◎ 批

【基本信息】

【英文名】 lot

【拼音】 pi

【核心词】

【定义】

(1)按抽样目的，在基本相同的条件下组成的一定数量的某种产品，特指提交检验的批，它可由几个生产批或生产批的一部分组成。

(2)对于原烟，是指在一个或多个特性(如烟叶部位、颜色、成熟度、烟叶长度等)被认为一致的条件下产生的一定量的烟草。该概念一般的含义是批中的烟叶属于同一品种，并由同一个产地生产。

(3)对于卷烟等烟草制品，是指为提交检验而汇集起来的单位产品。

【词条关系】

【类属】 抽样

◎ 样品单位

【基本信息】

【英文名】 increment

【拼音】 yang pin dan wei

【核心词】

【定义】

能被单独描述的一个产品，如一个有形的实体、一定量的材料或其组合等。对于原烟，样品单位是指在同一时间从同一抽样单位抽取的一定数量的烟草，构成单样的一部分。对于卷烟，样品单位是指从批中抽取用于检验的单位样品。

【词条关系】

【类属】 抽样

◎ 实验室样品

【基本信息】

【英文名】 laboratory sample

【拼音】 shi yan shi yang pin

【核心词】

【定义】

用于实验室检验或试验的样品。适用于原烟和卷烟。

【词条关系】

【类属】　抽样

◎ 试样

【基本信息】

【英文名】　test sample

【拼音】　shi yang

【核心词】

【定义】

一般是指从实验室样品中随机抽取的用于测试或分析的样品，适用于原烟和卷烟。

【词条关系】

【类属】　抽样

◎ 交收检验

【基本信息】

【英文名】　acceptance inspection

【拼音】　jiao shou jian yan

【核心词】

【定义】

为判断每个提交检查批的批质量是否符合规定要求而进行的检验。

【词条关系】

【类属】　抽样

◎ 交付货物

【基本信息】

【英文名】　consignment

【拼音】　jiao fu huo wu

【核心词】

【定义】

同时交付的一定数量的烟草。交付的货物可以是一批或若干批烟叶，或者若干批中的若干部分烟叶。

【词条关系】

【类属】　抽样

◎ 抽样单位

【基本信息】

【英文名】　sampling unit

【拼音】　chou yang dan wei

【核心词】

【定义】

交付货物中的一个单元。它被单独包装成烟包、烟箱等，只适用于原烟。对于散装烟草，总质量为 m 千克的交付货物应被视为由 $m/100$ 个抽样单位组成。

【词条关系】

【类属】　抽样

◎ 分层抽样

【基本信息】

【英文名】　stratified sampling

【拼音】　fen ceng chou yang

【核心词】

【定义】

先将抽样总体按某种特征分为若干不同层次（或者次级总体），然后再按照规定比例从每一层内进行随机抽样，组成一个样本的方法。

【词条关系】

【类属】　抽样

◎ 单样

【基本信息】

【英文名】　single sample

【拼音】　dan yang

【核心词】

【定义】

取样样品中的单独的一个非特定的样品。

【词条关系】

【取决】　抽样

◎ 基础样品

【基本信息】

【英文名】　basic sample

【拼音】　ji chu yang pin

【核心词】

【定义】

为尽可能地代表抽样单位而从该单位中取出的指定数目的样品单位集合而成的样品。

【词条关系】

【类属】　抽样

◎ 总样

【基本信息】

【英文名】　gross sample

【拼音】 zong yang

【核心词】

【定义】

总合所有单样而成的样品。

【词条关系】

【类属】 抽样

◎ 缩减样

【基本信息】

【英文名】 reduced sample

【拼音】 suo jian yang

【核心词】

【定义】

从总样中取出的用于代表总样的一个样品。

【词条关系】

【类属】 抽样

◎ 随机抽样

【基本信息】

【英文名】 random sampling

【拼音】 sui ji chou yang

【核心词】

【定义】

每次抽取时，抽样批中所有单位产品被抽取的可能性都相同的抽样方法。

【词条关系】

【类属】 抽样

◎ 抽样点

【基本信息】

【英文名】 sampling point

【拼音】 chou yang dian

【核心词】

【定义】

抽取样品单位的地点。

【词条关系】

【类属】 抽样

◎ 试料

【基本信息】

【英文名】 test portion

【拼音】 shi liao

【核心词】

【定义】

用以进行检验或观测所取的一定量的试样。

【词条关系】

【类属】 抽样

◎ 型式检验

【基本信息】

【英文名】 type inspection

【拼音】 xing shi jian yan

【核心词】

【定义】

对产品标准中规定的各项指标的全面检验，以评定产品质量是否全部符合标准或达到设计要求。

【词条关系】

【类属】 抽样

◎ 监督检验

【基本信息】

【英文名】 supervision inspection

【拼音】 jian du jian yan

【核心词】

【定义】

由政府质量监督部门依法组织产品质量检验机构，依据国家规定的标准，对产品质量进行测试、检验和评判。

【词条关系】

【类属】 抽样

◎ 烟叶含梗率

【基本信息】

【英文名】 percentage of stem in tobacco leaf

【拼音】 yan ye han geng lü

【核心词】

【定义】

烟叶样品中直径超过一定范围的叶脉质量占烟叶样品总质量的百分比。

【词条关系】

【受影响(有关)】 烟梗

◎ 烟叶含水率

【基本信息】

【英文名】 percentage of moisture in tobacco leaf

【拼音】 yan ye han shui lü

【核心词】

【定义】

烟叶样品中水分质量占烟叶样品总质量的

百分比。

【词条关系】

【类比】 烟丝含水率

◎ 砂土率

【基本信息】

【英文名】 percentage of sand in tobacco leaf

【拼音】 sha tu lü

【核心词】

【定义】

烟叶样品中含有的砂土质量占烟叶样品总质量的百分比。

◎ 烟叶阴燃性

【基本信息】

【英文名】 smoulder performance of tobacco leaf

【拼音】 yan ye yin ran xing

【核心词】

【定义】

烟叶在无明火状态下燃烧的性能，包括烟叶的阴燃持火力、阴燃速率、阴燃均匀性等。

◎ 烟叶阴燃持火力

【基本信息】

【英文名】 ability of tobacco leaf maintaining smoulder

【拼音】 yan ye yin ran chi huo li

【核心词】

【定义】

在规定的实验条件下，烟叶的叶片保持无明火燃烧状态的能力。

【词条关系】

【影响】 烟叶阴燃性

【基本等同】 阴燃持火力

◎ 烟叶阴燃速率

【基本信息】

【英文名】 smouldering rate of tobacco leaf

【拼音】 yan ye yin ran su lü

【核心词】

【定义】

在规定的实验条件下，烟叶的叶片在无明火状态下燃烧的快慢程度。

◎ 烟叶阴燃均匀性

【基本信息】

【英文名】 smouldering uniformity of tobacco leaf

【拼音】 yan ye yin ran jun yun xing

【核心词】

【定义】

在规定的实验条件下，烟叶的叶片在无明火燃烧时，燃烧区各部分燃烧速率的一致程度。

◎ 阴燃时间

【基本信息】

【英文名】 smouldering time

【拼音】 yin ran shi jian

【核心词】

【定义】

在规定的实验条件下，点燃烟叶叶片，从吹熄火焰起至叶片最后一个火星熄灭时所经历的时间。

◎ 熄火烟叶

【基本信息】

【英文名】 self-extinguishing tobacco leaf

【拼音】 xi huo yan ye

【核心词】

【定义】

在规定的实验条件下，阴燃时间小于一定时间的烟叶。

【词条关系】

【关键指标】 阴燃时间

◎ 空头

【基本信息】

【英文名】 loose ends

【拼音】 kong tou

【核心词】

【定义】

卷烟或雪茄烟端头因烟丝未填充而形成的一定面积和深度的空陷。

◎ 爆口

【基本信息】

【英文名】 open seam

【拼音】 bao kou

【核心词】

【定义】

按照一定方式扭转烟支或滤棒两端，搭口处爆开的裂口。

◎ 卷烟熄火

【基本信息】

【英文名】 self-extinguishing

【拼音】 juan yan xi huo

【核心词】

【定义】

卷烟点燃后停止阴燃的现象。

◎ 持灰能力

【基本信息】

【英文名】 ash holding capability

【拼音】 chi hui neng li

【核心词】

【定义】

卷烟或雪茄烟点燃后，燃烧锥上的烟灰在一定时间内不脱落的性能。

◎ 漏气

【基本信息】

【英文名】 leak

【拼音】 lou qi

【核心词】

【定义】

滤嘴卷烟在接装纸搭接处存在缝隙，燃吸卷烟时环境空气从缝隙进入烟支内的现象。

◎ 卷烟含水率

【基本信息】

【英文名】 percentage of moisture in cigarette

【拼音】 juan yan han shui lü

【核心词】

【定义】

卷烟烟支内烟丝中的水分质量占烟丝总质量的百分比。

◎ 吸阻

【基本信息】

【英文名】 draw resistance

【拼音】 xi zu

【核心词】

【定义】

卷烟抽吸时两端产生的压力差。吸阻的测定方法是：将卷烟密封于测量设备中，输出端插入深度为 9 mm，在 GB/T 16447 规定的标准条件下维持输出端流速为 17.5 mL/s，而对输入端施加的负压。所有通风区域和烟支应暴露于大气中。测量结果用帕斯卡表示。以 mmH_2O 表示的值可采用 $1\ mmH_2O=9.80665\ Pa$ 换算为帕斯卡。有时吸阻也可以在烟支被消费者或评吸组抽吸时的主观判断给出。在这种情况下，由于不符合正式定义的条件，吸阻并不是客观测量出来的。

【词条关系】

【关键指标】 压力差

◎ 硬度

【基本信息】

【英文名】 hardness

【拼音】 ying du

【核心词】

【定义】

在一定大气环境下，烟支或滤棒在径向上抗变形的能力。以一定面积的测头，一定的压力，施加于烟支一定时间后，用该处直径方向上的长度与原直径的百分比表示。

【词条关系】

【基本等同】 坚实度

◎ 端部落丝量

【基本信息】

【英文名】 content of loss of cut tobacco from the ends

【拼音】 duan bu luo si liang

【核心词】

【定义】

在一定条件下，一定数量的卷烟试样在翻转或振动等过程中从端部掉落的烟丝质量与卷烟裸露端数量的比值。

◎ 烟丝含末率

【基本信息】

【英文名】 percentage of dust in cut tobacco

【拼音】 yan si han mo lü

【核心词】

【定义】

烟丝中一定大小的烟末质量占烟丝质量的

百分比。

◎ 总气流量

【基本信息】

【英文名】 total airflow

【拼音】 zong qi liu liang

【核心词】

【定义】

当卷烟按规定的插入深度置于测试装置中时,从烟蒂端流出的全部气体流量。在标准条件下,总气流量 $Q=17.5$ mL/s。

◎ 输入端

【基本信息】

【英文名】 input end

【拼音】 shu ru duan

【核心词】

【定义】

卷烟或雪茄烟待点燃的一端。

◎ 输出端

【基本信息】

【英文名】 output end

【拼音】 shu chu duan

【核心词】

【定义】

与输入端相反的一端,也称滤嘴端或口持端。

【词条关系】

【类比】 输入端

◎ 通风量

【基本信息】

【英文名】 ventilation airflow

【拼音】 tong feng liang

【核心词】

【定义】

未点燃卷烟通过外包纸吸入的空气量。当卷烟按规定的插入深度置于测试装置中时,由于卷烟吸阻的作用,气流通过卷烟后,卷烟滤嘴端呈负压状态。

◎ 通风率

【基本信息】

【英文名】 degree of ventilation

【拼音】 tong feng lü

【核心词】

【定义】

通风量与总气流量的百分比。

【词条关系】

【受影响(有关)】 通风量

【受影响(有关)】 总气流量

◎ 总通风

【基本信息】

【英文名】 total ventilation

【拼音】 zong tong feng

【核心词】

【定义】

当卷烟按规定插入深度置于测试装置中时,从其所有外包纸吸入的空气,即从烟支点燃端以外进入烟支的空气总量,是滤嘴和卷烟纸通风量的总和。

◎ 纸通风

【基本信息】

【英文名】 paper ventilation

【拼音】 zhi tong feng

【核心词】

【定义】

从卷烟纸(包括与接装纸重叠区)吸入的空气。

【词条关系】

【基本等同】 卷烟纸通风

◎ 卷烟纸通风

【基本信息】

【英文名】 cigarette-paper ventilation

【拼音】 juan yan zhi tong feng

【核心词】

【定义】

从卷烟纸(不包括与接装纸重叠区)吸入的空气。

◎ 滤嘴接装纸通风

【基本信息】

【英文名】 tipping-paper ventilation

【拼音】 lü zui jie zhuang zhi tong feng

【核心词】

【定义】

从烟蒂被夹持端到接装纸和卷烟纸搭口处

吸入的空气。

【词条关系】

【关键指标】 通风率

◎ 滤嘴通风

【基本信息】

【英文名】 filter ventilation

【拼音】 lü zui tong feng

【核心词】

【定义】

(1) 从烟蒂被夹持端到烟支和滤嘴相接处吸入的空气。

(2) 通常滤嘴有通风区,即滤嘴上有一排或几排小孔。抽吸卷烟时,部分空气可通过通风区进入烟支,使烟气稀释。滤嘴打孔方式有激光打孔、静电打孔、机械打孔等。可以在卷烟卷制前对接装纸进行预打孔,也可以在卷烟生产过程中打孔。主要的打孔滤嘴卷烟的通风区位置通常在离烟支嘴端 11～16 mm 处。

◎ 烟蒂通风

【基本信息】

【英文名】 butt ventilation

【拼音】 yan di tong feng

【核心词】

【定义】

从烟蒂被夹持端到烟蒂标志处吸入的空气。

◎ 卷烟燃烧段通风

【基本信息】

【英文名】 burnable tobacco rod ventilation

【拼音】 juan yan ran shao duan tong feng

【核心词】

【定义】

从烟蒂标志处到卷烟输入端吸入的空气。

【词条关系】

【基本等同】 卷烟通风

◎ 热塌陷

【基本信息】

【英文名】 heat collapse

【拼音】 re ta xian

【核心词】

【定义】

(1) 由于烟丝燃烧过程中产生的热量导致卷烟或滤嘴塌陷。

(2) 卷烟燃吸过程中径向产生的塌陷现象。

◎ 监测卷烟

【基本信息】

【英文名】 monitor test piece

【拼音】 jian ce juan yan

【核心词】

【定义】

从特别严格且受控的生产条件下生产的一批卷烟产品中取得的卷烟。该批卷烟在其理化性质和烟气特征方面表现出最大可能的一致性。

◎ 雪茄烟灰度

【基本信息】

【英文名】 ashing degree

【拼音】 xue jia yan hui du

【核心词】

【定义】

雪茄烟燃吸过程中其燃烧的均匀度、灰质和凝灰度几方面的综合表现程度。

◎ 雪茄烟燃烧均匀度

【基本信息】

【英文名】 burning uniformity

【拼音】 xue jia yan ran shao jun yun du

【核心词】

【定义】

雪茄烟燃烧或阴燃时,烟支茄衣燃烧圈的高低差异。

◎ 雪茄烟凝灰度

【基本信息】

【英文名】 ash coherence

【拼音】 xue jia yan ning hui du

【核心词】

【定义】

雪茄烟燃吸过程中,烟支茄衣和茄套的烟灰附着在燃烧锥的紧密程度。

◎ 雪茄烟灰质

【基本信息】

【英文名】 ash quality

【拼音】 xue jia yan hui zhi

【核心词】

【定义】

雪茄烟燃吸过程中烟灰灰色、烟灰细腻性的综合表现程度。

◎ 雪茄烟洞眼

【基本信息】

【英文名】 hole

【拼音】 xue jia yan dong yan

【核心词】

【定义】

雪茄烟茄衣上直径超过 2 mm 的孔。

◎ 雪茄烟脱皮

【基本信息】

【英文名】 off-wrapper

【拼音】 xue jia yan tuo pi

【核心词】

【定义】

雪茄烟茄衣片状脱落或脱开的现象。

◎ 雪茄烟破碎

【基本信息】

【英文名】 splitting

【拼音】 xue jia yan po sui

【核心词】

【定义】

雪茄烟茄衣破裂长度超过 5 mm 的现象。

◎ 烟气

【基本信息】

【英文名】 smoke

【拼音】 yan qi

【核心词】

【定义】

烟支燃烧时形成的气溶胶。烟气是一种不断变化的极其复杂的混合物，这些物质是卷烟、斗烟和雪茄烟不完全燃烧形成的。烟草本身成分就极其复杂，大约含有 3 800 种化学成分。在卷烟或其他烟草制品燃烧时，燃烧点的温度范围从周围环境温度一直到 950 ℃，各个点的氧气浓度差异也很大。从不同的路径，大约会产生 4 800 种化学物质。这些物质分气相和粒相两种状态，共同构成了烟气气溶胶。烟气本身分为两种，即主流烟气和侧流烟气。约 2 800 种物质只存在于烟气中（不存在于烟叶中），也就是说这些物质是在燃烧过程中形成的。

【词条关系】

【关键指标】 有机酸

【关键指标】 烟气成分

【关键指标】 烟气 pH 值

【关键指标】 醛类

【关键指标】 霍夫曼清单

【关键指标】 酚类

【关键指标】 焦油

【关键指标】 烟碱

【关键指标】 一氧化碳

【子类】 侧流烟气

【子类】 阴燃烟气

【子类】 主流烟气

【取决】 燃烧区

◎ 主流烟气

【基本信息】

【英文名】 mainstream smoke

【拼音】 zhu liu yan qi

【核心词】

【定义】

抽吸过程中逸离烟蒂末端的所有烟气。

【词条关系】

【类比】 侧流烟气

◎ 侧流烟气

【基本信息】

【英文名】 sidestream smoke

【拼音】 ce liu yan qi

【核心词】

【定义】

在吸烟过程中除了逸离烟蒂末端的烟气之外的所有烟气。主要包括从卷烟点燃端生成的烟气，特别是在抽吸停顿时的静燃期间产生的烟气，还包括抽吸时透过卷烟纸扩散出来的烟气。侧流烟气是导致烟气气味的主要原因。

【词条关系】

【子类】 呼出的侧流烟气

【类比】 主流烟气

【同义】 阴燃流烟气

◎ 阴燃烟气

【基本信息】

【英文名】 smoulder stream smoke

【拼音】 yin ran yan qi

【核心词】

【定义】

在连续抽吸间隔期内由烟蒂末端逸离出的所有烟气。

◎ 气相

【基本信息】

【英文名】 vapour phase

【拼音】 qi xiang

【核心词】

【定义】

按照行业标准(DIN ISO 4387)抽吸卷烟过程中通过粒相物捕集器后的那部分烟气。烟气的成分分为气相(蒸汽)和粒相(烟雾组成成分)。气相是指用吸烟机收集烟气时能透过剑桥滤片的物质。剑桥滤片不能把气相和粒相绝对地分开。剑桥滤片上收集的物质受多种因素影响,如含水率、温度、流速、烟雾成分与滤片玻璃纤维的特定化学反应等。滤片也能收集到一些气相成分。

【词条关系】

【类属】 烟气成分

【类比】 粒相

◎ 总粒相物

【基本信息】

【英文名】 total particulate matter

【拼音】 zong li xiang wu

【核心词】

【定义】

烟气中的粒相物质的总量。

【词条关系】

【英文缩写】 TPM

【基本等同】 烟气冷凝物

◎ 原始烟气冷凝物

【基本信息】

【英文名】 crude smoke condensate

【拼音】 yuan shi yan qi leng ning wu

【核心词】

【定义】

捕集于烟气捕集器中的主流烟气部分。

【词条关系】

【基本等同】 烟气冷凝物

◎ 干粒相物

【基本信息】

【英文名】 dry particulate matter

【拼音】 gan li xiang wu

【核心词】

【定义】

去除水分后的总粒相物。

【词条关系】

【英文缩写】 DPM

◎ 干烟气冷凝物

【基本信息】

【英文名】 dry smoke condensate

【拼音】 gan yan qi leng ning wu

【核心词】

【定义】

去除水分后的总粒相物。

【词条关系】

【类比】 无烟碱无水粒相物

◎ 去烟碱干粒相物

【基本信息】

【英文名】 nicotine-free dry particulate matter

【拼音】 qu yan jian gan li xiang wu

【核心词】

【定义】

去除烟碱和水分后的总粒相物。

【词条关系】

【英文缩写】 NFDPM

【基本等同】 去烟碱干烟气冷凝物

【基本等同】 焦油

◎ 去烟碱干烟气冷凝物

【基本信息】

【英文名】 nicotine-free dry smoke condensate

【拼音】 qu yan jian gan yan qi leng ning wu

【核心词】

【定义】

去除烟碱和水分后的总粒相物。

◎ 卷烟侧流烟气气相

【基本信息】

【英文名】 vapour phase of cigarette sidestream

【拼音】 juan yan ce liu yan qi qi xiang

【核心词】
【定义】
在标准规定的条件下通过粒相物捕集器后的侧流烟气部分。
【词条关系】
【类比】 侧流烟气总粒相物

◎ 侧流烟气总粒相物

【基本信息】
【英文名】 total sidestrearm particulate matter
【拼音】 ce liu yan qi zong li xiang wu
【核心词】
【定义】
侧流烟气初始冷凝物，捕集于侧流烟气捕集器上以及冷凝于鱼尾罩内壁上的侧流烟气部分。
【词条关系】
【类属】 环境烟草烟气粒相物
【类比】 主流烟气总粒相物

◎ 侧流烟气焦油

【基本信息】
【英文名】 nicotine-free dry sidestream particulate matter
【拼音】 ce liu yan qi jiao you
【核心词】
【定义】
侧流烟气去烟碱干粒相物，不含烟碱的干侧流烟气冷凝物，即由捕集在侧流烟气捕集器上的总粒相物减去其中的水分和烟碱再加上按《卷烟侧流烟气中焦油和烟碱的测定》(YC/T 185—2004)8.7 中估算的冷凝在鱼尾罩内壁上的焦油。

◎ 侧流烟气烟碱

【基本信息】
【英文名】 sidestream nicotine
【拼音】 ce liu yan qi yan jian
【核心词】
【定义】
冷凝在鱼尾罩内壁上、捕集在侧流烟气捕集器上和收集在吸收瓶中的烟碱之和。

◎ 卷烟滤嘴的生物碱截留率

【基本信息】
【英文名】 alkaloid retention index of a cigarette filter
【拼音】 juan yan lü zui de sheng wu jian jie liu lü
【核心词】
【定义】
卷烟滤嘴截留的生物碱与进入滤嘴的生物碱的百分比。

◎ 卷烟滤嘴的烟气冷凝物截留率

【基本信息】
【英文名】 smoke condensate retention index of a cigarette filter
【拼音】 juan yan lü zui de yan qi leng ning wu jie liu lü
【核心词】
【定义】
卷烟滤嘴截留的原始烟气冷凝物与进入滤嘴的原始烟气冷凝物的百分比。
【词条关系】
【用于】 过滤截留

◎ 香气

【基本信息】
【英文名】 aroma
【拼音】 xiang qi
【核心词】
【定义】
卷烟或雪茄烟烟气本身所固有的令人感到愉快舒适的气息的总称。香气由嗅觉感知，它取决于大量的烟叶挥发性物质，特别是精油以及少量的树脂、叶表面胶质、糖类和各种生物碱类。在卷烟的开发和生产期间通常由专业评烟人员来对香气进行评价和系统的特征描述。
【词条关系】
【受影响(有关)】 香精
【受影响(有关)】 芳香剂
【受影响(有关)】 香料

◎ 香味

【基本信息】
【英文名】 flavour
【拼音】 xiang wei
【核心词】
【定义】
卷烟或雪茄烟烟气中令人感到愉快、舒适的

嗅觉、味感和神经感受的总和。

◎ 杂气

【基本信息】

【英文名】 offensive taste

【拼音】 za qi

【核心词】

【定义】

不具有卷烟或雪茄烟本质气味的、轻微的或明显的不良气息。

◎ 刺激性

【基本信息】

【英文名】 irritancy

【拼音】 ci ji xing

【核心词】

【定义】

烟气对感官所造成的、轻微或明显的不适感受。例如，吸入烟气后口腔、喉咙和鼻子中的一种“刺痛”的感觉。

◎ 余味

【基本信息】

【英文名】 after taste

【拼音】 yu wei

【核心词】

【定义】

烟气从口腔、鼻腔呼出后，遗留下来的味觉感受。评吸小组在评价卷烟特征吃味时使用该术语。

◎ 异味

【基本信息】

【英文名】 off-taste

【拼音】 yi wei

【核心词】

【定义】

不具有烟草制品或烟用材料本质气味的明显的怪味，如金属味或烧糊味。

◎ 环境烟气

【基本信息】

【英文名】 environmental tobacco smoke

【拼音】 huan jing yan qi

【核心词】

【定义】

由吸烟产物释放到周围环境的物质，当侧流烟气和呼出的主流烟气扩散到周围环境时就形成环境烟气。呼出的主流烟气占环境烟气粒相物的 15%～43%，占气相组分的 1%～3%。

【词条关系】

【关键指标】 侧流烟气/主流烟比

【英文缩写】 ETS

◎ 霉味

【基本信息】

【英文名】 mouldy odour

【拼音】 mei wei

【核心词】

【定义】

不属于烟草制品本质气味的明显的霉变的气味。

【词条关系】

【影响】 烟草制品品质评价

◎ 环境空气

【基本信息】

【英文名】 ambient air

【拼音】 huan jing kong qi

【核心词】

【定义】

特定的室内或室外环境中包含的空气。

【词条关系】

【分项-基本关系】 测试大气

◎ 环境烟草烟气

【基本信息】

【英文名】 environmental tobacco smoke

【拼音】 huan jing yan cao yan qi

【核心词】

【定义】

人体呼出的已陈化、被冲淡的主流烟气与已陈化、被冲淡的侧流烟气的混合物。

【词条关系】

【关键指标】 侧流烟气/主流烟气率

【子类】 呼出的侧流烟气

【子类】 呼出的主流烟气

【英文缩写】 ETS

【基本等同】 环境烟气

◎ 可吸入悬浮颗粒物

【基本信息】

【英文名】 respirable suspended particle

【拼音】 ke xi ru xuan fu ke li wu

【核心词】

【定义】

采用粒度选择性采样装置捕集时，符合中位割点的空气动力学直径为 4.0 μm 的捕集效率曲线的粒子。

【词条关系】

【取决】 粒度分布

【英文缩写】 RSP

◎ 紫外粒相物

【基本信息】

【英文名】 ultraviolet particulate matter

【拼音】 zi wai li xiang wu

【核心词】

【定义】

通过比较可吸入悬浮颗粒物样品与代用标准物的紫外吸光度而得到的环境烟草烟气粒相物对可吸入悬浮颗粒物贡献大小的估测值。

【词条关系】

【英文缩写】 UVPM

◎ 代用标准物

【基本信息】

【英文名】 surrogate standard

【拼音】 dai yong biao zhun wu

【核心词】

【定义】

浓度与环境烟草烟气粒相物(ETS-PM)溶液的已知浓度建立定量关系的化学品。

◎ 荧光粒相物

【基本信息】

【英文名】 fluorescent particulate matter

【拼音】 ying guang li xiang wu

【核心词】

【定义】

通过比较可吸入悬浮颗粒物样品与代用标准物的荧光强度而得到的环境烟草烟气粒相物对可吸入悬浮颗粒物贡献大小的估测值。

◎ 环境烟草烟气粒相物

【基本信息】

【英文名】 environmental tobacco smoke particulate matter

【拼音】 huan jing yan cao yan qi li xiang wu

【核心词】

【定义】

环境烟草烟气中的粒相物。

【词条关系】

【子类】 侧流烟气总粒相物

【子类】 主流烟气总粒相物

【英文缩写】 ETS-PM

◎ 气相烟碱

【基本信息】

【英文名】 vapour-phase nicotine

【拼音】 qi xiang yan jian

【核心词】

【定义】

未束缚于气溶胶粒相物的烟碱。

◎ 茄尼醇粒相物

【基本信息】

【英文名】 Sol-PM

【拼音】 qie ni chun li xiang wu

【核心词】

【定义】

基于测定烟草特有化合物茄尼醇而得到的环境烟草烟气粒相物(ETS-PM)对可吸入悬浮颗粒物(RSP)贡献大小的估测值。

【词条关系】

【隶属于】 环境烟草烟气粒相物

◎ 烟包回透率

【基本信息】

【英文名】 steam permeability in baled tobacco

【拼音】 yan bao hui tou lü

【核心词】

【定义】

整包的烟叶经过真空回潮处理后，抽检烟包中温度或含水率有明显增加的烟叶质量占抽检烟包中烟叶总质量的百分比。

◎ 解把率

【基本信息】

【英文名】 loosened ratio

【拼音】 jie ba lü

【核心词】

【定义】

经解把工序处理后,已解开的把烟烟叶质量占取样烟叶总质量的百分比。

【词条关系】

【受影响(有关)】 解把

◎ 撕叶率

【基本信息】

【英文名】 stripping ratio

【拼音】 si ye lü

【核心词】

【定义】

打叶机从烟叶上撕下的片烟质量占投入打叶机的总片烟质量的百分比。投入打叶机的总片烟质量等于投入打叶机的烟叶总质量减去烟梗质量。

◎ 风分率

【基本信息】

【英文名】 pneumatic separate ratio

【拼音】 feng fen lü

【核心词】

【定义】

风分机分离出的片烟质量占进入风分机的游离片烟质量的百分比。游离片烟是指已从烟梗上撕下的片烟。

【词条关系】

【影响】 风分

◎ 叶中含梗率

【基本信息】

【英文名】 stem content in lamina

【拼音】 ye zhong han geng lü

【核心词】

【定义】

打叶风分出来的片烟样品中,片烟上所带直径大于 1.5 mm 的烟梗与混入片烟中的烟梗质量占片烟样品总质量的百分比。

◎ 梗中含叶率

【基本信息】

【英文名】 lamina content in stem

【拼音】 geng zhong han ye lü

【核心词】

【定义】

打叶风分后的烟梗样品中,烟梗上带有的片烟与混入烟梗中的游离片烟质量占烟梗样品总质量的百分比。

◎ 箱内片烟密度偏差率

【基本信息】

【英文名】 density variation rate

【拼音】 xiang nei pian yan mi du pian cha lü

【核心词】

【定义】

箱内片烟密度的相对标准偏差,反映箱内片烟密度的均匀性。

【词条关系】

【英文缩写】 DVR

◎ 片烟质量均匀性

【基本信息】

【英文名】 strips quality homogeneity

【拼音】 pian yan zhi liang jun yun xing

【核心词】

【定义】

同一批次(成品)片烟的结构、糖碱比、含水率等理化指标的一致性。

【词条关系】

【英文缩写】 SQH

◎ 片烟面积

【基本信息】

【英文名】 strip particle area

【拼音】 pian yan mian ji

【核心词】

【定义】

自然放置状态下片烟的水平投影面积。

◎ 区间面积百分比

【基本信息】

【英文名】 percentage of an area range

【拼音】 qu jian mian ji bai fen bi
【核心词】
【定义】
某面积区间内的片烟面积之和占样品总面积的百分数。

◎ 片烟大小分布

【基本信息】
【英文名】 distribution of strip particle area
【拼音】 pian yan da xiao fen bu
【核心词】
【定义】
不同面积区间内的片烟面积之和占样品总面积的比例。

◎ 片烟特征面积

【基本信息】
【英文名】 characteristic area of strip
【拼音】 pian yan te zheng mian ji
【核心词】
【定义】
大于等于一定面积的片烟面积之和占样品总面积的比例为50%时所对应的单片片烟面积大小。

◎ 片烟均匀性系数

【基本信息】
【英文名】 uniformity coefficient of strip
【拼音】 pian yan jun yun xing xi shu
【核心词】
【定义】
反映片烟大小分布均匀性的参数。

◎ 料液含量

【基本信息】
【英文名】 casing flavour content
【拼音】 liao ye han liang
【核心词】
【定义】
加料后片烟中料液质量与片烟总质量的百分比。

◎ 加料均匀性

【基本信息】
【英文名】 casing uniformity
【拼音】 jia liao jun yun xing
【核心词】
【定义】
加料后片烟中料液含量的一致性程度。
【词条关系】
【关键指标】 加料均匀系数
【影响】 加料

◎ 加料均匀系数

【基本信息】
【英文名】 casing uniformity coefficient
【拼音】 jia liao jun yun xi shu
【核心词】
【定义】
表征加料均匀性的指标。用1,2-丙二醇作为标记物,通过测定加料后片烟中的标记物含量,计算得出加料均匀系数。

◎ 梗片厚度

【基本信息】
【英文名】 thickness of rolled stem
【拼音】 geng pian hou du
【核心词】
【定义】
压梗处理后梗片的厚薄程度。

◎ 烟丝填充能力

【基本信息】
【英文名】 filling capacity of cut tobacco
【拼音】 yan si tian chong neng li
【核心词】
【定义】
一定质量的烟丝占据空间的大小,一般以烟丝填充值来表征。

◎ 烟丝填充值

【基本信息】
【英文名】 filling value
【拼音】 yan si tian chong zhi
【核心词】
【定义】
烟丝平衡含水率至规定值后,在规定压缩时间和一定压力条件下单位质量烟丝所占的容积。适用于叶丝、梗丝、再造烟叶丝等。

◎ 膨胀率

【基本信息】

【英文名】 expansion rate

【拼音】 peng zhang lü

【核心词】

【定义】

烟丝膨胀后填充值与膨胀前填充值的差值与膨胀前填充值的百分比。

◎ 整丝率

【基本信息】

【英文名】 whole cut tobacco rate

【拼音】 zheng si lü

【核心词】

【定义】

烟丝中长度大于等于 2.5 mm 的烟丝质量占样品总质量的百分比。

◎ 碎丝率

【基本信息】

【英文名】 broken cut tobacco rate

【拼音】 sui si lü

【核心词】

【定义】

烟丝中长度小于 1.00 mm 的烟丝质量占样品总质量的百分比。

◎ 烟丝破碎度

【基本信息】

【英文名】 breakage of cut tobacco

【拼音】 yan si po sui du

【核心词】

【定义】

卷制前后烟丝特征尺寸的变化率。

◎ 烟丝特征尺寸

【基本信息】

【英文名】 characteristic size of cut tobacco

【拼音】 yan si te zheng chi cun

【核心词】

【定义】

在一定筛分条件下，烟丝经筛分后，筛上累积质量分数为 50%时所对应的筛网孔径尺寸。

◎ 烟丝尺寸分布

【基本信息】

【英文名】 particle size distribution of cut tobacco

【拼音】 yan si chi cun fen bu

【核心词】

【定义】

不同尺寸烟丝质量占烟丝总质量的百分数。

◎ 烟丝筛上累积分布

【基本信息】

【英文名】 cumulative oversize distribution of cut tobacco

【拼音】 yan si shai shang lei ji fen bu

【核心词】

【定义】

大于某一规定尺寸的烟丝质量占烟丝总质量的百分数。

◎ 烟丝弹性

【基本信息】

【英文名】 elasticity of cut tobacco

【拼音】 yan si tan xing

【核心词】

【定义】

一定质量的烟丝，在一定压力下，持续受压一定时间，然后释放压力，烟丝回弹后高度和受压后高度差与受压后高度的百分比。

◎ 烟丝纯净度

【基本信息】

【英文名】 purity of cut tobacco

【拼音】 yan si chun jing du

【核心词】

【定义】

去掉梗签、梗块和杂物后的烟丝质量与去掉前烟丝总质量的百分比。

◎ 出丝率

【基本信息】

【英文名】 ratio of cut tobacco yield

【拼音】 chu si lü

【核心词】

【定义】

在一定的工艺条件下，一定质量的烟叶经加工制得的烟丝质量占该烟叶质量的百分比。

◎ 表观密度

【基本信息】

【英文名】 apparent density

【拼音】 biao guan mi du

【核心词】

【定义】

烟丝单位体积的质量。烟丝体积包括烟丝骨架体积和内部孔隙体积。

◎ 真密度

【基本信息】

【英文名】 true density

【拼音】 zhen mi du

【核心词】

【定义】

烟丝单位骨架体积的质量。

◎ 内孔容积

【基本信息】

【英文名】 inner pore volume

【拼音】 nei kong rong ji

【核心词】

【定义】

烟丝单位质量的内部孔隙容积。

◎ 耐水性

【基本信息】

【英文名】 water resistance

【拼音】 nai shui xing

【核心词】

【定义】

再造烟叶经受浸泡而不至于分散的时间。

【词条关系】

【影响】 再造烟叶

◎ 抗张强度

【基本信息】

【英文名】 tensile strength

【拼音】 kang zhang qiang du

【核心词】

【定义】

在标准试验方法规定的条件下，单位宽度再造烟叶断裂前所能承受的最大张力。

◎ 白点

【基本信息】

【英文名】 blemish

【拼音】 bai dian

【核心词】

【定义】

再造烟叶表面上形成的疵点。

【词条关系】

【影响】 再造烟叶

◎ 白片

【基本信息】

【英文名】 stain

【拼音】 bai pian

【核心词】

【定义】

再造烟叶表面上形成的较大面积的白点。

【词条关系】

【影响】 再造烟叶

◎ 烟叶消耗

【基本信息】

【英文名】 tobacco leaf consumption

【拼音】 yan ye xiao hao

【核心词】

【定义】

制造单位数量的卷烟实际耗用的烟叶质量。

◎ 抗张能量吸收

【基本信息】

【英文名】 tensile energy absorption

【拼音】 kang zhang neng liang xi shou

【核心词】

【定义】

将单位面积的卷烟纸（或滤棒成型纸）拉伸至断裂时所做总功。

◎ 阴燃速率

【基本信息】

【英文名】 smouldering rate

【拼音】 yin ran su lü
【核心词】
【定义】
点燃后的卷烟纸连续阴燃一定长度所需的时间。

◎ 孔带(孔线)宽度

【基本信息】
【英文名】 width of perforated zone or width between perforated lines
【拼音】 kong dai (kong xian) kuan du
【核心词】
【定义】
烟用接装纸纵向中心线的一侧,由电火花打出的孔带自身宽度,或由激光打出的 n 排孔线之间的最大宽度(第 1 排到第 n 排),$n \geqslant 2$。

◎ 孔带(孔线)距边宽度

【基本信息】
【英文名】 width between perforated zone (perforated lines) and wrapping paper edge
【拼音】 kong dai (kong xian) ju bian kuan du
【核心词】
【定义】
烟用接装纸纵向中心线的一侧孔带(孔线)距接装纸边缘的最小宽度。

◎ 透气度

【基本信息】
【英文名】 air permeability
【拼音】 tou qi du
【核心词】
【定义】
在 1.00 kPa 测量压力条件下,通过 1 cm^2 试样表面的空气流量($cm^3 \cdot min^{-1}$)。在烟草工业中,该术语主要在卷烟纸、滤嘴棒卷包纸和打孔水松纸上使用。由于多孔性卷烟纸比无孔纸燃烧快,因此可以减少抽吸烟次数和烟气量。在吸烟过程中通过卷烟纸进入的空气稀释烟气,有助于滤棒通气。
【词条关系】
【关键指标】 多孔度
【关键指标】 多孔性
【基本等同】 透气性
【用途】 空气稀释
【借助】 打孔

◎ 测量压力

【基本信息】
【英文名】 measuring pressure
【拼音】 ce liang ya li
【核心词】
【定义】
测量过程中作用于试样两个面之间的压力差。

◎ 压降

【基本信息】
【英文名】 pressure drop
【拼音】 ya jiang
【核心词】
【定义】
通常指烟支两端的静态压差。烟支完全被密封于测量设备中,以确保试样的两端无空气泄露。试样被一稳定气流通过,且在标准条件下输出端流速为 17.5 mL/s,两端形成气路。在标准条件下,当以稳定的已知气流通过试样时,试样输出端的空气体积流量是 17.5 mL/s。
【词条关系】
【同义】 压力差

◎ 圆度

【基本信息】
【英文名】 roundness
【拼音】 yuan du
【核心词】
【定义】
具有椭圆形截面的棒状物品的不圆程度,以直径最大值和最小值的差表示。

◎ 缩头

【基本信息】
【英文名】 recessed ends
【拼音】 suo tou
【核心词】
【定义】
滤棒端面丝束低于外裹成型纸的现象。

◎ 胶孔

【基本信息】

【英文名】 worm hole

【拼音】 jiao kong

【核心词】

【定义】

因增塑剂局部过量造成丝束熔融而形成的孔洞。

◎ 内黏接线

【基本信息】

【英文名】 inner glue-line

【拼音】 nei nian jie xian

【核心词】

【定义】

介于丝束棒与成型纸之间起固定作用的胶黏线。

◎ 沟槽深度(沟槽滤棒)

【基本信息】

【英文名】 depth of flutes

【拼音】 gou cao shen du (gou cao lü bang)

【核心词】

【定义】

纤维素纸沟槽顶部至沟槽底部的垂直距离。

◎ 沟槽数目(沟槽滤棒)

【基本信息】

【英文名】 number of flutes

【拼音】 gou cao shu mu (gou cao lü bang)

【核心词】

【定义】

沟槽段截面上沟槽的个数。

◎ 沟槽排列结构(沟槽滤棒)

【基本信息】

【英文名】 configuration structure

【拼音】 gou cao pai lie jie gou (gou cao lü bang)

【核心词】

【定义】

纤维素纸沟槽段与无沟槽段的长度组合方式,用卷烟滤嘴中有沟槽段长度(mm)+无沟槽段长度(mm)表示。

◎ 空洞

【基本信息】

【英文名】 hole

【拼音】 kong dong

【核心词】

【定义】

因纤维素纸沟槽排列异常而在滤棒截面形成的孔洞。

【词条关系】

【影响】 滤嘴截留

【影响】 截留

◎ 空腔

【基本信息】

【英文名】 cavity

【拼音】 kong qiang

【核心词】

【定义】

复合滤棒中由于缺失了一段滤棒而形成的中空。

◎ 分层

【基本信息】

【英文名】 separation

【拼音】 fen ceng

【核心词】

【定义】

复合滤棒成型纸与原料滤棒成型纸之间存在缝隙的现象。

◎ 分裂

【基本信息】

【英文名】 split

【拼音】 fen lie

【核心词】

【定义】

丝束带纵向裂开且在裂开处单丝分布不成网状的现象。

◎ 滴浆

【基本信息】

【英文名】 drip

【拼音】 di jiang
【核心词】
【定义】
丝束带上有一个或多个由浆液凝固所形成的硬块。

◎ 切断

【基本信息】
【英文名】 cut
【拼音】 qie duan
【核心词】
【定义】
丝束带横向上形成一处或多处断裂口。

◎ 单丝线密度

【基本信息】
【英文名】 linear density of filament
【拼音】 dan si xian mi du
【核心词】
【定义】
单位长度上单根丝束纤维的质量。

◎ 丝束线密度

【基本信息】
【英文名】 total line density
【拼音】 si shu xian mi du
【核心词】
【定义】
单位长度上丝束纤维的质量。

◎ 色牢度

【基本信息】
【英文名】 colour fastness
【拼音】 se lao du
【核心词】
【定义】
卷烟条与盒包装纸印刷品在各种作用下抵抗其颜色特征发生变化的能力。
【词条关系】
【子类】 耐光色牢度

◎ 耐光色牢度

【基本信息】
【英文名】 colour fastness to light
【拼音】 nai guang se lao du
【核心词】
【定义】
卷烟条与盒包装纸印刷品在日光或人造光源照射下,抵抗其颜色特征发生变化的能力。
【词条关系】
【类属】 色牢度
【影响】 包装
【影响】 条包装
【影响】 盒包装

◎ 暴筋

【基本信息】
【英文名】 uneven thickness
【拼音】 bao jin
【核心词】
【定义】
烟用包装膜卷表面凸起的纵向筋条。

◎ 热封强度

【基本信息】
【英文名】 heat-sealing strength
【拼音】 re feng qiang du
【核心词】
【定义】
烟用包装膜在规定的条件下,一定宽度的热封试样在断裂时的最大载荷。

◎ 拉线持黏性

【基本信息】
【英文名】 holding power
【拼音】 la xian chi nian xing
【核心词】
【定义】
沿粘贴在被粘物上的烟用拉线长度方向垂直悬挂一规定重量的砝码时,烟用拉线抵抗位移的能力,以烟用拉线从被粘物上脱落的时间表示。
【词条关系】
【基本等同】 (拉线)持黏性

◎ 拉线 180°剥离强度

【基本信息】
【英文名】 tear tape 180° peel strength
【拼音】 la xian 180° bo li qiang du

【核心词】
【定义】
在 180°剥离条件下，使烟用拉线与被黏物沿胶黏线逐渐分离时单位宽度所能承受的载荷。
【词条关系】
【基本等同】（拉线）180°剥离强度

◎ 吸烟机

【基本信息】
【英文名】 cigarette smoking machine
【拼音】 xi yan ji
【核心词】
【定义】
自动抽吸卷烟的同时可自动捕集烟气冷凝物和气相物的仪器。吸烟机按照严格控制的参数抽吸卷烟，如抽吸的体积、持续时间、抽吸的频率和烟蒂长度等。
【词条关系】
【方法】 自由式抽吸
【方法】 限制式抽吸
【关键指标】 钟形抽吸曲线图
【关键指标】 非限制性吸烟
【同义】 抽吸模仿机

◎ 自由式抽吸

【基本信息】
【英文名】 free smoking
【拼音】 zi you shi chou xi
【核心词】
【定义】
连续抽吸间隔期之间，烟蒂末端完全暴露于大气的状态。

◎ 限制式抽吸

【基本信息】
【英文名】 restricted smoking
【拼音】 xian zhi shi chou xi
【核心词】
【定义】
用于吸烟机的术语，指连续抽吸间隔期之间，烟蒂末端与大气封闭的状态。
【词条关系】
【基本等同】 限制性吸烟

◎ 抽吸过程

【基本信息】
【英文名】 smoking process
【拼音】 chou xi guo cheng
【核心词】
【定义】
使用一台吸烟机进行抽吸，从点燃开始到最后一次抽吸的全过程。

◎ 抽吸通道

【基本信息】
【英文名】 channel
【拼音】 chou xi tong dao
【核心词】
【定义】
吸烟机的一个元件。它由一个或多个夹持器、一个烟气捕集器以及一个将烟气抽吸通过烟气捕集器的装置组成。
【词条关系】
【隶属于】 吸烟机

◎ 抽吸孔道

【基本信息】
【英文名】 port
【拼音】 chou xi kong dao
【核心词】
【定义】
（吸烟机上）抽吸机构中的孔，通过它进行抽吸，并且可连接一个烟气捕集器。
【词条关系】
【隶属于】 吸烟机

◎ 夹持器

【基本信息】
【英文名】 holder
【拼音】 jia chi qi
【核心词】
【定义】
抽吸过程中（吸烟机上）用于夹持卷烟或雪茄烟嘴端的装置。
【词条关系】
【隶属于】 吸烟机

◎ 烟气捕集器

【基本信息】

【英文名】 smoke trap

【拼音】 yan qi bu ji qi

【核心词】

【定义】

测定特定烟气成分所需的,用于收集抽吸过程中卷烟或雪茄烟样品烟气的装置。烟气捕集器有不同的类型,如玻璃纤维过滤器(剑桥滤片)、静电烟气捕集器、冷阱、溶剂捕集器和毛细管捕集器等。

【词条关系】

【子类】 剑桥滤片

【子类】 冷阱

【子类】 静电烟气捕集器

【子类】 溶剂捕集器

【子类】 毛细管捕集器

◎ 烟灰盘

【基本信息】

【英文名】 ashtray

【拼音】 yan hui pan

【核心词】

【定义】

位于夹持器上卷烟或雪茄烟的下方,用于收集吸烟过程中掉落烟灰的装置。

◎ 标准气流方向

【基本信息】

【英文名】 standard direction of flow

【拼音】 biao zhun qi liu fang xiang

【核心词】

【定义】

从输入端到输出端的方向。对于滤棒,按气流方向规定其输入端和输出端。

◎ 抽吸试验

【基本信息】

【英文名】 smoking run

【拼音】 chou xi shi yan

【核心词】

【定义】

为了测定烟气成分而须从一个卷烟或雪茄烟样品中产生所需烟气量的一个特定的抽吸过程。

◎ 吸烟机压降

【基本信息】

【英文名】 pressure drop of a smoking machine

【拼音】 xi yan ji ya jiang

【核心词】

【定义】

空气流以 17.5 mL/s 的恒定流速通过吸烟机中的两点时,这两点间的静压力差。

◎ 死容积

【基本信息】

【英文名】 dead volume

【拼音】 si rong ji

【核心词】

【定义】

烟蒂末端和抽吸装置之间的容积。

◎ 补偿性能

【基本信息】

【英文名】 compensation

【拼音】 bu chang xing neng

【核心词】

【定义】

当抽吸孔道处的压降变化时,吸烟机保持恒定抽吸容量和抽吸流量图的能力。

◎ 清除抽吸

【基本信息】

【英文名】 clearing puff

【拼音】 qing chu chou xi

【核心词】

【定义】

在卷烟或雪茄烟被熄灭后或从夹持器上取走后所进行的抽吸。

◎ 抽吸频率

【基本信息】

【英文名】 puff frequency

【拼音】 chou xi pin lü

【核心词】

【定义】

在给定时间内的抽吸口数或单位时间内的抽吸次数。

◎ 抽吸口数

【基本信息】

【英文名】 puff number

【拼音】 chou xi kou shu

【核心词】

【定义】

将烟支抽吸到规定的烟蒂长度时所需的口数。

【词条关系】

【同义】 抽吸次数

◎ 抽吸容量

【基本信息】

【英文名】 puff volume

【拼音】 chou xi rong liang

【核心词】

【定义】

从烟蒂端排出并通过烟气捕集器的气体体积。

◎ 抽吸流量图

【基本信息】

【英文名】 puff profile

【拼音】 chou xi liu liang tu

【核心词】

【定义】

将直接在烟蒂后面测得的气流量作为时间的函数绘制的图形。

◎ 抽吸持续时间

【基本信息】

【英文名】 puff duration

【拼音】 chou xi chi xu shi jian

【核心词】

【定义】

抽吸孔道与抽吸机构相连通的时间段，即一口烟从抽吸开始到结束的时间。标准卷烟吸烟机每口抽吸时间为 2 s。

◎ 抽吸终止

【基本信息】

【英文名】 puff termination

【拼音】 chou xi zhong zhi

【核心词】

【定义】

抽吸孔道与抽吸机构连通状态的结束，即抽吸的停止。

◎ 烟蒂长度

【基本信息】

【英文名】 butt length

【拼音】 yan di chang du

【核心词】

【定义】

在停止抽吸的瞬间留下来的未燃烧的卷烟或雪茄烟的长度。

◎ 环境气流

【基本信息】

【英文名】 ambient air flow

【拼音】 huan jing qi liu

【核心词】

【定义】

抽吸过程中卷烟或雪茄烟周围的气流。

◎ 峰值流量

【基本信息】

【英文名】 peak flow

【拼音】 feng zhi liu liang

【核心词】

【定义】

抽吸过程中所达到的最大流量。

◎ 峰值时间

【基本信息】

【英文名】 peak time

【拼音】 feng zhi shi jian

【核心词】

【定义】

抽吸过程中达到最大流量时的时间。

◎ 烟草机械

【基本信息】

【英文名】 tobacco machine

【拼音】 yan cao ji xie

【核心词】

【定义】

烟草生产用机械设备的统称。

【词条关系】

【子类】 造纸法再造烟叶设备

【子类】 雪茄加工机械

【子类】 制丝设备

【子类】 滤棒成型设备

【子类】 打叶复烤设备

【子类】 废烟支处理机

【子类】 卷接包设备

【子类】 片烟振动分选机

【子类】 烟叶采收机

◎ 打叶复烤设备

【基本信息】

【英文名】 threshing and redrying equipment

【拼音】 da ye fu kao she bei

【核心词】

◎ 真空回潮机

【基本信息】

【英文名】 vacuum conditioner

【拼音】 zhen kong hui chao ji

【核心词】

【定义】

(1) 通过多种技术给烟包抽真空,同时使水蒸气达到烟包中央的机器。在初加工阶段,真空回潮机用来回潮干燥压实的烟包,使其湿度达到10%～15%。通过这种技术处理后烟叶再加工时就不会过多造碎。虽然真空回潮机大部分已经被直接回潮筒所代替,但是在原烟的打叶线上仍在使用。

(2) 利用抽真空方法排除烟包或片烟烟坯内的空气再增温增湿的设备,按类型分为喷射式、机械式和复合式等。

【词条关系】

【类属】 打叶复烤设备

【拆解为】 加湿机

◎ 解把机

【基本信息】

【英文名】 tie-leaf cutting machine

【拼音】 jie ba ji

【核心词】

【定义】

(1) 把成束或成把的烟叶分开的解把机器。

(2) 用于解开初烤烟烟把的设备。解把机可具有烟叶切尖等功能。

【词条关系】

【类属】 打叶复烤设备

【影响】 松叶

【影响】 开把机

◎ 润叶机

【基本信息】

【英文名】 conditioner

【拼音】 run ye ji

【核心词】

【定义】

利用热风循环和蒸汽与水雾的作用使烟叶含水率和温度达到工艺要求的回潮设备。部分润叶机也可不具备热风循环功能。

【词条关系】

【类属】 打叶复烤设备

◎ 打叶机

【基本信息】

【英文名】 thresher

【拼音】 da ye ji

【核心词】

【定义】

(1) 去掉烟叶中脉,留下相对较小的烟片和支脉的机器。主要用于加工卷烟和雪茄短芯烟原料。机器由一个可移动的框栏和可调整的打钉辊组成。打叶后烟梗和叶片通过风力分开。

(2) 将烟叶上的叶片从烟梗上撕裂后并通过风分等手段完成梗叶分离的设备。按类型分为卧式、立式和综合式等。

【词条关系】

【用于】 打叶

【类比】 打叶风分机

【类比】 抽梗机

【类比】 分选机

【用途】 去梗

◎ 复烤机

【基本信息】

【英文名】 redryer

【拼音】 fu kao ji

【核心词】

【定义】

用于对初烤烟等进行再次干燥处理,使其含

水率和温度等指标达到工艺要求的设备。这类设备一般有 40～50 m 长，分成相继的 3 段：干燥段、冷却段和回潮段。复烤机按类型分为片烟复烤机和烟梗复烤机等。

【词条关系】

【子类】 烟梗复烤机

【子类】 片烟复烤机

【子类】 挂杆复烤机

◎ 片烟复烤机

【基本信息】

【英文名】 lamina redryer

【拼音】 pian yan fu kao ji

【核心词】

【定义】

用于对片烟进行干燥处理，使其含水率和温度等指标达到工艺要求的设备。

◎ 烟梗复烤机

【基本信息】

【英文名】 stem redryer

【拼音】 yan geng fu kao ji

【核心词】

【定义】

用于对烟梗进行干燥处理，使其含水率和温度等指标达到工艺要求的设备。

◎ 挂杆复烤机

【基本信息】

【英文名】 stick redryer

【拼音】 gua gan fu kao ji

【核心词】

【定义】

用于对跨挂在专用烟杆上的初烤烟或把烟进行干燥处理，使烟叶含水率均匀降低至工艺规定范围的设备。

◎ 预压机

【基本信息】

【英文名】 pre-presser

【拼音】 yu ya ji

【核心词】

【定义】

将一定质量的片烟装入料箱内，初步压缩至规定形状和尺寸的设备。

【词条关系】

【类属】 打叶复烤设备

◎ 打包机

【基本信息】

【英文名】 baler

【拼音】 da bao ji

【核心词】

【定义】

利用包装材料（如麻袋、纸箱、木桶等）将已预压成型的片烟或烟梗包装成一定规格的烟包、烟箱或烟桶的设备。

◎ 开包机

【基本信息】

【英文名】 case opener

【拼音】 kai bao ji

【核心词】

【定义】

将有包装的片烟坯等与包装物分离的设备。

【词条关系】

【类比】 拆箱机

◎ 切片机

【基本信息】

【英文名】 slicer

【拼音】 qie pian ji

【核心词】

【定义】

(1) 对开(拆)包(箱)后的片烟坯按工艺要求尺寸进行分切的设备。

(2) 将再造烟叶分切成符合要求的再造烟叶成品的设备。

◎ 松散回潮机

【基本信息】

【英文名】 loosening and conditioning cylinder

【拼音】 song san hui chao ji

【核心词】

【定义】

对切片后的片烟进行增温增湿处理，并使其松散的设备。

【词条关系】

【类属】 回潮机

◎ 加料机

【基本信息】

【英文名】 casing cylinder

【拼音】 jia liao ji

【核心词】

【定义】

按工艺要求将料液均匀、定量地施加于片烟等烟草在制品上的设备。

【词条关系】

【拆解为】 加料滚筒

◎ 贮柜

【基本信息】

【英文名】 silo

【拼音】 zhu gui

【核心词】

【定义】

用于贮存烟叶、片烟、烟丝等烟草在制品的设备。

◎ 片烟加温加湿机

【基本信息】

【英文名】 lamina conditioner

【拼音】 pian yan jia wen jia shi ji

【核心词】

【定义】

对片烟进行增温增湿处理，以提高其温度、含水率和耐加工性的设备，按类型分为滚筒式和隧道式等。

【词条关系】

【子类】 滚筒式片烟增温增湿机

【子类】 隧道式片烟增温增湿机

◎ 切丝机

【基本信息】

【英文名】 cutter

【拼音】 qie si ji

【核心词】

【定义】

将片烟、烟梗、再造烟叶等切成一定宽度细丝的设备。切丝机按类型分为滚刀式、旋转式和往复式等。

【词条关系】

【子类】 上下式烟草切丝机

【子类】 滚刀切丝机

◎ 叶丝回潮机

【基本信息】

【英文名】 cut lamina conditioner; cut strips conditioner

【拼音】 ye si hui chao ji

【核心词】

【定义】

对叶丝进行增温增湿处理，以提高其温度和含水率的设备。叶丝回潮机按类型分为滚筒式和隧道式等。

【词条关系】

【类属】 回潮机

◎ 烘丝机

【基本信息】

【英文名】 cut lamina dryer ;cut strips dryer

【拼音】 hong si ji

【核心词】

【定义】

（1）一种烘焙或干燥烟丝的机器。采用燃气或燃油加热的旋转干燥机，其内壁温度较高，通常是由一个卧放微倾斜的直接加热的滚筒组成。空气从料斗处吹入或逆向吹入，穿过滚筒。滚筒不停转动以防止烟丝烤焦，同时也使得烟丝混合和松散，从而保证干燥的均匀，直至烟丝达到标准的含水量。

（2）用于脱去叶丝中的水分、使其含水率均匀地降至工艺要求并提高其填充能力的设备。烘丝机按类型分为滚筒式、气流式、塔式、隧道式和管道式等。

【词条关系】

【用于】 烘丝

◎ 叶丝膨胀设备

【基本信息】

【英文名】 cut lamina expanding equipment; cut strips expanding equipment

【拼音】 ye si peng zhang she bei

【核心词】

【定义】

将叶丝用膨胀介质浸渍后进行干燥处理，使其体积增大、填充值增加的设备。叶丝膨胀设备按类型分为二氧化碳叶丝膨胀设备、氮气叶丝膨胀设备和 KC-2 叶丝膨胀设备等。

【词条关系】

【用于】 叶丝膨胀

◎ 烟梗加温加湿机

【基本信息】

【英文名】 stem conditioner

【拼音】 yan geng jia wen jia shi ji

【核心词】

【定义】

对烟梗进行增温增湿处理，以提高其温度、含水率、柔软性和耐加工性的设备，按类型分为水槽式、隧道式和螺旋式等。

◎ 压梗机

【基本信息】

【英文名】 stem flattener

【拼音】 ya geng ji

【核心词】

【定义】

（1）碾压烟叶主脉的机器。打叶过程中分选出来的烟梗通过碾压处理可以进一步利用。烟梗加蒸汽或浸在水池里加热回潮，然后再碾压。机器的压辊之间留有约 0.02 mm 的间距，它们要经常修磨以保持其平整。在碾压的过程中也可以加入增香剂，通常是有机酸，有时也用香料。碾压后再切成丝加到斗烟中，或作为雪茄芯烟及卷烟填充料。

（2）利用压辊等将回潮后的烟梗压成规定厚度梗片的设备。

【词条关系】

【用于】 压梗

【用途】 梗丝

◎ 梗丝膨胀设备

【基本信息】

【英文名】 cut stem expanding equipment

【拼音】 geng si peng zhang she bei

【核心词】

【定义】

对梗丝进行增温增湿处理，使其体积增大、填充值增加的设备。梗丝膨胀设备按类型分为滚筒式、隧道式和文氏管式等。

◎ 梗丝干燥设备

【基本信息】

【英文名】 cut stem dryer

【拼音】 geng si gan zao she bei

【核心词】

【定义】

对膨胀设备处理后的梗丝进行快速干燥的设备，按类型分为滚筒式、隧道式和塔式等。

◎ 加香机

【基本信息】

【英文名】 flavouring cylinder

【拼音】 jia xiang ji

【核心词】

【定义】

（1）按工艺要求将香精定量且均匀地施加于烟草在制品上的设备。

（2）一种烟丝加香设备，烟丝在其中喷加香精后储入储丝柜。

【词条关系】

【用于】 加香

◎ 白肋烟烘干机

【基本信息】

【英文名】 burley dryer

【拼音】 bai lei yan hong gan ji

【核心词】

【定义】

对加里料后的白肋烟进行烘焙处理，以明显改善其香气、余味和色泽，减少杂气和刺激性的设备。白肋烟烘干机按类型分为单层式、多层式、滚筒式等。

◎ 风力送丝系统

【基本信息】

【英文名】 cut tobacco pneumatic conveying system

【拼音】 feng li song si xi tong

【核心词】

【定义】

用风力将烟丝从贮柜输送到卷烟机供丝装置的系统，主要由管道和风机等组成。

◎ 小车送丝系统

【基本信息】

【英文名】 cut tobacco feeding dolly system

【拼音】 xiao che song si xi tong

【核心词】

【定义】

采用轨道式或悬挂式小车将烟丝从贮柜输送到卷烟机供丝装置的系统。

◎ 卷接机组

【基本信息】

【英文名】 cigarette making and filter assembling group

【拼音】 juan jie ji zu

【核心词】

【定义】

完成卷烟的烟支卷制和滤嘴接装的机组，主要由卷烟机和滤嘴接装机等组成。

【词条关系】

【子类】 卷烟机

【子类】 滤嘴接装机

◎ 卷烟机

【基本信息】

【英文名】 cigarette maker

【拼音】 juan yan ji

【核心词】

【定义】

(1) 将烟丝用卷烟纸卷制成卷烟烟支的设备。卷烟机按类型分为吸丝式和落丝式卷烟机。

(2) 第一台实用的商业卷烟机出现在 19 世纪 60 年代(1867 年在巴黎博览会上展出的苏西尼卷烟机)，这类卷烟机主要是纸管填充型机器，即把烟草塞入已制成的纸管中，因此其烟支产量十分有限。

◎ 滤嘴接装机

【基本信息】

【英文名】 filter assembler

【拼音】 lü zui jie zhuang ji

【核心词】

【定义】

将滤嘴接装到卷烟烟支上并形成滤嘴卷烟的设备，简称接装机。

【词条关系】

【缩略】 接装机

◎ 卷烟包装机组

【基本信息】

【英文名】 cigarette packing group

【拼音】 juan yan bao zhuang ji zu

【核心词】

【定义】

完成卷烟包装的由多台设备组成的机组，包括卷烟包装机、卷烟盒包装膜包装机、卷烟硬条包装机、卷烟硬条包装膜包装机、装封箱机等设备。

【词条关系】

【子类】 卷烟包装机

【子类】 卷烟盒包装膜包装机

【子类】 卷烟硬条包装机

【子类】 卷烟硬条包装膜包装机

【子类】 装封箱机

◎ 卷烟包装机

【基本信息】

【英文名】 cigarette packer

【拼音】 juan yan bao zhuang ji

【核心词】

【定义】

(1) 将卷烟烟支装入零售用小盒的机器。通常与外包装机连接，或多机组合形成一条高产包装线。

(2) 用盒包装纸将烟支按一定包装规格包装成硬(软)盒卷烟的设备。卷烟包装机按类型分为硬盒包装机和软盒包装机等。

【词条关系】

【用于】 包装

【基本等同】 外包装机

【用途】 条盒

【用途】 卷烟小盒

◎ 卷烟盒包装膜包装机

【基本信息】

【英文名】 cellophaner

【拼音】 juan yan he bao zhuang mo bao zhuang ji

【核心词】
【定义】
将包装膜包裹在卷烟盒外部的设备。

◎ 卷烟硬条包装机

【基本信息】
【英文名】 cartoner
【拼音】 juan yan ying tiao bao zhuang ji
【核心词】
【定义】
用条包装纸将一定数量的盒装卷烟包装成硬条盒的设备。卷烟硬条包装机按类型分为硬盒硬条包装机和软盒硬条包装机等。

◎ 卷烟硬条包装膜包装机

【基本信息】
【英文名】 overwrapper
【拼音】 juan yan ying tiao bao zhuang mo bao zhuang ji
【核心词】
【定义】
将包装膜包裹在卷烟硬条外部的设备。
【词条关系】
【类属】 包装机

◎ 卷烟储存输送系统

【基本信息】
【英文名】 cigarette storing and transferring system
【拼音】 juan yan chu cun shu song xi tong
【核心词】
【定义】
将卷接机组和卷烟包装机组连接在一起，主要用于烟支的缓冲储存和输送的设备。

◎ 卷接包生产线

【基本信息】
【英文名】 direct linkaged cigarette making and packing line
【拼音】 juan jie bao sheng chan xian
【核心词】
【定义】
由卷接机组、卷烟包装机组和卷烟储存输送系统等构成的，用于烟支卷制、滤嘴接装和卷烟包装的整套设备。
【词条关系】
【用于】 卷制
【用于】 滤嘴接装
【用于】 卷烟包装
【拆解为】 卷接机组
【拆解为】 卷烟包装机组
【拆解为】 卷烟储存输送系统

◎ 装封箱机

【基本信息】
【英文名】 filling and sealing boxer
【拼音】 zhuang feng xiang ji
【核心词】
【定义】
将硬条盒卷烟装入一定规格的纸箱内，并在烟箱开口处贴上封条的设备。

◎ 卷内胚机

【基本信息】
【英文名】 bunch machine; bunch maker
【拼音】 juan nei pei ji
【核心词】
【定义】
将内包叶包卷住雪茄烟芯制成雪茄内胚的设备。
【词条关系】
【同义】 卷雪茄内胚机

◎ 卷外包叶机

【基本信息】
【英文名】 cigar wrapping machine
【拼音】 juan wai bao ye ji
【核心词】
【定义】
完成雪茄外包叶裁切、卷外包叶、烟支定型、修整和揉头加工任务的设备。
【词条关系】
【用于】 雪茄外包皮叶

◎ 雪茄烟全能包卷机

【基本信息】
【英文名】 cigar complete machine
【拼音】 xue jia yan quan neng bao juan ji

【核心词】

【定义】

完成雪茄烟内外包叶裁切、卷内胚、内胚定型、卷外包叶、烟支定型修整等全过程加工任务的设备。

◎ 废烟支处理机

【基本信息】

【英文名】 recycler

【拼音】 fei yan zhi chu li ji

【核心词】

【定义】

对废烟条或废烟支进行处理并使烟丝与卷烟纸、滤嘴等分离的设备。

◎ 纤维滤棒成型机组

【基本信息】

【英文名】 fibre filter rod making combination

【拼音】 xian wei lü bang cheng xing ji zu

【核心词】

【定义】

将纤维丝束加工成烟用滤棒的设备，主要由纤维开松上胶机、纤维滤棒成型机等组成。

◎ 纤维开松上胶机

【基本信息】

【英文名】 tow processor

【拼音】 xian wei kai song shang jiao ji

【核心词】

【定义】

将纤维丝束开松伸展成均匀的纤维网并施加胶黏剂的设备。

◎ 纤维滤棒成型机

【基本信息】

【英文名】 fibre filter rod maker

【拼音】 xian wei lü bang cheng xing ji

【核心词】

【定义】

将开松上胶处理后的纤维丝束加工成滤棒的设备。

◎ 复合滤棒成型机

【基本信息】

【英文名】 multisegment filter rod maker

【拼音】 fu he lü bang cheng xing ji

【核心词】

【定义】

将两种或两种以上不同过滤材料按工艺要求加工成复合滤棒的设备。

【词条关系】

【用于】 复合滤棒

◎ 滤棒储存输送系统

【基本信息】

【英文名】 filter rod reservoir conveyor device

【拼音】 lü bang chu cun shu song xi tong

【核心词】

【定义】

将纤维滤棒成型机和滤棒发射接收设备连接在一起，主要用于滤棒固化、缓冲储存和输送的柔性联接设备。

◎ 滤棒发射接收设备

【基本信息】

【英文名】 filter rod shooting and receiving station

【拼音】 lü bang fa she jie shou she bei

【核心词】

【定义】

将滤棒传输至卷接机组的装置，主要由滤棒发射机和滤棒接收机组成。

◎ 固液分离器

【基本信息】

【英文名】 separator

【拼音】 gu ye fen li qi

【核心词】

【定义】

用于将烟草水溶物与不溶物分离的设备。

◎ 磨浆机

【基本信息】

【英文名】 refiner

【拼音】 mo jiang ji

【核心词】

【定义】

将烟草不溶物磨制成为符合抄造要求的浆料的设备。

◎ 抄造机

【基本信息】

【英文名】 paper machine

【拼音】 chao zao ji

【核心词】

【定义】

将浆料抄造成符合要求的再造烟叶基片的设备。

◎ 涂布机

【基本信息】

【英文名】 coater

【拼音】 tu bu ji

【核心词】

【定义】

将涂布液施加到再造烟叶基片的设备。

◎ 烘干机

【基本信息】

【英文名】 dryer

【拼音】 hong gan ji

【核心词】

【定义】

干燥再造烟叶的设备。

【词条关系】

【用于】 再造烟叶

◎ 片烟振动分选机

【基本信息】

【英文名】 lamina selection machine

【拼音】 pian yan zhen dong fen xuan ji

【核心词】

【定义】

采用振动方式筛分片烟，从而测定片烟结构(大中片率、碎片率)的设备。

【词条关系】

【类属】 烟草机械

◎ 叶中含梗测定仪

【基本信息】

【英文名】 stem tester

【拼音】 ye zhong han geng ce ding yi

【核心词】

【定义】

利用循环打叶风分原理实现片烟样品中的梗、叶分离，从而测定片烟样品中含梗率的仪器。

【词条关系】

【用于】 含梗率

◎ 片烟密度无损测定仪

【基本信息】

【英文名】 nondestructive detecting instrument for packed lamina density

【拼音】 pian yan mi du wu sun ce ding yi

【核心词】

【定义】

采用电离辐射等非接触方法检测片烟箱(包)中片烟密度的仪器。

◎ 片烟结构检测设备

【基本信息】

【英文名】 lamina structure testing instrument

【拼音】 pian yan jie gou jian ce she bei

【核心词】

【定义】

采用计算机图像识别等处理技术对片烟进行检测，从而得到片烟结构数据的检测设备。

【词条关系】

【用于】 片烟

【类属】 片烟检测设备

◎ 烟丝含水率测定仪

【基本信息】

【英文名】 moisture tester of cut tobacco

【拼音】 yan si han shui lü ce ding yi

【核心词】

【定义】

检测烟丝含水率的仪器，按其测定原理和测试方法可分为烘箱法、化学法、电容法、微波法和红外法等，按使用场景又可分为实验室烟丝含水率测定仪和在线烟丝含水率测定仪 2 类。

【词条关系】

【用于】 含水率

【用于】 烟丝含水率

◎ 红外含水率测定仪

【基本信息】

【英文名】 infrared moisture tester

【拼音】 hong wai han shui lü ce ding yi
【核心词】
【定义】
利用不同含水率的烟丝对特定波长红外光束的吸收率有一定差异的原理，对烟丝含水率进行非接触式测定的仪器。
【词条关系】
【用于】 烟丝含水率

◎ 填充值测定仪

【基本信息】
【英文名】 filling value tester
【拼音】 tian chong zhi ce ding yi
【核心词】
【定义】
测定烟丝或梗丝填充值的仪器。
【词条关系】
【用于】 填充值

◎ 烟丝宽度测定仪

【基本信息】
【英文名】 cut tobacco width tester
【拼音】 yan si kuan du ce ding yi
【核心词】
【定义】
采用光学放大投影法等方法测量烟丝宽度的仪器。

◎ 烟丝弹性测定仪

【基本信息】
【英文名】 cut tobacco elasticity tester
【拼音】 yan si tan xing ce ding yi
【核心词】
【定义】
检测烟丝弹性的仪器。
【词条关系】
【用于】 烟丝

◎ 烟丝结构振动分选筛

【基本信息】
【英文名】 quality-control shaker
【拼音】 yan si jie gou zhen dong fen xuan shai
【核心词】
【定义】
用3种规格的筛网将烟丝分离成4种尺寸的样品，从而测定烟丝结构(整丝率、碎丝率)的仪器。

◎ 圆周测定仪

【基本信息】
【英文名】 circumference gauge
【拼音】 yuan zhou ce ding yi
【核心词】
【定义】
测量烟支或滤棒圆周的仪器。
【词条关系】
【用于】 烟支
【用于】 滤棒

◎ 直径测定仪

【基本信息】
【英文名】 diameter tester
【拼音】 zhi jing ce ding yi
【核心词】
【定义】
测量烟支或滤棒直径的仪器。通常采用光电法测定，分为激光直径测定仪、普通光直径测定仪等。

◎ 吸阻测定仪/压降测定仪

【基本信息】
【英文名】 drawing resistance tester/pressure drop tester
【拼音】 xi zu ce ding yi/ya jiang ce ding yi
【核心词】
【定义】
测定卷烟吸阻或滤棒压降的仪器。
【词条关系】
【用于】 吸阻
【用于】 压降

◎ 硬度测定仪

【基本信息】
【英文名】 hardness tester
【拼音】 ying du ce ding yi
【核心词】
【定义】
测定烟支或滤棒硬度的仪器。

【词条关系】

【用于】 烟支

【用于】 滤棒

◎ 长度测定仪

【基本信息】

【英文名】 length tester

【拼音】 chang du ce ding yi

【核心词】

【定义】

测定卷烟或滤棒长度的仪器。

【词条关系】

【用于】 卷烟

【用于】 滤棒

◎ 滤棒圆度测定仪

【基本信息】

【英文名】 filter rods roundness tester

【拼音】 lü bang yuan du ce ding yi

【核心词】

【定义】

测定滤棒圆度的仪器。

【词条关系】

【用于】 滤棒圆周

◎ 综合测试台

【基本信息】

【英文名】 physical characteristics test station

【拼音】 zong he ce shi tai

【核心词】

【定义】

综合测试卷烟和滤棒物理性能的仪器。

◎ 通风测定仪

【基本信息】

【英文名】 ventilation tester

【拼音】 tong feng ce ding yi

【核心词】

【定义】

测定滤嘴卷烟通风度的仪器。

【词条关系】

【用于】 通风度

◎ 卷烟自由燃烧速度测定仪

【基本信息】

【英文名】 cigarette free burning rate tester

【拼音】 juan yan zi you ran shao su du ce ding yi

【核心词】

【定义】

测定烟支自由燃烧速度的仪器。

【词条关系】

【用于】 燃烧速率

◎ 一氧化碳自动分析仪

【基本信息】

【英文名】 automatic carbon monoxide analyzer

【拼音】 yi yang hua tan zi dong fen xi yi

【核心词】

【定义】

自动测定卷烟烟气中一氧化碳含量的仪器。

【词条关系】

【影响】 一氧化碳

◎ 卷烟含末率测定仪

【基本信息】

【英文名】 cigarette dust content tester

【拼音】 juan yan han mo lü ce ding yi

【核心词】

【定义】

测定烟支含末率的仪器。

◎ 卷烟端部落丝测试仪

【基本信息】

【英文名】 cigarette ends tester

【拼音】 juan yan duan bu luo si ce shi yi

【核心词】

【定义】

测定从卷烟端部掉落的烟丝量的仪器。

◎ 纸张透气度测定仪

【基本信息】

【英文名】 paper permeability tester

【拼音】 zhi zhang tou qi du ce ding yi

【核心词】

【定义】

测定卷烟纸、滤棒成型纸、滤嘴接装纸等的透气度的仪器。

【词条关系】

【用于】 卷烟纸

【用于】 滤棒成型纸

【用于】 接装纸

【用途】 透气度

◎ 卷烟纸阴燃速率测定仪

【基本信息】

【英文名】 cigarette paper static combustibility rate tester

【拼音】 juan yan zhi yin ran su lüce ding yi

【核心词】

【定义】

测定卷烟纸阴燃速率的仪器。

◎ 烟用纤维丝束线密度测定仪

【基本信息】

【英文名】 total line density tester

【拼音】 yan yong xian wei si shu xian mi du ce ding yi

【核心词】

【定义】

测定烟用纤维丝束线密度的仪器。

【词条关系】

【用于】 纤维丝束

【类比】 烟用纤维丝束卷曲指数测定仪

◎ 烟用纤维丝束卷曲指数测定仪

【基本信息】

【英文名】 crimp index tester

【拼音】 yan yong xian wei si shu juan qu zhi shu ce ding yi

【核心词】

【定义】

测定烟用纤维丝束卷曲指数的仪器。

【词条关系】

【用于】 纤维丝束

◎ 卷烟盒密封度测定仪

【基本信息】

【英文名】 package seal tester

【拼音】 juan yan he mi feng du ce ding yi

【核心词】

【定义】

测定有透明纸包装的卷烟盒密封程度的仪器。

【词条关系】

【用于】 密封

◎ 烟草作物

【基本信息】

【英文名】 tobacco crop

【拼音】 yan cao zuo wu

【基础词】

【词条关系】

【类属】 农作物

◎ 蒸汽喷射泵

【基本信息】

【英文名】 steam ejector pump

【拼音】 zheng qi pen she beng

【基础词】

【定义】

真空回潮机中的一种装置，用来抽空真空室里的空气。

【词条关系】

【子类】 尺蠖

【隶属于】 真空回潮机

◎ 杂交育种

【基本信息】

【英文名】 cross-breeding

【拼音】 za jiao yu zhong

【基础词】

【定义】

不同品种间杂交，采用一烟株上的花粉对植物学上不同类型的另一烟株上的雌蕊进行授粉。这样做的目的是培育出具有新的理想性状的品种。

◎ 硅钨酸法

【基本信息】

【英文名】 silico-tungstic method

【拼音】 gui wu suan fa

【基础词】

【定义】

一种经典的烟碱分析方法。利用该方法，烟碱被硅钨酸沉淀出来。

【词条关系】

【用于】　烟碱含量

【类比】　苦味酸滴定法

◎ 硝酸盐类

【基本信息】

【英文名】　nitrates

【拼音】　xiao suan yan lei

【基础词】

【定义】

硝酸盐用于烟草的许多方面。①作为氮肥。氮经常以硝酸盐的形式通过根部被植物吸收，硝酸盐是速效肥料（硫酸铵也经常用作氮肥，但它必须先通过土壤微生物转化为硝酸盐才起作用）。硝酸铵是用于碱性烟草的基本肥料，由于16%的氮是速效的（不在33%总氮量之列），而其余残物作用慢。柠檬酸氨钙含10%速效氮，占总氮量的20%～21%。②用5%的溶液处理那些持火能力较弱的烟草。③作为烟纸中的成分，改善持火能力，然而由于对口感方面有不利的影响，它的应用正在逐渐减少。

【词条关系】

【用途】　氮肥

【用途】　持火能力

◎ 大茴香

【基本信息】

【英文名】　aniseed

【拼音】　da hui xiang

【基础词】

【定义】

伞形花科的茴芹植物的种子。该植物含有茴香脑，用于嚼烟加料。

【词条关系】

【用于】　嚼烟

◎ 光洁度

【基本信息】

【英文名】　finish

【拼音】　guang jie du

【基础词】

【定义】

色彩感觉中的反光因素，用以表示烟叶表面的光泽或者光亮度。

【词条关系】

【基本等同】　光泽

◎ 切尖-切柄机

【基本信息】

【英文名】　tipping-butting machine

【拼音】　qie jian-qie bing ji

【基础词】

【定义】

切尖和切把联合作业的机械，即切除叶尖和叶柄的机器。

【词条关系】

【类比】　切叶柄机

【类比】　切尖机

◎ 水杨酸甲酯

【基本信息】

【英文名】　methyl salicylate

【拼音】　shui yang suan jia zhi

【基础词】

【定义】

甲醇和水杨酸的酯类化合物。见于冬青油中，也可人工合成。水杨酸甲酯有薄荷醇的嗅味，可用于具有相似风味的薄荷型卷烟生产中。

【词条关系】

【类比】　薄荷醇

【用途】　卷烟加工

◎ 热敏胶带

【基本信息】

【英文名】　heat-sensitive adhesive tape

【拼音】　re min jiao dai

【基础词】

【定义】

最外层包装带，在包装过程中于高温下固定于卷烟盒的透明外包装纸，这些带子用热溶技术或胶黏附。热敏胶带正在被自粘胶带或压敏胶带替代。

【词条关系】

【用于】　外包装

◎打叶叶片

【基本信息】
【英文名】 machine strips
【拼音】 da ye ye pian
【基础词】
【定义】
机器打叶的叶片，相对于手工抽梗叶片。
【词条关系】
【受影响(有关)】 打叶机

◎ 馏分

【基本信息】
【英文名】 fraction
【拼音】 liu fen
【基础词】
【定义】
分馏获得的部分混合物，用于烟草中天然物质的精提取。
【词条关系】
【隶属于】 烟草提取液

◎ 条纹病

【基本信息】
【英文名】 streak
【拼音】 tiao wen bing
【基础词】
【定义】
一种烟草病毒病。症状为沿中脉组织有波浪状坏死线(有时也会向叶片其他部位扩展)，茎上会出现凹陷的坏死斑。其特点是植株似乎恢复正常，但过后叶片和花出现畸形。
【词条关系】
【受影响(有关)】 菟丝子

◎ 河南邓片

【基本信息】
【英文名】 Henan Dengpian
【拼音】 he nan deng pian
【基础词】
【定义】
产于中国河南省西南的邓县，属于淡色晒黄烟。叶色金黄或淡黄色，细致丰满，燃烧性好，烟灰灰白，清香纯正。代表品种为“柳叶尖”。
【词条关系】
【类属】 晒黄烟
【子类】 柳叶尖

◎ 鼻烟盒

【基本信息】
【英文名】 snuff box
【拼音】 bi yan he
【基础词】
【定义】
用于盛装鼻烟的装饰性小盒子。烟盒经常是油漆(上釉和磨光)的，原料为稀有木材、牛角、塑料、金属，也可以用纸上光。实际上，经过若干层纸和漆制成的鼻烟盒十分坚固，许多鼻烟盒是用这种方法制成的。
【词条关系】
【用途】 鼻烟

◎ 烟盘输送器

【基本信息】
【英文名】 tray conveyor
【拼音】 yan pan shu song qi
【基础词】
【定义】
运送卷烟盘的机器。
【词条关系】
【用途】 烟盘

◎ 振动喂料输送机

【基本信息】
【英文名】 vibratory feed conveyor
【拼音】 zhen dong wei liao shu song ji
【基础词】
【词条关系】
【类属】 振动输送机

◎ 卷筒纸

【基本信息】
【英文名】 web
【拼音】 juan tong zhi
【基础词】
【定义】
在制造或者加工过程中连续的纸或纸板。
【词条关系】
【类比】 盘纸

◎ 触杀型农药

【基本信息】

【英文名】 contact pesticide

【拼音】 chu sha xing nong yao

【基础词】

【定义】

杀虫剂、杀菌剂和除草剂等的类型，直接喷到植物的叶子上后不能被植物吸收和在体内传输。它们与内吸型农药相反，后者能被植物吸收且能在植物体内移动。

【词条关系】

【类属】 农药

【类比】 内吸型农药

◎ 雪茄芯烟干燥机

【基本信息】

【英文名】 cigar filler drying machine

【拼音】 xue jia xin yan gan zao ji

【基础词】

【定义】

使用热风干燥雪茄芯烟或类似烟草的机器。为实现均匀干燥，芯烟随着带金属丝网的由打孔钢板组成的旋转辊筒一起转动，同时热气流吹过其间以保证绝大多数芯烟被吹进旋转辊筒的中间，从而在干燥处理过程中不会受损。干燥后，芯烟在输送带上冷却。可用蒸汽、热水、燃气和电作为能源。

【词条关系】

【用于】 雪茄芯烟

【用途】 雪茄制造

◎ 大气湿度

【基本信息】

【英文名】 atmospheric humidity

【拼音】 da qi shi du

【基础词】

【定义】

大气中水分含量的度量。

【词条关系】

【基本等同】 空气湿度

◎ 捏头装置

【基本信息】

【英文名】 head-shaping unit

【拼音】 nie tou zhuang zhi

【基础词】

【定义】

雪茄内胚条卷制机上的一个装置。用于在每处单支雪茄长的地方钻孔并除去部分雪茄烟丝以使雪茄烟头成形。

【词条关系】

【隶属于】 卷雪茄内胚机

◎ 感官特性

【基本信息】

【英文名】 sensory properties

【拼音】 gan guan te xing

【基础词】

【定义】

烟草制品的特性，如气味和吃味。

【词条关系】

【关键指标】 吃味

【关键指标】 香气

【受影响(有关)】 烟草制品

◎ 二烯烟碱

【基本信息】

【英文名】 nicotyrine

【拼音】 er xi yan jian

【基础词】

【定义】

(1) 一种次要的生物碱，只存在于碱性类型烟草，像降烟碱一样，可能是在发酵阶段由烟碱转化而来。

(2) 烟碱烯。

【词条关系】

【类比】 降烟碱

【化学式】 $C_{10}H_{10}N_2$

◎ 涝害

【基本信息】

【英文名】 waterlogging

【拼音】 lao hai

【基础词】

【定义】

烟草一般在排水良好的田间生长最好，淹水会很快导致向根部输送氧气的停止，进而引起植株变黄和萎蔫。如果条件得不到改善，烟株就会死亡，因此，烟草经常起垄栽培，这样可以提高排水能力。

【词条关系】

【受影响(有关)】 起垄

【类比】 盐害

【类比】 雹害

◎ 精油

【基本信息】

【英文名】 essential oils

【拼音】 jing you

【基础词】

【定义】

形成植物气味成分的油类。在烟草中,它们影响烟叶的香气和烟气。这些油分具有挥发性,通过水蒸气蒸馏可以将它们从植物中分离出来。精油对烟草的调香也有很重要的作用。

【词条关系】

【子类】 挥发油

◎ 吸丝式卷烟机

【基本信息】

【英文名】 cut tobacco suction type cigarette making machine

【拼音】 xi si shi juan yan ji

【基础词】

【定义】

利用吸风将烟丝吸附在带孔的吸丝带上并形成条状,经平准器修整后(或不使用平准器)的烟丝再进入烟枪制成烟条并切分成卷烟烟支的设备。

【词条关系】

【属项-基本关系】 卷烟机

◎ 硫丹

【基本信息】

【英文名】 endosulfan

【拼音】 liu dan

【基础词】

【定义】

一种环戊二烯类有机氯杀虫剂,通过害虫的肠胃和接触而起作用,常用来控制包括烟草在内的大部分作物上的靠吮吸、咀嚼或钻孔类害虫。与老式有机氯杀虫剂相比,硫丹在环境中的存留时间较短。

【词条关系】

【类属】 有机氯杀虫剂

◎ 蒸汽隧道

【基本信息】

【英文名】 steaming tunnel

【拼音】 zheng qi sui dao

【基础词】

【定义】

送入的蒸汽通过底板并透过烟草的振动输送机。这种方法可以在烟叶干燥之前很快地使其温度升到接近甚至超过水的沸点。蒸汽隧道用来改善烟丝和梗丝的填充力,也用于加料前给叶片加热。

【词条关系】

【类比】 烘丝滚筒

【隶属于】 烘丝机

◎ 引火区

【基本信息】

【英文名】 ignition zone

【拼音】 yin huo qu

【基础词】

【定义】

卷烟或雪茄烟圆锥形的燃烧末端,与燃烧带直接相接。燃烧时,温度可达 700 ℃以上,卷烟抽吸时,温度可高达 900 ℃以上。

【词条关系】

【类比】 燃烧区

◎ 喂料高度

【基本信息】

【英文名】 feeding height

【拼音】 wei liao gao du

【基础词】

【定义】

由光或感应器测量送料斗中烟叶原料的重量。喂料称重要尽可能连续不断,以保证一定的喂料运到卡片式滚筒。如果不能正常运行,烟支的重量将不稳定。

◎ 输送带

【基本信息】

【英文名】 conveyor belt

【拼音】 shu song dai

【基础词】

【定义】

生产设备的一部分。用来在烟厂内自动输送烟包、烟叶、烟丝、卷烟和包装好的烟制品。输送带用安全无毒无害的非膨胀性织物和塑料、聚酯或聚烯烃涂层物制成,后一种(聚烯烃涂层物)因其物理特性(抗磨性等)以及是用作水平方向还是垂直方向的输送(倾斜的或S形的输送带)等特点而有所不同。输送带是成卷的,然后再按所需尺寸裁剪,分别进行加工、连接或拼接。

【词条关系】

【子类】 计量带

【子类】 往复式输送带

【类比】 输送管道

◎ 烟片

【基本信息】

【英文名】 strips

【拼音】 yan pian

【基础词】

【定义】

机械去梗后的片烟。

【词条关系】

【受影响(有关)】 含梗率

◎ 疮痂病

【基本信息】

【英文名】 scab

【拼音】 chuang jia bing

【基础词】

【定义】

一种由镰刀菌引起的次要病害。病症特点是叶面上出现不均匀的褐色斑点或条斑。此外,它还可能引起植株腐烂,形成类似猝倒的症状。该病只在非常潮湿的条件下发生。

【词条关系】

【类比】 猝倒病

◎ 树脂

【基本信息】

【英文名】 resins

【拼音】 shu zhi

【基础词】

【定义】

从烟草的腺毛中分泌的各种分泌物,由树脂酸、酯、乙醇和树脂本身组成。这些物质均溶于沸腾的乙醇或乙烷和石油醚中。烟草中树脂的含量为2.9%~16.7%,精确的树脂含量因烟草的品种和环境条件不同而异。长链饱和烃基树脂含量对烟叶香气和烟气香味有积极作用。

【词条关系】

【受影响(有关)】 腺毛

【影响】 香气

【影响】 香味

◎ 可收缩张紧薄膜

【基本信息】

【英文名】 shrink-tightening film

【拼音】 ke shou suo zhang jin bao mo

【基础词】

【定义】

烟盒的外包薄膜。卷烟生产会使用不同的材料、机器和调整方法进行包装。为了避免包装效果间的差异(如包装太松或太紧,或膨胀等),薄膜供应商提供了这种可收缩的薄膜,可包得较紧。通过对机器进行相应的调整,卷烟制造商们就可以利用这种薄膜改进包装效果。采用不同的生产工艺过程和使用不同的树脂材料,可以得到不同收缩率的收缩张紧薄膜。可收缩张紧薄膜只有在密封的环境中或在加热设备作用下才能被活化,只用于硬盒包装。

【词条关系】

【类属】 条盒外包装

◎ 蒸汽除味

【基本信息】

【英文名】 steaming

【拼音】 zheng qi chu wei

【基础词】

【定义】

向烟叶喷蒸汽以驱除不良的气味或辛辣苦味的做法。

【词条关系】

【用于】 烟叶品质

◎ 烟气感官评吸

【基本信息】

【英文名】 smoke sensory test

【拼音】 yan qi gan guan ping xi

【基础词】

【定义】

评定烟制品的味觉和嗅觉以及其他感官特征的试验。感官评吸通常由评吸小组进行测试。

【词条关系】

【用于】 烟草制品品质评价

◎ 内框架

【基本信息】

【英文名】 inner frame

【拼音】 nei kuang jia

【基础词】

【定义】

翻盖包装的加强组分,也可帮助关闭盖子。

【词条关系】

【隶属于】 盒包装

◎ 填充重量

【基本信息】

【英文名】 filling weight

【拼音】 tian chong zhong liang

【基础词】

【定义】

制作一支卷烟的烟草的固定重量,对拉力抗性、吃味、强度和烟气成分的量有很大的影响。

【词条关系】

【影响】 卷烟

◎ 表面熔化

【基本信息】

【英文名】 skin melting

【拼音】 biao mian rong hua

【基础词】

【词条关系】

【用途】 热封

◎ 马铃薯块茎蛾

【基本信息】

【英文名】 potato tuber moth

【拼音】 ma ling shu kuai jing e

【基础词】

【词条关系】

【类属】 烟草害虫

◎ 收获

【基本信息】

【英文名】 harvesting

【拼音】 shou huo

【基础词】

【定义】

烤烟、明火烤烟、香料烟和雪茄外包叶烟的逐叶采摘由手工完成。烤烟在烟叶成熟开始衰老时进行采摘。叶片颜色可见标志明显,主要是变黄,由于叶片随叶龄顺序死亡,因此,植株以每周2～4片叶的速度成熟,留叶18～20片的植株需进行5～7次采收。成熟度是好的调制特性和吸食品质的关键,欠熟或过熟采收的烟叶品质差、售价低。白肋烟一般是整株砍收,某一些小规模的种植地区,也可能是逐叶采摘晾制。打顶后的时间是判断成熟的最常用标准,但一定的植株特性如颜色、茎秆硬度和烟叶的坚挺度确实也能标志成熟度。生理成熟时,植株正常的绿色褪色为一种较浅的颜色。砍茎采收在底叶成熟到过熟、顶叶仍未熟时进行,后者会在烟株挂到晾棚后成熟,一些地方普遍采取在整株砍收前先把脚叶采摘掉。烟叶在茎上着生的位置与其化学和物理特性密切相关(如烟碱和焦油量随在植株位置的升高而升高)。其他烟叶类型收获方式各有不同。雪茄外包皮烟叶在颜色尚青时一片片地采摘,尽管颜色是一个重要的因素,但是这种烟叶的成熟度比烤烟更难判断,采摘的烟叶应小心处理。雪茄内包皮和芯烟则整株砍收,香料烟在达到充分成熟前烟叶呈黄绿色时一次性采收3～5片。明火烤烟既有砍茎采收,也可逐叶采收,当烟叶变厚、变脆、有轻到中度黄斑但仍有深绿底色时即可采收。

【词条关系】

【方法】 砍茎采收

【方法】 逐叶采摘

【方法】 整株砍收

【方法】 逐叶采收

【受影响(有关)】 采收次数

【受影响(有关)】 采收次序

◎ 翻盖烟盒

【基本信息】

【英文名】 hinge-lid packet

【拼音】 fan gai yan he

【基础词】

【定义】

由带内框架的矩形纸盒和链接式盒顶构成的卷烟盒，是最常见的卷烟包装之一。

【词条关系】

【类属】 卷烟盒

◎ 冷冻干燥

【基本信息】

【英文名】 freeze drying

【拼音】 leng dong gan zao

【基础词】

【定义】

含水量较高的烟叶经过冷冻，烟叶管道中的水形成冰晶体，然后升华。据说该过程可以使烟叶蓬松。

【词条关系】

【类比】 膨胀

◎ 可收缩薄膜

【基本信息】

【英文名】 shrinkable film

【拼音】 ke shou suo bao mo

【基础词】

【词条关系】

【基本等同】 可收缩张紧薄膜

◎ 往复式输送带

【基本信息】

【英文名】 shuttle conveyor

【拼音】 wang fu shi shu song dai

【基础词】

【定义】

混配车间的侧向往复输送带。它们不停地在两地运送烟草，使烟草被一层层送到贮柜。一般并排放置两个贮柜，交替使用以保证连续生产。

【词条关系】

【用于】 混配

◎ 纺烟台

【基本信息】

【英文名】 spinning table

【拼音】 fang yan tai

【基础词】

【定义】

生产纺烟所用的长度约 3 m 的工作台。

【词条关系】

【用于】 纺烟

◎ 尚疏松

【基本信息】

【英文名】 firm

【拼音】 shang shu song

【基础词】

【定义】

描述烟叶结构的术语，处于疏松和紧密之间。

◎ 干湿球湿度计

【基本信息】

【英文名】 psychrometer

【拼音】 gan shi qiu shi du ji

【基础词】

【定义】

测量空气湿度的装置。由一个干球温度计(避光)和一个通风的湿球温度计(里面的水银柱用蒸馏水浸湿的布套套紧保湿)组成。根据两个读数之差(干湿球温差)和干球温度，可以分别计算出空气相对湿度和空气中绝对含水量，因为被水湿润物体的冷却速率取决于湿度，空气湿度饱和时为露点。

【词条关系】

【类属】 空气湿度

◎ 不育性

【基本信息】

【英文名】 sterility

【拼音】 bu yu xing

【基础词】

【定义】

生物不能繁殖的特性。不同烟草品种间的杂交后代经常是不育的。可能是由雄蕊缺失，或不能产生花粉，或受精前花朵脱落，或花粉管发育太短以致不能到达卵细胞使其受精引起的。

【词条关系】

【用途】 雄性不育

【用途】 胞质雄性不育

◎ 活性炭滤嘴

【基本信息】

【英文名】 charcoal filter

【拼音】 huo xing tan lü zui

【基础词】

【定义】

一种用于过滤卷烟烟气中气相物质的过滤嘴。其吸附能力取决于其总的活性表面积，即取决于活性炭全部微孔的数量。活性炭滤嘴也以各种形式用于复合滤嘴中，包括在两段相同的或两段不同的滤嘴之间插入活性炭滤段。每支滤嘴所用活性炭总量最多可达 60 mg。

【词条关系】

【类属】 滤嘴

◎ 簇生

【基本信息】

【英文名】 fasciation

【拼音】 cu sheng

【基础词】

【定义】

烟株某些部位长出带状断面叶片，叶畸形，茎分裂形成多瓣叶片。

【词条关系】

【导致】 叶瘤病

◎ 猝倒病菌

【基本信息】

【英文名】 *Pythium ultimum*

【拼音】 cu dao bing jun

【基础词】

【定义】

一种引起猝倒的病原真菌。

【词条关系】

【导致】 猝倒病

◎ 咀嚼物

【基本信息】

【英文名】 chew

【拼音】 ju jiao wu

【基础词】

【定义】

美式嚼烟的一部分。

【词条关系】

【隶属于】 嚼烟

◎ 双扶手模子

【基本信息】

【英文名】 double-armed die

【拼音】 shuang fu shou mu zi

【基础词】

【定义】

可由两人操作的内包皮和外包皮硬模。

【词条关系】

【用于】 雪茄烟加工

◎ 物理测量检测站

【基本信息】

【英文名】 physical measurement test stations

【拼音】 wu li ce liang jian ce zhan

【基础词】

【定义】

用于工厂现场和质量控制的检测站。检测站为不同的检测单元提供了综合检测手段，如重量、周长、抗拉力、通风、坚韧性和水分。

【词条关系】

【隶属于】 监督检验

◎ 滤棒

【基本信息】

【英文名】 filter rod

【拼音】 lü bang

【基础词】

【定义】

滤嘴材料棒，通常在切成卷烟用的单支滤嘴之前用成型纸包卷成形。

【词条关系】

【拆解为】 醋酸短纤维

【拆解为】 醋酸纤维滤棒

【拆解为】 卷曲纤维

【拆解为】 二醋酸纤维素丝束

【拆解为】 滤棒成型纸

【拆解为】 爆珠

◎ 杂种优势

【基本信息】

【英文名】 hybrid vigour

【拼音】 za zhong you shi
【基础词】
【定义】
杂交种一个或多个性状超越亲本的现象。
【词条关系】
【受影响(有关)】 杂交育种
【影响】 杂交种

◎ 芳香剂

【基本信息】
【英文名】 aromatics
【拼音】 fang xiang ji
【基础词】
【定义】
调节或改善卷烟、雪茄烟和烟丝烟气香气的各种添加剂和鼻烟的各种添加剂。
【词条关系】
【类属】 添加剂

◎ 受损烟叶

【基本信息】
【英文名】 damaged
【拼音】 shou sun yan ye
【基础词】
【定义】
用于雪茄外包皮的术语，通常指其在收获、调制、发酵或运输、解包过程中受到不同程度的损伤，但大部分仍可用于斗烟、雪茄芯烟或深色卷烟。

◎ 干燥柜

【基本信息】
【英文名】 drying cabinet
【拼音】 gan zao gui
【基础词】
【定义】
装有空气调节器的柜子，可在确定的温湿度(温湿度均可精确调节)下干燥制好的雪茄、方头雪茄或小雪茄等，使其达到规定量。
【词条关系】
【类比】 保湿器

◎ 卸垛机

【基本信息】
【英文名】 depalletizer
【拼音】 xie duo ji
【基础词】
【定义】
自动为包装机喂送盒坯的机器。

◎ 蔬菜象甲

【基本信息】
【英文名】 vegetable weevil
【拼音】 shu cai xiang jia
【基础词】
【定义】
一种象鼻虫，幼虫灰绿色，在烟叶上吃出不规则的小孔洞。
【词条关系】
【类属】 烟草害虫

◎ 剑桥滤片

【基本信息】
【英文名】 Cambridge filter pad
【拼音】 jian qiao lü pian
【基础词】
【定义】
广泛用于吸烟机上的一种采集烟气冷凝物或粒相的捕集部件。该滤片是一种用丙烯酸黏合剂固定的玻璃纤维，由美国剑桥滤片公司生产。该装置主要由一个直径为 44 mm 的滤片置于一个装有入口管及出口管的气密树脂托架中组成，该装置可捕集卷烟烟气中的气溶胶颗粒，对直径大于 0.1 mm 颗粒的捕集效率为 99.9%。
【词条关系】
【类属】 烟气捕集器
【同义】 玻璃纤维过滤器

◎ 燃烧性

【基本信息】
【英文名】 burning capacity
【拼音】 ran shao xing
【基础词】
【词条关系】
【同义】 持火能力

◎ 计量带

【基本信息】
【英文名】 metering belt

【拼音】 ji liang dai

【基础词】

【定义】

监测和/或控制烟草通过量的输送带。

【词条关系】

【类属】 输送带

◎ 回潮机

【基本信息】

【英文名】 conditioning machine

【拼音】 hui chao ji

【基础词】

【定义】

通过蒸汽、喷水或调节空气的方式给烟叶加湿的机器，可采用回潮滚筒、带有输送带的隧道或回潮室等不同装置。

【词条关系】

【子类】 压缩烟草回潮机

【子类】 叶丝回潮机

【子类】 外包皮回潮机

【子类】 松散回潮机

【类比】 复烤机

【拆解为】 回潮筒

【拆解为】 加湿机

◎ 杀线虫剂

【基本信息】

【英文名】 nematicide

【拼音】 sha xian chong ji

【基础词】

【定义】

一种用于杀线虫的化学物质。

【词条关系】

【类属】 杀虫剂

【子类】 氯化苦

【用途】 线虫

◎ 供纸速率

【基本信息】

【英文名】 paper feed rate

【拼音】 gong zhi su lü

【基础词】

【定义】

将卷烟纸送入卷烟机的速度，与卷烟机的速度同步。

◎ 粘霉酮醛糖

【基本信息】

【英文名】 glutinosone

【拼音】 zhan mei tong quan tang

【基础词】

【定义】

从萜的代谢过程中用生化方法提取的烟草植物抗毒素。

【词条关系】

【类属】 植物抗毒素

【受影响(有关)】 萜烯类

◎ 特殊滤嘴

【基本信息】

【英文名】 special filter

【拼音】 te shu lü zui

【基础词】

【定义】

用非醋纤维或纸制成的滤嘴。特殊滤嘴或有选择性，或由多个部分组成。

【词条关系】

【类属】 滤嘴

【基本等同】 复合滤嘴

◎ 氨基酸

【基本信息】

【英文名】 amino acids

【拼音】 an ji suan

【基础词】

【定义】

具有以氨基(—NH_2)和羧基(—COOH)为特征的有机化合物。在烟草植株中为细胞蛋白质的组成部分。这类重要的化合物有脯氨酸、天冬氨酸、赖氨酸、组氨酸、精氨酸、胱氨酸和甲硫氨酸。生长的叶片中形成的氨基酸随干燥天气以及缺钾或缺硼而增加。调制期间，要去除杂气，叶片中存在的氨基酸则必须大量被分解。烤烟中氨基酸的分解几乎全部是使用热量的结果。氨基酸在调制和发酵期间转化成铵。醇化期间氨基酸含量进一步减少。当加热时氨基酸与糖结合形成吡嗪，吡嗪在吸烟时表现出典型的白肋烟吃味。氨基酸也会直接进入烟气中。

【词条关系】
【影响】 抽吸品质

◎ 蒸腾作用

【基本信息】
【英文名】 transpiration
【拼音】 zheng teng zuo yong
【基础词】
【定义】
植物通过气孔排出水分,促使植物从土壤中吸收水和营养物质。蒸腾作用大小决定于烟草品种以及所种植的土壤类型:除含砂土壤外,在合理施肥氮素丰富的土壤上烟株蒸腾速率高,钾和氯化钾倾向于降低蒸腾速率。蒸腾速率和烟叶产量无直接关系。
【词条关系】
【无关】 烟叶产量

◎ 过滤材料

【基本信息】
【英文名】 filter material
【拼音】 guo lü cai liao
【基础词】
【定义】
用于做过滤嘴的物质。卷烟的滤嘴通常是由醋酸纤维或加工过的纤维纸网构成的,要么单个的,要么复合在一块。另外,滤嘴材料里加入一些对烟气混合物有特殊或选择性影响的某种添加剂,比如,活性炭或其他吸附物放在复合滤嘴的孔腔中或分散在过滤介质中。
【词条关系】
【用途】 复合滤嘴

◎ 三甘醇

【基本信息】
【英文名】 triethylene glycol
【拼音】 san gan chun
【基础词】
【定义】
一种含有两个醚基的二价醇,乙二醇的衍生物,在烟草工业中用作组织形成剂和保湿剂。
【词条关系】
【用途】 保润剂
【用途】 组织形成剂

◎ 燃烧时间

【基本信息】
【英文名】 combustion time
【拼音】 ran shao shi jian
【基础词】
【定义】
卷烟燃烧速率的量度。通常以燃烧预定长度的烟支(如 40 mm)所需的时间表示。
【词条关系】
【基本等同】 燃烧速率

◎ 醋酸短纤维

【基本信息】
【英文名】 acetate staple fibre
【拼音】 cu suan duan xian wei
【基础词】
【定义】
通过醋酸制丝工艺生产并被切成一定长度的短纤维,在专门的滤嘴中使用。
【词条关系】
【用途】 滤嘴

◎ 肺存留率

【基本信息】
【英文名】 lung retention
【拼音】 fei cun liu lü
【基础词】
【定义】
当吸烟者吸入烟气时,肺里(呼吸道)保留的烟气组分的百分比。
【词条关系】
【影响】 吸烟行为

◎ 慢燃烧区

【基本信息】
【英文名】 slow burning zone
【拼音】 man ran shao qu
【基础词】
【词条关系】
【类比】 热解区

◎ 伪造

【基本信息】
【英文名】 counterfeiting

【拼音】 wei zao

【基础词】

【定义】

非法伪造或仿制现有品牌卷烟。伪造是备受知名制造商关注的一个严重问题,因为伪造不仅会造成重大收入损失,会损害知名品牌的形象,同时伪造的卷烟可能对消费者的身体伤害更大。

◎ 空气污染

【基本信息】

【英文名】 air pollution

【拼音】 kong qi wu ran

【基础词】

【定义】

一些烟草品种对空气污染是敏感的,它们实际上被用作一些研究中的指示植物。可见的危害表现为在叶片的上表面出现褐色的坏死斑,或叶边或叶尖受害。不可见的危害表现为酶活性改变和光合作用受损。例如,BelW3 品种是臭氧的指示者,其症状是叶片中间有喷散的坏死斑。

【词条关系】

【基本等同】 大气污染

◎ G13 方法

【基本信息】

【英文名】 G13

【拼音】 G 13 fang fa

【基础词】

【定义】

第一个烟丝膨胀的方法,是由雷诺烟草公司于 20 世纪 60 年代建立和发展起来的,以氟利昂(三氯甲烷)为介质。氟利昂是一种氟氯碳水化合物,特征是具有热化学稳定性,低沸点。烟丝用氟利昂浸渍后,迅速放到至少 30℃(高于氟利昂的沸点)温度下,可以得到膨胀 50%的烟丝,即密度低于 50%。然后氟利昂从烟丝中分离并重新利用。

【词条关系】

【类属】 膨胀

【隶属于】 雷诺烟草公司

【借助】 氟利昂

◎ 烟叶打包机

【基本信息】

【英文名】 tobacco press

【拼音】 yan ye da bao ji

【基础词】

【词条关系】

【拆解为】 压力机

◎ 折叠盒模

【基本信息】

【英文名】 folding arbor

【拼音】 zhe die he mu

【基础词】

【定义】

装烟支或烟包的袋子,在折叠过程中保护产品。

【词条关系】

【类比】 卷烟盒

【类比】 鼻烟盒

◎ 螺旋外包

【基本信息】

【英文名】 spiral overrouing

【拼音】 luo xuan wai bao

【基础词】

【定义】

在雪茄烟生产过程中,一种通过输送带用重组烟草外包皮将切好的雪茄烟胚包裹起来的工艺流程。

【词条关系】

【用于】 雪茄制造

◎ 链板

【基本信息】

【英文名】 apron

【拼音】 lian ban

【基础词】

【定义】

一种输送带链板。由两个平行的承重辊轴链子构成。穿孔的钢板跨过链子之间的宽度附着在链子上,形成连贯平坦的表面。也可以使用金属网板,该板由链子之间的交叉层支撑。

◎ 麦芽糖

【基本信息】

【英文名】 maltose

【拼音】 mai ya tang

【基础词】

【定义】

一种二糖，被麦芽糖酶分解成葡萄糖和果糖分子。

◎ 机制纸浆

【基本信息】

【英文名】 mechanical pulp

【拼音】 ji zhi zhi jiang

【基础词】

【定义】

一种纸浆，用于制造如折叠式卡纸等。靠机械研磨或精磨木材制得。使用机制纸浆可生产出基重低的纸板。

【词条关系】

【用途】 折叠纸盒板

◎ 塑料薄膜

【基本信息】

【英文名】 plastic film

【拼音】 su liao bao mo

【基础词】

【定义】

对包装烟草制品用的各种聚丙烯及其他薄膜的通称。有的有涂层，也有无涂层的，可以是有印刷图案的，也可以是透明的。因其具有稳定的质量及出色的阻隔性且成本低廉，已取代玻璃纸包装。

【词条关系】

【用途】 外包装

◎ 高亮度

【基本信息】

【英文名】 high-gloss

【拼音】 gao liang du

【基础词】

【定义】

纸和纸板的一种特性。高亮度卷烟纸已被用于改善卷烟的外观。

【词条关系】

【影响】 卷烟纸

◎ 毛霉菌

【基本信息】

【英文名】 *Mucoraceae*

【拼音】 mao mei jun

【基础词】

【定义】

使烟草贮存期间发生霉变的霉菌种类。

【词条关系】

【影响】 烟草贮存

◎ 乙炔

【基本信息】

【英文名】 acetylene

【拼音】 yi que

【基础词】

【定义】

一种具有三键的不饱和有机化合物，在烟气中少量存在。一般认为它是卷烟烟气粒相中多环芳烃的前体物。

【词条关系】

【化学式】 C_2H_2

◎ 拆坏烟机

【基本信息】

【英文名】 opener

【拼音】 chai huai yan ji

【基础词】

【词条关系】

【基本等同】 烟叶回收机

◎ 总烟碱类生物碱

【基本信息】

【英文名】 total nicotine alkaloid

【拼音】 zong yan jian lei sheng wu jian

【基础词】

【定义】

烟气中烟碱类生物碱的总量。烟气分析过程中，剑桥滤片上所收集的总烟碱类生物碱。烟碱本身占剑桥滤片上总生物碱的90%左右。

【词条关系】

【类属】 生物碱类

【子类】 烟碱

【子类】 降烟碱

【子类】 新烟碱

【子类】 假木贼碱

【英文缩写】 TNA

【借助】 剑桥滤片

◎ 杂质残留物

【基本信息】

【英文名】 impurity residue

【拼音】 za zhi can liu wu

【基础词】

【定义】

香料烟商业运作中的废物(烟末、沙子、土及其他外来物质)经过回收处理后的杂质残留物。其过程是先过筛,然后再筛去其中最小的碎片。有2%~3%的残留物是正常的。它与农家废物不一样,后者是指农家操作中产生的废弃物。

◎ 标准吸烟法

【基本信息】

【英文名】 standard smoking method

【拼音】 biao zhun xi yan fa

【基础词】

【定义】

在规定的条件下,利用吸烟机测定烟气生成量的标准方法。该方法规定每分钟吸一口,持续2 s,抽吸量35 mL,烟蒂留23 mm长(无嘴烟)或接装纸长度加3 mm(滤嘴烟)。这套标准参数已被烟草科学研究合作中心、国际标准化组织(ISO)、美国联邦贸易委员会(FTC)和英国政府化学师实验室及其他组织机构采用。使用这套标准可以比较不同卷烟的烟气成分生成量,但是用这套标准测得的烟气生成量与具体的吸烟者所吸入的并不一致,因为人们吸烟的行为方式是多种多样的。

【词条关系】

【类比】 加拿大深度抽吸

◎ 切刀鼓

【基本信息】

【英文名】 slitting drum

【拼音】 qie dao gu

【基础词】

【定义】

装有刀片的圆柱形旋转装置。除其他用途外,可装在解把机和拆坏烟机上。

【词条关系】

【隶属于】 解把机

【隶属于】 拆坏烟机

◎ 雪茄内胚烟条机

【基本信息】

【英文名】 rod bunch maker

【拼音】 xue jia nei pei yan tiao ji

【基础词】

【定义】

雪茄制造厂用来生产连续的内胚芯烟条的机器,类似卷烟制造厂生产烟条的机器。将粗雪茄烟芯用均质烟叶包卷并形成连续的内配条,然后再按单支长度切割。尺寸可调节以生产雪茄或小雪茄,但形状方面的要求需要随后的成形或定型完成。

◎ 节卵孢子菌

【基本信息】

【英文名】 *Oospora nicotianae*

【拼音】 jie luan bao zi jun

【基础词】

【词条关系】

【导致】 烟垛发霉

◎ 原烟抽梗

【基本信息】

【英文名】 green stemming

【拼音】 yuan yan chou geng

【基础词】

【词条关系】

【类属】 去梗

◎ Amadori 化合物

【基本信息】

【英文名】 Amadori compounds

【拼音】 Amadori hua he wu

【基础词】

【定义】

还原糖和胺类化合物形成的氨基糖,一般发生在美拉德反应的第一步。

【词条关系】

【影响】 烟草制品品质评价

【取决】 Amadori 重排

◎ 贮叶箱

【基本信息】

【英文名】 bulking box

【拼音】 zhu ye xiang

【基础词】

【词条关系】

【类比】 贮叶柜

◎ 示氧指数

【基本信息】

【英文名】 O_2 index

【拼音】 shi yang zhi shu

【基础词】

【定义】

测量氧气吸收的压力计法，用于判断在自然或室内发酵期间工艺发酵的完成。它依据的原理是：悬浮于水中的烟叶在其细胞内酶的催化作用下具有从空气中吸收氧气，同时放出二氧化碳的能力。发酵期间，这种吸氧性能减弱。在 25 ℃每克烟叶吸氧达到 0.045 mL，表示发酵完成。

◎ 抗生素

【基本信息】

【英文名】 antibiotic

【拼音】 kang sheng su

【基础词】

【定义】

微生物产生的物质，能够抑制别的生物生长。用于防治和治疗人、动物和植物的疾病。在作物上只有防治非常特殊的细菌病害，才允许使用抗生素。

【词条关系】

【子类】 粘霉菌素

【子类】 渗透素

◎ 分泌作用

【基本信息】

【英文名】 exudation

【拼音】 fen mi zuo yong

【基础词】

【定义】

烟叶树脂和蜡质当不再被植株代谢利用时向外的分泌。

【词条关系】

【受影响(有关)】 腺毛

◎ 梗丝喂料机

【基本信息】

【英文名】 cut rolled stem feeder

【拼音】 geng si wei liao ji

【基础词】

【词条关系】

【基本等同】 喂梗丝机

◎ 碳酸铵膨胀工艺

【基本信息】

【英文名】 ammonium carbonate expansion process

【拼音】 tan suan an peng zhang gong yi

【基础词】

【定义】

烟丝膨胀方法。其工艺过程是，用氨和二氧化碳浸渍烟丝，使其在细胞内结合以形成碳酸铵。当加热时后者迅速分解，产生气体把烟丝膨胀。该工艺在商业化上使用，尽管它不如 DIET 或氟利昂方法常用。

【词条关系】

【类属】 膨胀

◎ 辊压法

【基本信息】

【英文名】 rolling process

【拼音】 gun ya fa

【基础词】

【定义】

用来生产烟草薄片的工艺过程。磨成细粉的烟草制成的浆在一组辊之间压成薄片或小片。

【词条关系】

【用于】 烟草薄片

◎ 蝼蛄

【基本信息】

【英文名】 mole crickets

【拼音】 lou gu

【基础词】

【定义】

蟋蟀类型。通过咬食植物根部和植物近地面部分而破坏烟草，并且也破坏苗床。蝼蛄的防治方法是使用有机磷农药如敌百虫和偏磷酸盐。

【词条关系】
【类属】 烟草害虫

◎ 生物碱生物合成

【基本信息】
【英文名】 alkaloid biosynthesis
【拼音】 sheng wu jian sheng wu he cheng
【基础词】
【定义】
生物合成描述的是植物代谢是怎样装配单个生物碱分子的。烟碱、去甲基烟碱、新烟碱、假木贼碱是烟草中较丰富的生物碱。这些碱类由于各自均含有一个吡啶环而被称为吡啶碱。每种碱的吡啶环是由烟酸和氨基酸前提物天冬氨酸一起衍生来的。新烟碱的第二个环也来自烟酸。然而,假木贼碱的第二个环是由赖氨酸经尸酸而来的。烟碱的第二个环,吡咯烷环是由鸟氨酸经由腐胺而来的。去甲基烟碱是通过烟碱去除甲基后积累的,在商业烟草中去甲基烟碱在烟叶成熟和调制期间积累。对商业种源评价要去除有过量去甲基烟碱积累遗传潜力的产种植株,因为去甲基烟碱会使烟叶和烟气质量变差。
【词条关系】
【子类】 烟碱生物合成
【影响】 主要生物碱
【影响】 次生生物碱

◎ 糖蜜

【基本信息】
【英文名】 molasses
【拼音】 tang mi
【基础词】
【定义】
糖浆液体,是糖甜菜或甘蔗经商业性提取糖后的一种副产品。其糖含量太低,不能再回到制糖过程中使用,但被成功地用作烟草料剂,特别是用在斗烟烟丝中。
【词条关系】
【用途】 斗烟

◎ 枫糖

【基本信息】
【英文名】 maple sugar
【拼音】 feng tang
【基础词】
【词条关系】
【用途】 枫糖浆

◎ 抽梗车间

【基本信息】
【英文名】 stemmery
【拼音】 chou geng che jian
【基础词】
【定义】
进行抽梗生产的工厂或车间。

◎ 厚叶

【基本信息】
【英文名】 dull crop
【拼音】 hou ye
【基础词】
【定义】
马里兰烟的烟叶级别,包括生长在茎中间点以上、顶叶以下的烟叶,这些烟叶的身份相对较重,叶面较窄,叶尖呈锐形。

◎ 显微照相机

【基本信息】
【英文名】 photomicroscope
【拼音】 xian wei zhao xiang ji
【基础词】
【定义】
用来生成显微照片的装置,用于烟草结构的研究。
【词条关系】
【用于】 叶片结构

◎ 单支定型

【基本信息】
【英文名】 single pressing
【拼音】 dan zhi ding xing
【基础词】
【定义】
雪茄定型的方法。把雪茄放在盒子里,每层10支或更多,一层压一层,层间用纸板或纤维板隔开。现在用电动雪茄定型机来进行单支定型,有时也将这些定型装置组装成一套整体定型包装线。

【词条关系】

【用于】 雪茄定型

◎ 螺旋线虫

【基本信息】

【英文名】 *Helicotylenchus* spp.

【拼音】 luo xuan xian chong

【基础词】

【词条关系】

【类属】 线虫

◎ 烟草净重

【基本信息】

【英文名】 net tobacco weight

【拼音】 yan cao jing zhong

【基础词】

【定义】

调整含水量之后的烟草重量，相对于鲜叶重量。

【词条关系】

【类比】 鲜叶重量

◎ 金针虫

【基本信息】

【英文名】 wireworms

【拼音】 jin zhen chong

【基础词】

【定义】

叩头虫的幼虫，身体黄色、光滑、坚硬，体长1～2 cm。金针虫取食烟草幼苗根部，或者钻入烟茎，甚至将烟茎吃空。其能抑制烟苗的正常生长，并常致烟苗死亡。其防治方法是在移栽前1周或2周用有机磷杀虫剂施入土壤。

【词条关系】

【类属】 烟草害虫

◎ 香味卷烟纸

【基本信息】

【英文名】 aromatic papers

【拼音】 xiang wei juan yan zhi

【基础词】

【定义】

用香料处理过的卷烟纸，能释放香气，尤其是在吸烟过程中。通过香味卷烟纸可以改变或增强主流和/或侧流烟气的香气。

【词条关系】

【类属】 卷烟纸

◎ 旋转式模切机

【基本信息】

【英文名】 rotary die cutter

【拼音】 xuan zhuan shi mu qie ji

【基础词】

【定义】

一种大多与印刷机连在一起的改装机器，用于切割印刷过的纸板网并将其折叠成可折的盖或其他包装形状。旋转式模切机采用滚筒式切割以及压痕。

◎ 黑龙江省

【基本信息】

【英文名】 Heilongjiang

【拼音】 hei long jiang sheng

【基础词】

【定义】

中国东北部的一个省。该省内晒烟品种多，分布较广。

◎ 破裂强度

【基本信息】

【英文名】 bursting strength

【拼音】 po lie qiang du

【基础词】

【定义】

在破裂之前，能够垂直地均匀施加在纸、叶片等上的最大压力。度量单位为千帕斯卡。

【词条关系】

【基本等同】 撕裂强度

◎ 切刀

【基本信息】

【英文名】 cutting knife

【拼音】 qie dao

【基础词】

【定义】

烟草制品生产过程中用来切割烟叶或其他材料的刀具。主要有两种类型：切丝机上使用的平刀和滤嘴接装机上用来切割滤棒和滤嘴以及用在滤嘴接装机上的圆盘刀。多数切刀用优质钢制成，使用寿命相当长。

【词条关系】

【隶属于】 切丝机

【隶属于】 滤嘴接装机

◎ 高透气度卷烟纸

【基本信息】

【英文名】 high-porosity paper

【拼音】 gao tou qi du juan yan zhi

【基础词】

【定义】

高透气度卷烟纸空气渗透率约为 60 CU(CU即 Control Unit，控制单元）到 200 CU。这些卷烟纸通过烟条通风可降低烟丝的烟气产量，尤其对不带滤嘴通风的卷烟，降幅可达 30%。高透气度卷烟纸还使更多的空气进入燃烧带维持燃烧过程，降低卷烟的自由燃烧速率和烟气产量。纸的高透气度是通过打浆并与多种纸浆混合而获得的。高透气度卷烟纸特别适用于淡味类型的卷烟。

【词条关系】

【类属】 卷烟纸

【关键指标】 透气度

【同义】 高等级卷烟纸

◎ 接收器

【基本信息】

【英文名】 receiver

【拼音】 jie shou qi

【基础词】

【定义】

卷烟机的附加设备。用于将那些从凹槽鼓轮中落下的滤嘴收到专用带上。

◎ 烟草控制

【基本信息】

【英文名】 tobacco control

【拼音】 yan cao kong zhi

【基础词】

【定义】

烟草控制是指通过消除或减少人群消费烟草制品和接触烟草烟雾，皆在促进其健康的一系列减少烟草供应、需求和危害的战略。

【词条关系】

【类比】 健康警示

◎ 卷烟甲虫

【基本信息】

【英文名】 cigarette beetle

【拼音】 juan yan jia chong

【基础词】

【定义】

烟叶及制品贮存期的主要害虫，其分布范围很广。成虫呈浅棕色至茶褐色，身长 2.0～3.7 mm，可飞行 3 km。幼虫呈乳白色至灰白色，体长可达 4.5 mm。成虫和幼虫均能侵袭贮存的烟草商品，幼虫吞食烟叶并在烟叶上留下一系列轮廓鲜明的孔洞以及它们的排泄物，因而危害性更大。卷烟甲虫在温暖的环境中繁殖较快，在 30 ℃、相对湿度 78%的条件下，40 天即可完成生命周期；温度降至 20 ℃时仍可继续繁殖，各个生育阶段在 2 ℃至 36 ℃范围内均可存活；在所有类型的原烟中都可存活繁殖。防治措施包括精心搞好清洁卫生，利用信息素捕集器监测虫口密度，用磷化氢对烟垛进行有效的熏蒸。冷冻也可以杀死这种害虫。

【词条关系】

【类属】 贮烟害虫

【受影响(有关)】 除虫菊酯

【受影响(有关)】 熏蒸

【受影响(有关)】 信息素捕集器

【受影响(有关)】 卫生

◎ 卸料气闸

【基本信息】

【英文名】 discharge airlock

【拼音】 xie liao qi zha

【基础词】

【定义】

通过旋转象限仪从气动传送带上卸下烟草原料的装置。

【词条关系】

【类属】 气锁

◎ 脱甲基作用

【基本信息】

【英文名】 demethylation

【拼音】 tuo jia ji zuo yong
【基础词】
【定义】
烟碱变为降烟碱的酶转化反应。
【词条关系】
【影响】 烟碱
【影响】 降烟碱

◎ 栽培

【基本信息】
【英文名】 cultivation
【拼音】 zai pei
【基础词】
【定义】
烟草作物种植的全过程,包括播种、移栽、喷药、灌溉和收获。实施栽培措施的气候、土壤和组织条件差别很大。例如,有的地方许多烟农是小农户,把烟草作为经济作物来种植,以补贴粮食作物生产;而在世界的另一些地方存在着大规模的农场和种植园。与之相关的是机械的使用程度,当然也取决于烟草类型和种植地区条件(陡坡和外包皮烟叶并不特别适合使用节省劳力的机械)。无论使用什么方法,生产优质烟草的基本要素是相同的,即合理种植、灌溉、施肥和除草。
【词条关系】
【组成】 播种
【组成】 移栽
【组成】 喷药
【组成】 灌溉
【组成】 施肥
【组成】 收获

◎ 明火烤制

【基本信息】
【英文名】 fire-curing
【拼音】 ming huo kao zhi
【基础词】
【定义】
烟叶调制的方法,就是把烟叶放置于明火的烟气中。烟草吸收烟气的香味物质,使其具有特殊的香味,因此,所使用木材的类型是很重要的。传统使用山核桃木、橡树,美国使用山毛榉木。燃烧时使用青的木材,让最大数量的烟气释放出来,直到调制完成;更多的热量释放出来,以保证主脉烤干,烟叶叶片完全干燥。烟叶放置在烟气的准确程度依赖于人们对最终产品的要求是浅色还是深色。明火烤烟不发醇,但要像烤烟一样打包陈化。一些香料烟,调制后,也要置于木材的烟气中。

◎ 升降装置

【基本信息】
【英文名】 elevator
【拼音】 sheng jiang zhuang zhi
【基础词】
【定义】
料斗的一部分,把切烟丝从槽里运出,首先向上运输,然后向下转到滚筒,快速移动带传递。先经过计量,然后进入平整器及烟条成形区。
【词条关系】
【隶属于】 料斗

◎ 扁盒

【基本信息】
【英文名】 shoulder box
【拼音】 bian he
【基础词】
【定义】
一种用于装卷烟、小雪茄和雪茄的矩形扁平烟盒。烟盒的三边封有拉线。烟制品在这种烟盒里水平放置,而对于其他绝大多数包装盒,烟制品在里面是垂直放置的。
【词条关系】
【类比】 翻盖烟盒
【类比】 双排装烟盒
【类比】 带铰接的抽屉式烟盒
【类比】 抽屉式烟盒

◎ 打孔带

【基本信息】
【英文名】 perforated belt
【拼音】 da kong dai
【基础词】
【定义】
一种帆布、纤维或玻璃纤维的带子,上面有孔,用来做匀质化烟草干燥机的传送带。

◎ 有机酸

【基本信息】

【英文名】 organic acids

【拼音】 you ji suan

【基础词】

【定义】

含有羧基官能团(—COOH)的有机化合物类。烟叶和烟气中存在若干种有机酸,它们对吃味的影响极大。最重要的有机酸是甲酸、乙酸、琥珀酸、苹果酸、柠檬酸和草酸。在烟叶和烟气中,它们与生物碱和胺,特别是烟碱结合成盐类。

【词条关系】

【影响】 烟叶品质

◎ 烟草曲叶病

【基本信息】

【英文名】 tobacco leaf curl

【拼音】 yan cao qu ye bing

【基础词】

【词条关系】

【基本等同】 卷叶病

◎ 原烟打叶

【基本信息】

【英文名】 green leaf threshing

【拼音】 yuan yan da ye

【基础词】

【定义】

在发运至仓库和卷烟制作之前,对原烟进行打叶、清理、回潮、复烤以及按预定规格打包的加工过程。

【词条关系】

【类属】 打叶

【关键指标】 梗丝

【英文缩写】 GLT

◎ 列当

【基本信息】

【英文名】 broomrape;*Orobanche* spp.

【拼音】 lie dang

【基础词】

【定义】

多数植物包括烟草(特别是黄花烟草)和大麻的寄生性植物的通称。列当植株茎细,白色,叶片退化,花小成簇,附在寄主根部。防治办法是在产生种子之前割除植株上的列当,并烧毁,尽管这样做比较困难;烟草种植应在干净土壤上;用溴甲烷或威百亩熏蒸。研究开发一些合成的促芽剂,在烟草种植之前使用:列当如果不能够使自己附着在寄主上就会死亡,但其侵染型可以维持10多年。

【词条关系】

【类属】 烟草草害

◎ 堆积室

【基本信息】

【英文名】 bulking chamber

【拼音】 dui ji shi

【基础词】

【定义】

一种空调室,回潮后烟叶放进去,以便保持水分。

【词条关系】

【受影响(有关)】 回潮

◎ 流化床冷却器

【基本信息】

【英文名】 fluidized bed cooler

【拼音】 liu hua chuang leng que qi

【基础词】

【定义】

和液床干燥器相似,用冷空气使其液化和制冷。

【词条关系】

【类比】 流化床干燥器

◎ 两级试验法

【基本信息】

【英文名】 two-tier test method

【拼音】 liang ji shi yan fa

【基础词】

【定义】

根据吸烟行为,对两种不同强度的吸烟产生的烟碱和焦油给出高值和低值的方法。常规分析方法是每60 s吸一口,每口持续2 s,容积为35mL。增加的另一套抽吸规程是每30 s抽吸一口,每口持续2 s,容积为55 mL。这两套数据可以确定与较高吸烟强度相应的数值。

◎ 黄酮

【基本信息】

【英文名】 flavone

【拼音】 huang tong

【基础词】

【定义】

酚黄颜色(比叶黄素和胡萝卜素的黄色浅),常在成熟的烟叶中发现。这种色素衍生物是槲皮素(橡树色色素)和芦丁(柠檬色色素)。

◎ 氨态氮

【基本信息】

【英文名】 amino-nitrogen

【拼音】 an tai dan

【基础词】

【定义】

烟草氨基酸和蛋白质中所含的那部分氮。烟草分析中几乎都要测定氨态氮含量,是成熟度的指标。

【词条关系】

【影响】 成熟度

◎ 固体漂白纸板

【基本信息】

【英文名】 solid bleached board

【拼音】 gu ti piao bai zhi ban

【基础词】

【定义】

各层全部用漂白的化学纸浆制成的纸板。其顶层通常加颜料,以确保优质的印刷表面。固体漂白纸板各层均为白色,抗撕裂强度大。该纸板在烟草制造业用作翻盖硬盒包装和其他外包装。

【词条关系】

【用于】 包装

【英文缩写】 SBB

【用途】 条包装

【用途】 硬盒包装

◎ 干燥剂法

【基本信息】

【英文名】 desiccator method

【拼音】 gan zao ji fa

【基础词】

【定义】

一种直接测量烟草等含水量的方法。把样品放在一个封闭的容器内(置有吸收剂),其重量不再变化时测量其损失的重量。这种方法简单但非常耗时,需要 50 h,有时甚至更长。而且,可靠性取决于使用的吸收剂(如硫酸)的特性,且受周围温度影响。此外,并非所有的水分都能被去除。这些缺点使此方法很少被采用。

【词条关系】

【用于】 含水量

◎ 中国弗吉尼亚烟草

【基本信息】

【英文名】 Chinese Virginia tobacco

【拼音】 zhong guo fu ji ni ya yan cao

【基础词】

【定义】

在中国种植的弗吉尼亚烟草。其特征一般表现为颜色浅黄,香味中性,烟碱含量在 0.25%～2.5%之间。

◎ 风力输送设备

【基本信息】

【英文名】 pneumatic conveying equipment

【拼音】 feng li shu song she bei

【基础词】

【词条关系】

【类属】 输送管道

◎ 整根移栽

【基本信息】

【英文名】 intact-root transplant

【拼音】 zheng gen yi zai

【基础词】

【定义】

一种移栽方法,幼苗不从苗床拔出,因而根系不会受到损伤。整根的幼苗或生长在装有土生长介质的小块中,或生长在悬浮于无土生长介质的容器中。除了减少移栽伤害,提高移栽后生长速率外,整根移栽也提高了移栽过程的自动化程度。

【词条关系】

【类比】 裸根移栽

◎ 催黄化学制剂

【基本信息】

【英文名】 yellowing chemicals

【拼音】 cui huang hua xue zhi ji

【基础词】

【定义】

像乙烯利和乙烯气体一类的化学物质，在烟草采收前或者在烘烤的变黄阶段处理烟草，能增强叶片的黄色和缩短变黄时间。催黄物质的使用能改善烟草的外观质量。

【词条关系】

【基本等同】 催熟剂

◎ 可分开性

【基本信息】

【英文名】 detachability

【拼音】 ke fen kai xing

【基础词】

【定义】

烟叶可彼此分离的性能，烟草加工中为获得一致的配方而应重视的一个因素。但其重要性随着先进的初加工设备的使用而减弱。可分开性取决于烟草的类型、烟叶中的树脂含量、烟叶的大小及其所用的加工方法等相关因素。

◎ 氟利昂

【基本信息】

【英文名】 freon

【拼音】 fu li ang

【基础词】

【词条关系】

【用途】 G13 方法

◎ 卷烟纸管机

【基本信息】

【英文名】 cigarette spill machine

【拼音】 juan yan zhi guan ji

【基础词】

【定义】

以前用来制造卷烟纸管的机器。卷烟纸管机的具体设计因纸管是否带滤嘴或中空嘴而异。

【词条关系】

【用于】 卷烟纸管

◎ 计量进料器

【基本信息】

【英文名】 weigh feeder

【拼音】 ji liang jin liao qi

【基础词】

【定义】

位于电动称重室的带状进料器，在烟叶处理和生产中能控制加入的烟叶重量或者进行连续的混合。

◎ 苯并芘

【基本信息】

【英文名】 benzopyrene

【拼音】 ben bing bi

【基础词】

【定义】

多环烃(稠环碳氢化合物)，一个已知的致癌物，存在于焦油中，烟气中也有。3,4-苯并芘又称苯并芘或苯并[α]芘，英文缩写 B[α]P，是一种常见的高活性间接致癌物和突变原。

【词条关系】

【化学式】 $C_{19}H_{121}$

【同义】 苯并[α]芘

【同义】 3,4-苯并芘

◎ 定型板

【基本信息】

【英文名】 shaping board

【拼音】 ding xing ban

【基础词】

【定义】

制雪茄模子的木板。它由两部分构成，中间是模型空腔，用于做手工雪茄。把新做的烟胚放在模子里(每个模子可放 20 支)，烟胚在里面膨胀充满整个模子，达到所要的形状。

【词条关系】

【用于】 成型

◎ 改进剂

【基本信息】

【英文名】 ameliorants

【拼音】 gai jin ji

【基础词】

【定义】

烟草加工期间加入的材料，以提高烟气质量特性并减少烟气某些不利因素，例如刺激性或纤维素特性等。

【词条关系】

【类属】 添加剂

◎ 分生组织

【基本信息】

【英文名】 meristem

【拼音】 fen sheng zu zhi

【基础词】

【定义】

幼嫩的（绿色）植物组织（例如，在叶片的中间和根尖），其特点是细胞的分裂和活跃的代谢（光合作用）。相对于植株的"贮藏"部位，它是植株的"生产"部位。分生组织中矿物质营养物浓度非常高。

◎ 破叶

【基本信息】

【英文名】 torn

【拼音】 po ye

【基础词】

【定义】

被撕破或有裂口的深色晾烟烟叶。

【词条关系】

【类比】 受损烟叶

◎ 去梗

【基本信息】

【英文名】 stemming

【拼音】 qu geng

【基础词】

【定义】

去除烟叶主脉的过程。去梗留下两片几乎没受到什么损伤的半叶。雪茄的外包皮叶采取人工一张张抽梗，不过一些廉价雪茄烟则采用机器抽梗。雪茄芯烟和做卷烟的烟叶或采取机械去梗，或打叶去梗。通常用原烟去梗（即未发酵），因为原烟烟叶含水量相对较高，可减少造碎；否则在抽梗之前给烟叶加湿回潮。

◎ 水分仪

【基本信息】

【英文名】 moisture meter

【拼音】 shui fen yi

【基础词】

【定义】

一种在线测定含水量的装置。水分测定一般靠红外线完成，红外线仅在特定波长下才会被水吸收。红外线以这些选定的波长投射到烟草上并反射回仪器上，反射强度在吸收频率上随烟草含水量的变化而改变，或随非吸收频率的总反射特性的变化而改变。湿度计应对照烘箱干燥进行标定。微波辐射也能用于在线水分测定，但这种方法目前仍处于早期研发阶段。

【词条关系】

【用于】 含水量

◎ 小样

【基本信息】

【英文名】 test blend

【拼音】 xiao yang

【基础词】

【定义】

配方人员用不同类型的烟叶所做的配方样品。做小样的目的是设计新的配方或对原来的配方进行改进，并保证最终配方的一致性。

◎ 捧烟装置

【基本信息】

【英文名】 catcher

【拼音】 peng yan zhuang zhi

【基础词】

【定义】

配有慢速输送带的台式部件，用于生产线的产品卸载。

◎ 无烟卷烟

【基本信息】

【英文名】 smokeless cigarette

【拼音】 wu yan juan yan

【基础词】

【定义】

烟丝被加热而不燃烧的卷烟，其优点是产生

的二手烟气少。

【词条关系】

【基本等同】 加热不燃烧卷烟

◎ 营养元素

【基本信息】

【英文名】 nutrients

【拼音】 ying yang yuan su

【基础词】

【定义】

每种植物的生长都需要下列元素：碳、氧、氢、氮、硫（有机元素），磷、钾、钙、镁（主要营养元素）和铜、锌、锰、硼、铁、钼（微量营养元素）。每一种元素都在植物的新陈代谢中起特定作用。缺素就会导致一定的营养缺乏症状，并可能造成植株死亡。主要营养元素与微量营养元素的不同之处在于它们在植物体内含量水平不同：主要营养元素含量为0.1%～5%，而微量营养元素含量在百万分之一和百万分之一百之间。

【词条关系】

【受影响（有关）】 施肥

◎ 蛞蝓

【基本信息】

【英文名】 slug

【拼音】 kuo yu

【基础词】

【定义】

一种无壳腹足类动物，通过取食叶片对幼苗和刚移栽的烟苗造成危害。用氨基甲酸酯类杀虫剂拌麦麸制作毒饵可以诱杀蛞蝓。

【词条关系】

【类属】 烟草害虫

◎ 茎腐病

【基本信息】

【英文名】 stalk rot

【拼音】 jing fu bing

【基础词】

【定义】

一种侵染整株采收的晾烟主茎的室烧病。这种病害通常由核盘菌引起。

【词条关系】

【子类】 南方茎腐病

【类比】 室烧病

◎ 珍珠鸡斑点病

【基本信息】

【英文名】 guinea-fowl spot

【拼音】 zhen zhu ji ban dian bing

【基础词】

【定义】

侵染烤烟和香料烟下部调制后的烟叶引起的疾病。其症状是青色烟叶变成灰色斑点。

◎ 旋转筛

【基本信息】

【英文名】 rotary sieve

【拼音】 xuan zhuan shai

【基础词】

【定义】

一种旋转式滚筒，或者本身开孔，或者覆盖网状物，用于烟叶分选。

◎ 被动吸烟

【基本信息】

【英文名】 passive smoking

【拼音】 bei dong xi yan

【基础词】

【词条关系】

【取决】 环境烟气

◎ 氢离子浓度指数

【基本信息】

【英文名】 hydrogen ion concentration

【拼音】 qing li zi nong du zhi shu

【基础词】

【定义】

每升溶液中氢离子摩尔浓度以10为底的负对数值，一般称为pH值，常用于测定溶液的酸度。pH值范围为1～14，7为中性，小于7为酸性，大于7为碱性。pH值通常参照玻璃电极的对比测定。土壤的pH值对烟草生长十分重要，一般要求pH值为5～7.5。碱性烟草在微酸或中性土壤中长得好，而酸性烟草在碱性土壤中生长得非常好。另外，有关pH值的知识有助于种植者调整化肥施用量，以使烟草最大限度地利用之。

◎ 烟气 pH 值

【基本信息】

【英文名】 smoke pH

【拼音】 yan qi pH zhi

【基础词】

【定义】

烟碱是二价碱，其单质子和双质子盐的形成与酸碱度和烟碱水溶液有关。由于烟气酸度与烟气中烟碱形态之间的不精确关系，以数值表示的烟气 pH 值是不可信的。不同的研究者在各自研究中用不同的方法测定烟气 pH 值，使这一问题更复杂。有人测定的是烟气总粒相物水提液的 pH 值，有人测定的是烟气所有成分水溶液的 pH 值，或者是烟气通过一个盖有一层薄的缓冲液的电极连接的 pH 计的显示值。烟气的二氧化碳含量在这些测定过程中会显著影响烟气 pH 值的大小。不同的测定方法会测得不同的数值。

◎ 封条盒机

【基本信息】

【英文名】 carton sealer

【拼音】 feng tiao he ji

【基础词】

【定义】

独立操作的粘封条盒的机器。

◎ 步行甲虫

【基本信息】

【英文名】 ground beetle

【拼音】 bu xing jia chong

【基础词】

【词条关系】

【类属】 贮烟害虫

◎ 水印

【基本信息】

【英文名】 watermark

【拼音】 shui yin

【基础词】

【定义】

纸张上的模糊图案，由造纸机的网部印制。成品纸张的水印肉眼可见。水印印刷与丝网印刷正好相反。

◎ 多倍性

【基本信息】

【英文名】 polyploidy

【拼音】 duo bei xing

【基础词】

【定义】

多于双倍正常染色体数目的情况。它可以自然或人工诱导发生，例如用辐射法、化学法或者细菌对正在发育中的胚或种子施加影响等。红花烟草的正常染色体的数目(n)是 24；二倍体类型(即具有 $2n$ 个染色体)染色体数目是 48。对黄花烟草进行四倍染色体的实验没有成功。多倍性通常涉及花不育，染色体缺失，或者生长不良，烟草是在该领域中研究较典型的植物。

◎ 卸炕

【基本信息】

【英文名】 taking down

【拼音】 xie kang

【基础词】

【定义】

从烤房中卸下并取出调试好的烟叶。必要时，烤房的空气需简单加湿，以免烟叶在操作过程中破碎。

【词条关系】

【受影响(有关)】 烘烤

◎ 烟草脉斑驳病毒

【基本信息】

【英文名】 tobacco vein mottling virus

【拼音】 yan cao mai ban bo bing du

【基础词】

【词条关系】

【导致】 烟草脉斑驳病毒病

◎ 加速器

【基本信息】

【英文名】 accelerator

【拼音】 jia su qi

【基础词】

【定义】

用于卷烟切断后把其分开的旋转装置，或用于把正在离开机器的其他货物分开以便随后加工操作的旋转装置。

◎ 嫁接

【基本信息】

【英文名】 grafting

【拼音】 jia jie

【基础词】

【定义】

把一种植物的芽或幼枝转接到另一种为其提供营养的植物(同种或不同种)上。嫁接用于烟草的目的是获得低烟碱或无烟碱烟草,因为根是生物碱的主要来源,不过,砧木必须是茄科植物,如土豆、番茄。科学试验发现:嫁接后烟碱或阿托品并不转移到母体植物里,生长在地面上的番茄类植物不依赖于根而能产生烟碱,不过人们仍然认为根是烟碱的主要来源。

◎ 烟粉虱

【基本信息】

【英文名】 *Bemesia tabaci*

【拼音】 yan fen shi

【基础词】

【词条关系】

【类属】 粉虱

◎ 零售价

【基本信息】

【英文名】 retail price

【拼音】 ling shou jia

【基础词】

【定义】

烟草商品卖给消费者的价格即为零售价。

◎ 纵向搭口

【基本信息】

【英文名】 longitudinal seaming

【拼音】 zong xiang da kou

【基础词】

【定义】

将均质或天然雪茄内包烟叶系在成束机制成的雪茄烟或小雪茄烟束上的方法。这里,内包烟叶或内包烟叶-外包烟叶联体被一类似卷烟的纵向接缝固定,以免形成螺旋形损伤。用这种方法制成的雪茄烟烟芯通常用天然烟叶螺旋形包裹。

◎ 靶斑病病原菌

【基本信息】

【英文名】 *Thanatephorus cucumeris*

【拼音】 ba ban bing bing yuan jun

【基础词】

【定义】

靶斑病的病原。

【词条关系】

【导致】 靶斑病

◎ 除虫菊

【基本信息】

【英文名】 pyrethrin

【拼音】 chu chong ju

【基础词】

【词条关系】

【类属】 植物农药

◎ 起霜

【基本信息】

【英文名】 bloom

【拼音】 qi shuang

【基础词】

【定义】

由分泌到烟叶表面的油脂引起的雪茄外包皮上的无害白色膜或斑点。起霜也指示烟叶烟气的劲头较强。

◎ 热合成

【基本信息】

【英文名】 pyrosynthesis

【拼音】 re he cheng

【基础词】

【定义】

物质热解后通过热解产物的反应形成新的大分子物质的过程。烟气中的许多产物是在卷烟燃烧区通过热合成产生的。

◎ 沟槽滤棒

【基本信息】

【英文名】 flute filter rod

【拼音】 gou cao lü bang

【基础词】

【定义】

丝束与成型纸之间的纤维素纸呈规则沟槽状的滤棒。

【词条关系】

【关键指标】 沟槽排列结构

【关键指标】 沟槽数目

【子类】 间段式沟槽滤棒

【子类】 截点式沟槽滤棒

◎ 切向分离器

【基本信息】

【英文名】 tangential separator

【拼音】 qie xiang fen li qi

【基础词】

【定义】

由马达通过链条和链轮带动一个气闸组成的装置。气流和产品(即烟草)从上端进入,经离心作用分离,从底部的气闸卸出。

◎ 烟草跳甲

【基本信息】

【英文名】 tobacco flea beetle

【拼音】 yan cao tiao jia

【基础词】

【词条关系】

【类属】 跳甲虫

◎ 小麦淀粉

【基本信息】

【英文名】 wheat starch

【拼音】 xiao mai dian fen

【基础词】

【定义】

从小麦中得到的淀粉,加入芳香剂制成糊状,粘封气味浓烈的雪茄的外包皮。

【词条关系】

【用于】 雪茄外包皮

◎ 香气匀称

【基本信息】

【英文名】 rounded

【拼音】 xiang qi yun cheng

【基础词】

【定义】

用来评价烟叶烟气类型的一个术语。

◎ 相

【基本信息】

【英文名】 phase

【拼音】 xiang

【基础词】

【定义】

物质的物理状态:固体、液体或者气体。烟气由一个气相和一个粒相组成。常用的参照物还有烟气的半挥发相。

【词条关系】

【子类】 气相

【子类】 半挥发相

【子类】 粒相

◎ 烟草成分

【基本信息】

【英文名】 tobacco composition

【拼音】 yan cao cheng fen

【基础词】

【定义】

烟草的组成主要包括:①无机成分,如水、钾、钠、钙、镁、铁、氮、磷、硫、氯等;②有机成分,如糖、氨基酸、生物碱、萜烯类、石蜡、酚衍生物(多酚类)、色素、树脂、有机酸等。

◎ 筛孔

【基本信息】

【英文名】 mesh

【拼音】 shai kong

【基础词】

【定义】

筛子网眼,指筛分设备或挤压设备上的孔,其大小取决于颗粒分布或单丝的粗细与形状。

◎ 废品

【基本信息】

【英文名】 factory seconds

【拼音】 fei pin

【基础词】

【定义】

剔除烟叶及其产品。

◎ 切尖机

【基本信息】

【英文名】 tipping machine

【拼音】 qie jian ji

【基础词】

【定义】

切掉叶尖的机器,经常与解包机和/或切柄机联合在一起使用。

◎ 撕梗片

【基本信息】

【英文名】 shredding

【拼音】 si geng pian

【基础词】

【定义】

把烟梗制成梗片的过程。有时候用来代替压梗。

◎ 甲虫

【基本信息】

【英文名】 beetles

【拼音】 jia chong

【基础词】

【定义】

对生长的烟株、贮藏烟叶和烟草制品均为害的鞘翅目昆虫。侵袭大田烟叶的主要种有跳甲、步行虫(土鳖甲)和隐翅虫,其他种的幼虫形态昆虫也会引起损害。甲虫能侵袭植株的所有器官,不同害虫所危害的器官不一样。贮藏烟叶及其制品的主要害虫有烟草甲和大烟草甲。通常可以用熏蒸防治这些害虫。

【词条关系】

【类属】 烟草害虫

【类属】 贮烟害虫

【子类】 绿色六月甲虫

【子类】 药材甲

◎ 可承受的日摄入量

【基本信息】

【英文名】 allowable daily intake

【拼音】 ke cheng shou de ri she ru liang

【基础词】

【定义】

人一生中能够承受并且确实不会危害健康的有害物质有效成分的日摄入量。

【词条关系】

【英文缩写】 ADI

◎ 料斗

【基本信息】

【英文名】 hopper

【拼音】 liao dou

【基础词】

【定义】

包装机和搬运机上的装置,提供滤嘴和烟条储存库并运送称量过的料流。

◎ 二氧化碳

【基本信息】

【英文名】 carbondioxide

【拼音】 er yang hua tan

【基础词】

【定义】

比空气重且无色、不可燃的气体。它是碳完全燃烧(如烟草的燃烧)以及呼吸作用的副产物,可被植物吸收。另外,二氧化碳是烟气中的一种主要成分。

【词条关系】

【化学式】 CO_2

◎ 青尖

【基本信息】

【英文名】 green tips

【拼音】 qing jian

【基础词】

【定义】

烤烟、白肋烟或者深晾烟顶部的烟叶,干燥后,仍保持青色。

◎ 散页凹印

【基本信息】

【英文名】 sheet-fed gravure

【拼音】 san ye ao yin

【基础词】

【定义】

这种凹印技术的衬底是一张纸或一张纸板,凹印机可以有一个或多个印刷单元,以进行多色印刷。这种印刷技术用于高端烟制品的包装。

【词条关系】

【类比】 轮转凹版印刷术

◎ 地面腋芽

【基本信息】

【英文名】 ground suckers

【拼音】 di mian ye ya

【基础词】

【词条关系】

【类属】 腋芽

◎ 江西老烟

【基本信息】

【英文名】 Laoyan Tobacco of Jiangxi

【拼音】 jiang xi lao yan

【基础词】

【定义】

属于晒红烟，包括紫老烟和黑老烟两种类型，分别产于中国江西省的广丰县和广昌县。紫老烟叶片宽大肥厚，叶色紫红，光泽亮，组织细致，油分足，弹性好，香气浓郁，劲头大，燃烧性好，是雪茄烟的上好原料。黑老烟属于雪茄型晒红烟，叶片大且厚，颜色深，烟味浓，劲头大，燃烧性好，烟灰洁白，内在化学成分协调，是制造混合型卷烟和雪茄卷烟的优质原料。黑老烟经一两年醇化后叶色发黑，烟味非常浓。

【词条关系】

【类属】 晒红烟

◎ 雪茄外包皮

【基本信息】

【英文名】 wrapper

【拼音】 xue jia wai bao pi

【基础词】

【定义】

用外包皮叶或者再造烟叶切成。外包皮通常是螺旋形包在雪茄外面，有时用胶纵向粘在雪茄外面。可以用作外包皮的烟叶量小。外包皮叶除了叶片完整好看、叶色均匀一致外，还有良好的持火性能、弹性、均匀的燃烧率、细腻的组织、烟灰成形正常和香味吃味好等特点。

【词条关系】

【用途】 雪茄制造

◎ 腰叶

【基本信息】

【英文名】 cutters

【拼音】 yao ye

【基础词】

【定义】

烤烟烟株上最大的烟叶，从脚叶开始数起第三组叶，特点是弹性好、色泽鲜亮，颜色为浓柠檬黄至橘黄，含水率适中。

【词条关系】

【隶属于】 烤烟

◎ 拉伸机

【基本信息】

【英文名】 stretcher

【拼音】 la shen ji

【基础词】

【定义】

用来拉伸雪茄外包皮烟的设备，目的是使雪茄表面光滑无皱。

◎ 混料柜

【基本信息】

【英文名】 blender

【拼音】 hun liao gui

【基础词】

【定义】

把各种材料混合在一起产生一种混合物的一种装置（如配叶箱、贮料配料柜、流化床配料机）。配料柜在烟草工业的使用有三个主要用途：①切丝前混合各种等级的烟叶和烟片；②混合干燥后的烟丝，以减少水分的不一致性，并把回加组分完全混合在一起；③用于混配雪茄芯烟，或在鼻烟生产中混合烟粉与添加剂。

◎ 生物催化剂

【基本信息】

【英文名】 biocatalyst

【拼音】 sheng wu cui hua ji

【基础词】

【词条关系】

【基本等同】 酶

◎ 免疫性

【基本信息】

【英文名】 immunity

【拼音】 mian yi xing

【基础词】

【定义】

植物拥有的寄生生物不能存活或进行自身复制的特征。烟草中非常少见，但也确实偶尔存在，例如“德布讷”烟草对根黑腐病的免疫力。

◎ 遗传工程

【基本信息】

【英文名】 genetic engineering

【拼音】 yi chuan gong cheng

【基础词】

【定义】

用细胞和分子生物技术(包括重组 DNA 技术)从基因上改良生物体。该术语第一次使用是在实验室条件下把单个或多个基因导入或加到作物内，实现了作物的转化。新基因转移到烟草后，从作物对害虫的抗性到对化学物质的抗性方面，增加了很多特性。

【词条关系】

【方法】 转化

【类属】 生物技术

◎ 自然打包

【基本信息】

【英文名】 tangled

【拼音】 zi ran da bao

【基础词】

【定义】

按烟叶随意放置状态打包的方法。

◎ 有机物质毒性

【基本信息】

【英文名】 organic matter toxicity

【拼音】 you ji wu zhi du xing

【基础词】

【定义】

被翻埋地里的有机物质分解产生各种有机化合物(例如亚硝酸盐)。在某种程度上，这些化合物可能对植物的生长有毒害作用。在翻埋与移栽之间留足够的间隔期(6 周或更长)，可避免有机物质毒害。烟草是对有毒的有机物质非常敏感的作物，易产生黄化、矮化的反应。

◎ 硫黄火柴

【基本信息】

【英文名】 sulphur matches

【拼音】 liu huang huo chai

【基础词】

【定义】

用硫黄作为一种或主要燃料的发火用品。

◎ 烟草生长

【基本信息】

【英文名】 growth

【拼音】 yan cao sheng chang

【基础词】

【定义】

烟草尽管可以长成多年生木本植物，但通常种植时作为生长周期很短(60～150 天)的一年生植物栽培。生长期间，根据烟草的品种和适合光合作用的外部条件(温度、营养、土壤状况、含水量及接受光照的量)，烟草从重 0.1 g 的种子长成 1.5～13 m 高的植株。在合适的条件下，烟草一年可种两期。除了不利的条件，烟草的生长能力随时间而减弱。如果以时间作为参考，烟草的生长模式是典型的 S 形曲线：开始生长缓慢；然后生长加速进入花期，标志着主干生长结束；最后生长开始减慢。烟草生长过程中的两个因素是很重要的：干物质增加的总量和烟叶面积增加的总量。二者是好的烟草生产的前提条件。

◎ 天冬酰胺

【基本信息】

【英文名】 asparagine

【拼音】 tian dong xian an

【基础词】

【定义】

在氨的代谢解毒期间如调制期间，烟草细胞中产生的天冬氨酸的氨基化合物。在发酵期间，天冬酰胺的水解会使产生的氨增多。另外，随着天冬氨酸的增加，烟草中出现的氨基酸占优势。

【词条关系】

【化学式】 $C_4H_8N_2O_3$

◎ 从簇病毒病

【基本信息】

【英文名】 rosette

【拼音】 cong cu bing du bing

【基础词】

【定义】

与丛顶病极为相似的一种烟草病毒病。其症状是植株矮化，出现很多小叶或叶片被其他叶覆盖。该病毒由蚜虫传播，特别是桃蚜，因此，病害防治要针对蚜虫，并保持田间卫生。

【词条关系】

【受影响(有关)】 蚜虫

【导致】 丛顶病

◎ 纱布

【基本信息】

【英文名】 cheesecloth

【拼音】 sha bu

【基础词】

【定义】

类似于薄纱的棉织物。其用途包括：①为遮阴栽培的雪茄外包皮烟遮光；②幼苗生长早期作为苗床覆盖物；③偶尔罩在花头上防止杂交，这种纱布网眼要很细，而且不能有破损，纸袋更适合一些。对于前两种用途，塑料或聚酯织物已经代替了纱布。

◎ 单支重量

【基本信息】

【英文名】 unit weight

【拼音】 dan zhi zhong liang

【基础词】

【定义】

一支卷烟或雪茄的重量。一般用克(g)表示。

◎ 纺嚼烟

【基本信息】

【英文名】 spun chewing tobacco

【拼音】 fang jiao yan

【基础词】

【定义】

纺制的嚼烟绳。有时是捻成的，直径为 2.5(9 号)～12.5(0 号)mm。它里面是内芯(芯烟)，外面裹着外包皮。包皮叶通常是一些身份重的烟叶。现用作嚼烟，过去也切成丝后制成斗烟，有时甚至研磨后做成鼻烟。

【词条关系】

【类属】 嚼烟

◎ 马铃薯 Y 病毒类

【基本信息】

【英文名】 potyviruses

【拼音】 ma ling shu Y bing du lei

【基础词】

【定义】

泛指由蚜虫传播的大量病毒，包括马铃薯 Y 病毒、烟草蚀纹病毒、烟草脉斑驳病毒等。

【词条关系】

【子类】 马铃薯 Y 病毒

【子类】 烟草蚀纹病毒

【子类】 烟草脉斑驳病毒

【受影响(有关)】 蚜虫

◎ 麦芽糖酶

【基本信息】

【英文名】 maltase

【拼音】 mai ya tang mei

【基础词】

【定义】

在碳水化合物(淀粉)分解中把麦芽糖分解成葡萄糖的一种酶。在植株里，糖在白天合成，并转化成淀粉。夜晚不能继续进行同化作用时，淀粉被分解，为植物提供相当稳定的能量供应。

◎ 烟草斑点病

【基本信息】

【英文名】 *Phyllosticta* leaf spot

【拼音】 yan cao ban dian bing

【基础词】

【定义】

由疫病真菌引起的一种幼苗的病害。特征是叶片上有小白斑点，斑点中央可能会脱落，出现孔洞，边缘黑色。这种病害还没有严重到需用特别的控制措施来确保烟苗的生长。

◎ 草酸

【基本信息】

【英文名】 oxalic acid

【拼音】 cao suan

【基础词】

【定义】

在酶的催化下,二羟乙酸通过氧化作用形成的一种酸。它与柠檬酸、苹果酸一起,均是幼叶中主要的有机化合物。这三种化合物属于非挥发性酸,主要和钾、镁、钙阳离子形成盐。当这些酸过量存在时,会降低烟叶质量。

【词条关系】

【化学式】 $C_2H_2O_4$

◎ 封装

【基本信息】

【英文名】 encapsulation

【拼音】 feng zhuang

【基础词】

【词条关系】

【关键指标】 空气稀释

【关键指标】 压降

【关键指标】 滤棒通风

◎ 番茄斑萎病

【基本信息】

【英文名】 kromnek

【拼音】 fan qie ban wei bing

【基础词】

◎ 瑞典鼻烟

【基本信息】

【英文名】 snus

【拼音】 rui dian bi yan

【基础词】

【定义】

这是北欧人消费的一种口用鼻烟,在瑞典非常流行。它有两种类型:散装式和分装式。

【词条关系】

【类属】 湿鼻烟

◎ 烟气分析

【基本信息】

【英文名】 smoke analysis

【拼音】 yan qi fen xi

【基础词】

【定义】

烟气的化学组成分析。常规做法是,用吸烟机抽吸卷烟或其他烟制品,搜集烟气的粒相和气相成分进行分析。焦油、烟碱和一氧化碳等成分都有标准的分析方法,而其他 4 800 种化学成分要用特定的方法来分析。

【词条关系】

【借助】 吸烟机

◎ 绿色六月甲虫

【基本信息】

【英文名】 cotinis nitida

【拼音】 lü se liu yue jia chong

【基础词】

【词条关系】

【类属】 甲虫

◎ 基因作图

【基本信息】

【英文名】 genetic mapping

【拼音】 ji yin zuo tu

【基础词】

【定义】

基因组中,遗传识别位点及与其他位点的相对位置。传统的方法是用基因分离数据来绘制基因连锁图,经过多年的发展,已使用新的基因标记系统。烟草基因图谱将给育种学家和基因学家提供可能实现的信息和完成改良措施最快及最好的手段。

【词条关系】

【类属】 生物技术

【类属】 遗传工程

【用途】 基因组分析

◎ 烟蒂

【基本信息】

【英文名】 butt

【拼音】 yan di

【基础词】

【定义】

卷烟的丢弃端或雪茄烟吸后剩下的部分。

◎ 芯烟

【基本信息】

【英文名】 filler

【拼音】 xin yan

【基础词】

【定义】

雪茄烟中间的烟丝，决定了烟的风味和燃烧程度。

【词条关系】

【用于】 雪茄制造

【子类】 短芯叶

【子类】 长芯烟

◎ 搅拌器

【基本信息】

【英文名】 stirring unit

【拼音】 jiao ban qi

【基础词】

【定义】

用来制备里料或料液的搅拌器械。

◎ 水烟烟草

【基本信息】

【英文名】 hookah tobacco

【拼音】 shui yan yan cao

【基础词】

【定义】

一种中国水烟斗烟丝混合物，由黄花烟草叶(霜降后收获，因此呈黄色)、亚麻籽或菜籽油和多种草药混合而成。烟叶经挑选、混配并压成块状，再切成又长又细的丝条状，随后压成小块出售。尽管有些加工过程已实现半机械化操作，但大部分仍完全靠手工完成。

【词条关系】

【类属】 黄花烟草

【用途】 中国水烟斗

◎ 铝箔衬纸

【基本信息】

【英文名】 paper tissue

【拼音】 lü bo chen zhi

【基础词】

【定义】

与铝箔复合的薄纸带，用于包装并保护硬盒及软盒内的卷烟。

【词条关系】

【用于】 硬盒包装

【用于】 软盒包装

◎ 包装机

【基本信息】

【英文名】 packer

【拼音】 bao zhuang ji

【基础词】

【定义】

包装烟草制成品如卷烟、雪茄烟以及烟丝的机器。目前卷烟和雪茄烟的生产随着玻璃纸或者塑料薄膜外包、印花、封签以及拉线的相继应用，全自动包装机占据主导地位。烟丝工业生产用半自动包装机。

【词条关系】

【用于】 包装

【子类】 卷烟硬条包装膜包装机

【子类】 双路包装机

◎ 烤焦

【基本信息】

【英文名】 scorching

【拼音】 kao jiao

【基础词】

【定义】

在烟叶烘烤的干筋期温度过高(即 75 ℃以上)引起的烟叶红褐变色。

【词条关系】

【受影响(有关)】 干筋

◎ 电导率方法

【基本信息】

【英文名】 conductivity method

【拼音】 dian dao lü fang fa

【基础词】

【定义】

一种测量烟草含水率的间接方法。其依据是所检测样品的电导率在一定温度和压力下与特定烟草类型的含水率有关。使用该方法通过针式传感器可粗略地测出烟包或烟桶内烟草的含水率。以前也曾在生产线上使用该方法，利用滚筒或压板使烟草处于压力之下，但由于这种仪器必须频繁地校准，所以已被更先进的技术如红外测量等取代。

【词条关系】

【用于】 烟叶含水率

◎ 热空气干燥机

【基本信息】

【英文名】 hot air drier

【拼音】 re kong qi gan zao ji

【基础词】

【定义】

利用热空气降低切后烟丝水分含量的干燥设备。

【词条关系】

【类属】 干燥机

【类比】 悬浮干燥机

【类比】 流化床干燥器

◎ 移栽

【基本信息】

【英文名】 transplanting

【拼音】 yi zai

【基础词】

【定义】

当烟苗约 15 cm 高、有发育良好的根系和强壮的茎时，就适合移栽了。在亚热带和温带地区，在移栽前需要炼苗。准确的移栽日期取决于气候和天气条件。移栽可是手工的，也可借助于机器。移栽密度根据烟草类型及其用途而定，机器移栽的间距是自动的，人工移栽时需要预先量好间距。通常起垄移栽：在垅上挖坑，以使根系能伸展为宜，如土壤未预先灌溉，还要在坑中浇水；然后把烟苗插入坑中，用周围的土固定根系，这对植物的存活是至关重要的。机器移栽比人工移栽有好处，因为相对于致密的土壤来说，机器的覆土很均匀。第二次培土一般在移栽后第二天进行。

◎ 二硝基萘胺

【基本信息】

【英文名】 dinitroanalines

【拼音】 er xiao ji nai an

【基础词】

【定义】

一组在许多烟草种植区用来抑制腋芽的局部内吸型的化学药剂。

【词条关系】

【类属】 抑芽剂

【用途】 腋芽

◎ 触感

【基本信息】

【英文名】 haptic

【拼音】 chu gan

【基础词】

【定义】

触觉，香料研究中使用的术语。

【词条关系】

【影响】 香料

◎ 矮化烟草

【基本信息】

【英文名】 dwarf tobacco

【拼音】 ai hua yan cao

【基础词】

【定义】

叶片或烟株小于正常大小的变异类型。

【词条关系】

【类属】 突变

◎ 防腐剂

【基本信息】

【英文名】 preservative

【拼音】 fang fu ji

【基础词】

【定义】

用于保护易腐商品的物质，其成分和用量常受法规限制。一般而言，它对烟草的特有气味有不好的影响。一般不用防腐剂，除了有时用些苯甲酸或苯甲酸盐和抗坏血酸。通常加过防腐剂的烟草要确保有精心的包装。

【词条关系】

【类属】 添加剂

【子类】 苯甲酸钠

【子类】 水杨酸

◎ 封签

【基本信息】

【英文名】 banderole

【拼音】 feng qian

【基础词】

【定义】

卷烟烟盒或其他包装品上用作封条或安全封的纸条。若不撕烂这种封签，盒就不能完全打开。若揭开再重新贴上，会被明显地识别出来。

◎ 比重

【基本信息】

【英文名】 specific gravity

【拼音】 bi zhong

【基础词】

【定义】

物体的质量与同容积的水(在 4 ℃或其他温度下)的质量比值。烟草的比重通常是 1.8。烟草的比重取决于烟草生长时的气候条件、品种以及土壤和所施的肥料(分别约占 50%、30%和 20%)。一般来说，叶片的细胞结构越密(即每单位体积的细胞数越多)，其比重就越大。小叶品种的烟叶比重通常比大叶品种烟叶的比重大；在大叶品种中，烟叶的比重随叶位的升高而增加。

◎ 穿杆

【基本信息】

【英文名】 spearing

【拼音】 chuan gan

【基础词】

【定义】

将砍下的烟株悬挂起来调制的方法。

◎ 弹性

【基本信息】

【英文名】 elasticity

【拼音】 tan xing

【基础词】

【定义】

(1)材料的性能，对于烟叶，指的是烟叶经过某种改变后恢复到的形状。这种特性对烟叶的包裹和黏合很重要，尽管其他种类当其组织健康、弹性好时也能很容易地加工。

(2)在不撕破的情况下，烟叶的伸长能力。成熟的烟叶填充值越小，弹性也越小。弹性是烟叶的一个重要品质。

◎ 盘纸

【基本信息】

【英文名】 bobbin

【拼音】 pan zhi

【基础词】

【定义】

在卷烟机中使用的卷烟纸的卷筒，单卷的 18～29 mm 宽，双卷的 50～58 mm 宽。滤嘴外包纸用在 18～30 mm 宽的卷筒上。接装纸卷筒的宽度变化较大，可以达到 80 mm。卷烟纸和非多孔滤嘴外包纸通常以 5 000～7 000 m 长装运。高多孔滤嘴外包纸的卷筒通常较短。接装纸的装运长度范围为 3 000～4 000 m。

◎ 吸烟者所需的配件

【基本信息】

【英文名】 smokers' accessories

【拼音】 xi yan zhe suo xu de pei jian

【基础词】

【定义】

除了烟草制品外，吸烟者吸烟所必备的其他物品，如火柴、打火机和烟灰缸，以及烟斗、雪茄和卷烟盒(筒)、烟罐和烟袋等。

◎ 茄假单胞杆菌

【基本信息】

【英文名】 *Ralstonia salanacearum*

【拼音】 qie jia dan bao gan jun

【基础词】

【定义】

引起烟草青枯病的病原细菌，先前被称为假单胞杆菌。

【词条关系】

【导致】 萎蔫

【导致】 青枯病

◎ 海泡石

【基本信息】

【英文名】 meerschaum

【拼音】 hai pao shi

【基础词】

【定义】

一种水合硅酸镁[$Mg(OH)_2Si_6O_{15n}H_2O$]。

通常为白色或乳白色。其质地较柔软，易于加工，为多孔结构，吸附性能好。这些特性使得海泡石适于制作烟斗烟锅和雪茄烟的烟嘴等。

◎ 卷曲纤维

【基本信息】

【英文名】 crimped filaments

【拼音】 juan qu xian wei

【基础词】

【定义】

滤嘴中处于与烟气气流平行位置的纤维。

◎ 毒死蜱

【基本信息】

【英文名】 chlorpyrifos

【拼音】 du si pi

【基础词】

【定义】

一种用来控制烟草蚜虫的非内吸型有机磷杀虫剂。

【词条关系】

【类属】 杀虫剂

◎ 打火机燃料

【基本信息】

【英文名】 lighter fuel

【拼音】 da huo ji ran liao

【基础词】

【定义】

点火机燃料主要有两种类型：特殊制备的低燃点石油；用于气体点火机的丁烷或丁烷/丙烷混合物。

◎ 生物碱类

【基本信息】

【英文名】 alkaloids

【拼音】 sheng wu jian lei

【基础词】

【定义】

在活体生物中形成的含氮有机碱类。狭义的定义是，植物中由氨基酸衍生的含氮碱。通常，氮存在于一个杂环系统中，且大多数生物碱表现药理学特性。生物碱是根据杂环系统或由其衍生的氨基酸进行分类的。生物碱代表许多植物次生产物，并且人们对许多碱的了解已有数百年了。如阿托品、咖啡因、可卡因、吗啡、烟碱、奎宁和马钱子碱。烟碱在商用红花烟草和黄花烟草中是主导生物碱，占总生物碱的90%～95%。去甲基烟碱、新烟碱、假木贼碱是最丰富的次要生物碱，单独一种的积累量很少超过总生物碱的5%。次要生物碱对烟叶或烟气没有积极贡献。烟草中有次要生物碱的几种次要衍生物，包括许多N′-酰基去甲基烟碱(N′-acynornicotine)。烟碱在50%～60%的烟草种中为主要生物碱，去甲基烟碱在30%～40%的烟草种中为主要生物碱。假木贼碱为烟草4个野生种的主要生物碱。生物碱在植株中的功能目前尚不清楚。除了大多数去甲基烟碱外，生物碱在根中形成，并被向上运输到植株其他器官。叶片中的碱含量一般最高，根、烟叶主脉、茎、花和种子中依次降低。

【词条关系】

【子类】 烟碱

【子类】 新烟碱

【子类】 降烟碱

【子类】 假木贼碱

◎ 风障

【基本信息】

【英文名】 wind break

【拼音】 feng zhang

【基础词】

【定义】

用于减弱风力的自然屏障或人工屏障。烟叶暴露于大风中能引起叶片的快速失水，因此风障对烟草及其保持叶片组织很重要。

◎ 淀粉

【基本信息】

【英文名】 starch

【拼音】 dian fen

【基础词】

【定义】

构成植物体内最重要的贮藏物质的一种高分子碳水化合物。它在同化部位形成并暂时结合在叶绿体中，而后从叶绿体中输送到植物所有贮藏淀粉的器官，包括种子。淀粉颗粒的直径为2～170 μm，在显微镜下很易看到，它们的确切形状和大小因植物种类而异。淀粉由直链淀粉和支链淀粉组成,含有少量的磷酸、硅酸,偶尔也含碘分子。淀粉可被酶(淀粉酶:连接到磷酸上的化合物)和细菌分解,形成直链淀粉、糊精和麦芽糖。

【词条关系】

【取决】 光合作用

◎ 乙二醇

【基本信息】

【英文名】 glycol

【拼音】 yi er chun

【基础词】

【定义】

甜味的、相对黏稠的无色液体,以前用作烟草的保湿剂。但由于它对健康有不良影响,在许多国家已被替代。

【词条关系】

【类属】 保润剂

◎ 温室

【基本信息】

【英文名】 greenhouse

【拼音】 wen shi

【基础词】

【定义】

塑料或玻璃建筑,用于温和气候下育苗,以避免早期霜冻损害。

◎ 热容量

【基本信息】

【英文名】 heat capacity

【拼音】 re rong liang

【基础词】

【词条关系】

【关键指标】 比热容

◎ 芳香味

【基本信息】

【英文名】 aromatic

【拼音】 fang xiang wei

【基础词】

【定义】

通常与香料烟有关的感官特征。它由烟叶天然树脂、精油和胶质热解作用产生。

【词条关系】

【影响】 香料烟

◎ 滤嘴料斗

【基本信息】

【英文名】 plug hopper

【拼音】 lü zui liao dou

【基础词】

【定义】

滤嘴接装机上用于装准备加工的滤棒的装置。

【词条关系】

【隶属于】 滤嘴接装机

◎ 南方茎腐病

【基本信息】

【英文名】 southern stem rot

【拼音】 nan fang jing fu bing

【基础词】

【定义】

由真菌引起的植物病害。该病菌寄主范围广,但极少造成烟草的产量损失。茎腐病的特征是,在植株茎秆周围出现凹陷的褐色环状坏死斑,会导致植株倒伏(变扁),叶片突然变黄,根部腐烂。茎部的病斑与烟草黑胫病和青枯病的症状类似,唯一不同的是该病斑有同心环。目前,这一病害并不严重,尚未引起人们的重视去寻找防治方法或引进抗病品种。

◎ 跳涂胶辊

【基本信息】

【英文名】 skip tip roller

【拼音】 tiao tu jiao gun

【基础词】

【词条关系】

【类属】 专用涂胶轮

◎ 导热率

【基本信息】

【英文名】 thermal conductivity

【拼音】 dao re lü

【基础词】

【定义】

表示物质传导热量能力的系数,用 kcal ·

(m·s·℃)$^{-1}$表示。烟草的导热率取决于其结构(如烟叶或片烟)、表观密度和含水率。对于典型的配方烟丝来说,在正常的压缩状态下含水率为15%时,其导热率约为 2.2×10^{-5} kcal·(m·s·℃)$^{-1}$度。

◎ 流量计

【基本信息】

【英文名】 flow meter

【拼音】 liu liang ji

【基础词】

【定义】

用于测量气体、蒸汽、液体或以其不同的混合形式(如液体或气体与蒸汽的混合物)的流速。该测量仪用于蒸汽、加料和加香设备。

◎ 选种机

【基本信息】

【英文名】 seed classifier

【拼音】 xuan zhong ji

【基础词】

【定义】

一种机器。它能够通过风机把发芽能力低的、欠熟的、轻的烟草种子与较重的、更有利用价值的种子分开,并同时去除异物。其过程称为密度分选,它能保证种植者获得最大的种子发芽率。

【词条关系】

【用途】 合格种子

◎ 棕榈糖

【基本信息】

【英文名】 palm sugar

【拼音】 zong lü tang

【基础词】

【定义】

由棕榈树的汁液粗加工成的深色粗糖,用于嚼烟加料。

【词条关系】

【用于】 嚼烟

◎ 酚类

【基本信息】

【英文名】 phenols

【拼音】 fen lei

【基础词】

【定义】

芳香族羟基化合物(包括酚的衍生物、多酚和丹宁类),在这些化合物中,羟基连接在苯环上。它的特性是单价、双价、三价和多价,是由苯环数量决定的。苯酚是固体,结晶,能产生酸性反应。绿原酸在绿色植物中是一种重要的苯酚,烟草中多酚的总含量为1.9%~53%。丹宁类物质被认为对烟草的味道有益。例如,烈味烟草在丹宁类物质加入以后,味道会变得温和、更香。苯酚是影响烟草口感的一个因素,它占主要烟气的3.5%。

【词条关系】

【子类】 绿原酸

◎ 压印

【基本信息】

【英文名】 embossing

【拼音】 ya yin

【基础词】

【定义】

金属锡箔、卡片空白区等的印刷工艺,以便使数字、字母或图案在表面显现出来。雕刻凸蚀常常用于烟草工业,在外包装或内部锡箔上雕蚀,以记录生产日期、地点、公司的商标或说明。

◎ 卷烟制造

【基本信息】

【英文名】 cigarette manufacture

【拼音】 juan yan zhi zao

【基础词】

【词条关系】

【类比】 雪茄制造

◎ 生产能力

【基本信息】

【英文名】 productivity

【拼音】 sheng chan neng li

【基础词】

【定义】

一定时间内能够完成的产量,通常用单位时间、设备或单位成本的总产量来表示。一般来说,工厂的生产能力用每单位卷烟所用成本或每机组的产烟支数来衡量;卷烟机用每分钟卷烟数来衡量;包装机用每分钟的包数来表示,滤棒成型机用每分钟的米数来表示。

◎ 喷灌机

【基本信息】

【英文名】 sprinkler

【拼音】 pen guan ji

【基础词】

【词条关系】

【用于】 灌溉

◎ 通过时间

【基本信息】

【英文名】 transit time

【拼音】 tong guo shi jian

【基础词】

【定义】

烟叶等制品通过特定的加工设备(如复烤机或回潮机等)所需要的时间。这个时间首先取决于机器类型;若为同种机器,则取决于烟草类型及其含水率。

◎ 撮

【基本信息】

【英文名】 pinch

【拼音】 cuo

【基础词】

【定义】

用拇指和食指捏起少量鼻烟放于手背用来闻吸。

【词条关系】

【用于】 鼻烟

◎ 紧头平准盘

【基本信息】

【英文名】 dense end disc

【拼音】 jin tou ping zhun pan

【基础词】

【定义】

卷烟机上的一种装置,用于生产出紧头的烟支。

【词条关系】

【用途】 紧头

◎ 白霉

【基本信息】

【英文名】 white mould

【拼音】 bai mei

【基础词】

【定义】

也叫白粉病。这种病害侵染大田烟草,病原菌为二孢白粉菌。其病征是叶片上出现灰白色霉层,从基部开始发病,然后扩散到整个叶片表面。去掉霉层后,叶片呈现淡黄色。受害叶片烤后变黑、变薄。加强管理,如移栽时留合适的间距、保证充足的平衡施肥和使用杀菌剂可以预防发病。

◎ 菖蒲油

【基本信息】

【英文名】 oil of calamus

【拼音】 chang pu you

【基础词】

【定义】

主要来源于菖蒲属菖蒲植物根茎中的油,在嚼烟工业中用作一种芳香物质。

【词条关系】

【用于】 嚼烟

◎ 烟碱提取物

【基本信息】

【英文名】 nicotine extract

【拼音】 yan jian ti qu wu

【基础词】

【定义】

烟碱是从高烟碱含量的烟草的烟梗或者废叶中提取的。提取物多用于制作杀虫剂或者兽药。

【词条关系】

【类属】 烟草提取液

◎ 赤星病

【基本信息】

【英文名】 brown spot

【拼音】 chi xing bing

【基础词】

【定义】

烟草真菌性病害。其症状是叶片上出现深

褐色坏死斑，通常病斑周围有黄色晕圈，中心有轮纹，在一些情况下病斑可能覆盖叶片表面大的区域。病害随着叶片衰老首先出现在下部叶上，然后向上部蔓延。防治措施有轮作，确保大田卫生，对种子和苗床均消毒。选择抗病或耐病品种以及适时采收有助于减轻病害。杀菌剂极少使用。

◎ 带式冷却机

【基本信息】

【英文名】 belt cooler

【拼音】 dai shi leng que ji

【基础词】

【定义】

冷却烘后烟丝的机械装置，烘丝过程的常规后处理。烟丝铺在由金属网制成的输送带上，然后以单层或者多层通过冷却装置进行冷却。

【词条关系】

【类属】 冷却机

◎ 自然处理

【基本信息】

【英文名】 natural treatment

【拼音】 zi ran chu li

【基础词】

【定义】

采用自然方式进行的香料烟处理过程，即不采取人工加热或调制室加湿来加速发酵，或添加化学品。

【词条关系】

【用于】 香料烟

◎ 移栽机

【基本信息】

【英文名】 transplanter

【拼音】 yi zai ji

【基础词】

【定义】

移栽烟苗的机器，有全自动化或半自动化两种。机器通常安装有水箱，能为每一株幼苗分配一定量的水；另外，有些机器还能够施除草剂或肥料。

【词条关系】

【用于】 移栽

【基本等同】 栽烟机

◎ 氧化钙

【基本信息】

【英文名】 calcium oxide

【拼音】 yang hua gai

【基础词】

【定义】

生石灰。

◎ 雄性不育

【基本信息】

【英文名】 male sterility

【拼音】 xiong xing bu yu

【基础词】

【定义】

开花的植株上没有花粉或者花粉不育的现象。雄性不育植株经常用作母本来生产杂交种。

◎ 青枯病

【基本信息】

【英文名】 granville wilt

【拼音】 qing ku bing

【基础词】

【定义】

又叫细菌性枯萎病。这种病在温暖的气候条件下特别流行。该病是由茄假单胞杆菌引起的。病症是先出现萎蔫，然后叶片或者局部变黄，最后坏死。茎秆横切后会流出黏性液体。控制手段主要通过抗性育种、轮作。土壤熏蒸也可以把该病降低到一定的限度。

【词条关系】

【同义】 细菌性枯萎病

◎ 卷烟滤嘴增塑剂

【基本信息】

【英文名】 cigarette filter plasticiser

【拼音】 juan yan lü zui zeng su ji

【基础词】

【定义】

用于卷烟滤嘴制造的醋酸丝束增塑剂。

【词条关系】

【用于】 滤嘴

◎ 比热容

【基本信息】

【英文名】 specific heat

【拼音】 bi re rong

【基础词】

【定义】

将 1 克物质温度升高 1 ℃所需要的热量。烟草的比热容随着品种和含水率而变化，一般在 0.2～0.6 cal·(g·℃)$^{-1}$之间。

【词条关系】

【受影响(有关)】 烟叶含水率

【受影响(有关)】 烟草品种

◎ 小叶烟

【基本信息】

【英文名】 small leaf

【拼音】 xiao ye yan

【基础词】

【定义】

中国甘肃省兰州地区种植的黄花烟草地方品种。叶片阴干为绿色，晒干为黄色。叶片组织细致，油润丰满，香气足，劲头大，用于制作水烟。

【词条关系】

【类属】 黄花烟草

◎ 蜗牛

【基本信息】

【英文名】 snail

【拼音】 wo niu

【基础词】

【定义】

一种腹足纲类似于蛞蝓的软体动物。蜗牛偶尔会啃食烟叶，使幼苗或刚移栽的嫩苗遭受严重损害。防治蜗牛危害的方法是，用拌有灭虫威(一种氨基甲酸酯杀虫剂)的糠作为诱饵诱杀。

◎ 合成

【基本信息】

【英文名】 synthesis

【拼音】 he cheng

【基础词】

【定义】

在生物学上，指由较简单物质形成复杂的物质。烟草植株最重要的合成过程是：①二氧化碳和水在叶绿素和太阳能的作用下合成淀粉(光合作用，同化作用)；②氮素合成蛋白质。大多数氮素是从土壤中以硝酸盐的形式吸收，然后被植物还原成氨。氨与由葡萄糖形成的 α 含氧酸结合生成氨基酸，并进一步在酶的作用下转化为蛋白质分子。与光合作用不同的是，它不需要光照和叶绿体。

【词条关系】

【类属】 同化作用

【类属】 光合作用

【概念-实例】 蛋白质

◎ 粉碎机

【基本信息】

【英文名】 crusher

【拼音】 fen sui ji

【基础词】

【词条关系】

【类比】 压梗机

◎ 氧化钛

【基本信息】

【英文名】 titanium oxide

【拼音】 yang hua tai

【基础词】

【定义】

加入卷烟纸使烟灰变白的化学物质。

【词条关系】

【类属】 卷烟纸燃料添加剂

◎ 上胶器

【基本信息】

【英文名】 adhesive applicator

【拼音】 shang jiao qi

【基础词】

【定义】

一种简单的施胶器，由安装在凸轮上的金属叉蘸取黏合剂后涂到上方运行的材料。

【词条关系】

【类比】 涂胶器

◎ 环斑病

【基本信息】

【英文名】 ring spot

【拼音】 huan ban bing

【基础词】

【定义】

一种烟草常见的病毒病，其特点是叶片上出现黄褐色同心圆斑和坏死组织。苗床和大田均可发生此病。该病既可通过机械传播，也可通过剑线虫传播，还可能通过蓟马或跳甲虫传播。防治该病的方法是搞好田间卫生，在两茬作物间清除田间烟草残留物，控制防治传毒媒介。

【词条关系】

【受影响(有关)】 线虫

【受影响(有关)】 蓟马

【受影响(有关)】 甲虫

◎ 氮素缺乏症

【基本信息】

【英文名】 nitrogen deficiency

【拼音】 dan su que fa zheng

【基础词】

【定义】

缺乏氮素的植株在外观上比健株的叶片颜色浅一些，如果在烟草移栽后的快速生长期发生氮素缺乏症，结果会造成减产和品质下降。

【词条关系】

【影响】 烟草生长

【影响】 烟叶品质

【影响】 烟叶产量

◎ 薄烟

【基本信息】

【英文名】 thin crop

【拼音】 bao yan

【基础词】

【定义】

没有足够身份的烟叶。

【词条关系】

【受影响(有关)】 身份

◎ 美拉德反应

【基本信息】

【英文名】 Maillard reaction

【拼音】 mei la de fan ying

【基础词】

【定义】

烟叶在调制、醇化过程中由胺类化合物(主要是氨基酸)和还原糖类发生的非酶棕色化反应。美拉德反应生成糖-氨基酸复合物，这种氨基糖又称为 Amadori 化合物。

【词条关系】

【成分为】 还原糖

【成分为】 胺类化合物

【同义】 棕色化

【借助】 Amadori 重排

◎ 代森锌

【基本信息】

【英文名】 zineb

【拼音】 dai sen xin

【基础词】

【定义】

一种杀真菌剂，一般是粉剂，用于防治苗床霜霉病。

【词条关系】

【类属】 杀菌剂

◎ 贴封签装置

【基本信息】

【英文名】 sticker application unit

【拼音】 tie feng qian zhuang zhi

【基础词】

【定义】

包装机上用于在烟盒上贴封签的装置。

【词条关系】

【用于】 封签

◎ 膨胀烟草

【基本信息】

【英文名】 expanded stems

【拼音】 peng zhang yan cao

【基础词】

【定义】

切烟丝或雪茄填充物经过膨胀加工，最后用于烟草生产。

【词条关系】

【子类】 膨胀梗粒

【子类】 膨胀烟丝

【手段】 膨胀

◎ 烟条检测器

【基本信息】

【英文名】 rod monitor

【拼音】 yan tiao jian ce qi

【基础词】

【定义】

卷烟制造过程中的一种电力操作装置，用于检测烟条的密度和烟条上的污点。检测器一旦检测到瑕疵就会关停卷烟机，停止生产，以便纠正。

【词条关系】

【用于】 烟条

◎ 烟斗接头

【基本信息】

【英文名】 spigot

【拼音】 yan dou jie tou

【基础词】

【定义】

这一术语通常指烟斗的烟嘴(烟斗嘴)连到烟锅里面形成密封连接的部分。

◎ 烟末附着法

【基本信息】

【英文名】 dust impingement

【拼音】 yan mo fu zhuo fa

【基础词】

【定义】

生产烟草薄片的方法，现在已很少采用。该方法是在环形金属带上平铺一层烟末后，喷一层黏合剂，再铺一层烟末，后烘干切成片状，与天然烟草叶片混合后，制成卷烟。

【词条关系】

【用途】 烟草薄片

◎ 配叶带

【基本信息】

【英文名】 blending belt

【拼音】 pei ye dai

【基础词】

【定义】

在初步加工中用于把烟叶在送入打叶机之前进行混合与分送的输送带。输送带材料的平滑表面会减少可能黏附到输送带上的灰尘数量。因此首选的输送带涂层材料是不含卤素的聚酯或聚烯烃。

◎ 卫生

【基本信息】

【英文名】 hygiene

【拼音】 wei sheng

【基础词】

【定义】

防治烟叶及其制品受污染和感病的关键手段，如消毒和清除烟草废料及其他材料。

【词条关系】

【方法】 熏蒸

【借助】 信息素诱捕装置

◎ 炭腐病

【基本信息】

【英文名】 charcoal rot

【拼音】 tan fu bing

【基础词】

【定义】

由炭腐病真菌引起的一种轻微的烟草病害。只有在高温干燥的气候条件下，烟株生长受到胁迫，这时炭腐病可能产生较严重的危害。香料烟由于经常种植在轻度至严重缺水的条件下，这种病害可能对之造成严重的损失。

【词条关系】

【类属】 真菌性病害

◎ 生物合成

【基本信息】

【英文名】 biosynthesis

【拼音】 sheng wu he cheng

【基础词】

【词条关系】

【子类】 烟碱生物合成

◎ 密度计

【基本信息】

【英文名】 densimeter

【拼音】 mi du ji

【基础词】

【定义】

测量烟丝表观密度或填充能力的装置，有多

种形式。

【词条关系】

【用于】 填充力

◎ 燃烧锥

【基本信息】

【英文名】 coal

【拼音】 ran shao zhui

【基础词】

【定义】

卷烟的锥形燃烧区。

【词条关系】

【关键指标】 燃烧锥强度

◎ 包埋技术

【基本信息】

【英文名】 encapsulation

【拼音】 bao mai ji shu

【基础词】

【定义】

将挥发性物质如香料包在小胶囊里的技术。这些胶囊放在烟草上，在预定的温度下，香气释放出来。这些胶囊也可以在包装里使用。

◎ 封包线

【基本信息】

【英文名】 strapping line

【拼音】 feng bao xian

【基础词】

【定义】

卷烟或其他烟制品的箱子在其上封口的传送带。

◎ 植物毒性

【基本信息】

【英文名】 phytotoxicity

【拼音】 zhi wu du xing

【基础词】

【词条关系】

【类比】 化学伤害

◎ 鸢尾酮

【基本信息】

【英文名】 irone

【拼音】 yuan wei tong

【基础词】

【定义】

有许多异构体的酮类(最重要的是 α-鸢尾酮)，用于调味和调香。鸢尾酮具有柔和的、浓烈的、类似紫罗兰的香味。

【词条关系】

【类属】 烟用香料

【化学式】 $C_{13}H_{20}O$

◎ 氧化烟

【基本信息】

【英文名】 oxidised

【拼音】 yang hua yan

【基础词】

【定义】

通常用于描述在田里生长过熟的烤烟。烟草颜色往往非常深、含糖量很低，几乎和晾晒烟一样。

◎ 蛴螬

【基本信息】

【英文名】 whitegrubs

【拼音】 qi cao

【基础词】

【定义】

鳃角金龟科和丽金龟科的各种幼虫，取食地下的茎部危害烟草，一般仅在小区域造成严重危害，必要时使用杀线虫剂或一些有机磷杀虫剂进行防治。

【词条关系】

【类属】 烟草害虫

◎ 印刷纸

【基本信息】

【英文名】 printed paper

【拼音】 yin shua zhi

【基础词】

【定义】

用作内衬的材料。

【词条关系】

【基本等同】 内衬纸

◎ 内包纸

【基本信息】

【英文名】 inner wrap

【拼音】 nei bao zhi

【基础词】

【定义】

滤嘴的内衬。

【词条关系】

【隶属于】 滤嘴

◎ 变黄期

【基本信息】

【英文名】 yellowing

【拼音】 bian huang qi

【基础词】

【定义】

烤制过程中的第一阶段,需要 24～48 h。在变黄期间,叶片中的叶绿素和蛋白质被分解,类胡萝卜素(胡萝卜素和叶黄素)变得更突出,淀粉通常转化为糖。该过程在温度为 20～25 ℃和相对湿度 70%～90%的条件下进行。精切的加热量取决于所调制的烟草类型和调制方法。该过程大约失水 10%。

【词条关系】

【关键指标】 胡萝卜素

【关键指标】 叶黄素

【无关】 萎蔫

◎ 林烟草

【基本信息】

【英文名】 *Nicotiana sylvestris*

【拼音】 lin yan cao

【基础词】

【定义】

具白色悬垂状浓香味花器的观赏烟草。被认为是红花烟草的亲本之一。

【词条关系】

【类比】 红花烟草

◎ 抽吸补偿

【基本信息】

【英文名】 compensation

【拼音】 chou xi bu chang

【基础词】

【定义】

抽吸补偿涉及的是当吸烟者改吸不同烟气得率的卷烟品牌时,烟气摄入的变化是否与吸烟机测得的烟气得率成比例变化的问题。这一问题很重要,因为这关系到改吸"淡味"品牌的烟是否意味着整体烟气吸入量就较低。人类的吸烟行为有很大的不同,对短期(几周内)转换品牌的研究结果表明,平均看来,在吸烟者改为抽吸烟气生成量较高或较低的卷烟后不久,就会出现部分抽吸补偿。改变抽吸量是最常见的抽吸补偿。根据得到的数据,总体来看,平均抽吸补偿约为50%,因此,如果一个吸烟者改为抽吸在吸烟机上按标准条件测量的烟气烟碱生成量比现抽卷烟低 40%的卷烟时,实际上接受的烟碱量比抽原来的卷烟低 20%。目前,尚未有数据表明那些改变卷烟品牌已有一段时间(数月),或那些只抽极低焦油量卷烟的吸烟者,与短期内改变卷烟品牌的吸烟者,在吸烟行为上是否表现不同。

【词条关系】

【类属】 烟碱的生物利用率

【隶属于】 吸烟行为

【隶属于】 标准吸烟法

◎ 脉带病

【基本信息】

【英文名】 vein banding

【拼音】 mai dai bing

【基础词】

【词条关系】

【受影响(有关)】 马铃薯 Y 病毒

◎ 烟叶测量

【基本信息】

【英文名】 leaf measurement

【拼音】 yan ye ce liang

【基础词】

【定义】

烟草科学研究和实际栽培中的重要过程,用以测定给定时间叶片的特性,尤其是形状。为此目的设计的仪器能确定叶片面积或长度和宽度。

◎ 香味液体

【基本信息】

【英文名】 casing

【拼音】 xiang wei ye ti

【基础词】

【定义】

可提高或改善卷烟吃味的香味液体。由于它是在切丝前加入烟叶的,故常称为切丝前香精。其成分复杂，而且配方各异，料液的成分是水溶性的。

【词条关系】

【类属】 香精

◎ 分选机

【基本信息】

【英文名】 classifier

【拼音】 fen xuan ji

【基础词】

【定义】

(1) 用来分离梗丝、叶片或者卷烟机分出物。

(2) 打叶工厂用来分离烟草的机器，适用于所有等级和品种的烟草。其设计利用大的气料比以确保高分离效率。分选机以烟草的投入方式确保实现初步分离，后接两道飘浮分离，共同组成了三阶段分选。

【词条关系】

【用于】 分选

【子类】 烟叶分选机

◎ 定向聚丙烯

【基本信息】

【英文名】 oriented polypropylene

【拼音】 ding xiang ju bing xi

【基础词】

【定义】

应用于包装和标签食品和烟叶的普遍而有效的包装材料。定向聚丙烯作为一种透明的和可印刷的包装薄膜用于烟草包装。定向聚丙烯是双轴定向式的，并且可制成不同的规格(16～32 mm)。

【词条关系】

【英文缩写】 OPP

【用途】 塑料薄膜

◎ 政府健康警告

【基本信息】

【英文名】 government health warning

【拼音】 zheng fu jian kang jing gao

【基础词】

【定义】

对吸烟的人提出的健康警告，通常出现在烟盒或香烟广告上。

◎ 真菌

【基本信息】

【英文名】 fungi

【拼音】 zhen jun

【基础词】

【定义】

生物的一个门，该生物缺少叶绿体，以丝状体生长(称为菌丝)，产生孢子进行繁殖，以有机物为营养。真菌包括蘑菇、毒蕈和霉类。它们给烟草带来多种病害，如青霉病、白粉病、黑胫病、猝倒、褐斑病、根黑腐病和一些萎蔫病。防治用综合防治的手段，包括消毒(清除真菌)、轮作、使用抗性品种及使用不同的杀真菌剂。除了那些能导致烟草病害的真菌外，许多真菌在烟叶上不产生症状，据说它们在烟草病害的生物防治和发酵过程中有作用。

【词条关系】

【子类】 茎点病菌

【子类】 青霉菌

【子类】 烟草胫疮病菌

【子类】 炭疽病菌

【子类】 烟草锈病菌

【受影响(有关)】 杀菌剂

【导致】 真菌性病害

◎ 还原糖

【基本信息】

【英文名】 reducing sugar

【拼音】 huan yuan tang

【基础词】

【定义】

具有还原特性的一种糖，在化学反应中担任还原剂的角色，因此能够通过美拉德反应形成Amadori 化合物。醛糖和 α-酮糖均是还原糖。

【词条关系】

【类属】 糖

【子类】 醛糖

【子类】 酮糖

◎ 植物抗毒素

【基本信息】

【英文名】 phytoalexins

【拼音】 zhi wu kang du su

【基础词】

【定义】

即植保素，具有杀菌性和抗病毒能力的一类化学物质，它是在植物受到寄生物侵染或植物组织受伤后在植物体内合成的。植保素被遗传的能力可以被认为是抵抗寄生物的生化基础。在烟草株系中产生的植保素主要有绿原酸、粘霉菌素、奎森和香豆素等。

【词条关系】

【子类】 绿原酸

【子类】 粘霉菌素

【子类】 奎森

【子类】 香豆素

【子类】 莨菪亭

◎ 给料

【基本信息】

【英文名】 material feed

【拼音】 gei liao

【基础词】

【定义】

将一种材料提供给另一种材料以供制造的方法。

【词条关系】

【用于】 喂雪茄内包皮机

【用于】 供纸装置

◎ 烟支料斗

【基本信息】

【英文名】 cigarette hopper

【拼音】 yan zhi liao dou

【基础词】

【定义】

包装机内贮存烟支并将其送入包装装置的容器。

【词条关系】

【隶属于】 卷烟包装机

◎ 气体监控

【基本信息】

【英文名】 gas monitoring

【拼音】 qi ti jian kong

【基础词】

【定义】

在熏蒸的烟草堆里，测定磷化氢气体的浓度，以确定杀虫剂的浓度能够在足够的时间杀死各个时期的甲虫和粉螟。检测时，应该在熏蒸区的外面实施，因为熏蒸剂对人的健康有害。气体检测管或电子测量仪可以承担这项工作。

【词条关系】

【用于】 熏蒸法

◎ 合成树脂

【基本信息】

【英文名】 synthetic resins

【拼音】 he cheng shu zhi

【基础词】

【定义】

各种有机化合物的凝聚产物，如甲醛和苯酚（酚醛树脂）或高价不饱和醇类（乙烯醇）。它们常被用于制造雪茄、卷烟和斗烟烟嘴。

◎ 微波技术

【基本信息】

【英文名】 microwave technology

【拼音】 wei bo ji shu

【基础词】

【定义】

用微波测量卷烟重量的技术。

【词条关系】

【用于】 烟支重量

◎ 标准分级体系

【基本信息】

【英文名】 standard grading system

【拼音】 biao zhun fen ji ti xi

【基础词】

【定义】

依据是叶组、颜色和质量等的烟叶综合分级体系。

【词条关系】

【用途】 烟叶等级

◎ 烟枪底板

【基本信息】

【英文名】 rodbed

【拼音】 yan qiang di ban

【基础词】

【词条关系】

【隶属于】 烟枪

◎ 机制雪茄

【基本信息】

【英文名】 machine-made cigars

【拼音】 ji zhi xue jia

【基础词】

【定义】

全部或部分由机器制造的雪茄。机制雪茄比手工卷制的雪茄便宜,首先是因为自动化生产降低了劳动成本,其次是因为使用了价格较便宜的烟草,有时使用均质烟叶。

【词条关系】

【类属】 雪茄制造

◎ 颈腐

【基本信息】

【英文名】 collar rot

【拼音】 jing fu

【基础词】

【词条关系】

【受影响(有关)】 死花叶斑病

◎ 作物轮作

【基本信息】

【英文名】 crop rotation

【拼音】 zuo wu lun zuo

【基础词】

【定义】

为保持土壤条件、控制病虫害、稳定产量,在同一块土地上轮换栽种不同作物的做法。轮作周期可以是一年,也可以是几年。与烟草进行轮作的一般是一年生禾谷类作物。种禾谷类作物,在耕翻时应适量施入厩肥或类似的肥料。也可以用豆类作物与烟草轮作,但其后种植烟草时应减少施氮量。如果同一块田数年内连种烟草,必须每年进行土壤分析,并对土壤状态实行严格监控。

【词条关系】

【影响】 栽培

◎ 人参

【基本信息】

【英文名】 ginseng

【拼音】 ren shen

【基础词】

【定义】

人参属植物,其中,西洋参和高丽参两种植物根磨碎后代替甘草汁用于烟草加料。

【词条关系】

【用于】 加料

◎ 比例分配器

【基本信息】

【英文名】 proportioning unit

【拼音】 bi li fen pei qi

【基础词】

【定义】

制丝生产中将已回潮烟叶平均分配至其他机器的一种设备。

【词条关系】

【隶属于】 制丝设备

【影响】 制丝

◎ 烟碱含量

【基本信息】

【英文名】 nicotine content

【拼音】 yan jian han liang

【基础词】

【定义】

(1)烟叶:广为种植的商用普通烟草的烟碱含量在0.3%~3%之间,在一些身份厚重的烟草中也有烟碱含量达5%甚至7%的记录。某些黄花烟种类的烟碱含量高于这个标准,可以专门种植用以提炼烟碱。但这个范围的底限,烟碱含量极低的特殊烟草,已被培育出来。

(2)烟草制品:烟草中的烟碱含量与烟气中的含量有着极显著的差别。制品中的烟碱分布大体如下:酸性烟(卷烟),在主流烟气中占30%,在侧流烟气中占40%,留在烟蒂中的占5%,在燃烧中分解掉的占25%;碱性烟(雪茄),主流烟气中占7%~20%,侧流烟气中占25%~40%,留在烟蒂中的占5%~10%,在燃烧中分解掉的占30%~63%(不同的产品类型有较大的差别)。抽烟者吸收的烟碱量不仅取决于烟草本身以及抽吸的形式,而且与抽吸方法有关。一般来说,如果人中等程度抽吸,主流烟气中烟碱将有20%~50%被吸收,如果深度抽吸的话将达到50%~95%,如果不咽下烟气,则只吸收5%~20%。抽斗烟时吸收的烟碱的量不能准确测定,因为它与烟斗外形和材料还有烟草类型都有关系,而这些因素差异很大。总体上可以说，抽烟所吸收的烟碱量取决于吸烟的形式。

◎ 翻箱机

【基本信息】

【英文名】 trolley tipper

【拼音】 fan xiang ji

【基础词】

【定义】

烟叶加工中使用的一种卸货装置。它能够将装在小车和烟箱中的烟叶干净地卸到配料箱里或配料柜里。可倾斜的平台通过调整可以和装有烟叶的推车和箱子适配，启动按钮平台便转至倾斜出料位置。

◎ 钝化

【基本信息】

【英文名】 stunting

【拼音】 dun hua

【基础词】

【定义】

烟株生长过程受阻。这可能是由诸如缺水、病害（病毒、缺素症或其他）或者过量使用除草剂造成的。

◎ 卷烟规格

【基本信息】

【英文名】 cigarette format

【拼音】 juan yan gui ge

【基础词】

【定义】

卷烟的长度、横切面的形状、直径等。卷烟长度的差别很大，而卷烟横切面绝大多数都是圆形，目前仍可见到少数扁圆形卷烟（通常全部由香料烟卷制成）。卷烟直径为 6～11 mm，通常直径较小的卷烟长度较长。

【词条关系】

【关键指标】 烟支长度

【关键指标】 烟支圆周

◎ 感官检验

【基本信息】

【英文名】 organoleptic tests

【拼音】 gan guan jian yan

【基础词】

【定义】

进行评吸产品质量的感觉检验。评吸者描述他们经历的感觉（吃味、香气等），然后把这些信息进行总结，经常还要作统计处理。

【词条关系】

【影响】 烟草制品品质评价

【取决】 评吸小组

◎ 烟碱盐

【基本信息】

【英文名】 nicotine salts

【拼音】 yan jian yan

【基础词】

【定义】

烟碱属于二碱，能与酸反应形成单盐和双盐，在烟草中通过与羧酸反应而形成两种类型的烟碱盐。烟草中的烟碱（超过 95%）是烟碱盐，烟草中典型的烟碱盐包括醋酸盐、柠檬酸盐、苹果酸盐、酒石酸盐。在卷烟燃烧区域附近温度达到 100～350 ℃时，游离态烟碱和羧酸盐烟碱都可以转移至烟气中。

◎ 盘纸芯

【基本信息】

【英文名】 bobbin core

【拼音】 pan zhi xin

【基础词】

【定义】

在上面缠绕卷筒材料如卷烟纸或均质烟叶的卷轴。

◎ 烟条修整

【基本信息】

【英文名】 rod trimming

【拼音】 yan tiao xiu zheng

【基础词】

【定义】

在卷烟纸包裹烟条前，使用各种检测器检测烟条的密度，并把烟条上多余的烟丝去掉。烟条修整有时还包括通过修整盘凹槽紧端在烟支上设置紧端。

◎ 灰霉病

【基本信息】

【英文名】 grey mould disease

【拼音】 hui mei bing

【基础词】

【定义】

一种真菌病害，主要发生于劣质香料烟。真菌存在于烟叶背面，发酵和包装后死亡，使烟叶看起来像蒙上一层灰，从而变干、易碎。

【词条关系】

【类属】 真菌性病害

◎ 滤嘴头

【基本信息】

【英文名】 filter tip

【拼音】 lü zui tou

【基础词】

【定义】

置于卷烟嘴端的过滤器。

【词条关系】

【影响】 过滤效率

◎ 抑芽敏

【基本信息】

【英文名】 flumetralin

【拼音】 yi ya min

【基础词】

【定义】

二硝基苯胺，植物生长调节剂，用于抑制烟草的腋芽。

【词条关系】

【影响】 腋芽

◎ 线绳去除器

【基本信息】

【英文名】 string remover

【拼音】 xian sheng qu chu qi

【基础词】

【定义】

一种用来去除烟叶中绳头(包括麻、棉和人造纤维)的机器。

◎ 出料阀

【基本信息】

【英文名】 screening sluice

【拼音】 chu liao fa

【基础词】

【定义】

将烟草从气流中分开的装置，可用于气流输送系统和打叶机。

【词条关系】

【隶属于】 分选机

◎ 烟气形成

【基本信息】

【英文名】 smoke formation

【拼音】 yan qi xing cheng

【基础词】

【定义】

在卷烟或其他烟制品的燃烧区形成烟气。

【词条关系】

【受影响(有关)】 主流烟气

【受影响(有关)】 侧流烟气

◎ 卷烟通风

【基本信息】

【英文名】 cigarette ventilation

【拼音】 juan yan tong feng

【基础词】

【定义】

卷烟的主流烟气可通过烟支通风用空气稀释。使用透气的卷烟纸或通过滤嘴通风均可做到。

【词条关系】

【关键指标】 过滤通风

【关键指标】 空气稀释

◎ 压缩空气系统

【基本信息】

【英文名】 compressed air system

【拼音】 ya suo kong qi xi tong

【基础词】

【定义】

利用气动隔膜阀，在各种机械及设备中产生运动，或在空调区域内调节空调设备的装置。

【词条关系】

【用于】 风力输送设备

【用于】 空调设备

【借助】 压缩空气输送装置

◎ 软石英打火机

【基本信息】

【英文名】 soft quartz lighter

【拼音】 ruan shi ying da huo ji
【基础词】
【定义】
这是石英打火机的一种，比一般打火机打火时需要的机械能量少，且噪音小。
【词条关系】
【类比】 石英打火机

◎ 轮枝菌

【基本信息】
【英文名】 *Verticillium albo-atrum*
【拼音】 lun zhi jun
【基础词】
【定义】
一种引起黄萎病的真菌。
【词条关系】
【导致】 黄萎病

◎ 辅助品

【基本信息】
【英文名】 adjuvant
【拼音】 fu zhu pin
【基础词】
【定义】
属于化学药品，如添加到杀虫剂中以提高其效力的湿润剂或黏着剂。

◎ 滤条

【基本信息】
【英文名】 rod
【拼音】 lü tiao
【基础词】
【定义】
切成单个滤嘴之前的，未包上成型纸的长滤条。
【词条关系】
【影响】 滤棒

◎ 碳化

【基本信息】
【英文名】 carbonised
【拼音】 tan hua
【基础词】
【定义】
烟叶调制后（因含水率高）而经历的加热和发酵。烟叶随水分的吸收变黑，并“降解”。该术语常指明火烤烟时烟叶过分发酵和氧化。碳化偶尔也见于已装箱的烟叶，如果烟叶（或部分烟叶）在高温潮湿时包装。这种现象通常因烟叶复烤加工不佳造成。

◎ 山金车花

【基本信息】
【英文名】 arnica
【拼音】 shan jin che hua
【基础词】
【定义】
一种菊科植物，含有用于烟草香料的精油。
【词条关系】
【组成】 烟用香料

◎ 造纸机

【基本信息】
【英文名】 paper machine
【拼音】 zao zhi ji
【基础词】
【定义】
将纸浆及化学品加工制成卷烟纸的机器。
【词条关系】
【用于】 卷烟纸

◎ 存货清单

【基本信息】
【英文名】 inventory
【拼音】 cun huo qing dan
【基础词】
【定义】
某一时间仓库存储的物品名单，如成品或打包的烟叶。加工过程中，每一点的存货清单对于理顺烟叶制品的生产或分配都很必要，目标是保存尽可能低的库存清单，符合满足所有正常和意外即时需求的能力。建立存货清单可能对准备高峰需求或使价格或税收增长的影响最小很有必要。此外，烟叶供应存货清单应有几个月或几年的储存能力，以使作物年限达到最佳混合从而发生农艺变化。

◎ 生物杀虫剂

【基本信息】
【英文名】 biopesticide

【拼音】 sheng wu sha chong ji
【基础词】
【定义】
活性成分来自细菌、真菌或病毒的植保药剂。在烟草生产中使用的生物农药有苏云金芽孢杆菌制剂和多杀菌素。
【词条关系】
【子类】 多杀菌素
【子类】 苏云金芽孢杆菌

◎ 株距

【基本信息】
【英文名】 planting distance
【拼音】 zhu ju
【基础词】
【定义】
各烟株之间种植的距离。

◎ 玻璃纸包装机

【基本信息】
【英文名】 cellophane wrapping machine
【拼音】 bo li zhi bao zhuang ji
【基础词】
【定义】
用带拉线或不带拉线的玻璃纸包装卷烟小盒或单支雪茄的机器。
【词条关系】
【用途】 外包装

◎ 硫酸铵

【基本信息】
【英文名】 sulphuric acid ammonia
【拼音】 liu suan an
【基础词】
【定义】
烟草生产上有时会施用的一种化学肥料。一般这种肥料不能改善烟草品质。

◎ 气流式干燥机

【基本信息】
【英文名】 flow drier
【拼音】 qi liu shi gan zao ji
【基础词】
【定义】
一种悬浮干燥器。烟叶由热气流向上传送，直到失去足够的水分，重量减轻。这一方面意味着不需要去除团块和不规则的颗粒，另一方面也说明空气的流速要足够维持这一过程。这种干燥器常用于干燥储烟丝。
【词条关系】
【类属】 干燥机

◎ 漂白

【基本信息】
【英文名】 bleaching
【拼音】 piao bai
【基础词】
【定义】
用过氧化氢或二氧化硫使烟叶颜色变淡。这种处理应该被视为作假而不是改善烟叶品质。

◎ 滚筒

【基本信息】
【英文名】 drum
【拼音】 gun tong
【基础词】
【定义】
烟草初加工过程中用于叶片或烟丝回潮、加湿、加香、加料或干燥的金属滚筒。
【词条关系】
【隶属于】 回潮机
【隶属于】 干燥机
【隶属于】 加料机
【隶属于】 加香机
【隶属于】 加湿机

◎ 抽吸曲线图

【基本信息】
【英文名】 puff profile
【拼音】 chou xi qu xian tu
【基础词】
【定义】
抽吸期间压力或气流与时间关系的图形表示。抽吸曲线图通过一个压力传感器绘制。
【词条关系】
【关键指标】 抽吸口数

◎ 黏性

【基本信息】
【英文名】 gummy

【拼音】 nian xing
【基础词】
【定义】
烟叶摸起来有黏性。对于宽烟叶，黏性烟叶的氮的含量一般较高。

◎ 小盒

【基本信息】
【英文名】 packet
【拼音】 xiao he
【基础词】
【定义】
卷烟小盒包装，是卷烟及某些雪茄和小雪茄的基本零售单位。
【词条关系】
【子类】 软盒包装
【子类】 抽屉式烟盒
【子类】 翻盖烟盒
【子类】 硬盒

◎ 砍茎收割

【基本信息】
【英文名】 stalk-cutting
【拼音】 kan jing shou ge
【基础词】
【定义】
一种烟草采收方法。无论下部叶片是否先采收，从基部将烟株切断，然后倒挂起来进行调制。这种方法在雪茄烟、白肋烟及切丝用烟叶生产中被广泛采用，它也是密植烟草的基本采收方法之一。

◎ 金属箔

【基本信息】
【英文名】 metal foil
【拼音】 jin shu bo
【基础词】
【定义】
不同厚度和硬度的金属箔，尤其是铝箔，可复合在纸面上用于卷烟包装。金属箔最初的作用是防潮，但现在防潮功能已由玻璃纸、聚丙烯及其他薄膜所代替，金属箔则主要用于装饰，用于一些品牌烟商标上精心设计的顶饰或公司徽章。金属箔也是在翻盖硬盒内的拆封翼上压印标识所必不可少的。不过，在香烟品牌装饰上，金属箔已被镀金属纸所替代。

◎ 细菌性病害

【基本信息】
【英文名】 bacterial diseases
【拼音】 xi jun xing bing hai
【基础词】
【定义】
由细菌引起的烟草病害。
【词条关系】
【子类】 野火病
【子类】 空胫病
【子类】 角斑病
【子类】 软腐病
【子类】 青枯病

◎ 接装纸卷筒芯

【基本信息】
【英文名】 tipping bobbin
【拼音】 jie zhuang zhi juan tong xin
【基础词】
【定义】
接装纸卷筒的内芯，接装纸绕在其上面。

◎ 类型

【基本信息】
【英文名】 type
【拼音】 lei xing
【基础词】
【定义】
一般指一组具有同样的调制方法、化学成分、使用特性和烟气特征的品种，如烤烟、香料烟和白肋烟等。

◎ 果糖

【基本信息】
【英文名】 fructose
【拼音】 guo tang
【基础词】
【定义】
含酮基的单糖，和葡萄糖一样是烟草种主要糖类之一，其分解的副产物对烟草的烟气有很好的影响。
【词条关系】
【化学式】 $C_6H_{12}O_6$

◎ 质量控制

【基本信息】

【英文名】 quality control

【拼音】 zhi liang kong zhi

【基础词】

【定义】

质量检查与控制的程序，包括样品检测和根据产品检测结果反馈的信息而进行产品质量的管理。

【词条关系】

【英文缩写】 QC

【基本等同】 质量管理

◎ 耐性

【基本信息】

【英文名】 tolerance

【拼音】 nai xing

【基础词】

【定义】

一定程度的抵抗病害的能力，比抗性弱。

【词条关系】

【基本等同】 抗性

◎ 无花果粉

【基本信息】

【英文名】 fig meal

【拼音】 wu hua guo fen

【基础词】

【定义】

无花果的干果粉。它是鼻烟和嚼烟料液中的一种成分。

【词条关系】

【用于】 鼻烟

【用于】 嚼烟

◎ 原烟阶段

【基本信息】

【英文名】 green

【拼音】 yuan yan jie duan

【基础词】

【定义】

烟叶生命周期中在调制后，分级、打包并送到原叶打叶机，到打叶开始之前的这一阶段。

◎ 软包机

【基本信息】

【英文名】 soft packer

【拼音】 ruan bao ji

【基础词】

【定义】

用于包装软盒卷烟的机器。

【词条关系】

【类属】 包装机

◎ 肺气肿

【基本信息】

【英文名】 emphysema

【拼音】 fei qi zhong

【基础词】

【定义】

终末细支气管远端的气道弹性减退，过度膨胀、充气和肺容积增大或同时伴有气道壁破坏的病理状态。

【词条关系】

【类属】 与吸烟有关的疾病

◎ 纺用烟叶

【基本信息】

【英文名】 tobacco for spinning

【拼音】 fang yong yan ye

【基础词】

【定义】

适合并用于纺制嚼烟的烟草。

【词条关系】

【用途】 纺嚼烟

◎ 阴植烟草

【基本信息】

【英文名】 shadegrown tobacco

【拼音】 yin zhi yan cao

【基础词】

【定义】

雪茄外包皮烟叶通常在人工遮阴棚下种植。这些遮阴棚保护烟草免受强日光照射，减少空气流动和水分蒸发。

【词条关系】

【基本等同】 雪茄外包皮烟

◎ 烟包回潮机

【基本信息】

【英文名】 bale moistener

【拼音】 yan bao hui chao ji

【基础词】

【定义】

使烟包内烟叶回潮的机器。

【词条关系】

【用于】 烟包回潮

◎ 裸根移栽

【基本信息】

【英文名】 bare-root transplant

【拼音】 luo gen yi zai

【基础词】

【定义】

一种移栽类型，其方法是将幼苗从土中拔出，去掉周围的土。与整根移栽相比，裸根移栽不易自动化操作。

【词条关系】

【类比】 整根移栽

◎ 蔗糖

【基本信息】

【英文名】 sucrose

【拼音】 zhe tang

【基础词】

【定义】

一种由单糖（葡萄糖和果糖）形成的双糖。蔗糖是从甘蔗或甜菜中榨取来的。烟草工业中蔗糖以糖浆的形式用于里料。

【词条关系】

【用于】 加里料

◎ 双内胚

【基本信息】

【英文名】 double bunch

【拼音】 shuang nei pei

【基础词】

【定义】

两倍长度的雪茄、方头雪茄或小雪茄内胚条，在被外包皮包裹前或包裹后可切为两半。生产双内胚比传统方法效率更高，因而被广泛采用，但这种方法生产的雪茄较便宜。

◎ 装箱机

【基本信息】

【英文名】 case packer

【拼音】 zhuang xiang ji

【基础词】

【定义】

将产品装入箱中或盘中的机器。

◎ 死花叶斑病

【基本信息】

【英文名】 dead blossom leaf spot

【拼音】 si hua ye ban bing

【基础词】

【定义】

一些病害的统称，包括花叶斑点病、环腐病和灰霉病，常常在潮湿、阴冷的气候条件下发生，通过良好的管理和卫生措施可以防治此类病害。花叶斑点病是因为未打顶的烟株上的花或腋芽长出的花落下来粘到烟叶上引起的，这些花瓣掉到叶上很快形成坏死斑，在干燥的气候中这种斑点将停止生长。环腐病侵袭烟苗，开始是在茎基部出现小黑斑，如果气候适宜会扩展到烟叶上形成褐色的软腐症状，可见到白色的菌丝体和小的黑色菌核体，严重时烟株会死亡。灰霉病在苗床后期发生，从底部叶开始，随即向茎的上下两端扩展，烟叶上可以形成灰色的菌丝体，导致烟叶凋萎死亡。在湿冷的条件下，染病植株会死亡。不过，如果气候干燥转暖，病害将停止扩展，感染的部位会变干成为褐斑。

【词条关系】

【子类】 花叶斑点病

【子类】 环腐病

【子类】 灰霉病

◎ 氢氰酸

【基本信息】

【英文名】 hydrogen cyanide

【拼音】 qing qing suan

【基础词】

【定义】

烟支热解过程中在碳化区产生的一种剧毒气体，该气体是卷烟烟气的成分，但因含量很微小，生理学上可以忽略。

【词条关系】

【化学式】 HCN

◎ 配方

【基本信息】

【英文名】 composition

【拼音】 pei fang

【基础词】

【定义】

列出决定卷烟或其他烟制品配方的各种烟草的处方。

◎ 叶片正面

【基本信息】

【英文名】 right side

【拼音】 ye pian zheng mian

【基础词】

【定义】

叶片的上面，一般较反面或下面颜色深一些、光滑一些。

◎ 多段式滤嘴

【基本信息】

【英文名】 multi-segment filters

【拼音】 duo duan shi lü zui

【基础词】

【定义】

复合滤嘴的一种。

◎ 品种

【基本信息】

【英文名】 variety

【拼音】 pin zhong

【基础词】

【定义】

种内的个体或组。某些可遗传性状，如叶片数、抗病性等，与其所属的种有所不同。品种与类型不同。

【词条关系】

【子类】 栽培品种

◎ 叶绿体

【基本信息】

【英文名】 chloroplasts

【拼音】 ye lü ti

【基础词】

【定义】

自养型植物体内导致植株和叶片绿色至蓝绿色的质体。它由胶体组成，被原生质所包围，但并不与其相融合。叶绿体通过分裂进行繁殖，其繁殖状况取决于植株的生长发育阶段。叶绿体的主要功能是吸收光合作用所必需的光和二氧化碳。与无色的白色体不一样，叶绿体是色素母细胞基团组成部分。它们很少单独存在，绝大多数情况下与其他色素混合在一起。

◎ 烟碱转移

【基本信息】

【英文名】 nicotine transfer

【拼音】 yan jian zhuan yi

【基础词】

【定义】

卷烟中烟碱从烟叶向烟气的转移。烟碱转移量通常以烟草中烟碱含量的百分率表示，其值取决于烟草类型、卷烟设计参数和吸烟方式。应注意的是烟碱转移量在不同研究中的表述不一样，一些研究表示为主流烟气中烟碱量与烟草中烟碱量的比值，另一些研究取抽烟中燃烧掉的烟草量，而还有一些研究则将其表示为相对于转移入烟气的总粒相物向烟气的转移量。

◎ 卷烟包头纸

【基本信息】

【英文名】 cigarette tip

【拼音】 juan yan bao tou zhi

【基础词】

【定义】

过去为防止卷烟在吸烟人嘴中被弄湿所使用的置于卷烟嘴端的材料。卷烟包头纸有金制的、软木制的或珍珠制的纸、玫瑰叶、稻草、丝绸等，现已被设计成可减少吸烟者吸入烟气成分的滤嘴所取代。

【词条关系】

【用于】 空心烟嘴

【用于】 滤嘴头

◎ 混配能力

【基本信息】

【英文名】 blending capacity

【拼音】 hun pei neng li

【基础词】

【定义】

混合物在制造期间维持不同大小颗粒物均匀分布的能力。粒度比率差异越小，掺和能力越大。以烟丝来说，引入烟末回收系统有助于获得一个均匀一致的配方。

【词条关系】

【影响】 混配

◎ 燃烧不完善

【基本信息】

【英文名】 fault burning

【拼音】 ran shao bu wan shan

【基础词】

【词条关系】

【基本等同】 燃烧缺陷

◎ 干冷凝物

【基本信息】

【英文名】 dry condensate

【拼音】 gan leng ning wu

【基础词】

【词条关系】

【类属】 烟气冷凝物

◎ 侧流烟气/主流烟气比

【基本信息】

【英文名】 sidestream/mainstream ratio

【拼音】 ce liu yan qi zhu liu yan qi bi

【基础词】

【定义】

卷烟在特定的环境条件下燃烧时，烟气成分在侧流烟气与主流烟气间的分配比率。无嘴烟在标准条件下用机器抽吸，羰基硫化物的比率在0.03～0.1之间，而分子态氮的比率最高超过270。滤嘴的使用、抽吸制式和侧流烟气的收集方法都会对该比率产生影响。需要指出的是，侧流烟气是经过高度稀释的，当它扩散到空气中成为环境烟气后，其特性会发生变化。脱离具体的条件和环境讨论侧流烟气/主流烟气的比率会引起误导。对环境烟气来说，需要考虑的不是侧流烟气/主流烟气的比率，而是环境空气的化学成分以及如何与非环境烟气的其他来源进行比较。

◎ 分拣

【基本信息】

【英文名】 picking

【拼音】 fen jian

【基础词】

【定义】

从同一等级的烟叶中除去不合要求的烟叶的过程。分拣是提供给卷烟厂使用前的烟叶加工和打包过程中的一个环节。对整叶或者对打叶后的烟片(去梗叶)进行挑选，可以手工挑选或者利用对颜色灵敏的分拣设备挑选。

◎ 香气转移

【基本信息】

【英文名】 aroma transfer

【拼音】 xiang qi zhuan yi

【基础词】

【定义】

通过添加香料以增强低焦油吃味的工艺过程。这些香料为半挥发性物质，由烟草或者烟草粉末提取液产生，再经过热处理而获得，其沸点为100～400 ℃。

◎ 通风度

【基本信息】

【英文名】 degree of ventilation

【拼音】 tong feng du

【基础词】

【词条关系】

【同义】 通风率

◎ 樱桃红

【基本信息】

【英文名】 cherryred

【拼音】 ying tao hong

【基础词】

【定义】

(1)烤烟的一种颜色，其形成原因是烘烤期间过度加热(烤房烤焦)或属于某种特殊烟草种子类型的颜色特征。

(2)马里兰烟的一种颜色色系。

◎ 外包装机

【基本信息】

【英文名】 overwrapper

【拼音】 wai bao zhuang ji

【基础词】

【定义】

对制成品包装最外层保护材料的机器，如用保护膜包装烟盒。

◎ 薄片送料机

【基本信息】

【英文名】 sheet tobacco feed

【拼音】 bao pian song liao ji

【基础词】

【定义】

将用作雪茄内包皮的烟草薄片送到雪茄卷制机上的装置。

◎ 底脚叶

【基本信息】

【英文名】 sand leaves

【拼音】 di jiao ye

【基础词】

【定义】

烟株最底层（第一片）叶片。该术语一般用于白肋烟。

◎ 软腐病

【基本信息】

【英文名】 soft rot

【拼音】 ruan fu bing

【基础词】

【定义】

由欧文氏菌黑胫亚菌细菌引起的烟苗病害，通常在湿度过大和通风不畅时发生。

【词条关系】

【类比】 黑脚病

◎ 薄荷醇

【基本信息】

【英文名】 menthol

【拼音】 bo he chun

【基础词】

【定义】

薄荷植物的挥发性油的主要成分，用于某些鼻烟烟丝和薄荷卷烟的加料。薄荷醇可用酒精溶解后加入烟草中，或置于滤嘴中，或在卷烟包装中，从加薄荷脑的铝箔纸中转移。薄荷醇既可作清涤剂也可作芳香剂。目前天然薄荷醇正越来越多地被人工合成品取代。薄荷卷烟在各地的受欢迎程度不同，如在菲律宾，薄荷卷烟占卷烟销售总量的四分之三以上，而在其他国家其市场份额仅为中等甚至可以忽略不计。

【词条关系】

【用途】 薄荷卷烟

【用途】 薄荷型鼻烟

◎ 弹射式烟嘴

【基本信息】

【英文名】 ejecting cigarette holder

【拼音】 tan she shi yan zui

【基础词】

【定义】

一部分为嘴端，另一部分为可装上烟支的金属套。为了使烟支能够装上和取掉，烟套沿着烟嘴端陷入几毫米。

◎ 密植烟草

【基本信息】

【英文名】 close-grown tobacco

【拼音】 mi zhi yan cao

【基础词】

【定义】

高密度种植的烤烟和白肋烟。当中部叶成熟时实行整株采收或切碎收获，有时一季可收获两次。调制后，烟草（包括茎秆）用来制造薄片。其目的是实现烟草生产的机械化，可以按照需求调整产品的化学成分，从而生产出可预测的均匀一致的天然烟草原料。美国和欧洲正在研究该方法的可行性，欧洲已经开始小规模的半商业化生产。

◎ 冻伤

【基本信息】

【英文名】 cold injury；freeze damage

【拼音】 dong shang

【基础词】

【定义】

因低温造成的烟叶损坏和变形。其典型症状是烟叶变白(有时也称作白芽)。如果低温持续很长时间,烟叶就会变长、加厚,一旦天气转暖则症状减轻。冻伤应与霜冻区分开,因为后者会导致受害部分的死亡。

◎ 装箱发酵

【基本信息】

【英文名】 case fermentation

【拼音】 zhuang xiang fa jiao

【基础词】

【词条关系】

【类比】 堆积发酵

◎ 光滑叶

【基本信息】

【英文名】 slick

【拼音】 guang hua ye

【基础词】

【定义】

用来描述光滑的、颗粒致密的、不成熟的烟叶的术语。

【词条关系】

【关键指标】 紧密

◎ 分特

【基本信息】

【英文名】 dtex

【拼音】 fen te

【基础词】

【定义】

分特克斯,测量醋酸纤维或其他纤维的方法,指一根10 000 m长的单丝的重量克数。分特克斯(dtex)与旦尼尔(D)的换算公式:1 dtex=10D/9

【词条关系】

【类比】 旦尼尔

◎ 阳离子

【基本信息】

【英文名】 cation

【拼音】 yang li zi

【基础词】

【定义】

在通电溶液中移至阴极或负极的离子。阳离子包括盐和碱中的金属基(如钾、钙和钠),对烟草燃烧有促进作用。

【词条关系】

【类比】 阴离子

◎ 叶黄素

【基本信息】

【英文名】 lutein

【拼音】 ye huang su

【基础词】

【定义】

胡萝卜素的二羟基衍生物。叶黄素是存在于色素细胞、叶绿体和同化碳酸的器官中的两种色素之一(另一种是叶绿素)。像胡萝卜素一样,叶黄素是一种结晶物质。在烟叶成熟和调制过程中,醇化叶片中叶绿素的含量下降越多,其他的色素就显现越多,包括叶黄素,胡萝卜素、类胡萝卜素和存在于红色或者黄色色素中的其他色素,黄酮衍生物如溶解于细胞液中的槲皮素、芸香苷、异槲皮素,以及另外一些色素如由黄酮衍生物降解来的花青素等。

【词条关系】

【受影响(有关)】 调制

【类比】 胡萝卜素

【类比】 叶绿素

【化学式】 $C_{40}H_{56}O_2$

◎ 团聚

【基本信息】

【英文名】 build-up

【拼音】 tuan ju

【基础词】

【定义】

就香味而言,是香韵集聚的感官描述,与分散相对应。

【词条关系】

【类比】 分散

◎ 烟叶有机成分

【基本信息】

【英文名】 organic constituents of tobacco leaves

【拼音】 yan ye you ji cheng fen
【基础词】
【定义】
烟叶的有机物质包括糖、蛋白质、生物碱、酚、树脂、油类、石蜡、色素等，所有这些物质自然存在于鲜烟叶或调制后的烟叶中。

◎ 非限制吸烟

【基本信息】
【英文名】 unrestricted smoking
【拼音】 fei xian zhi xi yan
【基础词】
【定义】
用吸烟机抽烟时，在两次抽吸间的阴燃期，烟支的抽吸端直接与空气接触。
【词条关系】
【类比】 限制性吸烟
【基本等同】 非限制性吸烟

◎ 烟箱加料机

【基本信息】
【英文名】 bin filling station
【拼音】 yan xiang jia liao ji
【基础词】
【定义】
用于向料箱(烟箱、烟柜)填充规定数量烟丝或叶片的机器。

◎ 塑料钩齿带

【基本信息】
【英文名】 plastic carding band
【拼音】 su liao gou chi dai
【基础词】
【定义】
取代卷烟机烟丝箱中的皮革钩齿带。因塑料带的强度高且能保持不变形，可很好地确保烟丝分散和理顺，从而生产出填充均匀的卷烟。

◎ 发霉

【基本信息】
【英文名】 kuf
【拼音】 fa mei
【基础词】
【定义】
对发酵和储存过程中香料烟烟叶上发生的霉菌的称呼，是水分过多的结果，其特征是有一种腐坏的味道。

◎ 自卷卷烟

【基本信息】
【英文名】 roll-your-own cigarette
【拼音】 zi juan juan yan
【基础词】
【定义】
用烟丝和卷烟纸手工制作的卷烟。在某些情况下，可用小型机器把烟丝裹进卷烟纸。

◎ 连续抽烟

【基本信息】
【英文名】 chain smoking
【拼音】 lian xu chou yan
【基础词】
【定义】
在前后两支卷烟之间无间隔或仅有短间隔的抽烟方式。

◎ 冰糖

【基本信息】
【英文名】 sugar candy
【拼音】 bing tang
【基础词】
【定义】
经加工后结晶成大块的蔗糖。在烟草工业中冰糖用于加料。
【词条关系】
【用于】 加料

◎ 烟芯烟叶

【基本信息】
【英文名】 busher
【拼音】 yan xin yan ye
【基础词】
【定义】
用作细丝嚼烟填充料并加香料或者不加香料的烟草技术术语。短叶型用作厚卷，长叶型用作薄卷。

◎ 1,3-丁二醇

【基本信息】
【英文名】 1,3-butylene glycol

【拼音】 1,3-ding er chun

【基础词】

【定义】

烟草工业用作保湿剂的乙二醇的衍生物,类似于甘油(丙三醇)、乙二醇等。

【词条关系】

【类属】 保润剂

◎ 异花授粉

【基本信息】

【英文名】 cross-fertilisation

【拼音】 yi hua shou fen

【基础词】

【定义】

授粉的一种方式,指通过风媒或昆虫使一株植物的花粉传到另一株不同品种的植物的雌蕊上受精。尽管烟草一般是自花授粉(即自己受精),但在烟田中也存在着异花受精的可能性,因此只能种植可靠的选种者提供的种子。为防止异花受精,留种烟株的花朵要用纸袋或布袋罩住。

【词条关系】

【类属】 授粉

◎ 次品

【基本信息】

【英文名】 reject

【拼音】 ci pin

【基础词】

【定义】

由于卷烟机故障造成的不能出售的有缺陷的烟草制品。次品烟在包装前会被剔除并被回收利用。

【词条关系】

【手段】 烟叶回收机

【手段】 错误检测器

◎ 卷烟纸打孔

【基本信息】

【英文名】 paper perforation

【拼音】 juan yan zhi da kong

【基础词】

【词条关系】

【类属】 打孔

◎ 质量指数

【基本信息】

【英文名】 quality index

【拼音】 zhi liang zhi shu

【基础词】

【定义】

用于评价加工前烟叶、加工后烟叶或烟草制品质量相关因素的各项数据对照标准的数值。就卷烟而言,对检测中发现的每个缺陷根据规定的等级进行评估,对各缺陷按其相对重要性加权,其和给出一个总体质量指数。

◎ 秆及鳞茎线虫

【基本信息】

【英文名】 *Ditylenchus dipsaci*

【拼音】 gan ji lin jing xian chong

【基础词】

【词条关系】

【类比】 折茎线虫

【导致】 折茎病

◎ 炭纸

【基本信息】

【英文名】 carbonpaper

【拼音】 tan zhi

【基础词】

【定义】

含有小颗粒炭的纸,用于生产高吸附性滤棒。

◎ 烟草二孢白粉菌

【基本信息】

【英文名】 *Erysiphe cichoracearum*

【拼音】 yan cao er bao bai fen jun

【基础词】

【定义】

一种导致烟叶白霉或者粉霉病的真菌。

【词条关系】

【类属】 白粉菌

◎ 不合格品检测器

【基本信息】

【英文名】 fault detector

【拼音】 bu he ge pin jian ce qi

【基础词】

【定义】

烟草生产过程中的检测装置,剔除错误的产品,不管是烟支、烟包还是滤棒。检测可以采用多种方式,通常使用的是光电管检测。

【词条关系】

【用于】 次品

◎ 碎叶芯烟

【基本信息】

【英文名】 scrap filler

【拼音】 sui ye xin yan

【基础词】

【定义】

用碎叶做的雪茄烟芯。

◎ 浓味

【基本信息】

【英文名】 full-flavour

【拼音】 nong wei

【基础词】

【定义】

烟草劲头足,与淡味相比较而言。

◎ 自动切割与折叠机

【基本信息】

【英文名】 automatic cutting and folding machine

【拼音】 zi dong qie ge yu zhe die ji

【基础词】

【定义】

为打包而切割和折叠外包装材料的机器。

◎ 装炕

【基本信息】

【英文名】 barn

【拼音】 zhuang kang

【基础词】

【定义】

把采收的烟叶放进烤房或晾房进行调制。

【词条关系】

【用于】 烤房

【用于】 晾烟

◎ 烟碱生物合成

【基本信息】

【英文名】 nicotine biosynthesis

【拼音】 yan jian sheng wu he cheng

【基础词】

【定义】

烟碱形成于植株根部,将烟草嫩嫁接到番茄砧根的实验已证明了这一点。该实验证实,这样长成的植株中几乎无烟碱。

【词条关系】

【类属】 生物碱生物合成

◎ 细颗粒

【基本信息】

【英文名】 fine grain

【拼音】 xi ke li

【基础词】

【定义】

具有最小烟草颗粒的鼻烟类型。

【词条关系】

【类属】 鼻烟

◎ 莫合烟

【基本信息】

【英文名】 Mo He Tobacco

【拼音】 mo he yan

【基础词】

【定义】

中国新疆维吾尔自治区栽培的一种黄花烟地方品种,吃味浓烈、劲头大,刺激性小。

【词条关系】

【类属】 黄花烟草

◎ 发酵腐烂

【基本信息】

【英文名】 fermentation decays

【拼音】 fa jiao fu lan

【基础词】

【定义】

烟叶的含水量较高时,发酵会产生不同程度的腐烂。发酵腐烂主要是由真菌(如黑曲霉或黑腐病)或厌氧细菌造成的。

◎ 链格孢菌

【基本信息】

【英文名】 *Alternaria alternata*

【拼音】 lian ge bao jun

【基础词】

【词条关系】

【导致】 赤星病

◎ 广东省

【基本信息】

【英文名】 Guangdong

【拼音】 guang dong sheng

【基础词】

【定义】

中国南部烤烟种植省份，同时适宜生产晒烟。

◎ 自然变异

【基本信息】

【英文名】 spontaneous variatiom

【拼音】 zi ran bian yi

【基础词】

【词条关系】

【类属】 突变

◎ 卷烟纸管

【基本信息】

【英文名】 cigarette spill

【拼音】 juan yan zhi guan

【基础词】

【定义】

一种用于手工填制的卷烟纸做的圆形纸壳，通常已装有滤嘴，也可不装或装一个中空嘴。

【词条关系】

【用途】 手工填芯卷烟

◎ 花序

【基本信息】

【英文名】 inflorescence

【拼音】 hua xu

【基础词】

【定义】

从未打顶的烟株顶部或腋芽末端长出来的花簇。

◎ 重量损失

【基本信息】

【英文名】 fira

【拼音】 zhong liang sun shi

【基础词】

【定义】

描述香料烟重量损失的术语。在未处理烟草购买到包装好后的出口期间，损失为6%～12%。

【词条关系】

【基本等同】 产量系数

◎ 落叶

【基本信息】

【英文名】 leaf drop

【拼音】 luo ye

【基础词】

【定义】

烟草植株底叶脱落的情况，原因未知，发生因品种和季节有所不同。

◎ 钙钾比

【基本信息】

【英文名】 calcium-potassium ratio

【拼音】 gai jia bi

【基础词】

【定义】

烟草吸收钙和钾元素的适宜比例应该是1∶1。若土壤钙含量高，则会降低烟草吸收钾的能力，反之亦反。然而，不同的试验证据并不完全一致，在有些情况下营养元素的作用效果会发生变化。

【词条关系】

【关键指标】 钙

【关键指标】 钾

◎ 土壤耕作

【基本信息】

【英文名】 soil cultivation

【拼音】 tu rang geng zuo

【基础词】

【定义】

对植烟土壤实施的管理，包括重复起垄培土、耙地、圆盘耙耕作、行间中耕等。烟草生长期间通常要求重复起垄培土。

◎ 当归

【基本信息】
【英文名】 angelica
【拼音】 dang gui
【基础词】
【定义】
一种伞形科植物，当归属。其根干燥后碾碎，用于鼻烟加料。
【词条关系】
【用于】 鼻烟

◎ 加工性能

【基本信息】
【英文名】 machinability
【拼音】 jia gong xing neng
【基础词】
【定义】
生产原料通过生产机器的能力。

◎ 卷烟烟蒂

【基本信息】
【英文名】 cigarette butt
【拼音】 juan yan yan di
【基础词】
【词条关系】
【类属】 烟蒂

◎ 氧化镁

【基本信息】
【英文名】 magnesia
【拼音】 yang hua mei
【基础词】
【定义】
卷烟纸制造中使用的一系列填充料之一。氧化镁和其他镁盐是典型的用于生产低侧流卷烟纸的填充料。
【词条关系】
【化学式】 MgO

◎ 黏液

【基本信息】
【英文名】 mucilages
【拼音】 nian ye
【基础词】
【定义】
烟叶里发现的各种长链醇，无色无味，对烟气的香气和香味没有影响。通过保护敏感的黏液膜免受刺激成分的影响，黏液使烟气显得比较醇和。加入少量的石蜡后，刺激性的烟草变得醇和得多(丙三醇和糖的燃烧产物似有不同的影响)。烟叶里所含树脂及其酸类也可以起到黏液同样的重要作用。烟块中总是要加入石蜡。

◎ 定量喂料设备

【基本信息】
【英文名】 dosing equipment
【拼音】 ding liang wei liao she bei
【基础词】
【定义】
安装在机器上根据重量或体积定量传送不同材料的装置，如用于鼻烟或吸用烟草包装机和制内胚机。

◎ 伪香草植物

【基本信息】
【英文名】 false vanilla plant
【拼音】 wei xiang cao zhi wu
【基础词】
【定义】
鹿舌的替换名。

◎ 振动输送筛

【基本信息】
【英文名】 vibratory conveyor sieve
【拼音】 zhen dong shu song shai
【基础词】
【定义】
输送烟草原料的输送机，有一层或者多层不同网眼规格的底，原料在输送的过程中得以过筛分选。
【词条关系】
【类属】 振动输送机

◎ 剥皮

【基本信息】
【英文名】 decortication

【拼音】 bao pi

【基础词】

【定义】

部分去除亚麻和/或大麻纤维的硬皮部分(即亚麻或其他梗的里面部分,由短、薄壁纤维组成)。蜕皮后,亚麻和/或大麻纤维被加工成亚麻和/或大麻纸浆,用来生产卷烟纸。

【词条关系】

【用于】 卷烟纸

◎ 上下式烟草切丝机

【基本信息】

【英文名】 guillotine tobacco cutter

【拼音】 shang xia shi yan cao qie si ji

【基础词】

【定义】

切丝机的一种,烟草通过连续链状传送系统喂到切丝机的刀片上,切丝机的上面安装一个枢轴,可以调整烟草的密度。烟草片根据切断原理可从压缩的烟饼中分离,其宽度可以改变。烟草通过头上安装有 8 个刀片的旋转柱形刀,8 个刀片由自动碾磨装置保持锋利。多个刀片可明显提高烟草切丝的量。

【词条关系】

【类属】 切丝机

◎ 卷烟测试法

【基本信息】

【英文名】 cigarette test

【拼音】 juan yan ce shi fa

【基础词】

【定义】

将一支燃烧的卷烟放在家具材料上进行的燃烧性测试。有些国家已经通过相关法律,要求家具材料必须经得起卷烟测试法的测试。

◎ 土壤类型

【基本信息】

【英文名】 soil type

【拼音】 tu rang lei xing

【基础词】

【定义】

土壤类型是由土壤颗粒的大小决定的。土壤类型的一个分类标准:黏土(<2 μm)、壤土(2~20 μm)、细沙土(20~200 μm)、粗沙土(>200 μm)。另一个分类标准是依据土壤有机物的含量。土壤通常是各种大小颗粒的混合物,因此人们把土壤叫作“沙质土”“壤质土”等。土壤类型影响土壤蓄水能力、养分含量和养分的有效性,同时对土壤耕作、根系分布和生物活性也至关重要。一般来说,沙质土缺乏营养,蓄水能力差,但是容易耕作;黏土和壤土富含养分,但难以耕作;腐殖土(富含有机物)氮素丰富,作物产量高,但常缺乏微量元素。用于生产卷烟烟叶(烤烟和香料烟)的最适宜土壤是轻质沙土,腐殖质含量低,pH 值为 5.5~6.0。对于雪茄和斗烟烟叶种植,最适宜的是壤土、沙壤或黏/沙土,其钙质含量低,腐殖质含量不太高,pH 值为 5.5~7.2。

【词条关系】

【关键指标】 腐殖质含量

【隶属于】 生长因素

【影响】 烟草生长

◎ 烟草种子油

【基本信息】

【英文名】 tobacco seed oil

【拼音】 yan cao zhong zi you

【基础词】

【定义】

从烟草种子萃取到的油分。烟草种子中脂肪含量一般为 25%~28%,有些类型的烟草种子含油量高达 40%以上。烟草种子油可被乙醚萃取,然后纯化。从成熟的红花烟草种子中提取的烟草种子油不含有害物质,也不含烟碱。

◎ 介电常数

【基本信息】

【英文名】 dielectric constant

【拼音】 jie dian chang shu

【基础词】

【定义】

在一定的电场力下测定一种物质具有的电荷量的测量方法。烟草的介电常数随含水量的不同而不同,因此可为一些测量仪器提供一项指数,这一过程叫介电常数法。

◎ 烟苗

【基本信息】

【英文名】 seedling

【拼音】 yan miao
【基础词】
【定义】
经过苗床正常生长培育出的烟草幼株。幼苗只有在充分发育后才能移栽到大田。在亚热带和温带气候条件下，当幼苗长到 6～8 cm 高时移栽；在热带要大一些，一般有 4～5 片发育好的叶片时移栽。在亚热带和温带地区，只有健壮的经过充分炼苗和具有发达根系的幼苗，才能生长成为整齐一致、健康的烟株。
【词条关系】
【借助】 苗床

◎ 石蜡

【基本信息】
【英文名】 paraffins
【拼音】 shi la
【基础词】
【定义】
由长脂肪链组成的有机化合物。石蜡可在白肋烟草中发现，含量为 0.25%～0.33%。在分析化学中它通常被称为蜡。将少量的石蜡加入辛辣的烟草中，则会使烟草变得平和。但如果加入大量的石蜡，烟草的质量则会大大降低。

◎ 枫树

【基本信息】
【英文名】 maple
【拼音】 feng shu
【基础词】
【定义】
含枫槭糖的枫树，产出一种甜树液可浓缩成枫槭糖浆用于加料。
【词条关系】
【用于】 加料

◎ 粘结

【基本信息】
【英文名】 bonding
【拼音】 zhan jie
【基础词】
【定义】
把两种材料如接装纸和卷烟纸粘结或胶合在一起。
【词条关系】
【借助】 合成性黏合剂
【借助】 胶黏剂

◎ 韩国

【基本信息】
【英文名】 South Korea
【拼音】 han guo
【基础词】
【定义】
亚洲东部朝鲜半岛南半部国家，重要的烟草生产者，产品用于本国消费和出口。烟叶栽培和烟草制品生产由韩国烟草人参公社控制，该公司 2000 年开始部分私有化。

◎ 粉红霉菌

【基本信息】
【英文名】 pink mould
【拼音】 fen hong mei jun
【基础词】
【定义】
火丝菌属菌物的普通名称。在燃烧过或/和浇水过度的苗床上，菌物的子实体有时形成粉红色的霉团。它们一般无害。

◎ 滤尘器

【基本信息】
【英文名】 dust filter
【拼音】 lü chen qi
【基础词】
【定义】
风力输送装置或吸尘装置上使用的过滤器，用于清洁空气，使空气可以再循环或安全地排放到大气中。一般采用软管形或袋形压力纺织品抽吸过滤器。
【词条关系】
【隶属于】 风力输送设备
【借助】 除尘器

◎ 加热盘管

【基本信息】
【英文名】 heating coil
【拼音】 jia re pan guan
【基础词】

【定义】

螺旋式或缠绕式的电加热或蒸汽加热装置，用于接装纸的加热等。

◎ 潜叶蛾

【基本信息】

【英文名】 leaf miner; *Phthorimaea operculella*

【拼音】 qian ye e

【基础词】

【定义】

广泛传播的烟草害虫。蛾子幼虫在叶片的上下表面之间钻洞。潜叶蛾能导致严重的生长障碍或死亡，尤其当植株心叶受感染时。该害虫可通过好的清洁卫生和喷洒有机磷杀虫剂控制。

【词条关系】

【类属】 烟草害虫

◎ 烟草养分

【基本信息】

【英文名】 tobacco nutrients

【拼音】 yan cao yang fen

【基础词】

【定义】

烟株从土壤中吸收的作为自身营养的最重要的物质，包括氮、钾、钙、镁、磷、硫和微量元素等。

【词条关系】

【借助】 蒸腾作用

【借助】 施肥

◎ 基因组分析

【基本信息】

【英文名】 genome analysis

【拼音】 ji yin zu fen xi

【基础词】

【定义】

植物基因组的分析。首先使用分子探针制作传统的基因连锁图谱，紧接着绘制物理图谱(测序)，最终把整个 DNA 的序列测定出来，然后确定编码区(基因)的功能，弄清整个基因组情况，并对植物的基因组进行操作。烟草基因组大致包括 1 600 兆碱基对。

【词条关系】

【用于】 基因组

◎ 上光纸

【基本信息】

【英文名】 cast-coated paper

【拼音】 shang guang zhi

【基础词】

【定义】

一种表面光泽度极高的纸，通过烘干与高度抛光的金属表面接触的表面涂层而获得。

◎ 烟草脉斑病

【基本信息】

【英文名】 tobacco vein mottle

【拼音】 yan cao mai ban bing

【基础词】

【定义】

烟草和茄科其他植物上的一种病毒病，主要传播介体是蚜虫，有很高的有效传播率，因此很易成为一种严重病害。目前的防治方法同黄瓜花叶病。其症状是主脉出现明显的斑驳，由于叶片并不变形，因此这些与马铃薯 Y 病毒引起的症状能够区别。

【词条关系】

【受影响(有关)】 蚜虫

【类比】 黄瓜花叶病

◎ 压后烟梗

【基本信息】

【英文名】 rolled stem

【拼音】 ya hou yan geng

【基础词】

【定义】

经压梗机加工后的烟梗。

◎ 根黑腐病

【基本信息】

【英文名】 black root rot

【拼音】 gen hei fu bing

【基础词】

【定义】

侵染大田烟苗和烟株的病害，在世界多数气候较温和的种烟国家发生。发病的特点是根发黑、腐烂，或在根的某处腐烂，并能够致幼苗死亡和引起其他幼苗严重矮化。该病害可通过作物轮作(禾谷类作物是最好的轮作作物,5～6 年轮作一次)和利用甲基溴或氯化苦制剂等药物的土壤熏蒸措施防治。通过抗病品种杂交已经培育出了白肋烟、烤烟和晾晒烟的抗病品种。抗病性是植物育种的主要目标。

【词条关系】

【受影响(有关)】 根串珠霉

◎ 甲酸

【基本信息】

【英文名】 formic acid

【拼音】 jia suan

【基础词】

【定义】

无色挥发性酸,过去用于烟草的保存,如今以甲酸盐的形式加入,提高烟草的燃烧率和烟叶的均匀性。甲酸在烟叶中也会有少量自然产生(0.019%～0.146%)。

【词条关系】

【影响】 燃烧性

【影响】 均匀性

【化学式】 HCOOH

◎ 有机氯杀虫剂

【基本信息】

【英文名】 organochlorine insecticides

【拼音】 you ji lü sha chong ji

【基础词】

【定义】

包括 DDT 和具有 50%或更多氯成分的环戊二烯类(艾氏剂和狄氏剂)的一组有机化合物。许多杀虫剂由于在环境中长期残存而被禁用,在烟草生产中已不再使用这些杀虫剂。

【词条关系】

【类属】 杀虫剂

【子类】 硫丹

◎ 烟芽

【基本信息】

【英文名】 button

【拼音】 yan ya

【基础词】

【定义】

烟叶芽的通俗叫法。

◎ 紫罗兰香精

【基本信息】

【英文名】 violet essence

【拼音】 zi luo lan xiang jing

【基础词】

【定义】

芳香物质,从紫罗兰和鸢尾根部萃取而来,含有紫罗酮,用作某些芳香鼻烟的加料。

【词条关系】

【来源】 鸢尾根

◎ 接头烟斗

【基本信息】

【英文名】 spigot mounted pipe

【拼音】 jie tou yan dou

【基础词】

【定义】

这种烟斗的烟嘴接头用金属(一般是银)包裹,通常做成锥形,使接口很吻合。

【词条关系】

【类属】 烟斗

◎ 双面烟叶

【基本信息】

【英文名】 double faced tobacco leaf

【拼音】 shuang mian yan ye

【基础词】

【定义】

由生长条件造成的两面颜色差别很大的烟叶。

◎ 动态燃烧率

【基本信息】

【英文名】 dynamic burning rate

【拼音】 dong tai ran shao lü

【基础词】

【词条关系】

【子类】 燃烧速率

◎ 甲醇

【基本信息】

【英文名】 methanol

【拼音】 jia chun

【基础词】

【定义】

多糖化合物(如果胶和木质素)在热解期间和酶解过程中作为副产品产生的一种醇,烟气中所含很少,非致毒量。

【词条关系】

【化学式】 CH_4O

◎ 暗绿地蚕

【基本信息】

【英文名】 dark-sided cutworm

【拼音】 an lü di can

【基础词】

【词条关系】

【类比】 地老虎

◎ 根褐腐病

【基本信息】

【英文名】 brown root rot

【拼音】 gen he fu bing

【基础词】

【定义】

由根腐线虫引起的病害。根褐腐病表现为根上出现黄色至褐色伤痕,伤痕处表皮易剥离脱落,植株企图弥补这种损害,在土壤表面附近长出一簇新根。根褐腐病可以通过氯代烃类杀虫剂的熏蒸和用溴甲烷喷洒烟苗来作为预防措施进行有效的防治。

【词条关系】

【受影响(有关)】 线虫

◎ 压缩性

【基本信息】

【英文名】 compressibility

【拼音】 ya suo xing

【基础词】

【定义】

在外部压力作用下烟丝减少体积的能力,可用公式$[(V_o \sim V_p)/V_o]$表示,式中,V_o 是初始体积,V_p 是压缩后的体积。压缩性可通过在恒负载条件下的密度计测量。压缩性与其他体积特性,如烟丝弹性等,及烟草的填充性相关。与之对应的是硬度。

【词条关系】

【借助】 密度计

◎ 杀螨剂

【基本信息】

【英文名】 acaricide

【拼音】 sha man ji

【基础词】

【定义】

防治或杀螨虫类的杀虫剂。

【词条关系】

【类属】 杀虫剂

◎ 酸性烟草

【基本信息】

【英文名】 acid tobaccos

【拼音】 suan xing yan cao

【基础词】

【定义】

主流烟气的 pH 值小于 7.0 的烟草。酸性烟草的产生可能与生长地点、特别是与采收或调制方法、烟草品种有关。烤烟一般产生酸性烟气,相反,晾制烟草几乎都是碱性的。

【词条关系】

【关键指标】 pH 值

◎ 化学电离热解

【基本信息】

【英文名】 chemi-ionisation pyrolysis

【拼音】 hua xue dian li re jie

【基础词】

【定义】

分子在高温作用下所发生的过程。烟气中的许多化合物的形成可用高温裂解时形成的自由基来解释。

◎ 分切机

【基本信息】

【英文名】 slicer

【拼音】 fen qie ji

【基础词】

【定义】

将烟包、烟箱或烟桶装的烟叶分切的机器。或是由气压或机械传动刀片分切,或是用叉子水平分切。切开后的烟叶送到回潮筒中松散回潮。

◎ 捧烟带

【基本信息】

【英文名】 catcher tape

【拼音】 peng yan dai

【基础词】

【定义】

用于组成捧烟装置的很长的编织输送带，通常分两路排列。

◎ 打叶风分机

【基本信息】

【英文名】 thresher-separator

【拼音】 da ye feng fen ji

【基础词】

【定义】

打叶和风分联合作业机组，用于除去叶片的中脉。

◎ 二氯丙烷-二氯丙烯

【基本信息】

【英文名】 dichloropropane and dichloropropane

【拼音】 er lü bing wan-er lü bing xi

【基础词】

【定义】

一种用于防治病害的土壤消毒剂。

【词条关系】

【英文缩写】 DD

【用途】 防治线虫

◎ 绒毛状烟草

【基本信息】

【英文名】 *Nicotiana tomentosiformis*

【拼音】 rong mao zhuang yan cao

【基础词】

【定义】

红花烟草最可能的亲本之一。

◎ 杀虫剂

【基本信息】

【英文名】 insecticide

【拼音】 sha chong ji

【基础词】

【定义】

用于控制或杀灭昆虫的药剂。触杀型杀虫剂进入昆虫体内直接杀死他们，而胃毒型杀虫剂仅能在昆虫食用处理过的叶片后才能杀死他们，系统杀虫剂则针对以植株汁液为食的昆虫。

【词条关系】

【子类】 有机氯杀虫剂

【子类】 杀线虫剂

【子类】 毒死蜱

【子类】 杀螨剂

【子类】 吡虫啉

【子类】 呋喃丹

【子类】 二甲戊灵

◎ 采收次数

【基本信息】

【英文名】 harvesting step

【拼音】 cai shou ci shu

【基础词】

【定义】

一株烟的烟叶通常采收4～5次，采收的烟叶以采收的次序命名：脚叶、下二棚、腰叶、上二棚和顶叶。下二棚、腰叶、上二棚质量较好，其他叶组则往往叶片较小而且结构较差。

【词条关系】

【影响】 采收

◎ 霜冻

【基本信息】

【英文名】 frost damage

【拼音】 shuang dong

【基础词】

【定义】

在非热带或亚热带气候里，霜冻在烟草种植区都会发生。黄花烟草品种对霜冻的抗性最强，有时在秋天也可种植。到目前为止，还未发现红花烟草对霜冻有抗性，但是合理的施肥会减弱霜冻的危害：低氮水平及可溶性碳水化合物的量的调整可使霜冻危害减弱。对于春秋霜冻，对夜间作物喷洒水或者灌溉是比较好的方法。还有一种方法是围绕种植区放置一些旧轮胎或几小堆浸过汽油的泥炭，然后点燃，提供烟罩。一般来说，春霜冻损害较小，因为烟草大都还能重新发芽生长，除非主芽已经被损害。

◎ 翠菊黄化病

【基本信息】

【英文名】 aster yellows

【拼音】 cui ju huang hua bing

【基础词】

【定义】

烟草支原体病害。其特征是最上部叶片黄化,向内卷曲,产生畸形花。受害的植株叶片吸湿性差。该病由昆虫传播(特别是叶蝉),因此对其防治依赖于这些昆虫的消除,通常采取叶片喷洒药剂的方式防治。使用消毒的移栽水和搞好基础卫生也是有帮助的。翠菊黄化病与巨芽病、僵顶病和黄矮病有密切关系。

【词条关系】

【类比】 黄矮病

【类比】 巨芽病

【类比】 僵顶病

◎ 振动气流冷却装置

【基本信息】

【英文名】 vibrating air stream cooler

【拼音】 zhen dong qi liu leng que zhuang zhi

【基础词】

【定义】

一种振动输送机。这种输送机底板上有孔,在输送烟叶的过程中从孔洞向上吹冷空气使烟叶冷却。

【词条关系】

【类比】 流化床冷却器

【类比】 振动输送机

◎ 剔除装置

【基本信息】

【英文名】 ejection device

【拼音】 ti chu zhuang zhi

【基础词】

【定义】

卷烟制造机或打包机上的一种装置,用于自动清除错误的烟支和烟包。

【词条关系】

【隶属于】 打包机

【隶属于】 卷烟机

◎ 温湿度计

【基本信息】

【英文名】 thermohygrograph

【拼音】 wen shi du ji

【基础词】

【定义】

用在烤房同时记录温度和湿度的仪表,也可用于其他场合。要使记录精确,必须使温湿度计周围的空气能自由流动。

【词条关系】

【类比】 湿度计

◎ 抽屉式包装

【基本信息】

【英文名】 slide-sleeve pack

【拼音】 chou ti shi bao zhuang

【基础词】

【词条关系】

【英文缩写】 SS

【基本等同】 抽屉式烟盒

◎ 明火烤烟

【基本信息】

【英文名】 fire-cured

【拼音】 ming huo kao yan

【基础词】

【定义】

烟草在烤房中调制,通过烤房中明火放出的热和烟完成烤制。典型的燃料是坚硬的木材。暴露在大量木材燃烧时发出的火和热中,烟叶可能被完全烤焦、半烤焦或未烤焦。

◎ 湿烟

【基本信息】

【英文名】 high case

【拼音】 shi yan

【基础词】

【定义】

当烟叶含水量太高,不进一步处理则不能储存时,称为湿烟。

【词条关系】

【受影响(有关)】 含水量

◎ 催化剂

【基本信息】

【英文名】 catalyst

【拼音】 cui hua ji

【基础词】

【定义】

能加速化学反应而其本身不发生变化的物质。生物系统中的催化剂称为酶。每种酶专门对某一化合物或某种严格限定的过程起作用，酶的作用受其所处环境的 pH 值和温度的影响。

【词条关系】

【子类】 酶

◎ 烟草黑霉

【基本信息】

【英文名】 sooty mould

【拼音】 yan cao hei mei

【基础词】

【定义】

一种在成熟烟叶上偶然发现的扩散迅速的黑色病菌。该病菌本身不寄生在烟草上，主要寄生于蚜虫的排泄物上。病菌大量出现会对烟叶品质产生不利的影响。防治烟草黑霉病的方法是消灭蚜虫。

【词条关系】

【导致】 煤污病

【借助】 蚜虫

◎ 碎丝

【基本信息】

【英文名】 smalls

【拼音】 sui si

【基础词】

【定义】

卷烟生产过程中产生的碎烟丝，其大小为 30 至 50 目。

◎ 阴燃持火力

【基本信息】

【英文名】 glowing capacity

【拼音】 yin ran chi huo li

【基础词】

【词条关系】

【类比】 持火能力

◎ 喂料机

【基本信息】

【英文名】 feeder

【拼音】 wei liao ji

【基础词】

【定义】

通常指以一定的重量或体积给下一个机器喂料的设备。

【词条关系】

【用于】 喂料

【子类】 梗丝喂料机

【子类】 缓冲喂料机

◎ 转运仓库

【基本信息】

【英文名】 transit depot

【拼音】 zhuan yun cang ku

【基础词】

【定义】

仅作为短时间贮存原料或商品等的仓库等。

【词条关系】

【用途】 贮存

◎ 成型

【基本信息】

【英文名】 shaping

【拼音】 cheng xing

【基础词】

【定义】

制作雪茄烟的一道工序。在用外包皮包裹之前雪茄烟胚要放在胚模里压一段时间。这个过程有不同的具体做法，其主要区别在于烟胚在模子里保留多长时间。用模子将雪茄压制成形，现在已被机器操作所代替。

【词条关系】

【类属】 雪茄制造

【基本等同】 雪茄定型

◎ 环境条件

【基本信息】

【英文名】 ambient conditions

【拼音】 huan jing tiao jian

【基础词】

【定义】

在空间和环境中进行烟气分析或储存烟草的空间环境中的可变物理参数，这些条件包括气压、温度和相对湿度。

【词条关系】

【受影响(有关)】 气压

【受影响(有关)】 温度

【受影响(有关)】 相对湿度

◎ 喂雪茄内包皮机

【基本信息】

【英文名】 binder feed

【拼音】 wei xue jia nei bao pi ji

【基础词】

【定义】

给雪茄或小雪茄卷包皮机提供自然或人造内包皮叶的机器。

【词条关系】

【用于】 雪茄制造

◎ 病原体

【基本信息】

【英文名】 pathogen

【拼音】 bing yuan ti

【基础词】

【定义】

能引起病害的有机体。

◎ 津巴布韦

【基本信息】

【英文名】 Zimbabwe

【拼音】 jin ba bu wei

【基础词】

【定义】

位于非洲东南部。该国种植并出口大量烟草，主要是弗吉尼亚烤烟和一些白肋烟、香料烟和深色晾烟。

◎ 冒火花

【基本信息】

【英文名】 sparks

【拼音】 mao huo hua

【基础词】

【定义】

在烟叶烘焙过程中，烟叶里的硝酸盐往往通过沥滤与蒸发作用集中在烟叶表面。加热时硝酸盐常常会被点燃而冒出火花。

◎ 大流量装盘机

【基本信息】

【英文名】 massflow tray filler

【拼音】 da liu liang zhuang pan ji

【基础词】

【定义】

卷烟或滤棒装盘的机器。

◎ 粗粒

【基本信息】

【英文名】 coarse grain

【拼音】 cu li

【基础词】

【定义】

一种颗粒相对较大的鼻烟。

【词条关系】

【类属】 鼻烟

◎ 抗张性能

【基本信息】

【英文名】 tensile properties

【拼音】 kang zhang xing neng

【基础词】

【定义】

薄膜或拉线在拉伸状态下的抗断裂性能。

【词条关系】

【影响】 可收缩张紧薄膜

【影响】 拉线

◎ 太阳能

【基本信息】

【英文名】 solar energy

【拼音】 tai yang neng

【基础词】

【定义】

来自太阳辐射的能量。在一些气候条件难以满足晾烟正常要求的国家，用太阳能作为晾房的补充热源，以避免影响烟叶正常变色和烟叶主脉干燥。利用太阳能的目的是使晾房顶部和下层的空气温度达到平衡，使晾房内各处的空气湿度均匀一致。阳光通过安装在房顶上的太阳能收集器收集，该收集器底座为黑色反光材料，面板是透明的。太阳能驱动电扇确保空气不间断地循环流动,通过一个个宽大的有孔送风口分布到装满烟叶的晾房。装在房顶上的空气阀控制温暖空气与新鲜空气的混合,调整空气湿度的高低。每蒸发 1 千克水需要消耗约 540 大卡(1 大卡＝1000 卡≈4185.85 焦)能量。在仲夏,太阳能产生的热量占正常晾房热量的 42%。太阳能收集器的缺点是晚上停止工作,阴雨天其作用几乎为零。

◎ 喷头

【基本信息】

【英文名】 spray nozzle

【拼音】 pen tou

【基础词】

【词条关系】

【隶属于】 喷雾器

◎ 硫代氨基甲酸质克草猛

【基本信息】

【英文名】 thiocarbamate pebulate

【拼音】 liu dai an ji jia suan zhi ke cao meng

【基础词】

【定义】

烟苗移栽前使用的选择性除草剂。

【词条关系】

【类比】 氨基甲酸酯

◎ 滤嘴丝束

【基本信息】

【英文名】 filter tow

【拼音】 lü zui si shu

【基础词】

【定义】

成束的无接头的、卷曲的纺织醋酸纤维,用于制作滤嘴。由 2.5 醋酸纤维制成,其纤维粗度测量单位为分特克斯或者旦尼尔。

【词条关系】

【基本等同】 纤维丝束

【基本等同】 醋酸丝束

◎ 谷氨酰胺

【基本信息】

【英文名】 glutamine

【拼音】 gu an xian an

【基础词】

【定义】

一种单氨二羧酸,烟叶调制和发酵脱氨形成的。

◎ 防哮喘烟

【基本信息】

【英文名】 asthma cigarette

【拼音】 fang xiao chuan yan

【基础词】

【定义】

将含阿托品的植物,如普通曼陀罗和天仙子等,放在硝酸液中浸泡,干燥,研磨成粉末,然后制成的卷烟。这种粉末加热时产生蒸气,使支气管肌肉的收缩减轻。防哮喘烟可以由这些草药单独卷制,也可与烟叶混合起来卷制。

◎ 纺丝溶液

【基本信息】

【英文名】 dope;spinning solution

【拼音】 fang si rong ye

【基础词】

【定义】

可制造滤嘴丝束单丝的纺丝溶液,由 2.5 醋酸纤维丝束薄片、丙酮和消光剂的混合物制成。混合后必须过滤以彻底净化,确保其顺利通过纺丝机的孔。

◎ 轨道补偿部件

【基本信息】

【英文名】 track compensation

【拼音】 gui dao bu chang bu jian

【基础词】

【定义】

确保每一轨道输送同等数量的烟盒到下游生产过程的分部件。

◎ 模切

【基本信息】

【英文名】 die cutting

【拼音】 mu qie

【基础词】

【定义】

把印好的大张纸板或纸卷切成纸坯(如翻盖盒坯或外包装盒坯)的加工过程,冲切通常与压制折痕同时进行。传统冲切过程是用一个压平的工具与切压线相结合，旋转冲切采用切和压分离的圆柱形工具。

◎ 粗厚叶

【基本信息】

【英文名】 toady

【拼音】 cu hou ye

【基础词】

【定义】

灰褐色、死叶状，外观看似硬纸板一样的叶片。

◎ 醋酸丝束

【基本信息】

【英文名】 acetate tow

【拼音】 cu suan si shu

【基础词】

【定义】

也称滤嘴丝束，成卷的卷曲丝状醋酸纤维。卷烟滤嘴由其制成。醋酸丝束打包成包捆形式运输。

◎ 室内发酵

【基本信息】

【英文名】 chamber fermentation

【拼音】 shi nei fa jiao

【基础词】

【定义】

主要用于欠熟或未熟烟叶以及用作雪茄芯烟的深色烟草上部叶的一种发酵方式，个别情况下也用作粗糙外包皮叶或斗烟丝的发酵。室内发酵是一种非常经济的烟叶发酵方式，亦可用来获得浅色烟叶。与堆积发酵相比，室内发酵可确保烟叶获得持续而良好的通风条件，防止热量损失。利用喷嘴将蒸汽引入发酵室，可产生烟叶发酵所需的各种湿度。烟叶发酵可以采取烟包（最大打包压强为 3～4 个大气压，1 个大气压约为 101.325 kPa）或散烟叶的形式进行。对后一种情况，烟叶用箱子或手推车运送，底部和侧面制成格子状以保证烟叶获得连续的通风。烟包发酵时，烟包之间必须留出足够的间隙（最小为 15 cm）。空气同样必须能通过烟包内轻压的烟叶。所需的湿度取决于烟叶种类，但不应超过 18%～20%，否则烟叶颜色会变得过深（湿度为 22%时烟叶颜色会变得非常深）。为了获得均匀的浅色烟叶，发酵室（包括烟叶）的温度应保持在 42～45 ℃（深色烟叶和带青斑的烟叶的发酵温度为 50 ℃）。雪茄烟叶的发酵时间需根据烟叶的用途而变化，用于加工成烟丝或斗烟丝的浅色烟叶的发酵时间通常会稍短。

◎ 烟气冷凝物

【基本信息】

【英文名】 smoke condensate

【拼音】 yan qi leng ning wu

【基础词】

【定义】

烟气的粒相部分，即能被吸烟机捕集器截留的部分。烟气冷凝物有 3 种表示方式：①总冷凝物，即冷凝物的所有成分（或称为总粒相物，TPM）；②总干冷凝物（或称总干粒相物），即去除水分的烟气冷凝物；③无水和无烟碱烟气冷凝物（也称焦油），即除水和烟碱以外的烟气冷凝物。其含量以每支烟毫克数来表示。

【词条关系】

【类属】 烟气成分

【子类】 粒相

【子类】 焦油

【借助】 剑桥滤片

◎ 印刷装置

【基本信息】

【英文名】 printer

【拼音】 yin shua zhuang zhi

【基础词】

【定义】

卷烟机上的一个装置，用以在卷烟纸进入烟条成形段之前在纸上印刷商标、设计图案等。

【词条关系】

【隶属于】 卷烟机

◎ 烟草大蟋蟀

【基本信息】

【英文名】 *Brachytrupes membanaceus*

【拼音】 yan cao da xi shuai

【基础词】

【定义】

大型害虫（成虫），以咬断近地面部分烟茎对烟苗造成危害。将有机磷杀虫剂拌入废弃的烟苗或玉米粉做成毒饵可用来防治烟草蟋蟀危害。

【词条关系】

【类属】 烟草害虫

◎ 香味复合物

【基本信息】

【英文名】 flavour compounds

【拼音】 xiang wei fu he wu

【基础词】

【定义】

植物中产生气味或者芳香的物质，在烟草中影响烟气的香气和吃味。它们有挥发性，通过分析的方法可以把它们分离出来。

【词条关系】

【子类】 萜烯类

◎ 湿鼻烟

【基本信息】

【英文名】 wet snuff

【拼音】 shi bi yan

【基础词】

【定义】

鼻烟的一类。其水分含量高，通常含在口中而不是放在鼻中使用。

【词条关系】

【类属】 鼻烟

◎ 生长调节剂

【基本信息】

【英文名】 growth modifiers

【拼音】 sheng chang tiao jie ji

【基础词】

【定义】

施入土壤中的能够改变作物生长的化学物质，用以使烟株生长更多更大的叶子，从而提高烟草的产量。

【词条关系】

【子类】 抑芽剂

◎ 松叶机

【基本信息】

【英文名】 loosening machine

【拼音】 song ye ji

【基础词】

【定义】

将把、束或包内粘连在一起的烟叶松散分开的机器。机器上有两个以不同速度相向转动的金属钉辊，由此把烟叶分开。松叶机通常和解把或开包机以及切尖切把头机组合在一起。

【词条关系】

【类比】 切尖-切柄机

【基本等同】 开把机

◎ 疏松

【基本信息】

【英文名】 fluffy

【拼音】 shu song

【基础词】

【定义】

（1）烟叶结构疏松，身份薄、多皱、体积大。

（2）用来描述完全成熟的、调制良好的具有砂纸般粗糙质地的烟叶。

【词条关系】

【关键指标】 多孔

【类比】 紧密

【类比】 尚疏松

◎ 雪茄内胚条

【基本信息】

【英文名】 bunch rod

【拼音】 xue jia nei pei tiao

【基础词】

【定义】

由卷雪茄杆条状内胚机生产的连续雪茄内胚，由用均质烟叶外包的粗芯叶组成。

◎ 柠檬酸盐

【基本信息】

【英文名】 citrates

【拼音】 ning meng suan yan

【基础词】

【定义】

柠檬酸的钠和钾盐，通常在造纸机施胶压榨时加入卷烟纸中，以改善燃烧性和烟灰的外观。柠檬酸盐有助于改善卷烟的吸味，加入柠檬酸盐的纸比加入磷酸盐的纸燃烧得快。

【词条关系】

【类属】 燃烧修饰剂

【影响】 燃烧性

◎ 烟叶采收机

【基本信息】

【英文名】 harvester

【拼音】 yan ye cai shou ji

【基础词】

【定义】

烟草采收机器。烟叶采收机因复杂性不同而有许多类型，从大的能直接从植株上采摘烟叶的联合收割机到较小的、有时是两层、有采摘工人座椅和为手工收获作物存放和捆扎地方的机器。尽管存在（尤其是联合收割机）烟叶易碎和机械损伤问题，收割机的使用仍在增加。但是，收割机一般用于密植生产的烟叶。

【词条关系】

【类属】 烟草机械

◎ 种子

【基本信息】

【英文名】 seed

【拼音】 zhong zi

【基础词】

【定义】

烟草的繁殖单位。烟草种子很小（普通烟草的种子每克约有 10 000～14 000 粒），形状为椭圆或长椭圆形。种子产生于蒴果中，每株有多个蒴果。红花烟草的每个蒴果中平均生产 1 500～3 500 粒种子，而黄花烟草每个蒴果生产 500～600 粒。不过，烟叶生产上通常在种子形成以前摘除其中部分或全部花序以使营养集中供应叶片，因此种子采取商品化生产，花通常用布袋套上以保持遗传纯度。播种前通常要对种子进行处理以提高其抗逆性（尤其是抗旱性）、发芽率或为了消毒。由于烟草种子小，对光敏感，因此烟草必须播种在土壤表面或无土培养基上。因为烟草种子小，理论上每公顷只要 4 克种子就足够了，但实际的苗床用种量要大好几倍，这是为了能挑选出最好的幼苗，补偿间苗和损失。温室育出的烟苗的可用率较高，通常为 85%～90%，苗床育出的烟苗可用率只有 25%～50%。

【词条关系】

【基本等同】 烟草种子

【用途】 烟草种子油

◎ 自导运载车系统

【基本信息】

【英文名】 automated guided vehicle system

【拼音】 zi dao yun zai che xi tong

【基础词】

【定义】

由计算机控制，在平面地板上、烟垛中或贮架中移动地方并检索烟包（包括烟叶、成品货物等）的自动机械搬运系统。而传统的叉车设备经常使用轨道或电子引导系统，利用条码辨认烟包。

【词条关系】

【英文缩写】 AGVS

◎ 衬舌

【基本信息】

【英文名】 slip top foil

【拼音】 chen she

【基础词】

【定义】

包在翻盖硬盒烟支外的铝箔纸上端可以拉断分开的部分。去掉这部分后可以很方便地抽取盒内的烟支。

【词条关系】

【隶属于】 卷烟盒

◎ 把

【基本信息】

【英文名】 hand

【拼音】 ba

【基础词】

【定义】

或者称为束，指 5～30 片烟叶在叶柄基部用烟叶、绳或索扎在一起。

◎ 阿根廷

【基本信息】

【英文名】 Argentina

【拼音】 a gen ting

【基础词】

【定义】

南美的一个共和国，种植烤烟、白肋烟和深色晾烟。烤烟出口在阿根廷烟草出口中占主导地位。

◎ 烟渣

【基本信息】

【英文名】 tobacco fleas

【拼音】 yan zha

【基础词】

【定义】

从烟支中散落下来，残留在烟包底部和外包薄膜之间的碎烟末。

◎ 补苗

【基本信息】

【英文名】 refilling

【拼音】 bu miao

【基础词】

【定义】

在大田中补栽没有成活或因病害而死亡的烟苗。为此应预留部分烟苗并种在行间。如果土壤干燥，预留苗移栽前应充分浇水，预留苗必须有发育良好的根系，才能使其移栽后迅速生长。所有未用的预留苗日后要全部除掉。首先移栽的烟苗要整齐，这一定程度上可以避免补苗，因为移栽弱苗、发育不良苗总是有风险的。

◎ 外包皮切片

【基本信息】

【英文名】 strips

【拼音】 wai bao pi qie pian

【基础词】

【定义】

整片或半张雪茄外包皮烟纵向切成的片烟，它们或被黏在一起卷成筒，或者通过一个无纺材料制成的传送带送到卷轴上，供自动外包机使用。

◎ 黄瓜花叶病

【基本信息】

【英文名】 cucumber mosaic virus

【拼音】 huang gua hua ye bing

【基础词】

【定义】

侵染烟苗和大田烟株的一种病毒病。其症状与烟草(普通)花叶病(斑纹、坏死组织、焦化)的病症相似，但两者有所不同。黄瓜花叶病可严重危害抗烟草花叶病的品种。而且，黄瓜花叶病主要是通过蚜虫(特别是桃蚜、棉蚜和瓜蚜)而不是通过机械传播，当然机械接触也可引起黄瓜花叶病。防治措施包括采取卫生清洁措施(特别是要彻底销毁上季作物留在烟田中的残渣碎末)和施用除蚜剂。与大麦等作物间作也有一定的帮助。

【词条关系】

【类属】 烟草普通花叶病

【受影响(有关)】 桃蚜

【英文缩写】 CMV

◎ 曲霉

【基本信息】

【英文名】 *Aspergillus*

【拼音】 qu mei

【基础词】

【定义】

储藏烟叶中常常发现的真菌。

【词条关系】

【类属】 贮藏霉菌

◎ 油筋

【基本信息】

【英文名】 fatty stem

【拼音】 you jin

【基础词】

【定义】

主脉在调制过程中未充分干燥，仍然含有汁液的现象。主脉具有橡胶茎的特点，在一定的压力下储存容易生霉。

【词条关系】

【受影响(有关)】 调制

◎ 自卷烟烟丝

【基本信息】

【英文名】 roll-your-own tobacco

【拼音】 zi juan yan yan si

【基础词】

【定义】

特指用于自制卷烟的细切烟丝。

【词条关系】

【用途】 自卷卷烟

◎ 涂胶器

【基本信息】

【英文名】 stencil

【拼音】 tu jiao qi

【基础词】

【定义】

一种旋转涂抹胶水的装置，使所涂胶水成规定图案。

【词条关系】

【用于】 胶水

◎ 单滤嘴

【基本信息】

【英文名】 mono filter

【拼音】 dan lü zui

【基础词】

【定义】

单一材料制成的滤嘴。就卷烟滤嘴而言，这一材料通常是醋酸纤维。与单滤嘴相对的是复合滤嘴。

【词条关系】

【类比】 复合滤嘴

◎ 预干燥室

【基本信息】

【英文名】 pre-drying chamber

【拼音】 yu gan zao shi

【基础词】

【定义】

生产后分级前雪茄被存放的适温室。

◎ 搭接

【基本信息】

【英文名】 overlap

【拼音】 da jie

【基础词】

【定义】

烟嘴接装纸与烟条搭接的部分。

【词条关系】

【受影响(有关)】 接装纸

【受影响(有关)】 烟条

◎ 苗床

【基本信息】

【英文名】 seedbed

【拼音】 miao chuang

【基础词】

【定义】

经过仔细准备的、灭过菌的一块土地。它是烟株由种子开始生长的第一个场所。根据气候及地理位置，苗床或不被保护，或用席子、薄纱(热带和亚热带气候)、玻璃或塑料薄膜温棚等覆盖，直到炼苗以后。苗床通常铺垫厩肥和/或土壤和秸秆混合物来增强隔热性能，在极端情况下可以使用通电的土壤或空气加热器。有些地方使用大型温室育苗。

【词条关系】

【用途】 烟苗

◎ 感官分析

【基本信息】

【英文名】 sensory analysis

【拼音】 gan guan fen xi

【基础词】

【定义】

利用人的感官，例如味觉、嗅觉、视觉进行的分析过程。由于人的主观性较强，评吸人员需要经过长时间的训练。为了避免个人因素的影响，感官分析通常组成评吸组进行，用统计方法分析结果。

【词条关系】

【用于】 感官特性

◎ 热发酵

【基本信息】

【英文名】 heat sweating

【拼音】 re fa jiao

【基础词】

【定义】

瑞典口用鼻烟使用的加工方法。

【词条关系】

【用于】 瑞典鼻烟

◎ 打火机

【基本信息】

【英文名】 lighter

【拼音】 da huo ji

【基础词】

【定义】

产生火苗用以点燃卷烟、雪茄烟、烟斗等的装置。打火机按使用的燃料可分为液体打火机和气体打火机两种；按打火方式可分为砂轮打火机和电子打火机。

◎ 核盘菌

【基本信息】

【英文名】 *Sclerotinia sclerotiorum*

【拼音】 he pan jun

【基础词】

【词条关系】

【导致】 死花叶斑病

◎ 细支卷烟

【基本信息】

【英文名】 slim cigarette

【拼音】 xi zhi juan yan

【基础词】

【定义】

细卷烟的名称，比常规卷烟圆周小，一般长度也略长。

【词条关系】

【类属】 异型卷烟

【类比】 短支卷烟

【类比】 常规卷烟

【类比】 中细卷烟

◎ 叶脉

【基本信息】

【英文名】 vein

【拼音】 ye mai

【基础词】

【定义】

管状组织，从梗或中脉向外辐射，在叶片上形成网状结构。

【词条关系】

【隶属于】 叶片

◎ 室腐病

【基本信息】

【英文名】 barn rot

【拼音】 shi fu bing

【基础词】

【定义】

在调制房中由于过湿或通风不足导致烟叶的腐烂或霉烂。它是由多种不同的寄生物引起的，其中最主要的有根霉、瓜果霉和软腐细菌。主要防治方法是减少装烟密度，棚内尽量通风。

【词条关系】

【受影响(有关)】 根霉

【受影响(有关)】 软腐细菌

【受影响(有关)】 瓜果霉

【影响】 调制

◎ 中脉

【基本信息】

【英文名】 midrib

【拼音】 zhong mai

【基础词】

【定义】

烟叶的主脉。从叶肉分离出来之后的主脉被称为烟梗。

【词条关系】

【类比】 叶脉

【隶属于】 叶片

◎ 基因

【基本信息】

【英文名】 gene

【拼音】 ji yin

【基础词】

【定义】

遗传的基本单位，和环境因子一起控制性状的发育。

◎ 多糖

【基本信息】

【英文名】 polysaccharides

【拼音】 duo tang

【基础词】

【定义】

由较为简单的糖类形成的复杂碳水化合物，包括淀粉、糊精和纤维素等。与糖类相反，这些多糖通常是非水溶性的，不过通过酶把它们转化为单糖后可以溶于水。这些多糖，尤其是淀粉，是在植物叶子中形成的，起着为幼小器官提供营养储备的作用。它们也是已过生命期采收的烟叶调制中的一个因素。例如，在烤烟的调制期间，多糖由酶转化为单糖(假设温度足够高，有足够的水分存在的情况下)，因此有助于维持所期望的高含糖量。在相对高温或随后干燥状态下进行的呼吸中,糖类也不会被耗完。不过,晾烟的多糖类和糖类的降解程度要大得多,调制完成以后实际上就没有糖了。

◎ 制双内胚机

【基本信息】

【英文名】 double bunch machine

【拼音】 zhi shuang nei pei ji

【基础词】

【定义】

制造两倍长度雪茄内胚的机器,在随后的加工中再分切为二。

◎ 烟碱限值

【基本信息】

【英文名】 nicotine limit values

【拼音】 yan jian xian zhi

【基础词】

【定义】

烟草中烟碱的含量也是有限制的,超过4.5%的品种被认为劲头太强、身份厚重,只能在混合型卷烟少量应用。

【词条关系】

【影响】 身份

◎ 稠度

【基本信息】

【英文名】 consistence

【拼音】 chou du

【基础词】

【定义】

一种物质的密实或紧密的程度及由此产生的对外界变化的抗性。烟草加工过程(如加料)中使用的液体的稠度是由其物体质量确定的,常与其黏度相关。稠度可用液体密度计测量。

【词条关系】

【关键指标】 密度

【关键指标】 黏度

◎ 热箔压印

【基本信息】

【英文名】 hot foil stamping

【拼音】 re bo ya yin

【基础词】

【定义】

将薄金属箔纸转移到纸张或纸板表面的一种生产技术。热箔纸压印和其他物品一起用于接装纸。这一技术可在卷烟纸上印刷全息图、特殊宣传或特殊版面,从而提高视觉吸引力,并防止假冒。

◎ 扩散沉积

【基本信息】

【英文名】 diffusional deposition

【拼音】 kuo san chen ji

【基础词】

【定义】

卷烟滤嘴物理过滤烟气的三种机理之一,其他两种是惯性冲击和直接截留。当随机的质点运动使烟气气溶胶颗粒与滤嘴单丝碰撞时就形成了扩散沉积。由扩散造成的过滤在烟气以低流速通过滤嘴时更普遍,因为颗粒在滤嘴中的停留时间更长。通过扩散沉积,醋酸纤维卷烟滤嘴一般能去除65%的烟气气溶胶。

【词条关系】

【类比】 直接拦截

【类比】 惯性冲击

【用途】 过滤

◎ 目标重量

【基本信息】

【英文名】 target weight

【拼音】 mu biao zhong liang

【基础词】

【定义】

一只卷烟的规定重量。由于生产过程中各种因素变化的影响,实际重量会稍有波动。

◎ 螺旋外包机

【基本信息】

【英文名】 spiral overouer

【拼音】 luo xuan wai bao ji

【基础词】

【定义】

一种高速运转的雪茄外包皮卷包机。它将外包皮斜向螺旋形地包裹到雪茄烟支上(与纵向搭口不同),通常和雪茄卷胚机结合使用。外包皮卷筒上的外包皮经过一个导向轮送向雪茄烟胚，中途被涂上胶，拉伸展开，裹上烟胚，然后旋转包紧。除了独立运行的卷包机外，也有螺旋外包器。

◎ 水渍假熟

【基本信息】

【英文名】 water ripening

【拼音】 shui zi jia shu

【基础词】

【定义】

类似于正常成熟期间的烟株变黄，但这是由于长时间潮湿天气造成的。在这种条件下采收的叶片干物质含量很少。

【词条关系】

【类比】 成熟

◎ 侧流烟云

【基本信息】

【英文名】 sidestream plume

【拼音】 ce liu yan yun

【基础词】

【定义】

侧流烟云产生于卷烟的燃烧带。烟云由于浮力的作用而生成，在整个吸烟过程中都会出现，但在静燃期间尤为明显，在烟支燃烧线后 0～4 mm 明显可见。在燃烧热解区形成的浓有机蒸气从烟支内燃烧区透过部分燃烧过的卷烟纸扩散出来。一旦离开了烟支，该蒸气就会冷却而变成侧流烟气的粒相成分。在烟支燃烧线前 3～4 mm 也会产生纯气相烟云，它含有一氧化碳和二氧化碳等烟支燃烧产物。

【词条关系】

【类属】 侧流烟气

【来源】 燃烧区

◎ 干瘦烟叶

【基本信息】

【英文名】 lean tobacco

【拼音】 gan shou yan ye

【基础词】

【定义】

非常干燥或缺少油分的烟叶。

◎ 醋酸制丝过程

【基本信息】

【英文名】 acetate rayon process

【拼音】 cu suan zhi si guo cheng

【基础词】

【定义】

生产醋酸丝束的过程。方法是用醋酸酐、冰乙酸和硫酸的混合物使纯纤维素乙酰化，形成三醋酸纤维素碎粒，然后将其部分水解为二醋酸纤维素，并在丙酮中溶解，再将由此产生的黏性溶液纺成连续的长丝。

【词条关系】

【用于】 滤嘴丝束

◎ 紧密

【基本信息】

【英文名】 tight

【拼音】 jin mi

【基础词】

【定义】

烟叶紧密光滑的表面组织。

◎ 规格

【基本信息】

【英文名】 format

【拼音】 gui ge

【基础词】

【定义】

卷烟、雪茄烟、小雪茄烟、斗烟等的形状和大小，以外观形式显现出来，如长度、直径和横截面。

◎ 交链孢菌小种

【基本信息】

【英文名】 *Alternaria* spp.

【拼音】 jiao lian bao jun xiao zhong

【基础词】

【定义】

引起烟草仓贮霉变的真菌，在某些情况下与褐斑病有关。

【词条关系】

【类属】 贮藏霉菌

【导致】 赤星病

◎ 柠檬酸

【基本信息】

【英文名】 citric acid

【拼音】 ning meng suan

【基础词】

【定义】

所有烟草中都存在的一种有机酸。有些品种中柠檬酸含量高达10%，不完全燃烧烟草的主流烟气中也能检测出柠檬酸。人们有时将柠檬酸添加到烟草(如均质烟草生产)中，以免烟味太辛辣、太苦或太强烈。

【词条关系】

【化学式】 $C_6H_8O_7$

◎ 石灰

【基本信息】

【英文名】 lime

【拼音】 shi hui

【基础词】

【定义】

钙的氧化物，化学式为 CaO，通过燃烧石灰石(碳酸钙，$CaCO_3$)产生，生石灰加水也能生产熟石灰[氢氧化钙，$Ca(OH)_2$]。生石灰对植株的健壮发育极为重要，因而在土壤中以这些形式存在很有必要。而且，由于烟草的最佳生长条件在一个很窄的 pH 值范围内(6～7)，必须定期检测以防止其变化。土壤类型、气候和其他类似变化决定着生石灰的具体形式及需要量，然而，许多常用的肥料如碱性炉渣、过磷酸钙和单磷酸铵都包含不同数量的生石灰。农用生石灰需要每隔 6～12 个月在定植前使用一次。

◎ 光泽

【基本信息】

【英文名】 shine

【拼音】 guang ze

【基础词】

【定义】

烟叶有光泽是成熟和调制良好的表征，说明烟叶油分含量高。一般烟株下部的叶片很少有好的光泽。

【词条关系】

【受影响(有关)】 成熟度

【受影响(有关)】 调制

◎ 热封

【基本信息】

【英文名】 heat sealing

【拼音】 re feng

【基础词】

【定义】

特殊外包材料，如玻璃纸或聚丙烯，对电热棒产生的高温和密封压力发生反应(表面融化)而形成的黏合。卷烟外包装机上的热密封装置是设计在极高速度和极短的密封时间内(0.2 秒)完成热封。

【词条关系】

【用途】 透明外包装纸

◎ 染色体

【基本信息】

【英文名】 chromosomes

【拼音】 ran se ti

【基础词】

【定义】

只有在极高倍放大镜下才能看见的存在于细胞核中的线状体，它们是遗传物质的携带者。烟草种间染色体的数目不同。栽培烟草品种同人类一样有 24 对染色体，而其他烟草种可能有 9、10、12、16、18、19、20、21、22、23、24、26 或 32 对染色体。烟草种间染色体数目的巨大差异表明了烟草种属的多样性。

◎ 转座子标记

【基本信息】

【英文名】 transposon tagging

【拼音】 zhuan zuo zi biao ji

【基础词】

【定义】

一种基因标记方法，能够引起植物基因组的变异(可能是破坏，也可能是被激活)。元件的随机插入基础是因为基因内存在着称为转座子的能自然移动的基因片段。转座子的功能是在植物基因组内可以自主地从一个位点断裂插入到另一个位点，对这一过程加以控制利用，将这些易位功能分离为独立谱系，并将谱系进行杂交，以实现基因易位和随机插入。转座子标记可以采用和 T-DNA 标签同样的方法进行鉴别和分离。

【词条关系】

【类属】 转基因烟草

【类属】 遗传工程

【类属】 生物技术

【类比】 T-DNA 标签

◎ 三段复合滤嘴

【基本信息】

【英文名】 triple filter

【拼音】 san duan fu he lü zui

【基础词】

【定义】

由 3 段不同材料组成的复合滤嘴，如醋酸纤维素＋碳＋纸或者醋酸纤维素＋碳＋醋酸纤维素。三段复合滤嘴与空穴滤嘴不同，后者两段滤嘴之间有一个空气腔。

【词条关系】

【类属】 复合滤嘴

◎ 抽吸品质

【基本信息】

【英文名】 drawing qualities

【拼音】 chou xi pin zhi

【基础词】

【定义】

保证卷烟抽吸时燃烧均匀、烟气顺利通过的性质。影响抽吸性的因素有烟草均匀的包装密度、烟草品质、卷烟纸的处理及透气度和压降。

【词条关系】

【受影响(有关)】 包装密度

【受影响(有关)】 烟草品质

【受影响(有关)】 透气度

【受影响(有关)】 压降

◎ 生物技术

【基本信息】

【英文名】 biotechnology

【拼音】 sheng wu ji shu

【基础词】

【定义】

用活的生物体(或生物体的物质)来改进产品、改良植物和动物，或为特殊用途而培养微生物的技术。生物工程是生物技术的统称，是指运用生物化学、分子生物学、微生物学、遗传学等原理与生化工程相结合，来改造或重新创造设计细胞的遗传物质、培育新品种，以工业规模利用现有生物体系，以生物化学过程来制造工业产品，简言之，就是将活的生物体、生命体系或生命过程产业化的过程。生物工程包括基因工程、细胞工程、酶工程、发酵工程、生物电子工程、生物反应器、灭菌技术以及新兴的蛋白质工程等，其中，基因工程是现代生物工程的核心。基因工程就是将不同生物的基因在体外剪切组合，并和载体(质粒、噬菌体、病毒)的 DNA 连接，然后转入微生物或细胞内，进行克隆，并使转入的基因在细胞或微生物内表达，产生所需要的蛋白质。生物技术中的新信息和新技术已经大大地提高了烟草改良和利用烟草生产新产品的潜力。

【词条关系】

【子类】 基因工程

◎ 称重仪

【基本信息】

【英文名】 weigher

【拼音】 cheng zhong yi

【基础词】

【定义】

测定烟叶成品包括卷烟、雪茄、斗烟和自制卷烟重量的装置。

◎ 玻璃纸

【基本信息】

【英文名】 cellophane

【拼音】 bo li zhi

【基础词】

【定义】

由黏胶制成的透明薄膜。黏胶是一种已在沉淀池中固化的黏性极高的纤维素。透明纸有耐风化和非耐风化之分，在烟草工业中有时用于卷烟小盒、条盒和斗烟及单支雪茄等的包装。但定向聚丙烯薄膜(OPP)因其阻隔性能更好以及出于某些商业方面的原因(如成本和环境等方面的因素)，现已广泛取代了玻璃纸。目前玻璃纸仅用于不适应使用 OPP 的老式包装机。玻璃纸自 20 世纪 20 年代中期首次用于单支雪茄包装并在低价和中价雪茄烟生产中一直使用至今。用玻璃纸单独包装单支成品雪茄，便于印制短期专用广告，如竞选宣传等。

【词条关系】

【类比】　塑料薄膜

◎ 江西省

【基本信息】

【英文名】　Jiangxi

【拼音】　jiang xi sheng

【基础词】

【定义】

中国东南部省份，生产深色晾烟。

◎ 鼻烟

【基本信息】

【英文名】　snuff

【拼音】　bi yan

【基础词】

【定义】

细颗粒的无烟烟草制品的统称。鼻烟一般的消费方式是鼻用，现在许多这类产品是口用(口鼻烟、湿鼻烟)，也有地区将这种口用颗粒状烟制品归为嚼烟。

【词条关系】

【子类】　湿鼻烟

【子类】　鼻用鼻烟

【子类】　口吸鼻烟

【子类】　细颗粒

【子类】　粗粒

【子类】　巴黎鼻烟

【类比】　嚼烟

◎ 烟草从顶病毒

【基本信息】

【英文名】　tobacco bushy top virus

【拼音】　yan cao cong ding bing du

【基础词】

【词条关系】

【导致】　从顶病

◎ 显色

【基本信息】

【英文名】　colouring

【拼音】　xian se

【基础词】

【定义】

烤烟和晾烟调制过程中的第一阶段。这一过程需在相对较高的湿度、最低通风、中等温度(烤烟)或低温(晾烟)条件下进行。在这一过程中，烟叶中的类胡萝卜素色素(胡萝卜素和叶黄素)变得更为显著，而叶绿素则相反。淀粉将分解成糖，但糖不应再进一步分解。

◎ 口吸鼻烟

【基本信息】

【英文名】　oral snuff

【拼音】　kou xi bi yan

【基础词】

【定义】

无烟气烟草的一个主要类型。它由细到半粗糙的烟叶粉末组成，或湿或干时使用。

◎ 四聚乙醛

【基本信息】

【英文名】　metaldehyde

【拼音】　si ju yi quan

【基础词】

【定义】

有毒化学品，作为诱饵撒在苗床、温室托盘上和田间幼株间以控制蜗牛或者鼻涕虫虫害。

【词条关系】

【影响】　蜗牛

【影响】　鼻涕虫

◎ 不合格烟盒剔除装置

【基本信息】

【英文名】　fault packet ejector

【拼音】　bu he ge yan he ti chu zhuang zhi

【基础词】

【定义】

卷烟生产线的烟包生产装置，剔除毁坏的或者不完整的烟包，通常采取皮带分流的方式。

◎ 空吸

【基本信息】

【英文名】　dry smoke

【拼音】　kong xi

【基础词】

【定义】

吸或嚼未点燃的雪茄或烟斗。

◎ 药材甲

【基本信息】

【英文名】 biscuit beetle

【拼音】 yao cai jia

【基础词】

【定义】

贮藏货物上、偶尔也会出现在烟草制品上的主要害虫。药材甲可以通过熏蒸防治。

【词条关系】

【类属】 甲虫

◎ 切丝含水量

【基本信息】

【英文名】 moisture content for cut tobacco

【拼音】 qie si han shui liang

【基础词】

【定义】

为避免不必要的造碎，加料混合后的烟草叶片被切时的含水量通常是 18%～21%，切后的烟丝在进一步加工前被干燥，使含水量降到 12.5%～13%。

◎ 弹丝辘

【基本信息】

【英文名】 picker rollers

【拼音】 tan si lu

【基础词】

【定义】

一种在卷烟生产中针辊上消除烟丝的辊筒。

◎ 燃烧区

【基本信息】

【英文名】 burning zone

【拼音】 ran shao qu

【基础词】

【定义】

点燃着的卷烟、雪茄烟或斗烟正在燃烧的区域。卷烟、雪茄烟或斗烟的燃烧有两种明显类型：抽吸燃烧和抽吸之间的阴燃（闷燃）。抽吸期间，空气通过燃烧区吸进卷烟中，并形成主流烟气。在抽吸间隔，燃烧区周围的空气自然对流维持着燃烧，形成侧流烟气。燃烧区内部氧气不足而氢气富裕。燃烧区可以分为两个主要区域：燃烧区和焦化-蒸馏区。放热燃烧区温度为 700～950 ℃。空气通过燃烧区进入烟支中，与碳化的烟草发生氧化反应产生简单的燃烧产品，如一氧化碳、二氧化碳和水。大多数燃烧产品是在焦化-蒸馏区通过热解、热合成反应以及蒸馏过程形成的或释放出的。该区的温度范围为 200～600 ℃，全部是吸热的。由抽吸期间燃烧区吸出的高浓缩的过饱和蒸气迅速变冷，在约 300 ℃以下浓缩，形成烟气悬浮微粒。在阴燃期间，水蒸气通过部分脱落的烟纸从烟支中扩散出来，并浓缩形成侧流烟气。在卷烟碳化区内烟草与氧发生相互作用，其温度约为 850 ℃。烟草的燃烧是一个炽热的过程，结果是氧化不完全，并导致热解作用。

【词条关系】

【类比】 过滤区

【类比】 引火区

【基本等同】 碳化区

◎ 粉蓝烟草

【基本信息】

【英文名】 *Nicotiana glauca*

【拼音】 fen lan yan cao

【基础词】

【定义】

灌木或短生育期灌木种植的一种烟草，属于黄花烟草。其特征是叶片柄状，一些种类被作为观赏植物。

【词条关系】

【类属】 黄花烟草

◎ 托马克膨化线

【基本信息】

【英文名】 Tamag Puffing System

【拼音】 tuo ma ke peng hua xian

【基础词】

【定义】

利用气体作为加热介质进行烟草膨化的方法，由气体或机械引起的涡流以相对较低的线速度与烟草接触、给烟草加热。这种相对柔和的过程可使烟叶（梗丝）膨胀率达到 60%～70%。

◎ 3,4-苯并芘

【基本信息】

【英文名】 3,4-benzopyrene

【拼音】 3,4-ben bing bi
【基础词】
【词条关系】
【化学式】 $C_{20}H_{12}$

◎ 植物次生化合物

【基本信息】
【英文名】 secondary plant compounds
【拼音】 zhi wu ci sheng hua he wu
【基础词】
【定义】

一组植株中经常含量少且极不相同的化合物。其共同化学结构特点是连接有苯环和苯酚。作为色素和香气成分以及具有药用疗效的化合物，这些成分有重要作用。与之相对，植物主要化合物是蛋白质、脂肪与糖类。绿色植物，如正常采收期时的烟草，富含次生化合物。

【词条关系】
【子类】 黄酮

◎ 烟草粉螟

【基本信息】
【英文名】 *Ephestia elutella*
【拼音】 yan cao fen ming
【基础词】
【定义】

一种小型的灰蛾，体长 10 mm 左右，是贮烟的主要害虫之一。成虫只能在烟叶外生活，但幼虫生活于烟包中，取食整个叶片，仅留主脉和侧脉。成虫体长可达 17 mm。一般情况下，烟草粉螟不危害烟草制品。防治方法为彻底搞好仓库卫生，用信息素捕集器监测，用磷化氢熏蒸贮存的烟叶等。

【词条关系】
【类属】 贮烟害虫

◎ 核子重量控制装置

【基本信息】
【英文名】 nucleonic weight control equipment
【拼音】 he zi zhong liang kong zhi zhuang zhi
【基础词】
【定义】

卷烟机上用来控制烟条密度均匀性的装置，通过吸收放射源发出的 β 射线来工作。

◎ 包装废品回收

【基本信息】
【英文名】 packaging waste recovery
【拼音】 bao zhuang fei pin hui shou
【基础词】
【定义】

通过材料再循环、原材料再循环(送进加工厂)、堆肥(有机回收)或能源回收等方式，从用过的包装材料中取得进一步的可利用价值的过程。

◎ 培土

【基本信息】
【英文名】 lay-by
【拼音】 pei tu
【基础词】
【定义】

与起垄有联系的农业措施。除草剂常在该过程中施用。

◎ 玫瑰叶

【基本信息】
【英文名】 rose leaves
【拼音】 mei gui ye
【基础词】
【定义】

磨成细粉状的玫瑰叶，作为芳香剂加入一些鼻烟中。

【词条关系】
【用于】 鼻烟

◎ 酒石

【基本信息】
【英文名】 tartar
【拼音】 jiu shi
【基础词】
【定义】

酒石酸氢钾，是某些鼻烟料液的成分。

【词条关系】
【用于】 鼻烟

◎ 缝烟机

【基本信息】
【英文名】 stringing machine
【拼音】 feng yan ji

【基础词】

【定义】

将收获后待调制的烟叶串在绳上的机器。烟叶全都朝同一方向放在机身上，然后被缝起来。雪茄外包皮烟是一个例外，它是一片片垂直放在机器里被穿起来的。缝烟机缝烟比人缝更能提高生产效率，也更能节省人力。

【词条关系】

【用于】 缝烟

◎ 冷凝物

【基本信息】

【英文名】 condensate

【拼音】 leng ning wu

【基础词】

【词条关系】

【基本等同】 烟气冷凝物

◎ 黑腐病

【基本信息】

【英文名】 black rot

【拼音】 hei fu bing

【基础词】

【定义】

含有过量水分烟叶的发酵腐烂。其特点是色泽发暗，叶片不同程度的支离破碎。

◎ 精磨

【基本信息】

【英文名】 refining

【拼音】 jing mo

【基础词】

【定义】

造纸过程中用各种机器设备将造纸原材料分解成单个纤维的加工过程。经过精磨的纤维物质随后进一步成纸。恰当的精磨对获得合适的、稳定的、符合要求性能的纸材至关重要。卷烟纸、接装纸、滤棒成型纸和再造烟叶的制造都有重要的精磨操作。

◎ 引发种子

【基本信息】

【英文名】 primed seed

【拼音】 yin fa zhong zi

【基础词】

【定义】

在控制条件下，已吸收水分并进入萌发早期阶段的种子，是在预定阶段终止发芽，把种子包住。引发种子一旦播下，与非引发种子相比，发芽快，而且对温度波动较不敏感。

◎ 波叶烟草

【基本信息】

【英文名】 *Nicotiana undulata*

【拼音】 bo ye yan cao

【基础词】

【定义】

碧冬烟草亚属和黄花烟草亚属种的一个物种，形态学上介于二者之间。它可能与黄花烟草的进化有关系。

【词条关系】

【类属】 黄花烟草亚属

◎ 烟气成分

【基本信息】

【英文名】 smoke components

【拼音】 yan qi cheng fen

【基础词】

【定义】

烟气中所含物质的成分。烟气中已经鉴定出的物质约有 4 800 种。主流烟气、侧流烟气和环境烟气的化学成分大致相同，但各自的含量相差很大。烟气成分取决于众多因素，叶组配方是最主要的因素，烟支的结构和所用材料（卷烟纸、滤嘴等）的性质也对其有重要的影响。无嘴烟主流烟气约 76%（重量）是气体，20%是气相物质，4%是粒相物质。气相物质中大约有 200 种化学成分，其分子量一般低于 60。大部分烟气成分为粒相物质，包括烟草生物碱、色素、萜烯、羧酸、蜡质、酚类、醛类、甾醇类、芳香烃类、含氮芳香物质、烟草特异性亚硝胺、微量金属元素的衍生物等。

【词条关系】

【子类】 烟气中半挥发性成分

【子类】 粒相

◎ 合成香精

【基本信息】

【英文名】 synthetic aroma

【拼音】 he cheng xiang jing

【基础词】

【定义】

烟草工业中用于增香的人工合成的香料物质。

◎ 摘叶

【基本信息】

【英文名】 defoliation

【拼音】 zhai ye

【基础词】

【定义】

把烟叶从烟茎上摘下，是收获过程的一部分。为生产出高品质的烟叶，在生长过程中从较老的烟叶开始，需要摘叶3～4次，每次摘4～5片烟叶。有时用机械摘叶机摘叶。

【词条关系】

【关键指标】 采收次数

◎ 密度分离法

【基本信息】

【英文名】 density segregation

【拼音】 mi du fen li fa

【基础词】

【词条关系】

【用于】 选种机

◎ 硬盒烟包

【基本信息】

【英文名】 cardboard cup packet

【拼音】 ying he yan bao

【基础词】

【词条关系】

【同义】 硬盒

◎ 微型雪茄机

【基本信息】

【英文名】 cigarito machine

【拼音】 wei xing xue jia ji

【基础词】

【定义】

生产微型雪茄烟条的机器。

◎ 漂白土

【基本信息】

【英文名】 fuller's earth

【拼音】 piao bai tu

【基础词】

【定义】

颗粒状黏土，主要由硅酸铝水合物构成，吸附性很强，常用作滤棒填充介质。

◎ 阴燃流烟气

【基本信息】

【英文名】 smoulder stream smoke

【拼音】 yin ran liu yan qi

【基础词】

【定义】

该烟气包含在两次抽吸之间从卷烟烟蒂端冒出的所有物质。

◎ 氰土灵

【基本信息】

【英文名】 trapex

【拼音】 qing tu ling

【基础词】

【定义】

化学药品，其有效活性成分是敌线酯，用于苗床消毒。

【词条关系】

【用于】 苗床

◎ 卷烟纸分切机

【基本信息】

【英文名】 cigarette paper cutting machine

【拼音】 juan yan zhi fen qie ji

【基础词】

【定义】

从宽度为725 mm、1 000 mm或1 500 mm的母轮上分切卷烟盘纸的机器，装有米或码的计数器以确保盘纸的长度精确无误。

【词条关系】

【用于】 卷烟纸

◎ 霉烟

【基本信息】

【英文名】 funky

【拼音】 mei yan

【基础词】

【定义】

烟叶快要发霉或烟叶发霉后又晾干了的现

象。特征是具有明显的霉味特征。

◎ 传动带

【基本信息】

【英文名】 power transmission belt

【拼音】 chuan dong dai

【基础词】

【定义】

机器和传送带上的确动或非确动驱动元件。常见的传动带的形式为平皮带、V 形带和齿形带。

◎ 铺层

【基本信息】

【英文名】 carpet

【拼音】 pu ceng

【基础词】

【定义】

输送带或其他加工设备上的均匀的烟丝层。

◎ 外包皮冲模切块机

【基本信息】

【英文名】 wrapper die cutting machine

【拼音】 wai bao pi chong mu qie kuai ji

【基础词】

【定义】

用模子将雪茄外包叶切成事先设定形状的机器。

◎ 大叶烟

【基本信息】

【英文名】 Big Leaf Tobacco

【拼音】 da ye yan

【基础词】

【定义】

中国甘肃省兰州地区的地方品种，属于黄花烟种。大叶烟品质优良，是制作水烟的原料。叶片阴干为绿色，晒干为黄色，组织细致，油润丰满，香气足，劲头大。

【词条关系】

【类属】 黄花烟草

◎ 叶斑病

【基本信息】

【英文名】 leaf spot

【拼音】 ye ban bing

【基础词】

【定义】

导致烟叶上出现分散病斑的病害的统称，一般由真菌引起，但也有些由细菌引起。

【词条关系】

【类比】 烟草斑点病

◎ 棉花及甜瓜蚜虫

【基本信息】

【英文名】 cotton and melon aphid

【拼音】 mian hua ji tian gua ya chong

【基础词】

【词条关系】

【类属】 蚜虫

◎ 碎片

【基本信息】

【英文名】 tips

【拼音】 sui pian

【基础词】

【定义】

烟叶中无用的碎屑，一般与其他烟叶分离开来，并被再利用。

◎ 气相色谱

【基本信息】

【英文名】 gas chromatography

【拼音】 qi xiang se pu

【基础词】

【定义】

复杂的化学混合物中，分析单个成分的方法。样品溶液放入柱子里，然后气体流过。根据不同物质的相对的量，不同的物质按顺序从柱子上洗脱。柱子末端的检测可以是不同的形式：最常用的两种形式是火焰离子检测和热导检测。分离后，各个成分在质谱测定计鉴定。气相色谱被广泛地使用在烟气的分析上。

【词条关系】

【用于】 烟草成分

【类属】 色谱法

【类比】 液相色谱

【英文缩写】 GC

◎ 红曲霉

【基本信息】

【英文名】 *Aspergillus ruber*

【拼音】 hong qu mei

【基础词】

【定义】

一种普通的烟叶储藏霉菌。

【词条关系】

【类属】 贮藏霉菌

◎ 牛皮纸

【基本信息】

【英文名】 kraft

【拼音】 niu pi zhi

【基础词】

【定义】

由优质硫酸盐处理过的木纸浆制成的粗糙、通常是深褐色的纸张,用作包装纸和制作袋子。

◎ 雪茄烟嘴

【基本信息】

【英文名】 cigar holder

【拼音】 xue jia yan zui

【基础词】

【定义】

某些雪茄抽吸者用来夹持已点燃雪茄的装置,最初由木材制成以防吸烟者咀嚼雪茄。19 世纪后半叶,精巧的带有雕刻花纹的烟嘴成为一件重要的时尚物品。大多数烟嘴由琥珀及海泡石制成。1900 年,染成深色的海泡石雪茄烟嘴(长期使用的一种标志)受到极大的珍视,以致许多公司开始出售预先着色的新烟嘴。质地最好的雪茄烟嘴出自法国、奥地利、土耳其和美国。一支 7.5 cm (3 in)长的海泡石雪茄烟嘴的售价大约是 3 支普通雪茄烟的价格。琥珀曾一直用作海泡石烟嘴的咬嘴直至 20 世纪中叶被塑料取代。此外,在近一个世纪的时间里,琥珀也被用来制作长度在 2.5～15 cm (1～6 in)的雪茄烟嘴,上面常带有金质环。除最低价类雪茄烟嘴外,其他所有雪茄烟嘴均用有衬里的木质或经压制的纸质小盒包装以防止放在衣袋中携带时被损坏。也有少数用其他材料制作的雪茄烟嘴,包括骨头、兽角、象牙和各种塑料。美国国家雪茄烟博物馆中有一支 1900—1910 年完全由石棉制作的雪茄烟嘴。从 20 世纪 50 年代开始,带木质和塑料嘴的雪茄烟在低价雪茄烟市场逐渐流行起来。

◎ 市场

【基本信息】

【英文名】 market

【拼音】 shi chang

【基础词】

【定义】

买卖烟草或烟草制品的场所,既指现实存在的买卖市场,也用于指抽象意义上的烟草市场。

◎ 褐脉病

【基本信息】

【英文名】 brown rib disease

【拼音】 he mai bing

【基础词】

【词条关系】

【受影响(有关)】 马铃薯 Y 病毒

◎ 白浆衬里粗纸板

【基本信息】

【英文名】 white-lined chipboard

【拼音】 bai jiang chen li cu zhi ban

【基础词】

【定义】

一种主要用废纸生产的多层纸板。

◎ 瓜果霉菌

【基本信息】

【英文名】 *Pythium aphanidermatum*

【拼音】 gua guo mei jun

【基础词】

【词条关系】

【导致】 室腐病

【导致】 猝倒病

◎ 烟草生理性病害

【基本信息】

【英文名】 physiological diseases of tobacco

【拼音】 yan cao sheng li xing bing hai

【基础词】

【定义】

这些病害不是由活的寄生物引起的,最重要

的病害是由营养元素量不足而引起的缺乏症，如氮、钾、磷、镁、锰或硼。通过确保植物体中各种元素的含量并使其比例适当就可治疗这些病害。生理性病害也会由其他因素引起，如雾、热、废气、化学物质伤害、闪电、冷害和烟害。另外如剑叶病，产生原因不清楚，但能产生大量异常长而薄的并且丛生在一起的叶片。又如气候斑病，叶片上有白色或灰色的坏死小点，这种情况经常见于在狂风和暴雨之后。各种类型的变色（烟草白化）病害还没有被确定是遗传因素还是营养元素不平衡造成的。假列当也属于这一类。

【词条关系】

【子类】 气候斑病

◎ 隧道式烘烤

【基本信息】

【英文名】 tunnel curing

【拼音】 sui dao shi hong kao

【基础词】

【定义】

一种烟叶烘烤方法。烟叶装在推车上在隧道中迎着恒速强制气流向前运行。调节控制烟叶与气流的距离可以使烟叶经过所有的烘烤阶段。这种方法与常规烘烤方法不同，后者烟叶是静止不动的，而所处的温湿度环境是变化的。

◎ 琥珀酸

【基本信息】

【英文名】 succinic acid

【拼音】 hu po suan

【基础词】

【定义】

一种存在于烟叶和烟气中的有机酸。

【词条关系】

【类属】 有机酸

◎ 半挥发性组分

【基本信息】

【英文名】 semi-volatile fraction

【拼音】 ban hui fa xing zu fen

【基础词】

【定义】

烟气中除了含有固相和气相成分外，一般还有半挥发性成分，这是一种在室温下存在于剑桥滤片中，在限定的温度下会从滤嘴中挥发但不会分解的物质。这个限定温度在研究中有所不同，但一般在 100～200 ℃。剑桥滤片中的大约 5% 的物质会挥发出来。这类半挥发性物质不能准确限定，但通常包括 300 种沸点在 70～300 ℃的烟气成分，这些成分有碳氢化合物、烷基苯、萘、酮、吡啶、酚、呋喃、吡嗪等。由于其挥发性，半挥发性成分含有的许多物质对烟气的香气和香味都有影响。

【词条关系】

【基本等同】 烟气中半挥发性成分

◎ 平衡剂

【基本信息】

【英文名】 neutralizer

【拼音】 ping heng ji

【基础词】

【定义】

一种用于减低不良芳香或吃味的添加剂。

【词条关系】

【类属】 添加剂

◎ 斜槽

【基本信息】

【英文名】 chute

【拼音】 xie cao

【基础词】

【词条关系】

【隶属于】 喂料槽

◎ 准时供料

【基本信息】

【英文名】 just-in-time delivery

【拼音】 zhun shi gong liao

【基础词】

【定义】

一种使物流顺利进入组装和生产厂内紧密连接制造策略。准时供料（又叫适时供料）就是从多个供应点及时有序地将产品或材料准确地在需要它们的时间送达需要的地点，以最大限度地减少库存费用。在烟草行业中，适时供料对烟草产品和零配件供应的材料库存都是非常重要的。

◎ 扎把

【基本信息】

【英文名】 tying

【拼音】 zha ba
【基础词】
【定义】
将非香料烟叶片扎成把或者扎成捆的操作。

◎ 制烟条机

【基本信息】
【英文名】 cigarette rod machine
【拼音】 zhi yan tiao ji
【基础词】
【定义】
一种几乎普遍使用的卷烟机类型,可生产连续的卷烟纸包卷的烟条,这些烟条随后被切割成一定的长度供进一步加工。
【词条关系】
【类属】 卷烟机

◎ 空头测试

【基本信息】
【英文名】 loose ends testing
【拼音】 kong tou ce shi
【基础词】
【定义】
一种测定卷烟末端端头质量的分析方法,卷烟因受到机械应力散落的烟丝与烟支直径确定的面积之比。

◎ 翻堆

【基本信息】
【英文名】 turning
【拼音】 fan dui
【基础词】
【定义】
雪茄烟生产过程的发酵阶段对烟叶的再混合和再回潮,以释放烟叶中的氨气和烟碱。

◎ 霜霉病

【基本信息】
【英文名】 blue mould
【拼音】 shuang mei bing
【基础词】
【定义】
又称蓝霉病,由烟草霜霉菌真菌引起的为害烟草幼苗和成长植株叶片的系统性病害。其症状特点是烟叶外表首先产生黄斑,然后成褐斑,在叶背面迅速发展为蓝灰霉层。系统性侵染会导致严重损失。
【词条关系】
【同义】 蓝霉病

◎ 安全火柴

【基本信息】
【英文名】 safety matches
【拼音】 an quan huo chai
【基础词】
【定义】
一种摩擦火柴。这种火柴只有在特殊制备的表面上摩擦才能被点燃。
【词条关系】
【类属】 火柴

◎ 巴黎发酵法

【基本信息】
【英文名】 Paris method
【拼音】 ba li fa jiao fa
【基础词】
【定义】
一种传统生产鼻烟的方法,在烟草发酵之前加入盐溶液。
【词条关系】
【用于】 鼻烟

◎ 白肋烟类型

【基本信息】
【英文名】 burley types
【拼音】 bai lei yan lei xing
【基础词】
【定义】
用于混合型烟草产品的主要晾烟类型。识别特征是调制后的烟叶呈浅棕至深棕色,香气丰满,有突出的烟气特性。白肋烟类型也以糖含量低为特征。现在世界上生产的主要白肋烟是用于生产卷烟的浅色烟草,由所谓的白筋白肋烟草品种演化而来。

◎ 白粉病

【基本信息】
【英文名】 powdery mildew

【拼音】 bai fen bing

【基础词】

【定义】

白霉菌病。

【词条关系】

【同义】 白霉

【同义】 白锈病

◎ 打包重量

【基本信息】

【英文名】 packed weight

【拼音】 da bao zhong liang

【基础词】

【定义】

原叶打叶加工后复烤烟叶的重量。

◎ 突变

【基本信息】

【英文名】 mutation

【拼音】 tu bian

【基础词】

【定义】

自然发生的或因暴露于化学品或辐射而引起的、能被后代继承的遗传变异,也指这种变异产生的生物。自发突变的一个例子是白色白肋烟,它是目前全部白肋烟变异种的原始品种。现在已经有意识地利用秋水仙碱、X射线和镭辐射等手段制造突变,第一种情况下获得多倍体形态,第二及第三种情况下进行置换、复制或消除某些特定的染色体。基因工程是一个迅速发展的科学分支,其研究成果就产量、抗病性和杂交育种而言具有巨大的意义。

◎ 间作

【基本信息】

【英文名】 interplanting

【拼音】 jian zuo

【基础词】

【定义】

在烟草行间播种或安排非烟草植物(如玉米或谷子)以保护烟草不受风害或为烟草遮阴的措施。现在,这种措施仅在极小的范围内使用,商业种植的烟草几乎不用。如果想要有效地满足这些非烟草作物的生长需求,则必须注意两种作物特殊的肥料要求和播种的准确时间。

【词条关系】

【类比】 作物轮作

◎ 压缩空气输送装置

【基本信息】

【英文名】 compressed air conveyor

【拼音】 ya suo kong qi shu song zhuang zhi

【基础词】

【定义】

依靠压缩空气输送各种材料的输送系统,如通过许多小管道把滤棒输送到滤嘴接装机的输送系统。

◎ 玉米根草螟

【基本信息】

【英文名】 sod webworm

【拼音】 yu mi gen cao ming

【基础词】

【定义】

一种形体很小、色浅的毛虫,靠吃烟苗幼茎为生,常常在茎秆内挖洞。该虫的习性与金针虫相似,其防治方法亦与之相同。

【词条关系】

【类比】 金针虫

◎ 未熟叶

【基本信息】

【英文名】 immature tobacco leaf

【拼音】 wei shu ye

【基础词】

【定义】

在衰老开始前一阶段采收的烟叶,这类烟叶组织结构往往较光滑,烤后烟叶带青色。

【词条关系】

【无关】 原烟阶段

◎ 生物防治

【基本信息】

【英文名】 biological control

【拼音】 sheng wu fang zhi

【基础词】

【定义】

应用自然存在的寄生物、捕食者和病原菌来

防治害虫和病害的方法。

【词条关系】

【子类】 烟蚜茧蜂

◎ 行侧施肥

【基本信息】

【英文名】 side-dressing

【拼音】 hang ce shi fei

【基础词】

【定义】

在烟草行侧面施肥料，以避免过高浓度的肥料对烟株造成伤害。这种施肥方法可以在移栽前或移栽后进行。

【词条关系】

【用途】 施肥

◎ 品质数

【基本信息】

【英文名】 quality number

【拼音】 pin zhi shu

【基础词】

【词条关系】

【类属】 化学评价

◎ 筛砂筒

【基本信息】

【英文名】 sand reel

【拼音】 shai sha tong

【基础词】

【定义】

具有筛孔壁的大型滚筒，用于加工期间分离烟叶中的砂子和小碎叶。

◎ 雷电损伤

【基本信息】

【英文名】 lightning injury

【拼音】 lei dian sun shang

【基础词】

【定义】

烟株损伤，以直径 20 m 的圆环为显著特征，主要表现是植株倒伏和烧黑，茎髓呈碟片状。

【词条关系】

【类比】 雹害

◎ 过滤效率

【基本信息】

【英文名】 filter efficiency

【拼音】 guo lü xiao lü

【基础词】

【定义】

吸入烟气的百分率或者烟气混合物经过滤棒时被滤棒截留（过滤）的百分率。过滤介质的物理结构、长度、直径和压降影响过滤效率。典型的过滤效率范围在 20%～40%。

◎ 渗透素

【基本信息】

【英文名】 osmotin

【拼音】 shen tou su

【基础词】

【定义】

烟草植株产生的抗真菌性化合物。

【词条关系】

【类属】 抗生素

◎ 茎点病菌

【基本信息】

【英文名】 *Phoma exigua*

【拼音】 jing dian bing jun

【基础词】

【定义】

引致破烂叶斑病的真菌。

【词条关系】

【类属】 真菌

【导致】 破烂叶斑病

◎ 浅色晾烟

【基本信息】

【英文名】 light air-cured tobacco

【拼音】 qian se liang yan

【基础词】

【定义】

白肋烟、马里兰烟和日本起源的一些烟草品种的统称，主要用于卷烟。

【词条关系】

【子类】 马里兰烟

◎ 硝石

【基本信息】

【英文名】 nitre

【拼音】 xiao shi

【基础词】

【定义】

硝酸盐在自然界中以智利硝石(硝酸钠,$NaNO_3$)和硝酸钾(KNO_3)的形式存在。

◎ 样品

【基本信息】

【英文名】 batch

【拼音】 yang pin

【基础词】

【定义】

一批交货原料的一部分,尤其指烟叶,或一批成品样。样品无论在形态还是质量方面都代表整批货品。

【词条关系】

【方法】 抽样

◎ 烟叶回收机

【基本信息】

【英文名】 tobacco recovery machine

【拼音】 yan ye hui shou ji

【基础词】

【定义】

一种折废烟和其他不能销售的卷烟的机器;同时通过离心力、刀片和振动筛,将纸、滤嘴(如果有的话)、烟丝和碎末分离。回收机的效率用从废品中回收的烟丝量和烟草的造碎量相比来衡量。回收的烟丝经过清洁后筛分,一部分重新用来制造卷烟或薄片。

◎ 受体

【基本信息】

【英文名】 substrate

【拼音】 shou ti

【基础词】

【定义】

被涂抹上黏合剂的材料。

◎ 静燃速率

【基本信息】

【英文名】 static burning rate

【拼音】 jing ran su lü

【基础词】

【词条关系】

【类属】 燃烧速率

◎ 破损烟片

【基本信息】

【英文名】 kirinti

【拼音】 po sun yan pian

【基础词】

【定义】

香料烟操作过程中较大的碎叶片。

◎ 卷烟小盒密封度检测仪

【基本信息】

【英文名】 cigarette pack seal tester

【拼音】 juan yan xiao he mi feng du jian ce yi

【基础词】

【定义】

检测小盒包装密封程度的仪器。密封完好的包装对于在任何存放条件下保持烟制品的水分含量不变非常重要。

【词条关系】

【用于】 小盒

◎ 胶黏剂

【基本信息】

【英文名】 adhesive

【拼音】 jiao nian ji

【基础词】

【定义】

通过表面附着能够把两个或多个表面黏合在一起的物质(无机的、有机的、天然的或合成的)。胶黏剂用于卷烟的卷制和包装中。热溶胶黏剂、PVAc(聚醋酸乙烯酯胶)和VAE(醋酸乙烯树脂胶)以分散为基础的产品用于滤嘴结合和结装过程中,而淀粉浆糊和乳剂用在卷烟机上的搭口粘接中。糊精、以分散为基础的产品和热熔剂都被用在包括从卷烟小包到最后条盒所有东西的包装面上。天然胶黏剂如黄芪胶用于黏结雪茄烟的外包皮叶。

【词条关系】

【子类】 卷烟接嘴胶

◎ 杂草防治

【基本信息】

【英文名】 weed control

【拼音】 za cao fang zhi

【基础词】

【定义】

去除或消灭杂草，以消除杂草对烟草幼苗的竞争，从而增加烟叶产量。杂草防治可用锄进行人工锄草，也可用配有旋转式或平推式锄子或圆盘耙进行机械锄草，或用除草剂进行化学锄草。化学锄草时应将除草剂施入土壤，或者在土表进行喷粉或喷雾。由于杂草通常生长很快，因此锄草应尽早进行。

【词条关系】

【借助】 除草剂

◎ 引燃性

【基本信息】

【英文名】 ignition propensity

【拼音】 yin ran xing

【基础词】

【定义】

阴燃的卷烟点燃家具材料的能力。它依赖于卷烟燃烧带的温度、表面积和热量输出、烟灰覆盖效果(厚度)、卷烟和家具材料接触的密切程度、氧气供应和材料特性等因素。

◎ 烟盘车

【基本信息】

【英文名】 tray trolley

【拼音】 yan pan che

【基础词】

【定义】

可以容纳不同数量的烟盘的小车，用于运送或存放卷烟或滤棒。

◎ 异常

【基本信息】

【英文名】 abnormalities

【拼音】 yi chang

【基础词】

【定义】

与标准的普通烟草不同的现象。最常发生的异常的重要例子有白化、巨型或矮化烟草。异常也会影响烟株的特殊部位，如叶、花或茎。这些现象可能由后代分离或突变引起。

【词条关系】

【子类】 白化病

【子类】 畸形植株

【子类】 根肿病

◎ 黑豆蚜

【基本信息】

【英文名】 *Aphis fabiae*

【拼音】 hei dou ya

【基础词】

【词条关系】

【导致】 野火病

◎ 二手烟气

【基本信息】

【英文名】 second-hand smoke

【拼音】 er shou yan qi

【基础词】

【词条关系】

【隶属于】 环境烟气

◎ 截留

【基本信息】

【英文名】 retention

【拼音】 jie liu

【基础词】

【词条关系】

【基本等同】 过滤截留

◎ 雪茄内胚成型装置

【基本信息】

【英文名】 bunch shaping unit

【拼音】 xue jia nei pei cheng xing zhuang zhi

【基础词】

【定义】

雪茄内胚机上用于将单个内胚模压成所需形状的装置。

【词条关系】

【隶属于】 卷雪茄内胚机

◎ 缓冲喂料机

【基本信息】

【英文名】 buffer feeder

【拼音】 huan chong wei liao ji

【基础词】

【词条关系】

【拆解为】 缓冲柜

◎ 霉菌

【基本信息】

【英文名】 mould

【拼音】 mei jun

【基础词】

【定义】

用于描写真菌或者真菌的某个生长阶段的通用术语。许多主要烟草病害是由霉菌引起的，除侵染苗床和大田活体植株外，霉菌也能引起储存制品和烟叶的损失。防治措施：避免有利于菌丝体滋生的条件，用适当的化学杀菌剂喷洒或者浸渍。

◎ 切丝刀辊

【基本信息】

【英文名】 cutting drum

【拼音】 qie si dao gun

【基础词】

【定义】

带有刀片的旋转滚筒，可用于切割，如用于切割烟叶。

◎ 拆箱机

【基本信息】

【英文名】 case opener

【拼音】 chai xiang ji

【基础词】

【定义】

将有包装的片烟坯等与包装物分离的设备。

◎ 内衬

【基本信息】

【英文名】 collar

【拼音】 nei chen

【基础词】

【定义】

附在卷烟或雪茄烟小盒内下边沿的薄纸板，合上烟盒即与盒内上边沿相吻合。内衬既能起到对内装卷烟或雪茄的附加保护作用又能起到支撑烟盒的作用。

【词条关系】

【隶属于】 卷烟盒

◎ 化学热磨机械浆

【基本信息】

【英文名】 chemi-thermomechanical pulp

【拼音】 hua xue re mo ji xie jiang

【基础词】

【定义】

以化学方法将木材软化后精制成的木浆，有时用作某些折叠纸板的中间层。

【词条关系】

【用于】 折叠纸板

【英文缩写】 CTMP

◎ 真空加湿器

【基本信息】

【英文名】 vacuum humidifier

【拼音】 zhen kong jia shi qi

【基础词】

【词条关系】

【隶属于】 真空回潮机

◎ 巨芽病

【基本信息】

【英文名】 big bud

【拼音】 ju ya bing

【基础词】

【定义】

烟草支原体病害。其特点是最上部叶片黄化或白化，向内弯曲，花蕾变形。受害烟株烟叶吸湿性也差。巨芽病由昆虫尤其是叶蝉传播，可以通过消灭传播昆虫和搞好环境卫生进行控制。该病害与翠菊黄化病、僵顶病和黄矮病有密切关系。

【词条关系】

【类比】 黄矮病

【类比】 僵顶病

【类比】 翠菊黄化病

◎ 农作物

【基本信息】

【英文名】 crop

【拼音】 nong zuo wu

【基础词】

【定义】

栽培的植物，包括栽培的烟草作物。

【词条关系】

【子类】 烟草作物

◎ 仓贮粉螟

【基本信息】

【英文名】 warehouse moth

【拼音】 cang zhu fen ming

【基础词】

【词条关系】

【类属】 烟草粉螟

◎ 切叶柄机

【基本信息】

【英文名】 butting machine

【拼音】 qie ye bing ji

【基础词】

【定义】

用于从烟把上切除梗头的机器。切叶柄机经常与解把机或切尾机联合起来。

【词条关系】

【类比】 开把机

【类比】 切尖机

◎ 组合机

【基本信息】

【英文名】 attachment

【拼音】 zu he ji

【基础词】

【定义】

一台机器，多数情况是一组机器(通常都是相当复杂的机器)，与另外一台或一组机器相互结合，如滤嘴接装机与卷烟机组合等。

◎ 同化作用

【基本信息】

【英文名】 assimilation

【拼音】 tong hua zuo yong

【基础词】

【定义】

营养物质向原生质的转化。碳(以二氧化碳的形式)、水和光能同化产生淀粉、葡萄糖、果糖和其他糖类，而氮的同化产生蛋白质和氨基酸等。前一过程要求叶绿体直接形成淀粉和糖类，而后一过程只在要求产生含氧酸时才需要叶绿体，这些含氧酸由葡萄糖产生。同化的产物在植物组织中形成，然后以水溶液的形式运输到仍在发育的地方，如花、种子和顶叶，供其生长。

◎ 底香

【基本信息】

【英文名】 basic flavours

【拼音】 di xiang

【基础词】

【定义】

通常指所有烟草配方中都含有的基本的香气物质(烟草香味剂)。底香用于协调和/或增强相关典型配方的烟草香味。

【词条关系】

【类属】 香气

◎ 烟草药

【基本信息】

【英文名】 tabacum

【拼音】 yan cao yao

【基础词】

【定义】

从烟草叶片中提取的可以用作顺势疗法的药物。使用烟草药时需要高倍稀释。

◎ 尿素

【基本信息】

【英文名】 urea

【拼音】 niao su

【基础词】

【定义】

一种含氮有机肥料，在土壤中能转变为碳酸铵或碳酸氢铵等被植物吸收。

【词条关系】

【类属】 有机肥料

◎ 苹果酸

【基本信息】

【英文名】 malic acid

【拼音】 ping guo suan

【基础词】

【定义】

烟叶中存在的一种有机酸，占叶片干重的2%～14%。

【词条关系】

【化学式】 $C_4H_6O_5$

◎ 硬盒

【基本信息】

【英文名】 hard cup packet

【拼音】 ying he

【基础词】

【定义】

卷烟烟盒的一种类型，为矩形硬纸盒，一端开口，内衬铝箔纸。将卷烟装入后用铝箔纸折叠覆盖，并用封签将烟盒封口。

【词条关系】

【类比】 软盒包装

【拆解为】 封签

◎ 菟丝子属

【基本信息】

【英文名】 *Cuscuta* spp.

【拼音】 tu si zi shu

【基础词】

【词条关系】

【子类】 菟丝子

◎ 捆

【基本信息】

【英文名】 bundle

【拼音】 kun

【基础词】

【定义】

每20～25片烟叶扎绑而成，也称作把。农民的烟包通常由摆成的烟把组成。

【词条关系】

【基本等同】 把烟

◎ 香气物质

【基本信息】

【英文名】 aroma constituents

【拼音】 xiang qi wu zhi

【基础词】

【定义】

在加工制丝过程中添加的顶香和加料材料。

◎ 戊聚糖类

【基本信息】

【英文名】 pentosans

【拼音】 wu ju tang lei

【基础词】

【定义】

由戊糖(有5个氧原子的糖类)组成的多聚糖，是半纤维素的组成成分，和果胶一起存在植物细胞壁中。烟草品种中的戊聚糖浓度在3.8%～6.4%之间，在东方烟草中含3.8%～4.8%。戊聚糖含量越高，烟的质量越差。

【词条关系】

【类属】 胶质

◎ 亚麻

【基本信息】

【英文名】 flax

【拼音】 ya ma

【基础词】

【定义】

亚麻浆来源于亚麻植物，清洗后，亚麻纤维被分解和漂白。亚麻浆可以与木浆一样生产卷烟纸。

【词条关系】

【用途】 卷烟纸

◎ 间苗

【基本信息】

【英文名】 thinning out

【拼音】 jian miao

【基础词】

【定义】

在幼苗相当小时，在苗床内剔除拥挤的幼苗，以促进根的形成。幼苗间距因叶片大小而定。

◎ 拆残烟机

【基本信息】

【英文名】 waste cigarette ripping machine

【拼音】 chai can yan ji

【基础词】

【词条关系】

【基本等同】 烟叶回收机

◎ 人造内包皮

【基本信息】

【英文名】 artificial binder

【拼音】 ren zao nei bao pi

【基础词】

【定义】

利用碎烟叶和植物以及人造黏合剂制成的雪茄烟内包皮代用品。人造内包皮的使用通常受国家法规控制，在有些国家使用人造内包皮必须公告。

【词条关系】

【类属】 烟草薄片

◎ 共聚体黏合剂

【基本信息】

【英文名】 co-polymer adhesive

【拼音】 gong ju ti nian he ji

【基础词】

【定义】

用两种或更多的 A-B 型的单体单位制造的基础原材料，其中 A 和 B 为不同的单体。这些黏合剂通常以乙烯基醋酸乙烯(VAE 或 EVA)的合成乳状液/悬漂液的形式使用。

◎ 风分器

【基本信息】

【英文名】 pneumatic separator

【拼音】 feng fen qi

【基础词】

【词条关系】

【隶属于】 分选机

◎ 喂梗丝机

【基本信息】

【英文名】 cut rolled stem feeder

【拼音】 wei geng si ji

【基础词】

【定义】

向叶丝内均匀地加入梗丝的机械设备。

◎ 传送鼓轮

【基本信息】

【英文名】 transfer drum

【拼音】 chuan song gu lun

【基础词】

【定义】

两个装置之间的连接部分，用来传送烟草制品并改变物品的运送方向。

◎ 中华人民共和国

【基本信息】

【英文名】 The People's Republic of China

【拼音】 zhong hua ren min gong he guo

【基础词】

【定义】

世界最大的烟叶生产国，也是世界最大的烟草消费国。除了歉收年份外，中国的烟叶自给自足，出口量在逐渐增加。种植的烟草 75%以上是烤烟，剩余的绝大部分为深色晾烟、浅色晾烟、晒烟平分，也生产少量的白肋烟和香料烟。烤烟主要产地为云南、贵州、湖南、河南、山东、安徽等省。深色晾烟主要在湖北、江西和四川省种植。晒黄烟在中国部分地区种植，如广东、四川、江苏、浙江和其他中部和东北部省份。晒红烟用于国内雪茄烟、斗烟和嚼烟制作。白肋烟在湖北、山东、河南和四川省有种植。

◎ 含梗率

【基本信息】

【英文名】 stem content

【拼音】 han geng lü

【基础词】

【定义】

计量打叶后片烟中烟梗比例的一项指标。

◎ 烟梗箱

【基本信息】

【英文名】 stem bin

【拼音】 yan geng xiang

【基础词】

【定义】

卷烟机上用来装从烟丝中剔出来的梗签的容器。

◎ 杂交种

【基本信息】

【英文名】 hybrid

【拼音】 za jiao zhong

【基础词】

【定义】

两个或多个品种杂交产生的后代。由于现存的烟草品种相当多，杂交育种的可能性也相应较大。杂交种由于其能使差异很大的性状（如青霉菌抗性和在特殊气候下的生长能力）在单个个体中组合而产生杂种优势，在烟草工业中发挥着重要作用。仅用于科学研究的与用于商业目的的杂交种有所不同。烟草也是细胞学试验的传统植物，这是由于烟草的染色体数目能发生大量变化，并通过杂交育种传递。

◎ 漂白板

【基本信息】

【英文名】 bleached board

【拼音】 piao bai ban

【基础词】

【词条关系】

【子类】 固体漂白纸板

◎ 病害传播

【基本信息】

【英文名】 transmission of disease

【拼音】 bing hai chuan bo

【基础词】

【定义】

由细菌、真菌或病毒引起的烟草病害。这类病害通过空气、土壤或昆虫传播，尽管烟叶接触也可传播，但昆虫是主要的传病媒介。在适宜的条件下，烟株最初的感染会发展成为病害的特殊症状。防治措施与传染方法有很大关系，如由昆虫传染的病害的防治主要针对这些传病媒介采取措施。此外，选择抗病品种对许多病害的防治也是很重要的。

◎ 抽吸

【基本信息】

【英文名】 draw

【拼音】 chou xi

【基础词】

【定义】

当吸烟者吸烟时，从燃着的卷烟、雪茄等的嘴端吸出的空气和烟气以及抽吸这种空气和烟气的行为。通过对吸烟者的观察，抽吸参数的变化是每口抽吸量在 20～80 mL，每口抽吸持续 0.8～3 s，每口抽吸间隔为 20～100 s。国际上通用标准吸烟机参数是每口抽吸量为 35 mL，每口持续 2 s，每次间隔 60 s。

【词条关系】

【关键指标】 吸阻

【关键指标】 持火能力

◎ 解吸

【基本信息】

【英文名】 desorption

【拼音】 jie xi

【基础词】

【定义】

一种物质从其被包含的表面释放出来，其反义词是吸收（作用）。解吸在烟草的干燥和调制中起一定作用。

【词条关系】

【反义】 吸附

◎ 调

【基本信息】

【英文名】 pitch

【拼音】 diao

【基础词】

【定义】

评价烟气特性时用的术语。它可被比喻成一种音调，高音或低音。烟气焦油一般单独评价。在弗吉尼亚型烤烟中，柠檬色烟草焦油含量高，而红褐色烟草焦油含量低。

◎ 断裂伸展长度

【基本信息】

【英文名】 stretch at breaking

【拼音】 duan lie shen zhan chang du

【基础词】

【定义】

在卷烟生产过程中，卷烟纸必须能经受住剧烈的机械操作，必须有一定的伸展性。烟纸达到断裂时增加的最大伸长被称为断裂伸展长度，以mm计。

◎ 薄膜外包

【基本信息】

【英文名】 film overwrap

【拼音】 bao mo wai bao

【基础词】

【词条关系】

【同义】 外包装薄膜

◎ 截面

【基本信息】

【英文名】 cross-section

【拼音】 jie mian

【基础词】

【定义】

(1) 一支卷烟的横向截面，通常是圆形，但有些香料烟型卷烟也可能是椭圆形。

(2) 醋酸纤维丝束单丝的横截面，可以是圆形、I形、Y形或X形，其形状与吸阻及过滤效率有关，Y形横截面最为常见。

◎ 亲水物质

【基本信息】

【英文名】 hydrophilic substances

【拼音】 qin shui wu zhi

【基础词】

【定义】

用于描述那些通过溶解或吸收的方法吸引水分的物质的术语，这些物质在烟草工业中用于调节烟叶水分含量。

【词条关系】

【影响】 烟叶含水率

◎ 绳索嚼烟

【基本信息】

【英文名】 cord

【拼音】 sheng suo jiao yan

【基础词】

【定义】

编成绳索的嚼烟。

【词条关系】

【类属】 嚼烟

◎ 堆积发酵

【基本信息】

【英文名】 bulk fermentation

【拼音】 dui ji fa jiao

【基础词】

【定义】

(1) 雪茄烟叶和深色烟叶通常使用的自然发酵方法。成把或成束的烟叶叶尖向内堆积或堆垛在一起。这会引起精确控制的温度自然增加。当烟垛的温度达到50～60 ℃时进行翻垛，使内部烟叶到外面，外部的烟叶到内部。一般翻垛2～5次，翻垛次数依赖于烟草类型和最终目的。

(2) 在生产鼻烟时，用“巴黎法”发酵的一种发酵方法。把烟草粉末放入非常大的容器中，然后放置1.5～2年。由于容器内烟草体积变化，容器内的温度会升高，烟叶在吃味上会发生有益的变化，随后再对烟草进一步加工。

【词条关系】

【类属】 发酵

【类比】 巴黎发酵法

◎ 内衬铝箔纸

【基本信息】

【英文名】 inner foil

【拼音】 nei chen lü bo zhi

【基础词】

【词条关系】

【类属】 内衬纸

◎ 中国水烟斗

【基本信息】

【英文名】 Chinese waterpipe

【拼音】 zhong guo shui yan dou

【基础词】

【定义】

东方人使用的带有小烟锅的金属烟斗。虽然这种烟斗具有日式烟斗的一些特征，但从技术角度讲，它是一个水烟斗。与烟锅相连的烟管延伸至水容器的水面以下，抽烟者嘴所接触的管口是水容器的延伸。烟丝放入烟锅前被切得较细，稍加湿，搓捻成球状。除特有的烟斗外，典型的套具还要有诸如烟丝容器、镊子和清理刷等的附件。

◎ 尖孢镰刀菌烟草变种

【基本信息】

【英文名】 *Fusarium oxysporum* var. *nicotianae*

【拼音】 jian bao lian dao jun yan cao bian zhong

【基础词】

【定义】

导致镰刀萎蔫病的真菌。

【词条关系】

【导致】 镰刀枯萎病

◎ 评吸者

【基本信息】

【英文名】 taster

【拼音】 ping xi zhe

【基础词】

【定义】

抽吸样品并根据烟制品的质量和感官特性评定烟制品及烟气质量差异的专家。

◎ 萜烯类

【基本信息】

【英文名】 terpenes

【拼音】 tie xi lei

【基础词】

【定义】

具有类异戊烯结构的天然化合物。这些化合物都有自己的特征气味，在烟草蜡质层中大量存在。烟草工业的一种重要的萜烯是薄荷醇。

【词条关系】

【子类】 薄荷醇

【子类】 茄尼醇

【子类】 赖百当类

◎ 黑火病

【基本信息】

【英文名】 blackfire

【拼音】 hei huo bing

【基础词】

【词条关系】

【类比】 角斑病

◎ 汇集输送带

【基本信息】

【英文名】 collecting belt

【拼音】 hui ji shu song dai

【基础词】

【定义】

将不同来源的材料集中并进行输送的传送带，用于使喂入的不同烟草成为均匀的烟草配方等。

◎ 乙烯气体

【基本信息】

【英文名】 ethylene gas

【拼音】 yi xi qi ti

【基础词】

【词条关系】

【基本等同】 乙烯利

◎ 植物寄生物

【基本信息】

【英文名】 plant parasites

【拼音】 zhi wu ji sheng wu

【基础词】

【定义】

能够寄生于另一种生物并使其受到损害的植物生物。寄生于烟草的植物有列当、菟丝子和烟草独脚金等。

【词条关系】

【子类】 烟草独脚金

【子类】 菟丝子

【子类】 列当

◎ 烟丝箱

【基本信息】

【英文名】 hopper

【拼音】 yan si xiang

【基础词】

【定义】

卷烟机装置，用于准备和运送定量的烟丝以形成卷烟用的烟条。

◎ 棚内斑点病

【基本信息】

【英文名】 barn spot

【拼音】 peng nei ban dian bing

【基础词】

【定义】

在调制期间产生的受到蛙眼病后期侵染的病害名称，仅发生在烘烤期间。可以通过高温和100%湿度对其进行抑制，不过这本身会降低最终产品的质量。

【词条关系】

【受影响(有关)】 变黄期

【类比】 蛙眼病

◎ 定香剂

【基本信息】

【英文名】 fixatives

【拼音】 ding xiang ji

【基础词】

【定义】

用于香料工业，以固定香气，使烟叶始终保持一定的香气。定香剂可减少香气的挥发。一般定香剂包括香膏、树脂、树脂类及专门的溶剂。

【词条关系】

【用于】 香料

◎ 毒饵

【基本信息】

【英文名】 bait

【拼音】 du er

【基础词】

【定义】

毒药和可食物品的混合物，用于苗床和大田消灭害虫，如毛虫或线虫。麦麸是这种毒饵的主要基料，不过也会加些其他材料，如马铃薯。放毒饵时土壤应该是潮湿的，最好在下午晚些时候或晚上进行。

◎ 青霉菌

【基本信息】

【英文名】 *Penicillium* spp.

【拼音】 qing mei jun

【基础词】

【定义】

在特别高湿条件下在贮藏烟草上发现的几种霉菌(霉菌在相对湿度75%的条件下出现)。霉变可发生于未受伤烟草，更常见于受伤烟草。霉菌会引起烟草风味和香味俱失。

【词条关系】

【类属】 真菌

◎ 转化糖

【基本信息】

【英文名】 invert sugar

【拼音】 zhuan hua tang

【基础词】

【定义】

蔗糖经酸或酶水解的产物，包括等数量的葡萄糖和果糖分子。当转化糖转化达100%时，它和其他物品一起用于特定的斗烟和雪茄烟加料。

◎ 直径

【基本信息】

【英文名】 diameter

【拼音】 zhi jing

【基础词】

【定义】

横跨烟支或滤棒横截面的距离，有些国家用圆周代替。直径测量可使用激光束测量仪，其他测量方法还有气动直径量规或用金属带绕样品一周测量。

◎ 矮化病

【基本信息】

【英文名】 stunt

【拼音】 ai hua bing

【基础词】

【定义】

与坏死病相似的一种病毒病。其症状是产生坏死斑、幼芽黄化或皱缩。同坏死病一样，它是由芸苔油壶菌传播的。

【词条关系】

【受影响(有关)】 芸苔油壶菌

【类比】 烟草坏死病毒病

◎ 旦尼尔

【基本信息】

【英文名】 Denier

【拼音】 dan ni er
【基础词】
【定义】
测量纤维等材料的重量单位，以每 9 000 m 单丝的克重计，与其他指标一起用于反映滤嘴性能。
【词条关系】
【用于】 纤维
【用于】 醋酸丝束
【单位符号】 D

◎ 碳水化合物

【基本信息】
【英文名】 carbohydrates
【拼音】 tan shui hua he wu
【基础词】
【定义】
动植物组织最重要的能量来源的有机化合物，它们以多种不同方式存在于烟草中，如纤维素、果胶、本质素、淀粉和糖。烤烟的特点是烟叶中含有糖类。
【词条关系】
【受影响(有关)】 分解
【受影响(有关)】 调制

◎ 进口关税

【基本信息】
【英文名】 import duty
【拼音】 jin kou guan shui
【基础词】
【定义】
按总价值的百分比或单位固定数量对进口物资征收的税收或关税。进口关税主要用以保护该类物资的本土产品而不是为了提高收益。

◎ 烟灰

【基本信息】
【英文名】 tobacco ash
【拼音】 yan hui
【基础词】
【定义】
(1) 烟草制品燃烧后的灰烬。
(2) 烟草采收后烟茎、残枝烂叶等燃烧后的灰烬。烟灰曾用作苗床肥料。

◎ 苯甲酸钠

【基本信息】
【英文名】 sodium benzoate
【拼音】 ben jia suan na
【基础词】
【定义】
一种用于某些鼻烟的防腐剂。
【词条关系】
【类属】 防腐剂
【化学式】 NaC_6H_5COO

◎ 蛟河烟

【基本信息】
【英文名】 Jiaohe tobacco
【拼音】 jiao he yan
【基础词】
【定义】
产于中国吉林省东部的蛟河市，属于晒红烟。
【词条关系】
【类属】 晒红烟

◎ 砍茎采收

【基本信息】
【英文名】 whole stalk cutting
【拼音】 kan jing cai shou
【基础词】
【词条关系】
【基本等同】 砍茎收割

◎ 膨胀

【基本信息】
【英文名】 expansion
【拼音】 peng zhang
【基础词】
【定义】
不可逆的增加切后烟草原料堆积的一种加工过程，处理后的烟草表现出填充能力的提高。另外，使用膨胀烟丝的卷烟因为使用烟丝的重量减少，焦油和烟碱量较低。所有膨胀烟丝的方法都源于同一原理：通过加热和/或减少外部压力，使细胞内的压力快速增加，挥发性介质快速蒸发，从而使细胞壁膨胀。最常用的膨胀介质是水(主要用于梗丝)，有机物(如酒精、异戊烷和氟利昂)，液化、固化或者溶解的气体(如 CO_2、N_2、NH_3)以及易分解的固体或者液体物质如[$(NH_4)_2CO_3$]等。

【词条关系】

【方法】 高相对速度法

【关键指标】 托马克膨化线

【子类】 干冰膨胀烟草

【子类】 INCOM 烟草膨胀方法

【子类】 IMPEX 烟草膨胀方法

【子类】 G13 方法

【子类】 碳酸铵膨胀工艺

◎ 美式混合型卷烟

【基本信息】

【英文名】 American-blend cigarette

【拼音】 mei shi hun he xing juan yan

【基础词】

【定义】

由浅色烟叶(烤烟)、白肋烟和香料烟烟叶加料混合后制成的卷烟，其中烤烟香气占优势。

【词条关系】

【类属】 混合型卷烟

【类比】 中式混合型卷烟

◎ 双排装烟盒

【基本信息】

【英文名】 double bundle packet

【拼音】 shuang pai zhuang yan he

【基础词】

【定义】

翻盖硬盒的一种包装形式，20 或 16 支卷烟在烟盒内被分为两组，每组 10(2×5)或 8(2×4)支。有些地区，特别是加拿大，也用这种形式的烟盒包装 25 支卷烟。

◎ 粒度分布

【基本信息】

【英文名】 particle size distribution

【拼音】 li du fen bu

【基础词】

【定义】

一种质量控制数据：①烟丝和/或打叶后叶片的机械分析，给出产品中不同颗粒大小的精确比例；②烟气粒相分析，用来检测滤嘴的过滤效率。粒度分布数据描述了按规定方法得到的加工后烟草的尺寸分布。

【词条关系】

【英文缩写】 PSD

◎ 苏云金芽孢杆菌

【基本信息】

【英文名】 *Bacillius thuringiensis*

【拼音】 su yun jin ya bao gan jun

【基础词】

【定义】

产生孢子的革兰氏阳性好氧菌。它合成的一种糖蛋白对许多种昆虫幼虫和线虫有毒性。从该细菌的不同小种中获得的孢子和糖蛋白的制剂被用作杀虫剂。苏云金芽孢杆菌被用于防治烟草鞘翅目幼虫。

【词条关系】

【类属】 生物杀虫剂

【英文缩写】 Bt

◎ 分光光度测定法

【基本信息】

【英文名】 spectrophotometry

【拼音】 fen guang guang du ce ding fa

【基础词】

【定义】

一种测定化合物浓度的方法。常规方法是通过测定被测化合物和染色剂在一起的衍生物在某一特定波长(紫外光、可见光)的吸收率来计算其浓度。这种方法可用来测定烟草中糖或烟碱的含量。

◎ 滤嘴丝束纺丝

【基本信息】

【英文名】 filter tow spinning

【拼音】 lü zui si shu fang si

【基础词】

【定义】

制造滤嘴丝束的过程。稠液先加热，然后通过很多形状可能为三角形、长方形或圆形的直径为 40～100 μm 的喷孔。喷丝要求稠液绝对干净无杂质，以免堵塞喷孔。喷丝的同时给喷管吹热风，蒸发掉稠液里的丙酮溶剂，使稠液干燥形成固体的丝。随着丝的体积收缩，从三角形喷孔里出来的丝呈Y形，长方形喷孔出的丝呈I形，圆形孔口出的丝为雏菊形。单丝随后被涂上油聚到一起送到起绉机上。

◎ 卷外包皮叶

【基本信息】

【英文名】 overrolling

【拼音】 juan wai bao pi ye

【基础词】

【定义】

雪茄烟或小雪茄烟烟丝束的覆盖物。烟丝束由芯叶烟和天然的或均质的内包叶烟构成。

◎ 自粘封口

【基本信息】

【英文名】 self-adhesive seal

【拼音】 zi zhan feng kou

【基础词】

【词条关系】

【子类】 压敏式粘结带

◎ 配叶组分

【基本信息】

【英文名】 blend portion

【拼音】 pei ye zu fen

【基础词】

【定义】

为进一步试验从配方组中取出的那部分。

【词条关系】

【隶属于】 配方组合

◎ 长芯烟

【基本信息】

【英文名】 long filler

【拼音】 chang xin yan

【基础词】

【定义】

由较大较长的叶片组成的芯烟，现在主要用于昂贵的手工制作雪茄。

◎ 过程内控制

【基本信息】

【英文名】 in-process control

【拼音】 guo cheng nei kong zhi

【基础词】

【定义】

加工过程中不中断生产的质量监控。

◎ 有机磷杀虫剂

【基本信息】

【英文名】 organophosphate insecticides

【拼音】 you ji lin sha chong ji

【基础词】

【定义】

抑制昆虫和动物体内神经系统中磷酸酯酶活性的一类有机物。在烟草生产中最常用乙酰甲胺磷、毒死蜱和乙拌磷，用于防治蚜虫、跳甲、天蛾和地老虎。

【词条关系】

【子类】 乙酰甲胺磷

◎ 货架寿命

【基本信息】

【英文名】 shelf life

【拼音】 huo jia shou ming

【基础词】

【定义】

贮存产品保持可使用和消费的期限。总的来说，产品的货架寿命取决于贮存的环境条件、包装方式和产品类型。

【词条关系】

【关键指标】 贮存稳定性

【受影响(有关)】 贮存

◎ 每口抽吸量

【基本信息】

【英文名】 puff volume

【拼音】 mei kou chou xi liang

【基础词】

【定义】

在抽吸一口烟期间从卷烟、雪茄嘴端吸入的烟雾和空气混合物的容量。在标准卷烟吸烟机中，标准每口抽吸量为35mL，在20 ℃及标准大气压下测定。

【词条关系】

【类比】 抽吸口数

◎ 卷烟用烟草的制备

【基本信息】

【英文名】 preparation of cigarette tobacco

【拼音】 juan yan yong yan cao de zhi bei

【基础词】

【定义】

该处理过程基本步骤：①配叶。从工厂仓库里取出烟草，根据设计好的配方进行混配。②预回潮。通过真空机或插枪式回潮机给烟草增湿，以避免烟草在后续加工中出现过多的破损，最终使其含水率达到 11%～15%并被加热至 60～70 ℃。③松散。把烟草从烟包中取出并摊开。④回潮。烟叶被再次加湿以达到 18%～21%的含水率，并再次加热至 60～70 ℃。这一工序可在滚筒或隧道中进行。⑤混配。如果是烟片，被输送至长型混合机并在那里混合、梳理。如配方组分需要调整，可通过预配设备添加少量的不同烟叶。⑥除梗。如果烟叶仍需去梗，一般是把烟叶输送到打叶机或打叶线，使叶片与烟梗脱离。⑦加料与切丝。需要时（如生产混合型卷烟时），把烟草叶片输送到加料滚筒中，使其在蒸汽加热的同时吸收料液。现代机械可自动调节加料量。然后，叶片被切成需要的宽度。⑧烘丝。将烟丝在以蒸汽操作为主的滚筒或链板式干燥机中烘干，含水率由 18%～21%降至 12%～13%。现代干燥机也是自动控制的。其后，烟草在气流冷却机、滚筒或旋转式冷却机中冷却。⑨加香。占总重量 0.5%～1.0%的顶香一般以液体形式通过可喷雾的滚筒添加到烟草中。⑩烟梗的加工。将除梗期间从烟叶上去掉的烟梗或主脉切丝后在烘丝前或烘丝后加入叶丝中，比例一般是梗丝 12%～20%，叶丝 80%～88%。烟梗被加热、加湿、碾压，然后切丝、干燥。近来，将干燥前梗丝的含水率提高至 50%，或将其在高温下蒸以提高其填充性的做法越来越流行。加入梗丝后的烟丝接着被输送到卷烟机加工成卷烟。白肋烟的加工方法与上述工序不同。白肋烟先要重加料，并在切丝前放入专用旋转式或带式烘焙机中烘焙；然后加料，并在切丝前放入专用旋转式或带式烘焙机中烘焙；经冷却、再加湿，然后加入其他烟草中。如果使用均质烟草，则在切丝前加入。

【词条关系】

【子类】 梗丝

【子类】 切丝

◎ 混配柜

【基本信息】

【英文名】 blending silo

【拼音】 hun pei gui

【基础词】

【定义】

一种接收、贮存并逐层卸出混配后的烟草的大型多层长柜。烟叶通过高架喂料机铺成水平层，用专门的拨料装置垂直出料并使之进一步混合。通常两个这样的柜子并排放在一起，替换使用以保证连续的生产。

【词条关系】

【用于】 混配

◎ 种质

【基本信息】

【英文名】 germplasm

【拼音】 zhong zhi

【基础词】

【定义】

构成一个种的基因型总量。

◎ 晾棚

【基本信息】

【英文名】 shed

【拼音】 liang peng

【基础词】

【定义】

晾制烟草的棚舍。与之相对的是用来烘烤烟叶的烤房。

【词条关系】

【类比】 烤房

◎ 内吸型农药

【基本信息】

【英文名】 systemic pesticide

【拼音】 nei xi xing nong yao

【基础词】

【定义】

一种农药，如杀虫剂、杀菌剂或除草剂等，这类农药或被喷在植物叶片上或被施到土壤中，然后在植物体内移动。

◎ 蒸汽干燥

【基本信息】

【英文名】 steam-dried

【拼音】 zheng qi gan zao

【基础词】

【定义】

用复烤机或其他蒸汽调湿装置使准备贮存的未发酵烟叶达到贮存所要求的状态。

◎ 风选除去的碎屑

【基本信息】

【英文名】 winnowings

【拼音】 feng xuan chu qu de sui xie

【基础词】

【定义】

从叶丝中除去的烟草颗粒，主要是叶脉和烟梗。在卷烟机上制成连续的烟条之前，要将这些颗粒除去。

◎ 翻盖盒包装机

【基本信息】

【英文名】 hinge-lid packer

【拼音】 fan gai he bao zhuang ji

【基础词】

【定义】

包装翻盖小盒的包装机。

【词条关系】

【类属】 包装机

◎ 蒸汽解把

【基本信息】

【英文名】 steaming loosening

【拼音】 zheng qi jie ba

【基础词】

【定义】

给已经发酵或调制过的烟把或烟捆喷蒸汽以促使其松散开的做法。散开后的烟叶再加湿回潮可减少后期加工处理过程中的造碎。

◎ 连续烟条

【基本信息】

【英文名】 continuous rod

【拼音】 lian xu yan tiao

【基础词】

【定义】

在卷烟制造过程中卷制的长达几米的超长“卷烟”，随后被切成单支卷烟。

◎ 机械黏合

【基本信息】

【英文名】 mechanical adhesion

【拼音】 ji xie nian he

【基础词】

【定义】

一种靠胶黏剂渗入一个或多个底层形成一种物理附着的黏合形式。

◎ 黄化品种

【基本信息】

【英文名】 aurea varieties

【拼音】 huang hua pin zhong

【基础词】

【定义】

具有叶绿素含量低、黄色或米黄色叶片特征的烟草突变体。黄化品种在所有类型烟草中都能够发现，几乎是所有现代白肋烟品种的基础。现代白肋烟通过淡色白肋烟演变而来。

◎ 切根

【基本信息】

【英文名】 undercutting

【拼音】 qie gen

【基础词】

【定义】

烟苗移栽前用土铲或铁丝在表土下约 7～10 cm 处把土松动，其目的是将烟苗松动。另外，栽前切根促进幼苗根系的生长，可以提高移栽到大田后的存活率。

◎ 每口焦油量

【基本信息】

【英文名】 tar/puff rate

【拼音】 mei kou jiao you liang

【基础词】

【定义】

每口烟气的焦油量。

◎ 滚筒筛

【基本信息】

【英文名】 screening drum

【拼音】 gun tong shai

【基础词】

【定义】

一种旋转滚筒，为冷却筛选机的一个组成部分。其作用是根据所用筛孔的大小，把干燥后烟草中仍然含有的砂土或烟末除掉。滚筒筛可能比振动筛或冷却输送带产生更多的碎屑。机器用气流将灰尘吸起、松散、吸走，同时也使烟草降温。

【词条关系】

【隶属于】 冷丝筛分机

◎ 抹杈

【基本信息】

【英文名】 breaking suckers

【拼音】 mo cha

【基础词】

【定义】

腋芽的去除。

◎ 初次运送

【基本信息】

【英文名】 innage

【拼音】 chu ci yun song

【基础词】

【定义】

烟叶到达时，第一次将烟叶运送到仓库的行为。

◎ 回加组分

【基本信息】

【英文名】 addback

【拼音】 hui jia zu fen

【基础词】

【定义】

烘丝后加入烟丝中的卷烟配方成分，如梗丝(CRS)、膨胀烟丝、残烟丝等。

◎ 果酸

【基本信息】

【英文名】 fruit acids

【拼音】 guo suan

【基础词】

【定义】

柠檬酸、苹果酸和酒石酸，用于嚼烟的加料。

【词条关系】

【用于】 嚼烟加料

◎ 发芽

【基本信息】

【英文名】 germination

【拼音】 fa ya

【基础词】

【定义】

植物生长的开始。对于烟草，根尖冲破种子的包衣时发芽就开始了。根据种子的品种和环境条件，发芽需要 5～10 天，一般 15 天完成发芽全过程。尽管烟草产生的种子很多，但发芽力对单位面积的烟叶产量起关键性的作用：某些种需要光照，而有些种在暗处发育。烟草发育释放的能量主要决定其含油量的高低。刚刚收获的烟草种子发芽率较低，不过，在温度为 25～30 ℃、相对湿度为 60％～70％环境中放置 35～40 天发芽力增加。种子发芽的理想温度是 21～30 ℃，某些种子发芽温度在 13～35 ℃。种子使用前，应保存在阴凉、干燥的环境里。有证据表明，保存 30 年的种子还能成功地生长发育，但实际上，种子保存不应超过 4 年。

【词条关系】

【关键指标】 发芽力

【关键指标】 发芽势

◎ 带印

【基本信息】

【英文名】 tape mark

【拼音】 dai yin

【基础词】

【定义】

由于卷烟机调整不当，烟花带给卷烟纸造成的伤害。

◎ 消光

【基本信息】

【英文名】 matting

【拼音】 xiao guang

【基础词】

【定义】

在成品雪茄烟表面使其获得一层均匀的无光泽涂层的方法。过去常用两种方式:湿染法,或称液染法(使用溶液);干染法,或称喷粉法(使用粉末)。但现在只有湿染法仍在使用。这种用于染色消光的混合物(一般为烟草粉末加某些能使其黏附的物质)以液体或粉末的形式运到工厂;如果是粉末状的,在使用前用水或酒精将其混合。

◎ 系统烟嘴

【基本信息】

【英文名】 system tip

【拼音】 xi tong yan zui

【基础词】

【定义】

雪茄烟或卷烟的烟嘴,内含吸附剂或者液体,可以截留一部分烟气。

◎ 标准烟盒

【基本信息】

【英文名】 standard packet

【拼音】 biao zhun yan he

【基础词】

【定义】

20 支装的卷烟翻盖包装。烟支排成 3 排,按 7-6-7 或 7-7-6 形式排列。前一种形式摆放烟支可以压紧或者不压紧后再装,而后一种摆放方式则不提倡把烟支压紧后再装。

◎ 丁二酸

【基本信息】

【英文名】 succinic acid

【拼音】 ding er suan

【基础词】

【词条关系】

【同义】 琥珀酸

【化学式】 $C_4H_6O_4$

◎ 醇化柜

【基本信息】

【英文名】 ageing box

【拼音】 chun hua gui

【基础词】

【定义】

盛装干燥的烤烟烟叶和其他雪茄烟叶进行醇化的储叶柜。这种醇化过程持续约 2.5 个月,前提是空气湿度必须能够调控。经过这期间雪茄烟获得光泽,然后被转移到贮叶柜中。

【词条关系】

【用于】 醇化

◎ 菌丝

【基本信息】

【英文名】 hyphae

【拼音】 jun si

【基础词】

【定义】

形成真菌体的丝状物。了解它们的生长是防治烟草真菌病害的关键。

◎ 压力差

【基本信息】

【英文名】 pressure drop

【拼音】 ya li cha

【基础词】

【定义】

当气流以 17.5 mL/s 的速度通过卷烟或滤棒时其两端的静压力差。压力差用于测量吸阻。

◎ 堆积

【基本信息】

【英文名】 bulk

【拼音】 dui ji

【基础词】

【定义】

烟草放成堆,堆积一段有限时间,使烟叶进行化学变化的措施(主要用于晾烟)。堆积后晾烟烟叶可能颜色会变深,而烤烟的青色会消失或"跑掉"。

【词条关系】

【用于】 晾烟

【词条关系】

【基本等同】 烟叶回收机

◎ 一次性打火机

【基本信息】

【英文名】 disposable lighter

【拼音】 yi ci xing da huo ji

【基础词】

【定义】

气体打火机,其燃料罐不能再补充燃料。有

些装有压电系统，大部分采用的是摩擦轮点火机构。这种普通打火机成本低廉，可大批量生产。

◎ 缓冲柜

【基本信息】

【英文名】 buffer box

【拼音】 huan chong gui

【基础词】

【定义】

两个相衔接的工序如切丝和烘丝之间的贮存装置。在大多数情况下，缓冲柜要足够大以保证上游设备（如切丝机）产品流量变化甚至下游设备（如烘丝机）短暂停顿时仍能够继续运行。

◎ 褐色烟叶

【基本信息】

【英文名】 brown tobacco

【拼音】 he se yan ye

【基础词】

【定义】

颜色为自然变褐色的烟叶，或是因为田间施肥过多，没有适当成熟，或是因为调制不当产生的。褐色烟叶进一步分为活褐色（即尽管颜色为褐色，烟叶抽吸质量尚可）和变质褐色（即褐叶绝大多部分是死组织，缺乏油分，易碎）。

◎ 药材谷盗

【基本信息】

【英文名】 drug store beetle

【拼音】 yao cai gu dao

【基础词】

【词条关系】

【基本等同】 药谷盗

◎ 热带

【基本信息】

【英文名】 tropics

【拼音】 re dai

【基础词】

【定义】

北纬23°27′和南纬23°27′之间的地区，是多种野生种烟草的起源地。

◎ 白化病

【基本信息】

【英文名】 albinism

【拼音】 bai hua bing

【基础词】

【定义】

色素先天缺乏症，导致白化叶，或者在某些情况下导致叶片局部出现条纹，是烟草上相对常见的病症。

【词条关系】

【导致】 黄化品种

◎ 烟气分析实验室

【基本信息】

【英文名】 analytical smoke laboratory

【拼音】 yan qi fen xi shi yan shi

【基础词】

【定义】

对烟气、其粒相和气相以及烟草制品进行物理与化学分析的实验室。诸如卷烟抽吸次数、燃烧速率等物理特性可以与烟气化学分析同步测定。利用CORESTA和ISO规定的标准方法对烟气中烟碱、焦油和一氧化碳进行常规测定。在这样的实验室中对湿度必须认真控制。

◎ 植株间距

【基本信息】

【英文名】 plant spacing

【拼音】 zhi zhu jian ju

【基础词】

【定义】

种植的植株间的距离。

【词条关系】

【基本等同】 株距

◎ 斜网式造纸机

【基本信息】

【英文名】 inclined-wire paper maker

【拼音】 xie wang shi zao zhi ji

【基础词】

【定义】

通常用于生产烟草工业用高透气度滤棒成型纸的造纸机。其网部略微倾斜并与造纸机的网前箱合为一体。

◎ 装盘机

【基本信息】

【英文名】 tray filler

【拼音】 zhuang pan ji

【基础词】

【定义】

把卷烟等装入烟盘的机器。

【词条关系】

【用途】 烟盘

◎ 烟碱中毒

【基本信息】

【英文名】 nicotine poisoning

【拼音】 yan jian zhong du

【基础词】

【定义】

烟碱对人的致命剂量为40～60 mg。像所有植物毒物一样，精确的剂量取决于与人有关的物理条件、体积等。吸烟过量能使烟碱达到一定量而产生毒性，症状包括身体不适、脸色苍白、体内糖量增加、分泌唾液、头晕目眩、腹泻、头痛、呕吐、呼吸困难、沉胀及心跳加速。其中的一些症状对不适于吸烟的人来说，当烟碱剂量达到2～3 mg时就可能产生。更常见的是，过量吸收烟碱造成的不严重表现是易怒、焦虑不安且没胃口。

◎ 绿肥作物

【基本信息】

【英文名】 green manure crops

【拼音】 lü fei zuo wu

【基础词】

【定义】

不同的作物与烟草轮作种植，目的是改善土壤的结构，保护土壤免受腐蚀及控制疾病。适合轮作的作物有大麦、燕麦、黑麦、晚芜菁和芸苔等。不过，要注意使这些作物不会给烟草引入易感疾病，如马铃薯Y病毒。还有，豆科植物会给土壤带来很高的氮含量，这会影响紧接着种植的烟草尤其是烤烟的品质。因此，豆科植物通常仅与将在相同的地点种植很多年的碱性晾烟轮作。即使这样，氮肥的量也应当调整。除了红花草和冬大麦外，豆科植物的混栽是可取的。

【词条关系】

【类属】 作物轮作

◎ 自制卷烟

【基本信息】

【英文名】 make-your-own cigarette

【拼音】 zi zhi juan yan

【基础词】

【定义】

将烟草填入预制纸卷内的家庭制卷烟，区别于用平张卷烟纸卷制的自卷卷烟。

【词条关系】

【英文缩写】 MYO

◎ 编烟

【基本信息】

【英文名】 twist

【拼音】 bian yan

【基础词】

【定义】

用绳子将数片摘下或者切下的烟叶成把地编在一起挂在烟杆上，绳子以后被抽掉。

【词条关系】

【基本等同】 纺嚼烟

◎ 卷烟小盒

【基本信息】

【英文名】 cigarette pack

【拼音】 juan yan xiao he

【基础词】

【定义】

卷烟的基本零售单位，通常以纸板或厚纸制成。在大多数国家，每包烟支数量一般是20，但也不乏更小的包装。最常见的是翻盖硬盒、软盒和抽屉式硬盒。

【词条关系】

【子类】 翻盖烟盒

【子类】 抽屉式烟盒

【子类】 软盒包装

【同义】 小盒

◎ 堆砌传送带

【基本信息】

【英文名】 layboy tapes

【拼音】 dui qi chuan song dai

【基础词】

【定义】

包装机传送带。

【词条关系】

【隶属于】 包装机

◎ 蒸汽熏蒸

【基本信息】

【英文名】 steaming

【拼音】 zheng qi xun zheng
【基础词】
【定义】
用蒸汽锅炉、蒸汽机和蒸汽罩直接向苗床喷蒸汽的一种土壤消毒方法。土壤在 90～95 ℃温度条件下加热 20 min 不仅可以杀死病菌和寄生虫，还可以杀死杂草种子。
【词条关系】
【用途】 消毒

◎ 水分测定

【基本信息】
【英文名】 moisture measurement
【拼音】 shui fen ce ding
【基础词】
【定义】
烟草含水量可直接测定或间接测定。干燥炉加热去除水分即是一种直接测定法。不同温度和干燥时间的水分测定差别很大(80～110 ℃，2.5～16 h)，所取得的数值取决于测定条件。ISO 6488 参考标准测定则是在一只球形烧瓶中用环己烷去除水分。另一种直接测定法是卡尔·费希尔滴定法。间接测定一般是基于烟草的电特性(电阻、介电常数或二者的结合)。近年来，借助红外技术测定水分的方法有了长足进步，很多工厂已开始使用这种方法进行连续的水分测定。
【词条关系】
【用于】 含水量

◎ 打孔器

【基本信息】
【英文名】 perforator
【拼音】 da kong qi
【基础词】
【定义】
在卷烟、滤棒或者接装纸上打孔的机器。
【词条关系】
【用于】 卷烟
【用于】 滤棒
【用于】 接装纸
【用途】 打孔

◎ 破烂叶斑病

【基本信息】
【英文名】 *Ascochyta* leaf spot；*Ascochyta nicotianae*
【拼音】 po lan ye ban bing
【基础词】
【定义】
由烟壳二孢真菌引起的烟草相对次要的叶片病害。苗期、成株期均可发病，主要危害叶片和茎部。叶片染病病斑为不规则圆形或近圆形，直径为 2.5 cm 或更大，中心部灰色至褐色，边缘隆起，病健交界处明显，病斑表面具同心轮纹，中部常生多个褐色至暗褐色小点，即病菌的分生孢子器。中脉及叶耳处多生褐色长形斑，比赤星病的病斑大，病叶多从中脉病斑处折断，有别于赤星病。茎部染病产生类似叶上的症状。破烂叶斑病通常不需要防治，但是在严重情况时可以使用杀菌剂。
【词条关系】
【类属】 真菌性病害

◎ 花生矮化病

【基本信息】
【英文名】 peanut stunt
【拼音】 hua sheng ai hua bing
【基础词】
【定义】
次要烟草病毒病，特征症状是矮化、斑驳和变色。此病由蚜虫传播，可通过防治蚜虫和加强卫生措施防治。
【词条关系】
【受影响(有关)】 蚜虫

◎ 醇厚

【基本信息】
【英文名】 mellow
【拼音】 chun hou
【基础词】
【定义】
烟草术语，指烟气圆润、团聚。

◎ 纸浆

【基本信息】
【英文名】 pulp
【拼音】 zhi jiang
【基础词】
【定义】
柔软的不成形的纤维物质，用于制作卷烟纸或纸板。其原材料一般为木材。纸浆在制成卷筒纸之前要经过清洗、漂白和精炼。

◎ 白花烟草

【基本信息】

【英文名】 white-flowering tobacco

【拼音】 bai hua yan cao

【基础词】

【定义】

一些观赏性的烟草的通称，以别于红花烟草和黄花烟草。白花烟草能释放令人愉悦的香气，尤其是在夜间。

【词条关系】

【类属】 观赏烟草

【关键指标】 花

◎ 氯化钠

【基本信息】

【英文名】 sodium chloride

【拼音】 lü hua na

【基础词】

【定义】

食盐，常作防腐剂用于鼻烟料液。

【词条关系】

【用于】 鼻烟

【化学式】 NaCl

◎ 烟草副产品

【基本信息】

【英文名】 by-products of tobacco

【拼音】 yan cao fu chan pin

【基础词】

【定义】

烟草产生的副产品极少。不过，在烟草商品的制造期间产生的碎烟末有时被用作非常有效的、生物可降解的杀虫剂，此外还能够生产烟碱提取物。

【词条关系】

【子类】 烟碱提取物

◎ 表型诱变

【基本信息】

【英文名】 phenotypic modification

【拼音】 biao xing you bian

【基础词】

【词条关系】

【类属】 育种

◎ 外包装薄膜

【基本信息】

【英文名】 overwrap film

【拼音】 wai bao zhuang bao mo

【基础词】

【定义】

用来包装卷烟盒的薄膜。

◎ 供纸装置

【基本信息】

【英文名】 paper feed

【拼音】 gong zhi zhuang zhi

【基础词】

【定义】

将卷烟纸送入卷烟机烟条成形部分的供纸装置。

◎ 湖北省

【基本信息】

【英文名】 Hubei

【拼音】 hu bei sheng

【基础词】

【定义】

中国的一个生产深色晾烟和白肋烟的烟区。

◎ 压力带

【基本信息】

【英文名】 pressure belts

【拼音】 ya li dai

【基础词】

【定义】

一种重型的分节式金属带，用于将烟叶压进切丝机的逐渐收缩的刀门形成紧密的块状或饼状。操作者必须确保烟叶始终均匀分布，使施加到烟块各个部分的压力均匀一致。

◎ 衰老

【基本信息】

【英文名】 senescence

【拼音】 shuai lao

【基础词】

【定义】

随着生长的停止和种子的形成，烟株开始逐渐死亡的过程。衰老从植株最低的两片叶开始，并逐渐向上延伸。叶片中的物质流出来能够被植株的其他部分利用，包括叶绿素，其结果是叶片变为黄色。衰老和成熟不能混淆，衰老是成熟的标志，是成熟所经历的过程。

【词条关系】

【类比】 成熟

◎ 配方明细表

【基本信息】

【英文名】 blend specifications

【拼音】 pei fang ming xi biao

【基础词】

【定义】

在一个配方中能够产生不同吃味特点的数量几乎是无限的，即使是在公认的口味趋势内。配方可能需要20～25种不同种类的烟叶。成品的质量越高，对有潜能的原材料的闻香、吃味和燃烧率及其外部特性如色泽、弹性、阴燃性和填充力的测试也就越重要。配方时也要考虑每次采收的烟叶质量变化。一种配方的确切组成通常是保密的，尽管它是通过市场调研、根据消费者需求确定后而制订的。配方明细表（也称为配方使用说明）决定一个特殊配方的精确组成。

◎ 烟草黑胫病菌

【基本信息】

【英文名】 *Phytophthora nicotianae* var. *nicotianae*

【拼音】 yan cao hei jing bing jun

【基础词】

【词条关系】

【导致】 黑胫病

◎ 施肥

【基本信息】

【英文名】 fertilisation

【拼音】 shi fei

【基础词】

【定义】

将植物营养物质（如氮、磷、钾、钙、镁等）以矿物质（矿肥）或有机肥料（农田肥、绿肥）的形式施入土壤中或者直接加到植株上（以液体或粉状）维持植物的生长和品质的提高。施肥的量和时间依赖于烟草的产量、类型及土壤中可利用的营养元素。施肥对烟草的产量和品质既有正面效果也有负面影响。氮、钾、镁、磷是施肥中最常使用的元素。钙肥必须在土壤的pH值较低的情况下才能使用。

【词条关系】

◎ 折茎线虫

【基本信息】

【英文名】 stem and bulb nematode

【拼音】 zhe jing xian chong

【基础词】

【定义】

一种能造成茎秆折断的线虫。

【词条关系】

【导致】 折茎病

◎ 分解代谢

【基本信息】

【英文名】 catabolism

【拼音】 fen jie dai xie

【基础词】

【词条关系】

【基本等同】 分解

◎ 除草剂

【基本信息】

【英文名】 herbicides

【拼音】 chu cao ji

【基础词】

【定义】

杀死杂草的农用化学品。选择性除草剂可控制与作物混生的杂草而不危害作物，非选择性除草剂则杀死所有植物。除草剂可进一步分为应用于土壤（残留性）可被根系吸收的除草剂和可能通过接触或转运而起作用的叶用除草剂。触杀型除草剂只杀死通过喷洒接触的植株或植株的一部分，因而对一年生杂草最有效，而且作用迅速。传导型除草剂被植物吸收后可在植株内移动，因而用于杀除多年生和深根性杂草。烟草使用的大多数除草剂是应用于土壤的除草剂，在移栽前与土壤混合或喷洒于土壤表面。

◎ 扎把烟叶

【基本信息】

【英文名】 tie leaf

【拼音】 zha ba yan ye

【基础词】

【定义】

用来把许多片烟叶的叶柄绑在一起的烟叶。

◎ 纤维

【基本信息】

【英文名】 fibres

【拼音】 xian wei

【基础词】

【定义】

纤维素纤维，卷烟纸的主要成分之一。

◎ 烟气递送量

【基本信息】

【英文名】 smoke delivery

【拼音】 yan qi di song liang

【基础词】

【定义】

在规定的抽吸制式下，卷烟所递送的烟气成分如焦油、烟碱的量。烟气递送量通常用标准吸烟机条件来进行测定，即每分钟吸 1 口，每口持续 2 s，抽吸 35 mL。

◎ 香气量

【基本信息】

【英文名】 amplitude

【拼音】 xiang qi liang

【基础词】

【定义】

(1)烟草香气总量或总强度，不考虑品质。

(2)烟草香气感官分析中用作指示香气总效应的术语，由一致的配料和一致的特征香韵一起考虑产生的结果。

◎ 胺类化合物

【基本信息】

【英文名】 amines

【拼音】 an lei hua he wu

【基础词】

【定义】

以氨基(—NH_2)为特征的一类有机化合物。醇化不好的烟叶或欠熟采收的烟叶燃烧时释放出的辛辣味的、恶臭味的化合物与这种胺类化合物有关。吃味良好的烟叶所含的挥发性胺类化合物极少。

◎ 凹版滚筒

【基本信息】

【英文名】 gravure cylinder

【拼音】 ao ban gun tong

【基础词】

【定义】

凹版印刷柱。印刷图案雕刻或蚀刻在铜制面板上，在其后面是镀有铬的凹版柱。

◎ 异花异株授粉

【基本信息】

【英文名】 xenogamy

【拼音】 yi hua yi zhu shou fen

【基础词】

【词条关系】

【基本等同】 异花受精

◎ 质量控制试验筛

【基本信息】

【英文名】 quality control test shaker

【拼音】 zhi liang kong zhi shi yan shai

【基础词】

【定义】

用于烟草质量控制试验的机器把烟叶剥离或切碎，烟末均匀地通过一套筛子，收集通过每一个筛子的烟末并称重，以品质指数的形式进行数据分析。

◎ 污斑

【基本信息】

【英文名】 spotting

【拼音】 wu ban

【基础词】

【定义】

烟叶、辅料、香精、料液和保润剂等都有可能渗透进卷烟纸而使烟支产生污点。如果烟支上出现很多污点，则称烟支产生了污斑。有些卷烟纸可以使烟支少产生污斑。环境条件对烟支产生污斑也有影响。

◎ 燃烧修饰剂

【基本信息】

【英文名】 burn modifier

【拼音】 ran shao xiu shi ji

【基础词】

【词条关系】

【子类】 柠檬酸盐

【基本等同】 燃烧添加剂

◎ 接装纸打孔

【基本信息】

【英文名】 tipping perforation

【拼音】 jie zhuang zhi da kong

【基础词】

【定义】

通过给接装纸打孔调控滤嘴通风的技术。

◎ 交错式叠放

【基本信息】

【英文名】 interleaved

【拼音】 jiao cuo shi die fang

【基础词】

【定义】

卷烟纸在卷烟纸小车内的叠放方式，每半张覆盖着下面一张，因此，每抽出一张就将下面一张的“尾巴”抽了出来，方便下次抽取。

◎ 气溶胶

【基本信息】

【英文名】 aerosol

【拼音】 qi rong jiao

【基础词】

【定义】

极小微粒(直径为 0.01～20 μm)液体的悬浮体或气体中的固体。

【词条关系】

【子类】 烟气气溶胶

◎ 叶组

【基本信息】

【英文名】 leaf groupings

【拼音】 ye zu

【基础词】

【词条关系】

【受影响(有关)】 叶位

◎ 卷烟包装纸板

【基本信息】

【英文名】 cigarette board

【拼音】 juan yan bao zhuang zhi ban

【基础词】

【定义】

用于卷烟硬盒及外包装的卡纸。

◎ 苗穴

【基本信息】

【英文名】 dibble

【拼音】 miao xue

【基础词】

【定义】

在集约化育苗中播种前在生长介质上压的痕迹，以确保种子落在播种孔的中心。

◎ 烟碱迁移

【基本信息】

【英文名】 nicotine migration

【拼音】 yan jian qian yi

【基础词】

【定义】

吸烟时烟草所含烟碱盐类分解，使得游离的烟碱能够迁移至主流烟气中。在主流烟气中的烟碱部分地富集于雪茄或卷烟的烟蒂中，使得烟蒂中的烟碱量在继续抽吸的过程中大量增加。

【词条关系】

【类比】 烟碱降解

【基本等同】 烟碱转移

◎ 进料槽

【基本信息】

【英文名】 feed chute

【拼音】 jin liao cao

【基础词】

【定义】

进料用的斜槽。进料槽与干燥、润叶或加料滚筒的入口端相连，用于喂料。

【词条关系】

【用于】 喂料

◎ 堆垛

【基本信息】

【英文名】 palletizing

【拼音】 dui duo

【基础词】

【定义】

把货物放上货盘。

◎ 行间松土

【基本信息】

【英文名】 busting the middle

【拼音】 hang jian song tu

【基础词】

【定义】

烤烟栽培期间在两行之间松土的术语。

◎ 香料烟包堆垛法

【基本信息】

【英文名】 plaka

【拼音】 xiang liao yan bao dui duo fa

【基础词】

【定义】

发酵后堆积烟草包的标准方法。

◎ 定色期

【基本信息】

【英文名】 fixing

【拼音】 ding se qi

【基础词】

【定义】

烟叶烘烤的第二个时期，通过迅速排除环境中的水气，以达到所需要的第一时期颜色的固定。

◎ 风力送丝

【基本信息】

【英文名】 pneumatic feed

【拼音】 feng li song si

【基础词】

【定义】

用风力将烟丝送至卷烟机。

◎ 局部内吸型抑芽剂

【基本信息】

【英文名】 contact-local systemics

【拼音】 ju bu nei xi xing yi ya ji

【基础词】

【定义】

一种烟草抑芽剂。

【词条关系】

【类属】 抑芽剂

◎ 钟形抽吸烟曲线图

【基本信息】

【英文名】 bell-shaped puff profile

【拼音】 zhong xing chou xi yan qu xian tu

【基础词】

【定义】

压力或气流对一口抽吸时间的关系曲线，其图形为钟形。这种吸烟曲线图在自动抽吸烟机上绘出，利用压力转化器度量。

【词条关系】

【关键指标】 抽吸口数

◎ INCOM 烟草膨胀方法

【基本信息】

【英文名】 Inertgas Compressior; Incom-system

【拼音】 INCOM yan cao peng zhang fang fa

【基础词】

【定义】

烟丝膨胀方法，烟丝在高压(100 MPa 以上)下用氮气浸渍，解压后冷却的烟丝通过一条蒸汽隧道，其间温度迅速升至 90 ℃，导致组织膨胀。

【词条关系】

【类属】 膨胀

◎ 乙酰甲胺磷

【基本信息】

【英文名】 acephate

【拼音】 yi xian jia an lin

【基础词】

【定义】

一种具有内吸和触杀作用的有机磷酸杀虫剂。乙酰甲胺磷广泛用于防治烟草蚜虫、鳞翅目幼虫和跳甲。

【词条关系】

【用于】 蚜虫

【用于】 烟草跳甲

【用于】 鳞翅目幼虫

【类属】 有机磷杀虫剂

◎ 丁酸

【基本信息】

【英文名】 butyric acid

【拼音】 ding suan

【基础词】

【定义】

烟叶和主流烟气中产生的有机酸。

◎ 烟支重量

【基本信息】

【英文名】 cigarette weight

【拼音】 yan zhi zhong liang

【基础词】

【定义】

(1)单支烟的重量,因卷烟规格而异。一支长 84 mm 的滤嘴卷烟的平均重量为 1 g,烟丝的重量占滤嘴卷烟重量的 75%或更多。

(2)在加工过程中通过测定烟条的平均密度,不断地间接测量卷烟重量。过轻和过重的卷烟随后在该加工过程中被剔除。通过称量卷烟样品的重量来对这些在线过程控制进行校核。卷烟重量的变化通常是由所含烟丝量造成的,差距 20 mg 以上就能够显著地影响卷烟的抽吸口数、燃烧性及焦油和烟碱量。

◎ 混配

【基本信息】

【英文名】 blending

【拼音】 hun pei

【基础词】

【定义】

按照精确的配方单,将不同类型烟草进行混合以获得有特点的协调的配方。烟叶配方的数量几乎是无限的,但都会受到一些基本因素的影响,如成品烟的销售价格,如不进行处理须具有良好的燃烧率,不加料的制品抽起来应醇和且芳香等。就烟丝而言,混配有时候是在切丝以后进行的,或是在烘丝与冷却之间,或是在冷却之后。虽然按照这种方式可以进行混配,但不如切丝之前的混配彻底。

◎ 卷条机

【基本信息】

【英文名】 rod maker

【拼音】 juan tiao ji

【基础词】

【词条关系】

【同义】 制烟条机

◎ 薄荷型鼻烟

【基本信息】

【英文名】 mentholated snuff

【拼音】 bo he xing bi yan

【基础词】

【定义】

加薄荷的鼻烟。

【词条关系】

【类属】 鼻用鼻烟

◎ 单性生殖

【基本信息】

【英文名】 parthenogenesis

【拼音】 dan xing sheng zhi

【基础词】

【定义】

从未受精的胚珠形成有发芽力的种子的现象。黄花烟草、林烟草和大叶烟草都会出现单性生殖。

◎ 超淡卷烟

【基本信息】

【英文名】 ultra light cigarettes

【拼音】 chao dan juan yan

【基础词】

【定义】

焦油和烟碱量极低的卷烟的统称。

【词条关系】

【类属】 淡味卷烟

◎ 印刷薄膜

【基本信息】

【英文名】 printed foil

【拼音】 yin shua bao mo
【基础词】
【定义】
烟盒或条盒的外包薄膜，上面印有条形码等。

◎ 紧头

【基本信息】
【英文名】 dense ends
【拼音】 jin tou
【基础词】
【定义】
用现代卷烟机制造的卷烟的末端，包在其中的烟丝比烟支其他部分的烟丝紧密，以便减少在随后的加工或包装过程中烟支末端的烟丝脱落的可能性。紧头是由被称为平准器的装置加工制成的。

◎ 外包装

【基本信息】
【英文名】 wrapper
【拼音】 wai bao zhuang
【基础词】
【定义】
卷烟或类似产品的外包装。
【词条关系】
【子类】 盒包装
【子类】 条包装

◎ 平淡

【基本信息】
【英文名】 flat
【拼音】 ping dan
【基础词】
【定义】
评吸人员使用的术语。用于描述烟草制品或烟气使人既无愉悦感也无厌恶感，即吃味相对平淡无味。
【词条关系】

◎ 斑疱

【基本信息】
【英文名】 blotch
【拼音】 ban pao
【基础词】
【词条关系】
【导致】 疮痂病

◎ 涂淀粉胶装置

【基本信息】
【英文名】 starch applicator
【拼音】 tu dian fen jiao zhuang zhi
【基础词】
【词条关系】
【类属】 加胶装置

◎ 一氧化碳

【基本信息】
【英文名】 carbon monoxide
【拼音】 yi yang hua tan
【基础词】
【定义】
一种无色、无臭、有毒、较空气稍轻的气体。当该气体与大气中的氧气一同吸入时，它即以与氧类似的方式与血液中的携氧分子——血红蛋白可逆结合。由于一氧化碳与血红蛋白的亲和力较氧气高 300 倍，氧气被逐渐排出，机体组织会因缺氧而窒息，即使在一氧化碳浓度相对较低时也是如此。一氧化碳在浓度为 0.01%时与血红蛋白结合效率降低；浓度为 0.4%时，1 小时内就可致命。卷烟抽吸过程中因碳不完全燃烧产生一氧化碳的数量不定，不过总的来说量很少。采用稀释方法，如使用多孔卷烟纸，可以减少卷烟烟气中的一氧化碳。
【词条关系】
【化学式】 CO

◎ 分析

【基本信息】
【英文名】 analysis
【拼音】 fen xi
【基础词】
【定义】
对物质如烟草和烟气中化学成分的定性和定量测定。定性分析提供化学物质存在的类型信息，而定量分析则记录其百分含量。分析在烟草和烟气研究与质量控制中起重要作用。
【词条关系】
【子类】 化学分析

【子类】 烟气分析

◎ 层流

【基本信息】

【英文名】 laminar flow

【拼音】 ceng liu

【基础词】

【定义】

液体流量，如卷烟测试中的气流。根据通过卷烟烟支或滤棒压降成比例地变化。在抽吸范围内卷烟和滤棒的压降值与空气流的速率呈线性比例。

【词条关系】

【关键指标】 压力差

◎ 烟草控制框架公约

【基本信息】

【英文名】 Framework Convention on Tobacco Control

【拼音】 yan cao kong zhi kuang jia gong yue

【基础词】

【定义】

烟草控制框架公约是由世界卫生组织(WHO)发起制订的并由其成员通过多年政府间谈判而最终形成的国际健康公约，旨在保护当代和后代免受烟草消费和避免接触烟草烟雾。该公约于2003年5月20—21日召开的第56届世界卫生大会上由192个成员一致通过，接着由WHO成员、非WHO成员但为联合国成员、地区经济一体化组织正式签署。它于2005年2月27日正式生效，对所有国家均具法律约束力。

【词条关系】

【英文缩写】 FCTC

◎ 带式铸浆法

【基本信息】

【英文名】 band cast process

【拼音】 dai shi zhu jiang fa

【基础词】

【定义】

生产烟草薄片的方法，也称作铸浆或稠浆法。在制作过程中，碎烟末料浆与黏合剂一起摊在环形钢带上进行干燥。这种产品一般被称作均质烟叶，以盘纸的形式用作雪茄烟外包皮，或以叶片的形式在卷烟生产中与天然去梗叶片混配使用。

◎ 抗旱性

【基本信息】

【英文名】 drought resistance

【拼音】 kang han xing

【基础词】

【定义】

烟草植株在严重缺水时期的存活能力，是烟草特别是阔叶品种的一种重要特性，是烟草依靠强壮的根系抵挡由当地气候条件(即夏季降水量少)或异常天气(即该下雨时不下)造成的干旱的能力。香料烟更需要适度的水分。抗旱性可通过测量吸收力来测定。

◎ 烘丝滚筒

【基本信息】

【英文名】 roasting drum

【拼音】 hong si gun tong

【基础词】

【词条关系】

【隶属于】 烘丝机

◎ 西洋参

【基本信息】

【英文名】 panax quinquefolius

【拼音】 xi yang shen

【基础词】

【词条关系】

【类属】 人参

◎ 蛋白酶

【基本信息】

【英文名】 proteases

【拼音】 dan bai mei

【基础词】

【定义】

烟叶中分解蛋白质的一类酶。蛋白质分解主要发生在调制期间，在烤烟过程中分解较快，在晾烟过程中分解较慢。如果不发生蛋白质分解，烟叶的持火能力和香味都较差。

【词条关系】

【类属】 酶

◎ 扩散系数

【基本信息】

【英文名】 diffusion coefficient

【拼音】 kuo san xi shu

【基础词】

【定义】

菲克扩散定律中常数的组成部分，表明液体或气体的消耗。其定义为当浓度梯度一致时在单位时间内通过单位面积平面的液体或气体量，测量单位是 m^2/s。抽吸卷烟时，卷烟烟气中的较轻气体如一氧化碳从烟支内扩散到大气中，这种扩散受许多因素的影响，包括卷烟纸透气度、烟气流速(抽吸参数)、烟支圆周和长度等。一般通过卷烟纸测量气体如一氧化碳的扩散系数。

◎ 接装纸宽度

【基本信息】

【英文名】 tipping width

【拼音】 jie zhuang zhi kuan du

【基础词】

【定义】

(1) 从卷烟的嘴端到接装纸另一端的距离。

(2) 接装纸盘的横向距离。它是烟支上接装纸宽度的 2 倍(滤嘴长度加上接装纸覆盖在烟支上的长度)。

◎ 软腐欧氏杆菌

【基本信息】

【英文名】 *Erwinia caratovora*

【拼音】 ruan fu ou shi gan jun

【基础词】

【定义】

一种烟草致病细菌，通过产生大量的果胶酶，使烟草空胫、软腐、黑脚及窒腐。

【词条关系】

【导致】 空胫病

【导致】 黑脚病

【导致】 窒腐病

◎ 烟丝宽度

【基本信息】

【英文名】 cut tobacco width

【拼音】 yan si kuan du

【基础词】

【定义】

工艺规定要求的切后烟丝的宽度。

◎ 湿度

【基本信息】

【英文名】 humidity

【拼音】 shi du

【基础词】

【定义】

物质尤其是空气中的水分含量，可用绝对值(单位空气重量中水的实际重量)或相对值[水分含量以给定温度条件下最大可能湿度(饱和湿度)的百分数表示]表示。

【词条关系】

【子类】 空气湿度

◎ 单丝

【基本信息】

【英文名】 filament

【拼音】 dan si

【基础词】

【定义】

醋纤丝束的单个纤维。纤维的截面形状显著地影响其构成滤棒的有效性。

【词条关系】

【关键指标】 截面

◎ 少耕法

【基本信息】

【英文名】 minimum tillage

【拼音】 shao geng fa

【基础词】

【定义】

使土壤耕作降低到最少的耕作方法，尤指为新播种准备苗床时，不进行犁地。少耕法具有改善土壤结构、防止土壤侵蚀、降低土壤耕作费用的优点。其缺点是有增加杂草生长和增加一些病害(土生真菌)的危险，以及不能把化肥和有机物混合施到生根区。

◎ 卸盘机

【基本信息】

【英文名】 tray unloader

【拼音】 xie pan ji
【基础词】
【定义】
当烟盘到达卷烟包装机时，将卷烟等从烟盘中取出的机器。
【词条关系】
【用于】 烟盘

◎ 发酵过度

【基本信息】
【英文名】 over-fermentation
【拼音】 fa jiao guo du
【基础词】
【定义】
如果温度升得太高或者施加到烟叶上的压力太大，在烟叶发酵期间会发生的一种现象。叶子呈暗色，有时几乎是黑色，它的燃烧性减弱，弹性和结构被破坏，成为“死叶”。在一些施加压力太大和烟叶过度潮湿的部位，可能形成油斑。

◎ 涂布器

【基本信息】
【英文名】 applicator
【拼音】 tu bu qi
【基础词】
【定义】
用于制造过程中分配物质（通常是液体）的装置。例如，在卷烟生产或包装过程中，对烟纸和相似材料使用的黏合剂施加器（黏合装置）。
【词条关系】
【基本等同】 加胶装置

◎ 蒸馏产物

【基本信息】
【英文名】 distillation products
【拼音】 zheng liu chan wu
【基础词】
【定义】
抽吸时烟草中基本上没有变化地转移到烟气里的成分。

◎ 干燥机

【基本信息】
【英文名】 drier
【拼音】 gan zao ji
【基础词】
【定义】
加工过程中从烟草或烟制品中提取水分的生产线或设备，或者是调节烟草中的水分含量的设备，从而使烟草或烟制品能够被包装、复烤、销售或贮存。
【词条关系】
【子类】 气流式干燥机
【子类】 加料烟片干燥机
【子类】 带式干燥机

◎ 缝烟

【基本信息】
【英文名】 stringing
【拼音】 feng yan
【基础词】
【定义】
用针将收获的烟叶按固定的间隔穿到线上（经常是双股棉线）。这样，烟叶就可以挂起来进行调制。一般是从烟叶的主脉基部处刺穿。尽管可以使用缝烟机，但由于这项工作包含大量的人工劳动，所以经常还是用手工操作。
【词条关系】
【类属】 香料烟原烟打包方法

◎ 叶跳虫

【基本信息】
【英文名】 leaf hoppers
【拼音】 ye tiao chong
【基础词】
【定义】
传递烟叶支原体疾病如翠菊黄化病、僵顶病和黄矮病的吸汁昆虫。
【词条关系】
【导致】 翠菊黄化病
【导致】 僵顶病
【导致】 黄矮病

◎ 撕裂强度

【基本信息】
【英文名】 tearing strength
【拼音】 si lie qiang du
【基础词】

【定义】

将一片纸、薄膜、烟叶、重组烟草等撕开一个裂缝所需要的力的大小，为几次试验的平均值，是确定一种材料是否适合用于卷烟生产(特别是作为卷烟纸和包装材料)的重要指标。

【词条关系】

【基本等同】 破裂强度

◎ 烟碱口香糖

【基本信息】

【英文名】 nicotine-based chewing gum

【拼音】 yan jian kou xiang tang

【基础词】

【定义】

一种供抽烟者在禁烟区或密闭区食用的口香糖，以获得他们平常从卷烟中才能获得的烟碱。

【词条关系】

【类比】 口含烟

◎ 吸烟套具

【基本信息】

【英文名】 smoking set

【拼音】 xi yan tao ju

【基础词】

【定义】

吸烟者所需要的成套用具，包括雪茄和卷烟盒(筒)、烟罐、带有装饰的火柴盒架、台式打火机、烟灰缸等，也可能还包括一张专供吸烟用的桌子。

【词条关系】

【类属】 吸烟者所需的配件

◎ 模块化带

【基本信息】

【英文名】 modular belt

【拼音】 mo kuai hua dai

【基础词】

【定义】

一种由同类的单个模块组成的环形带。模块化带由生理学惰性的注射模型塑料制成，用塑料或不锈钢制的连接件连接而成。这些塑料模块可具有特殊的孔或外形以适应不同的用途。

◎ 棕色化

【基本信息】

【英文名】 browning

【拼音】 zong se hua

【基础词】

【定义】

调制、陈化或发酵期间发生的一种化学反应。棕色化期间，会产生许多对烟气香味有重要作用的物质，如酮类、呋喃类、吡嗪类。

◎ 称重输送带

【基本信息】

【英文名】 weighing conveyors

【拼音】 cheng zhong shu song dai

【基础词】

【定义】

在烟叶制丝加工的最后混合阶段使用的输送装置，能够在输送烟草的同时给烟草称重。

◎ 植物胶

【基本信息】

【英文名】 vegetable gum

【拼音】 zhi wu jiao

【基础词】

【定义】

来自植物的一种胶，用于胶黏卷烟和雪茄，如糊精。

【词条关系】

【子类】 糊精

◎ 带式分流器

【基本信息】

【英文名】 belt diverter

【拼音】 dai shi fen liu qi

【基础词】

【定义】

从主输送带把小包等分类转移到侧输送带上的装置。

◎ 均聚胶黏剂

【基本信息】

【英文名】 homo-polymer adhesive

【拼音】 jun ju jiao nian ji

【基础词】

【定义】

一种用单独的单体单位A生产的原始材料。这些黏合剂常以合成乳胶/分散剂的形式用于聚乙烯醋酸纤维。

◎ 溴甲烷

【基本信息】

【英文名】 methyl bromide

【拼音】 xiu jia wan

【基础词】

【定义】

一种熏蒸剂。这种熏蒸剂通常在压力条件下装于钢瓶或罐中，其沸点为 3.6 ℃，比空气重 3.8 倍，一般用作控制杂草和线虫的土壤熏蒸剂。但是，由于它是一种破坏臭氧的物质，按照《统一国际航空运输某些规则的公约》(蒙特利尔公约)的规定正逐步被淘汰。

【词条关系】

【类属】 熏蒸剂

◎ 自熄烟

【基本信息】

【英文名】 self-extinguishing cigarette

【拼音】 zi xi yan

【基础词】

【定义】

旨在减少吸烟引起火灾风险的产品。如果吸烟者几秒钟不吸的话，这种烟就会自动熄灭。

◎ 卸料区

【基本信息】

【英文名】 discharge zone

【拼音】 xie liao qu

【基础词】

【定义】

加工或贮存设备的卸料端或放料区，如复烤机的真空回潮或加湿区之后的区域。

◎ 茄尼醇

【基本信息】

【英文名】 solanesol

【拼音】 qie ni chun

【基础词】

【定义】

烟叶中大量存在的一种萜烯类化合物。烟叶在调制过程中，在酶的作用下，茄尼醇的含量达到 0.4%～3%。茄尼醇含量可以用来判定烟叶调制的进程，同时它还影响烟气的香味。茄尼醇是烟气中许多多环芳烃的前体物。

【词条关系】

【类属】 萜烯类

【化学式】 $C_{45}H_{74}O$

◎ 研究与开发

【基本信息】

【英文名】 research and development

【拼音】 yan jiu yu kai fa

【基础词】

【定义】

与烟草有关的研究与开发集中于 3 个主要领域：①农业，主要为遗传学、育种、农业栽培与机械化；②工业，主要集中在加工工艺、机器、材料、测量技术和新产品开发等方面；③烟草化学，主要包括烟草和烟气成分分析技术、烟气过滤和烟气的生理效应等。

【词条关系】

【概念-实例】 中国烟草总公司郑州烟草研究院

◎ 乙酰茴香醚

【基本信息】

【英文名】 acetanisole

【拼音】 yi xian hui xiang mi

【基础词】

【定义】

具有枯草味的无色晶体或结晶物，可用作烟草香料。

【词条关系】

【用于】 烟用香料

◎ 双轴定向聚丙烯

【基本信息】

【英文名】 biaxially oriented polypropylene

【拼音】 shuang zhou ding xiang ju bing xi

【基础词】

【词条关系】

【英文缩写】 BOPP

◎ 点火轮

【基本信息】

【英文名】 ignition wheel

【拼音】 dian huo lun

【基础词】

【定义】

打火机上锯齿状的金属轮，摩擦燧石时产生

火花。

◎ 风选装置

【基本信息】

【英文名】 winnower

【拼音】 feng xuan zhuang zhi

【基础词】

【定义】

卷烟机上用来分离烟丝中重的物料的装置。一般来说,风选的目的是去除烟梗等。

◎ 育种家种子

【基本信息】

【英文名】 breeder seed

【拼音】 yu zhong jia zhong zi

【基础词】

【定义】

育种家育成的遗传性状稳定,具有特异性、一致性的品种的最初一批烟草种子。

◎ 加香鼻烟

【基本信息】

【英文名】 flavoured snuff

【拼音】 jia xiang bi yan

【基础词】

【定义】

经过香味物质数量控制处理的鼻烟。

◎ 假塑性流变学

【基本信息】

【英文名】 pseudoplastic rheology

【拼音】 jia su xing liu bian xue

【基础词】

【定义】

胶黏剂黏性随着剪切率的增加而减少的定律。

◎ 甘草

【基本信息】

【英文名】 liquorice

【拼音】 gan cao

【基础词】

【定义】

甘草糖及其相关产品来源,甘草属植物洋甘草根系的天然水提物,可作为增香剂或甜味剂使用,以生津或协调香味。甘草糖的优点包括降低粗糙性和掩盖不同类型烟叶的一些特性缺陷,它还能降低口腔和咽喉的干燥感,改善持湿性。生产过程中,甘草糖在加料时可作为表面活性剂,提高烟叶细胞对香味料的均匀吸收率,它的物理形式对品质和浓度没有影响。

◎ 蝗虫

【基本信息】

【英文名】 grasshoppers

【拼音】 huang chong

【基础词】

【定义】

有几种蝗虫,通过吃烟叶对烟草造成严重的危害(尽管有限)。尤其对田边烟苗和幼小的植株影响更大。通过喷洒有机磷可以控制蝗虫类。

【词条关系】

【类属】 烟草害虫

◎ 置信区间

【基本信息】

【英文名】 confidence interval

【拼音】 zhi xin qu jian

【基础词】

【定义】

统计分布曲线上的区间,在这个区间范围内一个指定值预期会以一定的概率出现。例如,在95%的置信区间内指定值出现的概率为95%。在烟草等产品的统计分析及加工质量测定中,置信区间非常重要。

◎ 检测

【基本信息】

【英文名】 inspection

【拼音】 jian ce

【基础词】

【定义】

在卷烟生产过程中在指定工序对卷烟质量进行的质量监测。检测程序可以在线控制进行,也可取样后离线进行。

◎ 疫病真菌

【基本信息】

【英文名】 *Phyllosticta nicotianae*

【拼音】 yi bing zhen jun

【基础词】

【定义】

引致烟草斑点病的病原真菌。

【词条关系】

【导致】 烟草斑点病

◎ 德国

【基本信息】

【英文名】 Germany

【拼音】 de guo

【基础词】

【定义】

中欧国家,生产烤烟和相对较少的白肋烟及深色烟。德国除了是烟草生产的重要基地外,也是烟草工业的烟草机器及设备的主要生产地点。

◎ 中草药

【基本信息】

【英文名】 Chinese herbal medicine

【拼音】 zhong cao yao

【基础词】

【定义】

中草药是中华医学的重要组成部分,它是指根据中医理论来治疗人类疾病的一切植物及其提取物的总称。中国是一个有着悠久历史和文化的国家,中草药对人类的健康做出过巨大的贡献。为充分利用中草药和降低吸烟对人类的危害,中国研究人员将中草药及其提取物添加到卷烟中,一方面直接降低烟气中的有害成分含量,另一方面药物中的有效成分可直接被人体吸收,治疗某些疾病。常见的用于卷烟的中草药如下:①罗布麻——夹竹科植物罗布麻(*Apocynum venetum* L.)的干燥叶;②灵芝——多孔菌科植物灵芝[*Ganodenma lucidum* (*Leyss*, *exFr.*) *Karst*]、紫芝[*Ganodenma japonicum* (*Fr.*) *Lloyd*]的子实体;③当归——伞形植物当归[*Angelica sinensis* (*Oliv.*) *Diels*]的干燥根;④大黄——蓼科植物掌叶大黄(*Rheum palmatum* L.)、唐古特大黄(*Rheum tanguticum Maxim. exReg.*)或药用大黄(*Rheum officinale Baill.*)的干燥根和根茎;⑤枸杞——茄科植物宁夏枸杞(*Lycium barbarum* L.)的干燥成熟果实;⑥甘草——豆科植物甘草(*Glycyrrhiza uralensis Fisch.*)、胀果甘草(*Glycyrrhiza inflata Bat.*)或光果甘草(*Glycyrrhiza glabra* L.)的干燥根及根茎;⑦姜黄——姜科植物姜黄(*Curcuma longa* L.)的干燥根茎;⑧银杏叶——银杏科植物银杏(*Ginkgo biloba* L.)的叶。

【词条关系】

【子类】 罗布麻

【子类】 灵芝

【子类】 当归

【子类】 大黄

【子类】 枸杞

【子类】 甘草

【子类】 姜黄

【子类】 银杏叶

◎ 硝酸钠

【基本信息】

【英文名】 sodium nitrate

【拼音】 xiao suan na

【基础词】

【定义】

用来增加烟草生长过程中氮素含量的化肥。硝酸钠既可以在烟草播种前使用,也可以在烟草生长期作追肥使用。

【词条关系】

【类属】 氮肥

◎ 吡虫啉

【基本信息】

【英文名】 imidacloprid

【拼音】 bi chong lin

【基础词】

【定义】

烟酸氯组系统杀虫剂,控制刺吸式害虫包括蚜虫、蓟马和粉虱产生的虫害。应用于固定模型中生长的烟叶幼苗时,在大田的长期持续控制能力可达两个月。

【词条关系】

【类属】 杀虫剂

◎ 腐殖质含量

【基本信息】

【英文名】 humus content

【拼音】 fu zhi zhi han liang

【基础词】

【定义】

根据气候、地质因素和栽培措施的不同，土壤腐殖质含量一般为 1.5%～4.0%。在湿润气候下，腐殖质含量可能较低；沼泽土壤腐殖质含量较高。每年有 1%～2%的土壤腐殖质代谢（分解和重组），土壤碳氮比是关键因素：通常为 8∶1～10∶1。比例低时速效氮将被消耗，比例高时氮将会被土壤腐殖质固定（结合）。腐殖质含量高意味着每年有大量的氮可供植株根系利用，因而作物产量较高。腐殖质能以有机物质如植株或动物残余物的形式加入，正常情况下每 3 年为一个循环时可输入干物质 5～10 t/ha。

◎ 醇化期

【基本信息】

【英文名】 ageing

【拼音】 chun hua qi

【基础词】

【定义】

复烤与制丝之间的一段时间。醇化后的烟叶内部发生重要的有益变化，烟气特性得到增强。

◎ 打叶效率

【基本信息】

【英文名】 threshing efficiency

【拼音】 da ye xiao lü

【基础词】

【定义】

烟叶通过打叶后得到的烟叶的量。

◎ 丁香假单胞杆菌烟草致病变种

【基本信息】

【英文名】 *Pseudononas syringae* pv. *Tabaci*

【拼音】 ding xiang jia dan bao gan jun yan cao zhi bing bian zhong

【基础词】

【定义】

引起野火病和角斑病的细菌。

【词条关系】

【导致】 野火病

【导致】 烟草角斑病

◎ 仓库

【基本信息】

【英文名】 storage warehouse

【拼音】 cang ku

【基础词】

【定义】

在出售、处理和运输前后用于储存原料或商品的建筑物。仓库经常因货物类别不同而不同。烟草仓库主要用于烟叶醇化和贮存制成品。

◎ 抽吸制式

【基本信息】

【英文名】 smoking regime

【拼音】 chou xi zhi shi

【基础词】

【定义】

吸烟机抽吸卷烟的方式。抽吸制式规定了每口抽吸的体积、持续时间、抽吸的频率和烟蒂长度等，也可能规定附加条件，如是否为限制性抽吸，滤嘴通风区是否封堵等。

【词条关系】

【用于】 吸烟机

【关键指标】 限制性吸烟

【子类】 标准吸烟法

【子类】 加拿大深度抽吸

◎ 芸苔油壶菌

【基本信息】

【英文名】 *Olpidium brassicae*

【拼音】 yun tai you hu jun

【基础词】

【定义】

引起幼苗疫病的油壶菌属真菌。

【词条关系】

【导致】 幼苗枯萎病

【导致】 烟草坏死病毒病

◎ 真空包装

【基本信息】

【英文名】 vacuum packing

【拼音】 zhen kong bao zhuang

【基础词】

【定义】

包装过程中将包装内的空气抽除使之形成真空，以延长产品保质期的一种包装方法。

◎ 醋酸盐(酯)

【基本信息】

【英文名】 acetate

【拼音】 cu suan yan (zhi)

【基础词】

【定义】

用于制造醋酸纤维和滤嘴丝束的原材料。

【词条关系】

【用途】 醋酸短纤维

【用途】 滤嘴丝束

◎ 挥发油

【基本信息】

【英文名】 volatile oils

【拼音】 hui fa you

【基础词】

【词条关系】

【类属】 精油

◎ 加料滚筒

【基本信息】

【英文名】 casing drum

【拼音】 jia liao gun tong

【基础词】

【定义】

(1) 用来给烟草加料的滚筒。

(2) 内部装有喷嘴的旋转滚筒，主要用于吸用烟叶加工中向混配叶组添加料液。该装置常与配叶机和润叶机相连。

◎ 自动材料输送系统

【基本信息】

【英文名】 automatic material transport system

【拼音】 zi dong cai liao shu song xi tong

【基础词】

【定义】

类似于 AGVS 的一种材料装卸系统，常常包括一个传送装置系统，用于把材料从贮存点移动到使用地点。

【词条关系】

【类比】 自导运载车系统

【英文缩写】 AMTS

◎ 滥用

【基本信息】

【英文名】 abuse

【拼音】 lan yong

【基础词】

【定义】

对某种物质的不当使用，尤指过量使用。

◎ 羟基丁二酸

【基本信息】

【英文名】 malic acid

【拼音】 qiang ji ding er suan

【基础词】

【定义】

苹果酸。

【词条关系】

【同义】 苹果酸

【化学式】 $C_4H_6O_5$

◎ 抽吸间隔

【基本信息】

【英文名】 puff interval

【拼音】 chou xi jian ge

【基础词】

【定义】

一次抽吸开始和下一次抽吸开始之间的时间。

◎ 焦油递送量

【基本信息】

【英文名】 tar delivery

【拼音】 jiao you di song liang

【基础词】

【词条关系】

【取决】 焦油量

◎ 水渍烟叶

【基本信息】

【英文名】 water stained

【拼音】 shui zi yan ye
【基础词】
【定义】
颜色全部或部分呈褐色，薄甚至几乎透明的烤烟叶片。这种“水渍”现象的出现是由于叶片采收时含水量太高引起的，在调制阶段也无法弥补。这对烟气质量有不利影响。

◎ 抽吸模仿机

【基本信息】
【英文名】 puff duplicator
【拼音】 chou xi mo fang ji
【基础词】
【定义】
一种特殊的吸烟机，其抽吸参数可以改变，以复制出某个具体抽烟者的抽吸参数。

◎ 水烟袋

【基本信息】
【英文名】 hookah
【拼音】 shui yan dai
【基础词】
【定义】
亚洲、中东、非洲等地区的水烟袋的统称，其特征是都有一个装水容器。烟气从烟锅经过管道进入装水的容器并通过水被冷却和纯化，然后再进入抽吸者口里。

◎ 增香

【基本信息】
【英文名】 flavour enhancement
【拼音】 zeng xiang
【基础词】
【定义】
把香料加到烟丝中。通常用酒精和丙二醇作溶剂，在初加工结束时喷到烟丝上。

◎ 磷化氢

【基本信息】
【英文名】 hydrogen phosphide
【拼音】 lin hua qing
【基础词】
【定义】
无色、有毒的气体，常用于熏蒸杀死贮藏烟草中的烟草甲虫和烟蛾。它通常以磷化镁或磷化铝的形式来进行杀虫。在密封熏蒸的房间、密封船运集装箱或被覆盖的烟草垛和在空气不能透过的密封覆盖物下，这些磷化物和空气中的湿气(水)起反应并释放出一种有杀虫力的气体而杀死害虫。
【词条关系】
【类比】 磷化铝
【类比】 磷化镁
【化学式】 PH_3
【用途】 熏蒸

◎ 发芽力

【基本信息】
【英文名】 germinating capacity
【拼音】 fa ya li
【基础词】
【定义】
种子的发芽能力，为正常发芽种子数占供检种子总数的比率。烟草种子的发芽力应该在85%～95%的范围内。
【词条关系】
【基本等同】 发芽势

◎ 库存周转

【基本信息】
【英文名】 stock rotation
【拼音】 ku cun zhou zhuan
【基础词】
【定义】
库存物资的定期周转。应该遵循先进先出的原则，以保证合理地使保存期限接近一致。

◎ 干燥定型设备

【基本信息】
【英文名】 drying and pressing equipment
【拼音】 gan zao ding xing she bei
【基础词】
【定义】
雪茄、小雪茄和方头雪茄的定型机器。可使其水分含量达到最终规定量。

◎ 卷曲指数

【基本信息】
【英文名】 crimping index

【拼音】 juan qu zhi shu
【基础词】
【定义】
卷曲丝束原来的长度与拉直后无卷曲的丝束长度之比。卷曲是制造滤棒所用的醋纤丝束的一种特性。卷曲指数取决于该丝束的加工特性，能影响滤棒的质量和性能。

◎ 舌头

【基本信息】
【英文名】 tongue
【拼音】 she tou
【基础词】
【定义】
卷烟机的一个零件，该部位能将烟丝集中起来并引导烟丝流向被卷烟纸包裹起来的位置。
【词条关系】
【隶属于】 卷烟机

◎ 贮丝房

【基本信息】
【英文名】 rag store
【拼音】 zhu si fang
【基础词】
【定义】
贮存烟丝的地方。烟丝贮存可使其含水量和加香达到平衡，贮存的烟丝也可作为一种缓冲平衡制丝和卷包之间的烟丝流量。

◎ 电打火机

【基本信息】
【英文名】 electric lighter
【拼音】 dian da huo ji
【基础词】
【定义】
用电能点燃气体燃料时，所有这些点燃器的通用名。
【词条关系】
【子类】 石英引燃
【子类】 太阳能引燃
【子类】 电池引燃

◎ 扫描仪

【基本信息】
【英文名】 scanner
【拼音】 sao miao yi
【基础词】
【定义】
卷烟制造过程中用来检测烟支密度的仪器。扫描仪经常根据 β 射线吸收的原理工作，通过调节修剪装置或改变料斗速度自动调节烟支的填充密度。

◎ 蓬松

【基本信息】
【英文名】 fluffing
【拼音】 peng song
【基础词】
【词条关系】
【取决】 膨胀程度

◎ 黑胫病

【基本信息】
【英文名】 black shank
【拼音】 hei jing bing
【基础词】
【定义】
由寄生疫霉菌属的烟草黑胫病菌引起的所有烟草类型的主要真菌病害。幼苗和成长烟株均可发病，其病症特点是叶片变黄，根和茎基部变黑，在许多情况下，髓部裂成碟片状。防治主要靠作物轮作，种植抗病品种，但也可以采取土壤熏蒸(例如，用溴甲烷防治根接线虫)措施或使用杀菌剂。
【词条关系】
【基本等同】 烟草黑胫病菌

◎ 立枯病

【基本信息】
【英文名】 sore shank
【拼音】 li ku bing
【基础词】
【定义】
由某些土壤传播的立枯菌真菌小种引起的烟草普遍发生的病害。不过通常为害并不严重。可能造成严重的经济损失。该病在嫩苗、幼株和大田植株上均会发生，引起茎坏死。与烟草黑胫病相反，立枯病病斑内部干燥，呈褐色。病害能够引起受害植株死亡，或外观呈现明显的恢复，但其茎秆变弱。大的烟株感染后会倒伏(茎变扁)。防治这一病害的最好方法是消灭苗床中或温室盆栽基质中的病原菌。

◎ 上胶

【基本信息】

【英文名】 gumming

【拼音】 shang jiao

【基础词】

【定义】

把卷烟纸绕着卷烟棒粘贴在一起的胶。胶黏性差是烟草生产常见错误之一。

◎ 缓冲装置

【基本信息】

【英文名】 buffer

【拼音】 huan chong zhuang zhi

【基础词】

【定义】

放在配合输出的两个相连机器之间以调节不平衡的缓冲装置。通常缓冲装置处于半负荷状态,这样即使另一台机器停下来,相连的这台机器也能继续运行。缓冲装置的大小由机器速度、效率和预期的中断时间决定。

◎ 胡萝卜素

【基本信息】

【英文名】 carotene

【拼音】 hu luo bu su

【基础词】

【定义】

衰老叶片所呈现的黄色素。与叶黄素不同的是,胡萝卜素随着烟叶的成熟而增多,但胡萝卜素与叶黄素降解后都产生良好的烟叶香气。胡萝卜素也可以晶体形式用作染色剂用在各种烟制品中。

【词条关系】

【类比】 叶黄素

【化学式】 $C_{40}H_{56}$

◎ 蒸馏区

【基本信息】

【英文名】 distillation zone

【拼音】 zheng liu qu

【基础词】

【定义】

卷烟燃烧区内紧邻碳化区的区域,在蒸馏区,烟草中的挥发性化合物没有变化地转移到烟气中,这一区域的温度约为 400 ℃。

【词条关系】

【基本等同】 慢燃烧区

◎ 过氧化氢

【基本信息】

【英文名】 hydrogen peroxide

【拼音】 guo yang hua qing

【基础词】

【定义】

由氢和氧组成的分子构成的物质。当氧裂解时产生过氧化物。这一过程有时用于漂白烟叶,烟叶经过过氧化氢处理后还要用氨水处理。

【词条关系】

【化学式】 H_2O_2

◎ 阻隔性能

【基本信息】

【英文名】 barrier properties

【拼音】 zu ge xing neng

【基础词】

【定义】

一种包装材料保护产品免受外界因素(香味、气味等)影响和防治质量(香味、水分等)损失的能力。良好的包装材料的阻隔特性有助于延长商品的货架期,保持产品在整个生命周期的质量一致性。在烟草工业,像烟盒内衬、纸板和塑料外包装物这样的包装材料的阻隔特性是相当重要的。

◎ 桃醛

【基本信息】

【英文名】 peach aldehyde

【拼音】 tao quan

【基础词】

【定义】

具有浓郁桃子香味的化合物,用作某些烟草的香料。

◎ 茎黑腐菌

【基本信息】

【英文名】 *Sterigmatocystis nigra*

【拼音】 jing hei fu jun

【基础词】

【词条关系】

【导致】 黑腐病

◎ 加料烟片干燥机

【基本信息】

【英文名】 casestrip dryer

【拼音】 jia liao yan pian gan zao ji

【基础词】

【定义】

用于干燥已加料烟片的链板式干燥机。由于进料含水率较高，加料液的干燥参数和产品规格与原烟打叶复烤条件差别较大。

【词条关系】

【类属】 干燥机

◎ 木聚糖

【基本信息】

【英文名】 wood polyose

【拼音】 mu ju tang

【基础词】

【词条关系】

【类比】 半纤维素

◎ 过滤

【基本信息】

【英文名】 filtration

【拼音】 guo lü

【基础词】

【定义】

卷烟等部分主流烟气被燃烧区后的滤嘴或未燃烧的烟棒截留。

【词条关系】

【受影响(有关)】 滤棒

【受影响(有关)】 烟支

◎ 丙烯醛

【基本信息】

【英文名】 acrolein

【拼音】 bing xi quan

【基础词】

【定义】

一种从烟草中分离出的不饱和醛，有催泪作用。

【词条关系】

【化学式】 C_3H_4O

◎ 低密度卷烟

【基本信息】

【英文名】 low-density cigarette

【拼音】 di mi du juan yan

【基础词】

【定义】

用以描述密度较低的卷烟的术语，通常是含有膨胀烟丝的淡味型品牌。

◎ 根肿病

【基本信息】

【英文名】 club root

【拼音】 gen zhong bing

【基础词】

【定义】

一种烟草次要病害，其特点是根部出现肿瘤，植株生长受阻，烟叶呈畸形。

【词条关系】

【类属】 异常

◎ 冷藏

【基本信息】

【英文名】 cool storage

【拼音】 leng cang

【基础词】

【定义】

在 4 ℃的温度下贮存。这样贮存可以减缓烟草、烟制品和材料的变化。有时烟叶打叶前也实行冷藏，以保证 12 个月内打叶线均匀运转。

◎ 细胞

【基本信息】

【英文名】 cell

【拼音】 xi bao

【基础词】

【定义】

构成植物体各个组成部分的有机组织的基

本单元。可以说,细胞是所有生物的基础。细胞外包着细胞膜,未长成的细胞膜中仅有纤维素、半纤维素和果胶质,随后细胞膜会慢慢地木质化,最终会被木质素填满并产生黏液。就细胞本身而言,原生质是最重要的部分。细胞主要由蛋白质组成。液泡(小泡)含有细胞液:细胞发育初期它是原生质的一部分,而在成熟细胞中,它们大多结合成一个充满细胞液的大液泡,原生质被压迫着紧靠细胞壁,液泡外包裹着原生质膜(液泡膜)。原生质包裹着细胞核,细胞核分裂产生新的细胞。细胞核含有携带遗传基因的染色体,负责种质特性的遗传。基因分裂后向细胞核的两端移动,每一端形成一个新细胞的细胞核,最终在两个细胞核之间形成新的细胞壁。细胞中通常含有色素载体(载色体)。含裹细胞核的基本原生质也称作细胞质,它是一种胶质,通过水分将其中的产物进行扩散,早期主要成分是蛋白质。细胞还含有精油、脂肪、类脂、丹宁酸和其他物质,如色素母细胞、叶绿体(载色体)、淀粉和糖。原生质的 pH 反应呈中性或微碱性(细胞液绝大多数为酸性),原生质在 50～60 ℃时不可逆凝固。

◎ 条盒外包装

【基本信息】

【英文名】 box wrap

【拼音】 tiao he wai bao zhuang

【基础词】

【定义】

现代雪茄烟盒标签的形式,由包在机制空白纸板盒外面的彩印纸构成,标签把盒全部外包或部分包在里内,这样可以使彩色标签用机器包装起来便宜。

【词条关系】

【子类】 可收缩张紧薄膜

◎ 反丁烯二酸

【基本信息】

【英文名】 fumaric acid

【拼音】 fan ding xi er suan

【基础词】

【定义】

存在于烟草中的一种有机酸。

【词条关系】

【类属】 有机酸

【化学式】 $C_4H_4O_4$

◎ 矮化

【基本信息】

【英文名】 dwarfing

【拼音】 ai hua

【基础词】

【词条关系】

【类比】 钝化

◎ 与吸烟有关的疾病

【基本信息】

【英文名】 smoking-related disease

【拼音】 yu xi yan you guan de ji bing

【基础词】

【定义】

在吸烟人群(比不吸烟人群)中更容易发生,且被许多医学专家认为是由吸烟引起的疾病。这些疾病包括肺癌、肺气肿、慢性支气管炎和心脏病。

◎ 亚硝胺

【基本信息】

【英文名】 nitrosamines

【拼音】 ya xiao an

【基础词】

【定义】

烟草及其制品中含有的特有亚硝胺,由烟碱、降烟碱、新烟碱和假木贼碱等衍生。其亚硝化可发生在烘烤、醇化和高温分解过程中。动物实验证明,烟草特有亚硝胺是致癌物质。

◎ 观赏烟草

【基本信息】

【英文名】 decorative tobaccos

【拼音】 guan shang yan cao

【基础词】

【定义】

这些烟草品种花大,颜色多样,有白色、红色或多色等,通常带有宜人的芳香。这种烟草在花园中较受欢迎,但不适合用于商业烟草制品。观赏烟草来自拟矮牵牛亚属。玫瑰烟草和茉莉烟草是两个特别的观赏烟草品种。

◎ 输送管道

【基本信息】

【英文名】 conveying duct

【拼音】 shu song guan dao

【基础词】

【定义】

在烟厂各点之间利用压缩空气输送烟草的直管或弯管，同时还起清洁和松散烟草的作用。烟丝通常在这些管道内由喂丝装置输送到卷烟机。输送管道由不锈钢或铝制成。已制成的斗烟烟丝和烟叶在混合前也用此输送。

◎ 过湿

【基本信息】

【英文名】 superwetting

【拼音】 guo shi

【基础词】

【定义】

烟梗烘干之前的加水处理过程。通常在一个圆桶中处理，烟梗加水后水分渗到烟梗内芯里，这是改进烟梗质量(体积)的前提。

◎ 火柴

【基本信息】

【英文名】 matches

【拼音】 huo chai

【基础词】

【定义】

用木材(最常用的材料)、纸板或浸蜡纸等制成的短细棍，头部用一种化合物包裹以便在摩擦时引燃短细棍。安全火柴必须在一个专门处理过的表面上摩擦，而随擦火柴在任一粗糙物体上摩擦即可点燃。后者的易燃物质(红磷——白磷因不利于健康被禁用——硫黄和氯酸钾)涂在火柴头部，而前者使用的易燃物质(磷)只涂于摩擦面。两种火柴的火柴头均用化学物质与胶水和填料混合制成。

◎ 堆垛机

【基本信息】

【英文名】 palletizer

【拼音】 dui duo ji

【基础词】

【定义】

为货盘装卸货物的机器。

◎ 分级员

【基本信息】

【英文名】 grader

【拼音】 fen ji yuan

【基础词】

【定义】

根据标准分级系统对烤烟进行分级的人员。

◎ 转化

【基本信息】

【英文名】 transformation

【拼音】 zhuan hua

【基础词】

【定义】

将外源基因导入植物并使之表达的现代生物技术。红花烟草已经成为这项研究的模式植物。

◎ 肉桂

【基本信息】

【英文名】 cinnamon

【拼音】 rou gui

【基础词】

【定义】

热带肉桂树或肉桂、月桂树树枝的内皮。肉桂主要生长在斯里兰卡、印度尼西亚和中国。肉桂内含约 2%的精油。肉桂一般用于混合型卷烟制造。

◎ 网

【基本信息】

【英文名】 web

【拼音】 wang

【基础词】

【定义】

在造纸和一些再造烟草生产中用来铺放加工材料的网状物。

◎ 伴生烟梗

【基本信息】

【英文名】 companion stem

【拼音】 ban sheng yan geng

【基础词】

【定义】

烟叶在加工过程中产生出的烟梗。

◎ 烟碱降解

【基本信息】

【英文名】 nicotine decomposition

【拼音】 yan jian jiang jie

【基础词】

【定义】

烟丝中的烟碱通过卷烟燃烧转化到烟气中时，约有11%会受热分解为吡啶和其他挥发性有机物，另有12%氧化为二氧化碳。这些分解和氧化产物构成侧流烟气蒸汽相的主要成分。

【词条关系】

【类比】 烟碱转移

◎ 卷烟输送带

【基本信息】

【英文名】 cigarette conveyor

【拼音】 juan yan shu song dai

【基础词】

【定义】

用于输送卷烟的设备，如带有夹子的输送带。

◎ 二茬芽

【基本信息】

【英文名】 ratoon

【拼音】 er cha ya

【基础词】

【定义】

从植物收获后的茎基部长出的新芽，在特定的环境条件下，这可以提供再生茬作物，但是再生茬作物比主茎第一茬作物的质量差。

【词条关系】

【类属】 腋芽

◎ 多肽

【基本信息】

【英文名】 polypeptides

【拼音】 duo tai

【基础词】

【定义】

α-氨基酸以肽键连接在一起而形成的化合物，也是蛋白质水解的中间产物。由两个氨基酸分子脱水缩合而成的化合物叫作二肽，同理类推还有三肽、四肽、五肽等。通常由三个或三个以上氨基酸分子脱水缩合而成的化合物都可以叫多肽。

【词条关系】

【隶属于】 蛋白质

◎ 天冬氨酸

【基本信息】

【英文名】 aspartic acid

【拼音】 tian dong an suan

【基础词】

【定义】

一氨基二羧酸。它在氨基酸的合成与分解中像谷氨酰胺一样起作用。土壤存在的硝酸盐（NO_3^-）、以化肥形式施用的硝酸盐或由细菌产生的硝酸盐在植株中均必须被还原成氨（NH_3）才能进一步代谢。酶形成氨基酸，随后从氨和（由葡萄糖衍生的）α-含氧酸形成清蛋白。如果植株中缺乏碳水化合物，清蛋白可能会被转变回氨基酸、糖类（α-含氧酸）和氨。氨以这种形式暂时被束缚在（由天冬氨酸形成的）天冬酰胺和（由谷氨酸形成的）谷氨酰胺中，必需时可以释放出来。在这种情况中，天冬氨酸被称为储藏酸。天冬氨酸是白肋烟烟叶中存在的一种主要酸类。

【词条关系】

【化学式】 $C_4H_7NO_5$

◎ 丙烯酸薄膜

【基本信息】

【英文名】 acrylic film

【拼音】 bing xi suan bao mo

【基础词】

【定义】

厚度为18～60 μm外覆水基丙烯酸清漆的透明定向聚丙烯（OPP）薄膜。丙烯酸薄膜阻隔性能极佳，具有高光泽度和高透明性，并在低温下有良好的密封性，被用作高性能包装材料，主要用于条盒外包装。丙烯酸薄膜适用于各种印刷技术，并且印刷效果极佳。

◎ 空间喷洒

【基本信息】

【英文名】 space spraying

【拼音】 kong jian pen sa

【基础词】

【定义】

一般指在空气中喷洒拟除虫菊酯类杀虫剂防治飞迁的害虫。按雾滴直径的大小可分为气雾(<50 μm)、烟雾(<5 μm)和薄雾(50～100 μm)。这种方法与气体熏蒸剂不同，后者以气体的形式释放。

【词条关系】

【类比】 熏蒸

【用途】 卫生

【借助】 除虫菊酯

◎ 螺旋根

【基本信息】

【英文名】 spiral root

【拼音】 luo xuan gen

【基础词】

【定义】

漂浮育成的烟苗由于营养液过饱和而产生的一种生长失调现象。

◎ 低烟碱烟草

【基本信息】

【英文名】 low-nicotine tobaccos

【拼音】 di yan jian yan cao

【基础词】

【定义】

烟碱含量低于0.5%的烟草品种，可通过植物育种的方法，在有较高烟碱产量潜力的环境下培育出来。这些品种烟碱合成的遗传潜力较低，也可能产生具有高遗传潜力的将烟碱转化(去甲基作用)为降烟碱的品种。这是“无烟碱烟草”的基础，但是，降烟碱品种抽吸时有不好的烟味特性。嫁接在番茄根砧上的烟草不受其本身遗传的影响，烟碱含量很低，这是因为烟草叶片和茎秆合成烟碱潜力很低，番茄根系也很少或没有能力合成烟碱。不过，这种嫁接技术还没有在商业上应用。

◎ 甜味卷烟纸

【基本信息】

【英文名】 sweetened cigarette paper

【拼音】 tian wei juan yan zhi

【基础词】

【定义】

一种在含糖的溶液、人造甜味剂或甘草汁里浸过的卷烟纸。

◎ 冷却输送带

【基本信息】

【英文名】 cooling conveyor

【拼音】 leng que shu song dai

【基础词】

【词条关系】

【隶属于】 带式冷却机

◎ 四川索烟

【基本信息】

【英文名】 Sichuan Suoyan

【拼音】 si chuan suo yan

【基础词】

【定义】

产自中国四川省什邡和广汉的一种晒红烟，其特点是叶身扭缩，弹性好，燃烧性佳，香气浓郁，味醇厚。主要栽培品种为“白花铁杆子”。

【词条关系】

【类属】 晒红烟

◎ 烟支长度

【基本信息】

【英文名】 cigarette length

【拼音】 yan zhi chang du

【基础词】

【定义】

烟支长度有多种，每类卷烟的长度并没有精确的界定。卷烟制品的规格有一般有70 mm、84 mm、85 mm、90 mm、95 mm、100 mm、120 mm这几种。

◎ 氮肥

【基本信息】

【英文名】 nitrogenous fertilisers

【拼音】 dan fei

【基础词】

【定义】

烟草的氮肥施用量应由土壤性质、土壤现存总氮量、特定品种的品质要求及其他特性决定。施肥应以当时天气情况及时进行，还要考虑在对田间小气候某种程度上的改善(如喷水或使用遮阳棚)、植株相应的吸收能力等。过量施肥会造成植株疯长而导致叶片晚熟，这样会使叶片不易烘烤而且一般品质都较差；如果缺乏氮肥，则会造成植株生长缓慢而且早熟，对下部叶片而言尤为如此。据报道，氮肥供应量越充足的地方，生长出的烟叶中烟碱含量就高。而另有报道说很少没有影响的。可用于烟草的氮肥：①酸性土壤(即 pH<7)——石灰碱性肥料，如硝酸铵钙、磷酸氨和磷酸二氨；②其他情况——硝酸铵、血粉、智利硝石(硝酸钠)、硝酸钾，某些情况下也可以施用液体尿素。

【词条关系】

【关键指标】 氮

【子类】 硝酸钠

◎ 咬口

【基本信息】

【英文名】 lip

【拼音】 yao kou

【基础词】

【定义】

(1)对保留在嘴里的一小段卷烟末端的统称。咬口通常制成适于保持在吸烟者牙齿后面的形状。适用于雪茄烟和卷烟的类似咬口被称为烟嘴。

(2)安装在卷烟夹持器内并靠压力和吸力固定位置的圆柱形橡胶膜，可将卷烟插入，用于吸烟试验或测定吸烟过程中的压降。咬口既可以防止漏气，又可不使样品变形。

【词条关系】

【基本等同】 咬嘴

◎ 烟箱

【基本信息】

【英文名】 cigarette case

【拼音】 yan xiang

【基础词】

【定义】

装有烟草制成品如卷烟条盒的箱子或者是用来包装和运输烟叶的纸箱或木箱。

◎ 填充值

【基本信息】

【英文名】 fill value

【拼音】 tian chong zhi

【基础词】

【定义】

(1) 烟草内部的蓬松程度，反映了填满一支烟的烟草重量。

(2) 一定烟丝原料形成固定卷烟的指标。

◎ 筛选机

【基本信息】

【英文名】 screening machine

【拼音】 shai xuan ji

【基础词】

【词条关系】

【子类】 冷丝筛分机

【拆解为】 滚筒筛

◎ 根腐线虫

【基本信息】

【英文名】 *Pratylenchus* spp.

【拼音】 gen fu xian chong

【基础词】

【词条关系】

【导致】 根褐腐病

◎ 燃烧

【基本信息】

【英文名】 combustion

【拼音】 ran shao

【基础词】

【定义】

与燃烧及阴燃相关的一种化学反应，在这一过程中氧气与某种材料发生反应，产生热量和燃烧的化学产物。燃烧反应发生在卷烟、雪茄或烟斗的燃烧区内并产生烟气。

◎ 松叶

【基本信息】

【英文名】 loosening

【拼音】 song ye

【基础词】

【定义】

把粘连在一起的烟叶分开。最初由手工完成，但现在无论是在制丝期间还是在烟叶加工和打包期间均由松叶机完成。烟叶首先要回潮，以防止不必要的破损。

◎ 冷藏室

【基本信息】

【英文名】 cooling chamber

【拼音】 leng cang shi

【基础词】

【定义】

用来冷却因在极高的室外温度下运输或贮存而过热的烟草的房间。

【词条关系】

【用途】 冷却

◎ 冷却堆

【基本信息】

【英文名】 cooling stack

【拼音】 leng que dui

【基础词】

【定义】

发酵后竖立堆放的、纵深约为两把烟叶深度、高约 1 m 的烟堆。这样的堆放方式便于空气进入烟堆,使烟叶冷却。

◎ 配方卷烟

【基本信息】

【英文名】 blended cigarette

【拼音】 pei fang juan yan

【基础词】

【定义】

由不同类型的烟叶混合而制成的卷烟,可加料或者不加料。配方卷烟也称为混合型卷烟。

【词条关系】

【同义】 混合型卷烟

◎ 规格部件

【基本信息】

【英文名】 format parts

【拼音】 gui ge bu jian

【基础词】

【定义】

卷烟或雪茄生产机或其他机器上用于确定产品规格的零件。若产品规格改变,该规格部件也必须随之更换。

◎ 硫酸钠

【基本信息】

【英文名】 sodium sulphate

【拼音】 liu suan na

【基础词】

【词条关系】

【化学式】 Na_2SO_4

◎ 吡啶

【基本信息】

【英文名】 pyridine

【拼音】 bi ding

【基础词】

【定义】

一种杂环化合物。吡啶及其衍生物是烟碱和其他含氮化合物的热解产物。在主流烟气中含量较为明显。由于其有令人不愉快的气味和吃味,吡啶在烟气中一般是不受欢迎的成分。

◎ 胶黏剂吸收

【基本信息】

【英文名】 adhesive absorption

【拼音】 jiao nian ji xi shou

【基础词】

【定义】

胶黏剂向一种或多种基质内部结构的渗透作用。

◎ 水害

【基本信息】

【英文名】 drowning

【拼音】 shui hai

【基础词】

【词条关系】

【基本等同】 涝害

◎ 盐害

【基本信息】

【英文名】 salt injury

【拼音】 yan hai

【基础词】

【定义】

接近土壤表层的高浓度的可溶性盐分引起的植株危害,能导致植物脱水和萎蔫。受害植株叶片变黄,叶缘会变褐。盐害发生于干旱的气候,或可能由过度施用矿物肥料引起。充分灌水使盐分淋溶到土壤深层通常能够补救盐害的植株。

◎ 挤干机

【基本信息】

【英文名】 winger

【拼音】 ji gan ji

【基础词】

【词条关系】

【类比】 浸料缸

◎ 链板式冷却装置

【基本信息】

【英文名】 apron cooler

【拼音】 lian ban shi leng que zhuang zhi

【基础词】

【定义】

一种烟丝冷丝方法。把烟丝摊放在输送链板上，通过一个干燥区（用热空气作为干燥介质）、一个冷却区和一个再回潮（烟丝加湿）区。

【词条关系】

【类比】 带式冷却机

◎ 深色晾烟

【基本信息】

【英文名】 dark air-cured tobacco

【拼音】 shen se liang yan

【基础词】

【定义】

深色晾烟包括很多类型，既有红花烟草也有黄花烟草，其特点是烟叶调制后要经过剧烈的发酵过程。深色晾烟烟叶通常是自产自用，也可用作雪茄烟叶，还可用于深色卷烟，少量也用于斗烟、嚼烟和鼻烟。

◎ 储备酸

【基本信息】

【英文名】 reserve acid

【拼音】 chu bei suan

【基础词】

【词条关系】

【子类】 天冬氨酸

◎ 鲜叶重量

【基本信息】

【英文名】 green weight

【拼音】 xian ye zhong liang

【基础词】

【定义】

刚采收烟叶的重量。烟叶干重量则取决于烟草的品种、等级、使用的调制方法和烟叶部位。一般下部烟叶的干重为鲜叶重量的 9%～12%，中部烟叶为 11%～15%，上二棚叶为 12%～15%，顶部烟叶为 17%。每公顷鲜叶重量为 5～130 吨。

◎ 栽烟机

【基本信息】

【英文名】 planting machine

【拼音】 zai yan ji

【基础词】

【定义】

将长成的烟苗移植到大田的机械。金属手或耙片将一株株烟草送至种植机，由坐在机器上的工人操纵，所挖坑的距离与植株被丢入的位置是预先设定的，并且每棵苗上都会浇上定量的水。

◎ 过滤截留

【基本信息】

【英文名】 filter retention

【拼音】 guo lü jie liu

【基础词】

【定义】

过滤截留指的是通过过滤嘴时烟气或烟气成分被滤嘴截留的百分率。

【词条关系】

【关键指标】 过滤效率

◎ 侧枝

【基本信息】

【英文名】 sideshoots

【拼音】 ce zhi

【基础词】

【词条关系】

【类比】 腋芽

◎ 低侧流卷烟

【基本信息】

【英文名】 low sidestream cigarettes

【拼音】 di ce liu juan yan

【基础词】

【定义】

特殊设计的卷烟。通过修正其燃烧行为降低侧流烟气量。生产这种卷烟需要特殊的卷烟纸。

【词条关系】

【类属】 侧流烟气

◎ 硫酸钾

【基本信息】

【英文名】 potassium sulphate

【拼音】 liu suan jia

【基础词】

【词条关系】

【化学式】 K_2SO_4

◎ 毛状体

【基本信息】

【英文名】 trichomes

【拼音】 mao zhuang ti

【基础词】

【定义】

植物表面的叶毛，一般仅限于叶片、茎和花序，不包括花瓣。毛状体的结构和功能不同，有些是多细胞的，有些是单细胞的；有些有腺体，有些无腺体。

◎ 吸丝带

【基本信息】

【英文名】 suction belt

【拼音】 xi si dai

【基础词】

【词条关系】

【类比】 吸风带

◎ 装饰性印刷

【基本信息】

【英文名】 filigree printing

【拼音】 zhuang shi xing yin shua

【基础词】

【定义】

在干卷烟纸上的印花方式，浅色的背景下，图案给人以轻松和柔和。用于湿卷烟纸上的，是水印的反面，在暗背景下显得很鲜亮。

【词条关系】

【子类】 水印

◎ 硝酸盐烟纸

【基本信息】

【英文名】 nitrated cigarette paper

【拼音】 xiao suan yan yan zhi

【基础词】

【定义】

用硝酸钠或硝酸钾处理过的烟纸。虽然烟纸的可燃性明显提高，但由于硝酸盐对芳香性会产生不良影响，因此目前普遍使用无硝酸盐卷烟纸。

【词条关系】

【类比】 无硝酸盐卷烟纸

◎ 加工机器

【基本信息】

【英文名】 processing machines

【拼音】 jia gong ji qi

【基础词】

【定义】

烟草加工机器的总称，尤指以下加工过程使用的设备：①烟叶处理过程中，配有清洁和回潮机及分拣机传送带的处理设备，打叶设备，复烤设备，打包装箱机等；②回潮处理过程中，真空和隧道回潮系统，回潮滚筒，加香及加料滚筒，料液输送和计量泵设备等；③混配和储存处理过程中，预配和混配设备，配有输送带的储柜等；④烟梗处理过程中，切尖机，打叶机，压梗机，原料和梗丝回潮系统等；⑤干燥和冷却处理过程中，白肋烟烘焙机，滚筒干燥机，冷却和筛分滚筒，输送带，气流冷却机等；⑥切丝处理过程中，各种类型切丝机；⑦喂料和运输过程中，开箱设备，喂料机，振动式或带式输送机，风送系统，卸料装置，贮存喂料机，皮带秤，装料装置和输送容器等。

◎ 丁乐灵

【基本信息】

【英文名】 butralin

【拼音】 ding le ling

【基础词】

【定义】

控制烟草腋芽的一种二硝基苯氨植物调节剂。

【词条关系】

【类属】 抑芽剂

◎ 切丝烟草

【基本信息】

【英文名】 cutting tobacco

【拼音】 qie si yan cao

【基础词】

◎ 抗病性

【基本信息】

【英文名】 resistance

【拼音】 kang bing xing

【基础词】

【定义】

一种生物抵御特殊病害或其他有害影响的能力。抗病性程度不等,通常分为微抗、中抗和高抗三个等级。抗病性之外的一个极端是感病性,另一个极端是免疫,非常少见。在烟草栽培中,单个品种对真菌、细菌和病毒的抗性是极为重要的。目前可接受的品种是通过育种计划和选择培育的具有抗多种病害能力的品种。

【词条关系】

【基本等同】 免疫性

◎ 尺寸稳定性

【基本信息】

【英文名】 dimensional stability

【拼音】 chi cun wen ding xing

【基础词】

【定义】

一种材料长时间保持其形状和尺寸的能力。在烟草业中尺寸稳定性对内衬纸、薄膜和纸板等包装材料而言尤其重要。

◎ 山梨糖醇

【基本信息】

【英文名】 sorbitol

【拼音】 shan li tang chun

【基础词】

【定义】

一种无气味、有甜味的化合物,它有糖浆和白色粉末两种形式,在烟草制造业中作为一种调湿剂或保润剂。该化合物的甜度约为蔗糖甜度的60%。

【词条关系】

【类属】 保润剂

◎ 柔式打叶

【基本信息】

【英文名】 soft threshing

【拼音】 rou shi da ye

【基础词】

【定义】

为最大限度地减少烟叶造碎而专门设计的打叶工艺。柔式打叶采用较低的打叶量,选用较大的打叶框栏和多个打叶辊。

【词条关系】

【类属】 打叶

◎ 胶黏流变学

【基本信息】

【英文名】 adhesive rheology

【拼音】 jiao nian liu bian xue

【基础词】

【定义】

物质的变形与流动的科学研究。胶黏流变学用于指示在机械上和在过程中的行为。通常评价的特性包括流动特性、弹性和黏着性。

◎ 冷阱

【基本信息】

【英文名】 cold trap

【拼音】 leng jing

【基础词】

【定义】

用于化学分析的温度极低的容器或阱。在烟草实验室中,冷阱用于冷凝烟气从卷烟中释放出来时的粒相部分,冷阱的温度设置取决于所收集部分的沸点。

【词条关系】

【类属】 烟气捕集器

◎ 亚洲人参

【基本信息】

【英文名】 panax ginseng

【拼音】 ya zhou ren shen

【基础词】

【词条关系】

【类属】 人参

◎ 烟草剑叶病

【基本信息】
【英文名】 tobacco frenching
【拼音】 yan cao jian ye bing
【基础词】
【定义】
烟叶植株或幼苗的叶子扭曲。较轻的症状是叶脉黑色，叶脉区黄色。较严重的症状是因主脉的拉长，烟叶反常地长和窄。可能与蜡状芽孢杆菌排出的毒素有关。由莱豆壳球孢菌产生的毒素对烟叶造成危害症状与剑叶病症状相似。
【词条关系】
【类属】 烟草生理性病害

◎ 坚实度

【基本信息】
【英文名】 firmness
【拼音】 jian shi du
【基础词】
【定义】
描述烟支或滤棒的抗压特性的术语。通常的测定方法是测量烟条上加载的压力板的位移。足够的坚实度可提高烟支经受加工以及包装不变形的能力。卷烟和滤棒必须具备能给出充实感的坚实度。烟条的坚实度取决于所用的烟丝及其卷制密度。
【词条关系】
【关键指标】 压缩性
【关键指标】 均匀性

◎ 蒸汽

【基本信息】
【英文名】 steam
【拼音】 zheng qi
【基础词】
【定义】
用于烟叶回潮的水蒸气。在加工过程中，烟叶直接接触蒸汽。有时用蒸汽来加热，强制空气流过充满蒸汽的盘管。蒸汽的流量决定热的产生量。

◎ 耙土

【基本信息】
【英文名】 forking
【拼音】 ba tu
【基础词】
【定义】
移栽前用耙在苗床上松动烟苗根系以炼苗。

◎ 半调制烟叶

【基本信息】
【英文名】 semi-cured
【拼音】 ban tiao zhi yan ye
【基础词】
【定义】
正在调制当中或已部分调制但未完成调制的烟叶。

◎ 凝聚

【基本信息】
【英文名】 coagulation
【拼音】 ning ju
【基础词】
【定义】
通过界面张力的作用使胶体系统细小分散的颗粒结合成更大或更紧密的团块的过程。凝聚的过程影响烟气粒相物的形成。

◎ 检查输送带

【基本信息】
【英文名】 searching conveyor
【拼音】 jian cha shu song dai
【基础词】
【定义】
一种用于初加工过程的传送带。烟叶在上面传输时可以自动或人工对烟叶进行检查。

◎ 可用性

【基本信息】
【英文名】 usability
【拼音】 ke yong xing
【基础词】
【定义】
用以检查烟叶质量是否满足卷烟生产的需要。根据人为对烟叶特征的主观判断，包括烟叶部位、颜色和质量等，进行分级，同时注重客观化学成分如烟碱、糖和焦油以及烟气的香气等，还有则是烟叶的物理特性如填充线、抗造碎性和片烟产量等,这些与价格和价值有非常密切的关系。

◎ 冬青

【基本信息】

【英文名】 wintergreen

【拼音】 dong qing

【基础词】

【定义】

一种常绿植物,用作嚼烟的调香物质。

【词条关系】

【用途】 嚼烟加料

◎ 盆栽植物

【基本信息】

【英文名】 container plants

【拼音】 pen zai zhi wu

【基础词】

【定义】

烟草很容易盆栽作为观赏植物。烟草花朵颜色鲜艳美丽,常被种植在庭院和公园里。值得注意的是,这些烟草可能会传播病害。

◎ 吸附剂

【基本信息】

【英文名】 adsorbent

【拼音】 xi fu ji

【基础词】

【定义】

把其他化合物保持在其表面的物质,通常具有大的表面积和内部毛孔结构特性。像活性炭这样的吸附剂常被用于滤嘴烟草工业来滞留烟气中的某些物质。

◎ 死叶

【基本信息】

【英文名】 dead leaf

【拼音】 si ye

【基础词】

【定义】

烤烟烟叶术语,指颜色差、暗淡无光、质地差、缺乏弹性,基本上无生命力的烟叶。

◎ 镰刀枯萎病

【基本信息】

【英文名】 fusarium wilt

【拼音】 lian dao ku wei bing

【基础词】

【定义】

由尖孢镰刀菌烟草转化型真菌引起的病害,侵害大田里的烟草植株。维管束组织变为一致的巧克力褐色,与细菌性萎蔫病所引起的维管系统黑色条纹不一样。烟叶变黄或古铜色,然后萎蔫。最普遍的是单侧萎蔫,有时是一片叶子。这种病的大致控制方法是使用抗性品种、轮作或通过熏蒸控制线虫。

【词条关系】

【类属】 真菌性病害

◎ 过滤系数

【基本信息】

【英文名】 filtration coefficient

【拼音】 guo lü xi shu

【基础词】

【定义】

用来对滤嘴过滤掉的烟气组分总量进行量化的系数。其定义的公式是 $S_{out}=S_{in}\exp(-\mu L)$,其中 S_{out} 指的是透过长度为 L 的滤嘴的烟气组分的量,S_{in} 指的是进入滤嘴烟气组分的量,μ 是过滤系数。滤嘴的过滤效率相当于$[1-\exp(\mu L)]\times 100$。

【词条关系】

【基本等同】 过滤效率

◎ 卷烟调节室

【基本信息】

【英文名】 cigarette conditioning room

【拼音】 juan yan tiao jie shi

【基础词】

【定义】

在非全空调的又热又潮湿的卷烟厂内用于存放成盘卷烟使其水分含量保持稳定的空调室。

◎ 粘结固定速度

【基本信息】

【英文名】 adhesive set speed

【拼音】 zhan jie gu ding su du

【基础词】

【定义】

在基质之间要求形成一个足够强的能够处理而不开胶的黏合的时间量。粘结必须保持受压直到获得该强度。

◎ 烟草茎腐病菌

【基本信息】

【英文名】 *Rhizopus arrhizus*

【拼音】 yan cao jing fu bing jun

【基础词】

【导致】 叶腐病

◎ 彩色滤嘴

【基本信息】

【英文名】 coloured filter

【拼音】 cai se lü zui

【基础词】

【定义】

用有色原料如醋酸纤维或纸制作的滤嘴。可在滤嘴材料生产过程中用染料或颜料染色，或滤嘴在制作阶段自身被染色。

◎ 干燥

【基本信息】

【英文名】 drying

【拼音】 gan zao

【基础词】

【定义】

从一种物质中除去水分的过程，烟草加工中多个阶段包括这一环节。尽管使用了最先进的电子设备，但仍无法达到完全控制。应注意：①均匀地干燥，以免形成容易发霉的水分含量高的烟草；②低温干燥，以保持烟草的香味；③干燥过程中机械用力要柔和，以避免造碎。应根据不同加工阶段烟草的不同外观以及随后的处理，采用不同的干燥方法和干燥机。

◎ 富含烟碱烟草

【基本信息】

【英文名】 nicotine-rich tobacco

【拼音】 fu han yan jian yan cao

【基础词】

【定义】

高烟碱含量的烟草，其中主要的是黄花烟草。

◎ 烟草胫疮病菌

【基本信息】

【英文名】 *Rhizoctonia solani*

【拼音】 yan cao jing chuang bing jun

【基础词】

【定义】

一种常见的土壤传播的植物病原真菌，会引起烟草立枯病和靶斑病。该菌的不同结合菌群引起这两种病害。

【词条关系】

【类属】 真菌

【导致】 靶斑病

【导致】 立枯病

【导致】 猝倒病

◎ 棉隆

【基本信息】

【英文名】 dazomet

【拼音】 mian long

【基础词】

【定义】

一种颗粒状的土壤熏蒸剂。

◎ 单糖

【基本信息】

【英文名】 monosaccharides

【拼音】 dan tang

【基础词】

【定义】

烟草（和所有其他植物）中存在的单糖，分为醛糖和酮糖。

【词条关系】

【子类】 酮糖

【子类】 醛糖

◎ 烟草特有亚硝胺

【基本信息】

【英文名】 tobacco-specific nitrosamines

【拼音】 yan cao te you ya xiao an

【基础词】

【词条关系】

【类属】 亚硝胺

【英文缩写】 TSNA

◎ 朝鲜民主主义人民共和国

【基本信息】

【英文名】 Democratic People's Republic of Korea

【拼音】 chao xian min zhu zhu yi ren min gong he guo

【基础词】

【定义】

亚洲东部朝鲜半岛北部国家，生产弗吉尼亚烟草、浅色和深色晾烟和晒烟，主要用于本国消费。

◎ 卷包机组

【基本信息】

【英文名】 make-pack combination

【拼音】 juan bao ji zu

【基础词】

【定义】

由连接系统将卷烟生产和包装组合为一体的机组。

【词条关系】

【拆解为】 卷烟机

【拆解为】 包装机

◎ 霉变烟草

【基本信息】

【英文名】 musty tobacco

【拼音】 mei bian yan cao

【基础词】

【定义】

由于干燥不足或储存不当，烟草可能被霉菌侵染并产生一种难闻的霉味。在太阳下摊晒、筛除和清刷个别的烟把虽可得到改善但很难根除。其他处理方法有使用复烤机或喷洒低浓度的酒精或乙酸溶液。

◎ 果胶质

【基本信息】

【英文名】 pectins

【拼音】 guo jiao zhi

【基础词】

【定义】

部分由葡萄糖和其他糖组成的半纤维素，在活的有机体细胞分裂过程中形成。它们形成纤细的胞间连接组织。果胶除了有骨架作用外，还有植株生理贮存作用。相对于其他化合物，碱性烟草中果胶比例要比在酸性烟草中的高，因为在发酵中只有少量的果胶降解。然而，甲基酯化作用率相应明显降低，因此果胶对碱性烟草仅有微不足道的影响，尽管果胶的确让烟叶特别地柔软。活的有机体的果胶在水中不能溶解，但是它能经酶转化成不同的糖。引起室腐病、立枯病、青枯病或枯萎病、赤星病、室烧病等的病菌产生的各种酶能够破坏果胶。果胶常用于生产再造烟叶。

◎ 造纸法

【基本信息】

【英文名】 papermaking process

【拼音】 zao zhi fa

【基础词】

【定义】

应用广泛的再造烟叶生产工艺过程。将烟叶碎末、烟梗，有时是整张烟叶的混合物，用水萃取，生成一种部分为烟草纤维、部分为烟草可溶物的材料。将纤维材料用经过改造的造纸机制成纤维网状物并干燥，将可溶物蒸发浓缩后再加到纤维素网状物上，进一步干燥后，将这种再造烟草切成小片，与天然叶片混配，用于生产卷烟或者卷成卷用于外包雪茄烟。烟草中一些特殊成分如烟碱或者硝酸盐在造纸法加工中能予以选择性去除。

【词条关系】

【用于】 烟草薄片

◎ 竖管式吸口

【基本信息】

【英文名】 air leg

【拼音】 shu guan shi xi kou

【基础词】

【定义】

连接一个漏斗的风送线的口。烟草通过该漏斗喂入输送线上。该术语也用于描述风力烟草输送的整个系统，包括风力吸抽、输送和卸料。

◎ 加拿大

【基本信息】

【英文名】 Canada

【拼音】 jia na da

【基础词】

【定义】

位于北美洲大陆北部的国家。种植有大量的烟草供应国内外市场。其主要种植区域在安大略省(卷烟用烤烟和白肋烟，加上一些用作烟块和嚼烟的深色晾烟、明火烤烟）和魁北克省（烤烟、雪茄烟和斗烟丝用的厚白肋烟）。主要种植的是烤烟，以国内使用为主，但目前也有出口。白肋烟主要供出口使用。由于加拿大地理位置靠北，种植期较短，气候的反常可造成严重减产，有时也给该国烟草生产带来一些困难。

◎ 紫外光

【基本信息】

【英文名】 ultraviolet light

【拼音】 zi wai guang

【基础词】

【定义】

可见紫光波长外的光谱部分。紫外光具有强的杀菌作用。分光光度计试验表明，长波的紫外光能够增加烟草植株对霜霉病的抗性。紫外光也可用来通过氧化色素成分漂白暴露在空气中的烟叶。

◎ 压缩烟草回潮机

【基本信息】

【英文名】 compressed tobacco conditioning machine

【拼音】 ya suo yan cao hui chao ji

【基础词】

【词条关系】

【类属】 回潮机

◎ 重力传送带

【基本信息】

【英文名】 gravity conveyor

【拼音】 zhong li chuan song dai

【基础词】

【定义】

把样品利用重力从较高的位置传送到较低的位置。为了克服摩擦，常使用振动式输送机。

◎ 烟气量

【基本信息】

【英文名】 smoke yield

【拼音】 yan qi liang

【基础词】

【定义】

烟气流中粒相物的含量。

【词条关系】

【基本等同】 烟气递送量

◎ 盐霜

【基本信息】

【英文名】 efflorescence

【拼音】 yan shuang

【基础词】

【定义】

叶上有盐沉积的现象，常常出现在烟草主干和边芽的连接处。这种现象多在非常潮湿的、不成熟的烟草上出现，由于该烟草种植在氮肥过量土壤中，然后剧烈调制造成。不过，也可在挂杆调制过程中发现。盐类主要是硝酸盐（硝酸钾），当然含氯盐（氯化钾和氯化钠）和磷酸盐（磷酸钠）也可能存在。尽管有盐沉积的烟叶有很好的保火能力，但沉积不是人们喜欢的特征。

◎ 作物保护剂

【基本信息】

【英文名】 crop protection agents

【拼音】 zuo wu bao hu ji

【基础词】

【词条关系】

【基本等同】 植物保护剂

◎ 蛀茎蛾

【基本信息】

【英文名】 stem borer

【拼音】 zhu jing e

【基础词】

【定义】

一种小蛾子的幼虫。孵化后钻蛀植株茎中并在此发育化蛹。植物的反应是在孔洞周围形成肿块，其位置通常刚好在地面之上，人们据此症状将这种病命名为“妊娠病”，也称作迪布克病。受害植株生长严重不良或最终死亡。尽管在印度曾有几个地区受到此虫的严重侵袭，但这种虫害通常不会大面积发生。蛀茎蛾真正的敏感期很短，但可以用普通杀虫剂喷雾防治。

◎ 卷盘机

【基本信息】

【英文名】 bobbin filling machine

【拼音】 juan pan ji
【基础词】
【定义】
把卷烟纸、雪茄外包皮或内包皮切片等缠绕在卷筒上的机器。
【词条关系】
【用于】 盘纸
【类比】 外包皮冲模切块机

◎ 新植二烯

【基本信息】
【英文名】 neophytadiene
【拼音】 xin zhi er xi
【基础词】
【定义】
一种萜烯类化合物，其浓度在调制和醇化期间明显增加。

◎ 肥料

【基本信息】
【英文名】 fertiliser
【拼音】 fei liao
【基础词】
【定义】
对某种类型的烟草的施肥没有太多一般性原则。生态因素，尤其是土壤类型和种植的品种，决定了所需要的肥料总量和作物生长过程最适宜的分配方法。过量的肥料施用会使烟草的品质下降，也会带来肥料残留问题。
【词条关系】
【关键指标】 pH 值
【子类】 有机肥料
【子类】 无机肥料
【类比】 灌溉

◎ 自由基

【基本信息】
【英文名】 free radical
【拼音】 zi you ji
【基础词】
【定义】
任何含有一个单电子的原子或原子团都叫作自由基。吸烟是一个非常复杂的燃烧过程，在这个过程中产生许多自由基。粒相中主要有醌/半醌自由基、多环芳烃自由基、石墨/磷自由基；气相中主要是烷基自由基和烷氧基自由基。一般说来，粒相自由基稳定，气相自由基不稳定。烟气自由基直接或间接攻击细胞成分，被认为是导致各种与吸烟有关的疾病的重要原因之一。

◎ 胶质

【基本信息】
【英文名】 gum
【拼音】 jiao zhi
【基础词】
【定义】
烟叶里含有的树脂类化合物，提供香味和香气。

◎ 腺毛

【基本信息】
【英文名】 glandular hairs
【拼音】 xian mao
【基础词】
【定义】
烟叶两边的绒毛，其尖端含有树脂，使烟叶具有黏性。腺毛对烟叶不同种类的分级是一个重要的特征指标。

◎ 卷雪茄内胚台

【基本信息】
【英文名】 rolling table
【拼音】 juan xue jia nei pei tai
【基础词】
【定义】
雪茄内胚机的一部分。烟芯借助于绕在可移动的辊上的织带被包卷起来。
【词条关系】
【隶属于】 卷雪茄内胚机

◎ 栽培品种

【基本信息】
【英文名】 cultivar
【拼音】 zai pei pin zhong
【基础词】
【定义】
任何带有明显可区分特性的一组栽培植物，并且在有性或无性繁殖时能保持其独有的特征。

栽培品种专指通过耕种产生的品种。

【词条关系】

【类属】 品种

◎ 发酵室

【基本信息】

【英文名】 fermentation chamber

【拼音】 fa jiao shi

【基础词】

【定义】

充分隔离的房间或容器。烟叶发酵通常通过调节周围的环境因子便于控制其速度。

◎ 卷烟纸燃料添加剂

【基本信息】

【英文名】 paper burn additive

【拼音】 juan yan zhi ran liao tian jia ji

【基础词】

【词条关系】

【子类】 氧化钛

【基本等同】 燃烧添加剂

◎ 干消光

【基本信息】

【英文名】 dry matting

【拼音】 gan xiao guang

【基础词】

【词条关系】

【类属】 消光

◎ 压缩空气管道系统

【基本信息】

【英文名】 compressed air pipe system

【拼音】 ya suo kong qi guan dao xi tong

【基础词】

【定义】

用来连接由压缩空气操作的设备的管道供给装置,如带有调节系统的控制装置。

◎ 脂肪族酸

【基本信息】

【英文名】 aliphatic acids

【拼音】 zhi fang zu suan

【基础词】

【词条关系】

【类属】 有机酸

◎ 甜香剂

【基本信息】

【英文名】 sweetening agents

【拼音】 tian xiang ji

【基础词】

【定义】

加在烟叶或其他烟制品中使其产生甜味的物质,如环己氨基磺酸钠、山梨糖醇和蔗糖。

【词条关系】

【子类】 山梨糖醇

【子类】 糖精

【子类】 蔗糖

◎ 角斑病

【基本信息】

【英文名】 angular leaf spot

【拼音】 jiao ban bing

【基础词】

【词条关系】

【英文缩写】 ALS

◎ 滤棒进给鼓轮

【基本信息】

【英文名】 filter feed drum

【拼音】 lü bang jin ji gu lun

【基础词】

【定义】

放置双倍长度滤棒于成对烟棒之间的滚筒上的装置。

◎ 烟草液体蒸馏

【基本信息】

【英文名】 expressed tobacco liquid

【拼音】 yan cao ye ti zheng liu

【基础词】

【定义】

燃烧烟草的一种替代方法。用独立的热源加热烟丝,将烟碱和其他的挥发性物质蒸馏出来。这样既没有燃烧,也不产生烟雾。

◎ 非洲

【基本信息】

【英文名】 Africa

【拼音】 fei zhou

【基础词】

【定义】

涵盖几个种植烟草国家的大陆。津巴布韦、坦桑尼亚、赞比亚、肯尼亚、乌干达、莫桑比克和南非共和国生产烤烟。

◎ 旺长

【基本信息】

【英文名】 overgrown

【拼音】 wang zhang

【基础词】

【定义】

因施入过多肥料而使烟草在田间生长得高大又茂盛。

◎ 接装纸供给器

【基本信息】

【英文名】 tipping paper applicator

【拼音】 jie zhuang zhi gong ji qi

【基础词】

【定义】

制造组件,用于供给接装纸。

【词条关系】

【用于】 接装纸

◎ 腋芽

【基本信息】

【英文名】 suckers

【拼音】 ye ya

【基础词】

【定义】

打顶后在烟株上出现的杈芽。摘除顶端的花序后会立即刺激腋芽的生长,腋芽在烟草制品中没有任何价值,其抽吸质量非常差,因此必须摘除腋芽。一般是手工打顶和抹杈的,这是一项费工费时的工作,尤其是抹杈不得不进行多次。在一些地区,使用机器把不同配方和不同浓度的触杀剂、触杀内吸剂、内吸剂直接喷到植株上以及喷在植株上方控制腋芽,直到完成采收。一些种植规模较小的烟农用背式喷雾器喷洒化学抑芽剂以控制腋芽。腋芽控制程度与产量紧密相关。

【词条关系】

【受影响(有关)】 抑芽剂

◎ 丙二醇

【基本信息】

【英文名】 propylene glycol

【拼音】 bing er chun

【基础词】

【定义】

1,2-丙二醇的普通名称,在烟丝和卷烟上用作湿润剂。

【词条关系】

【类属】 保润剂

◎ 高速雪茄外包机

【基本信息】

【英文名】 high-speed overrolling machine

【拼音】 gao su xue jia wai bao ji

【基础词】

【定义】

全自动卷雪茄外包皮机,将包含均质烟叶混合物和填充物的烟束卷入天然雪茄外包烟叶中。切好的雪茄外包烟叶在机器上由卷纸筒饲喂,烟束由烟条或烟束成型机单独生产,并由烟束饲喂机饲喂。

◎ 缺磷症

【基本信息】

【英文名】 phosphorus deficiency

【拼音】 que lin zheng

【基础词】

【定义】

磷缺乏的特征是生长迟缓,叶间紧密,偶尔叶组织上也会有斑点,治愈后叶色仍较深,无光泽的现象也较普遍。磷缺乏很难被准确诊断,因为有几种变异症状与其十分相似。对缺磷症的作物增施磷,只能在一定的程度内减轻症状,真正的办法是在下一个生长季节正确地施用肥料。

【词条关系】

【类比】 缺镁症

◎ 烟草冷却系统

【基本信息】

【英文名】 tobacco cooling system

【拼音】 yan cao leng que xi tong

【基础词】

【定义】

烟草初加工中使用的，使烟叶降温以便加工操作的系统。

◎ 胞质雄性不育

【基本信息】

【英文名】 cytoplasmic male sterility

【拼音】 bao zhi xiong xing bu yu

【基础词】

【词条关系】

【类比】 雄性不育

【英文缩写】 CMS

◎ 烟枪带

【基本信息】

【英文名】 garniture tape

【拼音】 yan qiang dai

【基础词】

【词条关系】

【类比】 连续传送带

◎ 黑曲霉

【基本信息】

【英文名】 *Aspergillus niger*

【拼音】 hei qu mei

【基础词】

【词条关系】

【导致】 黑腐病

◎ 跳涂胶装置

【基本信息】

【英文名】 skip tip

【拼音】 tiao tu jiao zhuang zhi

【基础词】

【定义】

滤嘴接装机上的一个装置。它使接装纸的切割和专门的接装纸涂胶轮同步，使接装纸的打孔区除搭口处外不被涂上胶水。

【词条关系】

【隶属于】 滤嘴接装机

◎ 涂金内衬纸

【基本信息】

【英文名】 metallised paper

【拼音】 tu jin nei chen zhi

【基础词】

【定义】

一种用作烟盒内衬的材料。

【词条关系】

【类属】 内衬纸

◎ 酶

【基本信息】

【英文名】 enzyme

【拼音】 mei

【基础词】

【定义】

具有催化功能的蛋白质，在细胞内按照基因固有的模式合成。酶可以分泌出来，尤其当有机体的细胞壁破坏时。尽管对某一反应即从起始物到终产物，酶是特异的，但它几乎控制新陈代谢的各个阶段。有些酶要有辅酶才起作用。酶的活性依赖于底物的浓度、pH 值、离子浓度、有无刺激或抑制因子、温度和渗透压，酶对新陈代谢的调节确实是一个非常复杂的过程。再者，酶并非总在细胞内均等分布，而是限制在特定环境的特定区域内。酶要么附着在细胞膜上，要么以多酶复合体形式存在。底物逐步从一个酶转移到另一个酶上直到终产物释放出来。酶的反应按酶的性质分为：氧化还原酶（还原酶、氧化酶和脱氢酶）催化氧化和还原反应；转移酶催化原子或分子基团从一个分子转移到另一个分子（如氨基酸转移酶转移氨基）；水解酶催化加水分解反应（聚合的相反过程）；叶绿素酶把叶绿素分解为叶绿酸酯和叶绿醇；分解酶通过消去而断裂碳碳、碳氧、碳氮等化学键（如脱羧酶从氨基酸或酮酸中脱去二氧化碳）；异构酶催化同分异构化反应，而连接酶催化两个分子的合成，高能化合物如焦磷酸盐提供能量。在烟叶老化和调制过程中，对于淀粉、蛋白质和色素（叶绿素和类胡萝卜素）的降解及棕色物质和香味化合物的形成，酶扮演了重要的角色。

◎ 总糖

【基本信息】

【英文名】 total sugars

【拼音】 zong tang

【基础词】

【定义】

所有糖分(果糖、蔗糖等)的总含量,不包括淀粉。烟草中总糖一般以其占干重的百分率表示。

◎ 栽培损伤

【基本信息】

【英文名】 cultivation damage

【拼音】 zai pei sun shang

【基础词】

【定义】

田间栽培操作处理时对烟叶造成的损伤,如采收不当造成的机械损伤,施肥过量导致的灼伤,农药(杀虫剂、杀菌剂)施用不当产生的药害等。

◎ 雪茄式样

【基本信息】

【英文名】 cigar format

【拼音】 xue jia shi yang

【基础词】

【定义】

雪茄的外形、式样和尺寸。如同斗烟与卷烟的切丝宽度一样,雪茄式样在雪茄的香味、吸味、烟碱转移以及可能在烟碱盐聚集等方面起着重要作用。例如,即使由同一种芯烟、同一种内包皮和同一种外包皮制成,科罗纳雪茄和鱼雷形雪茄在感官、生理上(某种程度)可感觉到明显差异。雪茄有许多不同形状,新的雪茄式样也在市场上不断出现。经典雪茄式样均以西班牙语命名,包括科罗纳(契卡、契卡塔以及小型的雪茄品种)、孔查、库拉布拉斯、布雷瓦(契卡)、埃莱甘特斯、恩特雷、阿卡托斯、菲古拉多、伦郡(大型、中型、小型)、帕雷霍、雷加利亚、雷古拉雷斯(米拉雷斯)、特拉布库和瓦格里。此外,不同国家也存在多种不同式样的雪茄,如荷兰的博尔克纳克、特伊特纳克、唐莱克纳克、马嫩拉、塞恩里塔斯、克纳克和斯普里耶雪茄;德国的艾福尔姆、多佩尔科普夫、斯特罗姆利尼、克赖塞尔、佩纳尔和科伊伦法索尔以及瓦拉伊斯、特维斯泰德和弗吉尼亚(布里萨戈)雪茄。

◎ 烟粉

【基本信息】

【英文名】 powder

【拼音】 yan fen

【基础词】

【定义】

(1)发酵或其他工序之后被磨碎的烟草,用于鼻烟。

(2)作为均匀烟叶原材料而被磨碎的烟草。

◎ 槽轮

【基本信息】

【英文名】 fluted drum

【拼音】 cao lun

【基础词】

【定义】

卷烟制造机切刀后的滚筒,把烟支联合在一块。

◎ 滤片夹具

【基本信息】

【英文名】 filter holder

【拼音】 lü pian jia ju

【基础词】

【定义】

在烟气实验中供插入剑桥滤片用的夹持器。

◎ 草地线虫

【基本信息】

【英文名】 meadow nematodes

【拼音】 cao di xian chong

【基础词】

【词条关系】

【导致】 根褐腐病

◎ 酮

【基本信息】

【英文名】 ketone

【拼音】 tong

【基础词】

【定义】

以羰基（C═O）为特征的有机化合物，对烟气吃味有贡献的一类物质。

◎ 吸风鼓

【基本信息】

【英文名】 suction drum

【拼音】 xi feng gu

【基础词】

【定义】

卷烟机上用来传送烟支的带槽鼓轮。烟支由于该鼓所产生的吸风被吸附在一条条槽里。

◎ 液相色谱法

【基本信息】

【英文名】 Liquid Chromatography

【拼音】 ye xiang se pu fa

【基础词】

【定义】

一种分析方法，通常在高压下通过固体柱分离不同可溶性物质来实现对试样的分析。液相色谱（与质谱仪联用）用以测定烟草中焦油、烟碱和糖等物质的含量。

【词条关系】

【类属】 色谱法

◎ 烟草孢囊线虫

【基本信息】

【英文名】 *Heterodera tabacum*

【拼音】 yan cao bao nang xian chong

【基础词】

【定义】

烟草根结线虫以前的学名。

【词条关系】

【同义】 根结线虫

◎ 植物保护剂

【基本信息】

【英文名】 plant protection agents

【拼音】 zhi wu bao hu ji

【基础词】

【定义】

泛指各种杀虫剂、杀菌剂、除草剂、杀线虫剂和植物生长调节剂。

【词条关系】

【子类】 农药

◎ CORESTA 单位

【基本信息】

【英文名】 CORESTA unit

【拼音】 CORESTA dan wei

【基础词】

【定义】

测定卷烟纸透气度的单位。

◎ 蛙眼病菌

【基本信息】

【英文名】 *Cercospora nicotianae*

【拼音】 wa yan bing jun

【基础词】

【定义】

引起蛙眼病的真菌。

【词条关系】

【导致】 蛙眼病

◎ 抽吸流速

【基本信息】

【英文名】 puff flow rate

【拼音】 chou xi liu su

【基础词】

【词条关系】

【同义】 抽吸速度

◎ 甲霜安

【基本信息】

【英文名】 metalaxyl

【拼音】 jia shuang an

【基础词】

【定义】

一种乙酰基丙胺酸合成的杀菌剂，用以防治烟草黑胫病和霜霉病。在部分地区，一些烟草霜霉菌小种对甲霜安不敏感，这就要求采用其他杀菌剂来防治霜霉病。

【词条关系】

【类属】 杀菌剂

◎ 四川省

【基本信息】

【英文名】 Sichuan

【拼音】 si chuan sheng
【基础词】
【定义】
中国西南部省份，种植晒烟。什邡和新都所产的毛烟和柳烟颜色紫红，色泽鲜明，富油润，燃烧性好，劲头足，吃味醇正，是雪茄烟的上乘原料。绵竹产的泉烟，香气似香料烟，可用作混合型卷烟的调香原料。

◎ 三醋酸甘油酯

【基本信息】
【英文名】 triacetin
【拼音】 san cu suan gan you zhi
【基础词】
【定义】
甘油醋酸酯，为无色液体，用作溶剂、可塑剂和卷烟醋酸纤维滤嘴的硬化剂。
【词条关系】
【化学式】 $C_9H_{14}O_6$

◎ 干物质

【基本信息】
【英文名】 dry matter
【拼音】 gan wu zhi
【基础词】
【定义】
烟草及烟制品去除挥发性化合物的残留物。干物质是进行化学分析的基础，剩余干物质的量受去除挥发性化合物方法的影响。

◎ 挥发性烟气成分

【基本信息】
【英文名】 volatile smoke components
【拼音】 hui fa xing yan qi cheng fen
【基础词】
【定义】
烟气中的挥发性物质，一般在 100 ℃或更低的温度下可以沸腾或冷凝。挥发性烟气成分包括大部分的醇类、酮类和含有 1～10 个碳原子的烃类。
【词条关系】
【类属】 烟气成分

◎ 酒

【基本信息】
【英文名】 wine
【拼音】 jiu
【基础词】
【定义】
含有酒精的饮料，常用于鼻烟加料。
【词条关系】
【用于】 鼻烟

◎ 浅色烤烟

【基本信息】
【英文名】 virgin
【拼音】 qian se kao yan
【基础词】
【定义】
一种烤烟类型，颜色黄色或淡棕色，通常烟碱和焦油含量低，用于制作低焦油卷烟。

◎ 烟条烙铁

【基本信息】
【英文名】 rod heater
【拼音】 yan tiao lao tie
【基础词】
【定义】
电加热装置，用来干燥卷烟上潮湿的搭口。

◎ 吸风输送系统

【基本信息】
【英文名】 suction conveyor
【拼音】 xi feng shu song xi tong
【基础词】
【定义】
通过连接到吸气风扇上的管道运送烟草材料的方式。这种方式与鼓风输送正好相反。

◎ 覆盖作物

【基本信息】
【英文名】 cover crop
【拼音】 fu gai zuo wu
【基础词】
【定义】
在植烟土壤上于非烟草生产季节种植的其他农作物。其目的是减少土壤侵蚀，保持土壤养分。有些绿色作物种植后用作绿肥。
【词条关系】
【受影响(有关)】 作物轮作
【基本等同】 绿肥作物

◎ 残留烟丝

【基本信息】

【英文名】 dottle

【拼音】 can liu yan si

【基础词】

【定义】

抽吸后残留在烟斗碗状部分的未燃烧烟丝。

◎ 发酵

【基本信息】

【英文名】 fermentation

【拼音】 fa jiao

【基础词】

【定义】

(1)深晾烟和香料烟调制后的处理。烤烟和浅晾烟不发酵，万一发酵了，其风味也变了。深晾烟发酵剧烈，而香料烟发酵温和。香料烟发酵：由操作人员根据判断确定。烟包堆放的方式要合理，并要每两周或四周变换一下方式。烟叶的含水量要适中，使堆积的时候刚好不会压破。烟包中心区升温幅度在2～3 ℃，自然醇化缓慢，但经过两个夏季后，发酵就可能很充分。控制环境的人工发酵适用于半香料烟类型。烟叶使用之前的储存期间，发酵缓慢的烟叶进入了陈化。在数量上，发酵化学变化缓慢，仅是干物质的损失。氧化是该发酵过程中的主要化学反应，其化学机理还不太清楚，但过去一直认为依赖于直接的化学反应。深色晾烟：在烟叶打包储存及一段时间的陈化之前，含水量高的烟叶发生的变化较剧烈，温度较高。雪茄烟包在整批堆积时，更要仔细处理。当温度升到50 ℃时，要翻过来；4～6周的时间里要翻5次。其他深色烟的处理原理相似，细节依赖于用户的设备条件。很多深色烟草发酵烟叶或片烟，人工发酵温度是45～60 ℃，相对湿度为80%～90%。自然醇化和人工发酵都能使干物质上升到20%。实验证据表明，氧化反应是一切化学变化的基础。烟碱含量减少了10%～90%，可溶性的碳水化合物减少，含氮化合物经过显著的脱氨基作用导致了明显的香气产生。烟叶发酵期间，pH值变大，碱性增强。所有变化的程度依赖于醇化过程的剧烈程度。醇化过程非常复杂，目前仍然没有学者彻底地弄清楚。

(2)鼻烟经过工厂短时间的发酵，具有更温和及特殊的吃味特征。鼻烟的发酵有两种：一种是把碱加入烟叶的氨发酵，使鼻烟具有一定的清凉味；另一种是加糖料的酒精发酵，使鼻烟具有和酒一样的芳香。

【词条关系】

【受影响(有关)】 淀粉

◎ 香子兰

【基本信息】

【英文名】 vanilla

【拼音】 xiang zi lan

【基础词】

【定义】

一种含有香兰素的植物，其萃取物可用作烟草香料等。

【词条关系】

【用于】 香料

【用途】 香兰素

◎ 热解

【基本信息】

【英文名】 pyrolysis

【拼音】 re jie

【基础词】

【定义】

物质在热能作用下发生的分解反应。在卷烟燃烧区，烟草中的许多物质发生热解反应。

◎ 自然种子

【基本信息】

【英文名】 raw seed

【拼音】 zi ran zhong zi

【基础词】

【定义】

收获和干燥后没有进行包衣或进一步加工的种子。现在自然种子已逐步被包衣种子取代。

【词条关系】

【类比】 烟草包衣种子

◎ 残留量测定

【基本信息】

【英文名】 residue determination

【拼音】 can liu liang ce ding

【基础词】

【定义】

利用复杂的分析化学技术，如气相色谱和其

他分析技术，分析烟草原料和卷烟烟丝中残留的植物保护剂(杀虫剂、农用化学品)含量。

【词条关系】

【方法】 气相色谱

【类属】 分析

◎ 空气调控

【基本信息】

【英文名】 air conditioning

【拼音】 kong qi tiao kong

【基础词】

【定义】

保持生产和储藏场所空气恒温和恒湿的过程。空气调控有4个主要优点：①保持烟叶弹性，从而减少破损；②保持烟叶的香味；③保护储存烟草和烟草制品并减少受霉菌侵袭引起的变质；④减少灰尘，改善工作条件。

【词条关系】

【用于】 烟草贮存

◎ 焦油限量

【基本信息】

【英文名】 tar ceiling

【拼音】 jiao you xian liang

【基础词】

【定义】

国家权威管理部门许可的卷烟最大焦油量，指在标准条件下由吸烟机抽吸的卷烟主流烟气中的焦油量。

◎ 泥背地老虎

【基本信息】

【英文名】 clay-backed cutworm

【拼音】 ni bei di lao hu

【基础词】

【词条关系】

【类属】 地老虎

◎ 六月金龟甲

【基本信息】

【英文名】 June beetle

【拼音】 liu yue jin gui jia

【基础词】

【定义】

一种烟草害虫的幼虫。

◎ 芸香苷

【基本信息】

【英文名】 rutin

【拼音】 yun xiang gan

【基础词】

【定义】

以糖苷或酯形式存在的多酚，存在于烟叶的淀粉中，与调制过程中褐色素的形成有一定关系。烟叶中芸香苷的含量取决于光照强度、烟草类型、烟叶部位、成熟度和施肥水平。

◎ 主料烟

【基本信息】

【英文名】 aromatic tobacco

【拼音】 zhu liao yan

【基础词】

【定义】

(1) 在配方中决定最终产品(可以是卷烟、雪茄烟或斗烟)的香气、香味和其他特征的那部分烟叶。这种烟叶应该以恰当的比例加入，以致能与所用的填充料烟叶形成和谐的配方。这项工作要求高超的技巧和专门的知识。要把这类烟叶与加香加料的烟叶区别开来。

(2) 香气浓郁丰满的烟叶。

◎ 上色

【基本信息】

【英文名】 colour matting

【拼音】 shang se

【基础词】

【定义】

为雪茄烟覆盖一层烟末使其色泽均匀的消光法。有时也可以使用人造着色剂。

◎ 风门挡板

【基本信息】

【英文名】 damper

【拼音】 feng men dang ban

【基础词】

【定义】

空气输送管道里的挡板，可手动或气动安置。挡板用来限制或调节气流。

◎ 苏合香

【基本信息】

【英文名】 storax

【拼音】 su he xiang

【基础词】

【定义】

从枫香树树皮和边材里得到的香料。苏合香常用作鼻烟的甜味剂和里料。

【词条关系】

【用于】 鼻烟

◎ 添加剂

【基本信息】

【英文名】 additive

【拼音】 tian jia ji

【基础词】

【定义】

除烟草外，以不同形式添加到烟草制品中的各种物质。添加剂通常是指顶香剂或加料剂。加入添加剂要么对烟草制品的吃味或香味产生积极作用，要么掩盖某些认为不利的东西。添加剂可以是天然的，或者常常是天然单一的，也可以是人造的，不一定是烟草中自然存在的。除了顶香剂或加料剂外，还有影响烟草制品物理特性(如保湿剂)、燃烧速度或烟气化学特性的其他类型添加剂。在一般情况或者个案中，添加剂的使用通常受法律或通用食品法管制，在部分欧洲国家的个案中受特殊的烟草法规管制。除了允许名单中列出的物质外，烟草法规一般限制所有添加剂的使用。烟叶、烟草中存在的天然物质、天然香料和香味物质以及他们的单一物质使用通常不需要批准。在一些国家，只有官方文件清单中包括的物质才可以使用，如欧洲议会公布的香料物质和天然香料原料添加剂名单，或美国的“一般公认的安全名单”(即“GRAS名单”)。

【词条关系】

【类属】 料液

【子类】 香精

【子类】 芳香剂

【子类】 改进剂

【子类】 氧化钛

【子类】 平衡剂

【子类】 香料

◎ 苗床覆盖物

【基本信息】

【英文名】 seedbed cover

【拼音】 miao chuang fu gai wu

【基础词】

【定义】

播种后覆盖在苗床上的材料。其目的是使苗床温度高于外界环境温度或保持苗床湿度，或两者兼而有之。现在常用的材料是有孔塑料薄膜或聚乙烯薄膜、薄棉布(粗棉布)、聚酯织物和各种天然材料(如香蕉叶和草)。必须注意，要确保覆盖物不致幼苗生长畸形。

◎ 切丝用烟叶

【基本信息】

【英文名】 tobacco for cutting

【拼音】 qie si yong yan ye

【基础词】

【定义】

用作切丝制成斗烟、细切烟丝、深色和浅色卷烟的烟叶片。切丝用烟叶不同于烟丝，后者是用作卷烟的、经过混配、加过料液和切成丝的烟草。

◎ 黄斑病

【基本信息】

【英文名】 yellow patch

【拼音】 huang ban bing

【基础词】

【定义】

苗床上的一种病害，其特征是烟苗生长受阻、矮化，叶片发黄。其原因是过度使用氮肥(尿素和石灰氮)。

【词条关系】

【关键指标】 氮

◎ 日灼伤

【基本信息】

【英文名】 sunburn

【拼音】 ri zhuo shang

【基础词】

【定义】

烟株砍收后由于暴露在阳光下时间过长而

被损伤的一种状态。其症状包括烟叶基部有坏死斑，叶尖枯萎。这些烟叶在调制过程中不会发生任何化学成分变化，质量会受到影响，抽吸时会产生一种令人不愉悦的气味。日灼伤在热带气候经常发生。

◎ 雪茄制造

【基本信息】

【英文名】 cigar manufacture

【拼音】 xue jia zhi zao

【基础词】

【定义】

雪茄烟制作可以分为完全手工、完全机器制造或二者相结合。以短芯/中芯和长芯雪茄烟为例。①备叶——在工厂的备叶间将制作雪茄烟所需的不同类型的烟叶（芯烟、内包皮和外包皮）组合起来。②预润——通过间接加湿使外包皮烟叶和长烟芯烟叶变软至足以适于下一步加工。对短芯/中芯烟烟叶和内包叶则采取浸、洒或喷水的方法加湿，然后存放 24 小时使水分均匀渗透。厚外包皮叶要进行浸滤及离心分离。而一些苦味烟叶则靠蒸汽加工去除苦味。③短芯/中芯烟制备时通常将各种烟叶按预定的比例混合，然后机械去梗（也可以将各配方成分各自单独去梗后再混合）。接着将芯烟干燥至所要求的水分（如置于干燥板上或置于带式或转筒式干燥机或热风干燥机内），然后装袋或装箱贮存备用。若置于干燥板上干燥，隔一段时间需翻动一次。在干燥过程中要防止烟叶过干（在卷制雪茄时容易造碎）或过湿（此种情况下芯烟在雪茄中容易粘连结块，抽吸时易堵塞气流）。④长芯烟的制备通常是将整个烟叶在叶尖部以下 1/3 处开始抽梗，然后如上所述，在加热的干燥室内将其干燥至所需的水分含量。各个配方成分可以在卷制雪茄烟之前依次组合，也可以将不同的配方成分交由内胚工为每支雪茄烟单独组合。⑤内包皮烟和外包皮烟制备时需将烟叶加湿、抽梗并摊平。处理外包皮烟叶时应特别小心。有时外包皮烟叶不用抽梗，仅需摊平并堆成堆。在此期间可以依据烟叶的颜色、长度和质量进行分级。将堆好的外包皮烟叶和内包皮烟叶分别放入容器中储存备用。内包皮烟叶可以通过浸滤或蒸汽处理去掉苦味，也有一些烟叶需经处理以改善其燃烧能力。在现代化机械生产中一般是将内包皮烟叶和外包皮烟叶按所需尺寸裁切后以“卷筒”方式（将叶片铺在大卷帘材料上）冷藏贮存。⑥内胚生产——制备内胚可用手工或内胚机（带有卷内胚装置的简易制内胚机），然后放进内胚模（由木材或塑料制成）中加压，一段时间后翻转，再次加压并干燥。芯烟按配方组合好后，或将其放入制内胚机的模具中靠卷制装置卷入内包皮，或完全由手工卷。这是长芯雪茄烟甚至某些特种短芯雪茄烟生产中最常见的方式。短芯/中芯雪茄烟的生产通常使用卷内胚机，但长芯烟的生产也越来越多地开始使用这种设备。机械式内胚成形机可自动制备内芯部分并配置加压装置替代内胚模具；内胚机常与提供预切内包皮的卷筒系统配套使用。使用均质烟叶代替天然烟叶制雪茄内胚，由高速雪茄烟条成形机生产，其过程与卷烟生产十分相似。⑦卷外包皮——将雪茄内胚干燥至所要求的水分，从模具中取出并用已切至合适尺寸的外包皮卷制。这是一项技术性很强的工作，在制作特殊尺寸和昂贵的雪茄时，这道工序至今仍靠手工完成。不过目前既有独立的制内胚机和卷外包皮机（后者更常用于均质烟草生产雪茄），也有组合的内胚制作与卷外包皮机器。现代化的卷外包皮机和组合机与输送预切外包皮（内包皮）烟叶的卷筒系统配套使用，此种方式每分钟可生产雪茄烟 60 支。⑧修整包装雪茄——根据雪茄烟的颜色及色调深浅进行分选，通常经过模压定形，贴上一个指环，然后包装。雪茄烟有时用玻璃纸、玻璃、铝管、雪松木、带或不带雪松木内衬铝箔等单支包装，但一般情况下是成组装在盒内。廉价雪茄通常是消光的。昂贵的雪茄需特别仔细地包装。由于雪茄可吸收木材的气味并从中获得一种特别适意的独特香味，因此制作雪茄烟盒木材的选择非常重要。

【词条关系】

【子类】 机制雪茄

◎ 福建省

【基本信息】

【英文名】 Fujian

【拼音】 fu jian sheng

【基础词】

【定义】

中国东南部的一个适于种植多种类型烟草的省份。

◎ 喷嘴式滤器

【基本信息】

【英文名】 nozzle filter

【拼音】 pen zui shi lü qi

【基础词】

【定义】

利用喷射原理工作的滤器。烟气中各种成分在其中富集，然后撞击到一个小的表面上被捕集。

◎ 切丝品质

【基本信息】

【英文名】 cutting quality

【拼音】 qie si pin zhi

【基础词】

【定义】

(1)影响成品切割的烟叶特性，影响因素有烟叶的弹性、含油量、完整性、吸湿性和结构以及切割时的含水量、温度、刀的压力和所用切丝机的类型。烟丝的长度取决于烟叶或叶片的大小，切丝宽度主要取决于烟叶本身的纹理，测量时以切后烟丝的稳定性为基础。

(2)描述烟叶性质的术语，切割烟叶时能产生较长的烟丝，这样的烟叶一般没有瑕疵，但往往稍欠成熟。

【词条关系】

【关键指标】 切丝宽度

◎ 漂浮苗

【基本信息】

【英文名】 float plants

【拼音】 piao fu miao

【基础词】

【定义】

采取漂浮法培育的移栽烟苗。

◎ 环纹线虫

【基本信息】

【英文名】 *Criconemoides* spp.

【拼音】 huan wen xian chong

【基础词】

【词条关系】

【类比】 草地线虫

◎ 平准器

【基本信息】

【英文名】 trimming device

【拼音】 ping zhun qi

【基础词】

【定义】

(1) 卷烟机上的装置，由两个旋转的环形刀片构成的，切去过量的烟草，使烟草达到预定的平均重量。

(2) 现代卷烟生产中，用纸包装以前，通过吸引带把烟棒沿着平准器传送。这样烟支更一致，填充平均。多余的烟草回收到料斗。

【词条关系】

【基本等同】 平整器

◎ 喂料辊

【基本信息】

【英文名】 feeder roller

【拼音】 wei liao gun

【基础词】

【词条关系】

【基本等同】 进料辊

◎ 石灰氮

【基本信息】

【英文名】 nitro-lime

【拼音】 shi hui dan

【基础词】

【定义】

氨基氰钙，常在烟草栽培中作为化肥。它含有大约20%的氮和20%的氧化钙，特别适用于强酸性土壤。近中性的土壤用钾铵硝石比较好，而碱性土壤需要施用无钙化肥。

◎ 高相对速度法

【基本信息】

【英文名】 high relative velocity (HRV) process

【拼音】 gao xiang dui su du fa

【基础词】

【词条关系】

【用于】 膨胀

◎ 小雪茄烟叶

【基本信息】

【英文名】 cigar tobacco leaf

【拼音】 xiao xue jia yan ye

【基础词】

【词条关系】

【英文缩写】 CTL

◎ 分泌物

【基本信息】

【英文名】 exudate

【拼音】 fen mi wu

【基础词】

【定义】

从植物的表面，尤其指表面的毛状体，释放的化学物质。对于烟草来讲，分泌物包括类西柏烷类、赖白当类和糖脂，用于增强香味和烟气的香气。

◎ 烟叶颜色

【基本信息】

【英文名】 leaf colour

【拼音】 yan ye yan se

【基础词】

【定义】

收获前，叶片颜色依品种呈浅绿到深绿色，可用特定的仪器测定。然而，上部叶片总是比下部叶片长有较多绒毛，颜色也较深。经过调制，叶片颜色相应变为浅黄色到深棕色。烟叶颜色也与品种有关。

【词条关系】

【子类】 基本色

【子类】 杂色

◎ 压力机

【基本信息】

【英文名】 press

【拼音】 ya li ji

【基础词】

【定义】

用于烟草的压力机，与包装烟叶和/或初加工结束的打包有关。

◎ 外包皮模

【基本信息】

【英文名】 wrapper die

【拼音】 wai bao pi mu

【基础词】

【定义】

雪茄外包机中的一个装置，将雪茄外包皮切成预先设定的形状。

◎ 烟青虫

【基本信息】

【英文名】 budworms

【拼音】 yan qing chong

【基础词】

【定义】

几种不同种的蛾子的幼虫。烟青虫以烟株叶芽为食，致使幼叶畸形或完全无使用价值。在美国，主要的烟青虫品种有烟芽夜蛾和玉米穗夜蛾，而在亚洲、非洲和欧洲，主要烟青虫害虫是棉铃虫、烟实夜蛾。烟青虫的防治办法有进行严格的卫生清洁(特别是毁掉老烟草残物)，早打顶和早抹杈，或使用各种农药。农药可以在种植之前施到土壤中，喷到植株上，或者作为诱饵施到田里。苏云金芽孢杆菌悬浮液也可按这种方式施用。

◎ T-DNA 标签

【基本信息】

【英文名】 transfer deoxyribonucleic acid（T-DNA） tagging

【拼音】 T-DNA biao qian

【基础词】

【定义】

借助根癌农杆菌将 DNA 基因转到植物基因组随机位置的正常过程。由于转移 DNA（T-DNA)的插入是随机的，因此这一过程常被用作改变植物基因组的一种手段。如果 T-DNA 插入到某一基因区段后，它就有可能扰乱该基因的表达，导致其失活。用这种方法，插入的被干扰基因区段的基因就可以作为一种有效手段测定基因功能。T-DNA 标签的另外一个作用是通过选用有增强序列的 T-DNA 基因来激活基因的表达。增强子是基因启动子的组成部分，启动子可以提高基因的转录，将这种 T-DNA 插入区段的基因则会提高转录效率，过量表达。这两种最主要的突变类型对研究烟草等基因组复杂的植物的突变很有用。这两种 T-DNA 基因标记导致不同类型的突变，有助于鉴定基因功能，而且为分离标记基因提供了一种有效的方法。

【词条关系】

【隶属于】　突变

◎ 盒装包装机

【基本信息】

【英文名】　frame wrapping machine

【拼音】　he zhuang bao zhuang ji

【基础词】

【定义】

把烟草产品包装成盒的机器。

◎ 田间萎蔫

【基本信息】

【英文名】　field wilting

【拼音】　tian jian wei nian

【基础词】

【定义】

收获后的烟叶放置在田间一定的时间，让其损失水分，以减少运输过程中烟叶的破碎。不过一定要小心，预防太阳的烤射，以维持烟叶的品质。

◎ 黑豆蚜虫

【基本信息】

【英文名】　black bean aphid

【拼音】　hei dou ya chong

【基础词】

【词条关系】

【类属】　蚜虫

◎ 多杀菌素

【基本信息】

【英文名】　spinosad

【拼音】　duo sha jun su

【基础词】

【定义】

多杀菌素 A 和多杀菌素 D 的混合物。这两种多杀菌素分子是从细菌的发酵过程中自然衍生而来的。多杀菌素是空气中和地面上均可使用的几种杀虫剂的活性成分。它通过引起害虫神经系统的高度兴奋而杀死敏感害虫，对多数益虫和螨类无害，已成为害虫综合治理计划中的一个有效手段。

◎ 吸入

【基本信息】

【英文名】　inhalation

【拼音】　xi ru

【基础词】

【定义】

把烟气吸进肺里的行为。当采用这种行为时，身体吸入的烟气冷凝物数量增多，吸入的烟碱比仅将烟气保留在口腔里要多 25%～40%，可摄取烟碱的精确数量依赖于烟草烟气的 pH 值（碱性烟气通常不被肺吸收，酸性烟气则被吸收）。雪茄烟烟气通常比卷烟烟气碱性强，因而雪茄烟有很大比例的烟碱被口腔吸收。

◎ 网纹夜蛾

【基本信息】

【英文名】　spodoptera litteralis

【拼音】　wang wen ye e

【基础词】

【定义】

一种斜纹夜蛾的幼虫。

【词条关系】

【基本等同】　灰翅夜蛾幼虫

◎ 根结线虫

【基本信息】

【英文名】　*Meloidogyne* spp.

【拼音】　gen jie xian chong

【基础词】

【定义】

(1) 线虫属中的一些种。有时特指南方根结线虫和爪哇根结线虫，能引起烟草严重减产。

(2) 一种高度转化型的杂食性植物病原线虫。烟草线虫病分布广泛且影响严重。根结是由一定数量的不同种线虫引起的，其症状是根部形成虫瘿。这些虫瘿可以完全抑制根部的正常功能，使植株的地上部分发黄、萎蔫、生长发育不良。该病的控制途径有加强灌溉，彻底搞好田间卫生和施用相应的杀线虫剂(如溴甲烷、二溴乙烯或一些有机磷酸盐类)。

【词条关系】

【导致】 根肿病

◎ 筛出物

【基本信息】

【英文名】 siftings

【拼音】 shai chu wu

【基础词】

【定义】

通过某一孔径筛子的所有烟草成分的统称。

◎ 活性炭

【基本信息】

【英文名】 activated carbon

【拼音】 huo xing tan

【基础词】

【定义】

无臭、无味的木炭粉末或颗粒。其高度多孔性使它有高效的吸附性,被用于生产滤嘴和滤嘴卷烟中。

【词条关系】

【用途】 活性炭滤嘴

◎ 挤压

【基本信息】

【英文名】 extrusion

【拼音】 ji ya

【基础词】

【定义】

生产烟草薄片(也叫辊压烟草)的工艺方法。由烟草粉碎末和黏合剂形成的浆液,强制通过挤压模具形成烟草束带、烟草纤维和烟草片。卷烟生产前和烟丝一起混合。

◎ 瓦楞纸板

【基本信息】

【英文名】 corrugated board

【拼音】 wa leng zhi ban

【基础词】

【定义】

在平纸板之间粘贴一层或多层带凹槽的纸片制成的纸板,这种结构可增加纸板的厚度和刚度。

◎ 钾碱

【基本信息】

【英文名】 potash

【拼音】 jia jian

【基础词】

【定义】

(1)氧化钾(K_2O),一种用于肥料的主要营养源。这种营养源不含氯,可用作烟草肥料。

(2)碳酸钾(K_2CO_3),有时作为一种防腐(氧化)剂加入鼻烟中。

【词条关系】

【用于】 肥料

【用于】 鼻烟

【类属】 无机肥料

◎ 畸形植株

【基本信息】

【英文名】 terata

【拼音】 ji xing zhi zhu

【基础词】

【定义】

因为损伤或病变引起叶片、花或种荚畸形的植株(病变引起的畸形有时具有遗传性)。畸形可能是部位簇生(植株某些部位长出带状断面叶片,叶畸形,茎分裂形成多瓣叶片)或叶片畸形(产生许多带状叶片)白化和斑驳(叶绿素失常),耳状突起(薄壁组织增生)以及双瓣和畸形花冠。所有这些畸形都表明植物生长不平衡,应当从制种田(即种子生产田)中剔除受害植株。然而,种间杂交时,这些变异能为遗传学研究者提供感兴趣的材料。

◎ 燃烧缺陷

【基本信息】

【英文名】 burning faults

【拼音】 ran shao que xian

【基础词】

【定义】

主要在内包皮烟或外包皮烟比芯叶烟燃烧更慢时,或者在内包皮、外包皮或芯叶的持火力弱时,雪茄烟出现的问题。芯叶的量以及其在内胚中的分布也是影响燃烧性的因素。

【词条关系】

【关键指标】 持火能力

◎ 转基因失活

【基本信息】

【英文名】 transgene inactivation

【拼音】 zhuan ji yin shi huo

【基础词】

【定义】

基因工程技术转入植物基因组的基因，在受体植物中不能稳定地表达的现象。基因表达的失误或改变将造成导入的特性丧失。这种技术也提供了一种去除不理想性状（如作物产生有毒物质）的遗传手段。

【词条关系】

【方法】 遗传工程

【方法】 转化

【类属】 突变

◎ 重金属

【基本信息】

【英文名】 heavy metals

【拼音】 zhong jin shu

【基础词】

【定义】

密度大于 3.5 g/cm^3 的金属，包括植物生长必需的微量元素如铜、锌、铁等，常位于酶的活性中心。然而，在高浓度时，重金属对人体和动物有毒。烟灰中含有微量重金属及其盐类。

◎ 化学评价

【基本信息】

【英文名】 chemical assessment

【拼音】 hua xue ping jia

【基础词】

【定义】

用品质系数描述并评价烟草中那些能改善或降低质量的因素，如糖、多酚、蛋白质、氨、氯化物、钾、钙等。

【词条关系】

【关键指标】 烟碱

【关键指标】 pH 值

◎ 醋酸纤维素

【基本信息】

【英文名】 cellulose acetate

【拼音】 cu suan xian wei su

【基础词】

【定义】

纯纤维素经乙酰化作用制成的人造纤维，用作制造滤嘴丝束的原材料。醋酸纤维素可部分水解在丙酮中，生成二醋酸纤维素，然后在丙酮溶液中纺丝。

◎ 造碎性

【基本信息】

【英文名】 shattery

【拼音】 zao sui xing

【基础词】

【定义】

描述烟叶脆性的一个术语。

◎ 红褐色

【基本信息】

【英文名】 mahogany

【拼音】 hong he se

【基础词】

【定义】

在烤烟中，深橙黄至红褐色的烟叶往往比较成熟，受损程度较高，偶尔有氧化颗粒的黑斑。红褐叶的糖含量可能低于橙黄烟叶，填充性可能高于其他颜色的烟叶。

【词条关系】

【类属】 颜色

◎ 喷嘴

【基本信息】

【英文名】 jet

【拼音】 pen zui

【基础词】

【定义】

(1) 胶合剂施加装置，一般用于连续施胶，用于滤棒成型机、卷烟机和某些包装机上。

(2)也称喷丝头，滤棒生产过程中处理充气醋酸纤维丝的管状装置。

(3)准确使用少量粘胶的系统。喷射装置主要用于包装机上使用热溶胶或乳胶。粘胶在压力下通过重力泵或压缩空气在压力下施胶。

【词条关系】

【用于】 纤维滤棒成型机

【用于】 卷烟机

【用于】 包装机

◎ 信息素诱捕装置

【基本信息】

【英文名】 pheromone trap

【拼音】 xin xi su you bu zhuang zhi

【基础词】

【定义】

将引诱剂组成的诱捕装置固定在一个粘板上，并释放出有吸引力的化学物质（正常情况下由雌性昆虫分泌）来吸引烟草甲虫或烟蛾类。被吸引的雄性昆虫被粘在粘板表面，通过清点数目可以得出一个种群动态的指标。这种监测装置不适用于控制烟草害虫肆虐。

【词条关系】

【用于】 卷烟甲虫

【用于】 烟草粉螟

【用途】 卫生

◎ 烟草独脚金

【基本信息】

【英文名】 tobacco witchweed

【拼音】 yan cao du jiao jin

【基础词】

【定义】

类似列当的寄生植物，烟草为其寄主之一。其特征是具有细长、附着在寄主植物的根上的茎，小叶和小花簇。防治方法与列当相同，需同样处理。或者在无寄主植物时，利用乙烯气体诱使寄生物提前萌发，从而导致寄生物死亡。

【词条关系】

【类属】 植物寄生物

【类比】 列当

◎ 浓度

【基本信息】

【英文名】 concentration

【拼音】 nong du

【基础词】

【定义】

用来表示单位体积溶液内溶解物质的离子或分子比例的化学术语，用重量的百分比或 mol/L 表示。浓度也可表示有机组织内单个部分的元素或化合物的比例。例如，虽然烟叶结构也对其持火力有一定的影响，但烟叶持火力很大程度上取决于那些能抑制或改善持火力物质的浓度。

◎ 阴燃区

【基本信息】

【英文名】 smouldering zone

【拼音】 yin ran qu

【基础词】

【定义】

紧接在点燃的卷烟或雪茄烟支燃烧区后面的区域。在阴燃区的中等温度（60～250 ℃）下，热解产生的挥发性物质被干馏。这些物质有甲酸、羟甲基糠醛、果胶质、碳水化合物和半挥发性碳氢化合物的分解产物。另外，一些自由基也会和燃烧区产生的某些物质重新结合。

【词条关系】

【类比】 燃烧区

◎ 叶位

【基本信息】

【英文名】 position

【拼音】 ye wei

【基础词】

【定义】

烟叶在烟株上的位置。

◎ 免耕

【基本信息】

【英文名】 no-tillage

【拼音】 mian geng

【基础词】

【定义】

一种减少土壤流失的耕作方法。

◎ 空气湿度

【基本信息】

【英文名】 air humidity

【拼音】 kong qi shi du

【基础词】

【定义】

空气中水分含量的度量，通常以相对值表示（如百分率）。烟草生产的各个阶段需要一定的空气湿度，在生长、调制、加工等期间以及制成品的储藏中也要求湿度一定。在工作和贮藏场所现在几乎都采用专门的空调来维持特殊的空气湿度。生长期间湿度明显地依赖于气候，遮阴帐幕中的湿度比野外湿度稍微大些。

◎ 集尘器

【基本信息】

【英文名】 dust collector

【拼音】 ji chen qi

【基础词】

【词条关系】

【基本等同】 滤尘器

◎ 喷雾器

【基本信息】

【英文名】 atomiser

【拼音】 pen wu qi

【基础词】

【定义】

产生水、加料等细雾的喷嘴。也可以引入一个空气或蒸汽喷气机，以改善要求可变液体流的流动。喷雾器在未切片烟叶和烟丝上使用，以增加其水分含量，提高香味，或保持柔软便于以后的加工。喷雾器一般在烤房、工厂中使用，以产生理想的空气湿度。

【词条关系】

【隶属于】 回潮机

【基本等同】 加湿器

◎ 烯酰吗啉

【基本信息】

【英文名】 dimetomorph

【拼音】 xi xian ma lin

【基础词】

【定义】

局部内吸型杀真菌剂，能有效地防治烟草霜霉病，对抗甲霜林的真菌品系特别有效，这种杀菌剂不能在烟株内自由传输，对烟株全面喷施杀真菌剂是有效防治病害的要点。

【词条关系】

【类属】 杀菌剂

◎ 病毒

【基本信息】

【英文名】 viruses

【拼音】 bing du

【基础词】

【定义】

一种微小的致病蛋白体，形状为球状或圆柱状。病毒常常为晶体形式。病毒侵染烟草的典型症状是组织畸形和褪绿，即色素的正常合成受阻，出现大小不等的各种形状的斑驳，产生黄色素与褐色素，而不是叶绿素。侵染茄科植物的绝大多数病毒可以在科内转化。即使同一种病毒的大小也有变化，如 TMV 病毒颗粒的直径为 3～25 nm，部分可达 35 nm。有些病毒长度超过 1 500 nm。由于病毒引起褪色，在受害部位的碳水化合物合成极少，而含氮化合物大量增加。病毒从受害株向健康植株的转移有时是通过接触方式，刺吸类昆虫是最重要的传播介体。只有很少的病毒存在于种子中(如苜蓿、豌豆、大豆、甜菜)。土壤中的残体是另一个传播方式。病毒一般不能进行化学防治，通常的防治方法是适当施肥、注意田间卫生和种植抗性品种。侵染烟草最重要的病毒是烟草花叶病毒、环斑病毒、黄瓜花叶病毒、马铃薯 Y 病毒、番茄斑萎病毒、蚀纹病毒、卷叶病毒和丛枝病毒。

【词条关系】

【子类】 烟草花叶病毒

【子类】 丛簇病毒病

【子类】 马铃薯 Y 病毒

【子类】 环斑病毒

【子类】 番茄斑萎病毒

【子类】 蚀纹病毒

【子类】 丛枝病毒

【导致】 卷叶病

【导致】 黄瓜花叶病

【导致】 环斑病

【导致】 烟草普通花叶病

◎ 烟油

【基本信息】

【英文名】 tobacco oil

【拼音】 yan you

【基础词】

【定义】

由烟叶分泌细胞分泌的液体中的挥发性物质组成的精油。烟油对烟叶香气有显著影响。

◎ 蓟马

【基本信息】

【英文名】 thrips

【拼音】 ji ma

【基础词】

【定义】

多种昆虫的统称，包括烟草蓟马或洋葱蓟马、黑康乃馨蓟马和普通蓟马，或称烟蓟马。蓟马生长在热带和温带地区，对烟草造成严重危害。其不仅刺吸烟叶汁液，还可携带番茄斑萎病毒。刺吸造成叶片破裂和银色脉纹，调制后变成白纹，对雪茄烟危害非常严重。受害叶片调制后，吸食和加工质量差。防治蓟马可使用涕灭威或其他内吸型杀虫剂，辅以叶面喷施。

◎ 碎烟房

【基本信息】

【英文名】 offal room

【拼音】 sui yan fang

【基础词】

【定义】

在卷烟厂处理碎烟的房间。对粉尘、烟末和其他碎烟进行清理、分离、装袋贮存以备后用。或送至均质车间，或销毁。该车间内通常采用风力输送。

◎ 叶片背面

【基本信息】

【英文名】 left side

【拼音】 ye pian bei mian

【基础词】

【定义】

对烟叶背面的称呼。叶片背面经常比叶片上表面颜色浅而且有可见的表面叶脉。

【词条关系】

【类比】 叶片正面

◎ 香味图

【基本信息】

【英文名】 flavour profile

【拼音】 xiang wei tu

【基础词】

【定义】

由评吸小组编辑，图解描述一种物质的吃味。正常的香味图包括不同味道出现的顺序、浓度、丰满度和余味。

◎ 聚醋酸乙烯酯胶黏剂

【基本信息】

【英文名】 polyvinyl acetate adhesive

【拼音】 ju cu suan yi xi zhi jiao nian ji

【基础词】

【定义】

一种合成的均聚物胶黏剂，易和共聚物合成的黏合剂相混淆。这两种类型的黏合剂是烟草行业使用得最多的。

◎ 萎黄病

【基本信息】

【英文名】 chlorosis

【拼音】 wei huang bing

【基础词】

【定义】

泛指叶片中叶绿素损失，形成各种白色的或浅色的斑块、条纹等的现象。这主要是由于各种营养元素缺失造成的，其症状包括色斑、畸形、枯斑和发育迟缓。

【关键指标】 叶绿素

◎ 内吸剂

【基本信息】

【英文名】 systemics

【拼音】 nei xi ji

【基础词】

【定义】

烟草抑芽剂的一种类型。

【词条关系】

【基本等同】 内吸型抑芽剂

◎ 栎木

【基本信息】

【英文名】 oalwood

【拼音】 li mu

【基础词】

【定义】

来自栎属树木上的木材，在烟草工业用于烘烤烟叶并制造烟叶桶的原料。当烟叶贮存在栎木桶内时，香味会有所改善。

◎ 茶

【基本信息】

【英文名】 tea

【拼音】 cha

【基础词】

【定义】

茶属的芳香灌木，其干制叶片或干制叶片泡出的溶液用在烟草料液中。

◎ 纺烟机

【基本信息】

【英文名】 spinning machine

【拼音】 fang yan ji

【基础词】

【定义】

用来制造纺嚼烟和斗烟的机器。其工作原理同纺烟台一样。

【词条关系】

【用于】 纺烟

◎ 特性黏合

【基本信息】

【英文名】 specific adhesion

【拼音】 te xing nian he

【基础词】

【定义】

依赖于表面引力的一种黏合作用。它使黏合剂与底物之间牢固结合，能承受住各种加工制造过程的影响。

◎ 丹宁

【基本信息】

【英文名】 tannin

【拼音】 dan ning

【基础词】

【定义】

多酚类物质，以色素的形式在烟草中自然存在，在烟草制造过程中也可加入。丹宁溶液使卷烟的香气和香味柔和并具甜味，也能改进嚼烟的色泽。

【词条关系】

【类属】 酚类

◎ 干冰膨胀烟草

【基本信息】

【英文名】 dry ice expanded tobacco

【拼音】 gan bing peng zhang yan cao

【基础词】

【定义】

生产膨胀烟草的一种方法，利用过冷液态二氧化碳浸渍烟丝，然后在高温干燥器内膨胀，这样可使烟草纤维膨胀很多。

【词条关系】

【类属】 膨胀

【英文缩写】 DIET

◎ 磷酸盐类

【基本信息】

【英文名】 phosphates

【拼音】 lin suan yan lei

【基础词】

【定义】

(1) 磷酸盐部分天然存在于土壤中，部分由工业生产。

(2) 它们在烟草营养中具有重要作用。最重要的工业磷酸盐包括过磷酸盐(含量为 15%～30%)、二过磷酸盐(含量为 40%～45%)、矿渣(含量为 15%～20%)和骨粉(含量为 29%)。

◎ 二苯胺-硫酸反应

【基本信息】

【英文名】 diphenylamine-sulphuric acid reaction

【拼音】 er ben an liu suan fan ying

【基础词】

【定义】

用于烟草中硝酸盐定性测定中的反应。

◎ 烟草坏死病毒

【基本信息】

【英文名】 necrosis

【拼音】 yan cao huai si bing du

【基础词】

【定义】

相似于矮化病的烟草病毒病，造成坏死斑驳，染病叶片皱缩和向下翻卷。幼苗受害会致死，而较大的烟株受害通常限于下部叶。该病毒由引起幼苗黄萎病的真菌携带，因此防治关键在于消除幼苗黄萎病真菌。

【词条关系】

【导致】 矮化病

【导致】 烟草坏死病毒病

◎ 搭口

【基本信息】

【英文名】 seam

【拼音】 da kou

【基础词】

【定义】

卷烟纸的少量叠合使卷烟纸形成包裹住连续烟条的搭口。搭口处由涂胶装置涂上黏合剂，然后用电加热搭口烙铁烤干。

【词条关系】

【子类】 折皱搭口

【隶属于】 连续烟条

◎ 表面硬化

【基本信息】

【英文名】 case hardening

【拼音】 biao mian ying hua

【基础词】

【定义】

在烘干和冷却期间烟叶表面可能出现的有害的过干现象。

◎ 粘结间隔

【基本信息】

【英文名】 adhesive skip

【拼音】 zhan jie jian ge

【基础词】

【词条关系】

【基本等同】 无胶区

◎ 水

【基本信息】

【英文名】 water

【拼音】 shui

【基础词】

【定义】

无色、无味的液体，分子式为 H_2O，所有生物有机体的重要成分。植物主要通过根部吸收水分(叶片也可吸收少量的露水、雨水和空气中的水分)，因此水起着运输土壤中矿物质的作用。水也是植物体体液的主要成分，因此水能使可溶性物质在不同器官或植物组织中移动。在烟叶中，部分水和胶体结合，难以释放出来。烟叶中的胶体越多，就越不易失水。烟叶的含水量在烟草质量评估中起重要作用。采下的烟叶通过蒸发失去自由水分，烟叶组织中的烟粉和可溶性物质就会被浓缩。这样就导致胶体释放出水分，使胶体凝结。甚至有的胶体部分失水还足以使叶片吸收水分。当无机物质和有机物质的渗透浓度增加时，一些酶催化反应就会受到抑制。因此调制过程分为两个阶段：第一个阶段，温度高于20 ℃，叶片保持水分，色素和储存产物分解；第二个阶段，失水干燥。烟叶中最后的含水率设定取决于烟叶的用途。

◎ 昆虫诱捕器

【基本信息】

【英文名】 insect trap

【拼音】 kun chong you bu qi

【基础词】

【词条关系】

【子类】 信息素诱捕装置

◎ 皮带秤

【基本信息】

【英文名】 belt weigher

【拼音】 pi dai cheng

【基础词】

【定义】

过程自动化设备，由一条装有称重装置的输送带组成的机器。烟草可随输送带通过时自动称重。

◎ 羟基羧酸

【基本信息】

【英文名】 hydroxy carboxylic acids

【拼音】 qiang ji suo suan

【基础词】

【定义】

以羟基和羧基为特征的有机物，该类物质中最重要的酸是柠檬酸添加剂。

【词条关系】
【子类】 柠檬酸
【用途】 燃烧添加剂

◎ 茎

【基本信息】
【英文名】 stalk
【拼音】 jing
【基础词】
【定义】

整株烟草的支撑主茎。红花烟草的茎呈绿色或黄色，横截面呈圆形，密布腺毛。幼苗时类似于卷心菜或相似的植物，但很快就木质化了，可以起到防风作用。尽管木质化使烟茎不能作为商品使用，可是在原料短缺时它们还是被加进斗烟混合物中。一些国家从消费税的角度考虑仍将之划为烟草，因此烟叶收获后茎秆必须销毁，通常是采取耕翻埋入土中或烧毁的办法。另外，黄花烟草的茎不木质化，被作为廉价烟草用来制丝。尽管有传播病害的危险，过去茎秆仍被用作肥料或燃料。茎秆与烟梗是不同的。

◎ 微型雪茄

【基本信息】
【英文名】 cigarito
【拼音】 wei xing xue jia
【基础词】
【定义】

用生产卷烟的方法生产的小雪茄，不同之处只是使用雪茄烟叶作为芯烟并用烟叶或均质烟草外包皮替代卷烟纸。微型雪茄有时带有滤嘴。

◎ 氮

【基本信息】
【英文名】 nitrogen
【拼音】 dan
【基础词】
【定义】

氮是植物特别是烟草生长最需要的元素之一，同时也是蛋白质、氨基酸和植物碱(如烟碱)的重要成分，平均含量为13%～19%。虽然它很重要，但其用量需严格控制，因为氮素太多和太少均会严重影响烟草品质。氮多时，植株颜色深绿，生长快但迟熟，难调制，质量劣，燃烧性差；氮少时，植物生长迟缓，假熟发黄，尤其是下部叶片。如果取正常施肥烟草中等质量烟叶测定其平均含氮量会发现：①雪茄中蛋白质氮含量最低，晾烟和晒烟居中，烤烟最高；②雪茄中硝酸盐含量最高，烤烟最低，晾烟和晒烟相对较低；③雪茄中铵态氮百分含量通常比晾烟和晒烟高，烤烟是最低；④烟碱中的氮含量随品种、灌水情况和施肥量而变化；⑤通常雪茄烟中总含氮量高于其他烟草类型。烟草整体质量随着蛋白质氮和总氮的增加而下降。在调制过程、发酵的烟叶和烟气中也有氮的存在。

【词条关系】
【元素符号】 N

◎ 高相对速率过程

【基本信息】
【英文名】 high relative velocity process
【拼音】 gao xiang dui su lü guo cheng
【基础词】
【定义】

利用正常回潮烟丝中的水分作为膨胀剂的烟丝膨胀方法。烟丝在一个下沉气流干燥机中被热气流加热，烟丝和气流间的高相对风速提高了两者间的热交换速率，因而挥发了烟丝中的水分。

【词条关系】
【类属】 高相对速度法

◎ 氯

【基本信息】
【英文名】 chlorine
【拼音】 lü
【基础词】
【定义】

以氯化物形式存在于烟草中的一种化学元素。植物从土壤、水、矿质肥料(近海地区还从空气)中吸收氯化物。通常，烟叶中的氯含量越高，其持火力越低，碱性烟草尤其符合这一特征。酸性烟草持火力还要取决于其他因素，如烟叶中糖的含量。无论选择天然肥料还是人造肥料都应特别注意其中的氯离子含量，使用不含氯的水源灌溉也很重要。

【词条关系】
【元素符号】 Cl

◎ 高基重纸

【基本信息】

【英文名】 high basis weight paper

【拼音】 gao ji zhong zhi

【基础词】

【定义】

高基重纸透气度低，能轻微减少卷烟的侧流烟气。其高密度提高了卷烟纸的不透明度，并可支持烟支的稳定性。

◎ 氨

【基本信息】

【英文名】 ammonia

【拼音】 an

【基础词】

【定义】

硝酸盐同化的代谢产物和蛋白质分解的最终产物。氨在烟草植株代谢中起重要作用，它以铵盐的形式施加于成长的植株。氨在调制的初始开始释放，而在发酵中大量的氮以气态氨形式跑掉，从而产生深色烟草发酵完成的特征气味。烟叶中氨含量随烟株自下而上逐步增加，其含量几乎超过总干物质的1%。卷烟主流烟气和侧流烟气中也存在有不同量的氨。

◎ 马铃薯跳甲

【基本信息】

【英文名】 potato flea beetle

【拼音】 ma ling shu tiao jia

【基础词】

【词条关系】

【类属】 跳甲虫

◎ 烟丝结

【基本信息】

【英文名】 knot

【拼音】 yan si jie

【基础词】

【定义】

嚼烟类型，由厚的缠绕的烟叶拧成结而形成。

【词条关系】

【类属】 嚼烟

◎ 铺开

【基本信息】

【英文名】 distribution

【拼音】 pu kai

【基础词】

【定义】

把大量烟草薄薄地铺在相对宽敞的地方以便检验或包装等，通常由传送带卸料端的装置完成，通过往返运动(偶尔采用圆形运动)把窄而深的条带中的烟草平铺在较宽的表面。这一步骤对在贮丝柜内均匀地平铺烟丝非常重要，如向烟箱或烟桶机械填充鲜叶或叶片，或在复烤机的挡板上形成一条均匀的烟草毯。

◎ 半挥发相

【基本信息】

【英文名】 semi-volatile phase

【拼音】 ban hui fa xiang

【基础词】

【词条关系】

【基本等同】 烟气中半挥发性成分

◎ 烟草科学研究合作中心

【基本信息】

【英文名】 Cooperation Centre for Scientific Research Relative to Tobacco

【拼音】 yan cao ke xue yan jiu he zuo zhong xin

【基础词】

【定义】

总部位于巴黎的世界各国烟草科研工作者的组织。其成员包括政府机构、私有机构、贸易公司和烟草行业。该组织下分4个研究学组：农学与烟叶整体性学组、基因植物病理学组、产品工艺学组和烟气科学学组。每个学组包括若干工作组。烟草科学研究合作中心每两年召开一次大会。

【词条关系】

【英文缩写】 CORESTA

◎ 霍夫曼清单

【基本信息】

【英文名】 Hoffmann list

【拼音】 huo fu man qing dan
【基础词】
【定义】
烟草烟气中所含的被认为与吸烟相关疾病有关的化学成分清单。该清单于1986年由霍夫曼和美国健康基金合作者共同提出，之后定期更新。清单中主要包含83种烟气成分（2000年版清单），包括苯并芘和其他稠环芳烃、亚硝胺类、芳香胺类、酚、一氧化碳、氮氧化物和金属如镍、镉和铅等衍生物。
【词条关系】
【导致】 与吸烟有关的疾病

◎ 烟草蜡质

【基本信息】
【英文名】 tobacco waxes
【拼音】 yan cao la zhi
【基础词】
【定义】
可溶于有机溶剂的一些化合物，对烟气香气有直接或间接的作用。烟草蜡质是由长链脂肪酸和长链醇形成的酯，它们与树脂结合。树脂和蜡都见于叶片表面，为叶片上的腺毛（或称毛状体）的分泌物。
【词条关系】
【受影响(有关)】 腺毛
【类比】 树脂

◎ 网孔尺寸

【基本信息】
【英文名】 mesh
【拼音】 wang kong chi cun
【基础词】
【定义】
网目，粒度尺寸的量度。

◎ 压印装置

【基本信息】
【英文名】 embossing unit
【拼音】 ya yin zhuang zhi
【基础词】
【定义】
在串联组合印刷和转换机器里具有的圆柱形雕蚀工具。压印装置常用于在纸板的表面制造浮雕线。

◎ 喂丝台

【基本信息】
【英文名】 feed table
【拼音】 wei si tai
【基础词】
【定义】
集中喂料的装置，把烟丝储存仓中的烟丝提供给需要的单个烟机。
【词条关系】
【用途】 喂料

◎ 卷曲机

【基本信息】
【英文名】 crimping machine
【拼音】 juan qu ji
【基础词】
【定义】
生产滤嘴丝束的一种装置，用以使纺丝机纺出的滤嘴细丝卷曲。操作过程是将丝束强力压进填充箱或卷曲箱中以使其自身折叠起来，在预定的压力下通过一个活动叶板将其从箱内放出。卷曲后的丝束被干燥、打包并压紧。
【词条关系】
【用于】 卷曲滤嘴
【关键指标】 卷曲指数

◎ 铝箔压印装置

【基本信息】
【英文名】 foil embossing unit
【拼音】 lü bo ya yin zhuang zhi
【基础词】
【定义】
用来把图案印在箔片上的雕刻钢滚轮。
【词条关系】
【用途】 压印

◎ 搓烟绳

【基本信息】
【英文名】 spun cut
【拼音】 cuo yan sheng
【基础词】
【定义】
一种制作烟绳的方法。搓成（有时也捻成）的烟绳通常由内芯（或芯烟）及外包皮两部分组成,后者一般为身份厚重的烟叶。这种烟绳可以用来制作斗烟或嚼烟。

【词条关系】

【用途】 斗烟

【用途】 嚼烟

◎ 国际长度卷烟

【基本信息】

【英文名】 international cigarette

【拼音】 guo ji chang du juan yan

【基础词】

【词条关系】

【类属】 烟支长度

◎ 凿齿注射

【基本信息】

【英文名】 chisel injection

【拼音】 zao chi zhu she

【基础词】

【定义】

利用凿齿形装置将化学药剂注入土壤表层以下的一种土壤熏蒸消毒方法。化学药剂进入土层后会释放出气体,杀死土壤中的绝大多数害虫并为土壤消毒。这种方法对防治线虫和清除杂草种子特别有效。

◎ 香气丰满度

【基本信息】

【英文名】 flavour amplitude

【拼音】 xiang qi feng man du

【基础词】

【定义】

吸烟时口中体验到的香味量。与香气特征无关。

【词条关系】

【无关】 香气特征

◎ 侧流烟气香气修饰

【基本信息】

【英文名】 sidestream aroma modification

【拼音】 ce liu yan qi xiang qi xiu shi

【基础词】

【定义】

采取特殊的配方和增香剂来改善侧流烟气的气味,从而使吸烟现场的被动吸烟者不太反感。

【词条关系】

【影响】 被动吸烟

◎ 卷烟印刷

【基本信息】

【英文名】 cigarette print

【拼音】 juan yan yin shua

【基础词】

【定义】

印在烟支上的品牌名称、图形、符号等。

【词条关系】

【用于】 卷烟纸

◎ 卷烟用胶

【基本信息】

【英文名】 cigarette glue

【拼音】 juan yan yong jiao

【基础词】

【词条关系】

【子类】 胶黏剂

◎ 密度

【基本信息】

【英文名】 density

【拼音】 mi du

【基础词】

【定义】

重量与体积之比,在烟草业中主要用于烟叶(单位是 kg/L)和烟丝(单位是 mg/mL)。对于烟叶来说,测量密度可以了解烟包、大桶等内部的压缩情况;对于烟丝来说,根据填充密度可粗略估算烟草的填充能力。根据卷烟一贯的硬度,卷烟的实际大小可反映出不同品牌卷烟需要的烟丝量。最好的测量方法是获取 1 个最接近预期工业目标的样品,然后用密度计测量其表面密度。

【词条关系】

【基本等同】 比重

◎ 铝箔折叠

【基本信息】

【英文名】 foil folding

【拼音】 lü bo zhe die

【基础词】

【定义】

箔片折叠包装,用于保护包裹的烟支。

◎ 热解区

【基本信息】

【英文名】 pyrolysis zone

【拼音】 re jie qu

【基础词】

【定义】

一支燃烧的卷烟发生热解反应的区域，紧挨在引火区之后。

【词条关系】

【类比】 过滤区

【类比】 引火区

【基本等同】 燃烧区

◎ 烟草坏死病毒病

【基本信息】

【英文名】 tobacco necrosis virus

【拼音】 yan cao huai si bing du bing

【基础词】

【词条关系】

【英文缩写】 TNV

【同义】 坏死病

◎ 气锁

【基本信息】

【英文名】 airlock

【拼音】 qi suo

【基础词】

【定义】

把风力输送的烟草从输送的空气中分开的装置。

◎ 污染性

【基本信息】

【英文名】 taint properties

【拼音】 wu ran xing

【基础词】

【定义】

一种物质污染烟草制品的能力。烟叶及其制品很容易受外部环境影响，尤其是烟草的香味和气味。

◎ 墨西哥

【基本信息】

【英文名】 Mexico

【拼音】 mo xi ge

【基础词】

【定义】

北美洲的一个联邦共和制国家。该国深色晾烟、烤烟、香料烟和白肋烟的生产量相当大，烟叶供国内消费和出口，最好的雪茄烟（外包皮、内包皮和芯烟）的出口标准非常高。

◎ 卷雪茄内胚机

【基本信息】

【英文名】 bunching machine

【拼音】 juan xue jia nei pei ji

【基础词】

【定义】

机械生产雪茄或小雪茄的设备。从料斗中取出一定量的芯叶材料，自动送到一个期望的内胚形的盒模中，由手工或机器提供至卷雪茄内胚台上，台上事先铺摊有切好的自然或均质烟叶内包皮。再把芯叶包圆粘起来，然后内胚自动输送到一个木制模具中，即加压和干燥装置中。卷雪茄内胚机能够生产单内胚或双内胚，每小时产量为 1 000～1 500 支。若使用均质烟叶，卷雪茄内胚机可以被连续的卷雪茄内胚条棒机代替。后者的产量为每小时 3 000～6 000 支单内胚或双内胚。

【词条关系】

【类属】 雪茄制造

【子类】 长芯烟制胚机

【子类】 雪茄内胚烟条机

◎ 灰分

【基本信息】

【英文名】 ash

【拼音】 hui fen

【基础词】

【定义】

卷烟、雪茄烟或斗烟燃烧后留下的固体残留物，主要含有钙、钾、钠、镁盐和氧化物。不同的烟草产生的灰分量有很大不同，雪茄烟一般比卷烟产生的灰分量多。产生的灰分组成和数量与烟草的燃烧特性部分正相关。烟灰颜色对雪茄和卷烟而言尤为重要，一般应该略呈淡色，但大量的黑灰并不意味着品质差（可以添加化学药品使颜色发淡）。此外，烟灰不应该分散。燃烧性能在雪茄烟中主要由内包皮和外包皮的灰分决定，在卷烟中主要由卷烟纸决定。

◎ 流化床干燥器

【基本信息】

【英文名】 fluidized bed drier

【拼音】 liu hua chuang gan zao qi

【基础词】

【定义】

一种振动传送带，底部由打孔钢板构成。热空气通过底部并向传送的烟草强制通风，这样达到了液化和干燥的目的。

◎ 梳理机

【基本信息】

【英文名】 straight layer

【拼音】 shu li ji

【基础词】

【定义】

整理、平摊烟叶的机器。

【词条关系】

【用于】 平摊烟叶

◎ 色素体

【基本信息】

【英文名】 chromatophore

【拼音】 se su ti

【基础词】

【定义】

色素细胞或细胞团，这些细胞的变化可以导致颜色的改变。烟草中的色素体细胞包括叶绿素、类胡萝卜素及其降解产物。

【词条关系】

【子类】 叶绿素

◎ 磷化镁

【基本信息】

【英文名】 magnesium phosphide

【拼音】 lin hua mei

【基础词】

【定义】

一种金属磷化物制剂。当其与大气中的水分起反应时，产生可用于烟草熏蒸的杀虫气体磷化氢。药品放在隔离的容器如袋子和盘子内，允许水蒸气和气体自由通行但应防止粉状药物外溢。这种剂型包装非常适宜于在烟库和烟堆里使用。

【词条关系】

【类比】 磷化氢

【化学式】 Mg_3P_2

【用途】 熏蒸

◎ 乙酸

【基本信息】

【英文名】 acetic acid

【拼音】 yi suan

【基础词】

【定义】

（1）醋酸。

（2）一种挥发性有机酸，存在于烤烟和香料烟烟叶以及烟气中，被认为对烟叶香气有正面作用。以前用在浸滤的溶液中。烟草用25%乙酸溶液处理后贮存仍能发酵。

【词条关系】

【化学式】 $C_2H_4O_2$

◎ 环境烟气化学标记物

【基本信息】

【英文名】 chemical environmental tobacco smoke (ETS) marker

【拼音】 huan jing yan qi hua xue biao ji wu

【基础词】

【定义】

环境烟气(ETS)特有的、代表整个环境烟气的物质。其成分之一，如烟气中的3-乙烯基吡啶，是烟碱在高温分解过程中形成的。

【词条关系】

【用途】 环境烟气

【概念-实例】 3-乙烯基吡啶

◎ 焦油量

【基本信息】

【英文名】 tar yield

【拼音】 jiao you liang

【基础词】

【定义】

用吸烟机测定的卷烟中焦油量。

◎ 雪茄内胚

【基本信息】

【英文名】 bunch

【拼音】　xue jia nei pei
【基础词】
【定义】
外包皮卷盖之前的雪茄烟体，由芯叶和内包皮组成。
【词条关系】
【同义】　内胚

◎ 剔除器

【基本信息】
【英文名】　rejector
【拼音】　ti chu qi
【基础词】
【词条关系】
【子类】　不合格烟盒剔除装置

◎ 气相物

【基本信息】
【英文名】　gas phase
【拼音】　qi xiang wu
【基础词】
【定义】
与粒相物相比，气相物指的是烟气总量透过滤棒时，不凝结的那部分。烟气中气相物的主要成分是氮气、氧气、二氧化碳、一氧化碳、氨气、氢气和水蒸气。

◎ 氨基甲酸酯

【基本信息】
【英文名】　carbamates
【拼音】　an ji jia suan zhi
【基础词】
【定义】
由氨基甲酸生成的盐或酯类化合物。这种化合物能抑制昆虫和动物神经系统的胆碱酯酶活性。烟草生产中使用的氨基甲酸盐杀虫剂包括土壤用杀虫剂敌天威和克百威以及叶用喷雾剂甲萘威和灭多威。氨基甲酸盐除草剂与前述杀虫剂有相似的结构。
【词条关系】
【用途】　杀虫剂

◎ 醛糖

【基本信息】
【英文名】　aldose
【拼音】　quan tang
【基础词】
【定义】
具有羰基的单糖蔗糖。其羰基位于分子的侧链部分，以区别于酮糖(如果糖羰基在主链上)。蔗糖对加工期间烟草品质和吃味有主导作用。
【词条关系】
【类属】　糖
【类比】　酮糖
【影响】　抽吸品质
【影响】　烟叶品质
【影响】　吃味

◎ "湿狗"气息

【基本信息】
【英文名】　wet dog
【拼音】　"shi gou" qi xi
【基础词】
【定义】
含氯量高的烟叶所具有的亚麻油香气。

◎ 黄萎病

【基本信息】
【英文名】　verticillium wilt
【拼音】　huang wei bing
【基础词】
【定义】
维管束病害，由真菌中轮枝菌引起。其症状与镰刀菌萎蔫病相似，但萎蔫出现较晚，在开花期出现。受害叶片变成典型的橘黄色(而非镰刀菌萎蔫病的黄色或古铜色)，叶脉和茎秆变成浅褐色。已有抗病品系，但抗病品系对根黑腐病敏感。防治方法是在移栽前进行土壤熏蒸。

◎ 棉花

【基本信息】
【英文名】　cotton
【拼音】　mian hua
【基础词】
【定义】
有时用于生产卷烟纸的纤维。

◎ 千卡

【基本信息】
【英文名】　kilocalorie

【拼音】 qian ka

【基础词】

【定义】

热量单位：15 ℃时使 1 kg 水升高 1 ℃所需的热量。它是一个过时的单位，仅在旧课本里可见。现在热量的国际标准单位是焦(J)，1 kcal 约等于 4.186 kJ。

◎ 莨菪亭

【基本信息】

【英文名】 scopoletin

【拼音】 lang dang ting

【基础词】

【定义】

(1) 烟草中的一种多酚和植保素，其高温裂解产物对烟气吃味有明显影响。

(2) 7-羟基-6-甲氧基香豆素。

【词条关系】

【类属】 植物抗毒素

【化学式】 $C_{10}H_8O_4$

◎ 重复性和重现性

【基本信息】

【英文名】 repeatability and reproducibility

【拼音】 chong fu xing he chong xian xing

【基础词】

【定义】

根据 ISO 和 CORESTA 要求进行统计学的协同测定，即一个特定的测试常常需要在几个不同的实验室进行。统计分析所得结果的重复性和重现性可被定为 r 和 R。按照 ISO 5725 标准的特定要求确定 r 和 R 的统计程序。

◎ 包装

【基本信息】

【英文名】 packaging

【拼音】 bao zhuang

【基础词】

【定义】

产品封装及所使用的包装材料。包装可保护、集合并储存烟草制品，使其成为使用方便、外形美观的商品。①卷烟：最常见的卷烟包装形式是防挤压的硬盒或者软包，其他偶尔使用的还有抽屉式硬盒、侧推式烟盒以及各种金属或塑料包装盒。②斗烟与自卷烟丝：最常见的是塑料烟丝袋，有时也使用金属罐、硬纸板箱。③嚼烟和鼻烟：被包装在由塑化的金属、塑料、蜡化的硬纸板等做成的容器中。

◎ 直叶型白肋烟

【基本信息】

【英文名】 stand-up burley tobacco

【拼音】 zhi ye xing bai lei yan

【基础词】

【定义】

一种白肋烟类型。其特点是叶片较为挺直，植株较高、叶片较多。现在的白肋烟品种几乎都为直叶型。

◎ 膜套

【基本信息】

【英文名】 sleeve

【拼音】 mo tao

【基础词】

【定义】

用聚丙烯或塑料薄膜制成的卷烟条盒的外层无接头包装套。

◎ 细胞质

【基本信息】

【英文名】 cytoplasm

【拼音】 xi bao zhi

【基础词】

【定义】

细胞内除细胞核外的原生质。

◎ 吉林省

【基本信息】

【英文名】 Jilin

【拼音】 ji lin sheng

【基础词】

【定义】

中国东北部省份。晒烟品种多，分布广。既有晒红烟也有晒黄烟。

◎ 纺烟

【基本信息】

【英文名】 spinning tobacco

【拼音】 fang yan

【基础词】

【定义】

用外包皮叶和加料的芯烟加工烟绳的过程，可以手工制作，也可以用纺烟机制作。这种烟绳可用来制作嚼烟或进一步加工成斗烟。手工做烟绳时，将准备好的包皮叶或芯烟放在长条桌上，刷上料液以增强烟叶的柔韧性，再将其搓成绳，最后用熨斗将烟绳熨平滑。要十分注意厚度应与所要求的一致。烟绳随着轮子不停地转动，纺成后绕在一个大圆轴上。纺烟机加工的工作原理与此相同。

◎ 滤棒卷烟机

【基本信息】

【英文名】 filter cigarette machine

【拼音】 lü bang juan yan ji

【基础词】

【定义】

生产滤嘴卷烟的机器，通常由卷烟机连接滤嘴接装机组成。

【词条关系】

【用于】 滤端连接

【基本等同】 卷接机组

◎ 切变膨胀流变学

【基本信息】

【英文名】 dilatent rheology

【拼音】 qie bian peng zhang liu bian xue

【基础词】

【定义】

黏合剂黏性随剪切速率的增加而增加的定理。

◎ 绒毛烟草

【基本信息】

【英文名】 *Nicotiana tomentosa*

【拼音】 rong mao yan cao

【基础词】

【定义】

一种软木质的灌木状植株，前期长出的较大叶片容易自然脱落，较老的小叶片丛集在枝杈和深红色花朵附近。

◎ 干燥区

【基本信息】

【英文名】 drying zone

【拼音】 gan zao qu

【基础词】

【定义】

复烤机内的干燥区包括加热区、冷却区和再回潮区，加热区会有一个或多个有强制上升或下降的气流通过传送带上的烟草物料。

◎ 掺杂物

【基本信息】

【英文名】 adulterant

【拼音】 chan za wu

【基础词】

【定义】

混杂在产品中降低产品品质的异味的或有害的物质。要把掺杂物与添加剂区别开来。添加剂不会产生这些影响。

【词条关系】

【类比】 添加剂

◎ 棕色晾烟

【基本信息】

【英文名】 tan air-cured tobacco

【拼音】 zong se liang yan

【基础词】

【定义】

描述具有棕色至深棕色的晾烟的术语。

◎ 持火能力

【基本信息】

【英文名】 fire holding capacity

【拼音】 chi huo neng li

【基础词】

【定义】

燃后烟支的表面积、质量或者长度占整支烟的百分比，用作烟支持火能力的量度。

◎ 菟丝子

【基本信息】

【英文名】 dodder

【拼音】 tu si zi

【基础词】

【定义】

泛指菟丝子属植物寄生物。其寄主包括烟草。其特征是地面以上有大量的黄色线状茎缠绕着寄主植物(与在地面以下缠绕寄主的列当相对)，一般通过消灭寄生物(同时也完全损坏了幼苗)可把侵害限制在苗床内。可用溴化甲烷或替代物熏蒸土壤杀死菟丝子种子。

【词条关系】

【类比】 列当

◎ 铸浆法

【基本信息】

【英文名】 casting process

【拼音】 zhu jiang fa

【基础词】

【词条关系】

【子类】 带式铸浆法

◎ 幼苗枯萎病

【基本信息】

【英文名】 *Olpidium* seedling blight

【拼音】 you miao ku wei bing

【基础词】

【定义】

油壶菌属的芸苔油壶菌所引起的烟草真菌病害。这种病害引起叶片凋萎变黄,幼苗根部褐色腐烂。在严重情况下,幼嫩植物死亡,但是许多品种具有抗性,造成的损失很小(一般可忽略)。真菌也能传播侵染烟草的三种病毒病:坏死、矮化和巨脉。

◎ 筛选冷却机

【基本信息】

【英文名】 screening and cooling machine

【拼音】 shai xuan leng que ji

【基础词】

【词条关系】

【基本等同】 冷丝筛分机

◎ 江苏省

【基本信息】

【英文名】 Jiangsu

【拼音】 jiang su sheng

【基础词】

【定义】

中国东部省份,种植晒黄烟。

◎ 烟碱的生物利用率

【基本信息】

【英文名】 bioavailability of nicotine

【拼音】 yan jian de sheng wu li yong lü

【基础词】

【定义】

描述生物系统中生理活性化合物的再吸收速率和吸收量的术语。烟碱的再吸收主要受人的吸烟行为的影响。主流烟气烟碱的平均再吸收率为90%左右,并且即时发生。

◎ 遮阴棚

【基本信息】

【英文名】 shade tent

【拼音】 zhe yin peng

【基础词】

【定义】

一种用竿支撑结构形成的棚子。遮阴棚通常距地面2.4～3.7 m,能够部分遮蔽阳光,减少空气流动和水分损失。

【词条关系】

【用于】 遮阴烟草

◎ 煤污病

【基本信息】

【英文名】 *Fumago vagens*

【拼音】 mei wu bing

【基础词】

【词条关系】

【受影响(有关)】 烟草黑霉

◎ 醛类

【基本信息】

【英文名】 aldehydes

【拼音】 quan lei

【基础词】

【定义】

以羰基(C═O)为特征的一类有机化合物。醛类在烟草中自然存在,也会在燃烧期间形成,被认为对烟气吃味和香味有重要影响。

【词条关系】

【子类】 丙烯醛

◎ 指示剂

【基本信息】

【英文名】 indicator

【拼音】 zhi shi ji

【基础词】

【定义】

化学反应中通过形成染料确定某种物质存在的有机物。例如，指示剂在化学分析中用于测定烟草制品烟气的 pH 值或测定薄荷卷烟中的薄荷醇含量。颜色强度的检测通过分光光度计或与比色板对照完成。

【词条关系】

【用于】 烟气分析

【用途】 pH 值

◎ 散叶

【基本信息】

【英文名】 loose leaf

【拼音】 san ye

【基础词】

【定义】

(1) 还没被扎把的烟叶。

(2) 原烟打叶过程中旁路于打叶机被散乱包在一起的未经打叶的烟叶。

◎ 烟草环斑病毒病

【基本信息】

【英文名】 tobacco ringspot virus

【拼音】 yan cao huan ban bing du bing

【基础词】

【词条关系】

【导致】 环斑病

【英文缩写】 TRSV

◎ 跳甲虫

【基本信息】

【英文名】 flea beetles

【拼音】 tiao jia chong

【基础词】

【定义】

棕色小甲虫，属于叶甲科。它们分布广泛，表现在跳跃上。跳甲虫取食烟草叶片，食成细小缺刻或孔洞。昆虫的密度越大，产生的危害越大。烟草在生长的各个时期，都会受到跳甲虫的侵害，幼小的植株会被迅速地吃掉。跳甲虫的防治方法是根据当地的情况加强防范及定期喷施氨基甲酸酯或有机磷。完全清理残留的烟草也很重要。

【词条关系】

【类属】 烟草害虫

◎ 钾铵硝石

【基本信息】

【英文名】 nitro-chalk

【拼音】 jia an xiao shi

【基础词】

【定义】

碳酸钙和硝酸铵的混合物，用作烟草化肥。

【词条关系】

【基本等同】 石灰氮

◎ 镰刀菌

【基本信息】

【英文名】 *Fusarium affine*

【拼音】 lian dao jun

【基础词】

【定义】

疮痂病的病原体。

【词条关系】

【导致】 疮痂病

◎ 自导运载车

【基本信息】

【英文名】 automated guided vehicle

【拼音】 zi dao yun zai che

【基础词】

【词条关系】

【类属】 自导运载车系统

【英文缩写】 AGV

◎ 集成电路打火机

【基本信息】

【英文名】 integrated circuit lighter

【拼音】 ji cheng dian lu da huo ji

【基础词】

【定义】

装有集成电路的电池打火机。其功能有触动传感器点火、产生火花(大多是按一定数目的间歇性火花或直到点燃)，通过热传感器控制火苗以及火苗熄灭后的重新点火。

【词条关系】

【英文缩写】 IC lighter

◎ 接装纸涂胶辊

【基本信息】

【英文名】 tipping rollers

【拼音】 jie zhuang zhi tu jiao gun

【基础词】

【定义】

用于给接装纸按一定的图形涂胶的双辊筒系统。被涂胶的接装纸将烟支和滤嘴粘接在一起。

【词条关系】

【用于】 烟支

【用于】 滤嘴

◎ 损伤

【基本信息】

【英文名】 damage

【拼音】 sun shang

【基础词】

【定义】

一般指不管由何种原因对烟草或烟制品造成的损伤，通常多见于烟株的较低部位或过熟烟草。

◎ 贮备碳水化合物

【基本信息】

【英文名】 reserve carbohydrates

【拼音】 zhu bei tan shui hua he wu

【基础词】

【定义】

碳水化合物，如淀粉、糊精、果胶、戊聚糖等，能够在植物中发生异化作用作为能量储备。

【词条关系】

【子类】 糊精

【子类】 胶质

【子类】 戊聚糖类

【子类】 淀粉

◎ 脱氧核糖核酸

【基本信息】

【英文名】 deoxyribonucleic acid

【拼音】 tuo yang he tang he suan

【基础词】

【定义】

染色体中载有生物遗传信息的线性聚合物，由嘌呤和嘧啶碱基通过磷酸盐基团连接脱氧核糖组成。

【词条关系】

【英文缩写】 DNA

◎ 病害

【基本信息】

【英文名】 diseases

【拼音】 bing hai

【基础词】

【定义】

由植物、动物病原或生理环境造成的烟草病害。动植物病原可分为病毒、细菌、真菌、寄生物、昆虫和昆虫幼虫等，而造成烟草病害的生理环境则可能是缺乏矿物质、天气气候以及烟草剑叶病等。病害的防治措施因病害类型而异，差别相当大。真菌、杂草、寄生物和昆虫引起的病害可用杀真菌剂、除草剂和杀虫剂等化学物质防治，而病毒和细菌引起的病害只能用选用抗性品种或广泛轮作、避开感染植物等农艺措施来间接防治。

◎ 开把

【基本信息】

【英文名】 opening

【拼音】 kai ba

【基础词】

【定义】

切开烟捆或烟把上的绑烟烟叶。

◎ 卷烟印刷印模

【基本信息】

【英文名】 cigarette printing die

【拼音】 juan yan yin shua yin mu

【基础词】

【定义】

卷烟机印刷装置的滚筒部分，用于卷烟印刷。

◎ 天然烟草

【基本信息】

【英文名】 natural tobacco

【拼音】 tian ran yan cao

【基础词】

【定义】

用于价格较昂贵的雪茄烟包皮和内包皮烟

叶，相对于均质烟叶而言。

◎ 稠浆

【基本信息】
【英文名】 slurry
【拼音】 chou jiang
【基础词】
【定义】
半流体混合物。该术语用于卷烟纸和重组烟草生产过程中的半成品。
【词条关系】
【用途】 卷烟纸
【用途】 再造烟叶

◎ 直接播种

【基本信息】
【英文名】 direct seeding
【拼音】 zhi jie bo zhong
【基础词】
【定义】
把种子直接撒播到烟株生长的大田中的播种方式。与直接播种相对的是在悬浮托盘中播种，是把烟苗移栽到大田前，先在玻璃或箔的遮盖下培育数周。

◎ 物流系统

【基本信息】
【英文名】 material flow system
【拼音】 wu liu xi tong
【基础词】
【定义】
一个旨在优化物流从原料供货商经过制造活动直到最终使用或递送给消费者的系统。这种通常由软件支撑的系统覆盖储存系统、生产过程、从工厂到批发/零售商的运输环节的所有领域。

◎ 雪茄外包皮叶

【基本信息】
【英文名】 cigar wrapper tobaccos
【拼音】 xue jia wai bao pi ye
【基础词】
【词条关系】
【基本等同】 外包皮烟草

◎ 短芯烟

【基本信息】
【英文名】 short filler
【拼音】 duan xin yan
【基础词】
【定义】
一种由相对小叶片组成的雪茄芯烟。短芯烟最初只用来生产廉价雪茄，由于雪茄生产的机械化，这种芯烟使用得越来越普遍。长芯烟(即由较大较长的叶片组成的芯烟)现在主要用于昂贵的手工制作雪茄。

◎ CORESTA 值

【基本信息】
【英文名】 CORESTA value
【拼音】 CORESTA zhi
【基础词】
【定义】
测定卷烟纸透气度的单位。
【词条关系】
【同义】 CORESTA 单位

◎ 白脉

【基本信息】
【英文名】 white vein
【拼音】 bai mai
【基础词】
【定义】
对于蓟马危害造成的症状的描述。
【词条关系】
【受影响(有关)】 蓟马

◎ 土腥气

【基本信息】
【英文名】 earthy
【拼音】 tu xing qi
【基础词】
【定义】
一种烟气异味，像新翻耕土壤的土腥气，主要发生于下部烟叶。

◎ 随擦火柴

【基本信息】
【英文名】 strike-anywhere match

【拼音】 sui ca huo chai
【基础词】
【定义】
与安全火柴不同，随擦火柴由于在火柴头上加入易燃的化学物质，这种火柴在任何粗糙的表面上摩擦都能燃烧。

◎ 旱季烟草

【基本信息】
【英文名】 dry weather tobacco
【拼音】 han ji yan cao
【基础词】
【定义】
生长过程中未得到充足水分的烟草。这种烟草成熟晚且水分含量低，持火力通常较差，不容易加工。其过高的生物碱含量也使其吃味和香气粗糙。

◎ 美国

【基本信息】
【英文名】 United States of America
【拼音】 mei guo
【基础词】
【定义】
世界上最大的烟草生产国之一，烟草产量大约占世界产量的10%。
【词条关系】
【英文缩写】 USA

◎ 糨糊

【基本信息】
【英文名】 paste
【拼音】 jiang hu
【基础词】
【定义】
通常由淀粉或糊精生产出的高黏性黏着物。淀粉糊仍广泛用于烟卷软包装的成型。

◎ 烟叶块

【基本信息】
【英文名】 cheese
【拼音】 yan ye kuai
【基础词】
【定义】
在卷烟烟叶切丝机喂料区形成的压实的长方形烟叶块。其紧实的边缘供切丝机刀片切割。

◎ 干旱斑

【基本信息】
【英文名】 drought spot
【拼音】 gan han ban
【基础词】
【定义】
部分烟草植株的叶片上出现的由长期干旱条件造成的褐色坏死斑点。

◎ 低焦油卷烟

【基本信息】
【英文名】 low-tar cigarette
【拼音】 di jiao you juan yan
【基础词】
【定义】
卷烟类别，焦油量(烟气浓度)相对较低。
【词条关系】
【类比】 淡味卷烟

◎ 合成性黏合剂

【基本信息】
【英文名】 synthetic adhesives
【拼音】 he cheng xing nian he ji
【基础词】
【定义】
烟草工业黏合工艺中使用的同聚物或共聚物黏合剂。

◎ 金银细线

【基本信息】
【英文名】 filigrain lines
【拼音】 jin yin xi xian
【基础词】
【定义】
卷烟纸上的饰线。其长度为一支卷烟制成时的长度。

◎ 不吸烟者

【基本信息】
【英文名】 non-smoker
【拼音】 bu xi yan zhe

【基础词】

【定义】

无抽烟习惯的人。

◎ 丁香假单胞杆菌角斑致病变种

【基本信息】

【英文名】 *Pseudomonas syringae* pv. *angulata*

【拼音】 ding xiang jia dan bao gan jun jiao ban zhi bing bian zhong

【基础词】

【定义】

引起烟叶角斑病的细菌。

【词条关系】

【导致】 烟草角斑病

◎ 吸烟行为

【基本信息】

【英文名】 smoking behaviour

【拼音】 xi yan xing wei

【基础词】

【定义】

一个人抽吸卷烟或其他烟制品的具体方式,特别是指如何抽吸,怎样将烟气吸入。人的吸烟行为差别很大,不同的吸烟者及同一个吸烟者在不同的场合的吸烟行为都不一样。不同吸烟者每口抽吸体积在 20～80 mL 之间,持续时间在 0.8～3.0 s 之间,两次抽吸之间的间隔在 20～100 s 之间。抽吸一口烟到嘴里与把嘴里的烟气咽到肺里是两个分开的动作。

◎ 阔叶烟草

【基本信息】

【英文名】 broadleaf

【拼音】 kuo ye yan cao

【基础词】

【定义】

各种宽叶型烟草的集合名称,主要起源自北美。最出名的品种是康涅狄格阔叶,它由美国印第安人种植的烟草衍生而来,该烟叶用作雪茄外包皮和内包皮。其他品种有马里兰阔叶品种、墨西哥阔叶品种和宾夕法尼亚种。

◎ 顶端

【基本信息】

【英文名】 tip

【拼音】 ding duan

【基础词】

【定义】

卷烟、雪茄等的端部。

【词条关系】

【基本等同】 滤嘴头

◎ 疏水物质

【基本信息】

【英文名】 hydrophobic substances

【拼音】 shu shui wu zhi

【基础词】

【定义】

防水的物质,如油。疏水物质在烟草工业中用于浸渍包装材料。

◎ 气候

【基本信息】

【英文名】 climate

【拼音】 qi hou

【基础词】

【定义】

特定区域内温度、湿度、风等的主导特征。这种区域既可以是实际的地理区域,也可以是一个封闭的空间,如实验室。空气和水分的流动、海拔高度差异以及土壤类型的不同,往往会导致同一地理区域内的气候条件差异很大,这种差异就形成了所谓的小气候。小气候和总体气候对烟草作物生长及最终的烟叶品质都有非常重要的影响。

◎ 印度

【基本信息】

【英文名】 India

【拼音】 yin du

【基础词】

【定义】

亚洲共和国,是世界第三大烟叶生产国,主要作物是深色晾烟。此外,印度国内也种植烤烟。烟叶短而薄,呈中性,配伍性好,所生产的全部烟叶约有 1/4 出口。

◎ 上胶装置

【基本信息】

【英文名】 gluing unit

【拼音】 shang jiao zhuang zhi

【基础词】

【定义】

在某些卷烟制造和包装设备上，把胶液施与有关的不同的包装材料的装置。

◎ 十支装

【基本信息】

【英文名】 ten pack

【拼音】 shi zhi zhuang

【基础词】

【定义】

十支装雪茄烟，大规模生产最常见的包装类型。

◎ 中式卷烟

【基本信息】

【英文名】 Chinese cigarettes

【拼音】 zhong shi juan yan

【基础词】

【定义】

能够满足中国卷烟消费者的需求、具有独特香气风格和口味特征、拥有自主核心技术的卷烟。中式卷烟主要包括中式烤烟型卷烟和中式混合型卷烟。中式烤烟型卷烟是指以中国烤烟烟叶为主体原料，具有明显的中国烤烟烟叶香气特征，香气风格和吸味特征明显不同于英式烤烟型(包括意大利、澳大利亚等国)的烤烟型卷烟。中式混合型卷烟是指以中国烤烟、白肋烟和香料烟烟叶为主体原料，其香气风格和吸味特征有别于美式和日式等混合型卷烟，具有适应中国部分消费者需求习惯的混合型卷烟。

【词条关系】

【子类】 中式烤烟型卷烟

【子类】 中式混合型卷烟

◎ 筛选分离机

【基本信息】

【英文名】 screening and separating machine

【拼音】 shai xuan fen li ji

【基础词】

【定义】

烟叶，特别是植株最下部的叶片，在发酵或进行其他处理以前通常需要清除其中的沙土、粉尘及其他杂物。与此同时，烟叶的一些小片、尾尖和粗细烟末等也被彼此分开。筛选分离机传送带把要清洁和分离的材料送到筛子上筛出上述各种成分。

◎ 标准卷烟长度

【基本信息】

【英文名】 regular

【拼音】 biao zhun juan yan chang du

【基础词】

【定义】

一般指长度为 84 mm 的卷烟。

【词条关系】

【基本等同】 国际长度卷烟

◎ 无滤嘴卷烟机

【基本信息】

【英文名】 filterless cigarette machine

【拼音】 wu lü zui juan yan ji

【基础词】

【定义】

制造简装烟的小型机器。它将切碎的烟草不断填入卷烟纸里面形成烟条，最后切成预定长度的个体。这种机器的主要元件：①计时器；②烟条成品重量控制；③印刷机；④切机。依据特定烟厂的配置，截成的小段被送往接收器、填装机或者进入其他的输送形式。

◎ 红烟蚜

【基本信息】

【英文名】 red tobacco aphid

【拼音】 hong yan ya

【基础词】

【定义】

烟蚜的主要种类之一。

【词条关系】

【类属】 蚜虫

◎ 白芽

【基本信息】

【英文名】 whitebud

【拼音】 bai ya

【基础词】

【词条关系】

【受影响(有关)】 冻伤

◎ 吸收

【基本信息】

【英文名】 absorption

【拼音】 xi shou

【基础词】

【定义】

(1) 对物质的吸收。与吸附相比,吸收是指被吸收的物质均匀一致地向吸收剂内渗透(吸附仅仅是表面的)。除其他用途外,吸收与过滤技术在潮湿烟叶和卷烟的脱水过程中起作用。烟叶和烟草制品具有吸湿性,极易吸收异味,因此它们必须远离那些会散发出强烈和刺激性气味的物质贮存。最理想的是在人为控制的环境条件下贮存。

(2) 使加香物质充分渗透烟草的过程。烟叶被干燥、冷却后,轻轻地喷上加香物质,然后把烟叶放入贮叶柜或贮叶箱放置数小时。

【词条关系】

【受影响(有关)】 贮存

【类比】 吸附

◎ 电池打火机

【基本信息】

【英文名】 battery lighter

【拼音】 dian chi da huo ji

【基础词】

【定义】

以气体和空气混合作为燃料并由电池提供能量点火的打火机。通过使用螺旋形加热线圈,或者利用一个高压变压器和一个电容产生高压火花实现点火。

◎ 铝箔附属装置

【基本信息】

【英文名】 foil attachment

【拼音】 lü bo fu shu zhuang zhi

【基础词】

【定义】

包装机上用于加工箔片和胶膜的附属设备。

◎ 摆烟工(机)

【基本信息】

【英文名】 leaf aligner

【拼音】 bai yan gong (ji)

【基础词】

【定义】

摆放烟叶以供切吸用烟丝的人或机器。

【词条关系】

【用于】 平摊烟叶

◎ 悬浮干燥机

【基本信息】

【英文名】 suspension drier

【拼音】 xuan fu gan zao ji

【基础词】

【定义】

一种将烟草在高温气流的作用下悬浮在一个垂直的风道中进行干燥的干燥机。烟草失水后密度减小,当水分下降到一定程度后就会在气流的作用下上浮。这种干燥方法仅适用于那些不易结成块和颗粒大小较一致的烟草。与悬浮干燥机稍有不同的是气流式和涡旋式干燥机。气流式干燥机的风速比悬浮干燥机要大,而涡旋式干燥机的风速在某一点会降低,使烟草下落到多孔板上,然后又被吹上去(这样能使烟草充分混合)。这3种类型的干燥机都能使烟草和空气之间进行极其强烈的热交换,因此使干燥时间明显缩短。

【词条关系】

【类比】 流动式干燥机

◎ 烟碱膏药

【基本信息】

【英文名】 nicotine patch

【拼音】 yan jian gao yao

【基础词】

【定义】

通过外敷膏药逐渐减少向机体提送烟碱的一种戒烟方法。

◎ 苯甲酸

【基本信息】

【英文名】 benzoic acid

【拼音】 ben jia suan

【基础词】

【定义】

羧基酸之一。由于其有抗细菌和抗真菌特

点，因此被用作烟草特别是嚼烟的防腐剂。

◎ 蛋白质

【基本信息】

【英文名】 proteins

【拼音】 dan bai zhi

【基础词】

【定义】

由多肽亚基构成的细胞聚合成分，通过一条酰胺键把不同氨基酸的链或环连接在一起。大多数情况下化学成分中(如金属离子、色素、类脂和碳水化合物等)蛋白质分子量在一万到几千万。例如，TMV的外壳蛋白分子量为41 000 000。另外，有的肽链的分子量小于10 000。在热、盐、有机溶剂等作用下，蛋白质会发生不可逆的变化，通称变性。蛋白质的生物学功能非常多，有些作为酶催化反应，有些是结构蛋白，有些作为贮存物质，还有些作为激素。像其他的物质一样，蛋白质对烟叶质量的影响非常复杂。总的来说，蛋白质对烟叶质量有负面影响，尤其对吃味，它产生的氨和含氮化合物燃烧时会产生异味。然而，有一些蛋白质对于丰满吃味是必需的。刚采收烟叶中蛋白质的含量在调制的第一阶段(变黄)由于水解将大大减少(25%～50%)。蛋白质的水解产物主要是氨和氨基酸。

【词条关系】

【成分为】 氨基酸

◎ 烟草甲

【基本信息】

【英文名】 tobacco beetle

【拼音】 yan cao jia

【基础词】

【词条关系】

【基本等同】 卷烟甲虫

◎ 生物碱积累

【基本信息】

【英文名】 alkaloid accumulation

【拼音】 sheng wu jian ji lei

【基础词】

【定义】

烟叶中烟碱和其他碱类的积累在移栽后很快就开始了，其增加一直持续到烟草成熟。单个叶片烟碱含量增加随茎位的升高而提高。生物碱积累的速率和积累量依赖于烟草类型和植烟措施。生物碱积累取决于植株的整体活力和植株干重增加量。植株顶端分生组织的去除(打顶)会使叶片中烟碱积累增加。打顶时去除的植株上部的比例量越大以及打顶到叶片采摘之间的时间越长，叶片中碱的积累越多。而且，顶端分生组织摘除后腋芽发育的抑制越大，生物碱积累也越多。氮营养对碱的积累作用在植株生长需要的各参数中是最大的。土壤有效氮增加，烟碱含量增加。在土壤有效氮不变的情况下，土壤水分降低，烟碱量增加。烟草生物碱的积累主要受两个基因位点控制。商业烟草品种有表达烟碱积累量高的遗传组成。

【词条关系】

【取决】 生物碱生物合成

◎ 接头检测器

【基本信息】

【英文名】 splice detector

【拼音】 jie tou jian ce qi

【基础词】

【定义】

卷烟机上检测卷烟纸接头的装置。这种装置还控制卷烟机剔除有接头的烟支。

【词条关系】

【隶属于】 卷烟机

◎ 封箱机

【基本信息】

【英文名】 casesealer

【拼音】 feng xiang ji

【基础词】

【定义】

独立操作使用的，用于粘封装满条盒烟而未由自动装箱机封箱的烟箱的机器。

◎ 烘箱

【基本信息】

【英文名】 drying oven

【拼音】 hong xiang

【基础词】

【定义】

测量物质(包括烟草)的含水量的装置，一般包括一个在自然或强制通风的条件下可设定温度的柜子。烘箱内还装有温度计、自动调温器、定时器、控制电路等。

◎ 炭疽病菌

【基本信息】

【英文名】 *Colletotrichum destructivum*

【拼音】 tan ju bing jun

【基础词】

【定义】

引起炭疽病的病原真菌。

【词条关系】

【类属】 真菌

【导致】 炭疽病

◎ 灌溉

【基本信息】

【英文名】 irrigation

【拼音】 guan gai

【基础词】

【定义】

在作物种植前或后将水灌入大田。灌溉有不同形式，最常见的是漫灌（或地表灌溉）和喷灌（人工降雨），也用地下灌溉或滴灌。需水量依赖于种植的烟叶类型和产量以及气候条件：除了保证生长外，灌溉还应提高烟叶产量，有时也提高品质。总体来说，香料烟即使需要灌溉的话，需水量也极少（一般认为水对香味不利但可用于提高产量），而遮阴栽培的雪茄烟叶则必须喷灌。烤烟仅需要少量的水，尤其是作物刚刚移栽后不久（干旱条件下除外），白肋烟和马里兰烟需要一定的灌溉，具体量取决于它们生长地方的环境。移栽是一个例外，移栽必须浇水以使作物迅速恢复生长。最好的做法是对整块地进行预灌溉或移栽作物前将水倒入定植穴。

◎ 脂类

【基本信息】

【英文名】 lipids

【拼音】 zhi lei

【基础词】

【定义】

烟叶细胞内含有的油、脂肪酸、蜡、类固醇和萜烯等复杂混合物。脂类既单独存在，也与蛋白质或糖类结合存在，是影响烟叶品质和吃味最重要的因素之一。

◎ 成瘾

【基本信息】

【英文名】 addiction

【拼音】 cheng yin

【基础词】

【定义】

生理或心理上对某种物质的基本依赖性。滥用是一种极端形式。

◎ 烟包回潮

【基本信息】

【英文名】 bale conditioning

【拼音】 yan bao hui chao

【基础词】

【定义】

向烟包中添加水分，常见于香料烟加工；更常见的是醇化后在工厂进行。在香料烟加工情况下，烟包必须堆放成熟后才能进一步处理。利用空调设备使烟包保持在恒定湿度条件下，或对堆放烟包的房间地板间歇加湿。在醇化后情况下，烟叶必须回潮以最大限度地降低随后加工时的破碎。通常可通过一个（热蒸汽）真空设备回潮。烟叶放进有 1 000～2 000 kg 容量、30 mmHg（1 mmHg≈133.32 Pa）压力的蒸汽炉或回潮柜中，抽成真空，间歇地送入低压高温蒸汽。该过程不适用于优质香料烟，但可用于耐加工的烤烟、白肋烟草等。

◎ 蝽象

【基本信息】

【英文名】 stink bugs

【拼音】 chun xiang

【基础词】

【定义】

热带和亚热带地区烟草上次要的吸叶害虫。该虫害会造成烟株暂时萎蔫，仅在干旱条件下为害严重，随后的枯黄能引起植株落叶。如果必须防治的话，喷洒有机磷农药比较有效。

【词条关系】

【类属】 烟草害虫

◎ 品牌

【基本信息】

【英文名】 brand

【拼音】 pin pai

【基础词】

【定义】

用来识别一个公司或集团的商品的名称、名词、符号或其组合。

◎ 深色烟草

【基本信息】

【英文名】 dark tobaccos

【拼音】 shen se yan cao

【基础词】

【定义】

烟草的一种主要类型，特征是色深、强度好和呈碱性反应。深色烟草可晾制，也有少数是明火烤制，主要用于雪茄、深色卷烟、嚼烟和鼻烟。

◎ 开花

【基本信息】

【英文名】 flowering

【拼音】 kai hua

【基础词】

【定义】

烟草移栽后大约 50～65 天开始开花。移栽后，由于低温会产生早花现象，但这并不是人们所需要的。对于推迟花期的无花烤烟，在实践利用方面还未被证实。尽管最终开花了，这些品种的打顶高度和正常的烟草品种一样。

【词条关系】

【受影响(有关)】 分泌作用

◎ 赖百当类

【基本信息】

【英文名】 labdanoids

【拼音】 lai bai dang lei

【基础词】

【定义】

烟叶中含有的萜烯类物质。调制和醇化过程中赖百当类的降解产物对烟草的香气和吃味有重要影响。

【词条关系】

【类属】 萜烯类

◎ 折皱搭口

【基本信息】

【英文名】 crimped seam

【拼音】 zhe zhou da kou

【基础词】

【定义】

一种卷烟纸卷成纸管的搭口连接方式，其边缘机械性相互折叠，其搭口因受力形成折皱。

【词条关系】

【类属】 搭口

◎ 金属镀膜

【基本信息】

【英文名】 metallised innerliner

【拼音】 jin shu du mo

【基础词】

【词条关系】

【用于】 内衬纸

◎ 长度调节件

【基本信息】

【英文名】 length change parts

【拼音】 chang du tiao jie jian

【基础词】

【定义】

卷烟机上可转换的部位，如决定卷烟长度的长度轮或拉力滚筒。

【词条关系】

【隶属于】 卷烟机

◎ 分解

【基本信息】

【英文名】 decomposition

【拼音】 fen jie

【基础词】

【定义】

营养物质或有机组织的分解，伴随着相应的能量释放。烟草上的最重要的分解过程一般为化学分解，由酶活动引导，并对烟叶生长过程中、成熟烟叶及烟株和收获烟叶中的重要生理物质有影响。①淀粉：淀粉通过酶活性还原为糖，对植物的生长是非常重要的，只有糖才能溶于水被运送到需要糖才能进一步生长的组织中(特别是那些因为缺乏叶绿素而不能合成糖的组织)。此外，糖被进一步分解为碳酸和水，释放出能量，在形成纤维素、脂肪、油分、树脂和蛋白质等过程中起着重要作用。在成熟烟叶中，淀粉被分解、运送到较嫩的仍在生长的组织，而早期生长的组织逐渐死亡。在收获烟叶中，淀粉的分解发生在长时间的调制过程中，由此而产生的糖部分被用于呼吸作用。在调制后的深色烟草中，这一过程全部在发酵中完成。②蛋白质：在酶的帮助下蛋白质被分解为氨基酸，然后以蛋白质或生物碱、磷酸盐等的形式被进一步分解成能被运送和再利用的可溶性物质。在成熟烟叶中，蛋白质像淀粉一样被分解和运送到生长部位再利用。在收获烟叶中，调制期间复杂蛋白质分解为简单蛋白质，然后分解为氨基酸，在烟叶（特别是碱性烟草的烟叶）中形成氨、羟基酸等其他物质。蛋白质在强制调制中分解是不完全的，一些氨基酸仍保持这种状态，这是酸性烟草的特征。③叶绿素：叶绿素是在工艺成熟和调制期间在烟叶中分解的。④烟碱：烟碱在发酵和调制期间被部分分解，与光合作用相比，需要外界供应的物质不是光，而是氧气。

【词条关系】

【影响】 淀粉

【影响】 蛋白质

【影响】 叶绿素

【影响】 烟碱

◎ 带铰接的抽屉式烟盒

【基本信息】

【英文名】 shell and slide packet with hinged slide

【拼音】 dai jiao jie de chou ti shi yan he

【基础词】

【定义】

抽屉式包装的一种相对少见的样式。其滑动部分的上端不是简单地折封和开槽，而是铰接式的，使滑动部分更稳定。

◎ 嵌合体

【基本信息】

【英文名】 chimera

【拼音】 qian he ti

【基础词】

【定义】

由于组织的突变、分离、不规则分裂或人工融合形成的两种遗传学上不同的组织组成的有机体。典型的烟草嵌合体在一片或多片烟叶上会出现白色和绿色的片段。

◎ 烟气强度

【基本信息】

【英文名】 smoke strength

【拼音】 yan qi qiang du

【基础词】

【定义】

抽烟者感受到的烟制品的烟味浓度。烟气强度与烟的劲头和刺激性有关。影响烟气强度的重要因素包括烟气中烟碱和其他物质的含量。它与烟草类型和配方以及卷烟的稀释程度有关。

【词条关系】

【关键指标】 刺激性

【关键指标】 劲头

◎ 青烟

【基本信息】

【英文名】 green tobacco

【拼音】 qing yan

【基础词】

【定义】

加工后，仍保持青色的烟叶。

【词条关系】

【无关】 鲜烟

◎ 真空夹持器

【基本信息】

【英文名】 vacuum holder

【拼音】 zhen kong jia chi qi

【基础词】

【定义】

吸烟机上将烟支吸附在夹持器上的装置。

【词条关系】

【隶属于】 吸烟机

◎ 标准偏差

【基本信息】

【英文名】 standard deviation

【拼音】 biao zhun pian cha

【基础词】

【定义】

用于计算单个测量值与整体平均值之差的

标准量值。样本标准偏差的计算公式如下

$$S=\sqrt{\frac{\sum_{i=1}^{N}(X_i-\overline{X})^2}{N-1}}$$

其中,S 表示标准差,$\sum$ 表示求和,X_i 是单个样品值,$\overline{X}$ 是样品的平均值或 $\frac{\sum X_i}{N}$,N 是样品的个数。总体重量或含水量的标准差也可用同样的方法计算。

◎ 灰霉

【基本信息】

【英文名】 grey mould

【拼音】 hui mei

【基础词】

【词条关系】

【导致】 叶腐病

【导致】 灰霉病

【导致】 死花叶斑病

◎ 古巴

【基本信息】

【英文名】 Cuba

【拼音】 gu ba

【基础词】

【定义】

加勒比海北部最大的岛屿共和国,位于墨西哥海湾的入口处。古巴以雪茄烟叶闻名。

◎ 白包

【基本信息】

【英文名】 blank

【拼音】 bai bao

【基础词】

【定义】

没有任何明显特征特点的,用作盲测实验展示产品的盒或其他包装。

◎ 烟碱产量

【基本信息】

【英文名】 nicotine yield

【拼音】 yan jian chan liang

【基础词】

【定义】

吸烟机测定的卷烟烟气中烟碱的含量。

【词条关系】

【基本等同】 烟碱递送量

◎ 直接滚筒回潮

【基本信息】

【英文名】 direct conditioning cylinder

【拼音】 zhi jie gun tong hui chao

【基础词】

【定义】

早期烟叶初加工的一个步骤,在滚筒内真空回潮前先将干燥的压缩打包烟草切片。

【词条关系】

【英文缩写】 DCC

◎ 大气污染

【基本信息】

【英文名】 atmosphere pollution

【拼音】 da qi wu ran

【基础词】

【词条关系】

【基本等同】 空气污染

◎ 绿原酸

【基本信息】

【英文名】 chlorogenic acid

【拼音】 lü yuan suan

【基础词】

【定义】

由咖啡酸和奎宁酸在烟叶内合成的一种酸。它是烟叶在受胁迫(如缺水、紫外线辐射、烟叶组织受损或侵染)条件下形成的,它可以起植物毒素作用。它是一种多酚,在晾制过程中,经过酶的氧化作用产生低分子的棕色化合物和含有蛋白质的高分子氧化缩合产物。烟草中的绿原酸含量约为4%。在烟叶调制期间,绿原酸在棕化反应中起重要作用。

【词条关系】

【类属】 植物抗毒素

【受影响(有关)】 调制

【化学式】 $C_{16}H_{18}O_9$

◎ 筛分试验

【基本信息】

【英文名】 sieve test

【拼音】 shai fen shi yan

【基础词】

【定义】

用来测定特定烟草材料中不同大小叶片数量比例的过程，比如测定烟丝中不同长度烟丝的比例。将要测定的材料逐级通过一组不同孔径的筛子，最后将各部分称重得出不同部分的重量百分比。

◎ 马铃薯 Y 病毒

【基本信息】

【英文名】 potato virus Y

【拼音】 ma ling shu Y bing du

【基础词】

【定义】

在烟草和其他植物上发生的一类世界性病毒病害。其特点是叶脉间褪绿，紧邻叶脉有暗绿色条纹，严重时叶脉甚至连主茎失绿，叶片小，畸形。该病毒由蚜虫传播，尤其是桃蚜，因而防治方法主要为歼灭蚜虫，搞好基础卫生。也有抗性品种可以利用，但这些品种可能会增加其他病害如霜霉病的敏感性。

【词条关系】

【类属】 马铃薯 Y 病毒类

【英文缩写】 PVY

【借助】 桃蚜

◎ 抽梗机

【基本信息】

【英文名】 stemmer

【拼音】 chou geng ji

【基础词】

【定义】

一片一片地抽除烟叶主脉的机器。与打叶机相比，抽梗后留下的叶片相对较大，因此抽梗机如今几乎全被打叶机所取代。

【词条关系】

【用途】 去梗

◎ 耕地

【基本信息】

【英文名】 ploughing

【拼音】 geng di

【基础词】

【定义】

翻耕是土地耕作的主要方式，与之相反的是最小耕作法。翻耕严重影响根系形成和营养吸收，因此，翻耕在持续种植烟草的发展和质量控制中起着重要作用。在温暖气候地带，秋季应该深翻土壤，春季应再一次浅耕来破碎土表。在深翻与浅耕之间，在种植前田间允许的情况下尽可能再翻耕一次。

◎ 烟草纹蚀病毒

【基本信息】

【英文名】 tobacco etch virus

【拼音】 yan cao wen shi bing du

【基础词】

【词条关系】

【英文缩写】 TEV

◎ 中等颗粒

【基本信息】

【英文名】 medium grain

【拼音】 zhong deng ke li

【基础词】

【定义】

中等大小的鼻烟烟丝颗粒。

◎ 对照样本

【基本信息】

【英文名】 blank

【拼音】 dui zhao yang ben

【基础词】

【定义】

对比实验中的对照样品。

◎ 片烟配比

【基本信息】

【英文名】 strip blend

【拼音】 pian yan pei bi

【基础词】

【定义】

烟叶配方中片烟的比例。

◎ 厚纸板

【基本信息】

【英文名】 high-bulk carton

【拼音】 hou zhi ban

【基础词】

【定义】

纸板的一个级别。

◎ 类胡萝卜素

【基本信息】

【英文名】 carotenoids

【拼音】 lei hu luo bu su

【基础词】

【定义】

包括烟草在内的多种植物体内所含有的质体色素。

◎ 妊娠病

【基本信息】

【英文名】 pregnancy disease

【拼音】 ren shen bing

【基础词】

【词条关系】

【受影响(有关)】 蛀茎蛾

◎ 单轴定向聚丙烯

【基本信息】

【英文名】 mono-axially oriented polypropylene

【拼音】 dan zhou ding xiang ju bing xi

【基础词】

【定义】

一种仅沿机器方向定向的聚丙烯。单轴定向聚丙烯最初主要用于生产拉线。

【词条关系】

【英文缩写】 MOPP

◎ 授粉

【基本信息】

【英文名】 pollination

【拼音】 shou fen

【基础词】

【定义】

烟草及开花植物通常采用的受精方法。

【词条关系】

【子类】 异花授粉

◎ 折茎病

【基本信息】

【英文名】 stem-break

【拼音】 zhe jing bing

【基础词】

【定义】

由折茎线虫引起的病害,在距地面约 40 cm 的茎上产生大量的小瘿瘤,导致植物萎蔫,最终茎秆折断。防治方法为轮作和化学处理。

【词条关系】

【受影响(有关)】 线虫

◎ 料液锅

【基本信息】

【英文名】 casing boiler

【拼音】 liao ye guo

【基础词】

【定义】

制配烟草料液的煮器,料液经过滤后加到加料罐中,通过细喷嘴喷洒在烟叶上。

◎ 种子油

【基本信息】

【英文名】 seed oil

【拼音】 zhong zi you

【基础词】

【词条关系】

【子类】 烟草种子油

◎ 叶腐病

【基本信息】

【英文名】 web rot

【拼音】 ye fu bing

【基础词】

【定义】

由灰葡萄孢菌和少根根霉引起的室烧,叶脉间的叶肉组织全部烂掉。

◎ 可铁宁

【基本信息】

【英文名】 cotinine

【拼音】 ke tie ning

【基础词】

【定义】

一种烟草生物碱,是烟碱的代谢物。体液如血液或尿液中的可铁宁浓度常被用作衡量受体感受烟碱的量度。

◎ 粒相

【基本信息】

【英文名】 particulate phase

【拼音】 li xiang

【基础词】

【定义】

烟气成分，分布于气相或蒸汽和颗粒之间，构成烟气气溶胶。烟气的粒相是颗粒。粒相或者烟气冷凝物常被定义为收集烟气过程中滞留在剑桥滤片上的物质。但应注意到，剑桥滤片分离烟气气溶胶中的气相和粒相不是绝对的。滤片收集到的物质受含水量、温度、流速和气溶胶成分和滤片玻璃纤维间特定的化学反应等一系列因素的影响。滤片也可收集某些气相成分。

【词条关系】

【类比】 气相

【隶属于】 烟气成分

【基本等同】 烟气冷凝物

◎ 光周期现象

【基本信息】

【英文名】 photoperiodism

【拼音】 guang zhou qi xian xiang

【基础词】

【定义】

烟草植株对日光长短交替的反应能力(这种光线很大程度上不同于它自发发育过程中需要的光线)。例如，短日植物要求日照少于 11 个小时，而长日照植物要求日照多于 14 个小时。日照时数变化对中性植物无影响。

◎ 蜡状芽孢杆菌

【基本信息】

【英文名】 *Bacillius cereum*

【拼音】 la zhuang ya bao gan jun

【基础词】

【定义】

一般来说指能产生毒素引起剑叶病的细菌。

【词条关系】

【导致】 烟草剑叶病

◎ 全息图

【基本信息】

【英文名】 hologram

【拼音】 quan xi tu

【基础词】

【定义】

印制于纸或纸板表面的一种三维图画，作为一种引人注目的标识用于商品推销或保护。全息图是将用特殊的全息技术制作的箔纸经加热压印产生的，即热箔压印。全息图复杂的生产过程在保护产品、抵制假冒中也发挥着重要作用。

【词条关系】

【用于】 热箔压印

◎ 带钵移栽苗

【基本信息】

【英文名】 banded transplants

【拼音】 dai bo yi zai miao

【基础词】

【定义】

部分或全部种在单个纸袋或泥炭营养钵或土块中的幼苗。该方法有时用在烟草栽培中，以提高烟苗整齐性，增加成活率。带营养钵移栽方法现已被托盘培育完整根烟苗所代替。

◎ 半纤维素

【基本信息】

【英文名】 hemicellulose

【拼音】 ban xian wei su

【基础词】

【定义】

介于储藏碳水化合物和构架物质之间的物质，根据其老化或成熟程度不同而有不同的用途。与木质素和纤维素不同，半纤维素能被酶转化为葡萄糖，从而在葡萄糖正常的同化作用供应不足时，可重新进入养分循环。果胶是一种半纤维素，与烟株的柔韧性有关。

【词条关系】

【子类】 果胶质

◎ 茄科植物

【基本信息】

【英文名】 *Solanaceae*

【拼音】 qie ke zhi wu

【基础词】

【定义】

除烟草外，茄科植物还包括番茄、马铃薯、矮牵牛、南蛇藤、茄属植物、西班牙胡椒、冬樱桃、颠茄、天仙子和曼陀罗等植物。这些植物大部分含有生物碱。

【词条关系】

【子类】 烟草

◎ 柔版印刷

【基本信息】

【英文名】 flexo printing

【拼音】 rou ban yin shua

【基础词】

【定义】

一种印刷技术，在印刷版上，印刷图案突出于非印刷区，这样才能被墨轮染色。印刷机的印刷过程是旋转的。使用油性或水性墨时，印墨可以通过空气晾干，或通过紫外线干燥。柔版印刷主要用于对烟草产品包装膜的印刷。

【词条关系】

【类属】 印刷技术

◎ 花

【基本信息】

【英文名】 flower

【拼音】 hua

【基础词】

【定义】

烟草的花，由一个15～25 mm长的绿色圆柱形的花萼、聚合的五角形花冠和副冠构成的，直径为7～9 mm。花连在一起构成聚伞花序，多数情况下要么聚集成簇，要么充分开展。花的颜色变化较大，它和花序的形状是鉴定烟草品种的重要依据。例如，红花烟草，花的颜色可以是白色的，或者淡红与深红之间的任何颜色；黄花烟草的颜色从浅黄到略呈绿色的黄色。花粉的萌发很重要，大致决定了以后所形成种子的可育性。

◎ 内吸型抑芽剂

【基本信息】

【英文名】 systemic suckercide

【拼音】 nei xi xing yi ya ji

【基础词】

【词条关系】

【子类】 马来酰肼

◎ 烟草薄片

【基本信息】

【英文名】 sheet tobacco

【拼音】 yan cao bao pian

【基础词】

【定义】

类似纸张样的烟草材料的统称。其厚度与自然烟叶相当，成分全部或主要为烟叶。烟叶、烟梗和碎末以特定比例混合后通过特定加工过程制成薄片。薄片制造工艺现在主要分为造纸法、稠浆法和辊压法。薄片产品的最终形式可以是卷筒，用作雪茄外包皮和内包皮；也可以是切片，用在卷烟、雪茄、斗烟和自卷烟的配方里。

【词条关系】

【基本等同】 均质烟叶

◎ 作物综合管理

【基本信息】

【英文名】 integrated crop management

【拼音】 zuo wu zong he guan li

【基础词】

【定义】

一种平衡作物生产的经济效益和积极的环境治理的综合方法，结合采用传统的作物栽培方法与作物和环境保护的最新发展。

◎ 下部叶组

【基本信息】

【英文名】 dips

【拼音】 xia bu ye zu

【基础词】

【定义】

描述香料烟底部烟叶的术语。

◎ 炭疽病

【基本信息】

【英文名】 anthracnose

【拼音】 tan ju bing

【基础词】

【定义】

由炭疽病菌引起的烟草叶片病害。炭疽病菌主要感染烟苗，但也能影响大田植株。其症状是开始为淡色的、圆形水浸斑，后变褐色且透明。

对成熟的烟叶和茎的感染会引起矮化，严重时致畸形。真菌的菌丝体在种子中极少发生。防治方法：喷洒杀菌剂或撒粉。溴甲烷能减少苗床中的主要种菌。

【词条关系】

【类属】 真菌性病害

◎ 皂化

【基本信息】

【英文名】 saponification

【拼音】 zao hua

【基础词】

【定义】

制造滤嘴丝束的一道工序。皂化存在于三醋酸纤维素（在纸浆制造的第一阶段制成）中，部分结合态醋酸被分解成2.5醋纤。这道工序很重要，因为三醋酸纤维素难溶解，而溶解状态的醋纤是纺丝工序所必需的。

【词条关系】

【用于】 滤嘴丝束

◎ 细菌性枯萎病

【基本信息】

【英文名】 bacterial wilt

【拼音】 xi jun xing ku wei bing

【基础词】

【定义】

这种病在温暖的气候条件下特别流行。该病是由茄假单胞杆菌（*Ralstonia solanacearum*）引起的。病症是先出现萎蔫，然后叶片或者局部变黄，最后坏死。茎秆横切后会流出黏性液体。控制手段主要为抗性育种、轮作。采用土壤熏蒸方法也可以把该病降低到一定的限度。

◎ 涂胶轮

【基本信息】

【英文名】 gluing wheel

【拼音】 tu jiao lun

【基础词】

【定义】

（1）上胶装置上用于把胶涂到卷烟纸边缘的水平轮或水平圆盘。

（2）专门设计用来将淀粉胶涂到卷烟纸搭口上的装置。

◎ 高效液相色谱

【基本信息】

【英文名】 high performance liquid chromatography

【拼音】 gao xiao ye xiang se pu

【基础词】

【词条关系】

【类属】 液相色谱

【类属】 色谱法

【英文缩写】 HPLC

◎ 威百亩

【基本信息】

【英文名】 metam-sodium

【拼音】 wei bai mu

【基础词】

【定义】

钠的N-甲基二硫代氨基甲酸盐，是甲基异硫氰酸甲酯前体物，用作移栽前控制线虫、土壤真菌、地下害虫和杂草种子的一种土壤熏蒸剂。

◎ 上光纸板

【基本信息】

【英文名】 cast-coated board

【拼音】 shang guang zhi ban

【基础词】

【定义】

一种表面光泽度极高的纸板。通过烘干与高度抛光的金属表面接触而获得。

◎ 纸板

【基本信息】

【英文名】 paperboard

【拼音】 zhi ban

【基础词】

【定义】

具有较高刚度特性的一类纸的统称。

【词条关系】

【子类】 折叠纸盒板

【子类】 白浆衬里粗纸板

【子类】 固体漂白纸板

【子类】 卷烟包装纸板

◎ 叶瘤病

【基本信息】

【英文名】 leafy gall

【拼音】 ye liu bing

【基础词】

【定义】

一种较轻的烟叶病害，可使主茎近地部位长出大量的短嫩的侧枝。

◎ 拟除虫菊酯杀虫剂

【基本信息】

【英文名】 pyrethroid insecticides

【拼音】 ni chu chong ju zhi sha chong ji

【基础词】

【词条关系】

【类比】 除虫菊酯

◎ 回交

【基本信息】

【英文名】 backcross

【拼音】 hui jiao

【基础词】

【定义】

一个杂交种再与其亲本之一杂交的杂交育种方法。

【词条关系】

【隶属于】 杂交育种

◎ 褐叶斑病菌

【基本信息】

【英文名】 *Alternaria* leaf spot

【拼音】 he ye ban bing jun

【基础词】

【词条关系】

【导致】 赤星病

◎ 烟叶气候斑

【基本信息】

【英文名】 tobacco weather fleck

【拼音】 yan ye qi hou ban

【基础词】

【词条关系】

【基本等同】 气候斑

◎ 蕾期打顶

【基本信息】

【英文名】 bud topping

【拼音】 lei qi da ding

【基础词】

【定义】

在烟草顶花开放之前对植株进行的打顶。

【词条关系】

【基本等同】 打顶

◎ 蛙眼病

【基本信息】

【英文名】 frog-eye

【拼音】 wa yan bing

【基础词】

【定义】

田间烟草植株和幼苗的烟叶病害，是由蛙眼病菌引起的。特征是烟叶的表面出现棕色小斑点，斑点的中央为白色，但在烟茎秆不发生。典型症状是下部烟叶先发生，紧接着向上扩展。这种病害在潮湿的环境里尤为流行。控制方法是进行良好的管理控制、清除烟草病株和喷洒杀真菌剂。已经发现某种野生烤烟种类具有抗性，不过仍需将其转化为商业品种。若该病发生在晾烟上，就会产生绿斑。烘烤时蛙眼病产生的斑点就会发展为仓库斑。

【词条关系】

【关键指标】 仓库斑

【类比】 棚内斑点病

◎ 条包机

【基本信息】

【英文名】 parceller

【拼音】 tiao bao ji

【基础词】

【定义】

将卷烟小盒包装成条包的机器。每条含 10 小盒，即 200 支烟。

【词条关系】

【用于】 条包装

【类比】 盒装包装机

◎ 静电沉淀

【基本信息】

【英文名】 electrostatic precipitation

【拼音】 jing dian chen dian

【基础词】

【定义】

通过静电电压差处理液体的颗粒物质，正电和负电颗粒被盘（或电线）上各个相反的电极吸引。该过程用于烟气捕捉以筛选总颗粒物。

【词条关系】

【类比】 静电捕获

◎ 细菌性根瘤病

【基本信息】

【英文名】 crown gall

【拼音】 xi jun xing gen liu bing

【基础词】

【定义】

(1)不常发生的一种烟草病害。烟株的某个部位会形成较大的瘤，有时会使生产受阻。

(2)引起植物根瘤病的细菌-根癌农杆菌，这种细菌的 Ti 质粒被广泛地应用于分子生物学和遗传改良生物研发中。

◎ 卷烟纸孔隙度

【基本信息】

【英文名】 cigarette paper porosity

【拼音】 juan yan zhi kong xi du

【基础词】

【定义】

纸张允许空气通过的能力。用于确定卷烟的燃烧率、抽吸口数和冷凝物值，行业标准（DIN ISO 2965—2012）中已描述其测定方法，并将其定义为每平方厘米每千帕（压差）的空气流量（cm^3/min）。一支卷烟所用的卷烟纸上约有 600 个直径为 20～60 μm 的小孔，使用这种带宽（通常结合不同的滤嘴通风度）可用同样的配方生产出一个完整的卷烟品牌系列（浓香型、中等型、淡味型）。孔隙度越大，卷烟越淡。

◎ 生长因素

【基本信息】

【英文名】 growth factors

【拼音】 sheng chang yin su

【基础词】

【定义】

影响烟草生长的各种因素，如土壤的物理、化学和生物学条件，所施肥料的量等。只有在光照、温度和湿度分配等气候因素也非常适宜的条件下，才可以说这些生长因素是完全适合的。

【词条关系】

【受影响(有关)】 肥料

◎ 单性结实

【基本信息】

【英文名】 parthenocarpy

【拼音】 dan xing jie shi

【基础词】

【定义】

在烟草和其他植物上未受精而产生种子蒴果生产的现象。

◎ 盘旋线虫

【基本信息】

【英文名】 *Rotylenchulus* spp.

【拼音】 pan xuan xian chong

【基础词】

【定义】

危害烟草的一种线虫。

【词条关系】

【类属】 线虫

◎ 包装材料

【基本信息】

【英文名】 wrapping material

【拼音】 bao zhuang cai liao

【基础词】

【定义】

烟草产品外包装和运输中的各种辅材，如纸、铝箔纸、纸板、瓦楞纸板和薄膜等。

【词条关系】

【子类】 透明外包装纸

【用途】 包装

◎ 烟层

【基本信息】

【英文名】 tobacco bed

【拼音】 yan ceng

【基础词】

【定义】

烟叶烘干机中的烟层。

【词条关系】

【取决】 烘干机

◎ 熏蒸剂

【基本信息】

【英文名】 fumigant

【拼音】 xun zheng ji

【基础词】

【定义】

熏蒸剂通过熏蒸方式成为气体进入烟草、土壤等。最常用的熏蒸剂是溴甲烷、磷化氢、二氯丙烯和溴乙烯。

【词条关系】

【用于】 熏蒸

【子类】 二氯丙烯

【子类】 磷化氢

【子类】 溴甲烷

【子类】 敌敌畏

【子类】 氯化苦

◎ 燃烧添加剂

【基本信息】

【英文名】 burn additive

【拼音】 ran shao tian jia ji

【基础词】

【定义】

卷烟纸的一种添加剂,如柠檬酸盐或醋酸盐,通常在造纸机的施胶压榨环节中添加,以控制烟叶的燃烧速率。燃烧添加剂可以分为助燃剂和阻燃剂,这两种添加剂均影响自由燃烧速率,但是助燃剂影响烟支的烟气生成量,而阻燃剂则影响灰分外观。

◎ 灰翅夜蛾幼虫

【基本信息】

【英文名】 laceworm

【拼音】 hui chi ye e you chong

【基础词】

【定义】

以叶脉间烟叶组织为食的夜蛾幼虫,产生貌似织物的网状物。灰翅夜蛾可通过喷洒有机磷或氨基甲酸酯控制。

【词条关系】

【类属】 烟草害虫

◎ 翻盖条盒

【基本信息】

【英文名】 hinge-lid carton

【拼音】 fan gai tiao he

【基础词】

【词条关系】

【类属】 条盒

◎ 谐调

【基本信息】

【英文名】 harmonics

【拼音】 xie tiao

【基础词】

【定义】

烟气均衡圆和的一种吸用感觉。

◎ 糖

【基本信息】

【英文名】 sugar

【拼音】 tang

【基础词】

【定义】

化学式为 $C_n(H_2O)_n$(因此称为碳水化合物)的有机分子。烟草中主要的糖是葡萄糖和果糖,也有少量的蔗糖和麦芽糖。烟草含糖量品种类型间相差很大:雪茄烟通常不含糖或仅含有微量的糖,而香料烟含糖量为15%。酸性烟草要求含糖,形成酸性的主流烟气。烟草加工过程中还会通过料液加入糖分。

◎ 洗提

【基本信息】

【英文名】 elusion

【拼音】 xi ti

【基础词】

【定义】

物质传递过程,其主要驱动力不是热,而是浓度梯度。通过洗提,一些烟草化合物从卷烟的燃烧区释放,这也解释了半挥发性物质在滤嘴中的物质传递。化合物从滤嘴纤维蒸发而不是再次冷凝，最终把逃逸的浮质颗粒带走。

◎ 外包皮回潮机

【基本信息】

【英文名】 wrapper conditioning machine

【拼音】 wai bao pi hui chao ji

【基础词】

【定义】

用来给雪茄外包皮加湿的空调回潮机。

【词条关系】

【类属】 回潮机

◎ 芳香鼻烟

【基本信息】

【英文名】 aromatic snuff

【拼音】 fang xiang bi yan

【基础词】

【定义】

淡色干烟末，由植物叶筋或叶片粉碎后，加入芳香植物(如玫瑰、康乃馨、天竺葵和香柠檬等)的花香精油、粉碎的花和其他器官而制成。由于多脂肪烟草可能会很快改变添加剂香味，因此多脂肪烟草需使用叶筋。

◎ 去叶柄烟叶

【基本信息】

【英文名】 butted leaf

【拼音】 qu ye bing yan ye

【基础词】

【定义】

去除叶腋(从叶把的端部生长，长度达到7cm)仅有细主筋的烟叶，以散叶或对齐放烟叶形式包装给购买者。

◎ 番茄斑萎病毒病

【基本信息】

【英文名】 tomato spotted wilt virus

【拼音】 fan qie ban wei bing du bing

【基础词】

【词条关系】

【英文缩写】 TSWV

◎ 滤棒发射器

【基本信息】

【英文名】 plug shooter

【拼音】 lü bang fa she qi

【基础词】

【词条关系】

【类属】 分配器

◎ 咬嘴

【基本信息】

【英文名】 dental mouthpiece

【拼音】 yao zui

【基础词】

【定义】

烟斗的烟嘴，一般设计成特殊的形状使其容易被牙齿咬住。咬嘴一般用硬橡胶或聚丙烯腈纤维制成。

【词条关系】

【隶属于】 烟斗

◎ 填充性测定仪

【基本信息】

【英文名】 compactimeter

【拼音】 tian chong xing ce ding yi

【基础词】

【词条关系】

【子类】 密度计

◎ 马里兰卷烟

【基本信息】

【英文名】 Maryland cigarette

【拼音】 ma li lan juan yan

【基础词】

【定义】

几乎全部由马里兰烟叶制成的卷烟。

◎ 静电捕获器

【基本信息】

【英文名】 electrostatic trap

【拼音】 jing dian bu huo qi

【基础词】

【定义】

一些烟机上收集烟气的装置，捕捉是由中央

阳极和绕在外面的圆柱形阴极构成的。烟气中阳性浮质颗粒被阴性电极的内表面捕获。

【词条关系】

【用于】 烟气捕获

◎ 烟叶采收

【基本信息】

【英文名】 leaf harvesting

【拼音】 yan ye cai shou

【基础词】

【词条关系】

【关键指标】 采收次数

◎ 云南省

【基本信息】

【英文名】 Yunnan

【拼音】 yun nan sheng

【基础词】

【定义】

中国西南部省份,适宜的自然条件使该省成为中国烤烟最重要的生产基地。

◎ 磨刀机

【基本信息】

【英文名】 grinder

【拼音】 mo dao ji

【基础词】

【定义】

自动磨利烟草切丝机刀片的装置。

◎ 雪茄内胚模

【基本信息】

【英文名】 bunch mould

【拼音】 xue jia nei pei mu

【基础词】

【定义】

用于手工卷制雪茄的装置,由两个木板组成。两个木板一起形成一个特殊雪茄烟形状的空腔(即所谓的梭子)。内胚烟放进模具中,木板两边同时施压形成雪茄烟。20 个或更多的梭子放进每个模具中一起辊压。模具可以是盔甲形或者是条形的。机械内胚生产时会将内胚烟压进成型板中,然后干燥。

◎ 克隆

【基本信息】

【英文名】 clone

【拼音】 ke long

【基础词】

【定义】

遗传和植物育种中使用的术语,指由单个细胞或植株通过无性繁殖培育细胞或植物组织。通过克隆(无性繁殖)生产出来的个体间遗传组成上是等同的。经典的克隆方式包括采用剪枝和块茎进行植株的无性繁殖,现代克隆常采用细胞培养的方法。

【词条关系】

【类比】 杂交育种

◎ 专用涂胶轮

【基本信息】

【英文名】 special gluing wheel

【拼音】 zhuan yong tu jiao lun

【基础词】

【定义】

专门用来为打孔接装纸上胶的涂胶轮。在打孔区它只给接装纸搭口上胶,不给打孔区涂胶。

【词条关系】

【类属】 喷胶轮

◎ 碳酸镁

【基本信息】

【英文名】 magnesium carbonate

【拼音】 tan suan mei

【基础词】

【定义】

用于改善卷烟烟灰颜色的一种化学品。

【词条关系】

【影响】 烟灰

◎ 烤房棚梁

【基本信息】

【英文名】 tier poles

【拼音】 kao fang peng liang

【基础词】

【定义】

用于悬挂烟杆的烤房棚梁。

◎ 电磁打火机

【基本信息】

【英文名】 electromagnetic lighter

【拼音】 dian ci da huo ji

【基础词】

【定义】

一种引燃器，通过打断磁路产生火花。电压经过振荡电路达到 8 000 V，然后传递到火花口，引燃气体混合物。该过程不需要电池。

◎ 野火病

【基本信息】

【英文名】 wildfire

【拼音】 ye huo bing

【基础词】

【定义】

由丁香假单胞菌及其变种引起的烟草病害。该病菌与引起叶角斑病的病原有密切关系。其症状是叶片上有坏死斑，斑点周围有淡黄晕圈。当有适宜的气候条件（潮湿）时，该病就会流行。该病主要危害幼苗，也能传播到大田。传播途径主要为受侵染的种子、土壤泼洒和受感染的材料接触，因此防治方法是确保良好的卫生环境和消灭残株。作物轮作、使用溴甲烷、链霉素或铜制剂对该病的防治也有作用。

◎ 身份重的烟叶

【基本信息】

【英文名】 heavy-bodied tobacco

【拼音】 shen fen zhong de yan ye

【基础词】

【定义】

打顶并除去腋芽烟株的上部烟叶，有相对较高的单位面积密度和柔软、疏松的质地。

◎ 吸水性

【基本信息】

【英文名】 drinking quality

【拼音】 xi shui xing

【基础词】

【定义】

烟叶吸收水分的能力。

◎ 均质烟叶

【基本信息】

【英文名】 homogenized tobacco

【拼音】 jun zhi yan ye

【基础词】

【定义】

主要指由烟叶构成的纸状片材，通常指的是通过稠浆、烟末附着、挤压和辊压过程生产的再造烟叶。均质烟叶可制成连续的卷状雪茄外包皮，也可以叶片形式在卷烟卷制前配入天然烟片中。

【词条关系】

【方法】 烟末附着法

【方法】 辊压法

【方法】 带式铸浆法

【方法】 挤压

【基本等同】 再造烟叶

◎ 开把机

【基本信息】

【英文名】 bundle opener

【拼音】 kai ba ji

【基础词】

【定义】

加工之前切开把烟或把烟捆的机器。经常与松把机和/或切尾机结合起来。

【词条关系】

【类比】 切尖-切柄机

【基本等同】 松叶机

【用途】 开把

◎ 不燃的

【基本信息】

【英文名】 incombustible

【拼音】 bu ran de

【基础词】

【定义】

描述不燃烧物体的术语，应用于具有极低或没有持火能力的烟叶或卷烟纸。

◎ 滚刀切丝机

【基本信息】

【英文名】 roller cutting machine

【拼音】 gun dao qie si ji

【基础词】

【定义】

按照平面原理把卷烟切成小段的机器。

【词条关系】

【类属】 切丝机

◎ 双路包装机

【基本信息】

【英文名】 double track packer

【拼音】 shuang lu bao zhuang ji

【基础词】

【定义】

双轨结构的卷烟包装机,可使包装机在相对较低的运行速度下保证总体产量较高,以使包装操作更柔和,包装精度更高。

【词条关系】

【类属】 包装机

◎ 连续抽烟者

【基本信息】

【英文名】 chainsmoker

【拼音】 lian xu chou yan zhe

【基础词】

【定义】

一个进行连续抽烟的人。

◎ 种间杂交

【基本信息】

【英文名】 interspecific hybridization

【拼音】 zhong jian za jiao

【基础词】

【定义】

同一属内两个不同种之间的杂交。

【词条关系】

【类属】 育种

【类属】 杂交育种

【导致】 杂交种

◎ 回潮筒

【基本信息】

【英文名】 conditioning cylinder

【拼音】 hui chao tong

【基础词】

【定义】

一种大型水平旋转式滚筒,装有隔板及控制蒸汽和水喷入的设备。散开的烟叶或烟片以一定的流量从回潮筒的一端喂入,以使处理后原料呈现的含水量适合下一阶段制造或加工。其另一个功能是使烟把或结饼烟草散开,该工序需要蒸汽帮助完成。蒸汽和水的比例必须既能够使烟草分离又能够保证最终的烟叶水分能持续足够长的时间。热导致的软化(蒸汽)因冷却而消失,水导致的软化将会持续较长时间。如果需要加料(或加香),可在回潮筒内添加,或在另外的滚筒(加料滚筒)中添加。

◎ 石英打火机

【基本信息】

【英文名】 quartz lighter

【拼音】 shi ying da huo ji

【基础词】

【定义】

主要成分为陶瓷晶体的打火机。打火原理是靠弹簧锤打击晶体火花点燃燃料(油气混合物)。打火时需要较大的压力且噪音较大。为克服这些缺点现已研发出同样工作原理的软石英打火机。

◎ 除尘器

【基本信息】

【英文名】 dust extractor

【拼音】 chu chen qi

【基础词】

【定义】

分离空气中灰尘颗粒的装置,包括一个旋风器、布或管状过滤器或空气洗涤器等,被用于风力输送装置、打叶机、空调设备等。

◎ 表面蜡质

【基本信息】

【英文名】 surface waxes

【拼音】 biao mian la zhi

【基础词】

【定义】

烟草叶面表皮的成分,含有萜烯类和其他决定吃味或香味的物质。

【词条关系】

【基本等同】 烟草蜡质

◎ 剪切

【基本信息】

【英文名】 shear

【拼音】 jian qie

【基础词】

【定义】

一个液面相对于另一个液面的运动。该术语通常指一个黏性系统所受的载荷/力。

◎ 复烤链板输送带

【基本信息】

【英文名】 redrying apron

【拼音】 fu kao lian ban shu song dai

【基础词】

【定义】

复烤机中的金属输送带，用于输送烟叶通过干燥冷却和回潮段。

【词条关系】

【隶属于】 复烤机

◎ 凹版印刷

【基本信息】

【英文名】 gravure printing

【拼音】 ao ban yin shua

【基础词】

【词条关系】

【子类】 轮转凹版印刷术

◎ 卷烟滤嘴

【基本信息】

【英文名】 cigarette filter

【拼音】 juan yan lü zui

【基础词】

【词条关系】

【类属】 滤嘴

【基本等同】 烟用滤棒

◎ 离线打孔

【基本信息】

【英文名】 off-line perforation

【拼音】 li xian da kong

【基础词】

【定义】

在卷烟制造过程中对使用的某些材料进行预打孔。接装纸通常用卷筒打孔。离线打孔能应用静电、微激光或机械打孔技术。

【词条关系】

【类属】 打孔

【类比】 在线打孔

◎ 呼出的主流烟气

【基本信息】

【英文名】 exhaled mainstream smoke

【拼音】 hu chu de zhu liu yan qi

【基础词】

【定义】

吸烟者呼出的主流烟气，其化学成分与烟支里的主流烟气不同，因为呼吸器官吸收了一部分化学物质。

【词条关系】

【类属】 主流烟气

【类比】 呼出的侧流烟气

◎ 丛顶病

【基本信息】

【英文名】 bushy top

【拼音】 cong ding bing

【基础词】

【定义】

非常类似于丛矮病的烟草病毒病害。其特征是形成大量的小叶和过量腋芽。这种病害通过蚜虫特别是桃蚜传播，因此防治主要靠杀蚜剂和保证基本卫生。

【词条关系】

【类比】 丛矮病

◎ 振动输送机

【基本信息】

【英文名】 vibratory conveyor

【拼音】 zhen dong shu song ji

【基础词】

【定义】

通过曲轴驱动向前推进的输送烟草原料的一种输送机。

◎ 制造机械

【基本信息】

【英文名】 secondary machinery

【拼音】 zhi zao ji xie

【基础词】

【定义】

用于制造烟草产品的机械，与初加工机械有区别。

◎ 双轴定向聚丙烯薄膜

【基本信息】

【英文名】 bi-axially oriented polypropylene

【拼音】 shuang zhou ding xiang ju bing xi bao mo

【基础词】

【定义】

增加分子强度的定向聚丙烯薄膜，在撕裂方向上不是直线排列。这种薄膜也用在撕条生产中，但单轴定向聚丙烯薄膜由于其撕裂方向固定而更受欢迎。

【词条关系】

【英文缩写】 BOPP

◎ 调制房

【基本信息】

【英文名】 curing barn

【拼音】 tiao zhi fang

【基础词】

【定义】

为烟叶提供调制环境的建筑物。晾烟调制房有时也被称为晾棚，烤房有时也被称为烟炕。带有强制通风系统的烤房也叫作密集烤房。

【词条关系】

【子类】 晾房

【子类】 烤房

◎ 穿孔病

【基本信息】

【英文名】 shot hole disease

【拼音】 chuan kong bing

【基础词】

【词条关系】

【类比】 烟草斑点病

◎ 充分成熟

【基本信息】

【英文名】 full ripeness

【拼音】 chong fen cheng shu

【基础词】

【定义】

烟叶变黄，可明显地看出叶绿素的分解。烘烤时，这样的烟叶很快失去水分。

◎ 搭口烙铁

【基本信息】

【英文名】 seam sealer

【拼音】 da kou lao tie

【基础词】

【定义】

用来烘干烟条搭口的热封器。

【词条关系】

【基本等同】 烟条烙铁

◎ 通风装置

【基本信息】

【英文名】 ventilation equipment

【拼音】 tong feng zhuang zhi

【基础词】

【定义】

烤(晾)房可以开启或关闭通风装置用来控制湿度。通风装置(通常是气窗)通常位于烤(晾)房的顶部(靠近或位于屋脊处)和墙壁基部。

【词条关系】

【用于】 通风

【隶属于】 调制房

◎ 奎森

【基本信息】

【英文名】 quaiesone

【拼音】 kui sen

【基础词】

【定义】

烟草产生的抗毒素。从生物化学的角度看，它来自类胡萝卜素。

【词条关系】

【来源】 类胡萝卜素

◎ 液体稠度计

【基本信息】

【英文名】 syrup meter

【拼音】 ye ti chou du ji

【基础词】

【词条关系】

【类比】 液体比重计

◎ 烟草番茄斑萎病毒病

【基本信息】

【英文名】 tomato spotted wilt virus

【拼音】 yan cao fan qie ban wei bing du bing

【基础词】

【定义】

烟草和其他植物的一种病毒病,可造成严重危害。该病症状有变化,但基本症状是矮化,由于中脉不均衡的生长导致出现不平衡、坏死斑,幼叶向一侧扭曲。该病由机械传播和昆虫传播(特别是蓟马)。防治方法是消灭带毒昆虫,搞好田间卫生和采取其他防病毒措施。

【词条关系】

【受影响(有关)】 蓟马

【导致】 斑萎病

【导致】 蕃茄斑萎病

【英文缩写】 TSWV

◎ 低燃烧速率

【基本信息】

【英文名】 slow burning rate

【拼音】 di ran shao su lü

【基础词】

【定义】

造成低燃烧速率的主要原因是烟叶含氯量高而硝酸盐类含量低。在卷烟中,卷烟纸、烟支的密度和含水率也影响燃烧速率。

◎ 柳叶尖

【基本信息】

【英文名】 Liuyejian Tobacco

【拼音】 liu ye jian

【基础词】

【定义】

中国河南省邓州市的地方烟草品种,系河南邓片的主要品种。品质优良,栽培历史悠久。

【词条关系】

【类属】 河南邓片

◎ 花叶病

【基本信息】

【英文名】 mosaic disease

【拼音】 hua ye bing

【基础词】

【定义】

包括烟草上非常严重的两种病毒病:烟草花叶病(TMV)和黄瓜花叶病(CMV)。主要症状是受侵染的烟叶有斑驳外观。

【词条关系】

【子类】 黄瓜花叶病

【子类】 烟草普通花叶病

◎ 巴黎鼻烟

【基本信息】

【英文名】 Paris snuff

【拼音】 ba li bi yan

【基础词】

【定义】

采用由巴黎发酵法制成的鼻烟。

【词条关系】

【方法】 巴黎发酵法

【类属】 鼻烟

◎ 贮藏霉菌

【基本信息】

【英文名】 storage moulds

【拼音】 zhu cang mei jun

【基础词】

【定义】

存活在经过调制的烟叶上的各种不同真菌的总称。若后期贮藏不当(如含水率过高),这些真菌,最常见的是交链孢菌小种、曲霉、青霉菌、枝孢菌,就会滋生,损坏烟叶,使烟叶产生霉味。

【词条关系】

【子类】 曲霉

【子类】 交链孢菌小种

【子类】 青霉菌

【子类】 枝孢菌

◎ 黏度

【基本信息】

【英文名】 viscosity

【拼音】 nian du

【基础词】

【定义】

表征气体和液体内部摩擦力的系数。

◎ 遮阴烟草

【基本信息】

【英文名】 shade tobacco

【拼音】 zhe yin yan cao

【基础词】

【定义】

（1）在无纺布遮阴棚下种植的烟草。

（2）遮阴种植的雪茄外包皮烟叶，通常在人工遮阴棚下种植。这些遮阴棚保护烟草免受强日光照射，减少空气流动和水分蒸发。

【词条关系】

【同义】 阴植烟草

◎ 抽屉

【基本信息】

【英文名】 slide

【拼音】 chou ti

【基础词】

【定义】

抽屉式包装盒的一部分。

【词条关系】

【用于】 抽屉式烟盒

◎ 含沙量

【基本信息】

【英文名】 sand content

【拼音】 han sha liang

【基础词】

【定义】

烟株最下面的叶片以及经常遭受大雨的烟株较下层的中部叶片在采收时或多或少地会覆盖一层薄沙。尽管在操作、调制、运输和扎捆等过程中会掉下一些沙子，但是烟叶在发酵之前，必须经过筛分设备（绕自身轴线转动的滚筒筛）进行处理。

◎ 糖浆

【基本信息】

【英文名】 syrup

【拼音】 tang jiang

【基础词】

【定义】

一种黏稠的含糖液体，它是制糖生产中的一种副产品。糖浆作为甜味剂常用在斗烟和嚼烟中，也用于美式混合型卷烟的料液。

【词条关系】

【子类】 枫糖浆

◎ IMPEX 烟草膨胀方法

【基本信息】

【英文名】 IMPEX tobacco expansion method

【拼音】 IMPEX yan cao peng zhang fang fa

【基础词】

【定义】

适于所有烟丝类型的一种商业高位膨胀方法。烟丝先用异戊烷（C_5H_{12}）蒸气浸渍，异戊烷在烟丝细胞内浓缩，然后加热使其迅速气化，从而使烟草在没有显著造碎情况下高度膨胀。

【词条关系】

【类属】 膨胀

◎ 总合表

【基本信息】

【英文名】 league table

【拼音】 zong he biao

【基础词】

【定义】

一种记录指定市场中各种卷烟牌号的焦油、烟碱以及一氧化碳产量的清单。受检测卷烟应该在标准抽吸条件下由吸烟机抽吸。

◎ 卷筒纸凹版印机

【基本信息】

【英文名】 reel-fed gravure

【拼音】 juan tong zhi ao ban yin ji

【基础词】

【定义】

一种印刷技术，其印刷机是卷筒纸或纸板进料的。

【词条关系】

【关键指标】 凹版

◎ 斗烟

【基本信息】

【英文名】 pipe tobacco

【拼音】 dou yan

【基础词】

【定义】

烟具中盛放烟丝的混合烟，通常是烟草块或切烟，有时也可是烟卷。斗烟丝比卷烟烟丝宽。

◎ 前体物

【基本信息】

【英文名】 precursors

【拼音】 qian ti wu

【基础词】

【定义】

在烟草燃烧或者高温热解过程中形成的烟气中其他分子的化合物。例如生物碱和胺就是在裂解期形成的氰化氢的前体物。

◎ 发芽试验

【基本信息】

【英文名】 germination test

【拼音】 fa ya shi yan

【基础词】

【定义】

测定发芽率的试验。有代表性的方法是：准备 4 个 5～6 cm 宽的培养皿，每皿装满 30 g 干净的石英砂(颗粒的直径在 0.2～0.5 cm)；在石英砂上面放置两层具有 100 个方形网格的凸纹滤纸，烟草种子放在每一个小格里，并加 10 mL 蒸馏水；培养皿称重，整个试验过程通过加水，使重量保持一致。种子发芽时，培养皿放在漫射光照明、恒温 25 ℃环境里。5 天后，开始对每一天发芽的种子记数并移出。13 天后，没有发芽的种子也被移出。其发芽种子数量的百分数即为发芽百分数。大部分试验使用的是发芽设备而不是单个培养皿。

◎ 雪茄烟外包皮机

【基本信息】

【英文名】 overrolling machine

【拼音】 xue jia yan wai bao pi ji

【基础词】

【定义】

在雪茄烟工业中，用于外包叶包卷烟丝束的机器。它可能是一台安装有烟丝束喂料装置的独立机器，也可能与卷烟丝束机器连接起来构成一套完整的机器。它安装有卷外包叶装置，将使用在裁切膜上裁切的外包叶或者由盘纸供给并自动载运到卷外包叶装置上的外包叶包卷烟丝束。

◎ 模压装置

【基本信息】

【英文名】 mould press

【拼音】 mu ya zhuang zhi

【基础词】

【定义】

用于在模具中将雪茄内胚压制成最终形状的一种设备。

◎ 平摊烟叶

【基本信息】

【英文名】 straight-laid

【拼音】 ping tan yan ye

【基础词】

【定义】

成排摆放的烟叶。与一般的散叶打捆不一样，平摊烟叶通常是叶柄朝外。

◎ 干鼻烟

【基本信息】

【英文名】 dry snuff

【拼音】 gan bi yan

【基础词】

【定义】

一般是放在鼻子中的发酵或未发酵的干烟草粉末，通常有很重的香味。

【词条关系】

【类比】 湿鼻烟

◎ 焦耳

【基本信息】

【英文名】 Joule

【拼音】 jiao er

【基础词】

【定义】

能量和功率的国际制单位，等于受 1 N 力的点向受力方向移动 1 m 时所做的功。

◎ 带式干燥机

【基本信息】

【英文名】 belt driver

【拼音】 dai shi gan zao ji

【基础词】
【词条关系】
【类属】 干燥机
【类比】 带式冷却机

◎ 烟叶分选机

【基本信息】
【英文名】 tobacco sorter
【拼音】 yan ye fen xuan ji
【基础词】
【定义】
用于烟叶分选的机器。
【词条关系】
【用于】 分选
【类属】 分选机

◎ 收缩性能

【基本信息】
【英文名】 shrink properties
【拼音】 shou suo xing neng
【基础词】
【定义】
薄膜只根据要求进行收缩的性能。绝大多数常用膜的机器方向收缩率为8%～10%，横向收缩率为6%～8%。

◎ 收缩包装

【基本信息】
【英文名】 shrink-wrapping
【拼音】 shou suo bao zhuang
【基础词】
【定义】
一种把热敏塑料薄膜包在一些基本包装材料(如纸板、金属等)外的包装方法，热敏塑料薄膜收缩后形成密封的紧密的包装。包装机上常安装有收缩包装装置以增加可收缩薄膜的收缩率，使包装更加紧密。烟草工业中，这些收缩包装装置包括收缩隧道、鼓热风加热的金属铁板和预热室。这种收缩包装形式只用于硬盒。

◎ 次生生物碱

【基本信息】
【英文名】 secondary alkaloids
【拼音】 ci sheng sheng wu jian
【基础词】
【定义】
主要生物碱以外的其他生物碱。烟草中的次生生物碱包括去甲基烟碱、假木贼碱、新烟碱，麦司明碱和哌啶。
【词条关系】
【子类】 去甲基烟碱
【子类】 假木贼碱
【子类】 新烟碱
【子类】 麦司明碱
【子类】 哌啶

◎ 卷筒进给式版印刷

【基本信息】
【英文名】 web-fed gravure
【拼音】 juan tong jin ji shi ban yin shua
【基础词】
【词条关系】
【类比】 卷筒纸凹版印机

◎ 碳酸钾

【基本信息】
【英文名】 potassium carbonate
【拼音】 tan suan jia
【基础词】
【词条关系】
【化学式】 K_2CO_3

◎ 苜蓿花叶病

【基本信息】
【英文名】 alfafa mosaic
【拼音】 mu xu hua ye bing
【基础词】
【定义】
烟草次要病害，主要在较温和气候下发生。其特征是沿脉出现线状坏死组织和白色环纹，有时增添淡色黄化花叶效应。必要的控制方法与其他病毒一样，包括远离其他寄主和蚜虫。
【词条关系】
【受影响(有关)】 病毒

◎ 黄香草木樨

【基本信息】
【英文名】 yellow sweet clover
【拼音】 huang xiang cao mu xi
【基础词】

【定义】

一种开花植物，含有乙酰茴香醚，可用作为烟草调香剂，也可用作烤烟间作植物。

◎ 开放式吸烟

【基本信息】

【英文名】 open smoking

【拼音】 kai fang shi xi yan

【基础词】

【定义】

一种在抽吸期间阴燃期卷烟嘴端开放并与周围大气接触的吸烟机技术。

◎ 卸料

【基本信息】

【英文名】 discharge

【拼音】 xie liao

【基础词】

【定义】

加工或贮存设备如鼓轮、贮丝柜或传送带的放料。

◎ 胶版印刷

【基本信息】

【英文名】 offset printing

【拼音】 jiao ban yin shua

【基础词】

【定义】

根据金属板上亲水的非印刷区和疏水的印刷区原理设计的印刷技术。在偏置印刷机里，将金属板的亲水区用水打湿，疏水区涂上墨汁。将图案首先传送到用一个可压缩涂胶单板覆盖的汽缸里，然后再转移到纸或纸板上。偏置印刷机可能用卷筒纸印刷或者用单面纸印刷。为了包装的需要，一般使用单面纸印刷。

◎ 金属翻盖烟盒

【基本信息】

【英文名】 metal hinge boxes

【拼音】 jin shu fan gai yan he

【基础词】

【定义】

用于烟草制品包装的金属盒，目前已不再广泛使用。

◎ 起垄

【基本信息】

【英文名】 ridging

【拼音】 qi long

【基础词】

【定义】

一种耕作栽培技术。在烟草移栽前把土堆成垄，或在播种后在幼苗基部周围培土，以免幼苗被水淹，并支撑幼苗。

◎ 蛙眼病绿斑

【基本信息】

【英文名】 green spot

【拼音】 wa yan bing lüban

【基础词】

【定义】

症状为蛙眼状，为害生长后期的深色晾烟，尤其雪茄包皮品种。有时其斑点为褐色，中心为白色。

【词条关系】

【类比】 蛙眼病

◎ 压印头

【基本信息】

【英文名】 embossing head

【拼音】 ya yin tou

【基础词】

【定义】

包装机上对金属锡箔或其他材料进行雕蚀的装置。

◎ 代谢

【基本信息】

【英文名】 metabolism

【拼音】 dai xie

【基础词】

【定义】

利用水、辐射能、二氧化碳和从土壤中吸收的营养物质以增加干物质（生长和贮存用）的植物基本生物功能。合成代谢是合成，分解代谢是化合物的随后分解、提供能量的过程。代谢可见的结果是干物质的增加。

【词条关系】

【关键指标】 葡萄糖

【子类】 分解
【子类】 同化作用

◎ 心脏疾病

【基本信息】
【英文名】 heart disease
【拼音】 xin zang ji bing
【基础词】
【词条关系】
【类属】 与吸烟有关的疾病

◎ 气泡技术

【基本信息】
【英文名】 bubble technology
【拼音】 qi pao ji shu
【基础词】
【定义】

在吹膜工艺中用于生产聚乙烯或聚乙烯薄膜的技术。树脂在高压高温的挤压系统中被熔化,然后被吹进一个转动的喷嘴(或冲模)中,随后用一个输出滚筒把材料沿机器方向纵向扩展,并沿横向伸展吹气形成管状薄膜。

◎ 碳酸钙

【基本信息】
【英文名】 calcium carbonate
【拼音】 tan suan gai
【基础词】
【定义】

在卷烟纸或纸板的制造过程中使用的化学添加剂,用来改变材料的透气性。碳酸钙在着色工艺中也可作为一种着色颜料以改善纸的白度和适印性。

【词条关系】
【化学式】 $CaCO_3$
【用途】 填充料
【用途】 涂层

◎ 真空送料

【基本信息】
【英文名】 vacuum feed
【拼音】 zhen kong song liao
【基础词】
【词条关系】
【方法】 输送管道

◎ 存取系统

【基本信息】
【英文名】 storage and retrieval system
【拼音】 cun qu xi tong
【基础词】
【定义】

一种自动系统。它可在完成最终配方之后、卷烟制造之前提取烟叶,存贮运达装卸站台的烟箱。

◎ 不含烟碱配方

【基本信息】
【英文名】 nicotine-free
【拼音】 bu han yan jian pei fang
【基础词】
【定义】

一种仅含有微量烟碱的配方,由天然烟叶、非烟草吸用材料或者再造烟叶混配而成。

◎ 喷粉消光

【基本信息】
【英文名】 dusting
【拼音】 pen fen xiao guang
【基础词】
【词条关系】
【类属】 消光

◎ 碳酸钠

【基本信息】
【英文名】 sodium carbonate
【拼音】 tan suan na
【基础词】
【定义】

一种作为某些鼻烟防腐剂的化合物。

【词条关系】
【化学式】 Na_2CO_3

◎ 湖北黄冈烟

【基本信息】
【英文名】 Hubei Huanggang Tobacco
【拼音】 hu bei huang gang yan
【基础词】
【定义】

产于中国湖北省黄冈市的浅色晒烟。叶色

黄亮，筋小叶薄，油分好，填充力高。吃味纯正，香气较浓，劲头适中，燃烧性好，适于制作混合型卷烟。

◎ 敌敌畏

【基本信息】

【英文名】 dichlorphos

【拼音】 di di wei

【基础词】

【定义】

用作防治烟草害虫的熏蒸剂的二氯乙烷和四氯化碳的混合物。

【词条关系】

【类属】 熏蒸剂

◎ 铁

【基本信息】

【英文名】 iron

【拼音】 tie

【基础词】

【定义】

烟叶中含量很少的重要元素。作为酶的组分，它在碳水化合物氧化和硝酸还原中起着催化剂的作用。铁盐和丹宁酸一起，是嚼烟烟叶呈深色的原因。

◎ 铜

【基本信息】

【英文名】 copper

【拼音】 tong

【基础词】

【定义】

化学元素，烟草生长必要的微量元素之一，但如果浓度超过百万分之二十，就会导致生长不规则。

◎ 填充料

【基本信息】

【英文名】 filler

【拼音】 tian chong liao

【基础词】

【定义】

常指很少量的白肋烟，呈中性的特征，对烟气影响较小。

◎ 增塑剂

【基本信息】

【英文名】 plasticiser

【拼音】 zeng su ji

【基础词】

【定义】

滤棒生产中用来将醋酸纤维黏在一起的助剂。最常用的增塑剂是三醋酸甘油酯。

【词条关系】

【子类】 三醋酸甘油酯

◎ O形密封圈

【基本信息】

【英文名】 O-ring seal

【拼音】 O xing mi feng quan

【基础词】

【定义】

实验室中用于将卷烟夹持器装于吸烟机或者烟气捕集器等设备上使之牢固的装置。

◎ 纤毛毒性

【基本信息】

【英文名】 ciliotoxicity

【拼音】 xian mao du xing

【基础词】

【定义】

纤毛在呼吸道中正常运动的中断，被用作烟草烟气毒性的生物指示剂。

◎ 木浆

【基本信息】

【英文名】 pulp

【拼音】 mu jiang

【基础词】

【定义】

除去木质素的木浆，是制作滤棒丝束的原料。

◎ 计算机直接制版技术

【基本信息】

【英文名】 computer-to-plate technology

【拼音】 ji suan ji zhi jie zhi ban ji shu

【基础词】

【定义】

把数字化的各种文件直接转换为印制版而

不使用胶片的一种预印制版法。

◎ 糖精

【基本信息】
【英文名】 sodium cyclamate
【拼音】 tang jing
【基础词】
【定义】
一种烟草甜味剂,其甜度是蔗糖的 30 倍。

◎ 冷丝筛分机

【基本信息】
【英文名】 cooling and sifting machine
【拼音】 leng si shai fen ji
【基础词】
【定义】
多为旋转筛筒形式的机器,用于冷却被加热到一定高温的烟草,同时除去黏附在烟草上面的灰尘、沙粒等杂质。

◎ 高等级卷烟纸

【基本信息】
【英文名】 high-grade cigarette paper
【拼音】 gao deng ji juan yan zhi
【基础词】
【定义】
有时被用作高透气度卷烟纸的同义词。

◎ 碳酸铵

【基本信息】
【英文名】 ammonium carbonate
【拼音】 tan suan an
【基础词】
【定义】
嚼烟和鼻烟中使用的主要防腐剂。现在碳酸铵已部分被其他产品代替,例如苯甲酸钠、碳酸钠和碳酸钾。

◎ 平网造纸机

【基本信息】
【英文名】 flat-write paper maker
【拼音】 ping wang zao zhi ji
【基础词】
【定义】
一种造纸机,由网前箱、带水平放置的平网的湿部、压制部和供纸张干燥式接触用的烘缸式干燥部组成。平网造纸机有别于斜网造纸机。

◎ 油斑

【基本信息】
【英文名】 oil spots
【拼音】 you ban
【基础词】
【定义】
在一些晚熟烟草品种的绿色叶脉之间或叶片上,或者在由于叶片成熟过度,已变成黄色的叶片的叶尖、叶缘上,发现的类似于油浸斑的圆形半透明斑点。

◎ 海南省

【基本信息】
【英文名】 Hainan
【拼音】 hai nan sheng
【基础词】
【定义】
中国的南部一个属热带海洋性季风气候的省份,年均温度 22 ℃以上,全年均可种烟。

◎ 拟步甲

【基本信息】
【英文名】 *Gonocephalum*
【拼音】 ni bu jia
【基础词】
【定义】
侵害烟草的假金针虫的一个主要属。

◎ 光学检验系统

【基本信息】
【英文名】 optical inspection system
【拼音】 guang xue jian yan xi tong
【基础词】
【定义】
用来进行在线或者离线的外观检查的检验装置。

◎ 凤凰晒烟

【基本信息】
【英文名】 Fenghuang Sun-Cured Tobacco
【拼音】 feng huang shai yan
【基础词】

【定义】

产于中国湖南省凤凰县等地的晒烟。烤后烟叶色棕红，油分和香气充足；烟气平和，味道纯正，香气浓郁，烟灰洁白。凤凰晒烟代表品种为“小花青”。

【词条关系】

【类属】　晒红烟

◎ 水平振动输送机

【基本信息】

【英文名】　horizontal motion vibratory conveyor

【拼音】　shui ping zhen dong shu song ji

【基础词】

【定义】

运用水平机械振动传送承载物的一种输送装置，如卷烟机上用于梗签分离的水平振动输送装置。

◎ 蒸片

【基本信息】

【英文名】　cooked

【拼音】　zheng pian

【基础词】

【定义】

(1) 用来表示调制过程中由于在湿度较高情况下因温度过高而使烤烟变成褐色或被烤焦的术语，也可以用来表示在一段时间的强制发酵期间，由于通风不足而使烟草变软并呈糊状。

(2) 用来描述致密、肥厚、身份重的烟叶的术语。蒸片通常是由于烘烤不当造成的。如果烟叶内还含有水分而升温过快就会发生蒸片现象。细胞内的水分过热后会爆裂蒸发，破坏细胞结构。

◎ 黄蛤蟆烟

【基本信息】

【英文名】　Yellow Hama

【拼音】　huang ha ma yan

【基础词】

【定义】

中国黑龙江省安达市种植的黄花烟地方品种。晒制后叶色黄红，燃烧性好，劲头大，刺激性较重。

【词条关系】

【类属】　黄花烟草

◎ 钾

【基本信息】

【英文名】　potassium

【拼音】　jia

【基础词】

【定义】

一种化学元素，在活体植物中以水溶液中的离子形式存在。烟草植株的所有器官以及每个细胞的某些部分均有钾的存在，尤其在富含原生质的幼嫩组织内，钾会聚集。钾有转移到植株上部的趋势，但这种转移会被逐叶的采收而打破。钾促进植物对水分的吸收，引起胶体膨胀，对有机体内发生的所有反应过程都有有益影响。钾的缺乏会抑制植物生长，妨碍光合作用，由此增加氮的含量。植物体内存在钾与其他无机元素如钙之间的平衡。如果钾与钙的关系受到干扰，烤烟的持火能力将会受到负面影响。在充分调制的烟叶中钾以盐的形式存在，在高温下钾盐被破坏。

【词条关系】

【类比】　钙

◎ 钼

【基本信息】

【英文名】　molybdenum

【拼音】　mu

【基础词】

【定义】

烟草植物需要的一种微量营养元素。

◎ 烟草普通花叶病

【基本信息】

【英文名】　tabacco mosaic virus

【拼音】　yan cao pu tong hua ye bing

【基础词】

【定义】

烟草的病毒病，可造成严重损失。烟草花叶病毒由内含核酸链的一个多肽环组成。烟草植株染病后，幼嫩叶片侧脉及支脉组织呈半透明状，即明脉。叶脉两侧叶肉组织渐呈淡绿色。病毒在叶片组织内大量增殖，使部分叶肉细胞增大或增多，出现叶片薄厚不均，颜色黄绿相间，呈花叶状的现象。后花叶斑驳程度加大，并现大面积深褐色坏死斑，中下部老叶尤甚，发病重的叶片皱缩、畸形、扭曲。早期发病的植株节间缩短，严重矮化，生长缓慢，不能正常开花结实，并易脱落。能发育的蒴果小而皱缩，种子量少且小，多不能发芽。

【词条关系】

【类比】 黄瓜花叶病

【英文缩写】 TMV

◎ 烟草提取液

【基本信息】

【英文名】 tobacco extract

【拼音】 yan cao ti qu ye

【基础词】

【定义】

从烟碱含量高的烟草中得到的浓缩汁液，其生理强度比烟碱提取液小。烟草提取液用于嚼烟、电子烟加料等，也作为杀虫剂用于农业和园艺，或作为兽医药物。

【词条关系】

【子类】 烟碱提取物

◎ 双内包皮

【基本信息】

【英文名】 double binder

【拼音】 shuang nei bao pi

【基础词】

【定义】

因为一张内包皮有孔洞或者不结实等原因而使用的两张内包皮。

◎ 盒坯

【基本信息】

【英文名】 blank

【拼音】 he pi

【基础词】

【定义】

制作烟盒、条盒或条包的硬纸板或纸坯件。纸坯也被称作烟标。坯件通常带有预印制的图像。硬纸板坯则事先预压折痕和刻痕，便于折叠。

◎ 牛顿流体力学

【基本信息】

【英文名】 Newtonian rheology

【拼音】 niu dun liu ti li xue

【基础词】

【定义】

流体黏性与所受剪切力无关但流动速度直接与受力成比例的定理。

◎ 烘丝

【基本信息】

【英文名】 roasting

【拼音】 hong si

【基础词】

【定义】

潮湿的烟叶离开切丝机后，被放在烘烤器或烘干机中，在 90 ℃左右加热的过程。烘烤后烟叶被放进冷的筛选机中。烘烤不仅能使烟叶的湿度符合标准，而且也能使纤维卷曲，烟叶柔软，香气增加。

◎ 土潜虫属

【基本信息】

【英文名】 *Trachynotus*

【拼音】 tu qian chong shu

【基础词】

【定义】

侵害烟草的网目砂潜虫的属名。

◎ 滤棒圆周

【基本信息】

【英文名】 filter circumference

【拼音】 lü bang yuan zhou

【基础词】

【定义】

滤棒外周的长度。滤棒的圆周要比烟支的圆周小一点，以适应滤棒和烟支在接装时的压缩差异性。测量滤棒圆周时用激光测微尺或其他测量工具。滤棒圆周可作为卷烟生产的质量保证参数。

◎ 重量保证系统

【基本信息】

【英文名】 weight control system

【拼音】 zhong liang bao zheng xi tong

【基础词】

【定义】

特指保证烟支在预定的重量范围的系统。

◎ 去梗和分离

【基本信息】

【英文名】 stemming and separation

【拼音】 qu geng he fen li

【基础词】

【定义】

常用加工术语，指从烟叶上剥离烟梗并使烟梗和叶片相互分离。

◎ 呋喃丹

【基本信息】

【英文名】 carbofuran

【拼音】 fu nan dan

【基础词】

【定义】

一种具有触杀和胃毒作用的内吸型氨基甲酸盐土壤杀虫剂，可控制大多土壤昆虫、线虫和一些食叶害虫。烟草生产上用于控制线虫。

【词条关系】

【类属】 杀虫剂

◎ 表香

【基本信息】

【英文名】 top flavour

【拼音】 biao xiang

【基础词】

【定义】

溶于乙醇或其他物质或萃取溶剂中的浓缩香气物质或香精。在卷烟生产的最后一道工序中，喷洒在烘焙和冷却后的烟丝上。

【词条关系】

【导致】 香味

【借助】 香精

◎ 平衡水分

【基本信息】

【英文名】 equilibrium moisture content

【拼音】 ping heng shui fen

【基础词】

【定义】

烟叶在特定的周环境里能够保持的含水量。平衡水分含量取决于环境温度和相对湿度。

◎ 离心机

【基本信息】

【英文名】 centrifuge

【拼音】 li xin ji

【基础词】

【定义】

高速旋转以分离物质所含液体、固体或其他液体的机器。离心机过去在烟草行业用于烟梗加湿或加料后去除水分，使烟梗达到理想水分含量(30%～35%)。

◎ 钙

【基本信息】

【英文名】 calcium

【拼音】 gai

【基础词】

【定义】

对烟草有重要化学(和生理)影响的元素。与钾相反，钙使植物细胞中胶体膨胀增大，将细胞中水分排出。这两种元素在烟草中理想的比例是 1∶1。在深色已发酵的碱性烟草中，实际比例越接近这个比值，其阴燃持火力越强。

【词条关系】

【类比】 钾

【元素符号】 Ca

◎ 振动筛

【基本信息】

【英文名】 vibratory screening machine

【拼音】 zhen dong shai

【基础词】

【定义】

用来将烟片与灰尘和其他杂物分离的机器，同时可测定叶片的大小和烟丝长度。该机器由机械振动的不同筛孔(20 mm、12 mm 和 3.5 mm)的筛网组成。过筛时烟叶材料必须有一定的湿度以防止破碎。

【词条关系】

【用于】 筛分

【用途】 筛分试验

◎ 水分胁迫

【基本信息】

【英文名】 moisture stress

【拼音】 shui fen xie po

【基础词】

【定义】

土壤吸收的水分不足以满足全部潜在的水分蒸腾散失需求量时植株所处的状态。烟草植株能通过减少蒸腾来应付水分胁迫。如果植株还小,当胁迫减轻时,植株有能力恢复正常生长。但随着植物的生长,该能力迅速降低。单个叶片的密度与水分胁迫有关。连续且无胁迫的发育可生长出最薄的叶片,因此生产高质量雪茄外包皮烟叶绝不能有水分胁迫出现。所有各地外包皮烟叶都是在有灌溉设备的遮阴帐幕下生长的。刚移植后的烟叶会存在严重的水分胁迫,其后在植株达到大约膝盖高时成为中度的水分胁迫,这在质量和产量方面对烤烟均是有益的。香料烟的基本特征在于其完全在水分胁迫条件下生长,且随季节的变换,水分胁迫越来越严重。烟草得益于胁迫的能力和在水分胁迫下生存的能力不同。通过育种以改变烟草特性的尝试一直没有人从事过,或者被认为不值得。

◎ 烟草角斑病

【基本信息】

【英文名】 angular leaf spot

【拼音】 yan cao jiao ban bing

【基础词】

【定义】

由角假单胞细菌引起的分布广泛的烟草病害。该病与野火病的因果病原有密切关系。其症状是在叶片或叶片的特殊部位上有颜色非常深的坏死斑。在苗床中,角斑病的斑点常常很小,难以发现,然而到大田发生的这些斑点常常连在一起。角斑病通常被束缚在叶脉周围,形成有角的外观。但是,在严重情况下,角斑也会腐烂和折回。像野火病一样,角斑病主要是通过侵染土壤或根物传播的,可通过搞好基础卫生和破坏残骸物的方法给予防治。作物轮作和溴甲烷、铜制备液或链霉素的施用也能帮助防治。

【词条关系】

【类比】 野火病

【英文缩写】 ALS

【同义】 角斑病

◎ 异质滤嘴

【基本信息】

【英文名】 heterogeneous filter

【拼音】 yi zhi lü zui

【基础词】

【定义】

复合滤嘴的类型。该滤嘴每一部分都不相同。

【词条关系】

【子类】 两段复合滤嘴

【子类】 三段复合滤嘴

【基本等同】 复合滤嘴

◎ 烟草天蛾

【基本信息】

【英文名】 protoparce sexta

【拼音】 yan cao tian e

【基础词】

【词条关系】

【类属】 天蛾

◎ 燃烧锥强度

【基本信息】

【英文名】 coal strength

【拼音】 ran shao zhui qiang du

【基础词】

【定义】

抽吸过程中烟制品的燃烧区(燃烧锥)保持与烟支相连的能力,可用热静态平衡仪测量。燃烧锥部分与烟支的意外分离被视作一种疵病。

◎ 标准分级

【基本信息】

【英文名】 standard grading

【拼音】 biao zhun fen ji

【基础词】

【定义】

将烟叶分成标准等级的体系。

◎ 两段复合滤嘴

【基本信息】

【英文名】 dual filter

【拼音】 liang duan fu he lü zui

【基础词】

【定义】

单个滤嘴中包括两个性能不同的独立段。通常，醋酸纤维段放在卷烟的嘴端，另一段是纸制滤嘴，有时另一段还是醋酸纤维段。靠近烟丝的一段中可放入添加剂，如炭或香料。

【词条关系】

【基本等同】 二元复合滤棒

◎ 烟气流速

【基本信息】

【英文名】 smoke flow rate

【拼音】 yan qi liu su

【基础词】

【定义】

烟气流经卷烟的速度。

◎ 进料辊

【基本信息】

【英文名】 feed roller

【拼音】 jin liao gun

【基础词】

【定义】

装有合适进料设备的滚筒。在烟支生产过程中也可运输烟草材料。

◎ 深色卷烟

【基本信息】

【英文名】 dark cigarette

【拼音】 shen se juan yan

【基础词】

【定义】

卷烟的一个主要种类，较难定义，但其特征是包含相当数量的不同种类深色烟草。

◎ 折叠纸盒板

【基本信息】

【英文名】 folding box board

【拼音】 zhe die zhi he ban

【基础词】

【定义】

由纯纤维做成的纸板(卡片)。折叠纸盒板由中间层的机械纸浆和化学纸浆构成。板的顶层涂一层颜料，使表面的印刷好看。内层机械纸浆和外层化学漂白纸浆结合，使材料坚固、耐用。折叠纸盒板在烟草工业上用于铰链盒盖和外包装。

【词条关系】

【英文缩写】 FBB

◎ 猝倒病

【基本信息】

【英文名】 damping-off

【拼音】 cu dao bing

【基础词】

【定义】

苗床或温室里由真菌引起的多种疾病的统称。其病原菌包括猝倒病真菌、立枯丝核菌和黑胫病菌。猝倒病的主要症状是烟茎的近地面部位受到损伤，从而引起烟株倒伏。使用杀真菌剂、用溴甲烷对土壤或盆栽介质进行熏蒸消毒可防治此病。种植过密导致烟苗水分过大时，猝倒病会更加严重。

【词条关系】

【类属】 真菌性病害

◎ 产量

【基本信息】

【英文名】 yield

【拼音】 chan liang

【基础词】

【定义】

一定面积土地产生的烟叶数量，通常以每公顷吨数(t/ha)表示。产量大小取决于烟草类型、土壤、气候条件和生产管理水平，是衡量烟草种植生产力的一个参数。

【词条关系】

【基本等同】 烟叶产量

◎ 肺癌

【基本信息】

【英文名】 lung cancer

【拼音】 fei ai

【基础词】

【词条关系】

【类属】 与吸烟有关的疾病

◎ 选择性过滤

【基本信息】

【英文名】 selective filtration

【拼音】 xuan ze xing guo lü

【基础词】

【定义】

选择性过滤是指通过卷烟滤嘴除去烟气中的某些特殊成分，它是相对于除去总粒相物而言的。

【词条关系】

【类属】 过滤

◎ 劲头

【基本信息】

【英文名】 impact

【拼音】 jin tou

【基础词】

【定义】

卷烟烟气吸入时喉咙后部即时感到的局部感觉，与吸烟者对卷烟烟气“强度”的感觉有关，由评吸小组成员评价。

◎ 烟草水分仪

【基本信息】

【英文名】 tobacco moisture meter

【拼音】 yan cao shui fen yi

【基础词】

【定义】

测定烟草含水率的仪器。测定方法：①烘箱挥发测定法，用烘箱给烟草样品加热，加热前后的重量差作为烟样的含水量，实际上这个差值既包含水分，也包含所有挥发性物质；②微波测定法，根据烟草在微波区段大量吸收水分的波长来测量；③红外线测定法，根据烟叶表面水分吸收的特定红外波长来测定样品水分；④导电率测定法；⑤卡尔·费希尔滴定法，一种测定水分的化学方法。由于所有的方法都是基于不同的物理或化学原理，因此很难将一种方法的测定结果与其他方法的结果相比较。生产实际中常选用一种方法，并根据经验来判断烟草“真正”的含水率。

◎ 复合肥

【基本信息】

【英文名】 compound fertilizer

【拼音】 fu he fei

【基础词】

【定义】

含有植物生长所必需的各种元素的混合肥料。复合肥的种类多样，可适应不同的土壤和烟草类型。烟农也可以根据本身的特殊情况，自配复合肥。

◎ 涂层

【基本信息】

【英文名】 coating

【拼音】 tu ceng

【基础词】

【定义】

把一层或多层白色颜料与黏合剂和添加剂的混合物涂在基板上，以改善其白度和可印刷性。

【词条关系】

【材料】 碳酸钙

【材料】 高岭土

◎ 盲蝽

【基本信息】

【英文名】 capsids

【拼音】 mang chun

【基础词】

【定义】

盲蝽科害虫。成虫用口器刺吸而损坏烟叶。通过喷洒合适的有机磷杀虫剂可对其进行防治。

【词条关系】

【类属】 烟草害虫

◎ 条盒

【基本信息】

【英文名】 box

【拼音】 tiao he

【基础词】

【定义】

(1) 通常内装 10 盒即 200 支卷烟的纸板条盒或其他外包装。

(2) 用木头、纸板、塑料或金属制成的容器。条盒通常是长方形，也有个别例外。条盒用于包装和保护烟草制品，特别是卷烟和雪茄烟。

【词条关系】

【子类】 翻盖条盒

◎ 落丝式卷烟机

【基本信息】

【英文名】 cut tobacco dropping type cigarette making machine

【拼音】 luo si shi juan yan ji

【基础词】

【定义】

应用重力落丝原理,用于将松散烟丝经一铜斗自由降落成卷烟烟支的设备。

◎ 抗性

【基本信息】

【英文名】 resistance

【拼音】 kang xing

【基础词】

【定义】

害虫在熏蒸剂磷化氢某一剂量(以时间和浓度来测定)下存活的能力。这一剂量超过了以前被认为能够杀死各龄同种害虫的剂量。

◎ 烟碱

【基本信息】

【英文名】 nicotine

【拼音】 yan jian

【基础词】

【定义】

烟草中最主要的生物碱,3-(1-甲基-2-吡咯烷基)-吡啶。1809 年 L. Vagueline 首次提到烟碱,1828 年 K. L. Reimann 和 W. H. Posselt 首次将烟碱分离出来。烟碱为油状无色的碱性液体,易溶于水,和水一起挥发。它的沸点是 248 ℃,在 20 ℃下密度为 1.009 7 g/cm^3。它存在两种同分异构体,但在烟草中只有左旋体存在(右旋体存在于烟碱盐类中)。烟碱在植株根部形成,向叶片转移,烟碱含量随烟叶部位的升高而增多。其含量受肥料和栽培技术如打顶、抹杈等的影响。烟碱是一种剧毒化合物:提纯的烟碱对成年人的致死剂量为 40～60 mg。不过,人体会迅速地排出少量烟碱,中等程度抽烟所吸入的烟碱只起兴奋剂作用,烟碱吸收量取决于抽烟的方式。抽烟者感官评价烟气质量时,烟碱扮演了重要的角色,尤其是“冲劲”和“刺激性”,二者均影响到抽烟者对烟气“劲头”的感觉。

【词条关系】

【类属】 生物碱类

【类比】 烟碱盐

【化学式】 $C_{10}H_{14}N_2$

【同义】 尼古丁

◎ 炭线

【基本信息】

【英文名】 charline

【拼音】 tan xian

【基础词】

【定义】

卷烟纸或雪茄上明显可见的灼焦的线条,即卷烟纸或雪茄内包皮因受其紧前方燃烧区热量影响而变黑的区域。炭线宽度一般为 1～2 mm。

◎ 水基油墨

【基本信息】

【英文名】 water-based inks

【拼音】 shui ji you mo

【基础词】

【定义】

为水为主要溶剂的油墨或清漆。水基油墨用于凹版印刷和柔版印刷。水基上光油清漆用于胶版印刷、凹版印刷和柔版印刷。

◎ 马来酰肼

【基本信息】

【英文名】 maleic hydrazide

【拼音】 ma lai xian jing

【基础词】

【定义】

用以控制烟草腋芽的内吸型化学制品,打顶后一旦使用,就会被植物吸收,并自由地移到植物的活跃生长点,抑制细胞分裂。控制腋芽时间约为 6 周。据此,为了延长腋芽有效控制期,覆盖整个烟株生长季节,现已开发出触杀型或局部内吸型化学药剂,与马来酰肼一起结合施用。因其显著影响烟叶品质,特别是烟叶组织结构,以及随后的加工特性,烟草制造业多年来不提倡使用。化学和物理方面的不良变化也是不提倡使用的一个因素。马来酰肼的残留量已经超过了所允许的水平。调整施用方法和施用水平以及几种药品联合使用,有助于降低残留数值,减少争议。

【词条关系】
【类属】 内吸型抑芽剂
【英文缩写】 MH

◎ 假列当

【基本信息】
【英文名】 false broomrape
【拼音】 jia lie dang
【基础词】
【定义】
烟草周围的根部尤其是植物的主根长有大量的白色肉状突起,原因不明。到目前为止,还未找到有效的控制措施。
【词条关系】
【无关】 列当

◎ 粒相去除效率

【基本信息】
【英文名】 particle removal efficiency
【拼音】 li xiang qu chu xiao lü
【基础词】
【定义】
过滤嘴阻滞烟气粒相的效率。

◎ 含水量

【基本信息】
【英文名】 moisture content
【拼音】 han shui liang
【基础词】
【定义】
一种物质中所含水分的总量,以其剩余干物质的百分比表示。含水量是关系到烟草的处理、储存和制造能否取得最佳效果的关键性参数。至关重要的一点是,储存烟草时的含水量应能抑制真菌霉变或其他伤害的发生。烤烟可在含水量为13%~14%的环境下储存,含水量过高会引起烟叶迅速褪色,含水量超过18%则将发生严重霉变。对于浅色晾烟,过高的含水量会使其发酵。明火烤烟在农场打包时的含水量通常大于20%。烟草加工制造过程中要求为高速卷烟机提供十分精确稳定的含水量(±0.5%)。

◎ 镁

【基本信息】
【英文名】 magnesium
【拼音】 mei
【基础词】
【定义】
化学元素,存在于叶绿素的活动中心,因而负责光合作用。在石灰含量非常高的土壤里,石灰会使植物对钾和镁的吸收下降,因此施用肥料时必须注意保证土壤有足量的钾。如果土壤中缺镁,则有必要给土壤施镁。当土壤镁含量过高时,可通过增施钾和铵盐来平衡。
【词条关系】
【元素符号】 Mg

◎ 线虫

【基本信息】
【英文名】 nematodes
【拼音】 xian chong
【基础词】
【定义】
(1) 难于防治,且能严重危害烟草的一类根部寄生虫。特别为人所知的有引起根结线虫病的根结线虫、引起根褐腐病的草地线虫、引起折茎病的球茎线虫。这些线虫都是内寄生性的,但也存在大量靠吸取烟草营养而造成烟株发育迟钝的外寄生线虫,包括矮化线虫、根矮胖线虫、剑线虫、螺旋线虫和环纹线虫等。在某些情况下,外寄生线虫也传播病毒。
(2) 取食烟草的线虫。
【词条关系】
【子类】 根结线虫
【子类】 盘旋线虫

◎ 条盒机

【基本信息】
【英文名】 boxer
【拼音】 tiao he ji
【基础词】
【定义】
(1) 把小包烟装进条包中用薄膜(现在是聚丙烯膜,过去是玻璃纸)包装起来的机器。其中每条包最多含有10盒即200支卷烟。
(2) 用于条盒包装的机器。

◎ 脆裂病

【基本信息】
【英文名】 rattl

【拼音】 cui lie bing

【基础词】

【定义】

烟草的一种在土壤中传播的病毒病，其特点是在烟叶上产生淡褐色的环斑或覆盖整个叶片，有时出现叶片坏死。受侵染的叶片很脆。脆裂病是通过线虫传播的，因此其防治的关键是消灭线虫。

【词条关系】

【类属】 烟草病毒病

◎ 锰

【基本信息】

【英文名】 manganese

【拼音】 meng

【基础词】

【词条关系】

【类属】 微量元素

◎ 去梗烟叶

【基本信息】

【英文名】 stemmed

【拼音】 qu geng yan ye

【基础词】

【定义】

去掉烟梗后的片烟或碎叶。

◎ 蒸汽分配器

【基本信息】

【英文名】 steam distributor

【拼音】 zheng qi fen pei qi

【基础词】

【定义】

用于给烟包和烟垛喷蒸汽的一种喷管。若准备发酵的烟叶太干，可用蒸汽来给烟叶加湿。控制蒸汽的压力可以调节蒸汽的温度，从而防止蒸汽喷到烟叶上时温度太高。另外，喷管在插入烟草前要用空气清除冷凝水。

◎ 双糖

【基本信息】

【英文名】 disaccharide

【拼音】 shuang tang

【基础词】

【定义】

由两个单糖分子脱水而形成的复合糖，如麦芽糖和蔗糖。烟草中还可生成果糖和葡萄糖。这些物质之间的比率可作为测定烟草品质的一个因素。

◎ 病虫害综合治理

【基本信息】

【英文名】 integrate pest management

【拼音】 bing chong hai zong he zhi li

【基础词】

【定义】

利用多种害虫控制方法，如化学试剂应用、生物控制、抗性品种使用和清洁措施，以获得病虫害的最佳控制。

【词条关系】

【英文缩写】 IPM

◎ 脱烟碱作用

【基本信息】

【英文名】 denicotinisation

【拼音】 tuo yan jian zuo yong

【基础词】

【定义】

从烟草或烟气中去除烟碱。①采用不同的方法均可从烟草中或多或少地萃取一部分烟碱，如用水、稀释的酸、盐溶液或过氧化氢滤取；用氨和潮湿空气的混合物或紫外线处理；在真空中把烟草加热到 150 ℃以上等(福尔克法)。但是这些处理方法经常也会萃取出其他物质，如香气和香味成分，结果使烟草在此处理之后必须经过再加料，否则只能用作填充料，因此，脱烟碱作用应更多地将重点放在减少烟气中的焦油量上。因为烟碱含量低的烟草品种的栽培，脱烟碱的重要性有一定程度的降低。②用没有添加其他物质的滤嘴截留烟气中的烟碱的可能性同样很小，然而，注意吸烟的方法可减少烟碱的吸收量。卷烟配方成分也起一定的作用。碱性烟草不产生烟碱，因为它在口腔中已经被吸收了，但酸性烟草不是。

◎ 河南省

【基本信息】

【英文名】 Henan

【拼音】 he nan sheng

【基础词】

【定义】

中国中部较早种植烤烟的省份。

◎ 无滤嘴卷烟

【基本信息】

【英文名】 filterless cigarette

【拼音】 wu lü zui juan yan

【基础词】

【定义】

没有过滤嘴的卷烟。

◎ 烟包连续回潮

【基本信息】

【英文名】 continuous bale conditioning

【拼音】 yan bao lian xu hui chao

【基础词】

【定义】

干烟包切片、回潮的过程。

【词条关系】

【子类】 直接滚筒回潮

【英文缩写】 CBC

◎ 聚合体

【基本信息】

【英文名】 polymers

【拼音】 ju he ti

【基础词】

【定义】

通过聚合作用形成的化合物，即由一个基本化合物重复多次组成。例如，纤维素和淀粉均是葡萄糖的聚合体，它们的区别仅是单个葡萄糖分子之间的连接键不同。

◎ 室烧病

【基本信息】

【英文名】 house burn

【拼音】 shi shao bing

【基础词】

【定义】

对烟叶晾制（尽管有时也指烘烤）过程中发生的腐烂的称呼，如叶腐病和茎腐病。其特点是味道难闻，可以通过调制过程中的湿度管理加以控制，通常需要使用人工加热设备。

【词条关系】

【类比】 叶腐病

【类比】 茎腐病

◎ 堆积烤房

【基本信息】

【英文名】 bulk barn

【拼音】 dui ji kao fang

【基础词】

【定义】

一种自动调制系统。烟叶被堆积放在烤房内（散烟叶均朝同一方向用烟架固定在位）。热量不是通过火管进行传送，而是在半封闭系统中用风机鼓风送进烟叶中。

【词条关系】

【类属】 烤房

◎ 鼻烟料液

【基本信息】

【英文名】 snuff casing

【拼音】 bi yan liao ye

【基础词】

【定义】

加到鼻烟原料里旨在起增香作用的液体。鼻烟料液配方的主要成分不外乎是橙子汁、罗望子果、蜂蜜、糖、糖蜜、甘草、桂皮、茴香、刺柏浆果、黑醋栗、葡萄干、李子提取物、圣约翰面包提取物、菖蒲油和鸢尾根。玫瑰油、香柠檬油、茉莉花油、黑香豆酊和香草等也经常作为调香剂加到鼻烟中以改善其香气和口感。此外，加入一些食盐（有时和酒石酯一起）作为防腐剂。

◎ 卷烟纸接头装置

【基本信息】

【英文名】 cigarette paper splicer

【拼音】 juan yan zhi jie tou zhuang zhi

【基础词】

【定义】

自动将新的卷烟盘纸搭接到快用完的盘纸的末端上的装置。

◎ 烟斗

【基本信息】

【英文名】 pipe

【拼音】 yan dou

【基础词】

【定义】

烟叶燃烧时将烟气送入口中的器具。典型的烟斗包括一个斗(盛烟)、一支杆(中空管)和一个吸口。这是最古老的便携式烟具,它最早起源于北美印第安人的旱烟袋。大多数现代烟具是由欧石楠木做成的,连同烟斗和杆形成一体。其他用来做烟斗的普通材料有陶土、瓷、樱桃木和海泡石。做烟嘴的最普通的材料是硬橡胶,有时也用一些角质物、塑料、骨、琥珀和象牙等。

【词条关系】

【子类】 接头烟斗

◎ 双路

【基本信息】

【英文名】 double track

【拼音】 shuang lu

【基础词】

【定义】

生产设备的一种排列方式,使其能在两个轨道上完成其功能,因此使机械的速度增加了 1 倍。

◎ 纸质滤嘴

【基本信息】

【英文名】 paper filter

【拼音】 zhi zhi lü zui

【基础词】

【定义】

用纵向压印纯纤维素条制成的滤嘴。

【词条关系】

【基本等同】 纸滤嘴

◎ 样品雪茄

【基本信息】

【英文名】 specimen cigar

【拼音】 yang pin xue jia

【基础词】

【定义】

雪茄加工者用作模型或样板的雪茄。它同刀、黄芪胶和剪刀一样,是雪茄加工者的工具之一。

◎ 炭腐病真菌

【基本信息】

【英文名】 *Macrophomina phaseoli*

【拼音】 tan fu bing zhen jun

【基础词】

【定义】

引起烟草炭腐病的病原菌。

【词条关系】

【导致】 炭腐病

◎ 仿软木纸

【基本信息】

【英文名】 imitation cork paper

【拼音】 fang ruan mu zhi

【基础词】

【定义】

用仿软木设计套印的一种接装纸,颜色为黄色或白色。

◎ 堆积弹性模量

【基本信息】

【英文名】 bulk modulus of elasticity

【拼音】 dui ji tan xing mo liang

【基础词】

【定义】

材料弹性的度量,经常用于堆积烟叶切丝上。数学上被定义为单位体积的一堆材料在给定的压力下其体积变化的百分率,与烟草的填充力有关。随着材料压缩密度增高,体积弹性模量增加。不同的烟叶达到已知体积模量的密度不同。

【词条关系】

【关键指标】 填充力

【关键指标】 弹性

◎ 切脉

【基本信息】

【英文名】 incision

【拼音】 qie mai

【基础词】

【定义】

对新鲜烟叶中脉进行的切割,以加速干燥过程。

◎缬草根

【基本信息】

【英文名】 valerian root

【拼音】 xie cao gen

【基础词】

【定义】

缬草的根状茎。其根含有精油，用作烟草的香料。

◎ 香兰素

【基本信息】

【英文名】 vanillin

【拼音】 xiang lan su

【基础词】

【定义】

香子兰植物的致香物质。兰香素存在于香子兰的种荚中，含量为 1%～2%，也可以通过氧化异丁子香酚人工合成香兰素。香兰素用作卷烟的发香剂和甜味剂。

【词条关系】

【类属】 烟用香料

◎ 产量系数

【基本信息】

【英文名】 yield factor

【拼音】 chan liang xi shu

【基础词】

【定义】

用来表示烟叶收购、发酵、分级、过筛、打叶、复烤、贮存等过程中损失的烟叶重量的参数。

◎ 阈值水平

【基本信息】

【英文名】 threshold level

【拼音】 yu zhi shui ping

【基础词】

【定义】

用于病虫害综合防治中表征病虫侵害的程度。病虫达到阈值水平时应该施用农药以避免经济损失。阈值水平因病虫害种类不同而不同，也因地区不同而变化。根据阈值水平，喷洒药剂前需要对作物进行密切监测和跟踪，以评估害虫和病害的存在及其水平。对于烟草，由于叶片质量是其价值的重要决定因素，因此许多侵害叶片的病虫害的阈值水平比较低。

◎ 漂浮育苗法

【基本信息】

【英文名】 float system

【拼音】 piao fu yu miao fa

【基础词】

【定义】

移栽大田前在温室里或薄膜大棚里育苗，将种子种在聚苯乙烯漂浮托盘里，盘里主要装入泥炭，同时装入含有不同比例的蛭石和珍珠岩的基质。托盘浮在施有液体肥料和杀虫剂(有必要的话)的水面上，每一个托盘有 200～392 个倒金字塔的苗穴，幼根很快接触到液体里。在温带区，为了促进生长及防冻，漂浮苗床应在加热的温室里或用厚的织物聚丙烯薄膜覆盖。剪叶 3～5 次可以得到更多的可用烟苗。漂浮育苗的好处是能生产出很健壮的苗株，同时节省人力。

◎ 粉虱

【基本信息】

【英文名】 whiteflies; *Aleurotrachelus socialis*; *Trialeurodes* spp.

【拼音】 fen shi

【基础词】

【定义】

隶属于半翅目粉虱科，是一类体型微小的植食性刺吸式昆虫。粉虱刺吸叶片汁液，会对作物造成危害。同时，粉虱主要的危害是作为卷叶病的介体。粉虱分散或群集在叶背面产卵，成虫移动性强，因此喷药防治比较困难。使用防治蚜虫的内吸型杀虫剂可以有效防治粉虱。

【词条关系】

【类比】 蚜虫

◎ 分选

【基本信息】

【英文名】 sorting

【拼音】 fen xuan

【基础词】

【词条关系】

【用于】 分级体系

◎ 锌

【基本信息】

【英文名】 zinc

【拼音】 xin

【基础词】

【定义】

作为烟草微量营养元素的一种化学元素，是

酶的构成成分。锌缺乏的初始症状是轻度脱色，继而出现斑点和坏死。这些症状首先在老叶上出现，幼嫩烟叶则出现缺水症状。控制方法是使用含有微量锌的复合肥。

◎ 吃味

【基本信息】

【英文名】 taste

【拼音】 chi wei

【基础词】

【定义】

抽烟时烟气在口中产生出的特定的味道。烟草制品的吃味可用浓、淡、温和、甜、苦、粗糙或者辛辣等描述。烟草制品的叶组配方、不同类型烟叶含量、使用的其他配料、抽吸时的水分含量等都是决定烟草吃味的关键因素。干的酸性烟叶通常辛辣，湿烟叶温和。干的碱性烟叶通常较温和，潮烟叶味道较浓且辛辣。人们的口味需求以及对不同产品的喜好对烟草生产和销售都有非常重要的影响。

◎ 防挤压包装

【基本信息】

【英文名】 crush-proof packaging

【拼音】 fang ji ya bao zhuang

【基础词】

【定义】

以某种纸板制成的具有良好的防挤压性能的卷烟盒或其他包装盒，如翻盖硬盒、侧开盒或抽屉式硬盒。

【词条关系】

【子类】 抽屉式烟盒

【子类】 翻盖烟盒

【子类】 扁盒

◎ 蚂蚁

【基本信息】

【英文名】 ant

【拼音】 ma yi

【基础词】

【定义】

世界各地到处都有的膜翅类的昆虫种之一。蚂蚁通过搬运种子、侵害幼苗对烟田构成危害。该虫害可以通过施用有机磷酸酯或通过六氯化苯的 Y 型异构体对其防治。

【词条关系】

【类属】 烟草害虫

◎ 叶瘤病菌

【基本信息】

【英文名】 *Corynebacterium fascians*

【拼音】 ye liu bing jun

【基础词】

【词条关系】

【导致】 叶瘤病

◎ 烟草工业

【基本信息】

【英文名】 tobacco industry

【拼音】 yan cao gong ye

【基础词】

【定义】

烟草初加工业和产品制造业的总称。

◎ 空气流量测量仪器

【基本信息】

【英文名】 air flow measuring instrument

【拼音】 kong qi liu liang ce liang yi qi

【基础词】

【定义】

测量卷烟、滤嘴棒和滤嘴条中空气流量的仪器，用于测量吸阻和/或通气性。

【词条关系】

【用途】 吸阻

◎ 接装纸覆盖

【基本信息】

【英文名】 overtipping

【拼音】 jie zhuang zhi fu gai

【基础词】

【定义】

用足够宽的接装纸遮盖卷烟商标名，以供在市场研究中用于盲检。

◎ 薄荷卷烟

【基本信息】

【英文名】 menthol cigarette

【拼音】 bo he juan yan

【基础词】

【定义】

含有薄荷醇的卷烟。

◎ 磷化铝

【基本信息】

【英文名】 aluminium phosphide

【拼音】 lin hua lü

【基础词】

【定义】

一种磷化物制品。与空气中水分反应时，它会产生烟草熏蒸用的气体磷化氢。把磷化铝装在允许水蒸气和气体通过而不允许粉末成分自由通过的小袋中使用，对烟草储藏最适宜。

【词条关系】

【类比】 磷化氢

【化学式】 AlP

【用途】 熏蒸

◎ 无烟烟草

【基本信息】

【英文名】 smokeless tobacco

【拼音】 wu yan yan cao

【基础词】

【定义】

不经燃烧而被利用的烟草产品的统称。无烟烟草可口用或者鼻用，传统上被分为嚼烟和鼻烟两大类。鼻烟最初是用鼻子吸的产品，但现在更多的是口用（口用鼻烟、湿鼻烟等），使用方法与嚼烟相似。在西方国家，无烟烟草制品在 19 世纪占主导地位，但在 20 世纪随着卷烟变得越来越普遍，它失去了原来的重要地位。20 世纪的后 10 年，无烟烟草在一些国家和地区诸如美国和北欧再度流行。在非洲和亚洲的一些地方，无烟烟草一直是占主导地位的烟草种类。无烟烟草主要取材于众多的深色烟草，可以是明火烤制，也可以是晾制或晒制的。

◎ 鼻用鼻烟

【基本信息】

【英文名】 nasal snuff

【拼音】 bi yong bi yan

【基础词】

【定义】

通过鼻子嗅的一种无烟气型烟草。

【词条关系】

【子类】 干鼻烟

◎ 甜菜曲顶病

【基本信息】

【英文名】 beet curly top

【拼音】 tian cai qu ding bing

【基础词】

【定义】

烟草次要病害。患甜菜曲顶病的烟草叶脉生长速度异常，引起叶片折叠，向下弯曲。甜菜曲顶病由昆虫传播，特别是叶蝉，因此通过连根拔除以及保持基本卫生加以防治。

◎ 抽吸参数

【基本信息】

【英文名】 puff parameters

【拼音】 chou xi can shu

【基础词】

【定义】

常用的抽吸参数有每口抽吸量、抽吸持续时间、抽吸频率和抽吸曲线图。

【词条关系】

【子类】 抽吸频率

【子类】 抽吸口数

【子类】 抽吸次数

【子类】 抽吸流速

【子类】 抽吸间隔

◎ 农药产品标签

【基本信息】

【英文名】 agrochemical product label

【拼音】 nong yao chan pin biao qian

【基础词】

【定义】

农药使用的法定条件，即必须把在产品标签上说明农药的使用方法作为注册程序的一部分内容。标签信息包括对使用者和环境造成的安全问题，该农药能够应用的作物，使用的比例和最大量，距作物收获的间隔、要求的环保条件、注册时对产品施加的限制等。

◎ 研磨

【基本信息】

【英文名】 mulling

【拼音】 yan mo
【基础词】
【定义】
鼻烟制作中将烟草磨成粉末的过程。通常分为两个阶段:先预碾,即在粗研磨器中粗磨;后在一个大研钵里精研。有时也使用高速锤磨机。

◎ 烟碱提取

【基本信息】
【英文名】 nicotine extraction
【拼音】 yan jian ti qu
【基础词】
【定义】
烟碱主要从高烟碱含量(8%以上)的商业烟草品种中提取,也可从烟草工业的废弃物或雪茄烟加工用的烟草溶液中提取。烟碱的工业制取有两种途径:一种是通过对烟草或烟草废弃物的蒸馏作用实现的,将这些物质与氧化钙(石灰)混合在一起;另一种是通过对烟草或烟碱提取物的沉积作用实现的。它不仅被用作杀虫剂的原料,而且可加工成多种药品。

◎ 恒温器

【基本信息】
【英文名】 thermostat
【拼音】 heng wen qi
【基础词】
【定义】
一种能保持温度恒定的仪器,或者在温度高于或低于设定温度时能随时对温度进行校正。这种仪器有一个热电偶,或接触式或电阻式温度计。该温度计与控制器相连,将实际温度和理论值进行比较。如果恒温器检测到两者有差异,就相应地调节热量供应。恒温器用于空调设备、干燥机和烤房等。

◎ 雹害

【基本信息】
【英文名】 hail damage
【拼音】 bao hai
【基础词】
【定义】
烟草非常容易受到冰雹及与之相伴的风害损害,烟叶外观非常重要的雪茄外包烟叶尤其如此。除叶子破损和植株受害外,冰雹还导致叶缘变褐,调制性能差。冰雹过后烟草能在一定程度上恢复再生,不过是有限的,具体的恢复程度取决于烟株的生长发育阶段和生长状况。

◎ 卷盘化

【基本信息】
【英文名】 bobbinisation
【拼音】 juan pan hua
【基础词】
【定义】
机制雪茄卷制作中将外包皮或内包皮切片放在传送线上的一般做法。

◎ 环境适应性

【基本信息】
【英文名】 acclimatisation
【拼音】 huan jing shi ying xing
【基础词】
【定义】
生物适应新的外界环境的能力。尽管烟草生长周期相对较短,但是其对生长地的改变特别敏感,因此烟草只有经过许多年才能获得对新环境气候的适应。要引入到较冷气候地方的热带品种尤其如此。可以通过适宜的栽培技术和通过与当地品种的杂交方法来加快这种气候适应过程。

◎ 高打顶

【基本信息】
【英文名】 high topping
【拼音】 gao da ding
【基础词】
【定义】
在脚叶和第一片中部叶片采收后摘除花芽,以使上部叶更健壮。通常限用于雪茄烟,雪茄外包烟叶除外。与之相对的是烤烟等在烟叶未采收前的早打顶,其目的是促进中上部烟叶的健壮发育。打顶刺激腋芽的生长。
【词条关系】
【类属】 打顶

◎ 环状输送带

【基本信息】
【英文名】 endless belt
【拼音】 huan zhuang shu song dai

【基础词】

【定义】

没有接头的传送带。

【词条关系】

【类属】 输送带

◎ 降烟碱

【基本信息】

【英文名】 nornicotine

【拼音】 jiang yan jian

【基础词】

【定义】

(1) 去甲基烟碱。

(2) 烟草的一种次生生物碱。它在天然的低烟碱烟草中含量较高。它在根或叶中合成,并且在一定程度上起着烟碱的作用。此外,它还可以由烟碱通过酶促去甲基作用生产,特别是在发酵和调制期间。一般来说,灌溉、喷灌和潮湿的气候会促进烟碱转化为降烟碱。研究发现,含有相当数量的降烟碱的烟草比那些只含烟碱的烟草香味差,可能是烟气中含太高比例麦司明碱和吡啶的缘故。降烟碱的存在可能是部分烟草品种抗烟草花叶病的原因。

【词条关系】

【化学式】 $C_9H_{12}N_2$

【同义】 去甲基烟碱

◎ 液体消光

【基本信息】

【英文名】 liquid matting

【拼音】 ye ti xiao guang

【基础词】

【词条关系】

【类属】 消光

◎ 接装机对齐鼓轮

【基本信息】

【英文名】 alignment drum

【拼音】 jie zhuang ji dui qi gu lun

【基础词】

【定义】

卷烟接装机的一部分,负责将由一支或者多支滤棒切割成的滤嘴段(通常为滤嘴长度的两倍)依次排列成连续的一行,然后放进短烟支之间的槽中,需要时会将滤嘴段对半切断。

◎ 脱硝

【基本信息】

【英文名】 denitration

【拼音】 tuo xiao

【基础词】

【定义】

减少烟草原料,特别是用于重组烟草的白肋烟梗中的硝酸盐含量的化学或物理过程。

【词条关系】

【用于】 重组烟草

【用于】 白肋烟

◎ 亚洲

【基本信息】

【英文名】 Asia

【拼音】 ya zhou

【基础词】

【定义】

烟草和烟草商品生产和消费量最大的大陆。远在哥伦布发现新大陆之前,在亚洲就有吸烟习惯,这可由我国春秋末期(公元前约 550 年)的斗烟绘画来证实。鸦片和大麻存在的证据也可追溯到同一时期,当时二者被认为是抽吸的材料而不是烟草材料。事实上,尽管有大多数的野生烟草种(芳香族)生长在澳大利亚(大洋洲)的事实,现在,普通烟草和黄花烟草在亚洲均有种植,它们是由早期的殖民者和探险者引入的。烟草和烟草商品消费的形式多种多样,尽管主要形式为抽吸(卷烟、水烟和其他斗烟、雪茄、平头平尾雪茄和手工卷制的土法制品)和嘴嚼。中国是亚洲最大的同时也是世界最大的烟草制品生产国和消费国。

◎ 原烟

【基本信息】

【英文名】 cured tobacco

【拼音】 yuan yan

【基础词】

【定义】

初烤烟。

◎ 复合滤嘴

【基本信息】

【英文名】 composite filter

【拼音】 fu he lü zui
【基础词】

【定义】

多段式组合滤嘴。各段滤棒通常按烟气气流的方向依次相接，滤棒的每段材料既可以相同也可以不同。不同材料滤棒组成的复合滤嘴也被称为异质滤嘴或异质复合滤嘴。

【词条关系】

【类属】 滤嘴
【子类】 两段复合滤嘴
【子类】 三段复合滤嘴
【基本等同】 复合滤棒
【同义】 多段式滤嘴

◎ 酮糖

【基本信息】

【英文名】 ketose
【拼音】 tong tang
【基础词】

【定义】

分子链上还有一个羰基团的单糖(如果糖)。这种糖与醛糖(如葡萄糖)不同。糖对加工过程中烟叶品质和吃味有重要影响。

【词条关系】

【子类】 果糖

◎ 化学木浆

【基本信息】

【英文名】 chemical pulp
【拼音】 hua xue mu jiang
【基础词】

【定义】

一种用于生产卷烟纸或纸板的木浆。在制浆过程中使用化学品将木材分解成纤维。化学木浆强度性能好，漂白后白度高。

【词条关系】

【用途】 固体漂白纸板
【用途】 折叠纸盒板

◎ 烟碱分析

【基本信息】

【英文名】 nicotine analysis
【拼音】 yan jian fen xi
【基础词】

【定义】

测定特定物质中烟碱的含量。可以采用化学法、分光光度计法或色谱法。

◎ 保湿器

【基本信息】

【英文名】 humidor
【拼音】 bao shi qi
【基础词】

【定义】

用以存放雪茄烟或筒装烟叶的盒子或罐子，常带有不同效率的加湿装置。

◎ 色谱法

【基本信息】

【英文名】 chromatography
【拼音】 se pu fa
【基础词】

【定义】

分离气体或溶解物质的分析方法。分离在固定相进行，因为流动相中的每一种物质在固定相有不同的吸附作用，因而其移动速率各不相同。

【词条关系】

【子类】 气相色谱
【子类】 液相色谱

◎ 二硫代氨基甲酸盐(酯)

【基本信息】

【英文名】 ethylendbis dithiocarbamates
【拼音】 er liu dai an ji jia suan yan (zhi)
【基础词】

【定义】

一组可防治烟草霜霉病的杀真菌剂。作为防护剂而不是内吸型杀真菌剂，二硫代氨基甲酸盐(或酯)在良好的覆盖条件下更有效。烟草上常用的有代森锰锌、代森锰和福美铁，也可与甲霜林混合使用。

【词条关系】

【类属】 杀菌剂
【英文缩写】 EBDCs

◎ 软盒包装

【基本信息】

【英文名】 soft case

【拼音】 ruan he bao zhuang

【基础词】

【定义】

最常见的卷烟包装。烟盒呈长方形，一端开口，内衬铝箔纸。烟支插入烟盒后，将铝箔纸折叠，贴上印花税票封口。

【词条关系】

【英文缩写】 SC

◎ 中性烟草

【基本信息】

【英文名】 neutral tobacco

【拼音】 zhong xing yan cao

【基础词】

【定义】

没有明显正负作用的香味的烟草，作为填充料。

◎ 振动装置

【基本信息】

【英文名】 vibration device

【拼音】 zhen dong zhuang zhi

【基础词】

【定义】

抽屉式烟盒包装机上的一个装置。它将摆放好的准备包装的烟支传送到通道中，然后由固定在链条上的夹子取走。

◎ 制丝设备

【基本信息】

【英文名】 primary machinery

【拼音】 zhi si she bei

【基础词】

【定义】

烟草初加工使用的机器，有别于二次加工设备。

【词条关系】

【用于】 制丝

【子类】 白肋烟烘干机

【子类】 加料机

【子类】 开包机

【子类】 切丝机

【子类】 片烟加温加湿机

【子类】 切片机

【子类】 烟梗加温加湿机

【子类】 加香机

【子类】 烘丝机

【子类】 松散回潮机

【子类】 压梗机

【子类】 拆箱机

【子类】 叶丝膨胀设备

【子类】 梗丝膨胀设备

【子类】 梗丝干燥设备

【子类】 贮柜

【子类】 叶丝回潮机

◎ 串烟绳

【基本信息】

【英文名】 bandelier

【拼音】 chuan yan sheng

【基础词】

【定义】

采收的鲜烟叶在挂到调制房之前规则地间隔着被串起来所用的绳子。对于晾制的粗筋、大叶片来说，叶片之间的距离为一到两个指头宽。对于全部或部分时间在太阳下或至少在强光下晒制的细筋小叶片香料烟，其叶间距小到几乎看不到。

◎ 胶黏剂黏度

【基本信息】

【英文名】 adhesive viscosity

【拼音】 jiao nian ji nian du

【基础词】

【定义】

一种胶黏剂的稠密性(以均衡度或 mPa・s 度量)。低黏度的胶黏剂(200～1 000 mPa・s)用于卷烟边搭接口和打包。结装用胶黏剂黏度一般在 2 000～6 000 mPa・s 之间。高黏度(60 000～80 000 mPa・s)糊精黏合剂典型地用于软包用品。

◎ 青烟发酵

【基本信息】

【英文名】 green fermentation

【拼音】 qing yan fa jiao

【基础词】

【定义】

把鲜烟叶堆成小堆，通过快速升温使烟叶变

黄的简单发酵过程。烟叶适当变黄后，拆堆并在太阳下迅速干燥以固定颜色。

◎ 强制醇化

【基本信息】

【英文名】 forced ageing

【拼音】 qiang zhi chun hua

【基础词】

【定义】

加速化学变化，促进陈化。强制醇化/陈化在人工控制的环境下进行。

◎ 孔洞

【基本信息】

【英文名】 holes

【拼音】 kong dong

【基础词】

【定义】

烟叶或其制品上非故意产生的孔洞。可由许多原因造成，最常见的原因是冰雹、虫咬和操作不当。对成品雪茄和卷烟来说，孔洞则可能是由于梗签刺破了卷烟纸、雪茄外包皮而造成的，或是使用的外包叶本身有孔洞，或是害虫为害引起的。孔洞是成品的严重缺陷，它会影响正常抽吸。

◎ 呼吸作用

【基本信息】

【英文名】 respiration

【拼音】 hu xi zuo yong

【基础词】

【定义】

植物吸收氧气，释放水分与能量的过程。该过程中糖(葡糖糖)在酶的作用下转化成二氧化碳和水。这是一种缓慢燃烧(氧化)的过程。烟草属于光呼吸植物。

【词条关系】

【关键指标】 二氧化碳

【关键指标】 铁

◎ 挂烟杆

【基本信息】

【英文名】 sticker

【拼音】 gua yan gan

【基础词】

【定义】

用来悬挂调制或烘烤烟叶的木棍。烟杆挂烟的长度为 1.2～1.5 m，因晾(烤)房棚梁结构的不同而有所变化。因为烟杆两头要悬挂支撑，所以其实际长度要长一点。烟杆约粗 25 mm。烟叶以各种方式挂到烟杆上，挂烟方式包括绑烟、夹烟和穿杆。①绑烟：大约 3 片烟叶为一组，用绳子系紧后交替挂在烟杆两侧，绳头系在烟杆末端，这种方法常用于烤制弗吉尼亚烟。②夹烟：这种情况用两根烟杆，其中一根上钉满约 2 cm 长的钉子。两杆合在一起将叶柄夹在中间，晾制时每米最多可挂 60 片叶，烘烤时则可挂 100 片叶。③穿杆：用于晾制整体砍下的烟株，烟株茎秆上穿洞，晾杆从洞中穿过去，一杆通常挂 5～7 株烟，以防止烟株霉烂。

◎ 剥落

【基本信息】

【英文名】 peeling off

【拼音】 bo luo

【基础词】

【定义】

在吸烟过程中烟纸灰从烟支上掉落。

◎ 相对湿度

【基本信息】

【英文名】 relative humidity

【拼音】 xiang dui shi du

【基础词】

【定义】

大气中的水蒸气重量对应现有温度下饱和时水蒸气重量的比率，也是水蒸气压力与同一温度下饱和水蒸气压力之比。

【词条关系】

【英文缩写】 RH

◎ 氯化物

【基本信息】

【英文名】 chloride

【拼音】 lü hua wu

【基础词】

【定义】

烟草所需要的一种微量元素化合物。肥料

中含有少量的氯化物对提高烟叶产量、改善烟叶品质有利。然而，如果烟叶中氯化物含量超过1%，则烟叶质量差，燃烧速率下降。

◎ 液压机

【基本信息】
【英文名】 hydraulic press
【拼音】 ye ya ji
【基础词】
【词条关系】
【类属】 压力机

◎ 质量管理

【基本信息】
【英文名】 quality managemnet
【拼音】 zhi liang guan li
【基础词】
【定义】
涉及质量管理机构的所有活动。除了质量控制之外，质量管理的关键是预防措施和优化质量管理程序。

◎ 太阳能打火机

【基本信息】
【英文名】 solar cell lighter
【拼音】 tai yang neng da huo ji
【基础词】
【定义】
用太阳能作动力的打火机。这种打火机利用太阳能电池将太阳能直接转变为电能。电能贮存在一个蓄电池里，通过转换器传给一个高压变压器。打火时火花隙放电，点燃作为燃料的汽油和空气混合气体。采用蓄电池意味着这种打火机即使没有阳光照到太阳能电池上也能使用。

◎ 靶斑病

【基本信息】
【英文名】 target spot
【拼音】 ba ban bing
【基础词】
【定义】
由土传真菌立枯丝核菌的一些小种引起的多种类型烟草的叶斑病。通过落在叶片上的担孢子开始侵染，危害幼苗和大田烟株。症状与褐斑相似，只是病斑薄，经常破裂，病斑边缘比褐斑病更加不齐。在幼苗上的最初侵染很像炭疽病症状。长期降雨、叶片潮湿和温度合适更易导致该病发生。

◎ 胚芽

【基本信息】
【英文名】 embryo
【拼音】 pei ya
【基础词】
【定义】
刚发芽时，种子里的幼体。

◎ 纯净

【基本信息】
【英文名】 clean
【拼音】 chun jing
【基础词】
【定义】
对未受污染或无任何其他添加物的烟草的描述。
【词条关系】
【关键指标】 异物

◎ 空气稀释

【基本信息】
【英文名】 air dilution
【拼音】 kong qi xi shi
【基础词】
【定义】
吸入大气空气对主流烟气进行的稀释。对于烟支来说，这可通过采用多孔卷烟纸或通气滤嘴来实行。空气稀释一般在通过测量装置的空气流量为 17.5 mL/s 时进行测量，并以百分率表示。

◎ 长度转换件

【基本信息】
【英文名】 length conversion parts
【拼音】 chang du zhuan huan jian
【基础词】
【词条关系】
【基本等同】 长度调节件

◎ 美洲

【基本信息】

【英文名】 America

【拼音】 mei zhou

【基础词】

【定义】

北美洲和南美洲的总称。其涵盖世界许多主要烟草生产国,也是几个烟草品种的自然起源地,如普通烟草和黄花烟草。

◎ 嚼烟加料

【基本信息】

【英文名】 chewing tobacco casing

【拼音】 jiao yan jia liao

【基础词】

【定义】

相对于斗烟和卷烟加料是为了影响或改善产品的香味而言,嚼烟加料侧重于改善吃味。料液的配制根据工厂的保密配方进行,但一般包括甜味剂、芳香剂、着色剂和保润剂。甜味剂有甘草精、蜂蜜、糖蜜、椰糖和枫糖浆,这些糖料有助于减少烟草天然的苦味。用作香料的物质包括朗姆酒、茴香、丁香、桂皮、杜松子、李子浓缩汁,还有葡萄汁、罗望子汁等。铁盐和丹宁也常被加到嚼烟卷中以产生特定的深颜色。

◎ 气阻

【基本信息】

【英文名】 air resistance

【拼音】 qi zu

【基础词】

【词条关系】

【基本等同】 吸阻

◎ 孢囊线虫

【基本信息】

【英文名】 *Heterodera* spp.

【拼音】 bao nang xian chong

【基础词】

【词条关系】

【类属】 线虫

◎ 色素

【基本信息】

【英文名】 pigments

【拼音】 se su

【基础词】

【定义】

在烟草中被发现的最重要的烟草色素:叶绿素 a(蓝绿色)和叶绿素 b(黄绿色);类胡萝卜素类叶黄素(黄色,通过氧化作用形成);槲皮素(黄色,黄酮的衍生物);葡糖芸香苷(浅黄红色)和异槲皮素;黄酮衍生物形成的花色素苷类(其颜色随所使用溶剂的 pH 值而变化,主要呈红紫色到蓝色)。随着烟叶的成熟,香料烟、烤烟和白肋烟烟叶中叶绿素含量迅速下降,而浅黄色色素成为主要色素。浅黄色色素降解的速率慢,并且当烟叶尤其是那些过了生命期被采摘的烟叶快速干燥时,它们将被保存下来。但是,在仍然有生命力并且物质充足(在相当长的时间内烟叶中还保持有水分)时采收的烟叶中叶绿素的分解非常慢。而且,腐殖酸在碱性烟叶的褐色变色中起着重要作用。槲皮素被氧化产生棕色色素,低叶绿素含量品种的烟草叶色变黄并保持这种颜色相当长的时间。

【词条关系】

【关键指标】 成熟度

◎ 缺镁症

【基本信息】

【英文名】 magnesium deficiency

【拼音】 que mei zheng

【基础词】

【定义】

生长植物缺镁表现的症状,在轻沙壤上极常发生。其症状是褪绿,从叶尖开始并且在绿色叶脉之间产生白色区域,较老的组织首先受到影响。施用任何镁盐都可消除缺镁症。在一些国家,烟草复合肥料含有 2%的氧化镁。

【词条关系】

【关键指标】 镁

◎ 口用鼻烟

【基本信息】

【英文名】 nass

【拼音】 kou yong bi yan

【基础词】

【定义】

一种在伊朗、俄罗斯及一些中亚国家使用的一种口用鼻烟。由烟叶、石灰、碳酸钠和棉籽油或芝麻油等混合而成,通常为浅绿色——因制作过程中烟叶快速干燥而具有的绿色。在不同地区其原料组成各异。

◎ 灭软体动物制剂

【基本信息】

【英文名】 molluscicide

【拼音】 mie ruan ti dong wu zhi ji

【基础词】

【定义】

杀死鼻涕虫、蜗牛和其他软体动物的一类杀虫剂。

◎ 特征香韵

【基本信息】

【英文名】 character note

【拼音】 te zheng xiang yun

【基础词】

【定义】

加香技术术语,指单体香料的明显超过阈值的独特的可识别香韵。

◎ 方形压制

【基本信息】

【英文名】 square pressing

【拼音】 fang xing ya zhi

【基础词】

【词条关系】

【类属】 单支定型

◎ 空胫病

【基本信息】

【英文名】 hollow stalk

【拼音】 kong jing bing

【基础词】

【定义】

影响成熟植株的一种病害,由胡萝卜软腐欧文氏细菌引起,特征是茎髓部腐烂和顶叶萎蔫,多数情况下与严重损伤有关,如在潮湿天气打顶等。

◎ 慢性支气管炎

【基本信息】

【英文名】 chronic bronchitis

【拼音】 man xing zhi qi guan yan

【基础词】

【词条关系】

【类属】 与吸烟有关的疾病

◎ 杀菌剂

【基本信息】

【英文名】 fungicide

【拼音】 sha jun ji

【基础词】

【定义】

施入烟草,以抑制植株病害真菌发展的化学物质。要么在作物种植前施入土壤,要么在苗床上或大田里直接施与植株。但要注意,化学物质的残留不要太多,剂量以不危害植株为好。

【词条关系】

【子类】 代森锌

【子类】 甲霜安

【子类】 烯酰吗啉

【子类】 二硫代氨基甲酸盐(酯)

【子类】 氯化苦

◎ 死褶

【基本信息】

【英文名】 dead fold

【拼音】 si zhe

【基础词】

【定义】

材料的一种保持折后位置的能力,这种能力对于用于小包烟盒的铝箔内衬之类的材料非常重要。

◎ 铝箔纸

【基本信息】

【英文名】 aluminium foil

【拼音】 lü bo zhi

【基础词】

【定义】

烟草行业现行的一个术语,指由铝箔和纸复合而成的铝箔纸,用作软包或者硬盒内包裹卷烟的内衬纸。

【词条关系】

【用于】 内衬纸

【基本等同】 铝箔衬纸

◎ 烟垛发霉

【基本信息】

【英文名】 stack mould

【拼音】 yan duo fa mei
【基础词】
【定义】
发酵期间,有时在烟包外面出现的白色真菌着生物。它是由烟草节卵孢子菌引起的,在高温高湿的条件下,尤其在碱性烟上多发生。从未发现烟垛发霉与黑腐病并发的现象,它似乎对所着生的烟叶及其质量没有多大的影响,这一点不同于黑腐病。

◎ 湿度计

【基本信息】
【英文名】 hygrometer
【拼音】 shi du ji
【基础词】
【定义】
烟叶物品储藏中必不可少的测量空气相对湿度的仪器。为获得准确的测量结果,仪器周围的空气需要自然流通。
【词条关系】
【子类】 毛发湿度计
【用途】 空气湿度

◎ 混合器

【基本信息】
【英文名】 mixer
【拼音】 hun he qi
【基础词】
【词条关系】
【拆解为】 搅拌器

◎ 僵顶病

【基本信息】
【英文名】 stolbur
【拼音】 jiang ding bing
【基础词】
【定义】
支原体烟草病害。其症状是上部叶片白化并内卷,花畸形。受侵染的植株很少产种。此病害主要通过叶蝉类传播,防治应着眼于减少叶蝉类的数量,同时搞好清洁卫生。将内吸型有机磷农药施于移栽的水中,或者叶面喷雾,均有助于防治该病害。

◎ 新烟碱

【基本信息】
【英文名】 anatabine
【拼音】 xin yan jian
【基础词】
【定义】
(1) 也叫新烟草碱。
(2) 烟草中一种次生碱。醇化期间被转化成N-亚硝基衍生物。其生理作用与烟碱非常相似。
【词条关系】
【类属】 生物碱类
【类比】 烟碱
【化学式】 $C_{10}H_{14}N_2$

◎ 贮丝柜

【基本信息】
【英文名】 silo
【拼音】 zhu si gui
【基础词】
【定义】
(1)烟丝在送到卷烟机之前贮存的地方。贮丝柜通常配以给料和卸料系统,从而使烟丝均匀混合。
(2)一种大型的烟丝贮存容器。叶片在里面一层层铺放。这种贮柜既可以作叶片的贮存容器,也可以作混配用容器。

◎ 雪茄内包皮模切机

【基本信息】
【英文名】 binder die cutting machine
【拼音】 xue jia nei bao pi mu qie ji
【基础词】
【定义】
类似于外包皮冲切机的机器,只不过它是用于切雪茄内包皮的。
【词条关系】
【类比】 外包皮冲模切块机

◎ 均匀性

【基本信息】
【英文名】 uniformity
【拼音】 jun yun xing
【基础词】

【定义】

烟丝在烟支内的均匀分布，以免烟支软硬不均匀。

◎ 红蛤蟆烟

【基本信息】

【英文名】 Red Hama Tobacco

【拼音】 hong ha ma yan

【基础词】

【定义】

中国黑龙江省齐齐哈尔市种植的黄花烟地方品种，抗旱性强。

【词条关系】

【类属】 黄花烟草

◎ 水培法

【基本信息】

【英文名】 hydroponics

【拼音】 shui pei fa

【基础词】

【定义】

在营养液而不是土壤中栽培植物，主要用于与生物化学代谢有关的试验。与土壤和位置的影响难以准确测定的肥料试验相反，水培试验能持续地产生准确的结果。成分相似的营养液配方有许多，区别在于基础营养液不同以及加入具体元素的量不同，试验在温室中成行种植，尤其是微量元素（如硼）的效果能通过水培像放射性元素一样准确测定。水培也是用于生产移栽入大田的幼苗的特殊技术。

【词条关系】

【子类】 漂浮育苗法

◎ 碱性烟草

【基本信息】

【英文名】 alkaline tobaccos

【拼音】 jian xing yan cao

【基础词】

【定义】

燃烧时产生的主流烟气 pH 值呈碱性反应的烟草。相比之下，烤烟为酸性烟草，其燃烧时主流烟草呈酸性。碱性烟气中的部分烟碱以游离基形式存在。碱性烟草用于卷制雪茄烟、斗烟和深色雪茄烟。这种烟草烟叶还在绿色时就被采收，然后通过晾制慢慢干燥。呼吸作用几乎使烟叶所含的所有可溶性碳水化合物完全损失掉。碱性烟草氮含量相对较高，除白肋烟外，碱性烟草通常通过特殊方法醇化。

【词条关系】

【关键指标】 pH 值

◎ 单盒外包机

【基本信息】

【英文名】 wrapper

【拼音】 dan he wai bao ji

【基础词】

【定义】

用于包装单盒卷烟的外包装机，有别于包装较大单元的外包机或条包机。

◎ 吸烟的起源

【基本信息】

【英文名】 origin of smoking

【拼音】 xi yan de qi yuan

【基础词】

【定义】

早在烟草从新大陆被引进到各洲之前，吸用烟气的行为就已在欧洲、非洲和亚洲存在。公元前 2700 多年，亚洲就已知道了鸦片和大麻；而几个世纪以前，非洲部落就吸食“地烟”，即在地上挖出的坑中吸用大麻或其他烟气。希罗多德（约公元前 484—前 425）报道，斯基台人把各种各样的水果扔进火中，吸水果冒出的烟气。普尼普尼斯米拉（公元 46—120）报道，色雷斯人吸用一些草尖燃烧发出的烟气。希腊有资料记载，“野蛮人”（即当时所谓非希腊人）每天都吸食柏科草的烟气提神。希腊医师希波克拉底（约公元前 460—前 377）建议吸食植物不同部位的烟气治病，老普林尼（约公元 23—79）建议用款冬的烟气治疗咳嗽。在瑞士、法国、苏格兰和爱尔兰许多地方发掘出来的用青铜、铁和黏土制作的烟管状的物体和金属内衬的木制烟锅，可以将吸烟起源追溯到凯尔特人时代（约公元前 500 年）、罗马帝国时代和公元 375 年匈奴人侵欧洲后的移民时代。但这些证据的真实性值得怀疑，当然也无法确定这些物品是如何使用的。随着 15 世纪末和 16 世纪初新大陆和烟草的发现，情况发生了变化。当时烟草除了吸用享乐外，还作为药品和麻醉剂以及祭祀用品使用。早期的崇拜者们过分夸大其功用,称之为“神草”。很快人们就认识到烟草像咖啡和茶一样,适量吸食对人有刺激作用,因而烟草很快进入了奢侈品行列。因为吸烟可以随想随用,在这一点上它比其他绝大多数产品要有优势。随着世界人口的增长和欧美习惯的影响力,烟草尽管受到方方面面的反对,其绝对消费量和个人消费量都在逐渐增长。一个有力的证据就是在亚洲的许多地区和大洋洲的波利尼西亚,烟草已部分取代了槟榔。

◎ 假木贼碱

【基本信息】

【英文名】 anabasine

【拼音】 jia mu zei jian

【基础词】

【定义】

烟草中的一种次生碱。醇化期间被转化为N-亚硝基衍生物。其生理作用与烟碱非常相似。

【词条关系】

【类属】 生物碱类

【类比】 烟碱

【化学式】 $C_{10}H_{14}N_2$

◎ 粒度测定

【基本信息】

【英文名】 granulometry

【拼音】 li du ce ding

【基础词】

【定义】

对粉末或者粉末状物,如炭末、烟末等,根据其所含不同大小的颗粒比例进行分类的方法。这些颗粒使用振筛分离。

◎ 贵州省

【基本信息】

【英文名】 Guizhou

【拼音】 gui zhou sheng

【基础词】

【定义】

中国西南部烤烟种植省份。该省晾/晒烟资源丰富。

◎ 兰州水烟

【基本信息】

【英文名】 Lanzhou Water Tobacco

【拼音】 lan zhou shui yan

【基础词】

【定义】

中国甘肃省兰州市种植的一种黄花烟地方品种,用于制作水烟。

【词条关系】

【类属】 黄花烟草

【用途】 水烟

◎ 苦味酸滴定法

【基本信息】

【英文名】 picrate method

【拼音】 ku wei suan di ding fa

【基础词】

【定义】

烟碱分析的经典方法:烟碱作为一种苦味酸盐被沉淀,然后通过烟碱二苦味酸盐的滴定进行测定。

【词条关系】

【用于】 烟碱含量

【类比】 硅钨酸法

◎ 二氯丙烯

【基本信息】

【英文名】 dichloropropene

【拼音】 er lü bing xi

【基础词】

【定义】

用作防治线虫特别是根结线虫的熏蒸剂的氯代烃类。

【词条关系】

【类属】 熏蒸剂

◎ 重力喂料管

【基本信息】

【英文名】 gravity feed pipe

【拼音】 zhong li wei liao guan

【基础词】

【定义】

通过重力作用，垂直于斜槽把烟丝喂到传送带等处。喂料管里烟丝的高度由光电管自动调节，烟丝以可控的体积流量通过斜槽的开口。

◎ 醇和

【基本信息】

【英文名】 mildness

【拼音】 chun he

【基础词】

【定义】

一种主观概念，主要用于表示一种烟草或烟草产品在吸用时感觉的吸味纯正和劲头平和。通常，低烟碱烟叶用于醇和产品而高烟碱烟叶用于劲头足的产品，但很多其他因素也起一定的作用，特别是对处于中间范围的情况，烟碱含量和劲头间的关系并非总是能够被证实的。这里所指的其他因素包括烟草的 pH（碱性烟气似乎比酸性烟气冲）、糖含量和是否加料等。此外产品含水量的影响亦很大，太干燥的卷烟或者深色雪茄劲头大（实际上是辣、呛鼻或尖刺）。在过去的 20 年里，烟草消费市场对醇和产品的需求在增加。

◎ 燃烧速率

【基本信息】

【英文名】 burning rate

【拼音】 ran shao su lü

【基础词】

【定义】

表示一种材料（如烟草制品）的燃烧能力的物理参数。①卷烟：卷烟的燃烧速率通过使烟支在控制条件下自由燃烧并且按照燃点前端（烟纸炭灰）的前进速度进行度量。其结果可以用预定长度的半成品烟支（如 40 mm）的燃烧所需时间表示，点燃过程的平均速度以 cm/s 表示（最常用），或以重量速率 mg/s 表示，称为静燃速率。动燃速率是卷烟抽吸过程期间的燃烧速率。卷烟燃烧性能通过卷烟纸的透气度和燃烧控制添加剂的量来调控。②卷烟纸、均质烟叶、再造烟叶：这些材料的燃烧速率用两种方法度量。一种是直接方法，将要测试的一条材料从顶端悬挂，从底端点燃，然后度量燃点前端向上移动所需的时间。另一种是间接方法，利用测试的混合型卷烟，如使用几种不同的卷烟纸卷制成同一定型的卷烟，当在控制条件下测量时，不同卷烟燃烧结果之间的差异表示不同烟纸的相对燃烧性能。

◎ 干总粒相物

【基本信息】

【英文名】 dry total particulate matter

【拼音】 gan zong li xiang wu

【基础词】

【定义】

除去水分的收集在剑桥滤片上的粒相物。

【词条关系】

【基本等同】 烟气冷凝物

【借助】 剑桥滤片

◎ 脂肪酸

【基本信息】

【英文名】 fatty acids

【拼音】 zhi fang suan

【基础词】

【定义】

脂肪族羧酸，和甘油形成酯。这些酯就是脂肪、油和蜡。

【词条关系】

【类属】 有机酸

◎ 消毒

【基本信息】

【英文名】 disinfection

【拼音】 xiao du

【基础词】

【定义】

在苗床、温室、托盘、土壤或烟草种子中清除或预防病原体、昆虫或害虫的过程。在不同的场合用不同的消毒方法：①对苗床、温室、托盘或土壤经常用溴化甲烷或替代物消毒；②可用多种消毒剂如次氯酸钙对烟草种子进行处理。种子被装入棉布袋或松散地铺开，在溶液内浸泡 10～30 分钟，然后在流动的水中清洗，在适度的温度中干燥，最后装入已消毒的容器内。汞可用在溶液内，也可用作干消毒剂。

◎ 东方水烟斗

【基本信息】

【英文名】 hookah

【拼音】 dong fang shui yan dou

【基础词】

【定义】

一种水做的烟管，被认为是波斯发明的，现在在中东地区很常见。它包括一个由木材、玻璃或金属(偶尔也包括金和银)等制成的大的、自由站立的平底水容器，一个燃烧烟叶的大滚球和两根管子，其中一根从滚球到水容器的水面下，另一根从容器的水面上到吸烟者口中。到吸烟者口中的管子可以是易弯曲的，往往点缀以银线或丝带，也可以是不易弯曲的。烟气通过水而净化变凉。

◎ 脂肪醇

【基本信息】

【英文名】 fatty alcohols

【拼音】 zhi fang chun

【基础词】

【定义】

在烟叶种植区，抑制腋芽的化学触杀剂，主要是直链正癸醇和正辛醇的混合物，也有时仅用正癸醇。

◎ 地老虎

【基本信息】

【英文名】 cutworms

【拼音】 di lao hu

【基础词】

【定义】

一些不同种类夜蛾的幼虫的统称，这些幼虫有 20 多种以烟草为食，有些在全世界都能见到，而有些只生活在很小的范围。地老虎主要品种包括暗缘地蚕(*Euoxamessoria*)、大地老虎或小地老虎(*Agrotisipsilon*)、番茄褐夜蛾(*Feltiadurens*)、泥背地蚕(*F. gladiaria*)、粒肤地蚕(*F. subterranean*)和两个印度品种——斜纹夜蛾(*Spodopteralitura*)和甜菜夜蛾(*S. exigua*)。所有品种在外观上都比较相似，深灰色、稍肥、长度为 2.5～3.8 cm。它们钻透接近地面的烟茎，造成烟株死亡。可以喷施有机磷酸盐来防治地老虎，在受到严重侵袭时，也可在移栽前几天把有机磷酸盐拌入糠饵中。

【词条关系】

【类属】 烟草害虫

◎ 化学损伤

【基本信息】

【英文名】 chemical injury

【拼音】 hua xue sun shang

【基础词】

【定义】

使用杀虫剂和化肥不当而产生的负面影响。农业化学品用量过多可能导致植株或其部分变形，严重时可导致死亡。一些烟草除草剂可能引起临时性的植物毒性，但对烟株生长没有影响。另外，一些化肥农药虽然单独使用时无害，但当两种或两种以上一起使用时会产生反应而导致化学损伤。需要小心的是，化学品的施加距离要适当，距离太近、喷头压力太大会灼伤烟叶。贴近根部条施或穴施大量的肥料有可能导致严重伤根。在施用化肥和农药之前，一定要考虑当时的气候条件。

◎ 贮叶柜

【基本信息】

【英文名】 blending bin

【拼音】 zhu ye gui

【基础词】

【定义】

(1) 混合叶组回潮柜，烟叶混配后在其中存放 24 h，以使水分含量达到均匀一致。当水分均匀后(应为 17%的水分)，烟叶被喂送到切丝机。

(2) 一种贮存装置。烟草在回潮后要在里边停留大约 20 min，以便促进水分吸收。

◎ 印刷单元

【基本信息】

【英文名】 printing unit

【拼音】 yin shua dan yuan

【基础词】

【定义】

印刷单元数表示印刷机一次可印出的颜色的种数。普通的包装印刷机有 5～8 个印刷单元。每一个印刷单元表示一种颜色或一种上光油。

【词条关系】

【隶属于】 印刷滚筒

◎ 气流干燥机

【基本信息】

【英文名】 pneumatic driers

【拼音】 qi liu gan zao ji

【基础词】

【定义】

初加工期所用的干燥装置。

◎ 桃蚜

【基本信息】

【英文名】 green peach aphid

【拼音】 tao ya

【基础词】

【定义】

烟草种植过程中最常见的蚜虫。像其他品种一样，绿桃蚜虫是烟叶吸食者，对雪茄烟包片造成的危害很大，如果侵染得很严重，对其他品类型的烟也会造成危害；被侵害的植株虚弱，叶片呈纸状。另外，绿桃蚜虫可作为马铃薯Y病毒、黄瓜花叶病及丛枝病的载体，其分泌的蜜露会导致烟叶颜色很淡及导致煤烟病的发生。控制绿桃蚜虫的方法是定时种植烟草以避免大爆发，拔除已感染的植株，喷洒有机磷。

【词条关系】

【类属】 蚜虫

◎ 碎损

【基本信息】

【英文名】 degradation

【拼音】 sui sun

【基础词】

【定义】

初加工过程中烟草的物理、化学损失，如过热造成烟叶的破损或过皱。

◎ 冷却机

【基本信息】

【英文名】 cooler

【拼音】 leng que ji

【基础词】

【定义】

用于冷却烘后烟丝的机器。最常见的类型有旋转滚筒、带式冷却机、简单的风力输送机和流化床冷却机。

【词条关系】

【子类】 带式冷却机

【用途】 冷却

◎ 烟丝团块

【基本信息】

【英文名】 lumps

【拼音】 yan si tuan kuai

【基础词】

【定义】

切后黏在一起的碎片结成的小块儿，由不均衡加湿的烟叶引起。某些情况下可导致发霉。

◎ 番茄褐夜蛾

【基本信息】

【英文名】 dingy cutworm

【拼音】 fan qie he ye e

【基础词】

【词条关系】

【类比】 地老虎

◎ 异物分离器

【基本信息】

【英文名】 foreign matter separator

【拼音】 yi wu fen li qi

【基础词】

【定义】

分离烟草中异物的装置。将烟叶、去梗叶片或烟梗在一条快速运动的宽运输带上铺成薄层。在卸料端自由飞起的烟草沿自身轨迹的横向受红绿蓝激光或摄像系统检测。凡是不符合预设烟草颜色的物品将被空气喷嘴有选择地吹走。

【词条关系】

【类属】 分选机

◎ 毛发湿度计

【基本信息】

【英文名】 hair hygrometer

【拼音】 mao fa shi du ji

【基础词】

【定义】

一种毛发制成的湿度计。毛发能随空气湿度变化靠自身吸湿能力而伸展或收缩。这些毛发被夹在两个端点之间的适当位置上，毛发伸缩尺寸的变化传递给一个指针系统，用于烟草生产和储藏过程中的空气湿度监测。

【词条关系】

【类属】 湿度计

【用途】 空气湿度

◎ 匀烟

【基本信息】

【英文名】 raking

【拼音】 yun yan

【基础词】

【定义】

从卷烟机烟丝箱的带烟鼓轮上去除多余的烟丝。

◎ 木质素

【基本信息】

【英文名】 lignin

【拼音】 mu zhi su

【基础词】

【定义】

多种物质的复杂混合物。它和纤维素一起构成木材的主要成分。在烟草上方，它导致茎秆和叶梗中细胞膜增厚。停止燃烧时，木质素产生具有酸性反应的烟雾，该烟雾含有高级酚类和有机酸类物质。木质素对烟气质量和类型有一定影响。

◎ 番茄天蛾

【基本信息】

【英文名】 *Protoparce quinquemaculata*

【拼音】 fan qie tian e

【基础词】

【词条关系】

【类属】 天蛾

◎ 铺叶

【基本信息】

【英文名】 straight-laid

【拼音】 pu ye

【基础词】

【定义】

均匀地把成把烟叶送到切尖切把机上。

◎ 直接拦截

【基本信息】

【英文名】 direct interception

【拼音】 zhi jie lan jie

【基础词】

【定义】

卷烟滤嘴物理过滤烟气的三种机理之一，其他两种是惯性冲击和扩散沉积。当烟气气溶胶颗粒接近滤嘴单丝并发生碰撞时就会发生直接拦截。通过直接拦截，传统滤嘴一般能过滤烟气中30%～35%的颗粒。

【词条关系】

【类属】 过滤

【类比】 惯性冲击

【类比】 扩散沉积

◎ 手卷烟

【基本信息】

【英文名】 handmade cigarette

【拼音】 shou juan yan

【基础词】

【定义】

非商业生产的卷烟的常用术语，即自卷卷烟或手工填芯卷烟。

◎ 卷烟制造及包装机组

【基本信息】

【英文名】 maker-packer combination

【拼音】 juan yan zhi zao ji bao zhuang ji zu

【基础词】

【词条关系】

【类属】 卷包机组

◎ 条状喷嘴

【基本信息】

【英文名】 banding jet

【拼音】 tiao zhuang pen zui

【基础词】

【词条关系】

【类属】 喷嘴

◎ 根

【基本信息】

【英文名】 root

【拼音】 gen

【基础词】

【定义】

根在烟草萌发期间、下胚轴出现以前就开始形成。其进一步的生长取决于在苗床上或容器(盘)中每株烟苗所占的空间。烟苗移栽时,若根部附着一些土壤,幼苗的成活率就会提高。烟草萌发时先形成主根,接着形成须根。主根能使植株稳固,并随着时间延长逐渐木质化,而较小的须根多横向生出侧根,为植株供给水分和可溶性的养分。通风措施,如锄地,能促进根部的发育。在干旱的土壤中,主根往往较长,而湿度大的软的土壤有利于须根生长。根部的生长影响茎叶的生长,总根系越发达,产量就有可能越高。打顶能促进根系发育,特别是须根发育,增加量可达 40%,并能增加根尖(生物碱合成的主要部位)中烟碱的合成量。浅色烟、白肋烟和雪茄烟要求有发达的根系来促进其完全发育,而通常生长在贫瘠土壤中的香料烟根系不发达。烟株的根系很易受病菌和/或寄生物的侵害。

【词条关系】

【受影响(有关)】 根黑腐病

【受影响(有关)】 根结线虫

【受影响(有关)】 根褐腐病

【受影响(有关)】 南方茎腐病

◎ 异戊烷

【基本信息】

【英文名】 isopentane

【拼音】 yi wu wan

【基础词】

【词条关系】

【用途】 IMPEX 烟草膨胀方法

◎ 烟草锈病菌

【基本信息】

【英文名】 *Uredo nicotianae*

【拼音】 yan cao xiu bing jun

【基础词】

【定义】

一种真菌,可以引起锈病。

【词条关系】

【类属】 真菌

【导致】 锈蚀病

◎ 土壤测试

【基本信息】

【英文名】 soil test

【拼音】 tu rang ce shi

【基础词】

【定义】

在实验室对土壤进行分析。其目的是得出土壤所含营养成分的基础数量,以计算推荐施肥量。

◎ 撞击捕集器

【基本信息】

【英文名】 impaction trap

【拼音】 zhuang ji bu ji qi

【基础词】

【定义】

烟气收集设施。里面的烟气冷凝物通过撞击一个表面而被收集。通常,撞击捕集过程中需要使用一个小直径的孔洞。

【词条关系】

【类属】 烟气捕集器

◎ 抽吸速度

【基本信息】

【英文名】 puff velocity

【拼音】 chou xi su du

【基础词】

【定义】

用 mL/s 表示的抽吸快慢程度,等同于每口抽吸量/持续时间。

◎ 卷烟机刀片

【基本信息】

【英文名】 cut-off knife

【拼音】 juan yan ji dao pian

【基础词】

【定义】

将卷烟机卷制的连续烟条切成单支卷烟(无嘴烟)或烟支(滤嘴烟)的刀片。

◎ 评吸小组

【基本信息】

【英文名】 smoking panel

【拼音】 ping xi xiao zu

【基础词】

【定义】

烟制品评吸小组，由专家或消费者组成的评吸小组，通过抽吸试样，评价烟草制品的味觉和嗅觉以及其他感官特征。评吸小组主要在新产品开发时起用，在更换滤嘴、卷烟纸或料液等材料时也会起用。

◎ 分拣带

【基本信息】

【英文名】 picking belts

【拼音】 fen jian dai

【基础词】

【定义】

原烟加工过程中使用的分拣设备。

【词条关系】

【用于】 分拣

◎ 烯虫酯

【基本信息】

【英文名】 methoprene

【拼音】 xi chong zhi

【基础词】

【定义】

能使目标昆虫的生命周期发生紊乱的昆虫生长调节剂。对烟草来说，通常在打叶厂中在把烟草压入烟包和烟箱之前使用。摄取了烯虫酯的烟草甲虫和粉螟幼虫不能长成成虫，不能繁育出后代。

◎ 抽屉式烟盒

【基本信息】

【英文名】 shell and slide packet

【拼音】 chou ti shi yan he

【基础词】

【定义】

由两个独立部分组成的卷烟盒。第一部分是一个长方形的开口外盒，经常印有图案和标识。滑动部分像一个背部被拉直的“C”，套在外盒里面，烟支装在滑动部分里。通过向上推动里面的滑动部分和打开端口拆封，就可以把卷烟取出。端口有特制的凹槽便于打开。抽屉式包装曾是卷烟包装的一种主要形式，现在大部分地区已经改成了硬盒翻盖包装和软盒包装。

【词条关系】

【类属】 卷烟小盒

◎ 输送筛网

【基本信息】

【英文名】 conveyor sieve

【拼音】 shu song shai wang

【基础词】

【词条关系】

【子类】 振动输送筛

◎ 蜂蜜

【基本信息】

【英文名】 honey

【拼音】 feng mi

【基础词】

【定义】

嚼烟的加料。

【词条关系】

【用途】 嚼烟加料

◎ 调和室

【基本信息】

【英文名】 marrying room

【拼音】 tiao he shi

【基础词】

【定义】

人为控制温湿度的杉木房子。新卷的雪茄至少要在此存放 3 周。

◎ 凹版

【基本信息】

【英文名】 gravure

【拼音】 ao ban

【基础词】

【定义】

通常在包装机上有一些轮状涂抹器，用于把胶施于硬盒的边盖上，常以线状或点状构型。实际上，真正的凹版并不总是包括单个的形成的部件。

◎ 细梗丝

【基本信息】

【英文名】 fibres

【拼音】 xi geng si
【基础词】
【定义】
在原烟打叶加工过程中产生的极细的梗丝，往往来自烟叶的叶脉。

◎ 透明外包装纸

【基本信息】
【英文名】 overwrap
【拼音】 tou ming wai bao zhuang zhi
【基础词】
【定义】
用来保护小烟盒、条盒、烟包和其他成品烟草制品的最外层包装纸。包装材料通常由透明和印刷的和各种规格的定向聚丙烯薄膜制成。由于对改善总的贮存期(就含水量和香气丧失而言)有作用，外包装和内包装材料的聚丙烯薄膜结构研究一直在持续发展。

◎ 卷烟烟丝宽度

【基本信息】
【英文名】 cigarette cut
【拼音】 juan yan yan si kuan du
【基础词】
【定义】
卷烟用烟叶的切丝宽度。烟丝宽度范围约为 0.3～0.8 mm。用于手工卷烟的烟丝较细，机制卷烟的烟丝较粗些。

◎ 吸风带

【基本信息】
【英文名】 suction tape
【拼音】 xi feng dai
【基础词】
【定义】
现代卷烟机或包装机上一种有孔的金属带或编织带。这种带用以在切割或折叠时稳固地吸住薄膜或铝箔。

◎ 楝树提取物

【基本信息】
【英文名】 neem extract
【拼音】 lian shu ti qu wu
【基础词】
【词条关系】
【用途】 植物源农药

◎ 轮转凹版印刷术

【基本信息】
【英文名】 rotogravure
【拼音】 lun zhuan ao ban yin shua shu
【基础词】
【定义】
一种将图文镌刻于印刷滚筒/板上的印刷技术。印刷滚筒旋转通过油墨区，将多余的油墨带至非印刷区。滚筒/板的表面经过刮板刮除，镌刻处或蚀刻处的油墨被直接转移到基体上。油墨为溶剂型，经过热空气烘干。凹版印刷常用于包装盒的连续印刷且印刷效果稳定。

◎ 碳化区

【基本信息】
【英文名】 carbonisation zone
【拼音】 tan hua qu
【基础词】
【定义】
位于卷烟或雪茄烟燃烧区内的区域。该区是烟草燃烧和大多数化学反应发生的区域。
【词条关系】
【类比】 燃烧区

◎ 晒蔫

【基本信息】
【英文名】 coddle
【拼音】 shai nian
【基础词】
【定义】
烟株由于阳光太强而萎蔫。

◎ 硅胶

【基本信息】
【英文名】 silica gel
【拼音】 gui jiao
【基础词】
【定义】
具有高孔隙度的无确定形态的硅酸盐。由于具有大量的微孔，因此硅胶具有很大的内表面，在滤嘴中可作为吸附剂。

◎ 方形折角

【基本信息】

【英文名】 square-end folding

【拼音】 fang xing zhe jiao

【基础词】

【定义】

外包装封口的折叠方法。与信封折叠方法不同,这种折法将内折叶全部用外层的长方形搭头覆盖起来,从而可以有更多的空间来印制标识等。

◎ 加工

【基本信息】

【英文名】 processing

【拼音】 jia gong

【基础词】

【定义】

泛指烟叶从运抵工厂直到烟丝混配完毕的整个生产过程,如包装材料的拆除、回潮、松散、除尘、烘焙、混配、加料和切丝等。

【词条关系】

【子类】 制丝

【受影响(有关)】 加工机器

◎ 强制发酵

【基本信息】

【英文名】 forced fermentation

【拼音】 qiang zhi fa jiao

【基础词】

【定义】

烟草在可控环境下通过提高环境温度和湿度的加速发酵。强制发酵主要用于深色晾烟,一般需要几周时间,不同的品种会有所差异。

◎ 育种

【基本信息】

【英文名】 breeding

【拼音】 yu zhong

【基础词】

【定义】

活体生物的遗传改良。培育烟草是为了产生高产品种和特殊作用的性状。育种目标是:①培育新品种;②通过提高产量,改进品质和增加抗病性来改良现有种;③繁殖和保存栽培用品种。从实用层面看,可以把育种分为两个领域:①研究创造新品种、遗传学、诱变和特殊性状的转移;②选择、培育和培育方法的使用问题。烟草植物趋于自花受精(即两个配子来自同一植株的繁殖),尽管异花授粉也有可能。在这两种情况下,遗传性状(按已知方式对外部影响的反应能力和在一定程度上可能传递给子代的能力)根据孟德尔遗传规律相结合。遗传规律阐明,纯合亲本的子代中一个性状的两个基因是纯合的(在纯合情况下的胚被称为纯合子),而杂合子(不同亲本的后代)含有一个显性基因和一个隐性基因。在后一种情况下,如果亲本与相似的杂合子杂交的话,隐性基因在随后的子代中按一定的比率重新显现出来。在后代中本身稳定的外观性状的严重变异被称为突变。突变相当地罕见,经常是由外界的严重干扰如辐射引起。此外,不严重的环境因素也影响烟草,并且当这种变异在遗传学上是不可遗传的时候,它也确实符合某些规律。变异发生得越多,遗传性状通常出现得越少。该过程被称为表现型诱变。再者,存在着称为性状交互用的现象,即相关的性状可能会同时显现,或者一个性状显现时而另一个性状可能会随着消失。所有以上三个因素在育种中都必须考虑。

【词条关系】

【子类】 烟草育种

【借助】 突变

【借助】 诱变

【借助】 杂交

◎ 绝对烟碱量

【基本信息】

【英文名】 absolute nicotine content

【拼音】 jue dui yan jian liang

【基础词】

【定义】

随烟气中苦味酸或硅钨酸一起沉淀的,或者用分光光度计或色谱方法可检测到的烟碱总量,包括游离态和结合态的生物碱。

【词条关系】

【方法】 硅钨酸法

【方法】 苦味酸滴定法

【取决】 烟碱

◎ 北美洲

【基本信息】

【英文名】 North America

【拼音】 bei mei zhou

【基础词】

【定义】

黄花烟草以及其他许多烟草品种的起源地(但不是红花烟草)。这些烟草都比较粗糙,所以大多被装在烟斗里吸食。北美洲国家美国、加拿大的烟叶生产量相当可观。

◎ 雪茄消光机

【基本信息】

【英文名】 matting machine

【拼音】 xue jia xiao guang ji

【基础词】

【定义】

用于向雪茄烟施加消光液体的机器。主要有 3 种类型:一种装有海绵滚筒;一种装喷嘴,将液体喷在雪茄上;一种为静电式。

◎ 工艺带

【基本信息】

【英文名】 process belt

【拼音】 gong yi dai

【基础词】

【定义】

一种除输送货物外还执行其他加工功能的输送带,如烟丝称重的喂料带。

【词条关系】

【用于】 运输

【子类】 输送带

◎ 挖穴棒

【基本信息】

【英文名】 dibble

【拼音】 wa xue bang

【基础词】

【定义】

短而尖的棍或栓用来在土壤中定穴,使烟苗移栽更容易。

【词条关系】

【用于】 移栽

◎ 加湿机

【基本信息】

【英文名】 humidifier

【拼音】 jia shi ji

【基础词】

【定义】

通过加水和/或蒸汽提高烟叶含水量或空气湿度的装置,有多种形式。

【词条关系】

【隶属于】 回潮机

◎ 二甲戊灵

【基本信息】

【英文名】 pendimethalin

【拼音】 er jia wu ling

【基础词】

【定义】

一种二硝基苯胺杀虫剂,用作除芽剂和杀虫剂。

【词条关系】

【类属】 杀虫剂

◎ 烟样

【基本信息】

【英文名】 smoking sample

【拼音】 yan yang

【基础词】

【定义】

为配方人员提供的样品卷烟。提供烟样的目的是使配方人员能够评价原料或配方的特性。

◎ 蚜虫

【基本信息】

【英文名】 aphids

【拼音】 ya chong

【基础词】

【定义】

为害烟草的小昆虫。自身吸吮烟叶,更为严重的是作为某些病害特别是黄瓜花叶病毒和马铃薯 Y 病毒的载体为害烟草。此外,蚜虫的分泌物使烟叶变黏,严重情况时能够导致烟草煤污病的发展。最常见的蚜虫种是桃蚜,而其他一些种,如黑豆蚜、棉蚜和瓜蚜,也产生危害。蚜虫控制方法:大群体可能发生之前移栽;使用杀蚜剂(最常用的为有机磷)洒到土壤中或喷在作物上。

【词条关系】

【子类】　桃蚜

【子类】　红烟蚜

【子类】　棉蚜

◎ 枫糖浆

【基本信息】

【英文名】　maple syrup

【拼音】　feng tang jiang

【基础词】

【定义】

通过煮沸枫树汁得到的甜味液体,春天在枫树皮上剜洞并接取流出的树汁制得。枫糖浆和经其结晶制得的枫糖可用于烟草加香。

【词条关系】

【用途】　加香

◎ 氯化苦

【基本信息】

【英文名】　chloropicrin

【拼音】　lü hua ku

【基础词】

【定义】

土壤熏蒸剂,特别用作杀线虫剂,也可用作杀真菌剂,常常与其他化学药剂如溴甲烷或二溴乙烯等结合使用。由于其产生的气体使人流泪,因此使用时必须小心。

【词条关系】

【类属】　熏蒸剂

【类属】　杀线虫剂

【类属】　杀菌剂

◎ 玉米纸

【基本信息】

【英文名】　maize paper

【拼音】　yu mi zhi

【基础词】

【定义】

一种颜色为中黄至深黄色的卷烟纸,类似于玉米叶的颜色。虽被称作玉米纸,但实际上该纸不含任何玉米秸或玉米纤维。其燃烧速率很低,现主要见于南美洲。

◎ 加湿器

【基本信息】

【英文名】　damper

【拼音】　jia shi qi

【基础词】

【定义】

调制房中的一种机械设备,用来增加房中大气的湿度。

◎ 烟蛀茎蛾

【基本信息】

【英文名】　*Scrobipalpa heliopa*

【拼音】　yan zhu jing e

【基础词】

【词条关系】

【基本等同】　蛀茎蛾

◎ Amadori 重排

【基本信息】

【英文名】　Amadori rearrangement

【拼音】　Amadori chong pai

【基础词】

【定义】

还原糖和胺类化合物的一种化学反应,生成 Amadori 化合物。在烘丝和白肋烟烘焙期间会发生 Amadori 重排。Amadori 化合物对烟草制品吃味有重要影响。

【词条关系】

【关键指标】　还原糖

◎ 开松器

【基本信息】

【英文名】　stuffer jet

【拼音】　kai song qi

【基础词】

【定义】

滤棒生产过程中用于风力处理醋纤丝束的一种漏斗状装置。

【词条关系】

【用于】　滤嘴丝束

◎ 螨

【基本信息】

【英文名】　mites

【拼音】 man

【基础词】

【定义】

螨通常以霉菌为食。防治螨虫侵害的一种措施是改进贮存条件和培养良好的卫生习惯。

◎ 甘油

【基本信息】

【英文名】 glycerine

【拼音】 gan you

【基础词】

【定义】

无色、保湿、有甜味的液体，用于烟草的组织结构的保润，尤其多用于烤烟、斗烟和美国混合型烟保润。

◎ 组分

【基本信息】

【英文名】 fraction

【拼音】 zu fen

【基础词】

【定义】

在筛选分析等测试中，落于某一特定尺寸范围内的烟丝或者烟叶所占的比例。

◎ 黑脚病

【基本信息】

【英文名】 black leg

【拼音】 hei jiao bing

【基础词】

【定义】

由欧文氏菌黑胫亚菌引起的烟苗病害，通常在湿度过大和通风不畅时发生。该病也常常被称为软腐病。

【词条关系】

【类比】 软腐病

【类比】 空胫病

◎ 双倍长雪茄

【基本信息】

【英文名】 double-length cigars

【拼音】 shuang bei chang xue jia

【基础词】

【定义】

长度是普通雪茄两倍的雪茄，抽吸前要切成两半。

◎ 湖南省

【基本信息】

【英文名】 Hunan

【拼音】 hu nan sheng

【基础词】

【定义】

中国的一个产烟省。晒/晾烟资源丰富，凤凰和麻阳的晒烟为混合型卷烟的调香原料。

◎ 农用化学品

【基本信息】

【英文名】 agrochemical

【拼音】 nong yong hua xue pin

【基础词】

【定义】

在作物生产和家畜饲养当中用于促进植物和动物生长和健康的化学药品。在作物生产中，农用化学品经常被局限于作物保护试剂或农药，包括杀虫剂、杀真菌剂、杀线虫剂、杀螨剂、生长调节剂，有时也包括化肥。农药可以是合成的化合物，也可以是天然的化合物。

【词条关系】

【子类】 植物保护剂

◎ 统计过程控制

【基本信息】

【英文名】 statistic process control

【拼音】 tong ji guo cheng kong zhi

【基础词】

【定义】

以统计学为基础的质量控制技术，用于改进持续运行的生产过程。

【词条关系】

【英文缩写】 SPC

◎ 阴离子

【基本信息】

【英文名】 anion

【拼音】 yin li zi

【基础词】

【定义】

在通直流电的水溶液中由于其带有负电荷而迁移到阳极或正极的离子。阴离子包括酸

(性)残渣以及盐和碱的氢氧根离子。阴离子在活体烟叶的溶液中是活跃的,它们大多数(如氯离子或硫酸盐离子)对燃烧具有消极的影响。

【词条关系】

【类比】 阳离子

◎ 除虫菊酯

【基本信息】

【英文名】 pyrethroids

【拼音】 chu chong ju zhi

【基础词】

【定义】

基于天然除虫菊酯结构而合成的一类杀虫剂。烟草生产中最常用的除虫菊酯产品有氟氯氰菊酯、氯氰菊酯、三氯氟氰菊酯和溴氰菊酯等。由于其在农作物中的广泛使用,现在有许多害虫对其产生了抗性。拟除虫菊酯也用作烟草上甲虫和烟草粉螟的杀虫雾剂,可空间和硬表面两用。空间喷雾只能杀烟草外面的昆虫,而硬表面喷雾通常采用残留剂型。这些剂型不应直接施加到烟草上。这两种处理方式可以构成综合害虫治理计划的一部分。

【词条关系】

【用于】 烟草粉螟

◎ 延展技术

【基本信息】

【英文名】 extender technology

【拼音】 yan zhan ji shu

【基础词】

【定义】

最初生产定位聚丙烯膜片(OPP)的技术。95%的OPP使用延展技术(其余的使用球泡技术)。首先,树脂在压制体系中熔化(一个生产线有1～5个挤压机),用模具钳(1～7层结构)定型;然后在水里降温,于定位机器(MD)里预热定位;再在加热炉里加热并于截线定位器里定位;最后,再一次降温,为以后转换(如印刷)用火焰和加冠处理。

◎ 均衡

【基本信息】

【英文名】 equalization

【拼音】 jun heng

【基础词】

【定义】

烟叶切丝前的最后准备期。该阶段的烟叶水分含量和比热容得以均衡,可使烟叶充分醇化。

◎ 贮存稳定性

【基本信息】

【英文名】 storage stability

【拼音】 zhu cun wen ding xing

【基础词】

【定义】

烟叶、烟制品和相关材料经过长期贮存而不改变其物理化学性质的能力。

◎ 内吸型药剂

【基本信息】

【英文名】 systemic chemicals

【拼音】 nei xi xing yao ji

【基础词】

【定义】

植株通过根部或叶部吸收,然后分配到植物组织中的杀虫剂、杀菌剂、除草剂等药剂。内吸型药剂与触杀型药剂不同,后者不能进入植物叶片或不能在植物体内移动。甲霜灵就是内吸型药剂,它是一种用于防治烟草霜霉病的杀真菌剂。

【词条关系】

【类比】 触杀型农药

◎ 无胶区

【基本信息】

【英文名】 gluing spare

【拼音】 wu jiao qu

【基础词】

【定义】

卷烟滤嘴端组装时,纸端的打孔区不用上胶。

◎ 处理

【基本信息】

【英文名】 treatment

【拼音】 chu li

【基础词】

【定义】

烟叶离开烟田以后至制成最终产品之间所经历的各种加工过程的统称,包括被切、被打叶或者制成片烟。处理包括原烟加工和打包厂除包装以外的加工(如回潮、解包、解把、发酵、打叶、分离和复烤等)及卷烟厂的初加工(如润叶、加料、浸泡、混配、烘焙、加香、烘干、膨胀和压梗等),但通常不包括切丝。

【词条关系】

【类比】 加工

◎ 细胞学

【基本信息】

【英文名】 cytology

【拼音】 xi bao xue

【基础词】

【定义】

研究细胞的结构和功能的学科,是烟草研究的重要组成部分。

◎ 焦油

【基本信息】

【英文名】 tar

【拼音】 jiao you

【基础词】

【定义】

烟气中总粒相物除去烟碱和水分就是焦油。焦油是烟草燃烧过程中形成的许多物质的混合物,其中含有许多与健康高度相关的物质,大部分会对健康产生危害。

◎ 粗糙叶

【基本信息】

【英文名】 coarse

【拼音】 cu cao ye

【基础词】

【定义】

身份厚,缺乏油分和柔韧性的烟叶。

◎ 高架输送机

【基本信息】

【英文名】 overhead conveyor

【拼音】 gao jia shu song ji

【基础词】

【定义】

将物体从一台机器送到另一台机器的高架输送带,通常为大流量输送。高架输送机在烟草工业中用于从一台机器向另一台机器输送烟支或滤棒,或在卷烟机之间来回运送烟盘以及输送卷烟小盒。

◎ 封口完整性

【基本信息】

【英文名】 seal integrity

【拼音】 feng kou wan zheng xing

【基础词】

【定义】

热封包装保持黏结的性能。包装材料的性质和机器的状态会影响封口完整性。应用密封性好的薄膜和适合的外包机热封烙铁可以大大提高封口完整性。烟草工业中有时用真空检测仪测量封口完整性。

◎ 浸提机

【基本信息】

【英文名】 leaching machine

【拼音】 jin ti ji

【基础词】

【定义】

一种老式机器,用以过滤烟碱含量过高或味苦、辛辣、抽吸时引起咳嗽的烟叶。烟叶在稀醋酸或盐酸水溶液中放置一段时间,然后挤压除去多余的水分。

◎ 营养缺乏试验

【基本信息】

【英文名】 nutrient deficiency experiments

【拼音】 ying yang que fa shi yan

【基础词】

【定义】

为确定植物体内某些重要的营养元素(主要为微量元素)的含量水平而设计的试验。要生产健康优质的烟草必须消除缺素现象。

【词条关系】

【用于】 营养缺乏症

◎ 氧化作用

【基本信息】

【英文名】 oxidation

【拼音】 yang hua zuo yong

【基础词】

【定义】

一种物质与氧的逐渐化学过程。发酵期间,由于酶的催化作用,碳水化合物、糖、半纤维素、果胶类、多酚类和有机酸类的物质都会发生氧化反应。

◎ 肉豆蔻油

【基本信息】

【英文名】 nutmeg oil

【拼音】 rou dou kou you

【基础词】

【定义】

从肉豆蔻树果实中榨出的黏稠的精油，作为各种烟草香料。

【词条关系】

【类属】 烟用香料

◎ 模压输送装置

【基本信息】

【英文名】 mould press conveyor

【拼音】 mu ya shu song zhuang zhi

【基础词】

【定义】

一种链式输送机，是雪茄内胚机的一部分，安装有许多功能金属或塑料的雪茄内胚模。雪茄内胚在干燥前在其中压制成形。

◎ 硼

【基本信息】

【英文名】 boron

【拼音】 peng

【基础词】

【定义】

烟草生长必需的微量营养元素。在轻质沙壤土中可能会发生缺硼现象，导致植株严重受害，尤其是烟株芯部和上部幼芽干枯，叶片生长受阻。顶芽也会变得暗绿。叶片不发生畸形，但上部烟叶会卷曲，植株会死亡。施用适量硼砂将使植株生长正常。在一些地区硼砂可作为正常化肥成分常规地施用。过量施用硼肥同样会严重危害植株生长。

◎ 滤嘴接装

【基本信息】

【英文名】 tipping

【拼音】 lü zui jie zhuang

【基础词】

【定义】

把滤嘴黏合到烟支上的制作过程。

◎ 光学分类器

【基本信息】

【英文名】 optical sorter

【拼音】 guang xue fen lei qi

【基础词】

【定义】

借助光学分选器从烟叶中分离出异物的机械。

◎ 水杨酸

【基本信息】

【英文名】 salicylic acid

【拼音】 shui yang suan

【基础词】

【定义】

制备烟草料液时使用的防腐剂。

【词条关系】

【类属】 防腐剂

◎ 烟枪组件

【基本信息】

【英文名】 garniture set

【拼音】 yan qiang zu jian

【基础词】

【定义】

形成滚筒的可以改变的金属零件，常见于卷烟机的辅助设备。烟棒或滤棒将从烟枪组件里面取出来，因此烟枪组件决定了烟棒或滤棒的直径和形状。

【词条关系】

【隶属于】 烟枪

◎ 压痕

【基本信息】

【英文名】 creasing

【拼音】 ya hen

【基础词】

【定义】

把纸板盒坯折叠成小盒的一道工序。压痕与模切同时进行。压痕过程中，纸板材料沿着精确的折叠线被压出折痕。烟盒的折痕的几何形状对包装线的效率影响极大。

◎ 主要生物碱

【基本信息】

【英文名】 main alkaloid

【拼音】 zhu yao sheng wu jian

【基础词】

【定义】

某种植物里占主导地位的生物碱，如烟草中的烟碱。

【词条关系】

【类属】 生物碱类

【子类】 烟碱

◎ 紧实度

【基本信息】

【英文名】 consistence

【拼音】 jin shi du

【基础词】

【定义】

一种物质的密实或紧密的程度及由此产生的对外界变化的抗性。用于烟草或卷烟制品时，如果一支卷烟具有合格的填充密度，即被称为是紧实的。

◎ 蒴果

【基本信息】

【英文名】 seed capsule

【拼音】 shuo guo

【基础词】

【定义】

烟草或其他植物着生种子的地方。试验表明，红花烟草每个蒴果含有 1 500～3 500 粒种子，每株有 100～150 个蒴果，因此每株共产生 20 万～40 万粒种子。黄花烟草生有更多的蒴果，但每个蒴果只有 500～600 粒种子。

◎ 遗传特性

【基本信息】

【英文名】 hereditary characteristics

【拼音】 yi chuan te xing

【基础词】

【定义】

由基因控制的特性，如颜色、生长类型、产量、叶数、病虫抗性等。

【词条关系】

【子类】 抗病性

【子类】 叶数

【子类】 产量

【子类】 类型

【子类】 颜色

【子类】 抗虫性

◎ 卷烟用烟草

【基本信息】

【英文名】 cigarette tobacco

【拼音】 juan yan yong yan cao

【基础词】

【定义】

那些经过干燥和适当处理后可用于机械或手工制造卷烟的烟草。

◎ 硫

【基本信息】

【英文名】 sulphur

【拼音】 liu

【基础词】

【定义】

植物从土壤中尤其是从含硫的盐类肥料如硫酸盐(一种高氧化态)中吸收的一种化学元素。硫存在于硫酸盐和硫酸酯、含硫蛋白质分子、含硫化氢的半胱氨酸和胱氨酸的氨基酸中。在烟气中，硫以硫化氢的形式存在，硫化氢是在上面提到的含硫蛋白质分解过程中形成的。缺硫会引起植株中可溶性氮和糖类增加，而过多的硫由于其燃点相对较低会影响烟草的持火力，不过不及氯的影响那么严重。

◎ 转基因生物

【基本信息】

【英文名】 genetically modified organism

【拼音】 zhuan ji yin sheng wu

【基础词】

【定义】

通过从其他物种或属提取一个或更多的基因导入一个生物体内，从而进行遗传改良。

【词条关系】

【方法】 遗传工程

【英文缩写】 GMO

◎ 带罩

【基本信息】

【英文名】 tape cover

【拼音】 dai zhao

【基础词】

【定义】

卷烟机上用于保护编制带的防护罩。

◎ 铜粉

【基本信息】

【英文名】 bronze powder

【拼音】 tong fen

【基础词】

【定义】

用在烟盒上以产生符号等的金属粉。一般把合适的彩色图案胶作为浅色底纹，然后把金属粉撒在上面。

◎ 鼠尾烟梗

【基本信息】

【英文名】 rat tails

【拼音】 shu wei yan geng

【基础词】

【定义】

直径很细的长棒。

◎ 植物农药

【基本信息】

【英文名】 botanical pesticide

【拼音】 zhi wu nong yao

【基础词】

【定义】

对昆虫和病原菌有生物学效应的植物提取物。最知名的植物农药是印度楝树提取物和从除虫菊提取的除虫菊酯。二者均有杀虫特性。

◎ 烟柄

【基本信息】

【英文名】 butt

【拼音】 yan bing

【基础词】

【定义】

叶片的基部，即叶茎和叶片的最下面部分。

◎ 叶脉腐烂病

【基本信息】

【英文名】 vein rot

【拼音】 ye mai fu lan bing

【基础词】

【词条关系】

【受影响(有关)】 马铃薯 Y 病毒

◎ 伺服电机

【基本信息】

【英文名】 servo motor

【拼音】 si fu dian ji

【基础词】

【定义】

带有控制回路的控位电动机。在包装过程中它驱动单个模块。这种电机常用在包装过程的驱动环节，以保证按照预设程序运动。

◎ 过滤稀释

【基本信息】

【英文名】 filter dilution

【拼音】 guo lü xi shi

【基础词】

【定义】

滤棒上的通风区通过空气来稀释主流烟气的测定方法。测量值依赖于空气通过滤棒的流速。一般的标准空气的流速为 17.5 mL/s。

◎ 烟气浓度

【基本信息】

【英文名】 smoke density

【拼音】 yan qi nong du

【基础词】

【定义】

表征主流烟气中粒相物质的过滤。过滤程度高则烟气浓度较低。过滤对烟气中烟碱和焦油的量也有影响。

◎ 烟草脉斑驳病毒病

【基本信息】

【英文名】 tobacco vein mottling virus

【拼音】 yan cao mai ban bo bing du bing

【基础词】

【词条关系】

【英文缩写】 TVMV

【同义】 烟草脉斑病

◎ 碎梗

【基本信息】

【英文名】 stem parts

【拼音】 sui geng

【基础词】

【定义】

烟丝中的烟叶主脉或支脉碎片。它们可能呈片状、签状等。

◎ 雪茄烟内包皮

【基本信息】

【英文名】 binder

【拼音】 xue jia yan nei bao pi

【基础词】

【定义】

把芯叶固定在一起并使雪茄成型的雪茄烟上的那部分烟叶。在成品雪茄烟中,它由外包皮叶包裹。内包皮叶由疏松的、有弹性的烟叶撕开或切开而成,这种烟叶要有中等香气,这样可使芯叶的香气圆和。内包皮有好的持火力也是雪茄品质优良的先决条件,而其颜色并不重要。适宜制作内包皮的烟叶主要来自印度尼西亚(爪哇)、古巴(哈瓦那)、哥伦比亚、巴西、墨西哥等地。若一片内包皮太脆弱以致不能单独起作用的话,可用第二片叶(顶内包皮)放在第一片叶外边形成双层内包皮,把芯叶卷进这两层叶中。现在经常利用烟草薄片作为雪茄和小雪茄的内包皮。一些小雪茄、微型雪茄等只用一层外包皮卷制。

【词条关系】

【材料】 烟草薄片

◎ 棉蚜

【基本信息】

【英文名】 *Aphis gossypii*

【拼音】 mian ya

【基础词】

【词条关系】

【类属】 蚜虫

【导致】 野火病

◎ 表土层

【基本信息】

【英文名】 dust zone

【拼音】 biao tu ceng

【基础词】

【定义】

土壤表面以下干肥料可到达的区域。

◎ 通过量

【基本信息】

【英文名】 throughput

【拼音】 tong guo liang

【基础词】

【定义】

一套系统的生产量或者通过量。

◎ 硅

【基本信息】

【英文名】 silicon

【拼音】 gui

【基础词】

【定义】

植物从存在于土壤中的硅酸盐中吸收的一种非金属元素。硅主要以硅酸的形式存在于烟草下部的叶片中。

◎ 盘纸换接器

【基本信息】

【英文名】 splicer

【拼音】 pan zhi huan jie qi

【基础词】

【定义】

把储存的新卷烟纸等叠接到主卷筒、用完后仍在使用烟纸的末端上的装置。盘纸换接器可由人工操作,可由自动系统控制。

◎ 废烟

【基本信息】

【英文名】 sweepings

【拼音】 fei yan

【基础词】

【定义】

烟叶加工过程中产生的或者是残存在各个

机器中的碎烟。它们通常在清扫机器时被扫起来,清洁处理以后再利用。

◎ 高岭土

【基本信息】

【英文名】 kaolin

【拼音】 gao ling tu

【基础词】

【定义】

细白易变的黏土,加入纸或纸板作为填充料或涂层颜料。

【词条关系】

【用途】 填充料

【用途】 涂层

◎ 松包机

【基本信息】

【英文名】 bale loosener

【拼音】 song bao ji

【基础词】

【定义】

把烟包中的烟叶分开的解包机器。

【词条关系】

【用于】 松叶

【类比】 松叶机

◎ 幼虫

【基本信息】

【英文名】 grub

【拼音】 you chong

【基础词】

【定义】

昆虫或甲虫的幼虫。某些幼虫种危害烟草。

◎ 葡萄糖

【基本信息】

【英文名】 glucose

【拼音】 pu tao tang

【基础词】

【定义】

含酮基的单糖,和果糖一样是烟草种主要糖类之一。其分解的副产物对烟草烟气的质量有很好的影响。除了在植物代谢(光合作用)过程中起重要作用外,葡萄糖也用于工艺流程中的加料(作甜味剂),尤其是在某些斗烟和美国混合型卷烟中。

【词条关系】

【化学式】 $C_6H_{12}O_6$

◎ 烟气气溶胶

【基本信息】

【英文名】 smoke aerosol

【拼音】 yan qi qi rong jiao

【基础词】

【定义】

主流烟气和侧流烟气都是气溶胶,由悬浮在气相中的液态微粒构成。每毫升新鲜的主流烟气中含有109～1 010个微粒,是一种浓度很大的气溶胶,其微粒的初始直径在0.1～1 μm之间。一秒钟之内这些微粒就会相互凝结(结合),导致微粒数量下降,直径增加。如果光被最小的微粒折射,烟气的颜色是蓝的;被较大的微粒折射时,烟气的颜色是灰白的。随着时间的推移,其中较小的微粒凝结成较大的微粒,烟气颜色发生变化。

【词条关系】

【基本等同】 气溶胶

◎ 雪茄分级

【基本信息】

【英文名】 cigar grading

【拼音】 xue jia fen ji

【基础词】

【定义】

成品雪茄进行分选是一种由来已久的惯例,首先根据外形和整体条件,然后根据色泽。传统上每盒(或者偶尔是每排)雪茄应为同一色调(现在高价雪茄仍然如此);此外,雪茄也可按颜色深浅依次摆放,颜色最深的放在每排最左侧。但由于雪茄分级太耗费时间,低价雪茄正逐步放弃这种做法。雪茄的分选十分精细,最复杂的系统可分出90种以上色差。

◎ 烟枪

【基本信息】

【英文名】 garniture

【拼音】 yan qiang

【基础词】

【定义】

烟草生产的一个部件,用于生产烟棒纸和包

卷纸,也用于滤棒的生产。

◎ 贴标签车间

【基本信息】

【英文名】 sticking department

【拼音】 tie biao qian che jian

【基础词】

【定义】

雪茄烟厂里给雪茄烟盒贴标签的车间。

◎ 气候斑病

【基本信息】

【英文名】 weather fleck

【拼音】 qi hou ban dian bing

【基础词】

【定义】

烟叶因接触臭氧(浓度一般达到 0.03～0.05 mg/kg)而产生白色然后变为褐色的斑点或斑块。气候斑病属于烟草非传染性病害。

◎ 硫酸盐

【基本信息】

【英文名】 sulphates

【拼音】 liu suan yan

【基础词】

【定义】

硫酸(H_2SO_4)的盐类化合物,许多被用作烟草肥料。最重要的是硫酸钾。

【词条关系】

【子类】 硫酸铵

【子类】 硫酸钠

【子类】 硫酸钾

◎ 辅酶

【基本信息】

【英文名】 co-enzyme

【拼音】 fu mei

【基础词】

【定义】

某些酶反应所需的低分子化合物,例如 NADH(烟酰胺腺嘌呤二核苷酸,还原态)和 NADPH(烟酰胺腺嘌呤二核苷酸磷酸,还原态),它们是脱氢酶的氢离子的供给者。

【词条关系】

【子类】 烟酰胺腺嘌呤二核苷酸

【子类】 烟酰胺腺嘌呤二核苷酸磷酸

◎ 细菌

【基本信息】

【英文名】 bacteria

【拼音】 xi jun

【基础词】

【定义】

引起烟草主要严重病害的、显微镜可见的单细胞原核生物。最常见的烟叶细菌病害有角斑病、野火病、青枯病、空胫病和软腐病。防治方法:保持土壤、种子和烟苗的基本卫生和进行消毒,以及适当熏蒸和喷洒药剂。

【词条关系】

【导致】 细菌性病害

◎ 惯性冲击

【基本信息】

【英文名】 inertial impaction

【拼音】 guan xing chong ji

【基础词】

【定义】

卷烟滤嘴中烟气物理过滤的三种机理之一,另外两种是扩散沉积和直接拦截。惯性冲击在通过滤嘴的烟气气溶胶有足够的动量从围绕滤嘴纤维丝束的流道中冲出并与纤维丝发生碰撞时发生。由于惯性冲击与动量相关,其过滤作用随通过滤嘴的烟气速率或者烟气质量的增加而提高。因为气溶胶的动量小,惯性冲击对烟气过滤的相对贡献也小,占总过滤量的 2%左右。

【词条关系】

【用于】 过滤

【类比】 直接拦截

【类比】 扩散沉积

◎ 卷烟盒

【基本信息】

【英文名】 cigarette case

【拼音】 juan yan he

【基础词】

【定义】

装一定数量卷烟的小容器或小盒子,吸烟者携带时可保护卷烟。

【词条关系】

【子类】 翻盖烟盒

◎ 过滤区

【基本信息】

【英文名】 filtration zone

【拼音】 guo lü qu

【基础词】

【定义】

紧接着烟支燃烧区后面的区域，其过滤主流烟气中的颗粒物。通过过滤作用，吸烟过程中单口抽吸焦油和烟碱值增加。

【词条关系】

【类比】 燃烧区

【类比】 引火区

◎ 糊精

【基本信息】

【英文名】 dextrin

【拼音】 hu jing

【基础词】

【定义】

由门氏杆菌分解淀粉时产生的淀粉糖晶体。在发酵充分的烟草中不能检测到糊精。糊精能提高烟草的吸味和烟气品质，在烟草业中被用作一种黏合剂。把马铃薯淀粉加热到 180～220 ℃就能得到糊精。

◎ 二硝基苯胺

【基本信息】

【英文名】 dinitroanilines

【拼音】 er xiao ji ben an

【基础词】

【定义】

一组化合物，大部分可用作除草剂和生长调节剂，也可用作烟草生产中的抑芽剂。

【词条关系】

【类属】 抑芽剂

【用途】 丁乐灵

◎ 露

【基本信息】

【英文名】 dew

【拼音】 lu

【基础词】

【定义】

夜间大气中的水分在冰凉的表面形成的小水珠。据说它对太阳光可起到放大镜的作用，有时在香料烟叶面上形成小的褐斑，由于褐斑并未传染到其他烟叶上，不像是由细菌或真菌孢子引起的，因而得出以上结论，但至今并未进行科学验证。为防止出现这种褐斑，在阳光很强时不应浇灌烟草。露在气候干旱造成的干燥土壤上的烟草栽培中也起着重要作用，叶型小的香料烟的生长需要的水分较少，在森林边缘或其他避风的地方形成的露增加了大气的湿度，从而使这种香料烟获得较高的产量。因此，如果其他条件合适，雪茄烟就种植在这种地区。

◎ 烟草潜叶虫

【基本信息】

【英文名】 tobacco leaf mine

【拼音】 yan cao qian ye chong

【基础词】

【词条关系】

【类属】 潜叶蛾

◎ 细烟丝

【基本信息】

【英文名】 ribbons

【拼音】 xi yan si

【基础词】

【定义】

细长、不规则的烟丝，大部分是碎烟屑，被作为雪茄烟的填充物，少部分用作吸用烟丝。

◎ 烟盘

【基本信息】

【英文名】 tray

【拼音】 yan pan

【基础词】

【定义】

用木材、金属板或塑料制成的上端和前面是开口的长方形容器。烟盘用来存放和运送待包装的卷烟、雪茄或滤棒。一个卷烟烟盘大约可装 4 000支烟。

◎ 配料区

【基本信息】

【英文名】 blending plant

【拼音】 pei liao qu

【基础词】

【定义】

卷烟和制丝工厂中进行配叶的区域。

【词条关系】

【用于】 混配

◎ 热扩散率

【基本信息】

【英文名】 thermal diffusion capacity

【拼音】 re kuo san lü

【基础词】

【定义】

热量通过一种物质进行扩散的能力，用 m^2/s 表示。它是该物质的导热率除以物质的质量与热容量的乘积所得的商，它对确定烟草导热率有重要的作用。

【词条关系】

【关键指标】 比热容

【关键指标】 导热率

◎ 醇类

【基本信息】

【英文名】 alcohols

【拼音】 chun lei

【基础词】

【定义】

以羟基(—OH)为特征的一类有机化合物。乙醇在烟草和烟气中均痕量存在。由于含量相对较低，对吸烟者没有任何生理学意义。

◎ 叶绿素

【基本信息】

【英文名】 chlorophyll

【拼音】 ye lü su

【基础词】

【定义】

导致植物鲜叶产生绿色的色素。在调制和发酵过程中，烟叶中的叶绿素应尽量分解。与之相反，黄色和红色色素如类胡萝卜素、叶黄素和四羟酮醇在这些过程中越来越突出。

【词条关系】

【受影响(有关)】 发酵

【受影响(有关)】 调制

◎ 淀粉酶

【基本信息】

【英文名】 diastase

【拼音】 dian fen mei

【基础词】

【定义】

在麦芽、蜂蜜、酵母、细菌(如枯草杆菌)、人类和一些高级动物的口腔、消化道、肝脏及肌肉组织中形成的一种重要生物酶，把淀粉和糖原先分解为化学中间化合物——糊精，然后分解为麦芽糖。淀粉酶在烟草调制和醇化中起重要作用。

◎ 橘花

【基本信息】

【英文名】 orange blossom

【拼音】 ju hua

【基础词】

【定义】

柑橘属橘树上未开放的蓓蕾，作为一种香料用于鼻烟加料。

◎ 二杈叶

【基本信息】

【英文名】 seed leaf

【拼音】 er cha ye

【基础词】

【词条关系】

【基本等同】 第二次杈芽烟叶

◎ 氢离子浓度

【基本信息】

【英文名】 hydrogen ion concentration

【拼音】 qing li zi nong du

【基础词】

【词条关系】

【基本等同】 pH 值

◎ 配方师

【基本信息】

【英文名】 blender

【拼音】 pei fang shi

【基础词】

【定义】

确定配方组成并做到采用的烟叶质量与成品烟质量相一致的专家。因此配方师的工作极其重要，关系到最终产品的商业成功。设计一个配方首先要配置一个小样，经过协调平衡直至达到理想的香味和吃味，然后才能进行较大量的批次试验。

◎ 上胶时间

【基本信息】

【英文名】 adhesive open time

【拼音】 shang jiao shi jian

【基础词】

【定义】

(1)胶黏剂用于一种或多种基质之后能够产生黏合的时间量。

(2)在一个过程内使用胶黏剂与结束使用之间的时间量，其必须总是小于产生黏合的时间量。

◎ 伤瘤

【基本信息】

【英文名】 wound tumour

【拼音】 shang liu

【基础词】

【定义】

烟草的一种轻微的病害，与根肿瘤相似，但症状轻微。

◎ 日本

【基本信息】

【英文名】 Japan

【拼音】 ri ben

【基础词】

【定义】

亚洲东部、太平洋西海岸的岛国，是烟草制品主要生产国。烟草种子于 1596 年传入日本，1605 年开始种植。目前，日本种植普通烟草，主要有柠檬色烟草、白肋烟和一些地方品种。

◎ 绑烟

【基本信息】

【英文名】 tying

【拼音】 bang yan

【基础词】

【定义】

将烤烟叶片每 3～4 片为一束绑到挂烟杆上，然后放进烤房中烘烤。

◎ 末端

【基本信息】

【英文名】 ends

【拼音】 mo duan

【基础词】

【定义】

烟支的末端，必须切割整齐并填充紧实以防烟丝漏失。为此需要始终以肉眼或者由机械进行检查。

◎ 微量元素

【基本信息】

【英文名】 trace element

【拼音】 wei liang yuan su

【基础词】

【定义】

植物生长必要的微量矿物营养物质(如铜、锌、锰、硼、铁、钼等)。一些其他矿物质(硒、钠、氯、硅)也是某些植物所需要的。缺少或没有微量元素可导致典型的缺素症状，这些缺素症状能够用来诊断对应的缺乏元素。

【词条关系】

【子类】 锰

【子类】 铁

【子类】 锌

【子类】 钼

【子类】 硼

【子类】 铜

【子类】 氯

【子类】 硒

◎ 多酚类

【基本信息】

【英文名】 polyphenols

【拼音】 duo fen lei

【基础词】

【词条关系】

【类属】 酚类

◎ 致癌剂

【基本信息】

【英文名】 tumorigenic agents

【拼音】 zhi ai ji

【基础词】

【定义】

致癌物质，如烟气中的烟草特有亚硝胺。

◎ 干燥鼓轮

【基本信息】

【英文名】 drying drum

【拼音】 gan zao gu lun

【基础词】

【词条关系】

【隶属于】 滚筒干燥机

◎ 纤维素

【基本信息】

【英文名】 cellulose

【拼音】 xian wei su

【基础词】

【定义】

由葡萄糖单元构成的高分子量的碳氢化合物（即碳水化合物），它是植物细胞壁的主要组成成分，用于制造卷烟纸、滤嘴用丝束和玻璃纸。

【词条关系】

【用途】 醋酸纤维素

◎ 磷

【基本信息】

【英文名】 phosphorus

【拼音】 lin

【基础词】

【定义】

植物新陈代谢过程中最重要的元素之一。它一般从土壤和可溶性无机磷酸盐中被吸收，但植物不能从土壤中的有机物中吸收磷。虽然影响磷吸收速度的因素很多，而且土壤中的反应和交换过程也特别重要，但磷吸收速度首先取决于其在水中的溶解度，柠檬酸盐对磷吸收的影响目前尚存争议。土壤中盐的分解能力因植物不同也不相同，即有些植物能否有效利用营养取决于植物的遗传学特性。磷以磷酸盐的形式被植物吸收，有机磷化合物主要以磷脂形式存在，在磷酸酯中磷酸由甘油、肌醇、戊糖、己糖组成。磷吸收的第一个阶段似乎是转化为植酸，以磷的形式储存起来，因此这一阶段是创造结构更复杂磷化物的初始阶段。在叶绿素形成和同化过程中，磷酸起着一定作用。磷是核酸的基本组成成分，而核酸可以在细胞核和细胞质中组成核蛋白，因此磷在整个植物生长发育中有着非常重要的作用。土壤中磷的迁移性有限。利用放射性磷^{32}P做实验，以花粉携带者的形成以及肥力作为例子，大体上可以解释核累加的功能，使人们对磷酸在植物体中的作用有了更深入的了解。植物中的正磷酸一成不变地存在于有机化合物（蛋白质、碳水化合物、肌醇）和无机物中，其中无机物起着一种缓冲并维持必需的 H^+ 浓度的作用。另外，磷促进根系健壮生长，并使烟草种子有较高的发芽力。磷缺乏时，叶色深绿，植株生长不良，晚熟和减产。磷酸肥料的基本成分是磷的五氧化物，它们以磷酸钙或磷酸铵的形式被使用。

【词条关系】

【元素符号】 P

◎ 戊酸

【基本信息】

【英文名】 n-valeric acid

【拼音】 wu suan

【基础词】

【定义】

存在于烟草叶片中的一种有机酸，特别是在香料烟中常见，也与甲酸、乙酸和异丁酸同时存在于烟草烟气中。

【词条关系】

【化学式】 $C_5H_{10}O_2$

◎ 手工填芯卷烟

【基本信息】

【英文名】 hand-filled cigarette

【拼音】 shou gong tian xin juan yan

【基础词】

【定义】

吸烟者借助填芯机用卷烟纸纸管和细切烟

丝直接手工制作的卷烟。

◎ 滚筒干燥机

【基本信息】

【英文名】 drum drier

【拼音】 gun tong gan zao ji

【基础词】

【定义】

干燥机的一种类型，包括一个旋转、倾斜的圆柱形筒，筒壁加热。滚筒干燥机通过滚筒内的加热的径向叶片提起和输送烟叶。

【词条关系】

【类属】 干燥机

◎ 吸湿性

【基本信息】

【英文名】 hygroscopicity

【拼音】 xi shi xing

【基础词】

【定义】

物质从空气中吸收水分的能力。当一个物体所含的水蒸气压力低于相同温度下的饱和气压时，该物体是吸湿的。这种能力使物体在给定相对湿度时能保持一定的水分，而水分决定着烟叶的干燥和湿润程度及其柔韧性。干燥时烟叶温度也以其吸湿能力为基础。当烟叶既不从空气中吸收水分也不放出水分时，换句话说，当烟叶达到特定的水分含量时，就达到了吸湿平衡。吸湿平衡依赖于空气温度和烟叶类型，是加工前准确的空气调控和不同类型烟叶水分控制的重要影响因素。

◎ 卷烟接装纸涂层

【基本信息】

【英文名】 cigarette tip coating

【拼音】 juan yan jie zhuang zhi tu ceng

【基础词】

【定义】

涂在卷烟接装纸上的防水树脂，以防止卷烟嘴端粘在吸烟人的唇上。

【词条关系】

【用于】 接装纸

◎ 烟气中半挥发性成分

【基本信息】

【英文名】 semi-volatile fraction of smoke

【拼音】 yan qi zhong ban hui fa xing cheng fen

【基础词】

【定义】

烟气中除了含有粒相和气相成分外，一般还有半挥发相或半挥发性组分。烟气中半挥发性成分是一组室温下截留在剑桥滤片中，在确定的温度下会从滤片中挥发，但不能观察到其分解过程的烟气成分。这个“确定的温度”在不同的研究中各不相同，一般在100～200 ℃。剑桥滤片中大约5%的物质会挥发出来，因此这类半挥发性组分不能精确定义，但该组分一般包含300种沸点在70～300 ℃的烟气成分，如碳氢化合物、烷基苯类、萘类、酮类、吡啶类、酚类、呋喃类、吡嗪类等。因为具有挥发性，半挥发性组分包括许多对烟气的香气和香味有作用的物质。

【词条关系】

【类属】 烟气成分

【借助】 剑桥滤片

◎ 预回潮室

【基本信息】

【英文名】 pre-conditioning chamber

【拼音】 yu hui chao shi

【基础词】

【定义】

拆包前对烟包进行预回潮的地方。烤烟和晾烟烟包经常放置在采用低压蒸汽喷射的真空室里。

【词条关系】

【英文缩写】 CTCM

◎ 吸烟室

【基本信息】

【英文名】 smoking compartments

【拼音】 xi yan shi

【基础词】

【定义】

专门用于吸烟的场所，如机场、车站非吸烟区以外单独设置的吸烟场所。

◎ 催熟剂

【基本信息】

【英文名】 ripening aids

【拼音】 cui shu ji

【基础词】

【定义】

能诱导或加速烟叶成熟的物质。最常用的催熟剂是乙烯，但使用规模也不大。在烟叶变黄期间，乙烯以气体的形式导入烤房，或者以 2-氯乙烯磷酸的形式喷洒在田间的烟株上。

【词条关系】

◎ 根癌农杆菌

【基本信息】

【英文名】 *Agrobacterium tumefaciens*

【拼音】 gen ai nong gan jun

【基础词】

【词条关系】

【导致】 细菌性根瘤病

◎ 二羟二乙醚

【基本信息】

【英文名】 dihydroxydiethylether

【拼音】 er qiang er yi mi

【基础词】

【定义】

用于制备烟丝的保湿剂。

◎ 无烟碱无水粒相物质

【基本信息】

【英文名】 particulate matter water nicotine-free

【拼音】 wu yan jian wu shui li xiang wu zhi

【基础词】

【定义】

烟气分析中使用的分级，指已从烟气冷凝物中扣除含水量和烟碱量。

◎ 搭口粘结装置

【基本信息】

【英文名】 side-seam adhesive system

【拼音】 da kou zhan jie zhuang zhi

【基础词】

【定义】

卷烟机上在卷烟纸包裹烟条后迅速涂上适量的黏结剂粘合卷烟纸搭口的装置。为了确保粘合效果，该装置需要严格控制黏结剂的施加量和粘结温度。

◎ 滚筒压梗机

【基本信息】

【英文名】 rolling machine stem flattener

【拼音】 gun tong ya geng ji

【基础词】

【词条关系】

【类属】 压梗机

◎ 滤段

【基本信息】

【英文名】 plug

【拼音】 lü duan

【基础词】

【定义】

卷烟滤嘴材料未外包的部分，尤指为组装滤嘴卷烟放在烟支旁时。

【词条关系】

【隶属于】 滤棒

◎ 印刷滚筒

【基本信息】

【英文名】 printing cylinder

【拼音】 yin shua gun tong

【基础词】

【定义】

印版固定的印刷设备装置。凹版印刷采用铜版蚀刻印刷滚筒。

【词条关系】

【基本等同】 凹版滚筒

◎ 烟草金针虫

【基本信息】

【英文名】 *Conoderus vespirtinus*

【拼音】 yan cao jin zhen chong

【基础词】

【词条关系】

【类属】 金针虫

◎ 卷烟描述语

【基本信息】

【英文名】 cigarette descriptor

【拼音】 juan yan miao shu yu

【基础词】

【定义】

用于广告或烟标信息的描述性术语，通常涉及“焦油”、“烟碱”及其他化学成分和“低焦油”、“浓香”等，有时还包括卷烟长度。卷烟包装必须印上烟碱、焦油和一氧化碳的量。

【词条关系】

【子类】 焦油

【子类】 烟碱

【子类】 一氧化碳

◎ 板式折叠器

【基本信息】

【英文名】 panel folder

【拼音】 ban shi zhe die qi

【基础词】

【定义】

包装机上用于卷烟包装的装置，用于折叠条盒盒坯的压痕和/或切口部分。

◎ 淡味卷烟

【基本信息】

【英文名】 light cigarette

【拼音】 dan wei juan yan

【基础词】

【定义】

用以表示低焦油和低烟碱含量产品的通用术语。

【词条关系】

【关键指标】 醇和

【类比】 低焦油卷烟

◎ 无硝酸盐卷烟纸

【基本信息】

【英文名】 nitrate-free cigarette paper

【拼音】 wu xiao suan yan juan yan zhi

【基础词】

【定义】

不用硝酸盐(一般用硝酸钠或者硝酸钾)作为燃烧促进剂的卷烟纸。因硝酸盐有某些不良副作用，现在普遍使用柠檬酸盐和醋酸盐作为燃烧促进剂。

【词条关系】

【类比】 硝酸盐烟纸

◎ 之宝牌打火机制造公司

【基本信息】

【英文名】 Zippo Manufacturing Company

【拼音】 zhi bao pai da huo ji zhi zao gong si

【基础词】

【定义】

Zippo是由美国之宝牌打火机制造公司制造的金属打火机，Zippo的防风技术能够满足在任何恶劣的天气下随时点火的需求。其燃料是一种非常稳定的石油提炼物，由它燃烧产生的火焰不但安全可靠，而且异常洁净。

◎ 吸料叶

【基本信息】

【英文名】 drinkers

【拼音】 xi liao ye

【基础词】

【定义】

在加料过程中大量吸收液体的烟草的名称。

◎ 真菌性病害

【基本信息】

【英文名】 fungal disease

【拼音】 zhen jun xing bing hai

【基础词】

【词条关系】

【子类】 灰霉病

【子类】 破烂叶斑病

【子类】 镰刀枯萎病

【子类】 炭疽病

【子类】 猝倒病

【子类】 炭腐病

【子类】 锈蚀病

◎ 辣椒素

【基本信息】

【英文名】 capsidiole

【拼音】 la jiao su

【基础词】

【定义】

烟草和其他茄科植物通过萜类化合物代谢产生的植物抗菌素。

【词条关系】

【类属】 植物抗毒素

◎ 强度

【基本信息】

【英文名】 strength

【拼音】 qiang du

【基础词】

【词条关系】

【基本等同】 烟气强度

◎ 中国烟草专卖

【基本信息】

【英文名】 China tobacco monopoly

【拼音】 zhong guo yan cao zhuan mai

【基础词】

【定义】

买卖烟草及烟草制品的唯一权利。我国为实行烟草专卖管理,有计划地组织烟草专卖品的生产和经营,提高烟草制品质量,维护消费者利益,保证国家财政收入,制定了《中华人民共和国烟草专卖法》(以下简称《专卖法》)。《专卖法》所称烟草专卖品是指卷烟、雪茄烟、烟丝、复烤烟叶、烟叶、卷烟纸、滤嘴棒、烟用丝束、烟草专用机械。卷烟、雪茄烟、烟丝、复烤烟叶统称烟草制品。国家对烟草专卖品的生产、销售、进出口依法实行专卖管理,并实行烟草专卖许可证制度。

◎ 棕褐叶

【基本信息】

【英文名】 dun

【拼音】 zong he ye

【基础词】

【定义】

褐色烟叶的旧称,偶尔用于白肋烟或其他晾烟。

◎ 鼻烟壶

【基本信息】

【英文名】 snuff bottle

【拼音】 bi yan hu

【基础词】

【定义】

一种用玻璃、陶瓷或近来用无味塑料制成的带有艺术装饰的用来装鼻烟的小瓶。

◎ 烟末

【基本信息】

【英文名】 dust

【拼音】 yan mo

【基础词】

【定义】

(1) 烟叶加工过程中不同操作造成的烟草碎末,收集起来后可用于制造再造烟叶。

(2) 在加工过程产生的废料。它主要是烟末和碎烟丝,因其太小而不能使用。经清检以后可用于制造再造烟叶。

(3) 原烟打叶时产生的极小的烟草颗粒。

【词条关系】

【用于】 烟草薄片

◎ 跳涂胶

【基本信息】

【英文名】 skip tipping

【拼音】 tiao tu jiao

【基础词】

【定义】

按图案给接装纸涂胶的方法。这种跳涂方法可使接装纸一些地方不被涂上胶水。这种方法用于预先打孔的接装纸,以允许空气通过孔进入,增加空气对烟气的稀释。

◎ 卷叶病

【基本信息】

【英文名】 krupuk

【拼音】 juan ye bing

【基础词】

【定义】

侵染烟草和其他作物的病毒病,流行于亚洲、东印度群岛和非洲,美洲直到 1948 年才有记载。该病抗性未知,可造成重大损失,通常由一种甘薯粉虱传播。幼嫩植株的典型症状是生长严重受阻及与之相伴的叶片畸形;晚些的攻击会根据病毒的具体株系产生不同的效果,包括褶,一种叶片衰退的卷曲，由表面叶脉向下发射；较迟地感染下部叶的话会造成下部叶很难烘烤，且可能没有病状。该病害控制是通过清洁、作物种植间隔期消灭烟叶材料、间作非寄主屏障作物和应用杀虫剂控制传播媒介。

【词条关系】

【受影响(有关)】 粉虱

【导致】 卷曲

◎ 压敏式粘结带

【基本信息】

【英文名】 pressure-sensitive adhesive tape

【拼音】 ya min shi zhan jie dai

【基础词】

【定义】

一种一面预涂的包装过程中粘到外包装材料上的粘结带。与热敏式粘结带相比，这种带不需要高温粘结但封口更牢固。

◎ 光合作用

【基本信息】

【英文名】 photosynthesis

【拼音】 guang he zuo yong

【基础词】

【定义】

光和叶绿素一样是植物体内碳水化合物的形成所必需的。当光和叶绿素同时存在时，以下列方式形成葡萄糖：$6CO_2+6H_2O=C_6H_{12}O_6+6O_2$(二氧化碳＋水＝葡萄糖＋氧气)。对于烟草植株，人们经常借助放射性碳来研究这个过程。

【词条关系】

【关键指标】 葡萄糖

【受影响(有关)】 镁

◎ 冷却

【基本信息】

【英文名】 cooling

【拼音】 leng que

【基础词】

【定义】

降低烟草或烟草物质的温度，在烟草加工和制造过程中会进行多次。①烤房：调制完成后，烤房被冷却，使烟草能吸收水分，从而使烟草在处理时的破损率最小。②复烤：在烟草干燥和回潮之间要冷却。③烟丝：切丝和烘丝后烟丝要冷却，之后烟丝被加香并放入贮丝柜。④发酵：当达到预期的发酵温度时该过程被中止，以使烟草冷却。⑤雪茄内胚：经过热机械加工后，雪茄内胚要冷却。

◎ 叶片角度

【基本信息】

【英文名】 leaf angle

【拼音】 ye pian jiao du

【基础词】

【定义】

托叶附近烟叶的角度，是栽培中使用的一个显著易辨的特征。角度值通过测量与主茎相连的主脉下半部(仅下半部)得到，必须注意区分严格的叶角度和叶片自身位置，后者也可能是一个相当陡的角度。

◎ 配方组合

【基本信息】

【英文名】 blending block

【拼音】 pei fang zu he

【基础词】

【定义】

根据配方师的指示，为了补充试验而制成的不同原始烟叶混合物。这些烟叶后来在测试之前按正常方式加工。配料批次根据要求每日由各种大小批次的烟叶制成。

◎ 营养缺乏症

【基本信息】

【英文名】 nutrient deficiency

【拼音】 ying yang que fa zheng

【基础词】

【定义】

植物由于缺乏某种重要的生长发育必需元素而造成的外观和品质不正常的现象。硼、锰、铝、锌、铜、铁等微量元素的供应不足尤其值得注意。

【词条关系】

【关键指标】 肥料

◎ 空腔滤嘴

【基本信息】

【英文名】 cavity filter

【拼音】 kong qiang lü zui
【基础词】
【定义】
制作卷烟用的一种复合滤嘴。由两段醋酸纤维素或纸制成，中间有一段装活性炭或其他吸附剂的空腔。
【词条关系】
【类属】 复合滤嘴

◎ 定量皮带秤

【基本信息】
【英文名】 dosing belt weigher
【拼音】 ding liang pi dai cheng
【基础词】
【词条关系】
【类属】 计量进料器

◎ 标签

【基本信息】
【英文名】 label
【拼音】 biao qian
【基础词】
【定义】
(1) 在配方室贴在每一种烟草上的标签，简要描述烟草的质量及其用途。
(2) 印刷过的纸，预切成要求的尺寸，包在软盒包装的金属箔纸周围。有时也延伸用以指硬盒包装使用的印刷过的空白纸。
(3) 卷烟盒生产过程中插入两层塑料膜中间的印刷过的纸张。
(4) 政府健康警告标签。

◎ 堆量

【基本信息】
【英文名】 bulk weight
【拼音】 dui liang
【基础词】
【定义】
1 m^3 堆积材料的重量。烟叶的堆积重量取决于层高、烟草类型、堆积条件、水分含量以及贮存时间长短。典型的重量是：烟丝，100～140 kg/m^3；去梗叶，约 40～90 kg/m^3；干燥雪茄芯叶，大约 24～40 kg/m^3。为了能够有计划地向贮叶柜中运输和贮存烟叶，了解烟叶堆积重量是很有必要的。堆积重量也与填充性有直接关系。

◎ 黄花烟草亚属

【基本信息】
【英文名】 *Rustica*
【拼音】 huang hua yan cao ya shu
【基础词】
【定义】
烟草的亚属，包括黄花烟草。
【词条关系】
【类属】 黄花烟草
【子类】 波叶烟草

◎ 金属探测器

【基本信息】
【英文名】 metal detector
【拼音】 jin shu tan ce qi
【基础词】
【定义】
探测烟草中存在的金属的设备。烟草在输送中通过一个环形线圈的电磁场，其中所含任何金属物体都会引起反向感应脉冲，杂有金属的烟草即可被去除。
【词条关系】
【用途】 异物

◎ 外加内包皮

【基本信息】
【英文名】 top binder
【拼音】 wai jia nei bao pi
【基础词】
【定义】
附加的另一张内包皮叶，当第一张内包皮叶太软不耐用时，用来加固。

◎ 合格种子

【基本信息】
【英文名】 certified seed
【拼音】 he ge zhong zi
【基础词】
【定义】
由鉴定机构对遗传特性和纯度鉴定过的种子。已合格的种子分为基础种子、注册种子和合格种子。

◎ 尺蠖

【基本信息】

【英文名】 looper;chrysodeixis argentifera

【拼音】 chi huo

【基础词】

【定义】

为害烟草的毛虫,以烟草叶片为食,偶尔会造成严重的地方性危害。尺蠖通过喷洒有机磷或氨基甲酸酯杀虫剂来控制。

【词条关系】

【类属】 烟草害虫

◎ 纸捻

【基本信息】

【英文名】 pipe light

【拼音】 zhi nian

【基础词】

【定义】

用来点烟斗的纸捻。

◎ 丝束材料评价

【基本信息】

【英文名】 evalution of fibre tow material

【拼音】 si shu cai liao ping jia

【基础词】

【定义】

对丝束材料各项指标进行评定的过程。

【词条关系】

【关键指标】 切断

【关键指标】 分裂

【关键指标】 单丝线密度

【关键指标】 丝束线密度

【关键指标】 滴浆

◎ 烟叶调制方法和生物学性状分类

【基本信息】

【英文名】 classfication of tobacco blending method and biological characters

【拼音】 yan ye tiao zhi fang fa he sheng wu xue xing zhuang fen lei

【基础词】

【定义】

烟草的一种分类方式,主要依据是烟叶调制采用的方法及烟草的生物学性状。

【词条关系】

【子类】 晒烟

【子类】 香料烟

【子类】 烤烟

【子类】 晾烟

◎ 烟用包装评价

【基本信息】

【英文名】 tobacco package evalution

【拼音】 yan yong bao zhuang ping jia

【基础词】

【定义】

对卷烟包装的各项指标进行评价的过程。

【词条关系】

【关键指标】 (拉线)持黏性

【关键指标】 热封强度

【关键指标】 暴筋

【关键指标】 色牢度

【关键指标】 (拉线)180°剥离强度

【关键指标】 耐光色牢度

◎ 造纸法再造烟叶设备

【基本信息】

【英文名】 equipments of paper-making processing reconstituted tobacco

【拼音】 zao zhi fa zai zao yan ye she bei

【基础词】

【定义】

采用造纸法生产再造烟叶的设备的总称。

【词条关系】

【子类】 磨浆机

【子类】 抄造机

【子类】 烘干机

【子类】 涂布机

【子类】 切片机

【子类】 固液分离器

◎ 烟草植物学分类

【基本信息】

【英文名】 tobacco botanical classification

【拼音】 yan cao zhi wu xue fen lei

【基础词】

【定义】

烟草的一种分类方式,可将烟草分为黄花烟

草、红花烟草和野生烟草。

【词条关系】

【子类】 黄花烟草

【子类】 野生烟草

【子类】 红花烟草

◎ 卷接包设备

【基本信息】

【英文名】 direct linkaged cigarette making and packing instruments

【拼音】 juan jie bao she bei

【基础词】

【定义】

用于烟支卷制、滤嘴接装和卷烟包装的设备的总称。

【词条关系】

【子类】 卷接机组

【子类】 卷烟包装机

【子类】 卷烟硬条包装膜包装机

【子类】 滤嘴接装机

【子类】 卷烟包装机组

【子类】 卷接包生产线

【子类】 卷烟储存输送系统

【子类】 卷烟硬条包装机

【子类】 装封箱机

【子类】 小车送丝系统

【子类】 风力送丝系统

【子类】 卷烟机

【子类】 卷烟盒包装膜包装机

◎ 烟草制品品质评价

【基本信息】

【英文名】 quality evalution of tobacco products

【拼音】 yan cao zhi pin pin zhi ping jia

【基础词】

【定义】

对烟草制品各项指标进行评定的过程。

【词条关系】

【关键指标】 爆口

【关键指标】 持灰能力

【关键指标】 空头

【关键指标】 通风量

【关键指标】 纸通风

【关键指标】 端部落丝量

【关键指标】 烟蒂通风

【关键指标】 总通风

【关键指标】 通风率

【关键指标】 卷烟熄火

【关键指标】 漏气

【关键指标】 滤嘴通风

【关键指标】 硬度

【关键指标】 热塌陷

【关键指标】 卷烟纸通风

【关键指标】 吸阻

【关键指标】 卷烟含水率

【关键指标】 卷烟燃烧段通风

【关键指标】 总气流量

【关键指标】 输入端

【关键指标】 滤嘴接装纸通风

【关键指标】 监测卷烟

【关键指标】 烟丝含末率

【关键指标】 输出端

◎ 烟用材料检测仪器

【基本信息】

【英文名】 tobacco materials testers

【拼音】 yan yong cai liao jian ce yi qi

【基础词】

【定义】

对卷烟纸、烟用纤维丝束等烟用材料进行特征检测的仪器的总称。

【词条关系】

【子类】 卷烟纸阴燃速率测定仪

【子类】 烟用纤维丝束卷曲指数测定仪

【子类】 烟用纤维丝束线密度测定仪

【子类】 卷烟盒密封度测定仪

【子类】 纸张透气度测定仪

◎ 烟用材料评价

【基本信息】

【英文名】 tobacco materials evalution

【拼音】 yan yong cai liao ping jia

【基础词】

【定义】

对各类烟用材料进行特定指标的评估与总结。

【词条关系】

【关键指标】 空腔

【关键指标】 抗张能量吸收

【关键指标】 胶孔
【关键指标】 圆度
【关键指标】 分层
【关键指标】 压降
【关键指标】 缩头
【关键指标】 测量压力
【关键指标】 内粘接线
【关键指标】 透气度
【关键指标】 孔带(孔线)宽度
【关键指标】 孔带(孔线)距边宽度
【关键指标】 空洞
【关键指标】 沟槽滤棒
【关键指标】 阴燃速率

◎ 雪茄烟加工机械

【基本信息】
【英文名】 cigar processing machines
【拼音】 xue jia yan jia gong ji xie
【基础词】
【定义】
完成雪茄烟加工过程的设备的总称。
【词条关系】
【子类】 雪茄烟全能包卷机
【子类】 卷内胚机
【子类】 卷外包叶机

◎ 印模

【基本信息】
【英文名】 printing die
【拼音】 yin mu
【基础词】
【词条关系】
【子类】 卷烟印刷印模

◎ 烟丝检测仪器

【基本信息】
【英文名】 tobacco testing instruments
【拼音】 yan si jian ce yi qi
【基础词】
【定义】
对烟丝各项指标进行检测的仪器的总称。
【词条关系】
【子类】 烟丝结构振动分选筛
【子类】 烟丝含水率测定仪
【子类】 红外含水率测定仪
【子类】 烟丝弹性测定仪
【子类】 烟丝宽度测定仪
【子类】 填充值测定仪

◎ 片烟检测设备

【基本信息】
【英文名】 lamina testing instruments
【拼音】 pian yan jian ce she bei
【基础词】
【定义】
对片烟进行检测的设备的总称。
【词条关系】
【子类】 叶中含梗测定仪
【子类】 片烟振动分选机
【子类】 片烟密度无损测定仪
【子类】 片烟结构检测设备

◎ 填充力

【基本信息】
【英文名】 filling power
【拼音】 tian chong li
【基础词】
【词条关系】
【关键指标】 压缩性

◎ 滤棒成型设备

【基本信息】
【英文名】 filter rod making instruments
【拼音】 lü bang cheng xing she bei
【基础词】
【定义】
将烟用丝束等过滤材料卷制成一定规格滤棒的设备。
【词条关系】
【子类】 滤棒固化储存输送系统
【子类】 纤维滤棒成型机组
【子类】 纤维开松上胶机
【子类】 滤棒发射接收设备
【子类】 纤维滤棒成型机
【子类】 复合滤棒成型机

◎ 可育性

【基本信息】
【英文名】 fertility
【拼音】 ke yu xing

【基础词】
【词条关系】
【用于】 杂交育种
【类比】 不育性

◎ 烟叶品质评价

【基本信息】
【英文名】 tobacco quality evalution
【拼音】 yan ye pin zhi ping jia
【基础词】
【定义】
从烟叶外观质量、物理特性等各方面对烟叶品质进行评估。
【词条关系】
【关键指标】 烟叶含水率
【关键指标】 烟叶阴燃均匀性
【关键指标】 阴燃时间
【关键指标】 烟叶阴燃持火力
【关键指标】 烟叶阴燃性
【关键指标】 砂土率
【关键指标】 烟叶含梗率
【关键指标】 烟叶阴燃速率

◎ 烟草蚀纹病毒病

【基本信息】
【英文名】 tobacco etch virus
【拼音】 yan cao shi wen bing du bing
【基础词】
【定义】
一种烟草病毒病。病变植株叶面上形成坏斑和条斑，严重时会阻碍下部叶的发育。发病的最初症状是叶脉坏死。病毒以蚜虫传播，尤其以桃蚜为主。防治时需清除野生寄主及蚜虫。
【词条关系】
【受影响(有关)】 桃蚜
【受影响(有关)】 蚜虫
【英文缩写】 TEV

◎ 爆珠

【基本信息】
【英文名】 crush capsule
【拼音】 bao zhu
【基础词】
【定义】
也称胶囊、香丸、脆性胶囊、滤嘴珠子。爆珠有大有小，直径为 2.6～4.6 mm，是可挤破的珠子，挤破时具有爆开的感觉并释放内部填充物。爆珠主要是在卷烟滤嘴中使用。
【词条关系】
【同义】 胶囊
【同义】 香丸
【同义】 脆性胶囊
【同义】 滤嘴珠子
【同义】 香珠

◎ 口含烟

【基本信息】
【英文名】 oral smokeless tobacco products
【拼音】 kou han yan
【基础词】
【词条关系】
【子类】 含烟
【子类】 溶烟
【基本等同】 口用型无烟气烟草制品

◎ 烟蚜茧蜂

【基本信息】
【英文名】 aphidius gifuensis ashmaed
【拼音】 yan ya jian feng
【基础词】
【定义】
昆虫名，为膜翅目，蚜茧蜂科。烟蚜茧蜂分布于中国、朝鲜、日本、美国、加拿大等国家。烟蚜茧蜂寄主昆虫有麦二叉蚜、麦长管蚜、棉蚜、大豆蚜、桃蚜等，主要危害小麦、棉花、大豆、油菜、甘蓝、白菜等作物。
【词条关系】
【类属】 生物防治
【类属】 蚜茧蜂

◎ 粘霉菌素

【基本信息】
【英文名】 polymyxin
【拼音】 zhan mei jun su
【基础词】
【定义】
抗菌谱药，对绿脓杆菌、大肠杆菌、肺炎克雷白杆菌以及嗜血杆菌、肠杆菌属、沙门菌、志贺菌、百日咳杆菌、巴斯德菌和弧菌等革兰阴性菌有抗菌作用。

【词条关系】

【类属】　抗生素

【同义】　粘菌素

◎ 香豆素

【基本信息】

【英文名】　coumarin

【拼音】　xiang dou su

【基础词】

【定义】

顺式邻羟桂皮酸的内酯及衍生物，天然存在于黑香豆、香蛇鞭菊、野香荚兰、兰花中，具有新鲜干草香和香豆香，一般不作食用，允许烟用和外用。

【词条关系】

【用于】　烟用香料

◎ 加拿大深度抽吸

【基本信息】

【英文名】　Health Canada Smoking Regime

【拼音】　jia na da shen du chou xi

【基础词】

【定义】

又叫 HCI 抽吸，在该方法中，吸烟机每吸两口烟的间隔缩短为 30 s，每一口吸入的烟气体积增大到 55 mL，接近真人吸烟情况。此方法目前在国际上得到广泛应用。

◎ 加香线

【基本信息】

【英文名】　fragrant thread

【拼音】　jia xiang xian

【基础词】

【定义】

常置于滤棒中，起增香保润作用的细线。

【词条关系】

【基本等同】　香线

◎ 通加包

【基本信息】

【英文名】　tonga bale

【拼音】　tong jia bao

【基础词】

【定义】

香料烟产区通常使用的烟包形式。

◎ 呼出的侧流烟气

【基本信息】

【英文名】　exhaled sidestream smoke

【拼音】　hu chu de ce liu yan qi

【基础词】

【定义】

吸烟者呼出的侧流烟气，其化学成分与烟支里的侧流烟气不同，因为呼吸器官吸收了一部分化学物质。

【词条关系】

【类属】　侧流烟气

◎ 鲜烟

【基本信息】

【英文名】　fresh tobacco

【拼音】　xian yan

【基础词】

【定义】

未采摘或刚采后仍保持绿色的烟叶。

◎ 蚜茧蜂

【基本信息】

【英文名】　aphidius

【拼音】　ya jian feng

【基础词】

【定义】

膜翅目姬蜂总科蚜茧蜂科蚜茧蜂亚科的通称。

【词条关系】

【子类】　烟蚜茧蜂

◎ 稠浆法

【基本信息】

【英文名】　slurry method

【拼音】　chou jiang fa

【基础词】

【词条关系】

【用于】　烟草薄片

【基本等同】　铸浆法

2.2 烟草科技词系统:烟草行业主要单位

◎ 国家烟草专卖局

【基本信息】

【英文名】 State Tobacco Monopoly Administration

【拼音】 guo jia yan cao zhuan mai ju

【核心词】

【词条属性】

【概况】 国家烟草专卖局成立于1984年,与中国烟草总公司合署办公,对我国烟草行业实行统一领导、垂直管理、专卖专营的管理体制,对全行业“人、财、物、产、供、销、内、外、贸”进行集中统一管理。

【词条关系】

【合署办公】 中国烟草总公司

◎ 中国烟草总公司

【基本信息】

【英文名】 China National Tobacco Corporation

【拼音】 zhong guo yan cao zong gong si

【核心词】

【词条属性】

【概况】 中国烟草总公司成立于1982年1月,为全民所有制企业,是全国性的农工商贸一体化的、具有法人资格的经济实体,受国家烟草专卖局领导。中国烟草总公司的业务范围是统一组织和安排全国烟草行业的生产经营和建设工作,统筹安排烟草行业农、工、商、贸的协调发展,推动行业技术和管理进步,发展横向经济联合,解决行业生产经营中的重大问题,对烟草基层工商企业进行领导、协调、管理和服务。

【词条关系】

【英文缩写】 CNTC

◎ 中国烟草实业发展中心

【基本信息】

【英文名】 China Tobacco Industry Development Center

【拼音】 zhong guo yan cao shi ye fa zhan zhong xin

【核心词】

【词条属性】

【分类】 中国烟草总公司直属公司

【分类】 卷烟生产

【分类】 雪茄烟生产

【主要职责】 中国烟草实业发展中心是国家烟草专卖局、中国烟草总公司直属的专业性公司。其工作职责:①指导、协调、管理所属企业的生产经营活动,指导所属企业安全生产工作;②组织实施所属企业组织结构调整,指导企业改革;③依法对所属企业的国有资产行使出资人权利,承担国有资产保值增值责任,管理监督所属企业财务资金,组织实施内部审计工作;④管理所属企业人事、劳动工资工作,指导所属企业精神文明建设,负责所属企业纪检监察工作;⑤承办国家烟草专卖局、中国烟草总公司交办的其他事项。

【词条关系】

【参股】 山西昆明烟草有限责任公司

【参股】 吉林烟草工业有限责任公司

【参股】 红塔辽宁烟草有限责任公司

【参股】 海南红塔卷烟有限责任公司

【参股】 内蒙古昆明卷烟有限责任公司

【控股】 深圳烟草工业有限责任公司

【控股】 甘肃烟草工业有限责任公司

【控股】 黑龙江烟草工业有限责任公司

◎ 中国烟草机械集团有限责任公司

【基本信息】

【英文名】 China Tobacco Machinery Group L. L. C.

【拼音】 zhong guo yan cao ji xie ji tuan you xian ze ren gong si

【核心词】

【词条属性】

【分类】 中国烟草总公司直属公司

【分类】 烟草机械工业

【概况】 中国烟草机械集团有限责任公司(简称集团公司)组建于1999年,由中国烟草总公司、上海烟草集团有限责任公司和中国烟草总公司云南省公司、山东省公司、河南省公司共同出资组建,是烟草行业内第一家按现代企业制度框架组建的专业化集团公司。后经股权变更,集团公司由中国烟草总公司控股，上海烟草集团有限责任公司及云南中烟、山东中烟、河南中烟4家工业公司参股。2008年，经中国烟草总公司批准(中烟办〔2008〕305号)，集团公司新增湖南中烟、湖北中烟、江苏中烟、安徽中烟、广东中烟5个股东。增资扩股后，中国烟草总公司股权占67%，上海烟草集团有限责任公司占5%，云南中烟、河南中烟、山东中烟、湖南中烟、湖北中烟、江苏中烟、安徽中烟、广东中烟分别占3.5%。集团公司是中国烟机工业核心企业，是国家烟草专卖局、中国烟草总公司直属的专业性公司，对全国烟草专用机械的生产经营担负一定的行业管理职能。2011年，中国烟草总公司对集团公司增加投资10亿元(中烟办〔2011〕178号)，总公司所占股权比例增至74.69%，上海烟草集团有限责任公司股权占3.87%，云南中烟、河南中烟、山东中烟、湖南中烟、湖北中烟、江苏中烟、安徽中烟、广东中烟分别占2.68%。集团公司下辖7家控股企业，包括上海烟草机械有限责任公司、常德烟草机械有限责任公司、许昌烟草机械有限责任公司、秦皇岛烟草机械有限责任公司4家烟机生产企业，北京达特集成技术有限责任公司、中烟烟机零配件采购服务中心有限责任公司2家专业公司以及设在上海、专门从事烟机产品开发的中烟机械技术中心有限责任公司。同时，集团公司持有云南烟草机械有限责任公司30%的股份。集团公司本部下设10个事业部。

【主要职责】 中国烟草机械集团有限责任公司是国家烟草专卖局、中国烟草总公司直属的专业性公司，承担一定的行业宏观管理职能。①参与拟订并组织实施烟草机械工业的发展规划、年度计划；参与拟订行业技术装备政策及烟草机械生产企业的生产布局、企业定点方案；拟订并组织实施行业设备管理制度，组织、协调行业生产设备的日常管理工作；负责推广新设备、新技术，发布淘汰设备目录。②参与拟订国产烟草机械设备分配计划和价格政策；组织、协调全国烟草机械的购销管理工作；拟订并组织实施烟草机械产品生产经营业务的管理制度。③负责行业设备大修理(翻修)的定点及布局工作，指导定点企业的生产经营和技术管理，拟订并组织实施设备大修理的年度计划；负责行业烟草机械零配件管理工作。④负责烟草机械产品的技术管理工作；负责国内外烟草机械的技术交流、技术合作、对外技术谈判、技术培训和技术咨询服务工作；负责烟草机械引进技术的消化吸收和国产化工作；参与组织烟草机械新产品技术鉴定工作；拟订烟草机械产品的质量标准；参与拟订烟草机械设备进出口年度计划；参与组织烟草机械出口工作，负责组织货源和售后服务，参与组织国际市场开发工作。⑤依法对控股企业行使出资人权利，经营和管理国有资产，承担保值增值的责任；按照国家烟草专卖局的授权，管理本公司及控股企业的人事、劳动工资及纪检监察工作。⑥承办国家烟草专卖局、中国烟草总公司交办的其他事项。

【词条关系】

【参股】 云南烟草机械有限责任公司

【控股】 中烟机械技术中心有限责任公司

【控股】 许昌烟草机械有限责任公司

【控股】 常德烟草机械有限责任公司

【控股】 秦皇岛烟草机械有限责任公司

【控股】 上海烟草机械有限责任公司

【控股】 中烟烟机零配件采购服务中心有限责任公司

【控股】 北京达特集成技术有限责任公司

◎ 中国烟草学会

【基本信息】

【英文名】 China Tobacco Society

【拼音】 zhong guo yan cao xue hui

【核心词】

【词条属性】

【概况】 中国烟草学会成立于1985年，挂靠国家烟草专卖局(中国烟草总公司)，直属中国科学技术协会。它是由烟草科技人员自愿结合依法登记注册的社会团体，下设3个工作委员会(组织、期刊编辑、科普教育)和8个专业委员会(烟草工业、农业、经济、专卖、销售、材料、信息化、新产业)，承担中国烟草国内外学术交流、科学普及、科技咨询等活动，出版学术刊物《中国烟草学报》。

【词条关系】

【下辖】 《中国烟草学报》

◎ 南通醋酸纤维有限公司

【基本信息】

【英文名】 Nantong Cellulose Fibres L. L. C.

【拼音】 nan tong cu suan xian wei you xian gong si

【核心词】

【词条属性】

【分类】 卷烟辅助材料生产

【概况】 南通醋酸纤维有限公司(简称南纤公司)成立于1987年3月,由中国烟草总公司与美国塞拉尼斯公司合资经营,是集化工、化纤、热电为一体的大型工业企业。南纤公司占地面积为79.35万平方米,总投资为7.59亿美元,其中中方投资占69.32%,美方占30.68%。南纤公司主要产品为烟用二醋酸纤维丝束(简称醋纤丝束)及其配套原料二醋酸纤维素片(简称醋片),其中,醋纤丝束销售到全国近60家卷烟生产企业;醋片作为醋纤丝束的生产原料,除公司自用外,同时提供给昆明和珠海两家醋酸纤维有限公司及海外市场。

◎ 昆明醋酸纤维有限公司

【基本信息】

【英文名】 Kunming Cellulose Fibres L. L. C.

【拼音】 kun ming cu suan xian wei you xian gong si

【核心词】

【词条属性】

【分类】 卷烟辅助材料生产

【概况】 昆明醋酸纤维有限公司(简称昆纤公司)成立于1993年5月,由中国烟草总公司和美国塞拉尼斯公司共同投资兴建,占地面积为19万平方米,总投资为9 171.3万美元,中方投资占70%,美方占30%。公司主要产品为烟用二醋酸纤维丝束,年生产能力为3.5万吨。

◎ 珠海醋酸纤维有限公司

【基本信息】

【英文名】 Zhuhai Cellulose Fibres L. L. C.

【拼音】 zhu hai cu suan xian wei you xian gong si

【核心词】

【词条属性】

【分类】 卷烟辅助材料生产

【概况】 珠海醋酸纤维有限公司(简称珠纤公司)成立于1993年5月20日,由中国烟草总公司和美国塞拉尼斯公司合资兴建。珠纤公司占地面积为16万平方米,总投资为2.23亿美元,其中中方投资占70%、美方占30%。珠纤公司专业生产烟用二醋酸纤维素丝束,年生产能力为3.5万吨。

◎中国烟草总公司郑州烟草研究院

【基本信息】

【英文名】 Zhengzhou Tobacco Research Institute of China National Tobacco Corporation

【拼音】 zheng zhou yan cao yan jiu yuan

【核心词】

【词条属性】

【分类】 科研院所

【概况】 中国烟草总公司郑州烟草研究院,成立于1958年,是中国烟草总公司直属的烟草综合性科研机构,下设烟草生态环境与烟叶质量重点实验室、烟草工艺重点实验室、烟草化学重点实验室、烟草香料基础研究重点实验室4个省部级重点实验室和国家烟草基因研究中心、中国烟草科技信息中心、中国烟草标准化研究中心、中国烟草质检中心4个行业级中心。该机构主要从事烟叶栽培调制、烟草基因、卷烟加工工艺和配方、烟草化学、香精香料、打叶复烤、膨胀烟丝、烟草薄片、烟草加工设备、烟用仪器仪表、标准、检验、信息等方面的应用基础和共性技术研究;承担卷烟厂、烟叶复烤厂工程设计和技术改造任务,学科范围覆盖从烟草栽培至卷烟生产的全过程。

【词条关系】

【隶属】 中国烟草总公司

【同义】 郑州院

【下辖】 中国烟草科技信息中心

【下辖】 中国烟草标准化研究中心

【下辖】 国家烟草基因研究中心

【管理】 国家烟草质量监督检验中心

◎ 中国烟草总公司职工进修学院

【基本信息】

【英文名】 Staff Training Institute of China Tobacco Corporation

【拼音】 zhong guo yan cao zong gong si zhi gong jin xiu xue yuan

【核心词】

【词条属性】

【分类】 教育培训

【概况】 中国烟草总公司职工进修学院(简称进修学院)前身是河南省烟草工业学校,成立于1985年1月;1992年11月,更名为中国烟草总公司郑州中等专业学校,由河南省烟草专卖局(公司)代管;2001 年 7 月,更名改制为中国烟草总公司职工技术培训中心,2005 年 4 月开始由国家烟草专卖局、中国烟草总公司直接管理;2009 年 11 月,更名为中国烟草总公司职工进修学院。2011 年 1 月,国家烟草专卖局职业技能鉴定指导中心职能和办公地点调整到进修学院,与进修学院合署办公。2014 年,中国烟草学会教育培训专业委员会在进修学院设立办事机构。2015 年,中国烟草总公司黄淮烟叶样品中心在进修学院成立,中国烟草网络学院在进修学院正式运行。进修学院职能不断拓展,呈现出"数块牌子、多项职能、一体联动"的崭新局面。进修学院主要职责:承担行业高等级职业资格认证培训、行业高层次高技能人才继续教育、行业远程教育培训、行业教育培训资源建设、行业高等级职业技能鉴定以及行业职业技能竞赛管理等。进修学院下设 5 个行政管理部门、6 个教学服务部门、2 个后勤服务部门和 3 个职业技能鉴定部门。

◎ 中国烟草总公司合肥设计院

【基本信息】

【英文名】 Hefei Design Institute of China Tobacco Corporation

【拼音】 zhong guo yan cao zong gong si he fei she ji yuan

【核心词】

【词条属性】

【分类】 科研院所

【概况】 中国烟草总公司合肥设计院(简称合肥设计院)成立于 1990 年 6 月,是国家烟草专卖局、中国烟草总公司直属管理的烟草行业唯一专业设计院。合肥设计院具有国家住房和城乡建设部批准的"轻纺行业(食品发酵烟草工程)专业甲级"和"建筑行业(建筑工程)乙级""轻型钢结构工程设计专项乙级"设计资质,可从事资质证书许可范围内相应的建筑工程总承包业务以及项目管理和相关的技术与管理服务。2009 年,根据国家烟草专卖局《关于中国烟草总公司合肥设计院职能调整的批复》文件精神,合肥设计院的主要职能调整为受国家烟草专卖局、中国烟草总公司委托,承担烟草行业固定资产投资工程项目的技术审查职责,负责组织行业固定资产重大投资工程项目总体规划、项目申请报告、初步设计文件、工程超支分析报告等技术审查以及对重大项目和课题的专家论证、评估。在完成国家烟草专卖局委托的工程项目技术审查任务的基础上,合肥设计院保留部分经营职能,利用技术优势,承接行业打叶复烤厂、烟用仓库设计和部分项目初步设计文件、施工图第三方审查及咨询工作。

◎ 北京市烟草专卖局(公司)

【基本信息】

【英文名】 Beijing Tobacco Monopoly Bureau (Company)

【拼音】 bei jing shi yan cao zhuan mai ju (gong si)

【核心词】

【词条属性】

【分类】 专卖管理与"两烟"经营

【概况】 北京市烟草专卖局(公司)成立于 1986 年 1 月 1 日,目前内设 11 个职能处室及 8 个专业部门,下设铁路分局、公路分局、营销中心、物流中心,下辖 16 个区烟草专卖局(公司)和北京京烟卷烟零售连锁有限公司、北京金健恒通商贸有限公司、北京通大家园物业管理有限公司。

【词条关系】

【下辖】 北京市通州区烟草专卖局(公司)

【下辖】 北京市石景山区烟草专卖局(公司)

【下辖】 北京市朝阳区烟草专卖局(公司)

【下辖】 北京烟草物流中心

【下辖】 北京市西城区烟草专卖局(公司)

【下辖】 北京市房山区烟草专卖局(公司)

【下辖】 北京市门头沟区烟草专卖局(公司)

【下辖】 北京市东城区烟草专卖局(公司)

【下辖】 北京市顺义区烟草专卖局(公司)

【下辖】 北京市海淀区烟草专卖局(公司)

【下辖】 北京市平谷区烟草专卖局(公司)

【下辖】 北京市丰台区烟草专卖局(公司)

【下辖】 北京市昌平区烟草专卖局(公司)

【下辖】 北京市大兴区烟草专卖局(公司)

【下辖】 北京市延庆区烟草专卖局(公司)

【下辖】 北京金健恒通商贸有限公司

【下辖】 北京市怀柔区烟草专卖局(公司)

【下辖】 北京烟草营销中心

【下辖】 北京京烟卷烟零售连锁有限公司

【下辖】 北京市密云区烟草专卖局(公司)

◎ 北京市西城区烟草专卖局(公司)

【基本信息】

【英文名】 Beijing Xicheng District Tobacco

Monopoly Bureau (Company)

【拼音】 bei jing shi xi cheng qu yan cao zhuan mai ju (gong si)

【基础词】

【词条属性】

【分类】 专卖管理与“两烟”经营

【概况】 北京市西城区烟草专卖局(公司)成立于2010年9月19日,由原西城区烟草专卖局(公司)和原宣武区烟草专卖局(公司)合并而成。

◎ 北京市东城区烟草专卖局(公司)

【基本信息】

【英文名】 Beijing Dongcheng District Tobacco Monopoly Bureau (Company)

【拼音】 bei jing shi dong cheng qu yan cao zhuan mai ju (gong si)

【基础词】

【词条属性】

【分类】 专卖管理与“两烟”经营

【概况】 北京市东城区烟草专卖局(公司)成立于2010年9月,由原东城区烟草专卖局(公司)和原崇文区烟草专卖局(公司)合并而成。东城区烟草专卖局(公司)负责全区的卷烟经营和市场监管工作,内部机构设置六科两室。

◎ 北京市丰台区烟草专卖局(公司)

【基本信息】

【英文名】 Beijing Fengtai District Tobacco Monopoly Bureau (Company)

【拼音】 bei jing shi feng tai qu yan cao zhuan mai ju (gong si)

【基础词】

【词条属性】

【分类】 专卖管理与“两烟”经营

【概况】 北京市丰台区烟草专卖局(公司)成立于1997年11月24日,主要负责辖区内的卷烟经营和市场管理,内设6个科室。

◎ 北京市朝阳区烟草专卖局(公司)

【基本信息】

【英文名】 Beijing Chaoyang District Tobacco Monopoly Bureau (Company)

【拼音】 bei jing shi chao yang qu yan cao zhuan mai ju (gong si)

【基础词】

【词条属性】

【分类】 专卖管理与“两烟”经营

【概况】 北京市朝阳区烟草专卖局(公司)设有五科一室,即营销网建科、专卖监督管理科、人事劳资科(政工科)、财务科、法制科、办公室(安保科、企管办),负责北京市朝阳区行政辖区内的烟草专卖管理、卷烟市场供应和卷烟销售网络建设。

◎ 北京市石景山区烟草专卖局(公司)

【基本信息】

【英文名】 Beijing Shijingshan District Tobacco Monopoly Bureau (Company)

【拼音】 bei jing shi shi jing shan qu yan cao zhuan mai ju (gong si)

【基础词】

【词条属性】

【分类】 专卖管理与“两烟”经营

【概况】 北京市石景山区烟草专卖局(公司)成立于2002年,主营卷烟批发。

◎ 北京市海淀区烟草专卖局(公司)

【基本信息】

【英文名】 Beijing Haidian District Tobacco Monopoly Bureau (Company)

【拼音】 bei jing shi hai dian qu yan cao zhuan mai ju (gong si)

【基础词】

【词条属性】

【分类】 专卖管理与“两烟”经营

【概况】 北京市海淀区烟草专卖局(公司)现设有五科一室:营销网建科、专卖监督管理科、财务科、人事劳资科(政工科)、法制科、办公室(安保科)。

◎ 北京市门头沟区烟草专卖局(公司)

【基本信息】

【英文名】 Beijing Mentougou District Tobacco Monopoly Bureau (Company)

【拼音】 bei jing shi men tou gou qu yan cao zhuan mai ju (gong si)

【基础词】

【词条属性】

【分类】 专卖管理与“两烟”经营

【概况】 北京市门头沟区烟草专卖局(公司)成立于1998年1月,在北京市烟草专卖局、门头沟区委区政府的领导下,全面开展卷烟经营管理工作,坚持依法行政,规范市场,严厉打击违法卷烟经营者,维护烟草市场经济秩序,保护合法经营者及消费者的利益,实现国家税收和国家财政收入,现设有七科二室。

◎ 北京市房山区烟草专卖局(公司)

【基本信息】

【英文名】 Beijing Fangshan District Tobacco Monopoly Bureau (Company)

【拼音】 bei jing shi fang shan qu yan cao zhuan mai ju (gong si)

【基础词】

【词条属性】

【分类】 专卖管理与“两烟”经营

【概况】 北京市房山区烟草专卖局(公司)成立于1998年,负责房山区的卷烟经营和市场管理,下设9个科室。

◎ 北京市通州区烟草专卖局(公司)

【基本信息】

【英文名】 Beijing Tongzhou District Tobacco Monopoly Bureau (Company)

【拼音】 bei jing shi tong zhou qu yan cao zhuan mai ju (gong si)

【基础词】

【词条属性】

【分类】 专卖管理与“两烟”经营

【概况】 北京市通州区烟草专卖局、北京市通州烟草公司分别成立于1992年8月和1998年1月,现设有“五科一室”:营销网建科、专卖监督管理科、财务科、人事劳资科(政工科)、法制科、办公室(安保科、企业管理办公室)。

◎ 北京市顺义区烟草专卖局(公司)

【基本信息】

【英文名】 Beijing Shunyi District Tobacco Monopoly Bureau (Company)

【拼音】 bei jing shi shun yi qu yan cao zhuan mai ju (gong si)

【基础词】

【词条属性】

【分类】 专卖管理与“两烟”经营

【概况】 北京市顺义区烟草专卖局(公司)成立于1997年8月,下设七科两室,负责辖区内烟草专卖管理和卷烟营销工作,辖区共有卷烟零售客户3 000余户。

◎ 北京市昌平区烟草专卖局(公司)

【基本信息】

【英文名】 Beijing Changping District Tobacco Monopoly Bureau (Company)

【拼音】 bei jing shi chang ping qu yan cao zhuan mai ju (gong si)

【基础词】

【词条属性】

【分类】 专卖管理与“两烟”经营

【概况】 北京市昌平区烟草专卖局(公司)成立于1998年3月,隶属北京市烟草专卖局(公司)。

◎ 北京市大兴区烟草专卖局(公司)

【基本信息】

【英文名】 Beijing Daxing District Tobacco Monopoly Bureau (Company)

【拼音】 bei jing shi da xing qu yan cao zhuan mai ju (gong si)

【基础词】

【词条属性】

【分类】 专卖管理与“两烟”经营

【概况】 北京市大兴区烟草专卖局(公司)成立于1997年1月,负责大兴辖区的卷烟经营和市场管理,现设有9个职能科室。

◎ 北京市怀柔区烟草专卖局(公司)

【基本信息】

【英文名】 Beijing Huairou District Tobacco Monopoly Bureau (Company)

【拼音】 bei jing shi huai rou qu yan cao zhuan mai ju (gong si)

【基础词】

【词条属性】

【分类】 专卖管理与“两烟”经营

【概况】 北京市怀柔区烟草专卖局(公司)成立于1996年6月,是怀柔区内唯一合法的烟草批发企业,现设有六科一室。

◎ 北京市平谷区烟草专卖局(公司)

【基本信息】

【英文名】 Beijing Pinggu District Tobacco Monopoly Bureau (Company)

【拼音】 bei jing shi ping gu qu yan cao zhuan mai ju (gong si)

【基础词】

【词条属性】

【分类】 专卖管理与"两烟"经营

【概况】 北京市平谷区烟草专卖局(公司)下设两室七科:办公室(安保科)、内管派驻办公室、财务科、法制科、纪检监察科(党建工作科)、人事科、专卖监督管理科、营销网建科、配送仓储科。

◎ 北京市密云区烟草专卖局(公司)

【基本信息】

【英文名】 Beijing Miyun District Tobacco Monopoly Bureau (Company)

【拼音】 bei jing shi mi yun qu yan cao zhuan mai ju (gong si)

【基础词】

【词条属性】

【分类】 专卖管理与"两烟"经营

【概况】 北京市密云区烟草专卖局(公司)成立于1997年8月,依法依规开展卷烟经营、专卖管理等活动,内设机构为六科一室。

◎ 北京市延庆区烟草专卖局(公司)

【基本信息】

【英文名】 Beijing Yanqing District Tobacco Monopoly Bureau (Company)

【拼音】 bei jing shi yan qing qu yan cao zhuan mai ju (gong si)

【基础词】

【词条属性】

【分类】 专卖管理与"两烟"经营

【概况】 北京市延庆区烟草专卖局(公司)成立于1995年3月,负责辖区内烟草专卖管理和卷烟经营工作,下设七科二室。

◎ 北京烟草营销中心

【基本信息】

【英文名】 Beijing Tobacco Marketing Center

【拼音】 bei jing yan cao ying xiao zhong xin

【基础词】

【词条属性】

【分类】 专卖管理与"两烟"经营

【概况】 北京烟草营销中心前身是北京市卷烟销售公司(网建办公室),负责全市卷烟营销网建工作的组织、协调、指导工作,内设办公室、运营管理部、市场管理部、雪茄经营部等8个部门。

◎ 北京烟草物流中心

【基本信息】

【英文名】 Beijing Tobacco Logistics Center

【拼音】 bei jing yan cao wu liu zhong xin

【基础词】

【词条属性】

【分类】 烟草物流

【概况】 北京烟草物流中心成立于2004年7月,隶属于北京市烟草专卖局(公司),负责全市卷烟仓储、分拣和配送工作。

◎ 北京京烟卷烟零售连锁有限公司

【基本信息】

【英文名】 Beijing Jingyan Cigarette Retail Chain Co., Ltd.

【拼音】 bei jing jing yan juan yan ling shou lian suo you xian gong si

【基础词】

【词条属性】

【分类】 专卖管理与"两烟"经营

【概况】 北京京烟卷烟零售连锁有限公司成立于2005年1月,是北京市烟草专卖局(公司)所属全资子公司,以卷烟商品零售为主,兼营酒类、茶叶等商品。

◎ 北京金健恒通商贸有限公司

【基本信息】

【英文名】 Beijing Jinjian Hengtong Commerce Trade Co., Ltd.

【拼音】 jin jian heng tong shang mao you xian gong si

【基础词】

【词条属性】

【分类】 商贸

【概况】 北京金健恒通商贸有限公司成立于2005年1月,主要面向北京烟草系统开展物业服务,为北京烟草系统所属办公楼、宿舍小区的业主提供保洁、绿化、会议、餐饮、设备运行维护服务。

◎ 天津市烟草专卖局(公司)

【基本信息】

【英文名】 Tianjin Tobacco Monopoly Bureau (Company)

【拼音】 tian jin shi yan cao zhuan mai ju (gong si)

【核心词】

【词条属性】

【分类】 专卖管理与“两烟”经营

【概况】 天津市烟草专卖局(公司)成立于1986年1月,是国家烟草专卖局(中国烟草总公司)所属驻津企业,现辖15个区烟草专卖局(分局)、分公司(有限公司)及天津市滨海新区烟草专卖局、天津市恒大实业公司、天津市津烟卷烟自营总店,具体负责全市卷烟零售户的卷烟货源供给以及服务管理,同时承担全市烟草专卖行政管理职能。

【词条关系】

【下辖】 天津市区第一烟草专卖局(分公司)

【下辖】 天津市区第二烟草专卖局(分公司)

【下辖】 天津市区第三烟草专卖局(分公司)

【下辖】 天津市津南区烟草专卖局(分公司)

【下辖】 天津市宝坻区烟草专卖局(有限公司)

【下辖】 天津市东丽区烟草专卖局(分公司)

【下辖】 天津市滨海新区烟草专卖局塘沽分局(分公司)

【下辖】 天津市滨海新区烟草专卖局

【下辖】 天津市武清区烟草专卖局(有限公司)

【下辖】 天津市北辰区烟草专卖局(分公司)

【下辖】 天津市西青区烟草专卖局(分公司)

【下辖】 天津市滨海新区烟草专卖局大港分局(分公司)

【下辖】 天津市滨海新区烟草专卖局汉沽分局(分公司)

【下辖】 天津市宁河区烟草专卖局(有限公司)

【下辖】 天津市静海区烟草专卖局(有限公司)

【下辖】 天津市蓟州区烟草专卖局(有限公司)

【下辖】 天津芦台烟草有限公司

【下辖】 天津渔阳烟草有限公司

【下辖】 天津烟草营销中心

【下辖】 天津市恒大实业公司

【下辖】 天津市津烟卷烟自营总店

◎ 天津市区第一烟草专卖局(分公司)

【基本信息】

【英文名】 Tianjin No. 1 Tobacco Monopoly Bureau (Branch Company)

【拼音】 tian jin shi qu di yi yan cao zhuan mai ju (fen gong si)

【基础词】

【词条属性】

【分类】 专卖管理与“两烟”经营

【概况】 天津市区第一烟草专卖局(分公司)成立于1999年8月,所管辖的和平区、河西区是天津市的中心城区,截至2016年底,辖区内有卷烟零售户2 394户。

◎ 天津市区第二烟草专卖局(分公司)

【基本信息】

【英文名】 Tianjin No. 2 Tobacco Monopoly Bureau (Branch Company)

【拼音】 tian jin shi qu di er yan cao zhuan mai ju (fen gong si)

【基础词】

【词条属性】

【分类】 专卖管理与“两烟”经营

【概况】 天津市区第二烟草专卖局(分公司)成立于1999年9月,负责河东区、河北区的卷烟市场管理和卷烟销售工作,内设机构为办公室(法规科)、企业管理科、专卖监督管理科(内部专卖管理监督科)、营销网建科等。

◎ 天津市区第三烟草专卖局(分公司)

【基本信息】

【英文名】 Tianjin No. 3 Tobacco Monopoly Bureau (Branch Company)

【拼音】 tian jin shi qu di san yan cao zhuan mai ju (fen gong si)

【基础词】

【词条属性】

【分类】 专卖管理与“两烟”经营

【概况】 天津市区第三烟草专卖局(分公司)成立于1999年8月,负责红桥区、南开区的烟草专卖管理和卷烟销售工作,内设机构为办公室(法规科)、企业管理科、专卖监督管理科(内部专卖管理监督科)等。

◎ 天津市东丽区烟草专卖局(分公司)

【基本信息】

【英文名】 Tianjin Dongli District Tobacco Monopoly Bureau (Branch Company)

【拼音】 tian jin shi dong li qu yan cao zhuan mai ju (fen gong si)

【基础词】

【词条属性】

【分类】 专卖管理与“两烟”经营

【概况】 天津市东丽区烟草专卖局(分公司)成立于1998年5月,负责东丽区的烟草专卖管理和卷烟销售工作,内设机构为办公室(法规科)、企业管理科、专卖监督管理科(内部专卖管理监督科)等。

◎ 天津市西青区烟草专卖局(分公司)

【基本信息】

【英文名】 Tianjin Xiqing District Tobacco Monopoly Bureau (Branch Company)

【拼音】 tian jin shi xi qing qu yan cao zhuan mai ju (fen gong si)

【基础词】

【词条属性】

【分类】 专卖管理与“两烟”经营

【概况】 天津市西青区烟草专卖局(分公司)成立于1998年5月,负责西青区的烟草专卖管理和卷烟销售工作,内设机构为办公室(法规科)、企业管理科、专卖监督管理科(内部专卖管理监督科)等。

◎ 天津市津南区烟草专卖局(分公司)

【基本信息】

【英文名】 Tianjin Jinnan District Tobacco Monopoly Bureau (Branch Company)

【拼音】 tian jin shi jin nan qu yan cao zhuan mai ju (fen gong si)

【基础词】

【词条属性】

【分类】 专卖管理与“两烟”经营

【概况】 天津市津南区烟草专卖局(分公司)1998年7月,负责津南区的烟草专卖管理和卷烟销售工作,截至2016年底,辖区内有卷烟零售户1 400余户。

◎ 天津市北辰区烟草专卖局(分公司)

【基本信息】

【英文名】 Tianjin Beichen District Tobacco Monopoly Bureau (Branch Company)

【拼音】 tian jin shi bei chen qu yan cao zhuan mai ju (fen gong si)

【基础词】

【词条属性】

【分类】 专卖管理与“两烟”经营

【概况】 天津市北辰区烟草专卖局(分公司)成立于1998年5月,负责北辰区的烟草专卖管理和卷烟销售工作,内设机构为办公室(法规科)、企业管理科、专卖监督管理科(内部专卖管理监督科)、营销网建科等。

◎ 天津市滨海新区烟草专卖局塘沽分局(分公司)

【基本信息】

【英文名】 Tanggu Branch of Tianjin Binhai New Area Tobacco Monopoly Bureau (Branch Company)

【拼音】 tian jin shi bin hai xin qu yan cao zhuan mai ju tang gu fen ju (fen gong si)

【基础词】

【词条属性】

【分类】 专卖管理与“两烟”经营

【概况】 天津市滨海新区烟草专卖局塘沽分局(分公司)负责塘沽、天津经济技术开发区、天津港保税区的烟草专卖管理和卷烟销售工作,内设机构为办公室(法规科)、企业管理科、专卖监督管理科(内部专卖管理监督科)等。

◎ 天津市滨海新区烟草专卖局汉沽分局(分公司)

【基本信息】

【英文名】 Hangu Branch of Tianjin Binhai

New Area Tobacco Monopoly Bureau (Branch Company)

【拼音】 tian jin shi bin hai xin qu yan cao zhuan mai ju han gu fen ju (fen gong si)

【基础词】

【词条属性】

【分类】 专卖管理与“两烟”经营

【概况】 天津市滨海新区烟草专卖局汉沽分局(分公司)负责滨海新区汉沽区的烟草专卖管理和卷烟销售工作,内设机构为办公室(法规科)、企业管理科、专卖监督管理科(内部专卖管理监督科)等。

◎ 天津市滨海新区烟草专卖局大港分局(分公司)

【基本信息】

【英文名】 Dagang Branch of Tianjin Binhai New Area Tobacco Monopoly Bureau (Branch Company)

【拼音】 tian jin shi bin hai xin qu yan cao zhuan mai ju da gang fen ju (fen gong si)

【基础词】

【词条属性】

【分类】 专卖管理与“两烟”经营

【概况】 天津市滨海新区烟草专卖局大港分局(分公司)负责滨海新区大港辖区的卷烟市场管理和卷烟销售工作,内设机构为办公室(法规科)、企业管理科、专卖监督管理科(内部专卖管理监督科)、营销网建科等。

◎ 天津市武清区烟草专卖局(有限公司)

【基本信息】

【英文名】 Tianjin Wuqing District Tobacco Monopoly Bureau (Limited Company)

【拼音】 tian jin shi wu qing qu yan cao zhuan mai ju (you xian gong si)

【基础词】

【词条属性】

【分类】 专卖管理与“两烟”经营

【概况】 天津市武清区烟草专卖局(有限公司)负责武清区的烟草专卖管理和卷烟销售工作,内设机构为办公室(法规科)、企业管理科、专卖监督管理科(内部专卖管理监督科)、营销网建科等。

◎ 天津市宝坻区烟草专卖局(有限公司)

【基本信息】

【英文名】 Tianjin Baodi District Tobacco Monopoly Bureau (Limited Company)

【拼音】 tian jin shi bao di qu yan cao zhuan mai ju (you xian gong si)

【基础词】

【词条属性】

【分类】 专卖管理与“两烟”经营

【概况】 天津市宝坻区烟草专卖局(有限公司)负责宝坻区的烟草专卖管理和卷烟销售工作,内设机构“一室六科一中心一大队二中队二部”:办公室(法规科),企业管理科、专卖监督管理科(内部专卖管理监督科)、营销网建科、财务科(审计科)、政工科(人事劳资科)、安全保卫科,送货中心,稽查大队,第一稽查中队、第二稽查中队,第一客户服务部、第二客户服务部。截至2016年底,辖区内有卷烟零售户1 761户。

◎ 天津渔阳烟草有限公司

【基本信息】

【英文名】 Tianjin Yuyang Tobacco Co., Ltd.

【拼音】 tian jin yu yang yan cao you xian gong si

【基础词】

【词条属性】

【分类】 专卖管理与“两烟”经营

【概况】 天津渔阳烟草有限公司成立于1996年8月并于成立之日起与天津市蓟州区烟草专卖局合署办公,负责蓟州区辖区的烟草专卖管理和卷烟销售工作。

◎ 天津芦台烟草有限公司

【基本信息】

【英文名】 Tianjin Lutai Tobacco Co., Ltd.

【拼音】 tian jin lu tai yan cao you xian gong si

【基础词】

【词条属性】

【分类】 专卖管理与“两烟”经营

【概况】 天津芦台烟草有限公司主营烟草制品批发等业务,为天津市烟草专卖局(公司)直属单位。

◎ 天津市滨海新区烟草专卖局

【基本信息】

【英文名】 Tianjin Binhai New Area Tobacco Monopoly Bureau (Company)

【拼音】 tian jin shi bin hai xin qu yan cao zhuan mai ju

【基础词】

【词条属性】

【分类】 专卖管理与“两烟”经营

【概况】 天津市滨海新区烟草专卖局成立于2010年9月，负责辖区烟草专卖管理工作，辖天津市滨海新区烟草专卖局塘沽分局、天津市滨海新区烟草专卖局汉沽分局、天津市滨海新区烟草专卖局大港分局，与天津市滨海新区烟草专卖局塘沽分局合署办公。

◎ 天津烟草营销中心

【基本信息】

【英文名】 Tianjin Tobacco Marketing Center

【拼音】 tian jin yan cao ying xiao zhong xin

【基础词】

【词条属性】

【分类】 专卖管理与“两烟”经营

【概况】 天津烟草营销中心负责天津市卷烟订单的采集和管理及全市卷烟营销改革等工作。

◎ 河北省烟草专卖局(公司)

【基本信息】

【英文名】 Hebei Tobacco Monopoly Bureau (Company)

【拼音】 he bei sheng yan cao zhuan mai ju (gong si)

【核心词】

【词条属性】

【分类】 专卖管理与“两烟”经营

【概况】 河北省烟草专卖局(公司)管理全省各级烟草专卖局和烟草公司，主要负责全省烟草专卖执法、卷烟经营、烟叶生产经营等工作，承担国有资产保值增值责任；下辖邯郸、石家庄、保定、张家口、承德、唐山、廊坊、沧州、衡水、邢台、秦皇岛、河北雄安共12个地市级烟草专卖局(公司)、153个县级烟草专卖局(营销部、分公司)。

【词条关系】

【下辖】 石家庄市烟草专卖局(公司)

【下辖】 张家口市烟草专卖局(公司)

【下辖】 邯郸市烟草专卖局(公司)

【下辖】 承德市烟草专卖局(公司)

【下辖】 沧州市烟草专卖局(公司)

【下辖】 邢台市烟草专卖局(公司)

【下辖】 秦皇岛市烟草专卖局(公司)

【下辖】 廊坊市烟草专卖局(公司)

【下辖】 保定市烟草专卖局(公司)

【下辖】 唐山市烟草专卖局(公司)

【下辖】 衡水市烟草专卖局(公司)

◎ 石家庄市烟草专卖局(公司)

【基本信息】

【英文名】 Shijiazhuang Tobacco Monopoly Bureau (Company)

【拼音】 shi jia zhuang shi yan cao zhuan mai ju (gong si)

【基础词】

【词条属性】

【分类】 专卖管理与“两烟”经营

【概况】 石家庄市烟草专卖局(公司)成立于1985年7月，内设办公室(与规范管理办公室合署办公)、综合计划科、专卖监督管理科(专卖稽查支队)等机构，直属单位(部门)包括卷烟物流配送中心以及7个区烟草专卖局(分公司)和14个县级烟草专卖局(营销部)。

◎ 秦皇岛市烟草专卖局(公司)

【基本信息】

【英文名】 Qinhuangdao Tobacco Monopoly Bureau (Company)

【拼音】 qin huang dao shi yan cao zhuan mai ju (gong si)

【基础词】

【词条属性】

【分类】 专卖管理与“两烟”经营

【概况】 秦皇岛市烟草专卖局(公司)成立于1986年3月，内设办公室(与规范管理办公室合署办公)等15个部门，直属单位包括卷烟物流配送中心、4个区烟草专卖局(分公司)和3个县烟草专卖局(营销部)。

◎ 邯郸市烟草专卖局(公司)

【基本信息】

【英文名】 Handan Tobacco Monopoly Bureau

(Company)

【拼音】 han dan shi yan cao zhuan mai ju (gong si)

【基础词】

【词条属性】

【分类】 专卖管理与“两烟”经营

【概况】 邯郸市烟草专卖局(公司)成立于1986年5月,直属单位(部门)包括卷烟物流配送中心和丛台区、复兴区、峰峰矿区、邯山区、武安、大名、魏县、曲周、邱县、鸡泽、广平、成安、临漳、磁县、涉县、永年、馆陶17个县级烟草专卖局(营销部)。

◎ 邢台市烟草专卖局(公司)

【基本信息】

【英文名】 Xingtai Tobacco Monopoly Bureau (Company)

【拼音】 xing tai shi yan cao zhuan mai ju (gong si)

【基础词】

【词条属性】

【分类】 专卖管理与“两烟”经营

【概况】 邢台市烟草专卖局(公司)成立于1984年7月,内设办公室(与规范管理办公室合署办公)、综合计划科、专卖监督管理科(专卖稽查支队)、内部专卖管理监督派驻办公室等职能科室,下设卷烟物流配送中心和17个县(市)烟草专卖局(营销部)。

◎ 保定市烟草专卖局(公司)

【基本信息】

【英文名】 Baoding Tobacco Monopoly Bureau (Company)

【拼音】 bao ding shi yan cao zhuan mai ju (gong si)

【基础词】

【词条属性】

【分类】 专卖管理与“两烟”经营

【概况】 保定市烟草专卖局(公司)成立于1984年12月,内设办公室(与规范管理办公室合署办公)、综合计划科、专卖监督管理科(专卖稽查支队)等16个内设机构,直属单位包括卷烟物流配送中心,5个区烟草专卖局(分公司)和18个县级烟草专卖局(营销部)。

◎ 张家口市烟草专卖局(公司)

【基本信息】

【英文名】 Zhangjiakou Tobacco Monopoly Bureau (Company)

【拼音】 zhang jia kou shi yan cao zhuan mai ju (gong si)

【基础词】

【词条属性】

【分类】 专卖管理与“两烟”经营

【概况】 张家口市烟草专卖局(公司)内设机构17个,直属单位包括卷烟物流配送中心、万全区烟草专卖局(分公司)和沽源、康保、尚义、张北、怀安、涿鹿、赤城、蔚县、阳原、怀来10个县级烟草专卖局(营销部)。

◎ 承德市烟草专卖局(公司)

【基本信息】

【英文名】 Chengde Tobacco Monopoly Bureau (Company)

【拼音】 cheng de shi yan cao zhuan mai ju (gong si)

【基础词】

【词条属性】

【分类】 专卖管理与“两烟”经营

【概况】 承德市烟草专卖局(公司)成立于1985年5月,现直属单位包括卷烟物流配送中心、平泉市烟草专卖局(分公司)和承德县、宽城满族自治县、滦平县、隆化县、兴隆县、围场满族蒙古族自治县、丰宁满族自治县7个县级烟草专卖局(营销部)。

◎ 沧州市烟草专卖局(公司)

【基本信息】

【英文名】 Cangzhou Tobacco Monopoly Bureau (Company)

【拼音】 cang zhou shi yan cao zhuan mai ju (gong si)

【基础词】

【词条属性】

【分类】 专卖管理与“两烟”经营

【概况】 沧州市烟草专卖局(公司)现内设办公室(与规范管理办公室合署办公)、综合计划科、专卖监督管理科(专卖稽查支队)、政策法规与体制改革科、财务管理科、党建工作科(机关党委)、人事科、纪检监察科(与党组纪检组合署办公)、安全管理科、卷烟营销中心、群团工作科(工会办公室)、城区烟草专卖稽查中心(城区卷烟营销中心)12个职能科室以及信息中心、服务中心2个专业部门和审计派驻办公室、内部专卖管理监督派驻办公室2个派驻机构,直属单位(部门)包括卷烟物流配送中心和沧县、黄骅、海兴、盐山、孟村、南皮、东光、吴桥、泊头、献县、肃宁、河间、任丘、青县14个县级烟草专卖局(营销部)。

◎ 廊坊市烟草专卖局(公司)

【基本信息】

【英文名】 Langfang Tobacco Monopoly Bureau (Company)

【拼音】 lang fang shi yan cao zhuan mai ju (gong si)

【基础词】

【词条属性】

【分类】 专卖管理与“两烟”经营

【概况】 廊坊市烟草专卖局(公司)成立于1986年7月,内设办公室(与规范管理办公室合署办公)、专卖监督管理科(专卖稽查支队)等机构,直属单位(部门)包括卷烟物流配送中心以及10个县(市、区)级烟草专卖局(营销部)。

◎ 衡水市烟草专卖局(公司)

【基本信息】

【英文名】 Hengshui Tobacco Monopoly Bureau (Company)

【拼音】 heng shui shi yan cao zhuan mai ju (gong si)

【基础词】

【词条属性】

【分类】 专卖管理与“两烟”经营

【概况】 衡水市烟草专卖局(公司)成立于1985年4月,设15个内设机构,下辖卷烟物流配送中心和11个县级烟草专卖局(营销部、分公司)。

◎ 唐山市烟草专卖局(公司)

【基本信息】

【英文名】 Tangshan Tobacco Monopoly Bureau (Company)

【拼音】 tang shan shi yan cao zhuan mai ju (gong si)

【基础词】

【词条属性】

【分类】 专卖管理与“两烟”经营

【概况】 唐山市烟草专卖局(公司)成立于1986年3月,内设机构为办公室(与规范管理办公室合署办公)、专卖监督管理科(专卖稽查支队)等,直属单位(部门)包括卷烟物流配送中心和14个县级烟草专卖局(营销部)。

◎ 山西省烟草专卖局(公司)

【基本信息】

【英文名】 Shanxi Tobacco Monopoly Bureau (Company)

【拼音】 shan xi sheng yan cao zhuan mai ju (gong si)

【核心词】

【词条属性】

【分类】 专卖管理与“两烟”经营

【概况】 山西省烟草专卖局成立于1983年7月,山西省烟草公司成立于1982年4月。1984年6月,山西省烟草公司上划中国烟草总公司,改制更名为中国烟草总公司山西省公司。山西省烟草专卖局(公司)下辖太原、大同、阳泉、长治、晋城、朔州、忻州、吕梁、晋中、临汾、运城11家地市级烟草专卖局(公司),112家县级烟草专卖局(营销部)。

【词条关系】

【下辖】 太原市烟草专卖局(公司)

【下辖】 吕梁市烟草专卖局(公司)

【下辖】 长治市烟草专卖局(公司)

【下辖】 朔州市烟草专卖局(公司)

【下辖】 大同市烟草专卖局(公司)

【下辖】 阳泉市烟草专卖局(公司)

【下辖】 忻州市烟草专卖局(公司)

【下辖】 临汾市烟草专卖局(公司)

【下辖】 晋中市烟草专卖局(公司)

【下辖】 晋城市烟草专卖局(公司)

【下辖】 运城市烟草专卖局(公司)

◎ 太原市烟草专卖局(公司)

【基本信息】

【英文名】 Taiyuan Tobacco Monopoly Bureau

(Company)

【拼音】　tai yuan shi yan cao zhuan mai ju (gong si)

【基础词】

【词条属性】

【分类】　专卖管理与“两烟”经营

【概况】　太原市烟草专卖局(公司)成立于 1983 年 8 月,下辖 7 个县级烟草专卖局(营销部)。

◎ 阳泉市烟草专卖局(公司)

【基本信息】

【英文名】　Yangquan Tobacco Monopoly Bureau (Company)

【拼音】　yang quan shi yan cao zhuan mai ju (gong si)

【基础词】

【词条属性】

【分类】　专卖管理与“两烟”经营

【概况】　阳泉市烟草专卖局(公司)成立于 1983 年 9 月,下辖 2 个县级烟草专卖局(营销部)。

◎ 长治市烟草专卖局(公司)

【基本信息】

【英文名】　Changzhi Tobacco Monopoly Bureau (Company)

【拼音】　chang zhi shi yan cao zhuan mai ju (gong si)

【基础词】

【词条属性】

【分类】　专卖管理与“两烟”经营

【概况】　长治市烟草专卖局(公司)成立于 1983 年 8 月,下辖 13 个县级烟草专卖局(营销部)。

◎ 晋城市烟草专卖局(公司)

【基本信息】

【英文名】　Jincheng Tobacco Monopoly Bureau (Company)

【拼音】　jin cheng shi yan cao zhuan mai ju (gong si)

【基础词】

【词条属性】

【分类】　专卖管理与“两烟”经营

【概况】　晋城市烟草专卖局(公司)成立于 1983 年 8 月,下辖 6 个县级烟草专卖局(营销部)。

◎ 朔州市烟草专卖局(公司)

【基本信息】

【英文名】　Shuozhou Tobacco Monopoly Bureau (Company)

【拼音】　shuo zhou shi yan cao zhuan mai ju (gong si)

【基础词】

【词条属性】

【分类】　专卖管理与“两烟”经营

【概况】　朔州市烟草专卖局(公司)成立于 1989 年 7 月,下辖 6 个县级烟草专卖局(营销部)。

◎ 晋中市烟草专卖局(公司)

【基本信息】

【英文名】　Jinzhong Tobacco Monopoly Bureau (Company)

【拼音】　jin zhong shi yan cao zhuan mai ju (gong si)

【基础词】

【词条属性】

【分类】　专卖管理与“两烟”经营

【概况】　晋中市烟草专卖局(公司)成立于 1984 年 10 月,下辖 11 个县级烟草专卖局(营销部)。

◎ 运城市烟草专卖局(公司)

【基本信息】

【英文名】　Yuncheng Tobacco Monopoly Bureau (Company)

【拼音】　yun cheng shi yan cao zhuan mai ju (gong si)

【基础词】

【词条属性】

【分类】　专卖管理与“两烟”经营

【概况】　运城市烟草专卖局(公司)成立于 1984 年 9 月,下辖 15 个县级烟草专卖局(营销部)。

◎ 忻州市烟草专卖局(公司)

【基本信息】

【英文名】 Xinzhou Tobacco Monopoly Bureau (Company)

【拼音】 xin zhou shi yan cao zhuan mai ju (gong si)

【基础词】

【词条属性】

【分类】 专卖管理与“两烟”经营

【概况】 忻州市烟草专卖局(公司)成立于1983年4月,下辖14个县级烟草专卖局(营销部)。

◎ 大同市烟草专卖局(公司)

【基本信息】

【英文名】 Datong Tobacco Monopoly Bureau (Company)

【拼音】 da tong shi yan cao zhuan mai ju (gong si)

【基础词】

【词条属性】

【分类】 专卖管理与“两烟”经营

【概况】 大同市烟草专卖局(公司)成立于1983年8月,下辖11个县级烟草专卖局(营销部)及大同同烟实业公司。

◎ 临汾市烟草专卖局(公司)

【基本信息】

【英文名】 Linfen Tobacco Monopoly Bureau (Company)

【拼音】 lin fen shi yan cao zhuan mai ju (gong si)

【基础词】

【词条属性】

【分类】 专卖管理与“两烟”经营

【概况】 临汾市烟草专卖局(公司)成立于1985年7月,下辖17个县级烟草专卖局(营销部)。

◎ 吕梁市烟草专卖局(公司)

【基本信息】

【英文名】 Lyuliang Tobacco Monopoly Bureau (Company)

【拼音】 lü liang shi yan cao zhuan mai ju (gong si)

【基础词】

【词条属性】

【分类】 专卖管理与“两烟”经营

【概况】 吕梁市烟草专卖局、山西省烟草公司吕梁市公司成立于1984年,下辖13个县级烟草专卖局(营销部)。

◎ 内蒙古自治区烟草专卖局(公司)

【基本信息】

【英文名】 Inner Mongolia Autonomous Region Tobacco Monopoly Bureau (Company)

【拼音】 nei meng gu zi zhi qu yan cao zhuan mai ju (gong si)

【核心词】

【词条属性】

【分类】 专卖管理与“两烟”经营

【概况】 内蒙古自治区烟草专卖局(公司)下设14个盟、市烟草专卖局(公司)。

【词条关系】

【下辖】 呼和浩特市烟草专卖局(公司)

【下辖】 鄂尔多斯市烟草专卖局(公司)

【下辖】 巴彦淖尔市烟草专卖局(公司)

【下辖】 锡林郭勒盟烟草专卖局(公司)

【下辖】 乌兰察布市烟草专卖局(公司)

【下辖】 二连浩特市烟草专卖局(公司)

【下辖】 呼伦贝尔市烟草专卖局(公司)

【下辖】 赤峰市烟草专卖局(公司)

【下辖】 通辽市烟草专卖局(公司)

【下辖】 乌海市烟草专卖局(公司)

【下辖】 阿拉善盟烟草专卖局(公司)

【下辖】 包头市烟草专卖局(公司)

【下辖】 满洲里市烟草专卖局(公司)

【下辖】 兴安盟烟草专卖局(公司)

◎ 呼和浩特市烟草专卖局(公司)

【基本信息】

【英文名】 Huhhot Tobacco Monopoly Bureau (Company)

【拼音】 hu he hao te shi yan cao zhuan mai ju

(gong si)

【基础词】

【词条属性】

【分类】 专卖管理与“两烟”经营

【概况】 呼和浩特市烟草专卖局(公司)为内蒙古自治区烟草专卖局(公司)的下属单位,现下设5个旗县烟草专卖局(营销部)、4个城区烟草专卖局、14个科室(中心),辖区零售户逾8 000户。

◎ 呼伦贝尔市烟草专卖局(公司)

【基本信息】

【英文名】 Hulun Buir Tobacco Monopoly Bureau (Company)

【拼音】 hu lun bei er shi yan cao zhuan mai ju (gong si)

【基础词】

【词条属性】

【分类】 专卖管理与“两烟”经营

【概况】 呼伦贝尔市烟草专卖局(公司)隶属内蒙古自治区烟草专卖局(公司),在呼伦贝尔市辖区履行烟草专卖行政管理和经营职能,下辖13个旗、市、区烟草专卖局(营销部),内设14个科室(中心)。

◎ 满洲里市烟草专卖局(公司)

【基本信息】

【英文名】 Manchuria Tobacco Monopoly Bureau (Company)

【拼音】 man zhou li shi yan cao zhuan mai ju (gong si)

【基础词】

【词条属性】

【分类】 专卖管理与“两烟”经营

【概况】 满洲里市烟草专卖局(公司)组建于1992年12月,1996年随着该市升格计划单列市,该烟草专卖局(公司)升格为内蒙古烟草专卖局(公司)直属单位。

◎ 兴安盟烟草专卖局(公司)

【基本信息】

【英文名】 Hinggan Tobacco Monopoly Bureau (Company)

【拼音】 xing an meng yan cao zhuan mai ju (gong si)

【基础词】

【词条属性】

【分类】 专卖管理与“两烟”经营

【概况】 兴安盟烟草专卖局(公司)下辖5个旗县烟草专卖局(卷烟营销部)和1个城区烟草专卖局,机构设置主要分为机关内设职能科室、网络运营机构,共13个科室、中心。

◎ 二连浩特市烟草专卖局(公司)

【基本信息】

【英文名】 Erenhot Tobacco Monopoly Bureau (Company)

【拼音】 er lian hao te shi yan cao zhuan mai ju (gong si)

【基础词】

【词条属性】

【分类】 专卖管理与“两烟”经营

【概况】 二连浩特市烟草专卖局(公司)为内蒙古自治区烟草专卖局(公司)直属单位,负责辖区内烟草专卖及管理等工作。

◎ 乌兰察布市烟草专卖局(公司)

【基本信息】

【英文名】 Ulanqab Tobacco Monopoly Bureau (Company)

【拼音】 wu lan cha bu shi yan cao zhuan mai ju (gong si)

【基础词】

【词条属性】

【分类】 专卖管理与“两烟”经营

【概况】 乌兰察布市烟草专卖局(公司)成立于1984年,受内蒙古自治区烟草专卖局(公司)和乌兰察布市政府双重领导,负责辖区内的烟草专卖管理和卷烟经营,下设有11个旗、县、市、区烟草专卖局(卷烟营销部)和凉城县烟叶公司。

◎ 巴彦淖尔市烟草专卖局(公司)

【基本信息】

【英文名】 Bayannur Tobacco Monopoly Bureau (Company)

【拼音】 ba yan nao er shi yan cao zhuan mai ju (gong si)

【基础词】

【词条属性】

【分类】 专卖管理与“两烟”经营

【概况】 巴彦淖尔市烟草专卖局(公司)于1984年4月组建,下设7个旗县区烟草专卖局、6个旗县卷烟营销部、14个职能科室。

◎ 阿拉善盟烟草专卖局(公司)

【基本信息】

【英文名】 Alxa Tobacco Monopoly Bureau (Company)

【拼音】 a la shan meng yan cao zhuan mai ju (gong si)

【基础词】

【词条属性】

【分类】 专卖管理与“两烟”经营

【概况】 阿拉善盟烟草专卖局(公司)始建于1984年4月,下辖3个旗级烟草专卖局(卷烟营销部)和乌斯太烟草专卖分局,机关内设8个职能部门,在全盟履行烟草专卖行政管理和烟草专营职能。

◎ 包头市烟草专卖局(公司)

【基本信息】

【英文名】 Baotou Tobacco Monopoly Bureau (Company)

【拼音】 bao tou shi yan cao zhuan mai ju (gong si)

【基础词】

【词条属性】

【分类】 专卖管理与“两烟”经营

【概况】 包头市烟草专卖局(公司)组建于1984年,年销售卷烟约14万箱,下辖5个县级烟草专卖局(营销部)、4个城区局,内设14个科室。

◎ 乌海市烟草专卖局(公司)

【基本信息】

【英文名】 Wuhai Tobacco Monopoly Bureau (Company)

【拼音】 wu hai shi yan cao zhuan mai ju (gong si)

【基础词】

【词条属性】

【分类】 专卖管理与“两烟”经营

【概况】 乌海市烟草专卖局(公司)目前是内蒙古自治区烟草行业较大企业,辖区内有卷烟零售户约1 500户。

◎ 赤峰市烟草专卖局(公司)

【基本信息】

【英文名】 Chifeng Tobacco Monopoly Bureau (Company)

【拼音】 chi feng shi yan cao zhuan mai ju (gong si)

【基础词】

【词条属性】

【分类】 专卖管理与“两烟”经营

【概况】 赤峰市烟草专卖局(公司)组建于1984年4月,内设13个职能科室(部门),下辖12个旗县区烟草专卖局、5个旗县区卷烟营销部、5个县级烟草分公司、1个烟叶分公司。

◎ 通辽市烟草专卖局(公司)

【基本信息】

【英文名】 Tongliao Tobacco Monopoly Bureau (Company)

【拼音】 tong liao shi yan cao zhuan mai ju (gong si)

【基础词】

【词条属性】

【分类】 专卖管理与“两烟”经营

【概况】 通辽市烟草专卖局(公司)组建于1984年,负责全市烟草专卖管理和卷烟(烟叶)经营工作,下辖8个县级烟草专卖局(营销部),机关内设14个职能科室(中心)。

◎ 鄂尔多斯市烟草专卖局(公司)

【基本信息】

【英文名】 Ordos Tobacco Monopoly Bureau (Company)

【拼音】 e er duo si shi yan cao zhuan mai ju (gong si)

【基础词】

【词条属性】

【分类】 专卖管理与“两烟”经营

【概况】 鄂尔多斯市烟草专卖局(公司)成立于1984年4月,负责辖区内的卷烟供应、烟草专卖行政管理等工作,下辖8个旗(区)烟草专卖局(营销部)、2个直属分局、2个城区烟草专卖局和市局机关15个科、室、站、中心。

◎ 锡林郭勒盟烟草专卖局(公司)

【基本信息】

【英文名】 Xilingol Tobacco Monopoly Bureau (Company)

【拼音】 xi lin guo le meng yan cao zhuan mai ju (gong si)

【基础词】

【词条属性】

【分类】 专卖管理与“两烟”经营

【概况】 内蒙古自治区烟草公司锡林郭勒公司前身是锡林郭勒烟草驻张分公司，组建于1984年4月，后与1985年10月成立的锡林郭勒盟烟草专卖局合署办公。

◎ 辽宁省烟草专卖局(公司)

【基本信息】

【英文名】 Liaoning Tobacco Monopoly Bureau (Company)

【拼音】 liao ning sheng yan cao zhuan mai ju (gong si)

【核心词】

【词条属性】

【分类】 专卖管理与“两烟”经营

【概况】 辽宁省烟草专卖局(公司)下辖沈阳、鞍山、抚顺、本溪、丹东、锦州、营口、阜新、辽阳、铁岭、朝阳、盘锦、葫芦岛13个地市级烟草专卖局(公司)和中国烟草辽宁进出口公司、丹东辽东烟草发展有限责任公司，其中，全省13个地市级烟草专卖局(公司)下辖县级烟草专卖局(营销部)53个、县级烟叶分公司9个。截至2014年底，公司拥有总资产135.12亿元，其中固定资产11.58亿元、流动资产120.92亿元，资产负债率为4.62%，共有从业人员8 628人。

【词条关系】

【下辖】 沈阳市烟草专卖局(公司)

【下辖】 营口市烟草专卖局(公司)

【下辖】 鞍山市烟草专卖局(公司)

【下辖】 葫芦岛市烟草专卖局(公司)

【下辖】 锦州市烟草专卖局(公司)

【下辖】 抚顺市烟草专卖局(公司)

【下辖】 铁岭市烟草专卖局(公司)

【下辖】 丹东市烟草专卖局(公司)

【下辖】 本溪市烟草专卖局(公司)

【下辖】 辽阳市烟草专卖局(公司)

【下辖】 丹东辽东烟草发展有限责任公司

【下辖】 盘锦市烟草专卖局(公司)

【下辖】 阜新市烟草专卖局(公司)

【下辖】 中国烟草辽宁进出口公司

【下辖】 朝阳市烟草专卖局(公司)

◎ 沈阳市烟草专卖局(公司)

【基本信息】

【英文名】 Shenyang Tobacco Monopoly Bureau (Company)

【拼音】 shen yang shi yan cao zhuan mai ju (gong si)

【基础词】

【词条属性】

【分类】 专卖管理与“两烟”经营

【概况】 沈阳市烟草专卖局(公司)组建于1983年，下设35个机构，其中含14个内设机构、2个省局派驻机构、2个专业部门、15个下属单位以及2个其他机构。

◎ 鞍山市烟草专卖局(公司)

【基本信息】

【英文名】 Anshan Tobacco Monopoly Bureau (Company)

【拼音】 an shan shi yan cao zhuan mai ju (gong si)

【基础词】

【词条属性】

【分类】 专卖管理与“两烟”经营

【概况】 鞍山市烟草专卖局(公司)下辖海城市、台安县、岫岩县3个县级烟草专卖局(营销部)，1个营销中心，1个专卖稽查支队，1个物流配送中心。

◎ 抚顺市烟草专卖局(公司)

【基本信息】

【英文名】 Fushun Tobacco Monopoly Bureau (Company)

【拼音】 fu shun shi yan cao zhuan mai ju (gong si)

【基础词】

【词条属性】

【分类】 专卖管理与“两烟”经营

【概况】 抚顺市烟草专卖局(公司)成立于

1983 年 12 月，负责全市卷烟经营与烟草专卖品的专卖管理工作，下辖清原县、新宾县、抚顺县 3 个县级烟草专卖局(营销部)及抚顺市抚烟经贸有限公司，1 个营销中心、1 个专卖稽查支队、1 个物流配送中心。

◎ 本溪市烟草专卖局(公司)

【基本信息】

【英文名】 Benxi Tobacco Monopoly Bureau (Company)

【拼音】 ben xi shi yan cao zhuan mai ju (gong si)

【基础词】

【词条属性】

【分类】 专卖管理与“两烟”经营

【概况】 本溪市烟草专卖局(公司)组建于 1984 年 4 月，同年 6 月上划辽宁省烟草专卖局(公司)，机关本设 11 个内设机构、2 个派驻机构、3 个县级烟草专卖局(营销部)和 1 个卷烟物流配送中心。

◎ 丹东市烟草专卖局(公司)

【基本信息】

【英文名】 Dandong Tobacco Monopoly Bureau (Company)

【拼音】 dan dong shi yan cao zhuan mai ju (gong si)

【基础词】

【词条属性】

【分类】 专卖管理与“两烟”经营

【概况】 丹东市烟草专卖局(公司)组建于 1984 年 4 月，负责全市烟叶生产、卷烟经营与烟草专卖品的专卖管理工作，下辖 3 个直属单位，机关内设 14 个科室及卷烟物流配送中心。

◎ 锦州市烟草专卖局(公司)

【基本信息】

【英文名】 Jinzhou Tobacco Monopoly Bureau (Company)

【拼音】 jin zhou shi yan cao zhuan mai ju (gong si)

【基础词】

【词条属性】

【分类】 专卖管理与“两烟”经营

【概况】 锦州市烟草专卖局(公司)组建于 1984 年，其主要职能是管理锦州全地区的烟草市场和卷烟经营，下辖凌海市、北镇市、黑山县、义县 4 个县级烟草专卖局(营销部)。

◎ 营口市烟草专卖局(公司)

【基本信息】

【英文名】 Yingkou Tobacco Monopoly Bureau (Company)

【拼音】 ying kou shi yan cao zhuan mai ju (gong si)

【基础词】

【词条属性】

【分类】 专卖管理与“两烟”经营

【概况】 营口市烟草专卖局(公司)成立于 1984 年 4 月，注册资金为 1 601 万元，机关设置 14 个科室，下设 7 个下属单位，全地区共有卷烟零售客户9 000 余户。

◎ 阜新市烟草专卖局(公司)

【基本信息】

【英文名】 Fuxin Tobacco Monopoly Bureau (Company)

【拼音】 fu xin shi yan cao zhuan mai ju (gong si)

【基础词】

【词条属性】

【分类】 专卖管理与“两烟”经营

【概况】 阜新市烟草专卖局(公司)组建于 1984 年 4 月，主要负责全市烟草专卖执法、卷烟经营、烟叶生产经营等工作，下辖阜蒙县、彰武县 2 个县级烟草专卖局(营销部)，机关内设 15 个科室。

◎ 辽阳市烟草专卖局(公司)

【基本信息】

【英文名】 Liaoyang Tobacco Monopoly Bureau (Company)

【拼音】 liao yang shi yan cao zhuan mai ju (gong si)

【基础词】

【词条属性】

【分类】 专卖管理与“两烟”经营

【概况】 辽阳市烟草专卖局(公司)组建于 1983 年 11 月，内设 8 科、3 室、3 中心以及 2 个县烟草专卖局。

◎ 铁岭市烟草专卖局(公司)

【基本信息】

【英文名】 Tieling Tobacco Monopoly Bureau (Company)

【拼音】 tie ling shi yan cao zhuan mai ju (gong si)

【基础词】

【词条属性】

【分类】 专卖管理与“两烟”经营

【概况】 铁岭市烟草专卖局(公司)成立于1984年1月,受辽宁省烟草专卖局(公司)及铁岭市人民政府的双重领导,负责全市烟叶生产、卷烟经营与烟草专卖品的专卖管理工作,下辖4个县级烟草专卖局(分公司),内设15个职能部门,辖区内有卷烟零售客户1万多户。

◎ 朝阳市烟草专卖局(公司)

【基本信息】

【英文名】 Chaoyang Tobacco Monopoly Bureau (Company)

【拼音】 chao yang shi yan cao zhuan mai ju (gong si)

【基础词】

【词条属性】

【分类】 专卖管理与“两烟”经营

【概况】 朝阳市烟草专卖局(公司)成立于1984年,现有15个内设机构(另有1个零售总店),下辖5个直属单位。

◎ 盘锦市烟草专卖局(公司)

【基本信息】

【英文名】 Panjin Tobacco Monopoly Bureau (Company)

【拼音】 pan jin shi yan cao zhuan mai ju (gong si)

【基础词】

【词条属性】

【分类】 专卖管理与“两烟”经营

【概况】 盘锦市烟草专卖局(公司)隶属辽宁省烟草专卖局(公司),下辖盘山县、大洼区2个县、区级烟草专卖局(营销部)和盘锦金叶商贸有限公司,服务对象包括卷烟工业企业、辖区内5 200多户卷烟零售户以及卷烟消费者。

◎ 葫芦岛市烟草专卖局(公司)

【基本信息】

【英文名】 Huludao Tobacco Monopoly Bureau (Company)

【拼音】 hu lu dao shi yan cao zhuan mai ju (gong si)

【基础词】

【词条属性】

【分类】 专卖管理与“两烟”经营

【概况】 葫芦岛市烟草专卖局(公司)成立于1990年1月,主要负责葫芦岛地区卷烟市场的专卖管理和组织卷烟货源满足市场需求,内设14个部室,下辖兴城市、绥中县、建昌县3个县级烟草专卖局(营销部)。

◎ 中国烟草辽宁进出口公司

【基本信息】

【英文名】 China Tobacco Liaoning Import and Export Company

【拼音】 zhong guo yan cao liao ning jin chu kou gong si

【基础词】

【词条属性】

【分类】 进出口

【概况】 中国烟草辽宁进出口公司于1985年4月成立于大连,原隶属中国烟草进出口(集团)公司,2006年改为辽宁省烟草专卖局(公司)直属单位,主要经营烟叶、烟草制品、烟草专用机械设备、原辅材料、烟草技术的进出口和代理进出口等业务,内设6个部门。

◎ 丹东辽东烟草发展有限责任公司

【基本信息】

【英文名】 Dandong Liaodong Tobacco Development L. L. C.

【拼音】 dan dong liao dong yan cao fa zhan you xian ze ren gong si

【基础词】

【词条属性】

【分类】 打叶复烤

【概况】 丹东辽东烟草发展有限责任公司位于辽宁省丹东市凤城市,成立于1996年,隶属辽宁省烟草专卖局(公司)。公司占地面积为7.05万平方米,拥有年储存烟叶1.5万吨(30万担)的物流中心1个,年打叶复烤能力为3万吨(60万担)的现代化生产线1条。

◎ 吉林省烟草专卖局(公司)

【基本信息】

【英文名】 Jilin Province Tobacco Monopoly Bureau (Company)

【拼音】 ji lin sheng yan cao zhuan mai ju (gong si)

【核心词】

【词条属性】

【分类】 专卖管理与“两烟”经营

【概况】 吉林省烟草专卖局、吉林省烟草公司成立于1983年7月。1984年9月,吉林省政府与中国烟草总公司签署协议,决定吉林省烟草公司自签字之日起上划中国烟草总公司,更名为中国烟草总公司吉林省公司。吉林省烟草专卖局(公司)下辖长春、吉林、四平、辽源、通化、白城、白山、松原、延边9个地市级烟草专卖局(公司)。

【词条关系】

【下辖】 长春市烟草专卖局(公司)

【下辖】 吉林市烟草专卖局(公司)

【下辖】 延边朝鲜族自治州烟草专卖局(公司)

【下辖】 松原市烟草专卖局(公司)

【下辖】 白山市烟草专卖局(公司)

【下辖】 四平市烟草专卖局(公司)

【下辖】 通化市烟草专卖局(公司)

【下辖】 辽源市烟草专卖局(公司)

【下辖】 白城市烟草专卖局(公司)

◎ 长春市烟草专卖局(公司)

【基本信息】

【英文名】 Changchun Tobacco Monopoly Bureau (Company)

【拼音】 chang chun shi yan cao zhuan mai ju (gong si)

【基础词】

【词条属性】

【分类】 专卖管理与“两烟”经营

【概况】 长春市烟草专卖局(公司)组建于1984年,下辖5个区级烟草专卖局(营销部)、5个县级烟草专卖局(营销部),内设办公室、专卖处、监察审计处、配送中心、营销中心等11个职能部门。

◎ 吉林市烟草专卖局(公司)

【基本信息】

【英文名】 Jilin City Tobacco Monopoly Bureau (Company)

【拼音】 ji lin shi yan cao zhuan mai ju (gong si)

【基础词】

【词条属性】

【分类】 专卖管理与“两烟”经营

【概况】 吉林市烟草专卖局(公司)组建于1984年,简称江城烟草,内设15个科室(部门),下辖永吉、桦甸、蛟河、舒兰、磐石5个县(市)烟草专卖局(营销部),共有卷烟零售户2万余户。

◎ 四平市烟草专卖局(公司)

【基本信息】

【英文名】 Siping Tobacco Monopoly Bureau (Company)

【拼音】 si ping shi yan cao zhuan mai ju (gong si)

【基础词】

【词条属性】

【分类】 专卖管理与“两烟”经营

【概况】 四平市烟草专卖局(公司)组建于1984年,下辖公主岭、双辽、梨树、伊通4个县(市、区)烟草专卖局(营销部),共有卷烟零售户1.2万余户,内设10个职能科室(部门)。

◎ 辽源市烟草专卖局(公司)

【基本信息】

【英文名】 Liaoyuan Tobacco Monopoly Bureau (Company)

【拼音】 liao yuan shi yan cao zhuan mai ju (gong si)

【基础词】

【词条属性】

【分类】 专卖管理与“两烟”经营

【概况】 辽源市烟草专卖局(公司)成立于1984年,是吉林省烟草专卖局直接领导和管理的地市级烟草专卖管理机构,负责辽源地区内的烟草专卖管理和卷烟市场供应工作,内设10个科室，管辖东丰、东辽 2 个县级烟草专卖局(分公司)，辖区共有卷烟零售户约 4 000 户。

◎ 通化市烟草专卖局(公司)

【基本信息】

【英文名】 Tonghua Tobacco Monopoly Bureau (Company)

【拼音】 tong hua shi yan cao zhuan mai ju (gong si)

【基础词】

【词条属性】

【分类】 专卖管理与“两烟”经营

【概况】 通化市烟草专卖局(公司)成立于 1984 年，主要负责辖区内卷烟市场管理和卷烟批发经营业务，下辖设梅河口、通化、辉南、集安、柳河 5 个县级烟草专卖局(分公司)，内设 9 个职能机构。

◎ 白山市烟草专卖局(公司)

【基本信息】

【英文名】 Baishan Tobacco Monopoly Bureau (Company)

【拼音】 bai shan shi yan cao zhuan mai ju (gong si)

【基础词】

【词条属性】

【分类】 专卖管理与“两烟”经营

【概况】 白山市烟草专卖局(公司)成立于 1984 年，主要负责辖区内卷烟市场管理和卷烟批发经营业务，下辖 4 个县级烟草专卖局(分公司)、2 个直属专卖分局，内设 11 个职能机构。

◎ 松原市烟草专卖局(公司)

【基本信息】

【英文名】 Songyuan Tobacco Monopoly Bureau (Company)

【拼音】 song yuan shi yan cao zhuan mai ju (gong si)

【基础词】

【词条属性】

【分类】 专卖管理与“两烟”经营

【概况】 松原市烟草专卖局(公司)内设重点科(室、中心)9 个，下辖县级烟草专卖局 4 个，另有全资子公司松原市金叶有限责任公司。

◎ 白城市烟草专卖局(公司)

【基本信息】

【英文名】 Baicheng Tobacco Monopoly Bureau (Company)

【拼音】 bai cheng shi yan cao zhuan mai ju (gong si)

【基础词】

【词条属性】

【分类】 专卖管理与“两烟”经营

【概况】 白城市烟草专卖局(公司)受吉林省烟草专卖局(公司)直管，负责白城市辖区内的烟草营销及管理等工作。

◎ 延边朝鲜族自治州烟草专卖局(公司)

【基本信息】

【英文名】 Yanbian Korea Autonomous Prefecture Monopoly Bureau (Company)

【拼音】 yan bian chao xian zu zi zhi zhou yan cao zhuan mai ju (gong si)

【基础词】

【词条属性】

【分类】 专卖管理与“两烟”经营

【概况】 延边朝鲜族自治州烟草专卖局(公司)组建于 1983 年，负责全辖区的专卖市场管理、卷烟批发销售、烟叶生产经营，内设 17 个科室(中心)，下辖 7 个县级烟草专卖局(分公司)、4 个烟叶生产管理部。

◎ 黑龙江省烟草专卖局(公司)

【基本信息】

【英文名】 Heilongjiang Tobacco Monopoly Bureau (Company)

【拼音】 hei long jiang sheng yan cao zhuan mai ju (gong si)

【核心词】

【词条属性】

【分类】 专卖管理与“两烟”经营

【概况】 黑龙江省烟草专卖局(公司)下辖 20 家直属单位，其中含 14 个市(地)烟草专卖局(公司)及其下辖各县(市)局(营销部)，2 个烟叶公司及其下辖各县级烟叶分公司，1 个烟叶复烤公司，1 个烟草进出口公司，1 个投资公司，1 个烟草科研所。

【词条关系】

【下辖】 哈尔滨市烟草专卖局(公司)

【下辖】 鸡西市烟草专卖局(公司)

【下辖】 牡丹江市烟草专卖局(公司)

【下辖】 七台河市烟草专卖局(公司)

【下辖】 绥化市烟草专卖局(公司)

【下辖】 大兴安岭地区烟草专卖局(公司)

【下辖】 佳木斯市烟草专卖局(公司)

【下辖】 双鸭山市烟草专卖局(公司)

【下辖】 黑龙江烟叶复烤有限公司

【下辖】 鹤岗市烟草专卖局(公司)

【下辖】 伊春市烟草专卖局(公司)

【下辖】 绥芬河市烟草专卖局(公司)

【下辖】 黑河市烟草专卖局(公司)

【下辖】 齐齐哈尔市烟草专卖局(公司)

【下辖】 大庆市烟草专卖局(公司)

【下辖】 中国烟草进出口烟叶检测站

【下辖】 黑龙江省烟草公司牡丹江烟叶公司

【下辖】 黑龙江省烟草公司哈尔滨烟叶公司

【下辖】 中国烟草黑龙江进出口有限责任公司

【下辖】 中国烟草总公司黑龙江省公司牡丹江烟草科学研究所

◎ 哈尔滨市烟草专卖局(公司)

【基本信息】

【英文名】 Harbin Tobacco Monopoly Bureau (Company)

【拼音】 ha er bin shi yan cao zhuan mai ju (gong si)

【基础词】

【词条属性】

【分类】 专卖管理与"两烟"经营

【概况】 哈尔滨市烟草专卖局(公司)下辖市区第一、第二、第三营销部3个卷烟营销部,第一、第二、第三、第四、第五分局5个分局,阿城区、五常市、双城区、尚志市、巴彦县、宾县、依兰县、延寿县、木兰县、通河县、方正县11个县级烟草专卖局(营销部)。卷烟年销售量逾24万箱,利润可达2 000余万元。全市烤烟种植面积超100万亩。

◎ 鸡西市烟草专卖局(公司)

【基本信息】

【英文名】 Jixi Tobacco Monopoly Bureau (Company)

【拼音】 ji xi shi yan cao zhuan mai ju (gong si)

【基础词】

【词条属性】

【分类】 专卖管理与"两烟"经营

【概况】 鸡西市烟草专卖局(公司)是非营利性的国家单位。

◎ 齐齐哈尔市烟草专卖局(公司)

【基本信息】

【英文名】 Qiqihar Tobacco Monopoly Bureau (Company)

【拼音】 qi qi ha er shi yan cao zhuan mai ju (gong si)

【基础词】

【词条属性】

【分类】 专卖管理与"两烟"经营

【概况】 齐齐哈尔市烟草专卖局(公司)成立于1983年,下辖9个县(市)、6个区烟草专卖局(营销部)和齐齐哈尔铁路烟草专卖局。

◎ 鹤岗市烟草专卖局(公司)

【基本信息】

【英文名】 Hegang Tobacco Monopoly Bureau (Company)

【拼音】 he gang shi yan cao zhuan mai ju (gong si)

【基础词】

【词条属性】

【分类】 专卖管理与"两烟"经营

【概况】 鹤岗市烟草专卖局(公司)成立于1983年,2004年下辖萝北、绥滨2个县局(营销部),主要负责全市烟草专卖管理和卷烟经营工作,现有营销中心、专卖监督管理科、财务管理科等13个职能部门,共有卷烟零售户近7 000户。

◎ 绥化市烟草专卖局(公司)

【基本信息】

【英文名】 Suihua Tobacco Monopoly Bureau (Company)

【拼音】 sui hua shi yan cao zhuan mai ju (gong si)

【基础词】

【词条属性】

【分类】 专卖管理与"两烟"经营

【概况】 绥化市烟草专卖局(公司)受黑龙江省烟草专卖局直管,主要负责辖区内的烟草专卖制品管理。

◎ 大兴安岭地区烟草专卖局(公司)

【基本信息】

【英文名】 Daxing'anling Tobacco Monopoly Bureau (Company)

【拼音】 da xing an ling di qu yan cao zhuan mai ju (gong si)

【基础词】

【词条属性】

【分类】 专卖管理与“两烟”经营

【概况】 大兴安岭地区烟草专卖局(公司)内设专卖监督管理科、营销中心、配送中心、办公室、企管办、法规科、财务管理科、政工科、审计科、人事劳资科、安全保卫科 11 个职能科室,现辖漠河县、塔河县、呼玛县、加格达奇区、新林区、呼中区、松岭区 7 个县区烟草专卖局(营销部)。

◎ 双鸭山市烟草专卖局(公司)

【基本信息】

【英文名】 Shuangyashan Tobacco Monopoly Bureau (Company)

【拼音】 shuang ya shan shi yan cao zhuan mai ju (gong si)

【基础词】

【词条属性】

【分类】 专卖管理与“两烟”经营

【概况】 双鸭山市烟草专卖局(公司)组建于 1983 年,是双鸭山市烟草专卖行政主管部门,同时是双鸭山市辖区内卷烟经营主体,内设 9 个科室、3 个中心、1 个稽查支队。

◎ 大庆市烟草专卖局(公司)

【基本信息】

【英文名】 Daqing Tobacco Monopoly Bureau (Company)

【拼音】 da qing shi yan cao zhuan mai ju (gong si)

【基础词】

【词条属性】

【分类】 专卖管理与“两烟”经营

【概况】 大庆市烟草专卖局(公司)成立于 1983 年,下辖 9 个县、区专卖分局(营销部)。

◎ 伊春市烟草专卖局(公司)

【基本信息】

【英文名】 Yichun Tobacco Monopoly Bureau (Company)

【拼音】 yi chun yan cao zhuan mai ju (gong si)

【基础词】

【词条属性】

【分类】 专卖管理与“两烟”经营

【概况】 伊春市烟草专卖局(公司)属黑龙江省烟草专卖局(公司)管理,负责卷烟销售、管理等工作。

◎ 佳木斯市烟草专卖局(公司)

【基本信息】

【英文名】 Jiamusi Tobacco Monopoly Bureau (Company)

【拼音】 jia mu si shi yan cao zhuan mai ju (gong si)

【基础词】

【词条属性】

【分类】 专卖管理与“两烟”经营

【概况】 佳木斯市烟草专卖局(公司)隶属黑龙江省烟草专卖局(公司)管辖,代表国家行驶烟草专卖管理权,负责三江地区卷烟供应工作,内设 16 个科室,管理 6 个县、市烟草专卖局(营销部)。

◎ 七台河市烟草专卖局(公司)

【基本信息】

【英文名】 Qitaihe Tobacco Monopoly Bureau (Company)

【拼音】 qi tai he shi yan cao zhuan mai ju (gong si)

【基础词】

【词条属性】

【分类】 专卖管理与“两烟”经营

【概况】 七台河市烟草专卖局(公司)是以销售卷烟为主的国有企业,兼具行政执法职能,对卷烟市场进行监督和管理。

◎ 牡丹江市烟草专卖局(公司)

【基本信息】

【英文名】 Mudanjiang Tobacco Monopoly Bureau (Company)

【拼音】 mu dan jiang shi yan cao zhuan mai ju (gong si)

【基础词】

【词条属性】

【分类】 专卖管理与“两烟”经营

【概况】 牡丹江市烟草专卖局(公司)组建于1983年,现设市区卷烟批零网点5个和郊区站1个,下辖6个县级专卖局(分公司)。

◎ 黑河市烟草专卖局(公司)

【基本信息】

【英文名】 Heihe Tobacco Monopoly Bureau (Company)

【拼音】 hei he shi yan cao zhuan mai ju (gong si)

【基础词】

【词条属性】

【分类】 专卖管理与“两烟”经营

【概况】 黑河市烟草专卖局(公司)成立于1983年,承担着全市卷烟专卖市场管理和卷烟营销配送工作,内设11个职能部门,下辖嫩江、北安、五大连池、孙吴、逊克5个县(市)局(营销部)和爱辉区营销部。

◎ 绥芬河市烟草专卖局(公司)

【基本信息】

【英文名】 Suifenhe Tobacco Monopoly Bureau (Company)

【拼音】 sui fen he shi yan cao zhuan mai ju (gong si)

【基础词】

【词条属性】

【分类】 专卖管理与“两烟”经营

【概况】 绥芬河市烟草专卖局(公司)属黑龙江省烟草专卖局(公司)管理,负责卷烟销售、管理等工作。

◎黑龙江省烟草公司哈尔滨烟叶公司

【基本信息】

【英文名】 Harbin Tobacco Leaf Company of Heilongjiang Tobacco Company

【拼音】 hei long jiang sheng yan cao gong si ha er bin yan ye gong si

【基础词】

【词条属性】

【分类】 烟叶公司

◎ 黑龙江省烟草公司牡丹江烟叶公司

【基本信息】

【英文名】 Mudanjiang Tobacco Leaf Company of Heilongjiang Tobacco Company

【拼音】 hei long jiang sheng yan cao gong si mu dan jiang yan ye gong si

【基础词】

【词条属性】

【分类】 烟叶公司

◎ 中国烟草黑龙江进出口有限责任公司

【基本信息】

【英文名】 China Tobacco Heilongjiang Import and Export L. L. C.

【拼音】 zhong guo yan cao hei long jiang jin chu kou you xian ze ren gong si

【基础词】

【词条属性】

【分类】 进出口

【概况】 中国烟草黑龙江进出口有限责任公司受黑龙江省烟草专卖局(公司)管辖,综合管理烟草烟叶的进出口业务。

◎ 黑龙江烟叶复烤有限公司

【基本信息】

【英文名】 Heilongjiang Tobacco Redrying Co., Ltd.

【拼音】 hei long jiang yan ye fu kao you xian gong si

【基础词】

【词条属性】

【分类】 打叶复烤

【概况】 黑龙江烟叶复烤有限公司位于黑龙江省哈尔滨市,2012年6月经国家烟草专卖局、中国烟草总公司批准成立,2012年11月挂牌,是由中国烟草总公司黑龙江省公司、红塔烟草(集团)有限责任公司、湖南中烟工业有限责任公司、湖北中烟工业有限责任公司、广东中烟工业有限责任公司5家烟草工商企业投资经营的打叶复烤企业,由黑龙江省烟草专卖局(公司)控股管理,实行董事会领导下的总经理负责制,下设勃利、绥化、林口3家复烤厂。公司注册资本为6.59亿元,拥有3条12 000千克/时打叶复烤生产线,年复烤加工能力为13.5万吨(270万担)。

◎ 上海市烟草专卖局

【基本信息】

【英文名】 Shanghai Tobacco Monopoly Bureau

【拼音】 shang hai shi yan cao zhuan mai ju

【核心词】

【词条属性】

【分类】 专卖管理与“两烟”经营

【概况】 上海市烟草专卖局成立于1984年2月。上海烟草集团有限责任公司(简称集团公司)的前身是上海烟草(集团)公司，于1993年11月由原上海市烟草公司及所属企业改制而成。2011年1月，根据《国家烟草专卖局中国烟草总公司关于上海烟草(集团)公司更名改制和完善公司法人治理结构的批复》，正式更名为上海烟草集团有限责任公司。上海市烟草专卖局、上海烟草集团有限责任公司下辖黄浦分局和黄浦烟草糖酒有限公司一公司、二公司，虹口、静安、徐汇、杨浦、普陀、长宁、闵行、宝山、浦东新区、松江、青浦、嘉定、奉贤、金山、崇明等区(县)烟草专卖局(有限公司)，驻上海铁路专卖局(有限公司)，上海烟草贸易中心有限公司、中国烟草上海进出口有限责任公司、上海卷烟厂、北京卷烟厂、天津卷烟厂、上海高扬国际烟草有限公司、上海烟草储运公司、上海海烟物流发展有限公司、上海烟草集团太仓海烟烟草薄片有限公司、上海烟草集团苏州中华园大饭店有限公司、上海王宝和大酒店有限公司，并控股上海烟草包装印刷有限公司，上海白玉兰烟草材料有限公司、上海牡丹香精香料有限公司等多家企业。

【词条关系】

【下辖】 上海市松江区烟草专卖局(有限公司)

【下辖】 上海市静安区烟草专卖局(有限公司)

【下辖】 上海市杨浦区烟草专卖局(有限公司)

【下辖】 上海市奉贤区烟草专卖局(有限公司)

【下辖】 上海市虹口区烟草专卖局(有限公司)

【下辖】 上海市黄浦区烟草专卖局(有限公司)

【下辖】 上海市长宁区烟草专卖局(有限公司)

【下辖】 上海市青浦区烟草专卖局(有限公司)

【下辖】 上海市浦东新区烟草专卖局(有限公司)

【下辖】 上海市徐汇区烟草专卖局(有限公司)

【下辖】 上海市闵行区烟草专卖局(有限公司)

【下辖】 上海市嘉定区烟草专卖局(有限公司)

【下辖】 上海市金山区烟草专卖局(有限公司)

【下辖】 上海市普陀区烟草专卖局(有限公司)

【下辖】 上海市崇明区烟草专卖局(有限公司)

【下辖】 上海市宝山区烟草专卖局(有限公司)

◎ 上海市浦东新区烟草专卖局(有限公司)

【基本信息】

【英文名】 Shanghai Pudong New Area Tobacco Monopoly Bureau (Limited Company)

【拼音】 shang hai shi pu dong xin qu yan cao zhuan mai ju (you xian gong si)

【基础词】

【词条属性】

【分类】 专卖管理与“两烟”经营

【概况】 上海市浦东新区烟草专卖局(有限公司)是一家集卷烟批发、专卖管理、零售管理、酒类商品批发、房产租赁以及酒店管理等多元化经营于一体的国有企业。截至2019年3月，浦东烟草服务浦东区域有7 810家卷烟销售持证网点，下辖陆家嘴、川沙(金桥)、南汇(三林)3个专卖管理署(分公司)，共开设有海烟烟行、名烟名酒店、烟酒专卖店等直营门店18家。

◎ 上海市黄浦区烟草专卖局(有限公司)

【基本信息】

【英文名】 Shanghai Huangpu District Tobacco Monopoly Bureau (Limited Company)

【拼音】 shang hai shi huang pu qu yan cao zhuan mai ju (you xian gong si)

【基础词】

【词条属性】

【分类】 专卖管理与“两烟”经营

【概况】 上海市黄浦区烟草专卖局(有限公司)由上海烟草集团有限责任公司、上海烟草贸易中心有限公司、上海得强实业有限公司、上海豫园(集团)有限公司共同出资组建，以卷烟批发销售为主业，承担着辖区卷烟市场监管与专卖行政许可管理职能。公司有14家直营门店。

◎ 上海市徐汇区烟草专卖局(有限公司)

【基本信息】

【英文名】 Shanghai Xuhui District Tobacco Monopoly Bureau (Limited Company)

【拼音】 shang hai shi xu hui qu yan cao zhuan mai ju (you xian gong si)

【基础词】

【词条属性】

【分类】 专卖管理与“两烟”经营

【概况】 上海市徐汇区烟草专卖局(有限公司)由上海烟草集团有限责任公司、上海烟草贸易中心有限公司、上海新路达商业(集团)有限公司共同出资组建。公司共开设6家“海烟”烟行直营门店,服务区域内主要商业板块。

◎ 上海市长宁区烟草专卖局(有限公司)

【基本信息】

【英文名】 Shanghai Changning District Tobacco Monopoly Bureau (Limited Company)

【拼音】 shang hai shi chang ning qu yan cao zhuan mai ju (you xian gong si)

【基础词】

【词条属性】

【分类】 专卖管理与“两烟”经营

【概况】 上海市长宁区烟草专卖局(有限公司)依托上海烟草集团的整体实力和辖区发展优势,成为集批发、零售为一体的烟草商业企业,是长宁区国有骨干企业、利税大户。

◎ 上海市静安区烟草专卖局(有限公司)

【基本信息】

【英文名】 Shanghai Jing'an District Tobacco Monopoly Bureau (Limited Company)

【拼音】 shang hai shi jing an qu yan cao zhuan mai ju (you xian gong si)

【基础词】

【词条属性】

【分类】 专卖管理与“两烟”经营

【概况】 上海市静安区烟草专卖局(有限公司)是由原上海烟草集团静安烟草糖酒有限公司吸收合并原上海烟草集团闸北烟草糖酒有限公司组建而成的国有商业流通企业,旗下拥有多家海烟烟行及儿童食品商店。

◎ 上海市普陀区烟草专卖局(有限公司)

【基本信息】

【英文名】 Shanghai Putuo District Tobacco Monopoly Bureau (Limited Company)

【拼音】 shang hai shi pu tuo qu yan cao zhuan mai ju (you xian gong si)

【基础词】

【词条属性】

【分类】 专卖管理与“两烟”经营

【概况】 上海市普陀区烟草专卖局(有限公司)由上海烟草(集团)公司、上海烟草贸易中心和上海快乐(集团)有限公司共同投资组建。公司注册资金达2 000万元,下辖13家直属海烟烟行、名烟名酒店和烟酒专卖店,经营区域遍及普陀区内各个商业网点,入网单位达745余户,覆盖全区9个街道、镇,经营范围包括烟草制品、酒类、食品等。

◎ 上海市虹口区烟草专卖局(有限公司)

【基本信息】

【英文名】 Shanghai Hongkou District Tobacco Monopoly Bureau (Limited Company)

【拼音】 shang hai shi hong kou qu yan cao zhuan mai ju (you xian gong si)

【基础词】

【词条属性】

【分类】 专卖管理与“两烟”经营

【概况】 上海市虹口区烟草专卖局(有限公司)于1995年由原上海烟草(集团)公司、虹口区糖业烟酒公司(1994年更名为上海大祥集团公司)共同组建。企业下属营销部负责对区域内的销售网点进行卷烟及酒类商品批发,卷烟批发业务覆盖全区1 175家卷烟销售网络单位,拥有“名烟名酒”“海烟烟行”零售网点25家,中华烟店及分店1家。

◎ 上海市杨浦区烟草专卖局(有限公司)

【基本信息】

【英文名】 Shanghai Yangpu District Tobacco Monopoly Bureau (Limited Company)

【拼音】 shang hai shi yang pu qu yan cao zhuan mai ju (you xian gong si)

【基础词】

【词条属性】

【分类】 专卖管理与“两烟”经营

【概况】 上海市杨浦区烟草专卖局(有限公司)由上海烟草集团有限责任公司、上海烟草贸易中心有限公司、上海杨浦城市建设投资(集团)有限公司共同出资组建。公司主要经营辖区内的卷烟批发、直属零售、非烟批发等经营管理业务,下设10家直属门店。

◎ 上海市闵行区烟草专卖局(有限公司)

【基本信息】

【英文名】 Shanghai Minxing District Tobacco Monopoly Bureau (Limited Company)

【拼音】 shang hai shi min xing qu yan cao zhuan mai ju (you xian gong si)

【基础词】

【词条属性】

【分类】 专卖管理与“两烟”经营

【概况】 上海市闵行区烟草专卖局(有限公司)由上海烟草集团有限责任公司、上海闵行区资产管理有限公司、上海烟草贸易中心有限公司共同出资组建,现有职工 287 人,下设办公室、财务管理部、人力资源部、综合管理部 4 个职能部门,营销部、专卖监督管理科、稽查支队、内管派驻办 4 个主要业务部门,另有具有会务接待和酒店经营功能的金燕大厦。

◎ 上海市宝山区烟草专卖局(有限公司)

【基本信息】

【英文名】 Shanghai Baoshan District Tobacco Monopoly Bureau (Limited Company)

【拼音】 shang hai shi bao shan qu yan cao zhuan mai ju (you xian gong si)

【基础词】

【词条属性】

【分类】 专卖管理与“两烟”经营

【概况】 上海市宝山区烟草专卖局(有限公司)由上海烟草集团有限责任公司、上海烟草贸易中心有限公司以及上海宝山区糖业烟酒有限责任公司出资组建。公司注册资本为 6 000 万元,直营终端有 13 家。

◎ 上海市嘉定区烟草专卖局(有限公司)

【基本信息】

【英文名】 Shanghai Jiading District Tobacco Monopoly Bureau (Limited Company)

【拼音】 shang hai shi jia ding qu yan cao zhuan mai ju(you xian gong si)

【基础词】

【词条属性】

【分类】 专卖管理与“两烟”经营

【概况】 上海市嘉定区烟草专卖局(有限公司)股东为上海烟草集团有限责任公司、上海新嘉商业投资有限公司、上海烟草贸易中心有限公司,下设办公室、人力资源部、财务管理部、营销部、专卖内管派驻办、专卖监督管理科、稽查支队、综合管理(安保)部 8 个部门。公司旗下共有直属门店 18 家,主要从事卷烟批发和酒类批发业务,遍布嘉定城乡各个区域,是公司卷烟销售和酒类零售的一个重要的服务窗口。

◎ 上海市金山区烟草专卖局(有限公司)

【基本信息】

【英文名】 Shanghai Jinshan District Tobacco Monopoly Bureau (Limited Company)

【拼音】 shang hai shi jin shan qu yan cao zhuan mai ju (you xian gong si)

【基础词】

【词条属性】

【分类】 专卖管理与“两烟”经营

【概况】 上海市金山区烟草专卖局(有限公司)由上海烟草集团有限责任公司、上海烟草贸易中心有限公司、上海金山金石商社共同出资组建。公司目前主要经营卷烟批发、零售以及酒类零售业务,公司下属全资子公司为上海瑞鑫百货有限公司,下辖 5 个专营店。

◎ 上海市松江区烟草专卖局(有限公司)

【基本信息】

【英文名】 Shanghai Songjiang District Tobacco Monopoly Bureau (Limited Company)

【拼音】 shang hai shi song jiang qu yan cao zhuan mai ju (you xian gong si)

【基础词】

【词条属性】

【分类】 专卖管理与“两烟”经营

【概况】 上海市松江区烟草专卖局(有限公司)由原上海烟草(集团)公司、上海烟草贸易中心有限公司、松江商业总公司共同出资组建。目前,公司下设直属门店 13 家;有零售终端 2 478 户;在销 55 个品牌,227 个规格。

◎ 上海市青浦区烟草专卖局(有限公司)

【基本信息】

【英文名】 Shanghai Qingpu District Tobacco Monopoly Bureau (Limited Company)

【拼音】 shang hai shi qing pu qu yan cao zhuan mai ju (you xian gong si)

【基础词】

【词条属性】

【分类】 专卖管理与“两烟”经营

【概况】 上海市青浦区烟草专卖局(有限公司)由上海烟草(集团)公司、青浦供销社合作联合社共同出资组建,目前股东为上海烟草集团有限责任公司(46%)、上海青浦发展(集团)有限公司(49%)、上海烟草贸易中心有限公司(5%),经营范围主要为销售烟酒,旗下拥有10个直属门店。

◎ 上海市奉贤区烟草专卖局(有限公司)

【基本信息】

【英文名】 Shanghai Fengxian District Tobacco Monopoly Bureau (Limited Company)

【拼音】 shang hai shi feng xian qu yan cao zhuan mai ju (you xian gong si)

【基础词】

【词条属性】

【分类】 专卖管理与“两烟”经营

【概况】 奉贤区烟草专卖局(有限公司)是由上海烟草集团有限责任公司、上海奉贤商业投资有限公司和上海烟草贸易中心有限公司三方共同投资组建的国有控股企业,实行董事会领导下的总经理负责制,是一家集卷烟批发、专卖管理、零售管理、房产租赁以及烟叶保管等多元化经营于一体的国有企业。

◎ 上海市崇明区烟草专卖局(有限公司)

【基本信息】

【英文名】 Shanghai Chongming District Tobacco Monopoly Bureau (Limited Company)

【拼音】 shang hai shi chong ming qu yan cao zhuan mai ju (you xian gong si)

【基础词】

【词条属性】

【分类】 专卖管理与“两烟”经营

【概况】 上海市崇明区烟草专卖局(有限公司)由上海烟草集团有限责任公司、上海烟草贸易中心有限公司、上海崇明国是投资有限公司共同出资组建,注册资金为1 680万元。公司主要经营辖区内的卷烟批发、直属零售等经营管理业务,下设7家直属门店,是公司重要的对外服务窗口。

◎ 江苏省烟草专卖局(公司)

【基本信息】

【英文名】 Jiangsu Tobacco Monopoly Bureau (Company)

【拼音】 jiang su sheng yan cao zhuan mai ju (gong si)

【核心词】

【词条属性】

【分类】 专卖管理与“两烟”经营

【概况】 江苏省烟草专卖局成立于1983年7月,江苏省烟草公司成立于1982年11月。1984年11月26日,江苏省政府与中国烟草总公司签订协议,决定自协议签署之日起,江苏省烟草公司上划中国烟草总公司,更名为中国烟草总公司江苏省公司。江苏省烟草专卖局(公司)下辖南京、苏州、无锡、常州、镇江、南通、扬州、泰州、盐城、淮安、宿迁、徐州、连云港13家地市级烟草专卖局(公司)、68家县级烟草专卖局(分公司)和江苏金丝利集团公司,机关下设18个处室(部门)。

【词条关系】

【下辖】 南京市烟草专卖局(公司)

【下辖】 淮安市烟草专卖局(公司)

【下辖】 盐城市烟草专卖局(公司)

【下辖】 宿迁市烟草专卖局(公司)

【下辖】 扬州市烟草专卖局(公司)

【下辖】 无锡市烟草专卖局(公司)

【下辖】 南通市烟草专卖局(公司)

【下辖】 泰州市烟草专卖局(公司)

【下辖】 镇江市烟草专卖局(公司)

【下辖】 连云港市烟草专卖局(公司)

【下辖】 常州市烟草专卖局(公司)

【下辖】 苏州市烟草专卖局(公司)

【下辖】 徐州市烟草专卖局(公司)

◎ 南京市烟草专卖局(公司)

【基本信息】

【英文名】 Nanjing Tobacco Monopoly Bureau (Company)

【拼音】 nan jing shi yan cao zhuan mai ju (gong si)

【基础词】

【词条属性】

【分类】 专卖管理与“两烟”经营

【概况】 南京市烟草专卖局(公司)于1983年12月组建(1999年与南京卷烟厂分设),受江苏省烟草专卖局(公司)及南京市人民政府的双重领导,负责全市卷烟经营与烟草专卖品的专卖管理工作,下辖9家区县烟草专卖局(分公司),服务全市2.5万余户零售户。

◎ 无锡市烟草专卖局(公司)

【基本信息】

【英文名】 Wuxi Tobacco Monopoly Bureau (Company)

【拼音】 wu xi shi yan cao zhuan mai ju (gong si)

【基础词】

【词条属性】

【分类】 专卖管理与“两烟”经营

【概况】 无锡市烟草专卖局(公司)成立于1984年1月,内设机构有办公室、专卖监督管理处(稽查支队)、卷烟营销中心等,年均销售卷烟20余万箱。

◎ 徐州市烟草专卖局(公司)

【基本信息】

【英文名】 Xuzhou Tobacco Monopoly Bureau (Company)

【拼音】 xu zhou shi yan cao zhuan mai ju (gong si)

【基础词】

【词条属性】

【分类】 专卖管理与“两烟”经营

【概况】 徐州市烟草专卖局(公司)下辖8个县级烟草专卖局(分公司),机关内设有办公室、卷烟营销处、专卖监督管理处(烟草专卖稽查支队)等15个职能部门,全市有卷烟零售户约5万户。

◎ 常州市烟草专卖局(公司)

【基本信息】

【英文名】 Changzhou Tobacco Monopoly Bureau (Company)

【拼音】 chang zhou shi yan cao zhuan mai ju (gong si)

【基础词】

【词条属性】

【分类】 专卖管理与“两烟”经营

【概况】 常州市烟草专卖局(公司)下辖3个市(区)烟草专卖局(分公司),承担着全市范围内的烟草市场监管(内管)以及卷烟的购销、营销等职能,服务于全市1万余户卷烟零售户,机关内设办公室、专卖监督管理处、监察处、卷烟营销中心、卷烟物流配送中心等13个职能部门。

◎ 苏州市烟草专卖局(公司)

【基本信息】

【英文名】 Suzhou Tobacco Monopoly Bureau (Company)

【拼音】 su zhou shi yan cao zhuan mai ju (gong si)

【基础词】

【词条属性】

【分类】 专卖管理与“两烟”经营

【概况】 苏州市烟草专卖局(公司)下辖5个县级烟草专卖局(分公司)和吴中、相城区烟草专卖局(分公司)。

◎ 南通市烟草专卖局(公司)

【基本信息】

【英文名】 Nantong Tobacco Monopoly Bureau (Company)

【拼音】 nan tong shi yan cao zhuan mai ju (gong si)

【基础词】

【词条属性】

【分类】 专卖管理与“两烟”经营

【概况】 南通市烟草专卖局(公司)成立于1983年5月,是一个集卷烟销售经营与专卖执法管理于一体的政企合一单位,下辖6个县(市)烟草专卖局(卷烟营销部)和机关11个处室(中心)。

◎ 连云港市烟草专卖局(公司)

【基本信息】

【英文名】 Lianyungang Tobacco Monopoly Bureau (Company)

【拼音】 lian yun gang shi yan cao zhuan mai ju (gong si)

【基础词】

【词条属性】

【分类】 专卖管理与“两烟”经营

【概况】 连云港市烟草专卖局(公司)于 1983 年 3 月正式营业,是全国组建的第一个地市级烟草专卖局(公司),主要职能是负责辖区范围内的卷烟供应和烟草专卖管理工作,内设办公室、营销中心、配送中心、专卖监督管理处等 13 个职能处室。

◎ 淮安市烟草专卖局(公司)

【基本信息】

【英文名】 Huai'an Tobacco Monopoly Bureau (Company)

【拼音】 huai an shi yan cao zhuan mai ju (gong si)

【基础词】

【词条属性】

【分类】 专卖管理与“两烟”经营

【概况】 淮安市烟草专卖局(公司)现内设办公室、专卖监督管理处、营销中心、物流配送中心等 13 个处室,下辖淮阴、涟水、淮安、洪泽、盱眙、金湖 6 个县(区)局(分公司),全系统共有烟草编制人员 200 多人。

◎ 盐城市烟草专卖局(公司)

【基本信息】

【英文名】 Yancheng Tobacco Monopoly Bureau (Company)

【拼音】 yan cheng shi yan cao zhuan mai ju (gong si)

【基础词】

【词条属性】

【分类】 专卖管理与“两烟”经营

【概况】 盐城市烟草专卖局(公司)组建于 1983 年,下辖 7 个县(市)烟草专卖局(营销部),代表国家行使卷烟批发经营和市场管理两项重要职能。

◎ 扬州市烟草专卖局(公司)

【基本信息】

【英文名】 Yangzhou Tobacco Monopoly Bureau (Company)

【拼音】 yang zhou shi yan cao zhuan mai ju (gong si)

【基础词】

【词条属性】

【分类】 专卖管理与“两烟”经营

【概况】 扬州市烟草专卖局(公司)受江苏省烟草专卖局(公司)和扬州市委市政府的双重领导,以江苏省烟草专卖局(公司)领导为主,担负着本辖区烟草专卖行政管理和卷烟批发经营的双重职能,下辖 5 个县级烟草专卖局(分公司),机关设 11 个处(室)。

◎ 镇江市烟草专卖局(公司)

【基本信息】

【英文名】 Zhenjiang Tobacco Monopoly Bureau (Company)

【拼音】 zhen jiang shi yan cao zhuan mai ju (gong si)

【基础词】

【词条属性】

【分类】 专卖管理与“两烟”经营

【概况】 镇江市烟草专卖局(公司)隶属江苏省烟草专卖局(公司),负责全市卷烟经营与烟草专卖品的专卖管理工作。

◎ 泰州市烟草专卖局(公司)

【基本信息】

【英文名】 Taizhou Tobacco Monopoly Bureau (Company)

【拼音】 tai zhou shi yan cao zhuan mai ju (gong si)

【基础词】

【词条属性】

【分类】 专卖管理与“两烟”经营

【概况】 泰州市烟草专卖局(公司)成立于 1996 年 10 月,下辖 4 个县级烟草专卖局(营销部),机关内设办公室(安保处)、营销中心、专卖监督管理处等 11 个职能部门。

◎ 宿迁市烟草专卖局(公司)

【基本信息】

【英文名】 Suqian Tobacco Monopoly Bureau (Company)

【拼音】 su qian shi yan cao zhuan mai ju (gong si)

【基础词】

【词条属性】

【分类】 专卖管理与“两烟”经营

【概况】 宿迁市烟草专卖局(公司)于 1996 年 10 月成立,内设办公室、政策法规与体制改革处、专卖监督管理处等机构,下辖 1 个县(区)烟草专卖局(分公司)。

◎ 浙江省烟草专卖局(公司)

【基本信息】

【英文名】 Zhejiang Tobacco Monopoly Bureau (Company)

【拼音】 zhe jiang sheng yan cao zhuan mai ju (gong si)

【核心词】

【词条属性】

【分类】 专卖管理与“两烟”经营

【概况】 浙江省烟草专卖局(公司)组建于1984年底,现有11个市级烟草专卖局(公司)、64个县级烟草专卖局(分公司)、2个全资子公司,职工总数逾万人,全省持证卷烟零售客户31.25万户。

【词条关系】

【下辖】 杭州市烟草专卖局(公司)

【下辖】 绍兴市烟草专卖局(公司)

【下辖】 金华市烟草专卖局(公司)

【下辖】 湖州市烟草专卖局(公司)

【下辖】 舟山市烟草专卖局(公司)

【下辖】 宁波市烟草专卖局(公司)

【下辖】 嘉兴市烟草专卖局(公司)

【下辖】 丽水市烟草专卖局(公司)

【下辖】 温州市烟草专卖局(公司)

【下辖】 衢州市烟草专卖局(公司)

【下辖】 台州市烟草专卖局(公司)

【下辖】 浙江烟草进出口有限公司

【下辖】 浙江烟草投资管理有限责任公司

◎ 杭州市烟草专卖局(公司)

【基本信息】

【英文名】 Hangzhou Tobacco Monopoly Bureau (Company)

【拼音】 hang zhou shi yan cao zhuan mai ju (gong si)

【基础词】

【词条属性】

【分类】 专卖管理与“两烟”经营

【概况】 杭州市烟草专卖局(公司)成立于1991年,下辖7个县级烟草专卖局(分公司)。

◎ 衢州市烟草专卖局(公司)

【基本信息】

【英文名】 Quzhou Tobacco Monopoly Bureau (Company)

【拼音】 qu zhou shi yan cao zhuan mai ju (gong si)

【基础词】

【词条属性】

【分类】 专卖管理与“两烟”经营

【概况】 衢州市烟草专卖局(公司)内设13个处室,下辖4个县(市)烟草专卖局(分公司),各县烟草专卖(市)局(分公司)内设办公室(兼监察科)、财务科、业务科、专卖科等。

◎ 舟山市烟草专卖局(公司)

【基本信息】

【英文名】 Zhoushan Tobacco Monopoly Bureau (Company)

【拼音】 zhou shan shi yan cao zhuan mai ju (gong si)

【基础词】

【词条属性】

【分类】 专卖管理与“两烟”经营

【概况】 舟山市烟草专卖局(公司)组建于1987年4月,下辖3个县级烟草专卖局,主要负责全市范围烟草专卖行政管理和卷烟经营业务。

◎ 台州市烟草专卖局(公司)

【基本信息】

【英文名】 Taizhou Tobacco Monopoly Bureau (Company)

【拼音】 tai zhou shi yan cao zhuan mai ju (gong si)

【基础词】

【词条属性】

【分类】 专卖管理与“两烟”经营

【概况】 台州市烟草专卖局(公司)成立于1986年12月,是集烟草专卖管理、卷烟经营为一体的国有企业,现辖7个县(市、区)烟草专卖局(公司)。

◎ 丽水市烟草专卖局(公司)

【基本信息】

【英文名】 Lishui Tobacco Monopoly Bureau (Company)

【拼音】 li shui shi yan cao zhuan mai ju (gong si)

【基础词】

【词条属性】

【分类】 专卖管理与“两烟”经营

【概况】 丽水市烟草专卖局(公司)成立于1987年3月,下辖8个县(市)烟草专卖局(分公司),为中国烟草总公司浙江省公司全资子公司,受浙江省烟草专卖局(公司)和丽水市政府双重领导,担负辖区范围内卷烟专营职责,管理发展烟叶生产。

◎ 宁波市烟草专卖局(公司)

【基本信息】

【英文名】 Ningbo Tobacco Monopoly Bureau (Company)

【拼音】 ning bo shi yan cao zhuan mai ju (gong si)

【基础词】

【词条属性】

【分类】 专卖管理与“两烟”经营

【概况】 宁波市烟草专卖局(公司)由浙江省烟草专卖局(公司)直接管辖,负责全市烟草专卖行政管理和卷烟经营业务,下辖8个县级烟草专卖局(分公司)。

◎ 嘉兴市烟草专卖局(公司)

【基本信息】

【英文名】 Jiaxing Tobacco Monopoly Bureau (Company)

【拼音】 jia xing shi yan cao zhuan mai ju (gong si)

【基础词】

【词条属性】

【分类】 专卖管理与“两烟”经营

【概况】 嘉兴市烟草专卖局(公司)成立于1985年,是浙江省第一家地市级烟草机构,内设专卖监督管理处、营销中心、配送中心等14个职能部门,依法承担全市范围内的烟草专卖管理和卷烟批发销售等职能,下辖5个县级烟草专卖局(分公司),辖区内有卷烟零售户逾2万户。

◎ 湖州市烟草专卖局(公司)

【基本信息】

【英文名】 Huzhou Tobacco Monopoly Bureau (Company)

【拼音】 hu zhou shi yan cao zhuan mai ju (gong si)

【基础词】

【词条属性】

【分类】 专卖管理与“两烟”经营

【概况】 湖州市烟草专卖局(公司)主要负责全市卷烟销售网络的建设,内设13个职能机构。

◎ 绍兴市烟草专卖局(公司)

【基本信息】

【英文名】 Shaoxing Tobacco Monopoly Bureau (Company)

【拼音】 shao xing shi yan cao zhuan mai ju (gong si)

【基础词】

【词条属性】

【分类】 专卖管理与“两烟”经营

【概况】 绍兴市烟草专卖局(公司)成立于1986年3月,下辖诸暨市、上虞区、嵊州市、新昌县4个县级局(分公司),机关下设12个处室(部门),全市共有卷烟零售户2.85万户。

◎ 金华市烟草专卖局(公司)

【基本信息】

【英文名】 Jinhua Tobacco Monopoly Bureau (Company)

【拼音】 jin hua shi yan cao zhuan mai ju (gong si)

【基础词】

【词条属性】

【分类】 专卖管理与“两烟”经营

【概况】 金华市烟草专卖局(公司)组建于1986年4月,下辖义乌、东阳、永康、兰溪、浦江、武义、磐安7个县(市)局(分公司),本级内设12个职能部门。截至2018年底,全地区共有从业人员1 000多人,辖区内共有持证零售户3万多户。

◎ 温州市烟草专卖局(公司)

【基本信息】

【英文名】 Wenzhou Tobacco Monopoly Bureau (Company)

【拼音】 wen zhou shi yan cao zhuan mai ju (gong si)

【基础词】

【词条属性】

【分类】 专卖管理与“两烟”经营

【概况】 温州市烟草专卖局(公司)组建于

1985 年，下辖 8 个县(市)烟草专卖局(分公司)、50 个网点经营部、51 个专卖管理所、9 支稽查队伍，覆盖全市 3.8 万余户零售户。

◎ 浙江烟草进出口有限公司

【基本信息】

【英文名】 Zhejiang Tobacco Import and Export Co., Ltd.

【拼音】 zhe jiang yan cao jin chu kou you xian gong si

【基础词】

【词条属性】

【分类】 进出口

【概况】 浙江烟草进出口有限公司成立于 1997 年 3 月，受浙江省烟草专卖局(公司)管理。

◎ 安徽省烟草专卖局(公司)

【基本信息】

【英文名】 Anhui Tobacco Monopoly Bureau (Company)

【拼音】 an hui sheng yan cao zhuan mai ju (gong si)

【核心词】

【词条属性】

【分类】 专卖管理与“两烟”经营

【概况】 安徽省烟草专卖局(公司)下辖 16 个市级烟草专卖局(公司)以及安徽皖南烟叶有限责任公司、华环国际烟草有限公司 18 家单位，服务对象包括卷烟工业企业、省内约 24.9 万卷烟零售商户以及烟叶种植农户和广大卷烟消费者。

【词条关系】

【下辖】 合肥市烟草专卖局(公司)

【下辖】 淮南市烟草专卖局(公司)

【下辖】 马鞍山市烟草专卖局(公司)

【下辖】 安庆市烟草专卖局(公司)

【下辖】 亳州市烟草专卖局(公司)

【下辖】 滁州市烟草专卖局(公司)

【下辖】 宣城市烟草专卖局(公司)

【下辖】 宿州市烟草专卖局(公司)

【下辖】 芜湖市烟草专卖局(公司)

【下辖】 铜陵市烟草专卖局(公司)

【下辖】 六安市烟草专卖局(公司)

【下辖】 蚌埠市烟草专卖局(公司)

【下辖】 池州市烟草专卖局(公司)

【下辖】 阜阳市烟草专卖局(公司)

【下辖】 淮北市烟草专卖局(公司)

【下辖】 黄山市烟草专卖局(公司)

【下辖】 安徽皖南烟叶有限责任公司

【下辖】 安徽省农业科学院烟草研究所

【控股】 华环国际烟草有限公司

◎ 合肥市烟草专卖局(公司)

【基本信息】

【英文名】 Hefei Tobacco Monopoly Bureau (Company)

【拼音】 he fei shi yan cao zhuan mai ju (gong si)

【基础词】

【词条属性】

【分类】 专卖管理与“两烟”经营

【概况】 合肥市烟草专卖局(公司)是中国烟草总公司安徽省公司的全资子公司，单位内设 14 个职能部门，下辖庐阳、包河、瑶海、蜀山、巢湖、肥东、肥西、长丰、庐江 9 个县级局(营销部)。

◎ 滁州市烟草专卖局(公司)

【基本信息】

【英文名】 Chuzhou Tobacco Monopoly Bureau (Company)

【拼音】 chu zhou shi yan cao zhuan mai ju (gong si)

【基础词】

【词条属性】

【分类】 专卖管理与“两烟”经营

【概况】 滁州市烟草专卖局(公司)于 2000 年 3 月与滁州卷烟厂工商分设，主要职能是对辖区卷烟市场依法进行烟草专卖行政管理和卷烟销售，2003 年 12 月确立了市公司市场营销主体地位，下辖 7 个县级局(营销部)和 1 个卷烟物流中心。

◎ 阜阳市烟草专卖局(公司)

【基本信息】

【英文名】 Fuyang Tobacco Monopoly Bureau (Company)

【拼音】 fu yang shi yan cao zhuan mai ju (gong si)

【基础词】

【词条属性】

【分类】 专卖管理与“两烟”经营

【概况】 阜阳市烟草专卖局(公司)始创于1981年,目前下设13个职能部门,下辖临泉、阜南、太和、颍上、界首市、直属分局6个县级烟草专卖局(营销部),担负着辖区内卷烟经营和市场管理工作。

◎ 芜湖市烟草专卖局(公司)

【基本信息】

【英文名】 Wuhu Tobacco Monopoly Bureau (Company)

【拼音】 wu hu shi yan cao zhuan mai ju (gong si)

【基础词】

【词条属性】

【分类】 专卖管理与"两烟"经营

【概况】 芜湖市烟草专卖局(公司)于2000年完成烟草工商分设,担负着芜湖地区烟草专卖市场管理和卷烟供应的双重职能,目前下辖芜湖、江北2个直属分局以及无为、芜湖、南陵、繁昌4个县级烟草专卖局(营销部)。

◎ 蚌埠市烟草专卖局(公司)

【基本信息】

【英文名】 Bengbu Tobacco Monopoly Bureau (Company)

【拼音】 beng bu shi yan cao zhuan mai ju (gong si)

【基础词】

【词条属性】

【分类】 专卖管理与"两烟"经营

【概况】 蚌埠市烟草专卖局(公司)下辖怀远、固镇、五河县烟草专卖局(营销部)、直属分局(营销部),内设办公室(基建办)、专卖监督管理科(内部专卖监督管理科)、卷烟营销管理中心等职能部门。

◎ 宿州市烟草专卖局(公司)

【基本信息】

【英文名】 Suzhou Tobacco Monopoly Bureau (Company)

【拼音】 su zhou shi yan cao zhuan mai ju (gong si)

【基础词】

【词条属性】

【分类】 专卖管理与"两烟"经营

【概况】 宿州市烟草专卖局(公司)始建于1981年,隶属于安徽省烟草专卖局(公司),主要负责对宿州市辖区的烟草市场实行统一管理和监督,现下辖萧县、砀山、灵璧、泗县、埇桥区共5个县(分)局、5个卷烟营销部和1个物流中心。

◎ 六安市烟草专卖局(公司)

【基本信息】

【英文名】 Liuan Tobacco Monopoly Bureau (Company)

【拼音】 liu an shi yan cao zhuan mai ju (gong si)

【基础词】

【词条属性】

【分类】 专卖管理与"两烟"经营

【概况】 六安市烟草专卖局(公司)成立于1985年,是集卷烟销售经营与专卖执法管理于一体的政企合一单位,现辖霍邱、舒城、金寨、霍山四个县烟草专卖局(营销部)、皋城分局(营销部)和叶集区局(营销部)以及机关13个科室(中心),服务零售户数近2万户。

◎ 宣城市烟草专卖局(公司)

【基本信息】

【英文名】 Xuancheng Tobacco Monopoly Bureau (Company)

【拼音】 xuan cheng shi yan cao zhuan mai ju (gong si)

【基础词】

【词条属性】

【分类】 专卖管理与"两烟"经营

【概况】 宣城市烟草专卖局(公司)成立于1984年10月,现下辖宣州、郎溪、广德、宁国、泾县、绩溪、旌德7个县级局和1个物流中心,机关内设办公室、规范管理办公室、营销中心、专卖监督管理科(内部专卖管理监督科、稽查支队)、安全管理科、财务管理科、人力资源科、纪检监察室、法规科、审计派驻办、信息中心、党建工作科等12个职能部门,有在岗干部员工550余人、持证零售商14 000余户。

◎ 亳州市烟草专卖局(公司)

【基本信息】

【英文名】 Bozhou Tobacco Monopoly Bureau (Company)

【拼音】 bo zhou shi yan cao zhuan mai ju

(gong si)

【基础词】

【词条属性】

【分类】 专卖管理与“两烟”经营

【概况】 亳州市烟草专卖局(公司)主要承担安徽省亳州市辖区范围内的烟草市场专卖管理、卷烟批发销售和卷烟物流配送等职能,共有在岗员工近800人,内设12个职能部门,下辖谯城区、涡阳县、蒙城县、利辛县4个县级烟草专卖局(营销部)和1个物流中心(坐落于谯城区)。

◎ 池州市烟草专卖局(公司)

【基本信息】

【英文名】 Chizhou Tobacco Monopoly Bureau (Company)

【拼音】 chi zhou shi yan cao zhuan mai ju (gong si)

【基础词】

【词条属性】

【分类】 专卖管理与“两烟”经营

【概况】 池州市烟草专卖局(公司)成立于1989年3月,下辖贵池区、东至县、石台县、青阳县4个县级烟草专卖局(营销部)及九子山宾馆,服务对象主要包括卷烟工业企业、全市卷烟零售商户以及烟叶种植农户和广大卷烟消费者等,机关内设办公室、营销中心、专卖监督管理科等13个部门,辖区内有卷烟零售户8 000余户。

◎ 马鞍山市烟草专卖局(公司)

【基本信息】

【英文名】 Maanshan Tobacco Monopoly Bureau (Company)

【拼音】 ma an shan shi yan cao zhuan mai ju (gong si)

【基础词】

【词条属性】

【分类】 专卖管理与“两烟”经营

【概况】 马鞍山市烟草专卖局(公司)成立于1981年10月,现辖3个县级烟草专卖局(营销部)、1个直属分局(营销部)和12个职能部门,员工总数400余人,辖区卷烟零售户近1.1万户。

◎ 淮北市烟草专卖局(公司)

【基本信息】

【英文名】 Huaibei Tobacco Monopoly Bureau (Company)

【拼音】 huai bei shi yan cao zhuan mai ju (gong si)

【基础词】

【词条属性】

【分类】 专卖管理与“两烟”经营

【概况】 淮北市烟草专卖局(公司)成立于1981年,隶属于安徽省烟草专卖局(公司),下辖濉溪县局(营销部)、直属分局(营销部)2个直属单位,内设办公室、专卖监督管理科、营销中心等13个部门。

◎ 铜陵市烟草专卖局(公司)

【基本信息】

【英文名】 Tongling Tobacco Monopoly Bureau (Company)

【拼音】 tong ling shi yan cao zhuan mai ju (gong si)

【基础词】

【词条属性】

【分类】 专卖管理与“两烟”经营

【概况】 铜陵市烟草专卖局(公司)下辖枞阳县烟草专卖局(营销部)、铜官区烟草专卖局和义安区烟草专卖局,内设13个职能部门,目前辖区内有零售客户7 100余户。

◎ 安庆市烟草专卖局(公司)

【基本信息】

【英文名】 Anqing Tobacco Monopoly Bureau (Company)

【拼音】 an qing shi yan cao zhuan mai ju (gong si)

【基础词】

【词条属性】

【分类】 专卖管理与“两烟”经营

【概况】 安庆市烟草专卖局(公司)机关设置办公室(基建办)、专卖监督管理科(内部专卖监督管理科、稽查支队)等13个部门,下辖9个县级烟草专卖局(营销部)。

◎ 黄山市烟草专卖局(公司)

【基本信息】

【英文名】 Huangshan Tobacco Monopoly Bureau (Company)

【拼音】 huang shan shi yan cao zhuan mai ju (gong si)

【基础词】
【词条属性】
【分类】 专卖管理与"两烟"经营
【概况】 黄山市烟草专卖局(公司)成立于1981年,内设13个职能部门,下设7个区县局(营销部),服务卷烟零售户近9 000户。

◎ 淮南市烟草专卖局(公司)

【基本信息】
【英文名】 Huainan Tobacco Monopoly Bureau (Company)
【拼音】 huai nan shi yan cao zhuan mai ju (gong si)
【基础词】
【词条属性】
【分类】 专卖管理与"两烟"经营
【概况】 淮南市烟草专卖局(公司)成立于1983年,下辖2个县局(寿县县局、凤台县局)、5个分局(田大分局、谢八分局、潘集分局、山南分局和毛集分局)、5个区域营销部,机关设有卷烟营销中心、专卖管理科等13个部门。

◎ 安徽皖南烟叶有限责任公司

【基本信息】
【英文名】 Anhui Wannan Tobacco L. L. C.
【拼音】 an hui wan nan yan ye you xian ze ren gong si
【基础词】
【词条属性】
【分类】 烟叶公司
【概况】 安徽皖南烟叶有限责任公司隶属于安徽省烟草专卖局(公司),始建于2004年12月31日,总部设在宣城市,是全国烟草行业唯一跨地区股份制专业化烟叶生产企业。

◎ 华环国际烟草有限公司

【基本信息】
【英文名】 Huahuan International Tobacco Co., Ltd.
【拼音】 hua huan guo ji yan cao you xian gong si
【基础词】
【词条属性】
【分类】 打叶复烤
【概况】 华环国际烟草有限公司成立于1994年5月,其前身是英美烟草公司于1917年投资建设的门台子烤烟厂。公司历经中外合资、行业内工商合资等多次变革,发展成为由安徽省烟草专卖局(公司)、上海烟草集团有限责任公司和安徽中烟工业有限责任公司共同投资建设、共同经营的现代化打叶复烤企业,隶属于安徽省烟草专卖局(公司)。公司下设华环生产加工中心、涡阳烟叶复烤厂和蚌埠储运分公司3个分支机构。华环生产加工中心位于安徽省凤阳县经济技术开发区,拥有1条12 000千克/时打叶复烤生产线,年设计生产能力为3万吨(60万担)。涡阳烟叶复烤厂位于安徽省涡阳县,占地面积为19万平方米,拥有6 000千克/时打叶复烤生产线和年中转能力为100万担烟叶的铁路专用线各1条。

◎ 福建省烟草专卖局(公司)

【基本信息】
【英文名】 Fujian Tobacco Monopoly Bureau (Company)
【拼音】 fu jian sheng yan cao zhuan mai ju (gong si)
【核心词】
【词条属性】
【分类】 专卖管理与"两烟"经营
【概况】 福建省烟草专卖局、中国烟草总公司福建省公司组建于1984年1月1日,下辖9家区市局(公司)、76个县级局(分公司)、中国烟草福建进出口有限责任公司、福建烟草海晟投资管理有限公司以及福建省三明金叶复烤有限公司和福建武夷烟叶有限公司2家烟叶复烤加工企业,主要负责全省的烟草专卖行政管理及执法监督、卷烟销售及网络建设、烟叶生产经营的组织和烟叶复烤加工等工作,现有职工14 000多人,持证卷烟零售客户约19万户,烟农约4.1万户。
【下辖】 福州市烟草专卖局(公司)
【下辖】 三明市烟草专卖局(公司)
【下辖】 莆田市烟草专卖局(公司)
【下辖】 宁德市烟草专卖局(公司)
【下辖】 泉州市烟草专卖局(公司)
【下辖】 漳州市烟草专卖局(公司)
【下辖】 南平市烟草专卖局(公司)
【下辖】 龙岩市烟草专卖局(公司)
【下辖】 厦门市烟草专卖局(公司)
【下辖】 福建省烟草专卖局烟草农业科学研究所
【下辖】 福建省三明金叶复烤有限公司

【下辖】 福建武夷烟叶有限公司

【下辖】 中国烟草福建进出口有限责任公司

◎ 福州市烟草专卖局(公司)

【基本信息】

【英文名】 Fuzhou Tobacco Monopoly Bureau (Company)

【拼音】 fu zhou shi yan cao zhuan mai ju (gong si)

【基础词】

【词条属性】

【分类】 专卖管理与“两烟”经营

【概况】 福州市烟草专卖局(公司)组建于1984年3月,主要负责全市的烟草专卖行政管理、执法监督、卷烟销售及网络建设等工作,下辖8个县(市)烟草专卖局(分公司)以及市区城南、城北烟草专卖局(分公司),拥有1家全资下属企业——福州烟草物流有限公司,现有持证零售客户近3万户。

◎宁德市烟草专卖局(公司)

【基本信息】

【英文名】 Ningde Tobacco Monopoly Bureau (Company)

【拼音】 ning de shi yan cao zhuan mai ju (gong si)

【基础词】

【词条属性】

【分类】 专卖管理与“两烟”经营

【概况】 宁德市烟草专卖局(公司)主营卷烟营销、网络建设及物流配送业务,承担辖区内的烟草专卖行政管理及执法监督职责,服务和管理全市1.5万余户卷烟零售客户,机关共设13个科室,下辖9个县级局(分公司)及宁德市烟草物流有限公司(全资子公司),投资控股宁德海晟连锁商贸有限公司(多元化经营企业)。

◎ 南平市烟草专卖局(公司)

【基本信息】

【英文名】 Nanping Tobacco Monopoly Bureau (Company)

【拼音】 nan ping shi yan cao zhuan mai ju (gong si)

【基础词】

【词条属性】

【分类】 专卖管理与“两烟”经营

【概况】 南平市烟草专卖局(公司)组建于1984年,下辖10个县级烟草专卖局(分公司)以及南平市金叶贸易服务有限公司、南平烟草物流有限公司2个多元化经营企业,参股福建武夷烟叶有限公司、南平海晟连锁商贸有限公司。

◎ 龙岩市烟草专卖局(公司)

【基本信息】

【英文名】 Longyan Tobacco Monopoly Bureau (Company)

【拼音】 long yan shi yan cao zhuan mai ju (gong si)

【基础词】

【词条属性】

【分类】 专卖管理与“两烟”经营

【概况】 龙岩市烟草专卖局(公司)成立于1984年3月,共有机关科室16个,下辖7个县(市、区)烟草专卖局(分公司),拥有烟草物流有限公司、鑫叶农资有限公司2家全资子公司和海晟连锁商贸有限公司1家控股企业。

◎ 泉州市烟草专卖局(公司)

【基本信息】

【英文名】 Quanzhou Tobacco Monopoly Bureau (Company)

【拼音】 quan zhou shi yan cao zhuan mai ju (gong si)

【基础词】

【词条属性】

【分类】 专卖管理与“两烟”经营

【概况】 泉州市烟草专卖局(公司)组建于1984年,内设部门14个,下辖11个县级烟草专卖局(分公司)、2个专业子公司、85个基层所部、32家海晟门店、5个物流中转站。

◎ 厦门市烟草专卖局(公司)

【基本信息】

【英文名】 Xiamen Tobacco Monopoly Bureau (Company)

【拼音】 xia men shi yan cao zhuan mai ju (gong si)

【基础词】

【词条属性】

【分类】 专卖管理与“两烟”经营

【概况】 厦门市烟草专卖局(公司)组建于1984年,现有机关科室12个,下辖4个区(分)烟草专卖局(分公司)及厦门烟草物流有限公司、海晟连锁商贸有限公司、五福贸易有限公司,目前全辖区卷烟零售客户超1.8万户。

◎ 莆田市烟草专卖局(公司)

【基本信息】

【英文名】 Putian Tobacco Monopoly Bureau (Company)

【拼音】 pu tian shi yan cao zhuan mai ju (gong si)

【基础词】

【词条属性】

【分类】 专卖管理与“两烟”经营

【概况】 莆田市烟草专卖局(公司)成立于1984年7月,下辖仙游县、城厢区、涵江区、秀屿区4个县级烟草专卖局(分公司)和莆田海晟连锁商贸有限公司、莆田烟草物流有限公司,主要负责全市的烟草专卖行政管理及执法监督、卷烟销售及网络建设等工作,共有持证卷烟零售户1.3万多户。

◎ 漳州市烟草专卖局(公司)

【基本信息】

【英文名】 Zhangzhou Tobacco Monopoly Bureau (Company)

【拼音】 zhang zhou shi yan cao zhuan mai ju (gong si)

【基础词】

【词条属性】

【分类】 专卖管理与“两烟”经营

【概况】 漳州市烟草专卖局(公司)组建于1984年3月,下辖10个县级烟草专卖局(分公司)以及漳州烟草物流公司、漳州海晟连锁商贸有限公司2个控股公司,共有卷烟零售户约3.2万户。

◎ 三明市烟草专卖局(公司)

【基本信息】

【英文名】 Sanming Tobacco Monopoly Bureau (Company)

【拼音】 san ming shi yan cao zhuan mai ju (gong si)

【基础词】

【词条属性】

【分类】 专卖管理与“两烟”经营

【概况】 三明市烟草专卖局(公司)成立于1984年,是福建省烟草商业系统直属的一家地市级烟草单位,下辖11个县级局(分公司),拥有三明烟草物流公司等3家全资子公司,参股福建三明金叶复烤公司、海晟连锁公司等3家股份制企业。

◎ 福建省三明金叶复烤有限公司

【基本信息】

【英文名】 Fujian Sanming Golden Leaf Tobacco Redrying Co., Ltd.

【拼音】 fu jian sheng san ming jin ye fu kao you xian gong si

【基础词】

【词条属性】

【分类】 打叶复烤

【概况】 福建省三明金叶复烤有限公司位于福建省三明市,成立于1998年10月,有中国烟草总公司福建省公司、福建省烟草公司三明市公司、上海烟草集团有限责任公司、江苏中烟工业有限责任公司等11家股东,注册资本为9.13亿元,隶属于福建省烟草专卖局(公司)。公司占地面积为7.5万平方米,拥有2条加工能力6 000千克/时的打叶复烤生产线以及在线配备加香加料机、自动喷洒机、烟叶精选台及配方柜等设备,主要负责承担国内卷烟工业企业在三明地区的烟叶委托复烤加工任务,年复烤加工能力为4.5万吨(90万担)左右。

◎ 福建武夷烟叶有限公司

【基本信息】

【英文名】 Fujian Wuyi Tobacco Leaf Co., Ltd.

【拼音】 fu jian wu yi yan ye you xian gong si

【基础词】

【词条属性】

【分类】 烟叶公司

【概况】 福建武夷烟叶有限公司位于福建省邵武市,成立于2000年12月,有中国烟草总公司福建省公司、福建省烟草公司南平市公司、浙江中烟工业有限责任公司、上海烟草集团有限责任公司等 10 家股东，隶属福建省烟草专卖局(公司)。

◎ 中国烟草福建进出口有限责任公司

【基本信息】

【英文名】 China Tobacco Fujian Import and Export L. L. C.

【拼音】 zhong guo yan cao fu jian jin chu kou you xian ze ren gong si

【基础词】

【词条属性】

【分类】 进出口

【概况】 中国烟草进出口公司福建分公司于 1985 年 1 月成立，是经国家经贸部批准、第一批成立的 8 家烟草进出口公司之一，2001 年改制更名为中国烟草福建进出口有限责任公司，2006 年 12 月经国家烟草专卖局批准成为中国烟草总公司福建省公司的全资子公司。

◎ 江西省烟草专卖局(公司)

【基本信息】

【英文名】 Jiangxi Tobacco Monopoly Bureau (Company)

【拼音】 jiang xi sheng yan cao zhuan mai ju (gong si)

【核心词】

【词条属性】

【分类】 专卖管理与“两烟”经营

【概况】 江西省烟草专卖局(公司)下辖南昌、九江、上饶、抚州、宜春、吉安、赣州、景德镇、萍乡、新余、鹰潭 11 个地市级烟草专卖局(公司)，98 个县级烟草专卖局(分公司)及江西省烟草专卖局驻南昌铁路烟草专卖局、中国烟草井冈山传统教育基地、江西省锦峰投资管理责任有限公司、江西赣南烟叶复烤有限责任公司、江西省烟草培训中心、江西省烟叶科学研究所 6 个二级单位。

【词条关系】

【下辖】 南昌市烟草专卖局(公司)

【下辖】 九江市烟草专卖局(公司)

【下辖】 赣州市烟草专卖局(公司)

【下辖】 抚州市烟草专卖局(公司)

【下辖】 鹰潭市烟草专卖局(公司)

【下辖】 江西省烟叶科学研究所

【下辖】 江西赣南烟叶复烤有限责任公司

【下辖】 萍乡市烟草专卖局(公司)

【下辖】 吉安市烟草专卖局(公司)

【下辖】 景德镇市烟草专卖局(公司)

【下辖】 上饶市烟草专卖局(公司)

【下辖】 宜春市烟草专卖局(公司)

【下辖】 新余市烟草专卖局(公司)

◎ 南昌市烟草专卖局(公司)

【基本信息】

【英文名】 Nanchang Tobacco Monopoly Bureau (Company)

【拼音】 nan chang shi yan cao zhuan mai ju (gong si)

【基础词】

【词条属性】

【分类】 专卖管理与“两烟”经营

【概况】 南昌市烟草专卖局(公司)成立于 1985 年，下设南昌县、新建区、进贤县、安义县、东湖区、西湖区、青云谱区、青山湖区 8 个分公司。

◎ 景德镇市烟草专卖局(公司)

【基本信息】

【英文名】 Jingdezhen Tobacco Monopoly Bureau (Company)

【拼音】 jing de zhen shi yan cao zhuan mai ju (gong si)

【基础词】

【词条属性】

【分类】 专卖管理与“两烟”经营

【概况】 景德镇市烟草专卖局(公司)组建于 1985 年 1 月，主要负责组织卷烟销售及网络建设、专卖管理及执法监督等，机关内设职能科室 13 个，下辖乐平、浮梁、城区局 3 个县(市、区)烟草专卖局(分公司)和物流中心、金叶大酒店。

◎ 萍乡市烟草专卖局(公司)

【基本信息】

【英文名】 Pingxiang Tobacco Monopoly Bureau (Company)

【拼音】 ping xiang shi yan cao zhuan mai ju (gong si)

【基础词】

【词条属性】

【分类】 专卖管理与“两烟”经营

【概况】 萍乡市烟草专卖局(公司)成立于1985年2月,隶属于江西省烟草专卖局(公司),主要担负全市烟草专卖管理和执法监督、卷烟经营及网络建设等工作职责。

◎ 九江市烟草专卖局(公司)

【基本信息】

【英文名】 Jiujiang Tobacco Monopoly Bureau (Company)

【拼音】 jiu jiang shi yan cao zhuan mai ju (gong si)

【基础词】

【词条属性】

【分类】 专卖管理与“两烟”经营

【概况】 九江市烟草专卖局(公司)隶属于江西省烟草专卖局(公司),担负着全市烟草专卖行政执法和卷烟经营双重职能,下辖12个不具有独立法人资格的县局(营销中心),全系统现有员工逾千人。

◎ 新余市烟草专卖局(公司)

【基本信息】

【英文名】 Xinyu Tobacco Monopoly Bureau (Company)

【拼音】 xin yu shi yan cao zhuan mai ju (gong si)

【基础词】

【词条属性】

【分类】 专卖管理与“两烟”经营

【概况】 新余市烟草专卖局(公司)成立于1985年1月,是烟草商业流通国有企业,负责全市的烟草专卖行政执法、卷烟经营工作,机关内设12个职能部门,下辖渝水、分宜2个县级烟草专卖局(分公司)、1个物流中心。

◎ 鹰潭市烟草专卖局(公司)

【基本信息】

【英文名】 Yingtan Tobacco Monopoly Bureau (Company)

【拼音】 ying tan shi yan cao zhuan mai ju (gong si)

【基础词】

【词条属性】

【分类】 专卖管理与“两烟”经营

【概况】 鹰潭市烟草专卖局(公司)成立于1985年3月主要负责组织卷烟销售及网络建设,专卖管理及执法监督,全市共有卷烟零售户近5 000户。

◎ 赣州市烟草专卖局(公司)

【基本信息】

【英文名】 Ganzhou Tobacco Monopoly Bureau (Company)

【拼音】 gan zhou shi yan cao zhuan mai ju (gong si)

【基础词】

【词条属性】

【分类】 专卖管理与“两烟”经营

【概况】 赣州市烟草专卖局(公司)成立于1984年,主要负责组织烟叶生产经营、卷烟销售及网络建设、专卖管理及执法监督,下设18个县级局(分公司),机关内设18个部门,全市有卷烟零售户近3.6万户,产烟县(市)8个、乡(镇)104个。

◎ 吉安市烟草专卖局(公司)

【基本信息】

【英文名】 Ji'an Tobacco Monopoly Bureau (Company)

【拼音】 ji an shi yan cao zhuan mai ju (gong si)

【基础词】

【词条属性】

【分类】 专卖管理与“两烟”经营

【概况】 吉安市烟草专卖局(公司)组建于1985年5月,主要负责组织烟叶生产经营、卷烟销售及网络建设、专卖管理及执法监督等,机关内设职能科室17个,下辖13个县级烟草专卖局(分公司)。

◎ 宜春市烟草专卖局(公司)

【基本信息】

【英文名】 Yichun Tobacco Monopoly Bureau (Company)

【拼音】 yi chun shi yan cao zhuan mai ju (gong si)

【基础词】

【词条属性】

【分类】 专卖管理与"两烟"经营

【概况】 宜春市烟草专卖局(公司)成立于1985年1月,内设15个科室(部门),下辖袁10个县(市、区)烟草专卖局(分公司),共有卷烟零售户18 742户。

◎ 抚州市烟草专卖局(公司)

【基本信息】

【英文名】 Fuzhou Tobacco Monopoly Bureau (Company)

【拼音】 fu zhou shi yan cao zhuan mai ju (gong si)

【基础词】

【词条属性】

【分类】 专卖管理与"两烟"经营

【概况】 抚州市烟草专卖局(公司)成立于1984年7月,下辖崇仁县、宜黄县、金溪县、资溪县、黎川县、南丰县、南城县、广昌县、乐安县、东乡区和临川区11个县(区)烟草专卖局(分公司)和1个物流配送中心。

◎ 上饶市烟草专卖局(公司)

【基本信息】

【英文名】 Shangrao Tobacco Monopoly Bureau (Company)

【拼音】 shang rao shi yan cao zhuan mai ju (gong si)

【基础词】

【词条属性】

【分类】 专卖管理与"两烟"经营

【概况】 上饶市烟草专卖局(公司)组建于1984年6月,下辖12个县(市、区)烟草专卖局(分公司),设有办公室、人事科、营销中心、专卖科、监察科等16个部门。

◎ 江西赣南烟叶复烤有限责任公司

【基本信息】

【英文名】 Jiangxi Gannan Tobacco Redrying L. L. C.

【拼音】 jiang xi gan nan yan ye fu kao you xian ze ren gong si

【基础词】

【词条属性】

【分类】 打叶复烤

【概况】 江西赣南烟叶复烤有限责任公司位于赣州市开发区香港工业园,成立于2009年10月,由江西省烟草公司控股管理,由中国烟草总公司江西省公司,江西省烟草公司赣州、抚州、吉安市公司,江西中烟工业有限责任公司,红塔烟草(集团)有限责任公司,原川渝中烟工业有限责任公司,山东中烟工业有限责任公司,湖南中烟工业有限责任公司,上海烟草集团有限责任公司,浙江中烟工业有限责任公司,广东中烟工业有限责任公司12家烟草工商企业共同出资组建,注册资本为4.5亿元。

◎ 江西省烟叶科学研究所

【基本信息】

【英文名】 Tobacco Leaf Science Research Institute of Jiangxi Province

【拼音】 jiang xi sheng yan ye ke xue yan jiu suo

【基础词】

【词条属性】

【分类】 科研院所

【概况】 江西省烟叶科学研究所(简称江西烟科所)成立于1994年,是江西省烟草专卖局(公司)直属科研机构,位于江西省南昌市,建设之初所址设在江西农业大学。2009年,江西省烟草专卖局(公司)将江西烟科所单设。江西烟科所是全省烟叶科学研究的龙头单位,负责烟草实用技术研发和相关基础研究,开展全省烟叶三级技术研发服务体系的组织、协调和指导工作,组织全省烟叶科技协作,主持全省烟草病虫害预测预报工作,开展烟叶生产技术指导。

◎ 山东省烟草专卖局(公司)

【基本信息】

【英文名】 Shandong Tobacco Monopoly Bureau (Company)

【拼音】 shan dong sheng yan cao zhuan mai ju (gong si)

【核心词】

【词条属性】

【分类】 专卖管理与"两烟"经营

【概况】 山东省烟草专卖局、中国烟草总公司山东省公司分别成立于1983年和1982年,二者合署办公,主要负责全省烟草专卖执法、卷烟经营、烟叶生产经营等工作,承担国有资产保值增值责任，下辖 17 个市级烟草专卖局(公司)、中国烟草总公司青州中等专业学校、中国烟草山东进出口有限责任公司、《东方烟草报》社有限公司、山东烟叶复烤有限公司、山东烟草投资管理有限公司、山东烟草研究院等，共有在职职工 2 万余人，离退休人员 9 800 多人。

【词条关系】

【下辖】 济南市烟草专卖局(公司)

【下辖】 烟台市烟草专卖局(公司)

【下辖】 枣庄市烟草专卖局(公司)

【下辖】 滨州市烟草专卖局(公司)

【下辖】 日照市烟草专卖局(公司)

【下辖】 淄博市烟草专卖局(公司)

【下辖】 潍坊市烟草专卖局(公司)

【下辖】 泰安市烟草专卖局(公司)

【下辖】 德州市烟草专卖局(公司)

【下辖】 临沂市烟草专卖局(公司)

【下辖】 威海市烟草专卖局(公司)

【下辖】 莱芜市烟草专卖局(公司)

【下辖】 济宁市烟草专卖局(公司)

【下辖】 聊城市烟草专卖局(公司)

【下辖】 青岛市烟草专卖局(公司)

【下辖】 菏泽市烟草专卖局(公司)

【下辖】 东营市烟草专卖局(公司)

【下辖】 山东烟叶复烤有限公司

【下辖】 山东烟草研究院

【下辖】 《东方烟草报》社有限公司

◎ 济南市烟草专卖局(公司)

【基本信息】

【英文名】 Jinan Tobacco Monopoly Bureau (Company)

【拼音】 ji nan shi yan cao zhuan mai ju (gong si)

【基础词】

【词条属性】

【分类】 专卖管理与“两烟”经营

【概况】 济南市烟草专卖局(公司)始建于 1984 年 2 月，负责全市的卷烟经营和市场管理，内设 12 个职能处室、1 个营销中心和 1 个配送中心，下辖 9 个县(市)区烟草专卖局(营销部)。

◎ 烟台市烟草专卖局(公司)

【基本信息】

【英文名】 Yantai Tobacco Monopoly Bureau (Company)

【拼音】 yan tai shi yan cao zhuan mai ju (gong si)

【基础词】

【词条属性】

【分类】 专卖管理与“两烟”经营

【概况】 烟台市烟草专卖局(公司)主要负责全市范围内的烟草专卖执法和卷烟经营工作，内设 18 个职能部门，下辖 12 个县(市、区)局(营销部)，现有干部职工 1 300 多人。

◎ 潍坊市烟草专卖局(公司)

【基本信息】

【英文名】 Weifang Tobacco Monopoly Bureau (Company)

【拼音】 wei fang shi yan cao zhuan mai ju (gong si)

【基础词】

【词条属性】

【分类】 专卖管理与“两烟”经营

【概况】 潍坊市烟草专卖局(公司)主要负责潍坊全市烟草专卖执法、卷烟经营、烟叶生产经营工作，下辖 12 个县级烟草专卖局(分公司、营销部)及 1 个实业公司。

◎ 济宁市烟草专卖局(公司)

【基本信息】

【英文名】 Jining Tobacco Monopoly Bureau (Company)

【拼音】 ji ning shi yan cao zhuan mai ju (gong si)

【基础词】

【词条属性】

【分类】 专卖管理与“两烟”经营

【概况】 济宁市烟草专卖局(公司)负责全市烟草市场的依法监管和卷烟、雪茄烟的销售，下辖 12 个县(市、区)烟草专卖局(营销部)。

◎ 泰安市烟草专卖局(公司)

【基本信息】

【英文名】 Taian Tobacco Monopoly Bureau (Company)

【拼音】 tai an shi yan cao zhuan mai ju (gong si)

【基础词】

【词条属性】

【分类】 专卖管理与“两烟”经营

【概况】 泰安市烟草专卖局(公司)主要负责泰安市的烟草专卖执法和卷烟经营工作，现设17个职能科室，下辖6个县(市、区)烟草专卖局(营销部)。

◎ 威海市烟草专卖局(公司)

【基本信息】

【英文名】 Weihai Tobacco Monopoly Bureau (Company)

【拼音】 wei hai shi yan cao zhuan mai ju (gong si)

【基础词】

【词条属性】

【分类】 专卖管理与“两烟”经营

【概况】 威海市烟草专卖局(公司)组建于1988年7月，下辖4个县级烟草专卖局(分公司、营销部)和物流配送中心、威海泰山壹伍叁贰物联供应链有限公司，机关内设17个部门，主要负责维护全市烟草市场经营秩序和为1万多户卷烟零售户提供卷烟经营服务。

◎ 日照市烟草专卖局(公司)

【基本信息】

【英文名】 Rizhao Tobacco Monopoly Bureau (Company)

【拼音】 ri zhao shi yan cao zhuan mai ju (gong si)

【基础词】

【词条属性】

【分类】 专卖管理与“两烟”经营

【概况】 日照市烟草专卖局(公司)组建于1991年7月，主要负责全市烟草专卖执法、卷烟经营、烟叶生产经营等工作，下辖4个县级烟草专卖局(分公司)和物流经营管理中心，机关内设20个部门。全市有1.2万余户卷烟零售户。

◎ 莱芜市烟草专卖局(公司)

【基本信息】

【英文名】 Laiwu Tobacco Monopoly Bureau (Company)

【拼音】 lai wu shi yan cao zhuan mai ju (gong si)

【基础词】

【词条属性】

【分类】 专卖管理与“两烟”经营

【概况】 莱芜市烟草专卖局(公司)下辖2个区烟草专卖局和金叶商贸有限公司，机关内设办公室、综合信息科、专卖监督管理科等15个科室(中心)，其中卷烟营销中心设市场部、销售部和物流配送部，烟叶生产经营中心设常庄、辛庄2个烟叶收购站。

◎ 青岛市烟草专卖局(公司)

【基本信息】

【英文名】 Qingdao Tobacco Monopoly Bureau (Company)

【拼音】 qing dao shi yan cao zhuan mai ju (gong si)

【基础词】

【词条属性】

【分类】 专卖管理与“两烟”经营

【概况】 青岛市烟草专卖局(公司)内设20个职能部门，下设10个区(市)烟草专卖局(营销部、分公司)，主要负责青岛市行政区域内的烟草专卖管理和烟叶收购等工作。

◎ 枣庄市烟草专卖局(公司)

【基本信息】

【英文名】 Zaozhuang Tobacco Monopoly Bureau (Company)

【拼音】 zao zhuang shi yan cao zhuan mai ju (gong si)

【基础词】

【词条属性】

【分类】 专卖管理与“两烟”经营

【概况】 枣庄市烟草专卖局(公司)组建于1982年，隶属山东省烟草专卖局(公司)和枣庄市政府双重领导，下辖滕州、市中、薛城、山亭、峄城、台儿庄6个区(市)烟草专卖局(营销部)，主管全市的烟草专卖管理、卷烟经营工作。

◎ 东营市烟草专卖局(公司)

【基本信息】

【英文名】 Dongying Tobacco Monopoly Bureau (Company)

【拼音】 dong ying shi yan cao zhuan mai ju

(gong si)

【基础词】

【词条属性】

【分类】 专卖管理与“两烟”经营

【概况】 东营市烟草专卖局(公司)主要负责全市范围内的烟草专卖执法和卷烟经营工作，下辖5个县级烟草专卖局(营销部)，内设综合办公室、人事劳资科、政工科等16个职能科室。

◎ 临沂市烟草专卖局(公司)

【基本信息】

【英文名】 Linyi Tobacco Monopoly Bureau (Company)

【拼音】 lin yi shi yan cao zhuan mai ju (gong si)

【基础词】

【词条属性】

【分类】 专卖管理与“两烟”经营

【概况】 临沂市烟草专卖局(公司)组建于1982年11月，负责全市的烟叶生产经营、卷烟经营和烟草专卖管理工作，现设14个职能科室、1个烟叶生产经营中心、1个卷烟营销中心、2个开发区分局，下辖12个县级烟草专卖局(分公司、营销部)，1个临沂泰山壹伍叁贰物联商贸有限公司。

◎ 德州市烟草专卖局(公司)

【基本信息】

【英文名】 Dezhou Tobacco Monopoly Bureau (Company)

【拼音】 de zhou shi yan cao zhuan mai ju (gong si)

【基础词】

【词条属性】

【分类】 专卖管理与“两烟”经营

【概况】 德州市烟草专卖局(公司)隶属山东省烟草专卖局、中国烟草总公司山东省公司，经营范围为卷烟、雪茄烟销售和普通货运，负责全市11个县(市、区)的专卖管理、卷烟经营工作。

◎ 聊城市烟草专卖局(公司)

【基本信息】

【英文名】 Liaocheng Tobacco Monopoly Bureau (Company)

【拼音】 liao cheng shi yan cao zhuan mai ju (gong si)

【基础词】

【词条属性】

【分类】 专卖管理与“两烟”经营

【概况】 聊城市烟草专卖局(公司)组建于1982年，机关内设18个部门，下辖8个县级烟草专卖局(营销部)。

◎ 滨州市烟草专卖局(公司)

【基本信息】

【英文名】 Binzhou Tobacco Monopoly Bureau (Company)

【拼音】 bin zhou shi yan cao zhuan mai ju (gong si)

【基础词】

【词条属性】

【分类】 专卖管理与“两烟”经营

【概况】 滨州市烟草专卖局(公司)主要职责是对全市辖区范围内烟草专卖品实行专卖管理，内设16个职能科室，7个县级烟草专卖局(营销部)，现有入网卷烟零售户1.8万多户。

◎ 菏泽市烟草专卖局(公司)

【基本信息】

【英文名】 Heze Tobacco Monopoly Bureau (Company)

【拼音】 he ze shi yan cao zhuan mai ju (gong si)

【基础词】

【词条属性】

【分类】 专卖管理与“两烟”经营

【概况】 菏泽市烟草专卖局(公司)依法对全市烟草市场进行专卖、专营管理，内设办公室、人事劳资科、政工科等16个部门，下辖9个县(区)级烟草专卖局(营销部)。

◎ 淄博市烟草专卖局(公司)

【基本信息】

【英文名】 Zibo Tobacco Monopoly Bureau (Company)

【拼音】 zi bo shi yan cao zhuan mai ju (gong si)

【基础词】

【词条属性】

【分类】 专卖管理与“两烟”经营

【概况】 淄博市烟草专卖局(公司)内设18个科室(部门)，下辖8个县级烟草专卖局(营销部/

分公司),卷烟物流中心、卷烟营销中心 2 个直属单位,山东金建物流有限公司、淄博泰山壹伍叁贰物联商贸有限公司 2 个多元化企业。

◎ 山东烟叶复烤有限公司

【基本信息】

【英文名】 Shandong Tobacco Redrying Co., Ltd.

【拼音】 shan dong yan ye fu kao you xian gong si

【基础词】

【词条属性】

【分类】 打叶复烤

【概况】 山东烟叶复烤有限公司位于山东省济南市,成立于 2011 年 1 月,由中国烟草总公司山东省公司与上海烟草集团有限责任公司共同投资组建,隶属山东省烟草专卖局(公司)。2012 年,公司完成重组整合,下辖诸城复烤厂、沂水复烤厂、潍坊复烤厂、临沂办事处和山东瑞博斯烟草有限公司。公司拥有 4 条打叶复烤生产线和 1 条造纸法再造烟叶生产线,年复烤加工能力为 7.5万吨(150 万担),年薄片生产能力为 6 000 吨。

【词条关系】

【全资】 山东瑞博斯烟草有限公司

◎ 山东烟草研究院

【基本信息】

【英文名】 Shandong Tobacco Research Aca-demy

【拼音】 shan dong yan cao yan jiu yuan

【基础词】

【词条属性】

【分类】 科研院所

【概况】 山东烟草研究院始建于 2011 年 2 月,隶属山东省烟草专卖局(公司),主要从事烟草农业、卷烟营销、电子商务与现代物流、经济运行、现代企业管理、信息技术、造纸法再造烟叶技术等方面的研究开发,下设 4 个职能部门和 4 个研究中心,拥有信息技术实验室、近红外光谱技术研究实验室、造纸法再造烟叶实验室等 3 个专业实验室。

◎《东方烟草报》社有限公司

【基本信息】

【英文名】 *East Tobacco Newspaper* Press Co.,Ltd.

【拼音】 《dong fang yan cao bao》 she you xian gong si

【基础词】

【词条属性】

【分类】 传媒

【词条关系】

【下辖】《东方烟草报》

【下辖】 东方烟草网

◎ 河南省烟草专卖局(公司)

【基本信息】

【英文名】 Henan Tobacco Monopoly Bureau (Company)

【拼音】 he nan sheng yan cao zhuan mai ju (gong si)

【核心词】

【词条属性】

【分类】 专卖管理与“两烟”经营

【概况】 河南省烟草专卖局(公司)下辖郑州、开封、洛阳、平顶山、安阳、鹤壁、新乡、焦作、濮阳、许昌、漯河、三门峡、南阳、商丘、信阳、周口、驻马店、济源 18 个地市级烟草专卖局(公司),134 家县级烟草专卖局(分公司),天昌国际烟草有限公司、河南烟草投资管理有限公司、中国烟草河南进出口有限责任公司和河南省烟草职工培训中心。

【词条关系】

【下辖】 郑州市烟草专卖局(公司)

【下辖】 商丘市烟草专卖局(公司)

【下辖】 三门峡市烟草专卖局(公司)

【下辖】 周口市烟草专卖局(公司)

【下辖】 济源市烟草专卖局(公司)

【下辖】 焦作市烟草专卖局(公司)

【下辖】 驻马店市烟草专卖局(公司)

【下辖】 许昌市烟草专卖局(公司)

【下辖】 信阳市烟草专卖局(公司)

【下辖】 濮阳市烟草专卖局(公司)

【下辖】 开封市烟草专卖局(公司)

【下辖】 平顶山市烟草专卖局(公司)

【下辖】 南阳市烟草专卖局(公司)

【下辖】 安阳市烟草专卖局(公司)

【下辖】 漯河市烟草专卖局(公司)

【下辖】 新乡市烟草专卖局(公司)

【下辖】 鹤壁市烟草专卖局(公司)
【下辖】 洛阳市烟草专卖局(公司)
【下辖】 河南省烟草职工培训中心
【下辖】 河南省烟草科学研究所
【下辖】 天昌国际烟草有限公司
【下辖】 河南烟草投资管理有限公司
【下辖】 中国烟草河南进出口有限责任公司
【管理】 河南省烟草公司烟草研究所

◎ 郑州市烟草专卖局(公司)

【基本信息】

【英文名】 Zhengzhou Tobacco Monopoly Bureau (Company)

【拼音】 zheng zhou shi yan cao zhuan mai ju (gong si)

【基础词】

【词条属性】

【分类】 专卖管理与“两烟”经营

【概况】 郑州市烟草专卖局(公司)组建于1983年,受河南省烟草专卖局(公司)和郑州市委、市政府双重领导,以河南省烟草专卖局(公司)领导为主;机关设15个处室,下设卷烟营销、卷烟配送和烟叶生产3个生产经营机构,辖3个直属分局(分公司)及7个县级烟草专卖局(分公司)。

◎ 新乡市烟草专卖局(公司)

【基本信息】

【英文名】 Xinxiang Tobacco Monopoly Bureau (Company)

【拼音】 xin xiang shi yan cao zhuan mai ju (gong si)

【基础词】

【词条属性】

【分类】 专卖管理与“两烟”经营

【概况】 新乡市烟草专卖局(公司)成立于1983年8月,辖8个县(市)烟草专卖局(分公司)、1个直属分局。

◎ 焦作市烟草专卖局(公司)

【基本信息】

【英文名】 Jiaozuo Tobacco Monopoly Bureau (Company)

【拼音】 jiao zuo shi yan cao zhuan mai ju (gong si)

【基础词】

【词条属性】

【分类】 专卖管理与“两烟”经营

【概况】 焦作市烟草专卖局(公司)始建于1984年,负责辖区内的烟草专卖管理和卷烟经营业务,下辖7个县(市、区)烟草专卖局(分公司)。

◎ 济源市烟草专卖局(公司)

【基本信息】

【英文名】 Jiyuan Tobacco Monopoly Bureau (Company)

【拼音】 ji yuan shi yan cao zhuan mai ju (gong si)

【基础词】

【词条属性】

【分类】 专卖管理与“两烟”经营

【概况】 济源市烟草专卖局(公司)隶属河南省烟草专卖局(公司),负责辖区内卷烟专卖及管理等工作。

◎ 濮阳市烟草专卖局(公司)

【基本信息】

【英文名】 Puyang Tobacco Monopoly Bureau (Company)

【拼音】 pu yang shi yan cao zhuan mai ju (gong si)

【基础词】

【词条属性】

【分类】 专卖管理与“两烟”经营

【概况】 濮阳市烟草专卖局(公司)隶属河南省烟草专卖局(公司),全市共有卷烟零售商户1.2万余户。

◎ 许昌市烟草专卖局(公司)

【基本信息】

【英文名】 Xuchang Tobacco Monopoly Bureau (Company)

【拼音】 xu chang shi yan cao zhuan mai ju (gong si)

【基础词】

【词条属性】

【分类】 专卖管理与“两烟”经营

【概况】 许昌市烟草专卖局(公司)成立于

1983年，负责许昌市的烟草专卖管理，主营烤烟生产、收购、复烤加工、储运和调拨，卷烟批发、零售、代储，兼营烟用物资，机关设12个科室、7个专业公司，下辖6个县（市、区）烟草专卖局（分公司）和许昌烤烟厂、许昌烟丝加工厂。

◎ 漯河市烟草专卖局(公司)

【基本信息】

【英文名】 Luohe Tobacco Monopoly Bureau (Company)

【拼音】 luo he shi yan cao zhuan mai ju (gong si)

【基础词】

【词条属性】

【分类】 专卖管理与“两烟”经营

【概况】 漯河市烟草专卖局（公司）组建于1986年，负责全市的卷烟市场供应，烟叶生产、收购和经营的组织、管理，内设16个部门，下辖4个县级烟草专卖局（分公司）、1个卷烟物流配送中心以及孟庙烟叶储备库、金叶实业有限责任公司。

◎ 开封市烟草专卖局(公司)

【基本信息】

【英文名】 Kaifeng Tobacco Monopoly Bureau (Company)

【拼音】 kai feng shi yan cao zhuan mai ju (gong si)

【基础词】

【词条属性】

【分类】 专卖管理与“两烟”经营

【概况】 开封市烟草专卖局（公司）建于1983年7月，依法履行国家烟草专卖职责，担负卷烟经营和市场管理任务，下辖6个县级烟草专卖局（分公司）以及卷烟营销中心、卷烟配送中心2个二级单位。

◎ 洛阳市烟草专卖局(公司)

【基本信息】

【英文名】 Luoyang Tobacco Monopoly Bureau (Company)

【拼音】 luo yang shi yan cao zhuan mai ju (gong si)

【基础词】

【词条属性】

【分类】 专卖管理与“两烟”经营

【概况】 洛阳市烟草专卖局（公司）组建于1983年，下辖11个县级烟草专卖局（分公司）和1个孟津烟叶储备库，机关内设19个科室（部门）辖区内有2万多名卷烟零售户。

◎ 平顶山市烟草专卖局(公司)

【基本信息】

【英文名】 Pingdingshan Tobacco Monopoly Bureau (Company)

【拼音】 ping ding shan shi yan cao zhuan mai ju (gong si)

【基础词】

【词条属性】

【分类】 专卖管理与“两烟”经营

【概况】 平顶山市烟草专卖局（公司）下辖10个县级烟草单位，年经营额10亿元以上。

◎ 安阳市烟草专卖局(公司)

【基本信息】

【英文名】 Anyang Tobacco Monopoly Bureau (Company)

【拼音】 an yang shi yan cao zhuan mai ju (gong si)

【基础词】

【词条属性】

【分类】 专卖管理与“两烟”经营

【概况】 安阳市烟草专卖局（公司）下辖6个县级烟草专卖局（分公司）和卷烟营销中心、卷烟配送中心，服务全辖区2万余户卷烟零售商户。

◎ 鹤壁市烟草专卖局(公司)

【基本信息】

【英文名】 Hebi Tobacco Monopoly Bureau (Company)

【拼音】 he bi shi yan cao zhuan mai ju (gong si)

【基础词】

【词条属性】

【分类】 专卖管理与“两烟”经营

【概况】 鹤壁市烟草专卖局（公司）于1983年12月13日经鹤壁市编制委员会批准成立，下辖4个直属单位，即3个县区烟草专卖局（分公司）和1个营销配送中心，机关设有10个科室。

◎ 三门峡市烟草专卖局(公司)

【基本信息】

【英文名】 Sanmenxia Tobacco Monopoly

Bureau (Company)

【拼音】 san men xia shi yan cao zhuan mai ju (gong si)

【基础词】

【词条属性】

【分类】 专卖管理与"两烟"经营

【概况】 三门峡市烟草专卖局(公司)成立于1986年4月,下设烟叶营销中心、卷烟营销配送中心2个业务中心,下辖6个区、县级烟草专卖局(分公司)。

◎ 南阳市烟草专卖局(公司)

【基本信息】

【英文名】 Nanyang Tobacco Monopoly Bureau (Company)

【拼音】 nan yang shi yan cao zhuan mai ju (gong si)

【基础词】

【词条属性】

【分类】 专卖管理与"两烟"经营

【概况】 南阳市烟草专卖局(公司)机关内设16个科室,下设2个中心,直属12个县级烟草专卖局(分公司),控股1个金业烟草有限责任公司。

◎ 商丘市烟草专卖局(公司)

【基本信息】

【英文名】 Shangqiu Tobacco Monopoly Bureau (Company)

【拼音】 shang qiu shi yan cao zhuan mai ju (gong si)

【基础词】

【词条属性】

【分类】 专卖管理与"两烟"经营

【概况】 商丘市烟草专卖局(公司)下辖6县、2区、1市共9个县级烟草局(公司)。

◎ 信阳市烟草专卖局(公司)

【基本信息】

【英文名】 Xinyang Tobacco Monopoly Bureau (Company)

【拼音】 xin yang shi yan cao zhuan mai ju (gong si)

【基础词】

【词条属性】

【分类】 专卖管理与"两烟"经营

【概况】 信阳市烟草专卖局(公司)机关设14个科室和信阳市烟草公司卷烟营销中心、信阳市烟草公司卷烟配送中心2个直属单位,下辖10个县级烟草专卖局(分公司)。

◎ 周口市烟草专卖局(公司)

【基本信息】

【英文名】 Zhoukou Tobacco Monopoly Bureau (Company)

【拼音】 zhou kou shi yan cao zhuan mai ju (gong si)

【基础词】

【词条属性】

【分类】 专卖管理与"两烟"经营

【概况】 周口市烟草专卖局(公司)隶属河南省烟草专卖局(公司),负责辖区内烟草专卖管理等工作。

◎ 驻马店市烟草专卖局(公司)

【基本信息】

【英文名】 Zhumadian Tobacco Monopoly Bureau (Company)

【拼音】 zhu ma dian shi yan cao zhuan mai ju (gong si)

【基础词】

【词条属性】

【分类】 专卖管理与"两烟"经营

【概况】 驻马店市烟草专卖局(公司)隶属河南省烟草专卖局(公司),下辖10个县级烟草专卖局(分公司)。

◎ 天昌国际烟草有限公司

【基本信息】

【英文名】 Tianchang International Tobacco Co., Ltd.

【拼音】 tian chang guo ji yan cao you xian gong si

【基础词】

【词条属性】

【分类】 打叶复烤

【概况】 天昌国际烟草有限公司位于河南省许昌市。2011年9月,根据《国家烟草专卖局中国烟草总公司关于河南省打叶复烤企业重组整合的批复》(国烟法〔2011〕48 号),天昌国际烟草有限公司吸收合并三门峡金红烟草有限责任公司、宝丰金叶烟草有限责任公司、南阳金业烟草有限责任公司,重组整合为新的天昌国际烟草有限公司,隶属于河南省烟草专卖局(公司)。公司投资总额为 18.5 亿元,注册资本为 15.25 亿元,有中国烟草总公司河南省公司、河南中烟工业有限责任公司、上海烟草集团有限责任公司、浙江中烟工业有限责任公司、湖北中烟工业有限责任公司、中国烟草河南进出口有限责任公司、江苏中烟工业有限责任公司、贵州中烟工业有限责任公司、红云红河烟草(集团)有限责任公司、安徽中烟工业有限责任公司、原川渝中烟工业有限责任公司、吉林烟草工业有限责任公司、红塔烟草(集团)有限责任公司、天利国际经贸有限公司、广东中烟工业有限责任公司 15 家股东。公司下辖天昌复烤厂、三门峡复烤厂、宝丰复烤厂、南阳复烤厂 4 家打叶复烤生产厂,拥有 6 条打叶复烤生产线,年设计复烤加工能力为 12 万吨(240 万担)。

◎ 河南烟草投资管理有限公司

【基本信息】

【英文名】 Henan Tobacco Investment Management Co., Ltd.

【拼音】 he nan yan cao tou zi guan li you xian gong si

【基础词】

【词条属性】

【分类】 投资管理

【概况】 河南烟草投资管理有限公司成立于 2013 年 7 月,为河南省烟草专卖局(公司)直属单位。

◎ 中国烟草河南进出口有限责任公司

【基本信息】

【英文名】 China Tobacco Henan Import and Export L. L. C.

【拼音】 zhong guo yan cao he nan jin chu kou you xian ze ren gong si

【基础词】

【词条属性】

【分类】 进出口

【概况】 中国烟草河南进出口有限责任公司成立于 2000 年 6 月,为河南省烟草专卖局(公司)直属单位。

◎ 河南省烟草职工培训中心

【基本信息】

【英文名】 Henan Tobacco Staff Training Center

【拼音】 he nan sheng yan cao zhi gong pei xun zhong xin

【基础词】

【词条属性】

【分类】 教育培训

【概况】 河南省烟草职工培训中心隶属河南省烟草专卖局(公司),于 2009 年 3 月挂牌成立,主要承担河南省烟草行业职工培训任务,是国家烟草专卖局 A 级培训机构。

◎ 湖北省烟草专卖局(公司)

【基本信息】

【英文名】 Hubei Tobacco Monopoly Bureau (Company)

【拼音】 hu bei sheng yan cao zhuan mai ju (gong si)

【核心词】

【词条属性】

【分类】 专卖管理与“两烟”经营

【概况】 湖北省烟草专卖局(公司)下辖武汉、黄冈、襄阳、荆州、十堰、孝感、恩施、宜昌、咸宁、随州、黄石、荆门、鄂州 13 家地市级烟草专卖局(公司),仙桃、天门、潜江 3 家直管市烟草专卖局(公司)和神农架林区烟草专卖局(公司),以及湖北烟草金叶复烤有限责任公司、中国烟草湖北进出口有限责任公司、湖北烟草投资管理有限责任公司和湖北省烟草科学研究院(中国烟草白肋烟试验站)。

【词条关系】

【下辖】 武汉市烟草专卖局(公司)

【下辖】 仙桃市烟草专卖局(公司)

【下辖】 十堰市烟草专卖局(公司)

【下辖】 潜江市烟草专卖局(公司)

【下辖】 咸宁市烟草专卖局(公司)

【下辖】 鄂州市烟草专卖局(公司)

【下辖】 黄石市烟草专卖局(公司)

【下辖】 宜昌市烟草专卖局(公司)

【下辖】 随州市烟草专卖局(公司)

【下辖】 荆门市烟草专卖局(公司)
【下辖】 黄冈市烟草专卖局(公司)
【下辖】 孝感市烟草专卖局(公司)
【下辖】 襄阳市烟草专卖局(公司)
【下辖】 荆州市烟草专卖局(公司)
【下辖】 湖北烟草金叶复烤有限责任公司
【下辖】 天门市烟草专卖局(公司)
【下辖】 恩施土家族苗族自治州烟草专卖局(公司)
【下辖】 神农架林区烟草专卖局(公司)
【下辖】 中国烟草湖北进出口有限责任公司
【下辖】 湖北烟草投资管理有限责任公司
【下辖】 湖北省烟草科学研究院

◎ 武汉市烟草专卖局(公司)

【基本信息】
【英文名】 Wuhan Tobacco Monopoly Bureau (Company)
【拼音】 wu han shi yan cao zhuan mai ju (gong si)
【基础词】
【词条属性】
【分类】 专卖管理与"两烟"经营
【概况】 武汉市烟草专卖局(公司)组建于1986年,既是武汉市烟草专卖行政主管机关,也是武汉地区从事烟草专营批发的大型国有企业,是国家烟草专卖局确立的全国36家商业重点企业之一,承担着武汉烟草市场专卖管理及卷烟销售的职责。

◎ 宜昌市烟草专卖局(公司)

【基本信息】
【英文名】 Yichang Tobacco Monopoly Bureau (Company)
【拼音】 yi chang shi yan cao zhuan mai ju (gong si)
【基础词】
【词条属性】
【分类】 专卖管理与"两烟"经营
【概况】 宜昌市烟草专卖局(公司)始建于1984年,内设职能部门13个、专业部门3个、多元化经营企业1个,下辖9个县市区烟草专卖局(营销部)。

◎ 黄石市烟草专卖局(公司)

【基本信息】
【英文名】 Huangshi Tobacco Monopoly Bureau (Company)
【拼音】 huang shi shi yan cao zhuan mai ju (gong si)
【基础词】
【词条属性】
【分类】 专卖管理与"两烟"经营
【概况】 黄石市烟草专卖局(公司)于1984年6月组建,下辖3个营销部,内设办公室、人事劳资科、监察科等10个科室。

◎ 十堰市烟草专卖局(公司)

【基本信息】
【英文名】 Shiyan Tobacco Monopoly Bureau (Company)
【拼音】 shi yan shi yan cao zhuan mai ju (gong si)
【基础词】
【词条属性】
【分类】 专卖管理与"两烟"经营
【概况】 十堰市烟草专卖局(公司)始建于1984年12月,下辖5县、1市、1区共7个烟草专卖局(营销部),4个烟叶分公司,主营卷烟、烟叶的生产和销售等。

◎ 襄阳市烟草专卖局(公司)

【基本信息】
【英文名】 Xiangyang Tobacco Monopoly Bureau (Company)
【拼音】 xiang yang shi yan cao zhuan mai ju (gong si)
【基础词】
【词条属性】
【分类】 专卖管理与"两烟"经营
【概况】 襄阳市烟草专卖局(公司)组建于1984年,下辖9个县(市、区)烟草专卖局(营销部)和2个烟叶分公司。

◎ 鄂州市烟草专卖局(公司)

【基本信息】
【英文名】 Ezhou Tobacco Monopoly Bureau

(Company)

【拼音】　e zhou shi yan cao zhuan mai ju (gong si)

【基础词】

【词条属性】

【分类】　专卖管理与“两烟”经营

【概况】　鄂州市烟草专卖局(公司)组建于1984年9月,具有鄂州市烟草市场专卖管理和卷烟批发销售的双重职能,内设9个职能科室及卷烟营销中心、卷烟配送中心,下辖鄂城、华容、梁子湖3个稽查大队。

◎ 荆门市烟草专卖局(公司)

【基本信息】

【英文名】　Jingmen Tobacco Monopoly Bureau (Company)

【拼音】　jing men shi yan cao zhuan mai ju (gong si)

【基础词】

【词条属性】

【分类】　专卖管理与“两烟”经营

【概况】　荆门市烟草专卖局(公司)下辖沙洋、京山、钟祥3个县级烟草专卖局,其中京山、钟祥2个烟草专卖局曾为荆州市烟草专卖局管理。

◎ 潜江市烟草专卖局(公司)

【基本信息】

【英文名】　Qianjiang Tobacco Monopoly Bureau (Company)

【拼音】　qian jiang shi yan cao zhuan mai ju (gong si)

【基础词】

【词条属性】

【分类】　专卖管理与“两烟”经营

【概况】　潜江市烟草专卖局(公司)是潜江市内烟草专卖行政主管部门,其职责为审核、发放和管理烟草专卖零售许可证等。

◎ 天门市烟草专卖局(公司)

【基本信息】

【英文名】　Tianmen Tobacco Monopoly Bureau (Company)

【拼音】　tian men shi yan cao zhuan mai ju (gong si)

【基础词】

【词条属性】

【分类】　专卖管理与“两烟”经营

【概况】　天门市烟草专卖局(公司)组建于1984年4月,1995年1月隶属湖北省烟草专卖局(公司)直管,担负着全市卷烟经营和专卖管理的双重职责。

◎ 黄冈市烟草专卖局(公司)

【基本信息】

【英文名】　Huanggang Tobacco Monopoly Bureau (Company)

【拼音】　huang gang shi yan cao zhuan mai ju (gong si)

【基础词】

【词条属性】

【分类】　专卖管理与“两烟”经营

【概况】　黄冈市烟草专卖局(公司)组建于1984年,负责辖区内的烟草营销及管理等工作。

◎ 孝感市烟草专卖局(公司)

【基本信息】

【英文名】　Xiaogan Tobacco Monopoly Bureau (Company)

【拼音】　xiao gan shi yan cao zhuan mai ju (gong si)

【基础词】

【词条属性】

【分类】　专卖管理与“两烟”经营

【概况】　孝感市烟草专卖局(公司)受湖北省烟草专卖局(公司)管理,负责辖区内的烟草营销及管理等工作。

◎ 荆州市烟草专卖局(公司)

【基本信息】

【英文名】　Jingzhou Tobacco Monopoly Bureau (Company)

【拼音】　jing zhou shi yan cao zhuan mai ju (gong si)

【基础词】

【词条属性】

【分类】　专卖管理与“两烟”经营

【概况】　荆州市烟草专卖局(公司)组建于1984年6月,内设职能科室11个、专业部门3

个，下辖荆州、沙市、江陵、松滋、公安、石首、监利、洪湖8个县市区烟草专卖局（营销部），共有42个基层管理所（市场部），入网零售户2万多户。

◎ 咸宁市烟草专卖局（公司）

【基本信息】

【英文名】 Xianning Tobacco Monopoly Bureau (Company)

【拼音】 xian ning shi yan cao zhuan mai ju (gong si)

【基础词】

【词条属性】

【分类】 专卖管理与"两烟"经营

【概况】 咸宁市烟草专卖局（公司）组建于1984年4月，主要负责全市烟草专卖市场的管理、烟叶的生产、收购调拨管理，卷烟的购进、调拨、批发、零售等业务，下辖6个县级烟草专卖局，辖区内卷烟零售户逾万户。

◎ 随州市烟草专卖局（公司）

【基本信息】

【英文名】 Suizhou Tobacco Monopoly Bureau (Company)

【拼音】 sui zhou shi yan cao zhuan mai ju (gong si)

【基础词】

【词条属性】

【分类】 专卖管理与"两烟"经营

【概况】 随州市烟草专卖局（公司）主要负责辖区内烟草专营专卖及管理工作，受湖北省烟草专卖局（公司）管理。

◎ 恩施土家族苗族自治州烟草专卖局（公司）

【基本信息】

【英文名】 Enshi Tujia and Miao Autonomous Prefecture Tobacco Monopoly Bureau (Company)

【拼音】 en shi tu jia zu miao zu zi zhi zhou yan cao zhuan mai ju (gong si)

【基础词】

【词条属性】

【分类】 专卖管理与"两烟"经营

【概况】 恩施土家族苗族自治州烟草专卖局（公司）组建于1984年，受湖北省烟草专卖局（公司）管理。恩施土家族苗族自治州下辖8个县市均种植烟叶，烟叶常年种植面积60余万亩，被国家烟草专卖局列为全国烟叶重点产区。

◎ 仙桃市烟草专卖局（公司）

【基本信息】

【英文名】 Xiantao Tobacco Monopoly Bureau (Company)

【拼音】 xian tao shi yan cao zhuan mai ju (gong si)

【基础词】

【词条属性】

【分类】 专卖管理与"两烟"经营

【概况】 仙桃市烟草专卖局（公司）组建于1984年，前身为沔阳县烟草专卖局（公司），隶属湖北省烟草专卖局（公司）直接管理，下辖11个市场部、4个稽查中队、3个专卖管理所。

◎ 神农架林区烟草专卖局（公司）

【基本信息】

【英文名】 Shennongjia Forestry District Tobacco Monopoly Bureau (Company)

【拼音】 shen nong jia lin qu yan cao zhuan mai ju (gong si)

【基础词】

【词条属性】

【分类】 专卖管理与"两烟"经营

【概况】 神农架林区烟草专卖局（公司）受湖北省烟草专卖局（公司）和林区人民政府双重领导，成立于1984年。

◎ 湖北烟草金叶复烤有限责任公司

【基本信息】

【英文名】 Hubei Tobacco Golden Leaf Redrying L. L. C.

【拼音】 hu bei yan cao jin ye fu kao you xian ze ren gong si

【基础词】

【词条属性】

【分类】 打叶复烤

【概况】 湖北烟草金叶复烤有限责任公司位于湖北省恩施土家族苗族自治州经济开发区。2009年12月，根据《国家烟草专卖局中国烟草总公司关于湖北省公司打叶复烤企业体制改革的批复》(国烟法〔2009〕512 号),恩施金叶有限责任公司、襄樊金叶有限责任公司重组整合为湖北烟草金叶复烤有限责任公司;湖北烟草金叶复烤有限责任公司是中国烟草总公司湖北省公司控股管理的子公司,公司下设非独立法人的湖北烟草金叶复烤有限责任公司恩施复烤厂、湖北烟草金叶复烤有限责任公司襄樊复烤厂 2 个打叶复烤生产厂。2010 年 1 月,公司挂牌成立,有中国烟草总公司湖北省公司、湖北中烟工业有限责任公司、湖南中烟工业有限责任公司、浙江中烟工业有限责任公司、红云红河烟草(集团)有限责任公司、红塔烟草(集团)有限责任公司、山东中烟工业有限责任公司、原川渝中烟工业有限责任公司、广西中烟工业有限责任公司、安徽中烟工业有限责任公司 10 家股东,注册资本为 11.74 亿元。

◎ 中国烟草湖北进出口有限责任公司

【基本信息】

【英文名】 China Tobacco Hubei Import and Export L. L. C.

【拼音】 zhong guo yan cao hu bei jin chu kou you xian ze ren gong si

【基础词】

【词条属性】

【分类】 进出口

【概况】 中国烟草湖北进出口有限责任公司成立于 1992 年 4 月,主要经营复烤烟叶出口等。

◎ 湖北烟草投资管理有限责任公司

【基本信息】

【英文名】 Hubei Tobacco Investment Management L. L. C.

【拼音】 hu bei yan cao tou zi guan li you xian ze ren gong si

【基础词】

【词条属性】

【分类】 投资管理

【概况】 湖北烟草投资管理有限责任公司成立于 2007 年 5 月,是行业首批设立的省级投资管理公司之一,对湖北省烟草专卖局(公司)投资的多元化资产进行经营和管理,并对全省各市、州烟草公司和直属单位投资的多元化资产进行监管和指导。

◎ 湖南省烟草专卖局(公司)

【基本信息】

【英文名】 Hunan Tobacco Monopoly Bureau (Company)

【拼音】 hu nan sheng yan cao zhuan mai ju (gong si)

【核心词】

【词条属性】

【分类】 专卖管理与“两烟”经营

【概况】 湖南省烟草专卖局成立于 1983 年 10 月,湖南省烟草公司成立于 1983 年 7 月。1985 年 1 月,湖南省烟草公司正式上划中国烟草总公司,更名为中国烟草总公司湖南省公司。湖南省烟草专卖局(公司)下辖长沙、株洲、湘潭、衡阳、邵阳、岳阳、常德、张家界、益阳、郴州、永州、怀化、娄底、湘西 14 个地市级烟草专卖局(公司)、90 个县级烟草专卖局(分公司)以及湖南烟叶复烤有限公司和湖南省烟草职工培训中心(湘潭烟草中专学校)。湖南省烟草专卖局(公司)机关成立湖南省烟草科学研究所。

【词条关系】

【下辖】 长沙市烟草专卖局(公司)

【下辖】 张家界市烟草专卖局(公司)

【下辖】 衡阳市烟草专卖局(公司)

【下辖】 怀化市烟草专卖局(公司)

【下辖】 郴州市烟草专卖局(公司)

【下辖】 益阳市烟草专卖局(公司)

【下辖】 娄底市烟草专卖局(公司)

【下辖】 常德市烟草专卖局(公司)

【下辖】 湘潭市烟草专卖局(公司)

【下辖】 邵阳市烟草专卖局(公司)

【下辖】 永州市烟草专卖局(公司)

【下辖】 株洲市烟草专卖局(公司)

【下辖】 湘西土家族苗族自治州烟草专卖局(公司)

【下辖】 岳阳市烟草专卖局(公司)

【下辖】 湖南省烟草科学研究所

【下辖】 湖南烟叶复烤有限公司

【下辖】 湖南省烟草职工培训中心

◎ 长沙市烟草专卖局(公司)

【基本信息】

【英文名】 Changsha Tobacco Monopoly Bureau

(Company)

【拼音】 chang sha shi yan cao zhuan mai ju (gong si)

【基础词】

【词条属性】

【分类】 专卖管理与“两烟”经营

【概况】 长沙市烟草专卖局(公司)成立于1984年7月,现下辖4个县级烟草专卖局(分公司)和神农酒店管理有限公司(辖中维神农大酒店、金叶神农大酒店、北京潇湘酒店3个星级酒店)、湖南636连锁管理有限公司、湖南长株潭烟草物流有限责任公司3家多元化企业。

◎ 株洲市烟草专卖局(公司)

【基本信息】

【英文名】 Zhuzhou Tobacco Monopoly Bureau (Company)

【拼音】 zhu zhou shi yan cao zhuan mai ju (gong si)

【基础词】

【词条属性】

【分类】 专卖管理与“两烟”经营

【概况】 株洲市烟草专卖局(公司)成立于1984年10月,以维护国家利益、消费者利益为宗旨,依法履行烟草专卖行政管理,组织全市卷烟、雪茄烟的购进、销售和烟叶生产种植、收购、调拨职能,现辖5个县(市)烟草专卖局(分公司)。

◎ 湘潭市烟草专卖局(公司)

【基本信息】

【英文名】 Xiangtan Tobacco Monopoly Bureau (Company)

【拼音】 xiang tan shi yan cao zhuan mai ju (gong si)

【基础词】

【词条属性】

【分类】 专卖管理与“两烟”经营

【概况】 湘潭市烟草专卖局(公司)组建于1984年12月,依法行使烟草专卖管理和卷烟经营业务职能,下辖3个县级烟草专卖局(分公司)。

◎ 娄底市烟草专卖局(公司)

【基本信息】

【英文名】 Loudi Tobacco Monopoly Bureau (Company)

【拼音】 lou di shi yan cao zhuan mai ju (gong si)

【基础词】

【词条属性】

【分类】 专卖管理与“两烟”经营

【概况】 娄底市烟草专卖局(公司)成立于1984年12月,隶属湖南省烟草专卖局(公司)和娄底市委、市政府双重领导,下辖4个县级烟草专卖局(分公司)。

◎ 湘西土家族苗族自治州烟草专卖局(公司)

【基本信息】

【英文名】 Xiangxi Tujia and Miao Autonomous Prefecture Tobacco Monopoly Bureau (Company)

【拼音】 xiang xi tu jia zu miao zu zi zhi zhou yan cao zhuan mai ju (gong si)

【基础词】

【词条属性】

【分类】 专卖管理与“两烟”经营

【概况】 湘西土家族苗族自治州烟草专卖局(公司)组建于1984年5月,受湖南省烟草专卖局(公司)和湘西自治州人民政府双重领导,现下辖18个机关职能科室、7个县烟草专卖局(分公司)以及金凤凰商贸有限公司。

◎ 常德市烟草专卖局(公司)

【基本信息】

【英文名】 Changde Tobacco Monopoly Bureau (Company)

【拼音】 chang de shi yan cao zhuan mai ju (gong si)

【基础词】

【词条属性】

【分类】 专卖管理与“两烟”经营

【概况】 常德市烟草专卖局(公司)组建于1984年,实行垂直管理、专卖专营的管理体制,依法履行维护常德市范围内烟草专卖品正常流通秩序,打击非法制造、销售、运输、收购烟草专卖品行为的职责,从事卷烟的调拨、批发、零售以及烟叶的生产、收购、调拨等经营行为,下辖7个县(市)烟草专卖局(分公司),机关内设14个职能科室。

◎ 张家界市烟草专卖局(公司)

【基本信息】

【英文名】 Zhangjiajie Tobacco Monopoly Bureau (Company)

【拼音】 zhang jia jie shi yan cao zhuan mai ju (gong si)

【基础词】

【词条属性】

【分类】 专卖管理与“两烟”经营

【概况】 张家界市烟草专卖局(公司)组建于1988年,依法负责维护全市烟草市场秩序,同时负责组织全市烟叶生产种植、收购、调拨及卷烟、雪茄烟销售等,内设17个部门,下辖桑植县、慈利县、武陵源区3个烟草专卖局(分公司)。

◎ 益阳市烟草专卖局(公司)

【基本信息】

【英文名】 Yiyang Tobacco Monopoly Bureau (Company)

【拼音】 yi yang shi yan cao zhuan mai ju (gong si)

【基础词】

【词条属性】

【分类】 专卖管理与“两烟”经营

【概况】 益阳市烟草专卖局(公司)成立于1984年11月,承担着益阳地区的烟草专卖管理和卷烟市场供应,履行国家烟草专卖制度赋予的烟草专卖执法和增加财政收入两大社会职能,现辖4个县级烟草专卖局(分公司)。

◎ 郴州市烟草专卖局(公司)

【基本信息】

【英文名】 Chenzhou Tobacco Monopoly Bureau (Company)

【拼音】 chen zhou shi yan cao zhuan mai ju (gong si)

【基础词】

【词条属性】

【分类】 专卖管理与“两烟”经营

【概况】 郴州市烟草专卖局(公司)成立于1984年3月,下辖9个县级烟草专卖局(分公司),服务全市约2.2万户烟农、1.65万户卷烟零售户。

◎ 永州市烟草专卖局(公司)

【基本信息】

【英文名】 Yongzhou Tobacco Monopoly Bureau (Company)

【拼音】 yong zhou shi yan cao zhuan mai ju (gong si)

【基础词】

【词条属性】

【分类】 专卖管理与“两烟”经营

【概况】 永州市烟草专卖局(公司)组建于1985年,下辖10个县级烟草专卖局(分公司),其中零陵、祁阳、双牌3县区为卷烟纯销区,其余7县为两烟区;机关设17个科室;目前辖区内有卷烟零售户约1.9万户。

◎ 怀化市烟草专卖局(公司)

【基本信息】

【英文名】 Huaihua Tobacco Monopoly Bureau (Company)

【拼音】 huai hua shi yan cao zhuan mai ju (gong si)

【基础词】

【词条属性】

【分类】 专卖管理与“两烟”经营

【概况】 怀化市烟草专卖局(公司)成立于1984年5月,负责全市烟草专卖管理和全市范围卷烟经营,服务全市1.7万余户卷烟零售经营户,下辖11个县级烟草专卖局(分公司)和17个内设科室。

◎ 衡阳市烟草专卖局(公司)

【基本信息】

【英文名】 Hengyang Tobacco Monopoly Bureau (Company)

【拼音】 heng yang shi yan cao zhuan mai ju (gong si)

【基础词】

【词条属性】

【分类】 专卖管理与“两烟”经营

【概况】 衡阳市烟草专卖局(公司)组建于1984年7月,现有16个职能科室,下辖8个县级烟草专卖局(分公司)。

◎ 邵阳市烟草专卖局(公司)

【基本信息】

【英文名】 Shaoyang Tobacco Monopoly Bureau (Company)

【拼音】 shao yang shi yan cao zhuan mai ju (gong si)

【基础词】

【词条属性】

【分类】 专卖管理与“两烟”经营

【概况】 邵阳市烟草专卖局(公司)组建于1984年10月,现辖9个县级烟草专卖局(分公司),内设14个职能科室(部门)。

◎岳阳市烟草专卖局(公司)

【基本信息】

【英文名】 Yueyang Tobacco Monopoly Bureau (Company)

【拼音】 yue yang shi yan cao zhuan mai ju (gong si)

【基础词】

【词条属性】

【分类】 专卖管理与“两烟”经营

【概况】 岳阳市烟草专卖局(公司)组建于1984年,下辖6个县级烟草专卖局(分公司)和14个内设科室。

◎ 湖南烟叶复烤有限公司

【基本信息】

【英文名】 Hunan Tobacco Redrying Co., Ltd.

【拼音】 hu nan yan ye fu kao you xian gong si

【基础词】

【词条属性】

【分类】 打叶复烤

【概况】 湖南烟叶复烤有限公司位于湖南省郴州市,于2011年9月29日注册登记,同年10月正式运作,由中国烟草总公司湖南省公司控股并管理。根据《国家烟草专卖局中国烟草总公司关于湖南省公司打叶复烤企业体制改革的批复》(国烟法〔2011〕356号),郴州天泰烟叶复烤有限责任公司、永州天顺烟叶复烤有限责任公司重组整合为湖南烟叶复烤有限公司。公司有18家烟草工商企业股东,其中工业企业股东17家,注册资本为22.88亿元,实行“一个法人、两点生产加工”的经营模式,下设郴州、永州2家打叶复烤生产厂。公司拥有3条打叶复烤生产线,年复烤加工能力为9万吨(180万担)。

◎ 湖南省烟草职工培训中心

【基本信息】

【英文名】 Hunan Tobacco Staff Training Center

【拼音】 hu nan sheng yan cao zhi gong pei xun zhong xin

【基础词】

【词条属性】

【分类】 教育培训

【概况】 湖南省烟草职工培训中心于2002年挂牌成立,隶属湖南省烟草专卖局(公司),承担着烟草行业专业培训、特有工种职业技能鉴定前培训、职业技能竞赛和职业技术继续教育职能,是湖南烟草商业系统人才教育培训的重要基地。

◎ 广东省烟草专卖局(公司)

【基本信息】

【英文名】 Guangdong Tobacco Monopoly Bureau (Company)

【拼音】 guang dong sheng yan cao zhuan mai ju (gong si)

【核心词】

【词条属性】

【分类】 专卖管理与“两烟”经营

【概况】 广东省烟草专卖局(公司)成立于1983年,内设16个机关职能处(室)、8个专业部门、3个专业公司(二级公司),下辖20个地市级烟草专卖局(公司)和2家烟叶复烤有限公司,共有员工约1.5万人。

【词条关系】

【下辖】 广州市烟草专卖局(公司)

【下辖】 汕头市烟草专卖局(公司)

【下辖】 东莞市烟草专卖局(公司)

【下辖】 江门市烟草专卖局(公司)

【下辖】 云浮市烟草专卖局(公司)

【下辖】 揭阳市烟草专卖局(公司)

【下辖】 珠海市烟草专卖局(公司)

【下辖】 惠州市烟草专卖局(公司)

【下辖】 河源市烟草专卖局(公司)
【下辖】 阳江市烟草专卖局(公司)
【下辖】 梅州市烟草专卖局(公司)
【下辖】 潮州市烟草专卖局(公司)
【下辖】 湛江市烟草专卖局(公司)
【下辖】 清远市烟草专卖局(公司)
【下辖】 中山市烟草专卖局(公司)
【下辖】 汕尾市烟草专卖局(公司)
【下辖】 佛山市烟草专卖局(公司)
【下辖】 茂名市烟草专卖局(公司)
【下辖】 韶关市烟草专卖局(公司)
【下辖】 肇庆市烟草专卖局(公司)
【下辖】 广东梅州烟叶复烤有限责任公司
【下辖】 广东韶关烟叶复烤有限责任公司
【下辖】 广东省烟草南雄科学研究所

◎ 广州市烟草专卖局(公司)

【基本信息】

【英文名】 Guangzhou Tobacco Monopoly Bureau (Company)

【拼音】 guang zhou shi yan cao zhuan mai ju (gong si)

【基础词】

【词条属性】

【分类】 专卖管理与“两烟”经营

【概况】 广州市烟草专卖局(公司)隶属广州市人民政府和广东省烟草专卖局(公司)双重领导,内设 13 个处(室),下辖 11 个分局、1 个物流配送中心,在岗员工 1 100 多人。

◎ 梅州市烟草专卖局(公司)

【基本信息】

【英文名】 Meizhou Tobacco Monopoly Bureau (Company)

【拼音】 mei zhou shi yan cao zhuan mai ju (gong si)

【基础词】

【词条属性】

【分类】 专卖管理与“两烟”经营

【概况】 梅州市烟草专卖局(公司)内设 14 个部门,下辖梅县区、兴宁市、五华县、大埔县、丰顺县、蕉岭县、平远县 7 个县级烟草专卖局(分公司)和 1 个直属分局。

◎ 汕尾市烟草专卖局(公司)

【基本信息】

【英文名】 Shanwei Tobacco Monopoly Bureau (Company)

【拼音】 shan wei shi yan cao zhuan mai ju (gong si)

【基础词】

【词条属性】

【分类】 专卖管理与“两烟”经营

【概况】 汕尾市烟草专卖局(公司)机关下设 13 个职能部门,下辖陆丰市、海丰县、陆河县 3 个县级烟草专卖局(分公司)及 1 个直属分局。

◎ 河源市烟草专卖局(公司)

【基本信息】

【英文名】 Heyuan Tobacco Monopoly Bureau (Company)

【拼音】 he yuan shi yan cao zhuan mai ju (gong si)

【基础词】

【词条属性】

【分类】 专卖管理与“两烟”经营

【概况】 河源市烟草专卖局(公司)下辖东源、和平、龙川、紫金、连平 5 个县烟草专卖局(分公司),内设办公室、专卖监督管理办公室、财务 管理中心、广东烟草河源审计派驻办、人事劳资科、安全保卫科、监察科、营销管理中心、物流配送中心、信息中心以及直属分局 11 个部门。

◎ 阳江市烟草专卖局(公司)

【基本信息】

【英文名】 Yanjiang Tobacco Monopoly Bureau (Company)

【拼音】 yang jiang shi yan cao zhuan mai ju (gong si)

【基础词】

【词条属性】

【分类】 专卖管理与“两烟”经营

【概况】 阳江市烟草专卖局(公司)负责阳江地区烟草制品的专卖管理和批发业务,内设 14 个部门,下辖阳东区、阳春市、阳西县 3 个县级烟草专卖局(分公司)。

◎ 清远市烟草专卖局(公司)

【基本信息】

【英文名】 Qingyuan Tobacco Monopoly Bureau (Company)

【拼音】 qing yuan shi yan cao zhuan mai ju (gong si)

【基础词】

【词条属性】

【分类】 专卖管理与“两烟”经营

【概况】 清远市烟草专卖局(公司)内设机构有党建工作科(工会)、办公室、专卖监督管理办公室(专卖稽查支队)等 14 个部门,下辖清新区、英德市、连州市、佛冈县、阳山县、连南瑶族自治县、连山壮族瑶族自治县 7 个县级烟草专卖局(分公司)及 1 个直属分局。

◎ 东莞市烟草专卖局(公司)

【基本信息】

【英文名】 Dongguan Tobacco Monopoly Bureau (Company)

【拼音】 dong guan shi yan cao zhuan mai ju (gong si)

【基础词】

【词条属性】

【分类】 专卖管理与“两烟”经营

【概况】 东莞市烟草专卖局(公司)下辖 7 个分局,全面负责东莞市卷烟市场的管理及卷烟货源的供应。

◎ 中山市烟草专卖局(公司)

【基本信息】

【英文名】 Zhongshan Tobacco Monopoly Bureau (Company)

【拼音】 zhong shan shi yan cao zhuan mai ju (gong si)

【基础词】

【词条属性】

【分类】 专卖管理与“两烟”经营

【概况】 中山市烟草专卖局(公司)内设 16 个部门,其中中山市烟草专卖局(公司)第一管理中心、中山市烟草专卖局(公司)第二管理中心、中山市烟草专卖局(公司)第三管理中心、中山市烟草专卖局(公司)第四管理中心各自负责不同辖区内的烟草专卖管理工作。

◎ 潮州市烟草专卖局(公司)

【基本信息】

【英文名】 Chaozhou Tobacco Monopoly Bureau (Company)

【拼音】 chao zhou shi yan cao zhuan mai ju (gong si)

【基础词】

【词条属性】

【分类】 专卖管理与“两烟”经营

【概况】 潮州市烟草专卖局(公司)内设 14 个部门,下辖潮安区、饶平县 2 个县级烟草专卖局(分公司)和 1 个直属分局。

◎ 揭阳市烟草专卖局(公司)

【基本信息】

【英文名】 Jieyang Tobacco Monopoly Bureau (Company)

【拼音】 jie yang shi yan cao zhuan mai ju (gong si)

【基础词】

【词条属性】

【分类】 专卖管理与“两烟”经营

【概况】 揭阳市烟草专卖局(公司)内设 13 个职能部门,下辖普宁市、揭东区、揭西县、惠来县 4 个县级烟草专卖局(分公司)和 1 个直属分局。

◎ 云浮市烟草专卖局(公司)

【基本信息】

【英文名】 Yunfu Tobacco Monopoly Bureau (Company)

【拼音】 yun fu shi yan cao zhuan mai ju (gong si)

【基础词】

【词条属性】

【分类】 专卖管理与“两烟”经营

【概况】 云浮市烟草专卖局(公司)内设 13 个职能部门,下辖 4 个县级烟草专卖局(分公司)和 1 个直属分局。

◎ 佛山市烟草专卖局(公司)

【基本信息】

【英文名】 Foshan Tobacco Monopoly Bureau

(Company)

【拼音】 fo shan shi yan cao zhuan mai ju (gong si)

【基础词】

【词条属性】

【分类】 专卖管理与“两烟”经营

【概况】 佛山市烟草专卖局(公司)内设 13 个职能部门,下辖南海区、顺德区、三水区、高明区 4 个区级烟草专卖局(分公司)以及佛山市二十支商业连锁有限责任公司和 1 个直属分局。

◎ 汕头市烟草专卖局(公司)

【基本信息】

【英文名】 Shantou Tobacco Monopoly Bureau (Company)

【拼音】 shan tou shi yan cao zhuan mai ju (gong si)

【基础词】

【词条属性】

【分类】 专卖管理与“两烟”经营

【概况】 汕头市烟草专卖局(公司)成立于 1985 年,现下辖澄海区烟草专卖局(分公司)、潮阳区烟草专卖局(分公司)、龙湖区烟草专卖局(分公司)和南澳县烟草专卖局(公司)。

◎ 江门市烟草专卖局(公司)

【基本信息】

【英文名】 Jiangmen Tobacco Monopoly Bureau (Company)

【拼音】 jiang men shi yan cao zhuan mai ju (gong si)

【基础词】

【词条属性】

【分类】 专卖管理与“两烟”经营

【概况】 江门市烟草专卖局(公司)下辖新会、台山、开平、鹤山、恩平 5 个县级市(区)烟草专卖局(分公司),负责江门市烟草制品的市场管理以及卷烟批发经营。

◎ 湛江市烟草专卖局(公司)

【基本信息】

【英文名】 Zhanjiang Tobacco Monopoly Bureau (Company)

【拼音】 zhan jiang shi yan cao zhuan mai ju (gong si)

【基础词】

【词条属性】

【分类】 专卖管理与“两烟”经营

【概况】 湛江市烟草专卖局(公司)内设 15 个职能部门,下辖吴川市、遂溪县、廉江市、雷州市、徐闻县 5 个县级局(分公司)。

◎ 茂名市烟草专卖局(公司)

【基本信息】

【英文名】 Maoming Tobacco Monopoly Bureau (Company)

【拼音】 mao ming shi yan cao zhuan mai ju (gong si)

【基础词】

【词条属性】

【分类】 专卖管理与“两烟”经营

【概况】 茂名市烟草专卖局(公司)机关下设 13 个职能部门,下辖电白区、高州市、化州市、信宜市 4 个区县级烟草专卖局(分公司)及 1 个直属分局。

◎ 韶关市烟草专卖局(公司)

【基本信息】

【英文名】 Shaoguan Tobacco Monopoly Bureau (Company)

【拼音】 shao guan shi yan cao zhuan mai ju (gong si)

【基础词】

【词条属性】

【分类】 专卖管理与“两烟”经营

【概况】 韶关市烟草专卖局(公司)内设 14 个职能部门,下辖南雄市、始兴县、仁化县、乐昌市、乳源县、翁源县、新丰县、曲江区 8 个县(区)级烟草专卖局(分公司)。

◎ 珠海市烟草专卖局(公司)

【基本信息】

【英文名】 Zhuhai Tobacco Monopoly Bureau (Company)

【拼音】 zhu hai shi yan cao zhuan mai ju (gong si)

【基础词】

【词条属性】

【分类】 专卖管理与“两烟”经营

【概况】 珠海市烟草专卖局(公司)内设13个职能部门,下辖横琴新区、斗门区烟草专卖局(分公司)以及珠海市二十支商业连锁有限公司。

◎ 肇庆市烟草专卖局(公司)

【基本信息】

【英文名】 Zhaoqing Tobacco Monopoly Bureau (Company)

【拼音】 zhao qing shi yan cao zhuan mai ju (gong si)

【基础词】

【词条属性】

【分类】 专卖管理与"两烟"经营

【概况】 肇庆市烟草专卖局(公司)内设13个部门,下辖高要区、四会市、广宁县、怀集县、德庆县、封开县6个县级烟草专卖局(分公司)和1个直属分局。

◎ 惠州市烟草专卖局(公司)

【基本信息】

【英文名】 Huizhou Tobacco Monopoly Bureau (Company)

【拼音】 hui zhou shi yan cao zhuan mai ju (gong si)

【基础词】

【词条属性】

【分类】 专卖管理与"两烟"经营

【概况】 惠州市烟草专卖局(公司)内设13个部门,下辖博罗县、惠东县、惠阳区、龙门县、大亚湾区5个县(区)烟草专卖局(分公司)。

◎ 广东梅州烟叶复烤有限公司

【基本信息】

【英文名】 Guangdong Meizhou Tobacco Re-drying Co., Ltd.

【拼音】 guang dong mei zhou yan ye fu kao you xian gong si

【基础词】

【词条属性】

【分类】 打叶复烤

【概况】 广东梅州烟叶复烤有限公司位于广东省梅州市,成立于1999年12月,隶属于中国烟草总公司广东省公司,由中国烟草总公司广东省公司、广东中烟工业有限责任公司和深圳烟草工业有限责任公司共同投资组建。公司占地面积为5.71万平方米,拥有4万平方米的烟叶仓库,主要生产设备为6 000千克/时的打叶复烤生产线,年加工能力为1.5万吨(30万担)。

◎ 广东韶关烟叶复烤有限公司

【基本信息】

【英文名】 Guangdong Shaoguan Tobacco Re-drying Co., Ltd.

【拼音】 guang dong shao guan yan ye fu kao you xian gong si

【基础词】

【词条属性】

【分类】 打叶复烤

【概况】 广东韶关烟叶复烤有限公司位于广东省韶关市,成立于1992年,2003年改制为有限公司,由中国烟草总公司广东省公司、广东中烟工业有限责任公司和深圳烟草工业有限责任公司共同出资组建。公司占地面积为9万余平方米,拥有1条12 000千克/时打叶复烤生产线,年复烤加工能力为3万吨(60万担)。

◎ 广东省烟草南雄科学研究所

【基本信息】

【英文名】 Nanxiong Tobacco Science Research Institute of Guangdong Province

【拼音】 guang dong sheng yan cao nan xiong ke xue yan jiu suo

【基础词】

【词条属性】

【分类】 科研院所

【概况】 广东省烟草南雄科学研究所(简称南雄烟科所)是广东省烟草商业系统唯一的农业科研机构,其前身是成立于1963年的广东南雄烟草试验站。广东南雄烟草科学研究所1987年更名为广东省南雄烟草研究所,2002年更名为广东省烟草南雄科学研究所。2012年12月,广东省烟草专卖局(公司)成立广东烟草粤北烟叶生产技术中心,与南雄烟科所合署办公。南雄烟科所下设5个部门。南雄烟科所的主要工作职责:围绕烟叶生产发展需求,开展烟草品种选育、栽培、调制、植保、现代烟草农业建设等科技项目的研究和成果转化工作;结合烟叶生产实际,组织开展烟叶生产先进适用技术的引进、吸收、消化和推广应用工作;负责全省烟草良种繁育与病虫害预测预报工作；负责全省烟叶产区烟叶质量评价、烟叶产品安全性指标的内控标准制定和检验工作；开展烟叶生产科技服务和相关技术培训工作；承担行业科研单位及广东省烟草专卖局（公司）安排布置的科研、试验示范项目，参与区域性科技项目研究，做好相关横向项目的协同攻关工作。

◎ 广西壮族自治区烟草专卖局(公司)

【基本信息】

【英文名】 Guangxi Zhuang Autonomous Region Tobacco Monopoly Bureau (Company)

【拼音】 guang xi zhuang zu zi zhi qu yan cao zhuan mai ju (gong si)

【核心词】

【词条属性】

【分类】 专卖管理与“两烟”经营

【概况】 广西壮族自治区烟草专卖局（公司）组建于 1983 年 8 月，下辖 14 个地市级烟草专卖局（公司）及 94 个县级烟草专卖局（营销部）和广西伊灵烟叶复烤有限责任公司，主要负责全省的烟草专卖行政管理及执法监督、卷烟销售及网络建设、烟叶生产经营的组织和烟叶复烤加工等工作。

【词条关系】

【下辖】 南宁市烟草专卖局（公司）

【下辖】 来宾市烟草专卖局（公司）

【下辖】 桂林市烟草专卖局（公司）

【下辖】 柳州市烟草专卖局（公司）

【下辖】 防城港市烟草专卖局（公司）

【下辖】 北海市烟草专卖局（公司）

【下辖】 河池市烟草专卖局（公司）

【下辖】 玉林市烟草专卖局（公司）

【下辖】 钦州市烟草专卖局（公司）

【下辖】 贺州市烟草专卖局（公司）

【下辖】 梧州市烟草专卖局（公司）

【下辖】 百色市烟草专卖局（公司）

【下辖】 贵港市烟草专卖局（公司）

【下辖】 崇左市烟草专卖局（公司）

【下辖】 广西伊灵烟叶复烤有限责任公司

◎ 南宁市烟草专卖局(公司)

【基本信息】

【英文名】 Nanning Tobacco Monopoly Bureau (Company)

【拼音】 nan ning shi yan cao zhuan mai ju (gong si)

【基础词】

【词条属性】

【分类】 专卖管理与“两烟”经营

【概况】 南宁市烟草专卖局（公司）由广西壮族自治区烟草专卖局（公司）和南宁市人民政府双重领导，下设 13 个科室（中心），下辖 12 个县级局（市场部、物流部）。

◎ 柳州市烟草专卖局(公司)

【基本信息】

【英文名】 Liuzhou Tobacco Monopoly Bureau (Company)

【拼音】 liu zhou shi yan cao zhuan mai ju (gong si)

【基础词】

【词条属性】

【分类】 专卖管理与“两烟”经营

【概况】 柳州市烟草专卖局（公司）成立于 1984 年，下辖柳江县、柳城县、鹿寨县、融安县、融水苗族自治县和三江侗族自治县 6 个县级烟草专卖局（营销部）和城区烟草专卖局，机关下设 14 个科室，共有卷烟零售户 16 000 多户。

◎桂林市烟草专卖局(公司)

【基本信息】

【英文名】 Guilin Tobacco Monopoly Bureau (Company)

【拼音】 gui lin shi yan cao zhuan mai ju (gong si)

【基础词】

【词条属性】

【分类】 专卖管理与“两烟”经营

【概况】 桂林市烟草专卖局（公司）在桂林市行政区划内经营烟草制品业务，并在桂林市城区、临桂区、灵川县、兴安县、全州县、灌阳县、永福县、阳朔县、荔浦市、平乐县、恭城县、龙胜县、资源县设有县级烟草专卖局（营销部）。

◎ 梧州市烟草专卖局(公司)

【基本信息】

【英文名】 Wuzhou Tobacco Monopoly Bureau (Company)

【拼音】 wu zhou shi yan cao zhuan mai ju (gong si)

【基础词】

【词条属性】

【分类】 专卖管理与"两烟"经营

【概况】 梧州市烟草专卖局(公司)成立于1985年,下设9个科室、5个县级烟草专卖局。

◎ 北海市烟草专卖局(公司)

【基本信息】

【英文名】 Beihai Tobacco Monopoly Bureau (Company)

【拼音】 bei hai shi yan cao zhuan mai ju (gong si)

【基础词】

【词条属性】

【分类】 专卖管理与"两烟"经营

【概况】 北海市烟草专卖局(公司)下设北海市城区、合浦县2个县级烟草专卖局(营销部),有14个职能部门。

◎ 防城港市烟草专卖局(公司)

【基本信息】

【英文名】 Fangchenggang Tobacco Monopoly Bureau (Company)

【拼音】 fang cheng gang shi yan cao zhuan mai ju (gong si)

【基础词】

【词条属性】

【分类】 专卖管理与"两烟"经营

【概况】 防城港市烟草专卖局(公司)在防城港市行政区划内经营烟草制品业务,并依照规定对烟草制品实行专卖经营,在防城港市城区、东兴市、上思县设有县级局(营销部)。

◎ 玉林市烟草专卖局(公司)

【基本信息】

【英文名】 Yulin Tobacco Monopoly Bureau (Company)

【拼音】 yu lin shi yan cao zhuan mai ju (gong si)

【基础词】

【词条属性】

【分类】 专卖管理与"两烟"经营

【概况】 玉林市烟草专卖局(公司)成立于1985年,下辖5县(市)、1城区烟草专卖局(区域营销部),营销、物流、后勤服务三大中心,办公室、专卖办、人力资源管理科、财务科、综合管理科、审计科、信息科、安保科、整顿和规范管理办公室、纪检监察科、法规科11个机关科室,卷烟销售全面实行电话访销、电子结算、集中分拣,一级配送为主、二级配送为辅的营销模式。

◎ 钦州市烟草专卖局(公司)

【基本信息】

【英文名】 Qinzhou Tobacco Monopoly Bureau (Company)

【拼音】 qin zhou shi yan cao zhuan mai ju (gong si)

【基础词】

【词条属性】

【分类】 专卖管理与"两烟"经营

【概况】 钦州市烟草专卖局(公司)前身为钦州县烟草专卖局(支公司),成立于1985年,管辖钦州市城区、灵山、浦北3个县级烟草专卖局。

◎ 贵港市烟草专卖局(公司)

【基本信息】

【英文名】 Guigang Tobacco Monopoly Bureau (Company)

【拼音】 gui gang shi yan cao zhuan mai ju (gong si)

【基础词】

【词条属性】

【分类】 专卖管理与"两烟"经营

【概况】 贵港市烟草专卖局(公司)由广西壮族自治区烟草专卖局(公司)直管,依照规定在贵港市行政区划内进行烟草专卖行政管理和经营烟草制品业务。

◎ 百色市烟草专卖局(公司)

【基本信息】

【英文名】 Baise Tobacco Monopoly Bureau (Company)

【拼音】 bai se shi yan cao zhuan mai ju (gong si)

【基础词】

【词条属性】

【分类】 专卖管理与"两烟"经营

【概况】 百色市烟草专卖局(公司)成立于1988年,下辖右江、田阳、田东、平果、德保、靖西、那坡、西林、凌云、乐业、田林、隆林12个县(区)烟草专卖局(营销部)。

◎ 来宾市烟草专卖局(公司)

【基本信息】

【英文名】 Laibin Tobacco Monopoly Bureau (Company)

【拼音】 lai bin shi yan cao zhuan mai ju (gong si)

【基础词】

【词条属性】

【分类】 专卖管理与“两烟”经营

【概况】 来宾市烟草专卖局(公司)隶属广西壮族自治区烟草专卖局(公司),负责行政区域内烟草专卖管理和卷烟销售等工作,下辖6个县(区、市)县级局(营销部)。

◎ 贺州市烟草专卖局(公司)

【基本信息】

【英文名】 Hezhou Tobacco Monopoly Bureau (Company)

【拼音】 he zhou shi yan cao zhuan mai ju (gong si)

【基础词】

【词条属性】

【分类】 专卖管理与“两烟”经营

【概况】 贺州市烟草专卖局(公司)下辖贺州市城区、钟山县、昭平县、富川瑶族自治县4个县级烟草专卖局(营销部)及12个专卖管理所、17个烟叶生产收购站,机关内设16个科室(部门)。

◎ 河池市烟草专卖局(公司)

【基本信息】

【英文名】 Hechi Tobacco Monopoly Bureau (Company)

【拼音】 he chi shi yan cao zhuan mai ju (gong si)

【基础词】

【词条属性】

【分类】 专卖管理与“两烟”经营

【概况】 河池市烟草专卖局(公司)共设有8个职能部门,下辖11个县(市、城区)级烟草专卖局(营销部)。

◎ 崇左市烟草专卖局(公司)

【基本信息】

【英文名】 Chongzuo Tobacco Monopoly Bureau (Company)

【拼音】 chong zuo shi yan cao zhuan mai ju (gong si)

【基础词】

【词条属性】

【分类】 专卖管理与“两烟”经营

【概况】 崇左市烟草专卖局(公司)下辖崇左市城区、扶绥、宁明、大新、天等、龙州、凭祥7个县级烟草专卖局(营销部),机关设有办公室(信访办)、专卖监督管理科、内管派驻办等15个部门,目前辖区内共有持证卷烟零售户1万多户。

◎ 广西伊灵烟叶复烤有限责任公司

【基本信息】

【英文名】 Guangxi Yiling Tobacco Redry L. L. C.

【拼音】 guang xi yi ling yan ye fu kao you xian ze ren gong si

【基础词】

【词条属性】

【分类】 打叶复烤

【概况】 广西伊灵烟叶复烤有限责任公司位于广西南宁市武鸣区中心,是广西唯一的一家烟叶打叶复烤企业,公司最初为筹建于2000年的南宁伊灵打叶复烤厂,2002年6月正式投产。2003年6月,中国烟草总公司广西壮族自治区公司、百色市烟草公司、贺州市烟草公司、南宁卷烟厂、柳州卷烟厂5个股东单位共同出资改制成立广西伊灵烟叶复烤有限责任公司,2007年10月新增河池市烟草公司、桂林市烟草公司2个股东单位,隶属于中国烟草总公司广西壮族自治区公司,注册资本为4.25亿元,经营业务包括烟叶打叶复烤加工和纸箱加工。公司占地面积为25.07万平方米,拥有1条6 000千克/时打叶复烤生产线和1条纸箱生产线,年打叶复烤加工能力为1.5万吨(30万担),年纸箱加工能力为300万个。

◎ 海南省烟草专卖局(公司)

【基本信息】

【英文名】 Hainan Tobacco Monopoly Bureau (Company)

【拼音】 hai nan sheng yan cao zhuan mai ju (gong si)

【核心词】

【词条属性】

【分类】 专卖管理与“两烟”经营

【概况】 海南省烟草专卖局、中国烟草总公司海南省公司成立于1988年6月。海南省烟草专卖局(公司)下辖海口、三亚、琼海、儋州4个地市级烟草专卖局(公司),14个县级烟草专卖局(营销部),持有海南金沙岛卷烟销售有限责任公司30%的股份。

【词条关系】

【下辖】 海口市烟草专卖局(公司)

【下辖】 琼海市烟草专卖局(公司)

【下辖】 三亚市烟草专卖局(公司)

【下辖】 儋州市烟草专卖局(公司)

【参股】 海南金沙岛卷烟销售有限责任公司

【下辖】 中国烟草总公司海南省公司海口雪茄研究所

◎ 海口市烟草专卖局(公司)

【基本信息】

【英文名】 Haikou Tobacco Monopoly Bureau (Company)

【拼音】 hai kou shi yan cao zhuan mai ju (gong si)

【基础词】

【词条属性】

【分类】 专卖管理与“两烟”经营

【概况】 海口市烟草专卖局(公司)是经国家烟草专卖局批准于1997年4月成立的正处级独立法人单位,负责琼北片区烟草专卖管理和卷烟经营服务,管辖海口及文昌、澄迈、定安、临高共5个市县烟草单位,辖区内共有持证经营户2.5万余户。

◎ 三亚市烟草专卖局(公司)

【基本信息】

【英文名】 Sanya Tobacco Monopoly Bureau (Company)

【拼音】 san ya shi yan cao zhuan mai ju (gong si)

【基础词】

【词条属性】

【分类】 专卖管理与“两烟”经营

【概况】 三亚市烟草专卖局(公司)始建于1985年,前身是广东海南三亚烟草公司,现已成为海南南部卷烟物流、商流、信息流的中心,管辖范围由三亚本级扩大至另含乐东、陵水、保亭、五指山共5个市县,下设4个县级烟草专卖局(营销部)。

◎ 儋州市烟草专卖局(公司)

【基本信息】

【英文名】 Danzhou Tobacco Monopoly Bureau (Company)

【拼音】 dan zhou shi yan cao zhuan mai ju (gong si)

【基础词】

【词条属性】

【分类】 专卖管理与“两烟”经营

【概况】 儋州市烟草专卖局(公司)成立于1988年12月,下辖东方市、昌江黎族自治县、白沙县黎族自治县3个县级烟草专卖局(营销部)(洋浦经济开发区烟草市场管理由儋州市烟草专卖局托管)。

◎ 琼海市烟草专卖局(公司)

【基本信息】

【英文名】 Qionghai Tobacco Monopoly Bureau (Company)

【拼音】 qiong hai shi yan cao zhuan mai ju (gong si)

【基础词】

【词条属性】

【分类】 专卖管理与“两烟”经营

【概况】 琼海市烟草专卖局(公司)机关内设11个职能科室,下辖万宁市、屯昌县、琼中黎族苗族自治县3个县级烟草专卖局(营销部),负责辖区烟草专卖行政执法和卷烟经营等,主要经营范围包括卷烟和雪茄烟经营、资产经营、物流配送。

◎ 海南金沙岛卷烟销售有限责任公司

【基本信息】

【英文名】 Hainan Jinsha Island Cigarette Sales L. L. C.

【拼音】 hai nan jin sha dao juan yan xiao shou you xian ze ren gong si

【基础词】

【词条属性】

【分类】 专卖管理与“两烟”经营

【概况】 海南金沙岛卷烟销售有限责任公司成立于2010年11月，其30%的股份由海南省烟草专卖局(公司)持有。

◎ 中国烟草总公司海南省公司海口雪茄研究所

【基本信息】

【英文名】 China Hainan Tobacco Haikou Cigar Research Institute

【拼音】 zhong guo yan cao zong gong si hai nan sheng gong si hai kou xue jia yan jiu suo

【基础词】

【词条属性】

【分类】 科研院所

【概况】 中国烟草总公司海南省公司海口雪茄研究所(以下简称海南雪茄研究所)位于海南省海口市。2015年7月，国家烟草专卖局、中国烟草总公司下发关于设立海南雪茄研究所的批复，同意设立海南雪茄研究所，为海南省烟草专卖局(公司)的专业部门，承担全省雪茄烟叶的科学技术研究及培训推广，承担雪茄的产品开发和市场研究等工作。

◎ 重庆市烟草专卖局(公司)

【基本信息】

【英文名】 Chongqing Tobacco Monopoly Bureau (Company)

【拼音】 chong qing shi yan cao zhuan mai ju (gong si)

【核心词】

【词条属性】

【分类】 专卖管理与“两烟”经营

【概况】 重庆市烟草专卖局(公司)成立于1983年，下辖39个区、县局(分公司)、3个专业分公司、1个控股企业、1个全资子公司、1个烟草科学研究所；在岗职工7 327人，卷烟零售客户11.3万户，烟农1.53万户。

【词条关系】

【下辖】 重庆市长寿区烟草专卖局(分公司)

【下辖】 重庆市巴南区烟草专卖局(分公司)

【下辖】 重庆市垫江县烟草专卖局(分公司)

【下辖】 重庆市璧山区烟草专卖局(分公司)

【下辖】 重庆市忠县烟草专卖局(分公司)

【下辖】 重庆市大渡口区烟草专卖局(分公司)

【下辖】 重庆市涪陵区烟草专卖局(分公司)

【下辖】 重庆市潼南区烟草专卖局(分公司)

【下辖】 重庆市万州区烟草专卖局(分公司)

【下辖】 重庆市秀山土家族苗族自治县烟草专卖局(分公司)

【下辖】 重庆市渝中区烟草专卖局(分公司)

【下辖】 重庆市合川区烟草专卖局(分公司)

【下辖】 重庆市奉节县烟草专卖局(分公司)

【下辖】 重庆市江津区烟草专卖局(分公司)

【下辖】 重庆市梁平区烟草专卖局(分公司)

【下辖】 重庆市渝北区烟草专卖局(分公司)

【下辖】 重庆市酉阳土家族苗族自治县烟草专卖局(分公司)

【控股】 重庆烟叶复烤有限公司

【下辖】 重庆市江北区烟草专卖局(分公司)

【下辖】 重庆市城口县烟草专卖局(分公司)

【下辖】 重庆市九龙坡区烟草专卖局(分公司)

【下辖】 重庆市黔江区烟草专卖局(分公司)

【下辖】 重庆市南川区烟草专卖局(分公司)

【下辖】 重庆市云阳县烟草专卖局(分公司)

【全资】 重庆市烟草投资管理有限公司

【下辖】 重庆市铜梁区烟草专卖局(分公司)

【下辖】 重庆市丰都县烟草专卖局(分公司)

【下辖】 重庆市彭水苗族土家族自治县烟草专卖局(分公司)

【下辖】 重庆市大足区烟草专卖局(分公司)

【下辖】 重庆市荣昌区烟草专卖局(分公司)

【下辖】 重庆市石柱土家族自治县烟草专卖局(分公司)

【下辖】 重庆市巫溪县烟草专卖局(分公司)

【下辖】 重庆市巫山县烟草专卖局(分公司)

【下辖】 重庆市沙坪坝区烟草专卖局(分公司)

【下辖】 重庆市万盛经济技术开发区烟草专卖局(分公司)

【下辖】 重庆市南岸区烟草专卖局(分公司)

【下辖】 重庆市北碚区烟草专卖局(分公司)

【下辖】 重庆市永川区烟草专卖局(分公司)

【下辖】 重庆市綦江区烟草专卖局(分公司)

【管理】 重庆烟草科学研究所

【下辖】 重庆市开州区烟草专卖局(分公司)

【下辖】 重庆市武隆区烟草专卖局(分公司)

◎ 重庆市南川区烟草专卖局(分公司)

【基本信息】

【英文名】 Chongqing Nanchuan District Tobacco Monopoly Bureau (Branch Company)

【拼音】 chong qing shi nan chuan qu yan cao zhuan mai ju (fen gong si)

【基础词】

【词条属性】

【分类】 专卖管理与“两烟”经营

【概况】 重庆市南川区烟草专卖局(分公司)下设办公室、财务科、政工科、综合科、专卖科、烟叶科、信息科、安全保卫科、客户服务部、基础办、审计委派办以及3个专卖稽查大队,还设有大有、庆元、古花、合溪、德隆、头渡、三泉、鱼泉8个烟叶生产收购站。

◎ 重庆市綦江区烟草专卖局(分公司)

【基本信息】

【英文名】 Chongqing Qijiang District Tobacco Monopoly Bureau (Branch Company)

【拼音】 chong qing shi qi jiang qu yan cao zhuan mai ju (fen gong si)

【基础词】

【词条属性】

【分类】 专卖管理与“两烟”经营

【概况】 重庆市綦江区烟草专卖局(分公司)为重庆市烟草专卖局(公司)下属单位,承担辖区内卷烟营销及管理等工作。

◎ 重庆市潼南区烟草专卖局(分公司)

【基本信息】

【英文名】 Chongqing Tongnan District Tobacco Monopoly Bureau (Branch Company)

【拼音】 chong qing shi tong nan qu yan cao zhuan mai ju (fen gong si)

【基础词】

【词条属性】

【分类】 专卖管理与“两烟”经营

【概况】 重庆市潼南区烟草专卖局(分公司)受重庆市烟草专卖局(公司)直管,行使卷烟经营和行政执法两大职能。

◎ 重庆市铜梁区烟草专卖局(分公司)

【基本信息】

【英文名】 Chongqing Tongliang Tobacco Monopoly Bureau (Branch Company)

【拼音】 chong qing shi tong liang qu yan cao zhuan mai ju (fen gong si)

【基础词】

【词条属性】

【分类】 专卖管理与“两烟”经营

【概况】 重庆市铜梁区烟草专卖局(分公司)为重庆市烟草专卖局(公司)下属单位,承担辖区内卷烟营销及管理等工作。

◎ 重庆市大足区烟草专卖局(分公司)

【基本信息】

【英文名】 Chongqing Dazu District Tobacco Monopoly Bureau (Branch Company)

【拼音】 chong qing qu da zu shi yan cao zhuan mai ju (fen gong si)

【基础词】

【词条属性】

【分类】 专卖管理与“两烟”经营

【概况】 重庆市大足区烟草专卖局(分公司)组建于1984年,内设3科、1室、1部和6个专卖稽查中队、5个片区客户服务部,主要负责辖区内的烟草专卖行政管理及执法监督、卷烟销售及网络建设等工作,现有卷烟零售客户3 300多户。

◎ 重庆市璧山区烟草专卖局(分公司)

【基本信息】

【英文名】 Chongqing Bishan District Tobacco Monopoly Bureau (Branch Company)

【拼音】 chong qing shi bi shan qu yan cao zhuan mai ju (fen gong si)

【基础词】

【词条属性】

【分类】 专卖管理与“两烟”经营

【概况】 重庆市璧山区烟草专卖局(分公司)成立于1984年,下设“四科一室一部”(专卖监督管理科、财务科、综合科、政工科,办公室,客户服务部),肩负着全区2 133户卷烟零售客户的卷烟营销和专卖管理的职能。

◎ 重庆市巴南区烟草专卖局(分公司)

【基本信息】

【英文名】 Chongqing Ba'nan District Tobacco Monopoly Bureau (Branch Company)

【拼音】 chong qing shi ba nan qu yan cao zhuan mai ju (fen gong si)

【基础词】

【词条属性】

【分类】 专卖管理与"两烟"经营

【概况】 重庆市巴南区烟草专卖局(分公司)为重庆市烟草专卖局(公司)下属单位,承担卷烟营销、网络建设、客户服务、品牌培育等工作。

◎ 重庆市九龙坡区烟草专卖局(分公司)

【基本信息】

【英文名】 Chongqing Jiulongpo District Tobacco Monopoly Bureau (Branch Company)

【拼音】 chong qing shi jiu long po qu yan cao zhuan mai ju (fen gong si)

【基础词】

【词条属性】

【分类】 专卖管理与"两烟"经营

【概况】 重庆市九龙坡区烟草专卖局(分公司)为重庆市烟草专卖局(公司)下属单位,承担辖区内卷烟营销及管理等工作。

◎ 重庆市南岸区烟草专卖局(分公司)

【基本信息】

【英文名】 Chongqing Nan'an Tobacco Monopoly Bureau (Branch Company)

【拼音】 chong qing shi nan an qu yan cao zhuan mai ju (fen gong si)

【基础词】

【词条属性】

【分类】 专卖管理与"两烟"经营

【概况】 重庆市南岸区烟草专卖局(分公司)为重庆市烟草专卖局(公司)下属单位,承担辖区内卷烟营销及管理等工作。

◎ 重庆市黔江区烟草专卖局(分公司)

【基本信息】

【英文名】 Chongqing Qianjiang District Tobacco Monopoly Bureau (Branch Company)

【拼音】 chong qing shi qian jiang qu yan cao zhuan mai ju (fen gong si)

【基础词】

【词条属性】

【分类】 专卖管理与"两烟"经营

【概况】 重庆市黔江区烟草专卖局(分公司)组建成立于1988年,机关设9科、3室、1部,下设1个科技推广站、6个烟草站、1个政务大厅、1个稽查支队、5个稽查大队、3个区域客服部、1个区域订单部、1个区域配送中心,年分拣配送能力为5.5万箱,覆盖黔江、彭水、酉阳、秀山4个区县。

◎ 重庆市沙坪坝区烟草专卖局(分公司)

【基本信息】

【英文名】 Chongqing Shapingba District Tobacco Monopoly Bureau (Branch Company)

【拼音】 chong qing shi sha ping ba qu yan cao zhuan mai ju (fen gong si)

【基础词】

【词条属性】

【分类】 专卖管理与"两烟"经营

【概况】 重庆市沙坪坝区烟草专卖局(分公司)为重庆市烟草专卖局(公司)下属单位,承担辖区内卷烟营销及管理等工作。

◎ 重庆市万盛经济技术开发区烟草专卖局(分公司)

【基本信息】

【英文名】 Chongqing Wansheng Economic and Technological Development Zone Tobacco Monopoly Bureau (Branch Company)

【拼音】 chong qing shi wan sheng jing ji ji shu kai fa qu yan cao zhuan mai ju (fen gong si)

【基础词】

【词条属性】

【分类】 专卖管理与"两烟"经营

【概况】 重庆市万盛经济技术开发区烟草专卖局(分公司)为重庆市烟草专卖局(公司)下属单位,承担辖区内卷烟营销及管理等工作。

◎ 重庆市万州区烟草专卖局(分公司)

【基本信息】

【英文名】 Chongqing Wanzhou District Tobacco Monopoly Bureau (Branch Company)

【拼音】 chong qing shi wan zhou qu yan cao zhuan mai ju (fen gong si)

【基础词】

【词条属性】

【分类】 专卖管理与“两烟”经营

【概况】 重庆市万州区烟草专卖局(分公司)于2002年挂牌成立,机关设有12个科室,下设1个万州卷烟配送中心、9个区域客服部(稽查大队)、6个烟草经营站、1个烟叶仓储中心,集烟叶产销、卷烟营销、物流配送三大职能于一体,是重庆市烟草行业员工最多、经营规模较大的区县级商贸企业。

◎ 重庆市渝北区烟草专卖局(分公司)

【基本信息】

【英文名】 Chongqing Yubei District Tobacco Monopoly Bureau (Branch Company)

【拼音】 chong qing shi yu bei qu yan cao zhuan mai ju (fen gong si)

【基础词】

【词条属性】

【分类】 专卖管理与“两烟”经营

【概况】 重庆市渝北区烟草专卖局(分公司)内设“一室、四科、一部”,即办公室(与安全保卫科合署办公),政工科、综合科、专卖监督管理科、财务审计科,客户服务部,另外设有内部专卖监督管理办公室,与专卖监督管理科合署办公。

◎ 重庆市江津区烟草专卖局(分公司)

【基本信息】

【英文名】 Chongqing Jiangjin District Tobacco Monopoly Bureau (Branch Company)

【拼音】 chong qing shi jiang jin qu yan cao zhuan mai ju (fen gong si)

【基础词】

【词条属性】

【分类】 专卖管理与“两烟”经营

【概况】 重庆市江津区烟草专卖局(分公司)受重庆市烟草专卖局(公司)垂直管理,负责辖区卷烟销售管理等工作。

◎ 重庆市渝中区烟草专卖局(分公司)

【基本信息】

【英文名】 Chongqing Yuzhong District Tobacco Monopoly Bureau (Branch Company)

【拼音】 chong qing shi yu zhong qu yan cao zhuan mai ju (fen gong si)

【基础词】

【词条属性】

【分类】 专卖管理与“两烟”经营

【概况】 重庆市渝中区烟草专卖局(分公司)受重庆市烟草专卖局(公司)直接管理,负责卷烟制品销售管理等。

◎ 重庆市合川区烟草专卖局(分公司)

【基本信息】

【英文名】 Chongqing Hechuan District Tobacco Monopoly Bureau (Branch Company)

【拼音】 chong qing shi he chuan qu yan cao zhuan mai ju (fen gong si)

【基础词】

【词条属性】

【分类】 专卖管理与“两烟”经营

【概况】 重庆市合川区烟草专卖局(分公司)隶属于重庆市烟草专卖局(公司)垂直管理,负责辖区卷烟营销、物流配送、专卖管理等工作。

◎ 重庆市永川区烟草专卖局(分公司)

【基本信息】

【英文名】 Chongqing Yongchuan District Tobacco Monopoly Bureau (Branch Company)

【拼音】 chong qing shi yong chuan qu yan cao zhuan mai ju (fen gong si)

【基础词】

【词条属性】

【分类】 专卖管理与“两烟”经营

【概况】 重庆市永川区烟草专卖局(分公司)为重庆市烟草专卖局(公司)下属单位,承担辖区内卷烟营销及管理等工作。

◎ 重庆市北碚区烟草专卖局(分公司)

【基本信息】

【英文名】 Chongqing Beibei District Tobacco Monopoly Bureau (Branch Company)

【拼音】 chong qing shi bei bei qu yan cao zhuan mai ju (fen gong si)

【基础词】

【词条属性】

【分类】 专卖管理与“两烟”经营

【概况】 重庆市北碚区烟草专卖局(分公司)

为重庆市烟草专卖局(公司)下属单位,承担辖区内卷烟营销及管理等工作。

◎ 重庆市长寿区烟草专卖局(分公司)

【基本信息】

【英文名】 Chongqing Changshou District Tobacco Monopoly Bureau (Branch Company)

【拼音】 chong qing shi chang shou qu yan cao zhuan mai ju (fen gong si)

【基础词】

【词条属性】

【分类】 专卖管理与“两烟”经营

【概况】 重庆市长寿区烟草专卖局(分公司)组建于1984年12月,现内设6个科室,以网上订货、电子结算、专业物流为支撑,为全区3 217户卷烟零售客户提供服务。

◎ 重庆市大渡口区烟草专卖局(分公司)

【基本信息】

【英文名】 Chongqing Dadukou District Tobacco Monopoly Bureau (Branch Company)

【拼音】 chong qing shi da du kou qu yan cao zhuan mai ju (fen gong si)

【基础词】

【词条属性】

【分类】 专卖管理与“两烟”经营

【概况】 重庆市大渡口区烟草专卖局(分公司)是重庆市烟草专卖局(公司)派驻大渡口区的直属分支机构,负责管理辖区内的卷烟零售市场、烟草专卖许可证照、烟草制品批发、零售客户服务等方面的工作。

◎ 重庆市涪陵区烟草专卖局(分公司)

【基本信息】

【英文名】 Chongqing Fuling District Tobacco Monopoly Bureau (Branch Company)

【拼音】 chong qing shi fu ling qu yan cao zhuan mai ju (fen gong si)

【基础词】

【词条属性】

【分类】 专卖管理与“两烟”经营

【概况】 重庆市涪陵区烟草专卖局(分公司)为重庆市烟草专卖局(公司)下属单位,承担卷烟、雪茄烟、烤烟等的营销、网络建设、客户服务、品牌培育等工作。

◎ 重庆市江北区烟草专卖局(分公司)

【基本信息】

【英文名】 Chongqing Jiangbei District Tobacco Monopoly Bureau (Branch Company)

【拼音】 chong qing shi jiang bei qu yan cao zhuan mai ju (fen gong si)

【基础词】

【词条属性】

【分类】 专卖管理与“两烟”经营

【概况】 重庆市江北区烟草专卖局(分公司)为重庆市烟草专卖局(公司)下属单位,承担辖区内卷烟营销及管理等工作。

◎ 重庆市荣昌区烟草专卖局(分公司)

【基本信息】

【英文名】 Chongqing Rongchang District Tobacco Monopoly Bureau (Branch Company)

【拼音】 chong qing shi rong chang qu yan cao zhuan mai ju (fen gong si)

【基础词】

【词条属性】

【分类】 专卖管理与“两烟”经营

【概况】 重庆市荣昌区烟草专卖局(分公司)为重庆市烟草专卖局(公司)下属单位,承担辖区内卷烟营销及管理等工作。

◎ 重庆市梁平区烟草专卖局(分公司)

【基本信息】

【英文名】 Chongqing Liangping District Tobacco Monopoly Bureau (Branch Company)

【拼音】 chong qing shi liang ping qu yan cao zhuan mai ju (fen gong si)

【基础词】

【词条属性】

【分类】 专卖管理与“两烟”经营

【概况】 重庆市梁平区烟草专卖局(分公司)成立于1984年,肩负着梁平区卷烟市场管理和经营的双重职能,下设专卖监督管理科、财务审计科、综合科、政工科、办公室、客户服务部6个部门,另设政务大厅、稽查大队和4个稽查中队二级部门。

◎ 重庆市城口县烟草专卖局(分公司)

【基本信息】

【英文名】 Chongqing Chengkou Tobacco Monopoly Bureau (Branch Company)

【拼音】 chong qing shi cheng kou xian yan cao zhuan mai ju (fen gong si)

【基础词】

【词条属性】

【分类】 专卖管理与“两烟”经营

【概况】 重庆市城口县烟草专卖局(分公司)为重庆市烟草专卖局(公司)下属单位，承担辖区内卷烟营销及管理等工作。

◎ 重庆市丰都县烟草专卖局(分公司)

【基本信息】

【英文名】 Chongqing Fengdu Tobacco Monopoly Bureau (Branch Company)

【拼音】 chong qing shi feng du xian yan cao zhuan mai ju (fen gong si)

【基础词】

【词条属性】

【分类】 专卖管理与“两烟”经营

【概况】 重庆市丰都县烟草专卖局(分公司)为重庆市烟草专卖局(公司)下属单位，承担辖区内卷烟营销及管理等工作。

◎ 重庆市垫江县烟草专卖局(分公司)

【基本信息】

【英文名】 Chongqing Dianjiang Tobacco Monopoly Bureau (Branch Company)

【拼音】 chong qing shi dian jiang xian yan cao zhuan mai ju (fen gong si)

【基础词】

【词条属性】

【分类】 专卖管理与“两烟”经营

【概况】 重庆市垫江县烟草专卖局(分公司)隶属重庆市烟草专卖局(公司)，负责辖区内卷烟制品销售管理等。

◎ 重庆市忠县烟草专卖局(分公司)

【基本信息】

【英文名】 Chongqing Zhong Tobacco Monopoly Bureau (Branch Company)

【拼音】 chong qing shi zhong xian yan cao zhuan mai ju (fen gong si)

【基础词】

【词条属性】

【分类】 专卖管理与“两烟”经营

【概况】 重庆市忠县烟草专卖局(分公司)机构设置1室、4科、1部，基层二级部门设置1厅1大队5中队、2个卷烟营销区域和3个区域客户服务部。

◎ 重庆市云阳县烟草专卖局(分公司)

【基本信息】

【英文名】 Chongqing Yunyang County Tobacco Monopoly Bureau (Branch Company)

【拼音】 chong qing shi yun yang xian yan cao zhuan mai ju (fen gong si)

【基础词】

【词条属性】

【分类】 专卖管理与“两烟”经营

【概况】 重庆市云阳县烟草专卖局(分公司)现有3科、1室、1部，肩负全县烟草市场专卖管理、卷烟销售职能。

◎ 重庆市奉节县烟草专卖局(分公司)

【基本信息】

【英文名】 Chongqing Fengjie Tobacco Monopoly Bureau (Branch Company)

【拼音】 chong qing shi feng jie xian yan cao zhuan mai ju (fen gong si)

【基础词】

【词条属性】

【分类】 专卖管理与“两烟”经营

【概况】 重庆市奉节县烟草专卖局(分公司)受重庆市专卖局(公司)和奉节县委县政府双重领导，下设9科、4室、1部、1卷烟配送中心。

◎ 重庆市巫山县烟草专卖局(分公司)

【基本信息】

【英文名】 Chongqing Wushan County Tobacco Monopoly Bureau (Branch Company)

【拼音】 chong qing shi wu shan xian yan cao zhuan mai ju (fen gong si)

【基础词】

【词条属性】

【分类】 专卖管理与“两烟”经营

【概况】 重庆市巫山县烟草专卖局(公司)企业拥有固定资产8000多万元,年经营总额超过2亿元,年销售卷烟12 600箱,生产烤烟15万担。

◎ 重庆市巫溪县烟草专卖局(分公司)

【基本信息】

【英文名】 Chongqing Wuxi Tobacco Monopoly Bureau (Branch Company)

【拼音】 chong qing shi wu xi xian yan cao zhuan mai ju (fen gong si)

【基础词】

【词条属性】

【分类】 专卖管理与“两烟”经营

【概况】 重庆市巫溪县烟草专卖局(分公司)为重庆市烟草专卖局(公司)下属单位,承担辖区内卷烟营销及管理等工作。

◎ 重庆市石柱土家族自治县烟草专卖局(分公司)

【基本信息】

【英文名】 Chongqing Shizhu Tujia Autonomous County Tobacco Monopoly Bureau (Branch Company)

【拼音】 chong qing shi shi zhu tu jia zu zi zhi xian yan cao zhuan mai ju (fen gong si)

【基础词】

【词条属性】

【分类】 专卖管理与“两烟”经营

【概况】 重庆市石柱土家族自治县烟草专卖局(分公司)为重庆市烟草专卖局(公司)下属单位,承担辖区内卷烟营销及管理等工作。

◎ 重庆市秀山土家族苗族自治县烟草专卖局(分公司)

【基本信息】

【英文名】 Chongqing Xiushan Tujia and Miao Autonomous County Tobacco Monopoly Bureau (Branch Company)

【拼音】 chong qing shi xiu shan tu jia zu miao zu zi zhi xian yan cao zhuan mai ju (fen gong si)

【基础词】

【词条属性】

【分类】 专卖管理与“两烟”经营

【概况】 重庆市秀山土家族苗族自治县烟草专卖局(分公司)受重庆市烟草专卖局(公司)直接管理,在全县履行烟草专卖行政管理和烟草专营职能。

◎ 重庆市酉阳土家族苗族自治县烟草专卖局(分公司)

【基本信息】

【英文名】 Chongqing Youyang Tujia and Miao Autonomous County Tobacco Monopoly Bureau (Branch Company)

【拼音】 chong qing shi you yang tu jia zu miao zu zi zhi xian yan cao zhuan mai ju (fen gong si)

【基础词】

【词条属性】

【分类】 专卖管理与“两烟”经营

【概况】 重庆市酉阳土家族苗族自治县烟草专卖局(分公司)受重庆市烟草专卖局(公司)直管,在全县履行烟草专卖行政管理和烟草专营职能。

◎ 重庆市彭水苗族土家族自治县烟草专卖局(分公司)

【基本信息】

【英文名】 Chongqing Pengshui Miao and Tujia Autonomous County Tobacco Monopoly Bureau (Branch Company)

【拼音】 chong qing shi peng shui miao zu tu jia zu zi zhi xian yan cao zhuan mai ju (fen gong si)

【基础词】

【词条属性】

【分类】 专卖管理与“两烟”经营

【概况】 重庆市彭水苗族土家族自治县烟草专卖局(分公司)为重庆市烟草专卖局(公司)下属单位,承担辖区内卷烟营销及管理等工作。

◎ 重庆烟叶复烤有限公司

【基本信息】

【英文名】 Chongqing Tobacco Redrying Co., Ltd.

【拼音】 chong qing yan ye fu kao you xian gong si

【基础词】

【词条属性】

【分类】 打叶复烤

【概况】 重庆烟叶复烤有限公司成立于2013年9月,是按照现代企业制度组建的股份制打叶复烤企业,注册资本为9.81亿元,股东有中国烟草总公司重庆市公司(持股88.22%)、重庆中烟工业有限责任公司(持股5.51%)、湖南中烟工业有限责任公司(持股3.19%)、江苏中烟工业有限责任公司(持股3.08%),隶属于重庆市烟草专卖局(公司)。公司下辖重庆烟叶复烤有限公司万州复烤厂(原重庆万兴烟叶有限责任公司)、重庆烟叶复烤有限公司彭水复烤厂(原重庆金益烟草有限责任公司)。公司拥有总资产10.53亿元,其中,固定资产(原值)为4.56亿元、流动资产为7.75亿元,资产负债率为1.87%。

◎ 重庆市烟草投资管理有限公司

【基本信息】

【英文名】 Chongqing Tobacco Investment Management Co., Ltd.

【拼音】 chong qing shi yan cao tou zi guan li you xian gong si

【基础词】

【词条属性】

【分类】 投资管理

【概况】 重庆市烟草投资管理有限公司成立于2000年,主要负责重庆市烟草多元化投资和经营管理工作,目前业务主要涉及全市卷烟及烤烟中转运输、卷烟连锁经营、烟胶产销、烟用育苗基质等领域。

◎ 重庆烟草科学研究所

【基本信息】

【英文名】 Chongqing Tobacco Science Research Institute

【拼音】 chong qing yan cao ke xue yan jiu suo

【基础词】

【词条属性】

【分类】 科研院所

【概况】 重庆烟草科学研究所(简称重庆烟科所)成立于2011年6月,位于重庆市,由西南大学和重庆市烟草专卖局(公司)共同设立,属校企双方共建非法人单位,主要负责开展烟草科研、试验示范、烟叶生产技术培训与推广等工作,着力于提升全市烟叶科技水平和科研能力。重庆烟科所作为科技试验工作站,下设3个业务管理部门和6个科研部门,在巫山县设立渝东北区域技术中心,彭水县设立渝东南区域技术中心。

【词条关系】

【挂靠】 西南大学

◎ 西南大学

【基本信息】

【英文名】 Southwest University

【拼音】 xi nan da xue

【基础词】

【词条属性】

【分类】 科研院所

◎ 四川省烟草专卖局(公司)

【基本信息】

【英文名】 Sichuan Tobacco Monopoly Bureau (Company)

【拼音】 si chuan sheng yan cao zhuan mai ju (gong si)

【核心词】

【词条属性】

【分类】 专卖管理与“两烟”经营

【概况】 四川省烟草专卖局(公司)成立于1983年2月,1984年7月整体上划国家烟草专卖局和中国烟草总公司。1996年中央决定设立重庆直辖市后,四川省原涪陵、万县、黔江“两市一地”烟草单位划归重庆管辖。2003年8月,四川省烟草专卖局(公司)实施工商管理体制分离,四川卷烟工业与重庆卷烟工业跨省组建川渝中烟工业公司,我省成都卷烟厂、什邡卷烟厂、西昌卷烟厂、绵阳卷烟厂以及物资公司划归川渝中烟工业公司管理。现四川省烟草专卖局(公司)下辖21个市州烟草专卖局(公司),181个县(区)级局。

【词条关系】

【下辖】 成都市烟草专卖局(公司)

【下辖】 广安市烟草专卖局(公司)

【下辖】 凉山彝族自治州烟草专卖局(公司)

【下辖】 资阳市烟草专卖局(公司)

【下辖】 自贡市烟草专卖局(公司)

【下辖】 达州市烟草专卖局(公司)

【下辖】 广元市烟草专卖局(公司)

【下辖】 内江市烟草专卖局(公司)

【下辖】 宜宾市烟草专卖局(公司)

【下辖】 乐山市烟草专卖局(公司)

【下辖】　眉山市烟草专卖局(公司)
【下辖】　阿坝藏族羌族自治州烟草专卖局(公司)
【下辖】　德阳市烟草专卖局(公司)
【下辖】　泸州市烟草专卖局(公司)
【下辖】　绵阳市烟草专卖局(公司)
【下辖】　攀枝花市烟草专卖局(公司)
【下辖】　甘孜藏族自治州烟草专卖局(公司)
【下辖】　遂宁市烟草专卖局(公司)
【下辖】　巴中市烟草专卖局(公司)
【下辖】　南充市烟草专卖局(公司)
【下辖】　雅安市烟草专卖局(公司)
【下辖】　四川烟叶复烤有限责任公司
【下辖】　中国烟草四川进出口有限责任公司

◎ 成都市烟草专卖局(公司)

【基本信息】

【英文名】　Chengdu Tobacco Monopoly Bureau (Company)

【拼音】　cheng du shi yan cao zhuan mai ju (gong si)

【基础词】

【词条属性】

【分类】　专卖管理与"两烟"经营

【概况】　成都市烟草专卖局(公司)组建于1983年，下辖19个区(市)县烟草专卖局、16个卷烟营销部和1个物流中心，共有卷烟零售户3.6万余户，是全国36家重点烟草商业企业之一。

◎ 阿坝藏族羌族自治州烟草专卖局(公司)

【基本信息】

【英文名】　Aba Zang and Qiang Autonomous Prefecture Tobacco Monopoly Bureau (Company)

【拼音】　a ba zang zu qiang zu zi zhi zhou yan cao zhuan mai ju (gong si)

【基础词】

【词条属性】

【分类】　专卖管理与"两烟"经营

【概况】　阿坝藏族羌族自治州烟草专卖局(公司)的前身是四川省烟草专卖局阿坝藏族羌族自治州分局、阿坝藏族羌族自治州烟草有限责任公司。经国家烟草专卖局和四川省人民政府批准，2003年1月阿坝藏族羌族自治州烟草专卖局(公司)成立，归属四川省烟草专卖局(公司)统一管理，现辖13个县局(营销部)，辖区内共有卷烟零售户3 590余户。

◎ 甘孜藏族自治州烟草专卖局(公司)

【基本信息】

【英文名】　Ganzi Tibetan Autonomous Prefecture Tobacco Monopoly Bureau (Company)

【拼音】　gan zi zang zu zi zhi zhou yan cao zhuan mai ju (gong si)

【基础词】

【词条属性】

【分类】　专卖管理与"两烟"经营

【概况】　甘孜藏族自治州烟草专卖局(公司)内设办公室、企管科、安全保卫科、专卖管理科等"1室、10科、3中心"，下辖18个县级烟草专卖局和10个卷烟营销部。

◎ 凉山彝族自治州烟草专卖局(公司)

【基本信息】

【英文名】　Liangshan Yi Autonomous Prefecture Tobacco Monopoly Bureau (Company)

【拼音】　liang shan yi zu zi zhi zhou yan cao zhuan mai ju (gong si)

【基础词】

【词条属性】

【分类】　专卖管理与"两烟"经营

【概况】　凉山彝族自治州烟草专卖局(公司)组建于1984年，下辖17个县市局(营销部)，内设19个部门、4个烟叶仓储中心，辖区有卷烟零售户13 000多户，种烟农户7万多户。

◎ 广元市烟草专卖局(公司)

【基本信息】

【英文名】　Guangyuan Tobacco Monopoly Bureau (Company)

【拼音】　guang yuan shi yan cao zhuan mai ju (gong si)

【基础词】

【词条属性】

【分类】　专卖管理与"两烟"经营

【概况】　广元市烟草专卖局(公司)机关现设办公室、专卖科、卷烟营销中心、烟叶生产经营中心等15个办事机构，下辖利州区、元坝区、朝天区、剑阁县、苍溪县、旺苍县、青川县7个县区烟草专卖局以及卷烟销售片区和剑阁、元坝、旺苍3个烟草营销部。

◎ 遂宁市烟草专卖局(公司)

【基本信息】

【英文名】 Suining Tobacco Monopoly Bureau (Company)

【拼音】 sui ning shi yan cao zhuan mai ju (gong si)

【基础词】

【词条属性】

【分类】 专卖管理与"两烟"经营

【概况】 遂宁市烟草专卖局(公司)组建于1985年,下辖射洪、蓬溪、大英、船山、安居5个县(区)烟草专卖局(营销部)、1个物流中心和12个机关职能科室,现有零售客户9 000多户。

◎ 内江市烟草专卖局(公司)

【基本信息】

【英文名】 Neijiang Tobacco Monopoly Bureau (Company)

【拼音】 nei jiang shi yan cao zhuan mai ju (gong si)

【基础词】

【词条属性】

【分类】 专卖管理与"两烟"经营

【概况】 内江市烟草专卖局(公司)成立于1983年,主要负责全市卷烟、雪茄烟的调销和卷烟市场管理。

◎ 乐山市烟草专卖局(公司)

【基本信息】

【英文名】 Leshan Tobacco Monopoly Bureau (Company)

【拼音】 le shan shi yan cao zhuan mai ju (gong si)

【基础词】

【词条属性】

【分类】 专卖管理与"两烟"经营

【概况】 乐山市烟草专卖局(公司)组建于1984年,下辖11个区(市)县烟草专卖局(营销部)和峨眉山金叶宾馆,共有卷烟零售户1万多户。

◎ 南充市烟草专卖局(公司)

【基本信息】

【英文名】 Nanchong Tobacco Monopoly Bureau (Company)

【拼音】 nan chong shi yan cao zhuan mai ju (gong si)

【基础词】

【词条属性】

【分类】 专卖管理与"两烟"经营

【概况】 南充市烟草专卖局(公司)下辖顺庆、高坪、嘉陵、阆中、西充、南部、仪陇、蓬安、营山县级烟草专卖局(营销部)、直属卷烟营销部和1个物流中心,内设12个职能科室。

◎ 眉山市烟草专卖局(公司)

【基本信息】

【英文名】 Meishan Tobacco Monopoly Bureau (Company)

【拼音】 mei shan shi yan cao zhuan mai ju (gong si)

【基础词】

【词条属性】

【分类】 专卖管理与"两烟"经营

【概况】 眉山市烟草专卖局(公司)现辖6个县(区)及烟草专卖局(营销部)和1个物流中心,机关内设12个职能部门,共有卷烟零售户7 805户。

◎ 宜宾市烟草专卖局(公司)

【基本信息】

【英文名】 Yibin Tobacco Monopoly Bureau (Company)

【拼音】 yi bin shi yan cao zhuan mai ju (gong si)

【基础词】

【词条属性】

【分类】 专卖管理与"两烟"经营

【概况】 宜宾市烟草专卖局(公司)成立于1983年,下辖翠屏区、南溪区、宜宾县、江安县、长宁县、高县、筠连县、珙县、兴文县、屏山县10个县级烟草专卖局(分公司)、1个物流中心、15个职能科室。

◎ 广安市烟草专卖局(公司)

【基本信息】

【英文名】 Guang'an Tobacco Monopoly Bureau (Company)

【拼音】 guang an shi yan cao zhuan mai ju (gong si)

【基础词】

【词条属性】

【分类】 专卖管理与“两烟”经营

【概况】 广安市烟草专卖局(公司)下辖6个区(市、县)级烟草专卖局(分公司)和1个物流中心,分别为广安区烟草专卖局(分公司)、岳池县烟草专卖局(分公司)、武胜县烟草专卖局(分公司)、邻水县烟草专卖局(分公司)、华蓥市烟草专卖局(分公司)、前锋区烟草专卖局(分公司)和四川省烟草公司广安市公司物流中心。

◎ 自贡市烟草专卖局(公司)

【基本信息】

【英文名】 Zigong Tobacco Monopoly Bureau (Company)

【拼音】 zi gong shi yan cao zhuan mai ju (gong si)

【基础词】

【词条属性】

【分类】 专卖管理与“两烟”经营

【概况】 自贡市烟草专卖局(公司)组建于1983年,担负着自贡市辖区内烟草专卖市场管理及卷烟市场供应的双重任务,内设办公室、物流中心、营销中心等13个部门,下辖自流井区局(直属营销部)、大安区局、贡井区局、沿滩区局及富顺县局(营销部)、荣县局(营销部),目前拥有卷烟零售户8 200余户。

◎ 攀枝花市烟草专卖局(公司)

【基本信息】

【英文名】 Panzhihua Tobacco Monopoly Bureau (Company)

【拼音】 pan zhi hua shi yan cao zhuan mai ju (gong si)

【基础词】

【词条属性】

【分类】 专卖管理与“两烟”经营

【概况】 攀枝花市烟草专卖局(公司)负责主管攀枝花市辖区内的烟草专卖工作,内设9个科室、2个中心(物流中心、信息中心),下辖米易县、盐边县、仁和区、东区、西区烟草专卖局(营销部)。

◎ 泸州市烟草专卖局(公司)

【基本信息】

【英文名】 Luzhou Tobacco Monopoly Bureau (Company)

【拼音】 lu zhou shi yan cao zhuan mai ju (gong si)

【基础词】

【词条属性】

【分类】 专卖管理与“两烟”经营

【概况】 泸州市烟草专卖局(公司)成立于1983年12月,下辖江阳区、龙马潭区、纳溪区、泸县、合江县、叙永县、古蔺县7个县区级烟草专卖局(营销部)以及四川三友打叶复烤有限责任公司1个控股公司,承担泸州市烤烟生产(收购、销售)、卷烟销售、专卖管理三大任务。

◎ 德阳市烟草专卖局(公司)

【基本信息】

【英文名】 Deyang Tobacco Monopoly Bureau (Company)

【拼音】 de yang shi yan cao zhuan mai ju (gong si)

【基础词】

【词条属性】

【分类】 专卖管理与“两烟”经营

【概况】 德阳市烟草专卖局(公司)下辖旌阳区、什邡市、广汉市、绵竹市、中江县、罗江县6个县级烟草专卖局(营销部)和物流中心、烟叶生产经营中心,辖区内有卷烟零售户13 600余户。

◎ 绵阳市烟草专卖局(公司)

【基本信息】

【英文名】 Mianyang Tobacco Monopoly Bureau (Company)

【拼音】 mian yang shi yan cao zhuan mai ju (gong si)

【基础词】

【词条属性】

【分类】 专卖管理与“两烟”经营

【概况】 绵阳市烟草专卖局(公司)成立于1984年,内设9科、1室、3中心,下辖涪城、游仙、江油、三台、盐亭、梓潼、安县、北川、平武9个县级烟草专卖局和8个区域营销部。

◎ 达州市烟草专卖局(公司)

【基本信息】

【英文名】 Dazhou Tobacco Monopoly Bureau (Company)

【拼音】 da zhou shi yan cao zhuan mai ju (gong si)

【基础词】

【词条属性】

【分类】 专卖管理与"两烟"经营

【概况】 达州市烟草专卖局(公司)组建于1984年,受四川省烟草专卖局(公司)和达州市人民政府双重领导,设有企业管理科、法规科、专卖科、监察科等16个科室(部门),下辖通川区局(营销部)、达县局(营销部)、宣汉县局(营销部)、开江县局(营销部)、万源市局(营销部)、大竹县局(营销部)、渠县局(营销部),卷烟年销售量在13万箱以上。

◎ 雅安市烟草专卖局(公司)

【基本信息】

【英文名】 Yaan Tobacco Monopoly Bureau (Company)

【拼音】 ya an shi yan cao zhuan mai ju (gong si)

【基础词】

【词条属性】

【分类】 专卖管理与"两烟"经营

【概况】 雅安市烟草专卖局(公司)成立于1983年,下辖雨城、名山、荥经、汉源、石棉、天全、芦山、宝兴8个县级烟草专卖局,机关内设13个职能部门,共有卷烟零售户4 000多户。

◎ 巴中市烟草专卖局(公司)

【基本信息】

【英文名】 Bazhong Tobacco Monopoly Bureau (Company)

【拼音】 ba zhong shi yan cao Zhuan mai ju (gong si)

【基础词】

【词条属性】

【分类】 专卖管理与"两烟"经营

【概况】 巴中市烟草专卖局(公司)下辖巴州区、通江县、南江县、平昌县4个县级烟草专卖局(营销部),机关内设14个职能部门。

◎ 资阳市烟草专卖局(公司)

【基本信息】

【英文名】 Ziyang Tobacco Monopoly Bureau (Company)

【拼音】 zi yang shi yan cao zhuan mai ju (gong si)

【基础词】

【词条属性】

【分类】 专卖管理与"两烟"经营

【概况】 资阳市烟草专卖局(公司)成立于1998年,下辖雁江区、简阳市、安岳县、乐至县4个县级烟草专卖局(营销部)和1个物流中心,共有卷烟零售户1.29万余户。

◎ 中国烟草四川进出口有限责任公司

【基本信息】

【英文名】 China Tobacco Sichuan Import and Export L. L. C.

【拼音】 zhong guo yan cao si chuan jin chu kou you xian ze ren gong si

【基础词】

【词条属性】

【分类】 进出口

【概况】 中国烟草四川进出口有限责任公司成立于1993年,主要经营范围为烟草专卖品进出口贸易等。

◎ 四川烟叶复烤有限责任公司

【基本信息】

【英文名】 Sichuan Tobacco Redrying L. L. C.

【拼音】 si chuan yan ye fu kao you xian ze ren gong si

【基础词】

【词条属性】

【分类】 打叶复烤

【概况】 四川烟叶复烤有限责任公司成立于2011年12月,公司本部设在成都市高新区世纪城路936号烟草兴业大厦,由原四川三益烟草有限责任公司、三友打叶复烤有限公司、三原烟叶复烤有限责任公司3家公司整合而成。四川烟叶复烤有限责任公司有11家股东,其中9家卷烟工业企业股东分别为原川渝中烟工业有限责任公司、湖北中烟工业有限责任公司、广东中烟工业有限责任公司、上海烟草集团有限责任公司、湖南中烟工业有限责任公司、浙江中烟工业有限责任公司、安徽中烟工业有限责任公司、山东中烟工业有限责任公司、中国烟草实业发展中心,2家四川省内烟草商业企业股东分别为中国烟草总公司四川省公司、中国烟草四川进出口有限责任公司,由中国烟草总公司四川省公司控股,实行

"一个法人、多点加工"的组织模式和现代企业股份制管理模式,下辖会理、德昌、会东、泸州、宜宾5家复烤厂,有6条打叶复烤生产线,具有13.5万吨(270万担)的年设计生产能力、20万吨(400万担)的年实际加工能力。

◎ 贵州省烟草专卖局(公司)

【基本信息】

【英文名】 Guizhou Tobacco Monopoly Bureau (Company)

【拼音】 gui zhou sheng yan cao zhuan mai ju (gong si)

【核心词】

【词条属性】

【分类】 专卖管理与"两烟"经营

【概况】 贵州省烟草专卖局成立于1983年9月,贵州省烟草公司成立于1981年11月。1985年11月13日,贵州省政府与中国烟草总公司签署协议,决定自1986年6月1日起,贵州省烟草公司上划中国烟草总公司,更名为中国烟草总公司贵州省公司。2004年1月,贵州烟草实行工商分设,2006年取消县级公司法人资格,确立地市级公司市场经营主体地位,建立母子公司体制。贵州省烟草专卖局(公司)下辖贵阳、遵义、六盘水、安顺、毕节、铜仁、黔东南、黔南、黔西南9家地市级烟草专卖局(公司)、87家县级烟草专卖局、75家县级烟草分公司以及中国烟草贵州进出口有限责任公司、贵州烟草投资管理有限公司、贵州烟叶复烤有限责任公司和贵州省烟草科学研究院。

【词条关系】

【下辖】 贵阳市烟草专卖局(公司)

【下辖】 黔东南苗族侗族自治州烟草专卖局(公司)

【下辖】 黔西南布依族苗族自治州烟草专卖局(公司)

【下辖】 毕节市烟草专卖局(公司)

【下辖】 六盘水市烟草专卖局(公司)

【下辖】 安顺市烟草专卖局(公司)

【下辖】 遵义市烟草专卖局(公司)

【下辖】 铜仁市烟草专卖局(公司)

【下辖】 贵安新区烟草专卖局(公司)

【下辖】 黔南布依族苗族自治州烟草专卖局(公司)

【下辖】 贵州烟叶复烤有限责任公司

【下辖】 贵州烟草投资管理有限公司

【下辖】 贵州省烟草科学研究院

【下辖】 中国烟草贵州进出口有限责任公司

◎ 贵阳市烟草专卖局(公司)

【基本信息】

【英文名】 Guiyang Tobacco Monopoly Bureau (Company)

【拼音】 gui yang shi yan cao zhuan mai ju (gong si)

【基础词】

【词条属性】

【分类】 专卖管理与"两烟"经营

【概况】 贵阳市烟草专卖局(公司)组建于2001年8月,是国家烟草专卖局批准成立的最后一个省会城市烟草商业单位,依法履行辖区内烟草专卖管理、卷烟销售、烤烟生产职能,下辖4个县级烟草专卖局(分公司)、6个区烟草专卖局、3个工作部门,内设15个机关科室。

◎ 六盘水市烟草专卖局(公司)

【基本信息】

【英文名】 Liupanshui Tobacco Monopoly Bureau (Company)

【拼音】 liu pan shui shi yan cao zhuan mai ju (gong si)

【基础词】

【词条属性】

【分类】 专卖管理与"两烟"经营

【概况】 六盘水市烟草专卖局(公司)成立于1984年,下设4个县级烟草专卖局和1个现代化卷烟物流配送中心,19个职能业务部门。

◎ 遵义市烟草专卖局(公司)

【基本信息】

【英文名】 Zunyi Tobacco Monopoly Bureau (Company)

【拼音】 zun yi shi yan cao zhuan mai ju (gong si)

【基础词】

【词条属性】

【分类】 专卖管理与"两烟"经营

【概况】 遵义市烟草专卖局(公司)组建于1983年,依法履行辖区烟草专卖管理、卷烟经营以及烟叶生产、收购、调拨等职能,下设14个县级烟草专卖局(分公司)、1个卷烟营销中心、1个物流中心及

1个烟叶营销中心，机关共设16个机构。

◎ 安顺市烟草专卖局(公司)

【基本信息】

【英文名】 Anshun Tobacco Monopoly Bureau (Company)

【拼音】 an shun shi yan cao zhuan mai ju (gong si)

【基础词】

【词条属性】

【分类】 专卖管理与"两烟"经营

【概况】 安顺市烟草专卖局(公司)组建于1983年1月，依法履行辖区烟草专卖管理、卷烟经营以及烟叶生产、收购、调拨等职能，下设6个县区烟草专卖局(分公司)，机关设15个职能部门、3个专业部门、1个后勤服务部门。

◎ 铜仁市烟草专卖局(公司)

【基本信息】

【英文名】 Tongren Tobacco Monopoly Bureau (Company)

【拼音】 tong ren shi yan cao zhuan mai ju (gong si)

【基础词】

【词条属性】

【分类】 专卖管理与"两烟"经营

【概况】 铜仁市烟草专卖局(公司)成立于1983年12月，下辖7个县级烟草专卖局(分公司)、3个县级烟草专卖局以及2个烟叶管理库，机关下设12个职能部门、10个专业部门。

◎ 毕节市烟草专卖局(公司)

【基本信息】

【英文名】 Bijie Tobacco Monopoly Bureau (Company)

【拼音】 bi jie shi yan cao zhuan mai ju (gong si)

【基础词】

【词条属性】

【分类】 专卖管理与"两烟"经营

【概况】 毕节市烟草专卖局(公司)组建于1983年，依法履行辖区烟草专卖管理、卷烟经营以及烟叶生产、收购、调拨等职能，下设8个县级烟草专卖局(分公司)、1个高原烟海管理区、1个烟叶营销中心、1个卷烟营销中心和1个卷烟物流配送中心，机关共设置17个内设机构(13个职能部门，4个专业部门)。

◎ 黔西南布依族苗族自治州烟草专卖局(公司)

【基本信息】

【英文名】 Qianxinan Bouyei and Miao Autonomous Prefecture Tobacco Monopoly Bureau (Company)

【拼音】 qian xi nan bu yi zu miao zu zi zhi zhou yan cao zhuan mai ju (gong si)

【基础词】

【词条属性】

【分类】 专卖管理与"两烟"经营

【概况】 黔西南布依族苗族自治州烟草专卖局(公司)组建于1983年11月，下辖8个县(市)烟草专卖局(分公司)和一个卷烟物流分公司，机关下设综合办公室、综合计划科、烟叶生产经营部等20个科室(部门)，控股金州翠湖宾馆。

◎ 黔南布依族苗族自治州烟草专卖局(公司)

【基本信息】

【英文名】 Qiannan Bouyei and Miao Autonomous Prefecture Tobacco Monopoly Bureau (Company)

【拼音】 qian nan bu yi zu miao zu zi zhi zhou yan cao zhuan mai ju (gong si)

【基础词】

【词条属性】

【分类】 专卖管理与"两烟"经营

【概况】 黔南布依族苗族自治州烟草专卖局(公司)成立于1984年，主要依照规定负责全州卷烟雪茄烟、特种烟销售、烟叶生产经营、烟用物资生产经营、资产经营、专卖及综合管理等，下辖12个县(市)烟草专卖局(分公司)。

◎ 黔东南苗族侗族自治州烟草专卖局(公司)

【基本信息】

【英文名】 Qiandongnan Miao and Dong Autonomous Prefecture Tobacco Mono-poly Bureau (Company)

【拼音】 qian dong nan miao zu dong zu zi zhi zhou yan cao zhuan mai ju (gong si)

【基础词】

【词条属性】

【分类】 专卖管理与"两烟"经营

【概况】 黔东南苗族侗族自治州烟草专卖局(公司)组建于1983年12月,主要经营烟叶生产、卷烟营销等业务,并履行市场监督管理职能,下辖凯里、麻江等16个县级烟草专卖局(分公司),设15个职能科室及卷烟营销中心、物流中心、烟叶生产经营部3个专业部门。

◎ 贵安新区烟草专卖局(公司)

【基本信息】

【英文名】 Guian New Area Tobacco Monopoly Bureau (Company)

【拼音】 gui an xin qu yan cao zhuan mai ju (gong si)

【基础词】

【词条属性】

【分类】 专卖管理与"两烟"经营

【概况】 贵安新区烟草专卖局(公司)成立于2016年2月,依法履行辖区烟草专卖管理、卷烟经营职能,现设5个职能部门。

◎ 贵州烟叶复烤有限责任公司

【基本信息】

【英文名】 Guizhou Tobacco Leaf Redrying L. L. C.

【拼音】 gui zhou yan ye fu kao you xian ze ren gong si

【基础词】

【词条属性】

【分类】 打叶复烤

【概况】 贵州烟叶复烤有限责任公司位于贵州省贵阳市,于2010年1月12日挂牌成立,由中国烟草总公司贵州省公司控股并管理。公司由中国烟草总公司贵州省公司、上海烟草集团有限责任公司、湖南中烟工业有限责任公司、江苏中烟工业有限责任公司、浙江中烟工业有限责任公司、广东中烟工业有限责任公司、贵州中烟工业有限责任公司、安徽中烟工业有限责任公司、湖北中烟工业有限责任公司、山东中烟工业有限责任公司、福建中烟工业有限责任公司、红塔烟草(集团)有限责任公司、红云红河烟草(集团)有限责任公司、河南中烟工业有限责任公司、广西中烟工业有限责任公司、陕西中烟工业有限责任公司、甘肃烟草工业有限责任公司、江西中烟工业有限责任公司、河北中烟工业有限责任公司19家单位出资组建,注册资本为31.56亿元,下辖毕节、遵义、铜仁、黔南、泥潭、黔西南、贵阳复烤厂7家打叶复烤厂。公司拥有12 000千克/时打叶复烤生产线8条,年复烤加工能力为32万吨(640万担)。

◎ 中国烟草贵州进出口有限责任公司

【基本信息】

【英文名】 China Tobacco Guizhou Import & Export L. L. C.

【拼音】 zhong guo yan cao gui zhou jin chu kou you xian ze ren gong si

【基础词】

【词条属性】

【分类】 进出口

【概况】 中国烟草贵州进出口有限责任公司始建于1991年,是经外经贸部批准、贵州省唯一经营烟草进出口业务的专业公司,股东为中国烟草总公司贵州省公司。公司年出口能力为2.5万吨片烟,主要经营业务为复烤烟叶出口和进口卷烟服务。

◎ 贵州烟草投资管理有限公司

【基本信息】

【英文名】 Guizhou Tobacco Investment Management Co., Ltd.

【拼音】 gui zhou yan cao tou zi guan li you xian gong si

【基础词】

【词条属性】

【分类】 投资管理

【概况】 贵州烟草投资管理有限公司于2010年12月成立,系中国烟草总公司贵州省公司全资子公司,注册资本为5 000万元,承担全省烟草商业多元化经营归口管理职能。

◎ 云南省烟草专卖局(公司)

【基本信息】

【英文名】 Yunnan Tobacco Monopoly Bureau (Company)

【拼音】 yun nan sheng yan cao zhuan mai ju (gong si)

【核心词】

【词条属性】

【分类】 专卖管理与"两烟"经营

【概况】 云南省烟草专卖局(公司)下辖16个州(市)局(公司)和云南香料烟有限责任公司、8

个直属单位、129个县(区)局(分公司)。

【词条关系】

【下辖】 昆明市烟草专卖局(公司)

【下辖】 西双版纳傣族自治州烟草专卖局(公司)

【下辖】 楚雄彝族自治州烟草专卖局(公司)

【下辖】 文山壮族苗族自治州烟草专卖局(公司)

【下辖】 丽江市烟草专卖局(公司)

【下辖】 保山市烟草专卖局(公司)

【下辖】 红河哈尼族彝族自治州烟草专卖局(公司)

【下辖】 普洱市烟草专卖局(公司)

【下辖】 大理白族自治州烟草专卖局(公司)

【下辖】 曲靖市烟草专卖局(公司)

【下辖】 玉溪市烟草专卖局(公司)

【下辖】 昭通市烟草专卖局(公司)

【下辖】 临沧市烟草专卖局(公司)

【下辖】 德宏傣族景颇族自治州烟草专卖局(公司)

【下辖】 迪庆藏族自治州烟草专卖局(公司)

【下辖】 怒江傈僳族自治州烟草专卖局(公司)

【下辖】 云南省烟草质量监督检测站

【下辖】 云南省烟草实业公司

【下辖】 云南省烟草烟叶公司

【下辖】 云南省烟草农业科学研究院

【下辖】 云南华叶投资有限责任公司

【下辖】 云南烟叶复烤有限责任公司

【下辖】 云南香料烟有限责任公司

【下辖】 中国烟草云南进出口有限公司

◎ 昆明市烟草专卖局(公司)

【基本信息】

【英文名】 Kunming Tobacco Monopoly Bureau (Company)

【拼音】 kun ming shi yan cao zhuan mai ju (gong si)

【基础词】

【词条属性】

【分类】 专卖管理与“两烟”经营

【概况】 昆明市烟草专卖局(公司)下设14个县(区、市)烟草专卖局(分公司)、1个物流分公司,机关设置办公室、企业管理部、专卖监督管理部(专卖稽查支队)等19个职能部门。

◎ 曲靖市烟草专卖局(公司)

【基本信息】

【英文名】 Qujing Tobacco Monopoly Bureau (Company)

【拼音】 qu jing shi yan cao zhuan mai ju (gong si)

【基础词】

【词条属性】

【分类】 专卖管理与“两烟”经营

【概况】 曲靖市烟草专卖局(公司)下辖9个县级烟草专卖局(分公司),机关设有办公室、专卖监督管理部等17个职能部门。

◎ 玉溪市烟草专卖局(公司)

【基本信息】

【英文名】 Yuxi Tobacco Monopoly Bureau (Company)

【拼音】 yu xi shi yan cao zhuan mai ju (gong si)

【基础词】

【词条属性】

【分类】 专卖管理与“两烟”经营

【概况】 玉溪市烟草专卖局(公司)下辖9个县(区)烟草专卖局,内设17个机构。

◎ 保山市烟草专卖局(公司)

【基本信息】

【英文名】 Baoshan Tobacco Monopoly Bureau (Company)

【拼音】 bao shan shi yan cao zhuan mai ju (gong si)

【基础词】

【词条属性】

【分类】 专卖管理与“两烟”经营

【概况】 保山市烟草专卖局(公司)成立于1988年3月,设有18个职能部门(室、中心)、4个专业部门(室、中心)、5个县级烟草专卖局(分公司)。

◎ 昭通市烟草专卖局(公司)

【基本信息】

【英文名】 Zhaotong Tobacco Monopoly Bureau (Company)

【拼音】 zhao tong shi yan cao zhuan mai ju

(gong si)

【基础词】

【词条属性】

【分类】 专卖管理与“两烟”经营

【概况】 昭通市烟草专卖局(公司)下辖 11 个县级烟草专卖局(分公司),内设办公室、党建工作办公室、人事科等 17 个部门。

◎ 丽江市烟草专卖局(公司)

【基本信息】

【英文名】 Lijiang Tobacco Monopoly Bureau (Company)

【拼音】 li jiang shi yan cao zhuan mai ju (gong si)

【基础词】

【词条属性】

【分类】 专卖管理与“两烟”经营

【概况】 丽江市烟草专卖局(公司)下辖玉龙县、永胜县、华坪县、宁蒗县、古城区 5 个县(区)局(分公司)及物流分公司,机关设办公室(外事办公室)、专卖监督管理部、内部专卖管理监督派驻办公室等 21 个职能部门。

◎ 红河哈尼族彝族自治州烟草专卖局(公司)

【基本信息】

【英文名】 Honghe Hani and Yi Autonomous Prefecture Tobacco Monopoly Bureau (Company)

【拼音】 hong he ha ni zu yi zu zi zhi zhou yan cao zhuan mai ju (gong si)

【基础词】

【词条属性】

【分类】 专卖管理与“两烟”经营

【概况】 红河哈尼族彝族自治州烟草专卖局(公司)下辖 13 个县(市)烟草专卖局(分公司)和 1 个物流分公司,控股红河烟叶复烤有限公司,参股云南云岭四季酒店管理有限公司等 5 家企业,内设办公室、专卖监督管理科(专卖稽查支队、内部专卖管理监督派驻办公室)等 16 个机构。

【词条关系】

【控股】 红河烟叶复烤有限公司

◎ 文山壮族苗族自治州烟草专卖局(公司)

【基本信息】

【英文名】 Wenshan Zhuang and Miao Autonomous Prefecture Tobacco Monopoly Bureau (Company)

【拼音】 wen shan zhuang zu miao zu zi zhi zhou yan cao zhuan mai ju (gong si)

【基础词】

【词条属性】

【分类】 专卖管理与“两烟”经营

【概况】 文山壮族苗族自治州烟草专卖局(公司)下辖文山、砚山、西畴、麻栗坡、马关、丘北、广南、富宁 8 个县级烟草专卖局(分公司)和 1 个物流分公司,机关设有办公室、人事劳资部、监察部、审计部、烟叶生产经营部、卷烟营销中心、专卖监督管理部、内部专卖管理监督派驻办、财务管理部、企业管理部、安全保卫部、现代烟草农业基础设施建设办公室、整顿和规范办公室、信息技术中心、烟叶生产技术中心、政策法规与体制改革部、党群部 17 个职能部门。

◎ 普洱市烟草专卖局(公司)

【基本信息】

【英文名】 Pu' er Tobacco Monopoly Bureau (Company)

【拼音】 pu er shi yan cao zhuan mai ju (gong si)

【基础词】

【词条属性】

【分类】 专卖管理与“两烟”经营

【概况】 普洱市烟草专卖局(公司)成立于 1992 年,下设 10 个县级分公司和 18 个部门,其中 3 个县级分公司(孟连、西盟、江城)为卷烟纯销县,7 个县级分公司(景东、景谷、镇沅、宁洱、墨江、思茅区、澜沧)为卷烟、烤烟销售县。

◎ 西双版纳傣族自治州烟草专卖局(公司)

【基本信息】

【英文名】 Xishuangbanna Dai Autonomous Prefecture Tobacco Monopoly Bureau (Company)

【拼音】 xi shuang ban na dai zu zi zhi zhou yan cao zhuan mai ju (gong si)

【基础词】

【词条属性】

【分类】 专卖管理与“两烟”经营

【概况】 西双版纳傣族自治州烟草专卖局(公司)主管辖区内的烟草专卖、卷烟的购进与批发业务,机关设 10 个部门,下辖景洪市烟草专卖局、勐海县烟草专卖局、勐腊县烟草专卖局。

◎ 大理白族自治州烟草专卖局(公司)

【基本信息】

【英文名】 Dali Bai Autonomous Prefecture Tobacco Monopoly Bureau (Company)

【拼音】 da li bai zu zi zhi zhou yan cao zhuan mai ju (gong si)

【基础词】

【词条属性】

【分类】 专卖管理与"两烟"经营

【概况】 大理白族自治州烟草专卖局(公司)下辖12个县级烟草专卖局(分公司),内设办公室、企业管理科、专卖监督管理科(专卖稽查支队、内部专卖管理监督派驻办公室)等17个机构。

◎ 德宏傣族景颇族自治州烟草专卖局(公司)

【基本信息】

【英文名】 Dehong Dai and Jingpo Autonomous Prefecture Tobacco Monopoly Bureau (Company)

【拼音】 de hong dai zu jing po zu zi zhi zhou yan cao zhuan mai ju (gong si)

【基础词】

【词条属性】

【分类】 专卖管理与"两烟"经营

【概况】 德宏傣族景颇族自治州烟草专卖局(公司)成立于1989年7月,主要负责州内卷烟销售和全州烟草专卖管理等工作,内设卷烟营销中心等12个业务部门,下辖5个县级烟草专卖局(分公司)、1个物流分公司、1个直属分局以及1个控股公司。

◎ 怒江傈僳族自治州烟草专卖局(公司)

【基本信息】

【英文名】 Nujiang Lisu Autonomous Prefecture Tobacco Monopoly Bureau (Company)

【拼音】 nu jiang li su zu zi zhi zhou yan cao zhuan mai ju (gong si)

【基础词】

【词条属性】

【分类】 专卖管理与"两烟"经营

【概况】 怒江傈僳族自治州烟草专卖局(公司)负责全州烟草专卖监督管理、州内卷烟销售工作,下辖3个县烟草专卖局(分公司)和1个直属分局。

◎ 临沧市烟草专卖局(公司)

【基本信息】

【英文名】 Lincang Tobacco Monopoly Bureau (Company)

【拼音】 lin cang shi yan cao zhuan mai ju (gong si)

【基础词】

【词条属性】

【分类】 专卖管理与"两烟"经营

【概况】 临沧市烟草专卖局(公司)成立于1985年6月,主要从事卷烟批发及零售业务,组织实施烤烟生产经营,下设16个职能部室、中心,下辖8个县(区)烟草专卖局(分公司)和1个物流分公司。

◎ 迪庆藏族自治州烟草专卖局(公司)

【基本信息】

【英文名】 Diqing Tibetan Autonomous Prefecture Tobacco Monopoly Bureau (Company)

【拼音】 di qing zang zu zi zhi zhou yan cao zhuan mai ju (gong si)

【基础词】

【词条属性】

【分类】 专卖管理与"两烟"经营

【概况】 迪庆藏族自治州烟草专卖局(公司)内设办公室、卷烟营销中心等11个职能部门,下辖3个县级烟草专卖局(分公司),全州共有卷烟零售户2 000余户。

◎ 楚雄彝族自治州烟草专卖局(公司)

【基本信息】

【英文名】 Chuxiong Yi Autonomous Prefecture Tobacco Monopoly Bureau (Company)

【拼音】 chu xiong yi zu zi zhi zhou yan cao zhuan mai ju (gong si)

【基础词】

【词条属性】

【分类】 专卖管理与"两烟"经营

【概况】 楚雄彝族自治州烟草专卖局(公司)内设17个科室(中心),下辖物流分公司及楚雄、双柏、牟定、南华、姚安、大姚、永仁、元谋、武定、禄丰 10 个县市局(分公司)。

◎ 云南省烟草烟叶公司

【基本信息】

【英文名】 Yunnan Tobacco Leaf Co., Ltd.

【拼音】 yun nan sheng yan cao yan ye gong si

【基础词】

【词条属性】

【分类】 打叶复烤

【概况】 云南省烟草烟叶公司位于云南省昆明市,成立于 1982 年 7 月 1 日,是中国烟草总公司云南省公司的全资子公司。公司占地面积为 39.27 万平方米,是集烟叶购进、加工、销售、仓储及技术研发为一体的国有中型企业,执行云南省储备烟叶计划,拥有 1 条 12 000 千克/时和 2 条 6 000 千克/时的打叶复烤生产线,年复烤加工能力为 10 万吨(200 万担)。

◎ 云南省烟草实业公司

【基本信息】

【英文名】 Yunnan Tobacco Industry Company

【拼音】 yun nan sheng yan cao shi ye gong si

【基础词】

【词条属性】

【分类】 卷烟辅助材料生产

【概况】 云南省烟草实业公司组建于 1988 年,属云南省烟草专卖局(公司)全资子公司,主要工作职责包括全省烟用化肥集中经营管理、酒店服务管理、物业(工程维修)管理、资产管理等。

◎ 中国烟草云南进出口有限公司

【基本信息】

【英文名】 China Tobacco Yunnan Import and Export Co., Ltd.

【拼音】 zhong guo yan cao yun nan jin chu kou you xian gong si

【基础词】

【词条属性】

【分类】 进出口

【概况】 中国烟草云南进出口有限公司于 1985 年成立,是中国烟草总公司云南省公司的国有全资子公司,下辖两家全资子公司,主要负责烟叶出口、卷烟进口、烟丝出口及云南省烟草商业系统复烤设备、零配件进出口等。

◎ 云南烟叶复烤有限责任公司

【基本信息】

【英文名】 Yunnan Tobacco Redrying L. L. C.

【拼音】 yun nan yan ye fu kao you xian ze ren gong si

【基础词】

【词条属性】

【分类】 打叶复烤

【概况】 云南烟叶复烤有限责任公司位于云南省昆明市,成立于 2009 年 12 月 16 日,由 8 家打叶复烤企业重组整合后组建,2010 年 1 月 1 日正式运行,是全国第一家重组整合的股份制打叶复烤企业。公司实行董事会领导下的总经理负责制,有 18 家股东单位,注册资本为 48.75 亿元。中国烟草总公司云南省公司是其最大的股东,股权比例为 46.7%。公司下属 10 家复烤厂分布在全省 7 个州(市),10 条打叶复烤生产线,年设计加工能力为 28.5 万吨(570 万担,1 吨=20 担),年均加工烟叶 55 万吨(1 100 万担),为 25 家工商客户和 13 家市(州)烟草公司提供烟叶收储加工服务。

◎ 云南华叶投资有限责任公司

【基本信息】

【英文名】 Yunnan Huaye Investment L. L. C.

【拼音】 yun nan hua ye tou zi you xian ze ren gong si

【基础词】

【词条属性】

【分类】 投资管理

【概况】 2013 年 9 月,云南华叶投资有限责任公司正式成立,主要负责对所投多元化资产全面履行出资人职责,承担国有资产保值增值责任,负责云南省烟草公司系统多元化资产的优化整合、监督管理工作以及多元化新增项目投资工作。

◎ 云南香料烟有限责任公司

【基本信息】

【英文名】 Yunnan Oriental Tobacco L. L. C.

【拼音】 yun nan xiang liao yan you xian ze ren gong si

【基础词】
【词条属性】
【分类】 烟叶公司
【概况】 云南香料烟有限责任公司成立于1994年12月，隶属云南省烟草专卖局(公司)，内设15个部门，其中生产管理中心下设6个生产科。

◎ 云南省烟草质量监督检验站

【基本信息】
【英文名】 Yunnan Tobacco Quality Inspection and Supervision Station
【拼音】 yun nan sheng yan cao zhi liang jian du jian yan zhan
【基础词】
【词条属性】
【分类】 烟草质量监督检验
【概况】 云南省烟草质量监督检测站成立于1984年10月，是具有独立法人资格的非营利性的烟草及烟草制品、烟用辅助材料第三方检验机构，隶属云南省烟草专卖局(公司)，下设党政办公室、业务管理室、物理检测室、辅料检测室、化学检测室、烟气检测室、原料检测室。

◎ 西藏自治区烟草专卖局(公司)

【基本信息】
【英文名】 Tibet Autonomous Region Tobacco Monopoly Bureau (Company)
【拼音】 xi zang zi zhi qu yan cao zhuan mai ju (gong si)
【核心词】
【词条属性】
【分类】 专卖管理与“两烟”经营
【概况】 西藏自治区烟草专卖局(公司)成立于1998年1月，2000年12月8日正式上划中国烟草总公司，下辖拉萨市、日喀则市、山南市、林芝市、昌都市、阿里地区6个地(市)级烟草专卖局(公司)，那曲市烟草专卖局(公司)尚未上划。机关设12个职能处室，4个专业部门以及2个驻外机构。
【词条关系】
【下辖】 拉萨市烟草专卖局(公司)
【下辖】 林芝市烟草专卖局(公司)
【下辖】 山南市烟草专卖局(公司)
【下辖】 昌都市烟草专卖局(公司)
【下辖】 阿里地区烟草专卖局(公司)
【下辖】 日喀则市烟草专卖局(公司)
【未上划】 那曲市烟草专卖局(公司)

◎ 拉萨市烟草专卖局(公司)

【基本信息】
【英文名】 Lhasa Tobacco Monopoly Bureau (Company)
【拼音】 la sa shi yan cao zhuan mai ju (gong si)
【基础词】
【词条属性】
【分类】 专卖管理与“两烟”经营
【概况】 拉萨市烟草专卖局(公司)隶属西藏自治区烟草专卖局(公司)，主要负责各种国产及进口卷烟的专卖及管理等工作。

◎ 山南市烟草专卖局(公司)

【基本信息】
【英文名】 Shannan Tobacco Monopoly Bureau (Company)
【拼音】 shan nan shi yan cao zhuan mai ju (gong si)
【基础词】
【词条属性】
【分类】 专卖管理与“两烟”经营
【概况】 山南市烟草专卖局(公司)组建于1998年，下辖12个县烟草专卖直属网点，内设办公室、人事劳资科、专卖监督管理科等6个职能科室，访销配送中心、信息中心2个专业科室，1个专卖稽查大队以及1个专卖监督管理所。

◎ 日喀则市烟草专卖局(公司)

【基本信息】
【英文名】 Xigaze Tobacco Monopoly Bureau (Company)
【拼音】 ri ka ze shi yan cao zhuan mai ju (gong si)
【基础词】
【词条属性】
【分类】 专卖管理与“两烟”经营
【概况】 日喀则市烟草专卖局(公司)设办公室、专卖管理科等7个科室，下设9个配送中心。

◎ 林芝市烟草专卖局(公司)

【基本信息】

【英文名】 Linzhi Tobacco Monopoly Bureau (Company)

【拼音】 lin zhi shi yan cao zhuan mai ju (gong si)

【基础词】

【词条属性】

【分类】 专卖管理与“两烟”经营

【概况】 林芝市烟草专卖局(公司)现设有6个科室，下辖工布江达、波密、米林、朗县、察隅5个卷烟配送中心(专卖管理所)。

◎ 昌都市烟草专卖局(公司)

【基本信息】

【英文名】 Changdu Tobacco Monopoly Bureau (Company)

【拼音】 chang du shi yan cao zhuan mai ju (gong si)

【基础词】

【词条属性】

【分类】 专卖管理与“两烟”经营

【概况】 昌都市烟草专卖局(公司)隶属西藏自治区烟草专卖局(公司)，下设8个科室、3个专业部门，主要经营卷烟的批发与零售。

◎ 阿里地区烟草专卖局(公司)

【基本信息】

【英文名】 Ali Area Tobacco Monopoly Bureau (Company)

【拼音】 a li di qu yan cao zhuan mai ju (gong si)

【基础词】

【词条属性】

【分类】 专卖管理与“两烟”经营

【概况】 阿里地区烟草专卖局(公司)主要负责阿里七县一镇的烟草专卖行政执法监督管理、卷烟批发、卷烟配送以及城乡卷烟销售网络建设与管理工作。

◎ 那曲市烟草专卖局(公司)

【基本信息】

【英文名】 Nakchu Tobacco Monopoly Bureau (Company)

【拼音】 na qu shi yan cao zhuan mai ju (gong si)

【基础词】

【词条属性】

【分类】 专卖管理与“两烟”经营

【概况】 那曲市烟草专卖局(公司)于1998年1月正式成立，负责辖区烟草专卖经营和管理等工作，下辖8个县卷烟配送中心，机关内设10个科室。

◎ 陕西省烟草专卖局(公司)

【基本信息】

【英文名】 Shaanxi Tobacco Monopoly Bureau (Company)

【拼音】 shan xi sheng yan cao zhuan mai ju (gong si)

【核心词】

【词条属性】

【分类】 专卖管理与“两烟”经营

【概况】 陕西省烟草专卖局(公司)现辖11个地市级烟草专卖局(公司)、106个县级烟草专卖局(分公司)，从业人员近万人。全省有13万多户卷烟零售客户、1.5万多户烟农。

【词条关系】

【下辖】 西安市烟草专卖局(公司)

【下辖】 咸阳市烟草专卖局(公司)

【下辖】 榆林市烟草专卖局(公司)

【下辖】 铜川市烟草专卖局(公司)

【下辖】 汉中市烟草专卖局(公司)

【下辖】 杨凌示范区烟草专卖局(公司)

【下辖】 宝鸡市烟草专卖局(公司)

【下辖】 渭南市烟草专卖局(公司)

【下辖】 延安市烟草专卖局(公司)

【下辖】 安康市烟草专卖局(公司)

【下辖】 商洛市烟草专卖局(公司)

【下辖】 西安铁路烟草专卖分局

【下辖】 陕西烟草投资管理有限公司

【下辖】 陕西省烟草研究所

【下辖】 陕西烟草进出口有限责任公司

◎ 西安市烟草专卖局(公司)

【基本信息】

【英文名】 Xi'an Tobacco Monopoly Bureau (Company)

【拼音】 xi an shi yan cao zhuan mai ju (gong si)

【基础词】
【词条属性】
【分类】 专卖管理与“两烟”经营
【概况】 西安市烟草专卖局(公司)成立于1987年,负责西安市的烟草专卖行政管理及卷烟批发业务,,服务和管理着全市3万多户卷烟零售户,内设15个部门,下辖14个区(县)烟草专卖局(分公司)、分局(营销部)和物流分公司。

◎ 杨凌示范区烟草专卖局(公司)

【基本信息】
【英文名】 Yangling Demonstration District Tobacco Monopoly Bureau (Company)
【拼音】 yang ling shi yan cao zhuan mai ju (gong si)
【基础词】
【词条属性】
【分类】 专卖管理与“两烟”经营
【概况】 杨凌示范区烟草专卖局(公司)组建于1999年10月,内设6个部门,全区共有持证入网零售户700余户。

◎ 渭南市烟草专卖局(公司)

【基本信息】
【英文名】 Weinan Tobacco Monopoly Bureau (Company)
【拼音】 wei nan shi yan cao zhuan mai ju (gong si)
【基础词】
【词条属性】
【分类】 专卖管理与“两烟”经营
【概况】 渭南市烟草专卖局(公司)组建于1986年,负责渭南区域内的烟草专卖行政管理和卷烟经营工作,现辖11个县级烟草专卖局(分公司)、1个物流分公司,全市共有持证零售户16 000多户。

◎ 延安市烟草专卖局(公司)

【基本信息】
【英文名】 Yan'an Tobacco Monopoly Bureau (Company)
【拼音】 yan an shi yan cao zhuan mai ju (gong si)
【基础词】
【词条属性】
【分类】 专卖管理与“两烟”经营
【概况】 延安市烟草专卖局(公司)前身为创建于1981年3月的延安地区烟草工业公司,主要承担全市卷烟销售、烟叶生产经营、卷烟市场监管三大职能,下辖13个县级烟草专卖局(分公司)、1个卷烟物流分公司及1个直营总店。

◎ 汉中市烟草专卖局(公司)

【基本信息】
【英文名】 Hanzhong Tobacco Monopoly Bureau (Company)
【拼音】 han zhong shi yan cao zhuan mai ju (gong si)
【基础词】
【词条属性】
【分类】 专卖管理与“两烟”经营
【概况】 汉中市烟草专卖局(公司)组建于1986年7月,负责汉中境内的烟草专卖行政管理和烟草农业、卷烟商业业务,下辖南郑区、城固县、洋县、西乡县、勉县、略阳县、宁强县、镇巴县、留坝县、佛坪县10个县烟草专卖局(分公司)和汉台分局、物流分公司2家直属单位。

◎ 榆林市烟草专卖局(公司)

【基本信息】
【英文名】 Yulin Tobacco Monopoly Bureau (Company)
【拼音】 yu lin shi yan cao zhuan mai ju (gong si)
【基础词】
【词条属性】
【分类】 专卖管理与“两烟”经营
【概况】 榆林市烟草专卖局(公司)组建上划于1986年,隶属于陕西省烟草专卖局(公司),下辖榆阳区、神木市、横山区、神府煤田等13个县级烟草专卖局(分公司)及物流分公司。

◎ 安康市烟草专卖局(公司)

【基本信息】
【英文名】 Ankang Tobacco Monopoly Bureau (Company)
【拼音】 an kang shi yan cao zhuan mai ju (gong si)
【基础词】

【词条属性】

【分类】 专卖管理与“两烟”经营

【概况】 安康市烟草专卖局(公司)组建成立于1986年6月,下辖10个县区烟草专卖局(分公司)和物流分公司。

◎ 商洛市烟草专卖局(公司)

【基本信息】

【英文名】 Shangluo Tobacco Monopoly Bureau (Company)

【拼音】 shang luo shi yan cao zhuan mai ju (gong si)

【基础词】

【词条属性】

【分类】 专卖管理与“两烟”经营

【概况】 商洛市烟草专卖局(公司)组建于1986年7月,下辖7个县级烟草专卖局(分公司)和1个物流分公司,机关内设13个职能科室。

◎ 铜川市烟草专卖局(公司)

【基本信息】

【英文名】 Tongchuan Tobacco Monopoly Bureau (Company)

【拼音】 tong chuan shi yan cao zhuan mai ju (gong si)

【基础词】

【词条属性】

【分类】 专卖管理与“两烟”经营

【概况】 铜川市烟草专卖局(公司)组建于1986年7月,现辖铜川市城区局(分公司)、耀州区局(分公司)、宜君县局(分公司)和物流分公司,内设9个职能部门。

◎ 宝鸡市烟草专卖局(公司)

【基本信息】

【英文名】 Baoji Tobacco Monopoly Bureau (Company)

【拼音】 bao ji shi yan cao zhuan mai ju (gong si)

【基础词】

【词条属性】

【分类】 专卖管理与“两烟”经营

【概况】 宝鸡市烟草专卖局(公司)组建于1986年12月,负责全市烟草专卖行政管理、烟草农业、烟草商业业务,内设16个职能部门和1个物流分公司,下辖10个区县烟草专卖局(分公司)、1个直属分局(营销部)。全市有1万余户卷烟零售户。

◎ 咸阳市烟草专卖局(公司)

【基本信息】

【英文名】 Xianyang Tobacco Monopoly Bureau (Company)

【拼音】 shan xi sheng xian yang shi yan cao zhuan mai ju (gong si)

【基础词】

【词条属性】

【分类】 专卖管理与“两烟”经营

【概况】 咸阳市烟草专卖局(公司)承担着全市烟草专卖管理、卷烟营销、烟叶生产经营和复烤加工的工作职能,内设20个部门,下辖13个县(市、区)烟草专卖局(分公司),管理原咸阳复烤厂办事处,控股并监管咸阳烟叶复烤有限责任公司。

【词条关系】

【控股】 咸阳烟叶复烤有限责任公司

◎ 陕西烟草投资管理有限公司

【基本信息】

【英文名】 Shaanxi Tobacco Investment Management Co., Ltd.

【拼音】 shan xi yan cao tou zi guan li you xian gong si

【基础词】

【词条属性】

【分类】 投资管理

◎ 西安铁路烟草专卖分局

【基本信息】

【英文名】 Xi'an Railway Tobacco Monopoly Branch

【拼音】 xi an tie lu yan cao zhuan mai fen ju

【基础词】

【词条属性】

【分类】 专卖管理与“两烟”经营

【概况】 西安铁路烟草专卖分局隶属陕西省烟草专卖局(公司),负责陕西省境内西安铁路局管段的烟草专卖管理和行政执法等工作。

◎ 陕西烟草进出口有限责任公司

【基本信息】

【英文名】 Shaanxi Tobacco Import and Export L. L. C.

【拼音】 shan xi yan cao jin chu kou you xian ze ren gong si

【基础词】

【词条属性】

【分类】 进出口

【概况】 陕西烟草进出口有限责任公司执行国家烟草专卖局、中国烟草总公司和陕西省烟草专卖局(公司)的调控政策,组织经营卷烟进口、烟叶出口等业务。

◎ 陕西省烟草研究所

【基本信息】

【英文名】 Shaanxi Tobacco Research Institute

【拼音】 shan xi sheng yan cao yan jiu suo

【基础词】

【词条属性】

【分类】 科研院所

【概况】 陕西省烟草研究所(简称陕西烟草所)成立于 1992 年 8 月,位于陕西省西安市,隶属陕西省烟草专卖局(公司),实行事业单位企业管理。陕西烟草所主要从事烟草育(引)种、栽培、植保、烘烤等方向的课题研究,承担陕西省良种繁育种、种子加工,负责全省烟叶技术服务。

◎ 甘肃省烟草专卖局(公司)

【基本信息】

【英文名】 Gansu Tobacco Monopoly Bureau (Company)

【拼音】 gan su sheng yan cao zhuan mai ju (gong si)

【核心词】

【词条属性】

【分类】 专卖管理与“两烟”经营

【概况】 甘肃省烟草专卖局、中国烟草总公司甘肃省公司成立于 1984 年 9 月,主要职能是负责全省烟草生产、经营企业和市场的专卖管理,现辖兰州、天水、武威、金昌、张掖、酒泉、嘉峪关、平凉、庆阳、陇南、白银、定西、临夏、甘南 14 个市(州)烟草专卖局(公司)和 83 个县级烟草专卖局(营销部)。

【词条关系】

【下辖】 兰州市烟草专卖局(公司)

【下辖】 庆阳市烟草专卖局(公司)

【下辖】 白银市烟草专卖局(公司)

【下辖】 张掖市烟草专卖局(公司)

【下辖】 平凉市烟草专卖局(公司)

【下辖】 天水市烟草专卖局(公司)

【下辖】 酒泉市烟草专卖局(公司)

【下辖】 陇南市烟草专卖局(公司)

【下辖】 武威市烟草专卖局(公司)

【下辖】 临夏回族自治州烟草专卖局(公司)

【下辖】 定西市烟草专卖局(公司)

【下辖】 甘南藏族自治州烟草专卖局(公司)

【下辖】 嘉峪关市烟草专卖局(公司)

【下辖】 金昌市烟草专卖局(公司)

◎ 兰州市烟草专卖局(公司)

【基本信息】

【英文名】 Lanzhou Tobacco Monopoly Bureau (Company)

【拼音】 lan zhou shi yan cao zhuan mai ju (gong si)

【基础词】

【词条属性】

【分类】 专卖管理与“两烟”经营

【概况】 兰州市烟草专卖局(公司)成立于 1985 年,下辖 1 个国家级新区局(营销部)、8 个县(区)局(营销部)和 1 个多经企业,内设 13 个职能部门,在职员工 600 余人。

◎ 嘉峪关市烟草专卖局(公司)

【基本信息】

【英文名】 Jiayuguan Tobacco Monopoly Bureau (Company)

【拼音】 jia yu guan shi yan cao zhuan mai ju (gong si)

【基础词】

【词条属性】

【分类】 专卖管理与“两烟”经营

【概况】 嘉峪关市烟草专卖局(公司)于 2008 年 10 月分设成立,现设办公室(安全管理科)、专卖监督管理科(稽查支队、专卖内管派驻办)等 9 个科室和 1 个下属多元化经营企业即嘉峪关欣大烟草有限公司。

◎ 天水市烟草专卖局(公司)

【基本信息】

【英文名】　Tianshui Tobacco Monopoly Bureau (Company)

【拼音】　tian shui shi yan cao zhuan mai ju (gong si)

【基础词】

【词条属性】

【分类】　专卖管理与“两烟”经营

【概况】　天水市烟草专卖局(公司)组建于1984年12月，现下辖7个县、区局(营销部)，13个机关职能科室，1个全资子公司即欣叶商贸有限公司(有4个卷烟直营店、1个宾馆)，目前，共有卷烟零售客户15 162户。

◎ 金昌市烟草专卖局(公司)

【基本信息】

【英文名】　Jinchang Tobacco Monopoly Bureau (Company)

【拼音】　jin chang shi yan cao zhuan mai ju (gong si)

【基础词】

【词条属性】

【分类】　专卖管理与“两烟”经营

【概况】　金昌市烟草专卖局(公司)于1984年7月1日经金昌市人民政府批准成立，1995年1月改由甘肃省烟草专卖局(公司)直接管辖，内设办公室(安全管理科)、专卖监督管理科(稽查支队)、营销中心(物流中心)、财务管理科、人事科、党建工作科、纪检监察科(法规科)、企业管理科(整顿办、信息中心)，另设派驻机构两个，即甘肃省烟草专卖局(公司)派驻金昌市局(公司)审计办公室和甘肃省烟草专卖局(公司)派驻金昌市局(公司)内部专卖管理监督办公室，下设永昌县烟草专卖局(营销部)。

◎ 白银市烟草专卖局(公司)

【基本信息】

【英文名】　Baiyin Tobacco Monopoly Bureau (Company)

【拼音】　bai yin shi yan cao zhuan mai ju (gong si)

【基础词】

【词条属性】

【分类】　专卖管理与“两烟”经营

【概况】　白银市烟草专卖局(公司)隶属于甘肃省烟草专卖局(公司)，下辖白银、平川、靖远、景泰、会宁5个县(区)烟草专卖局(营销部)和白银欣大烟草经销有限公司。

◎ 武威市烟草专卖局(公司)

【基本信息】

【英文名】　Wuwei Tobacco Monopoly Bureau (Company)

【拼音】　wu wei shi yan cao zhuan mai ju (gong si)

【基础词】

【词条属性】

【分类】　专卖管理与“两烟”经营

【概况】　武威市烟草专卖局(公司)成立于1985年1月，由甘肃省烟草专卖局(公司)实行垂直领导，内设办公室、专卖监督管理科、财务科、营销中心、物流中心等职能部门，下辖凉州、民勤、古浪、天祝县(区)局(营销部)和武威欣大烟草有限责任公司。

◎ 张掖市烟草专卖局(公司)

【基本信息】

【英文名】　Zhangye Tobacco Monopoly Bureau (Company)

【拼音】　zhang ye shi yan cao zhuan mai ju (gong si)

【基础词】

【词条属性】

【分类】　专卖管理与“两烟”经营

【概况】　张掖市烟草专卖局(公司)成立于1992年6月，由甘肃省烟草专卖局(公司)实行垂直领导，主要承担张掖市行政区划内的烟草专卖管理、卷烟市场供应和经营管理工作，内设11个职能部门，下辖5个县(区)级烟草营销部和一个多经企业。

◎ 平凉市烟草专卖局(公司)

【基本信息】

【英文名】　Pingliang Tobacco Monopoly Bureau

(Company)

【拼音】 ping liang shi yan cao zhuan mai ju (gong si)

【基础词】

【词条属性】

【分类】 专卖管理与"两烟"经营

【概况】 平凉市烟草专卖局(公司)机关现设12个职能部门,下辖崆峒、泾川、崇信、灵台、华亭、庄浪、静宁7个县(市、区)局(营销部)和1个多元化企业。

◎ 酒泉市烟草专卖局(公司)

【基本信息】

【英文名】 Jiuquan Tobacco Monopoly Bureau (Company)

【拼音】 jiu quan shi yan cao zhuan mai ju (gong si)

【基础词】

【词条属性】

【分类】 专卖管理与"两烟"经营

【概况】 酒泉市烟草专卖局、甘肃省烟草公司酒泉市公司成立于1985年1月。2008年11月,按照国家烟草专卖局、中国烟草总公司要求,酒泉市烟草专卖局(公司)由嘉峪关市迁往酒泉市肃州区。酒泉市烟草专卖局(公司)现下辖敦煌市烟草专卖局(公司)和4个县级烟草专卖局(营销部)、物流中心和酒泉欣大烟草有限责任公司1个多元化经营企业,内设办公室、专卖监督管理科等11个职能部门。

◎ 庆阳市烟草专卖局(公司)

【基本信息】

【英文名】 Qingyang Tobacco Monopoly Bureau (Company)

【拼音】 qing yang shi yan cao zhuan mai ju (gong si)

【基础词】

【词条属性】

【分类】 专卖管理与"两烟"经营

【概况】 庆阳市烟草专卖局、甘肃省烟草公司庆阳市公司成立于1984年,主要负责全市的"两烟"生产经营管理和指导工作,下辖西峰、庆城、华池、环县、合水、宁县、正宁、镇原8个县(区)级烟草专卖局(营销部)。

◎ 定西市烟草专卖局(公司)

【基本信息】

【英文名】 Dingxi Tobacco Monopoly Bureau (Company)

【拼音】 ding xi shi yan cao zhuan mai ju (gong si)

【基础词】

【词条属性】

【分类】 专卖管理与"两烟"经营

【概况】 定西市烟草专卖局(公司)成立于1992年7月,共有12个科室,下辖安定区、临洮县、陇西县、岷县、通渭县、渭源县、漳县7个县级烟草专卖局(营销部)和一个多元化经营企业——定西市欣大经销有限公司。

◎ 陇南市烟草专卖局(公司)

【基本信息】

【英文名】 Longnan Tobacco Monopoly Bureau (Company)

【拼音】 long nan shi yan cao zhuan mai ju (gong si)

【基础词】

【词条属性】

【分类】 专卖管理与"两烟"经营

【概况】 陇南市烟草专卖局(公司)成立于1987年,受甘肃省烟草专卖局(公司)领导,主要担负陇南市辖区内的烟草专卖管理、卷烟市场供应和烟叶生产经营管理任务,下辖武都区、成县、文县、徽县、康县、礼县、两当县、西和县、宕昌县9个县(区)烟草专卖局(营销部)和陇南欣大烟草经销有限公司1个全资子公司,内设办公室(整顿办)、营销管理中心、专卖科、烟叶科等14个科室(中心)。

◎ 临夏回族自治州烟草专卖局(公司)

【基本信息】

【英文名】 Linxia Hui Autonomous Prefecture Tobacco Monopoly Bureau (Company)

【拼音】 lin xia hui zu zi zhi zhou yan cao

zhuan mai ju (gong si)

【基础词】

【词条属性】

【分类】 专卖管理与“两烟”经营

【概况】 临夏回族自治州烟草专卖局(公司)组建于1994年8月,1999年3月上划甘肃省烟草专卖局(公司),负责全州卷烟市场专卖管理和烟草制品销售,下辖8个县(市)局(营销部),机关设有12个科室(中心),全州烟草系统在岗员工近200人。

◎ 甘南藏族自治州烟草专卖局(公司)

【基本信息】

【英文名】 Gannan Tibetan Autonomous Prefecture Tobacco Monopoly Bureau (Company)

【拼音】 gan nan zang zu zi zhi zhou yan cao zhuan mai ju (gong si)

【基础词】

【词条属性】

【分类】 专卖管理与“两烟”经营

【概况】 甘南藏族自治州烟草专卖局(公司)隶属于甘肃省烟草专卖局(公司),为县处级建制法人单位,主要担负着甘南藏族自治州辖区的烟草专卖管理和卷烟市场供应任务。

◎ 青海省烟草专卖局(公司)

【基本信息】

【英文名】 Qinghai Tobacco Monopoly Bureau (Company)

【拼音】 qing hai sheng yan cao zhuan mai ju (gong si)

【核心词】

【词条属性】

【分类】 专卖管理与“两烟”经营

【概况】 青海省烟草专卖局、青海省烟草公司成立于1984年。1986年1月27日,青海省政府与中国烟草总公司签署协议,决定自1986年1月1日起,青海省烟草公司上划中国烟草总公司,更名为中国烟草总公司青海省公司,2007年完成母子公司体制改革。青海省烟草专卖局(公司)下辖西宁、海东、海西、格尔木、海北、海南、黄南、玉树、果洛9家地市级烟草专卖局(公司)、35家县级烟草专卖局和33家县级营销部。

【词条关系】

【下辖】 西宁市烟草专卖局(公司)

【下辖】 黄南藏族自治州烟草专卖局(公司)

【下辖】 海东市烟草专卖局(公司)

【下辖】 玉树藏族自治州烟草专卖局(公司)

【下辖】 海南藏族自治州烟草专卖局(公司)

【下辖】 海北藏族自治州烟草专卖局(公司)

【下辖】 果洛藏族自治州烟草专卖局(公司)

【下辖】 格尔木市烟草专卖局(公司)

【下辖】 海西蒙古族藏族自治州烟草专卖局(公司)

◎ 西宁市烟草专卖局(公司)

【基本信息】

【英文名】 Xining Tobacco Monopoly Bureau (Company)

【拼音】 xi ning shi yan cao zhuan mai ju (gong si)

【基础词】

【词条属性】

【分类】 专卖管理与“两烟”经营

【概况】 西宁市烟草专卖局(公司)于2000年9月划归青海省烟草专卖局(公司)管理,受青海省烟草专卖局(公司)和西宁市人民政府双重管理,内设办公室(政策法规与体制改革科、烟草学会分会)等9个职能科室和1个营销中心(卷烟销售网络建设办公室),下辖3个县级烟草专卖局(营销部)。

◎ 海东市烟草专卖局(公司)

【基本信息】

【英文名】 Haidong Tobacco Monopoly Bureau (Company)

【拼音】 hai dong shi yan cao zhuan mai ju (gong si)

【基础词】

【词条属性】

【分类】 专卖管理与“两烟”经营

【概况】 海东市烟草专卖局(公司)组建于2000年8月,下辖4县、2区烟草专卖局(营销部),机关设9个科室、1个专业部门。

◎ 海西蒙古族藏族自治州烟草专卖局(公司)

【基本信息】

【英文名】 Haixi Mongol and Tibetan Autonomous Prefecture Tobacco Monopoly Bureau (Company)

【拼音】 hai xi meng gu zu zang zu zi zhi zhou yan cao zhuan mai ju (gong si)

【基础词】

【词条属性】

【分类】 专卖管理与“两烟”经营

【概况】 海西蒙古族藏族自治州烟草专卖局(公司)现辖6个县级烟草专卖局及5个县级营销部,专卖管理按照属地管理的原则进行市场监管,卷烟营销实行网上订货、集中配送、电子结算的业务模式,机关内设办公室(政策法规与体制改革科、烟草学会分会)等7个职能科室和营销中心1个专业部门。

◎ 格尔木市烟草专卖局(公司)

【基本信息】

【英文名】 Golmud Tobacco Monopoly Bureau (Company)

【拼音】 ge er mu shi yan cao zhuan mai ju (gong si)

【基础词】

【词条属性】

【分类】 专卖管理与“两烟”经营

【概况】 格尔木市烟草专卖局(公司)成立于1990年4月,2000年12月上划青海省烟草专卖局(公司),实行“一套人马、两块牌子”和专卖专营、垂直管理的体制。

◎ 海北藏族自治州烟草专卖局(公司)

【基本信息】

【英文名】 Haibei Tibetan Autonomous Prefecture Tobacco Monopoly Bureau (Company)

【拼音】 hai bei zang zu zi zhi zhou yan cao zhuan mai ju (gong si)

【基础词】

【词条属性】

【分类】 专卖管理与“两烟”经营

【概况】 海北藏族自治州烟草专卖局(公司)成立于2004年3月,受青海省烟草专卖局(公司)和海北藏族自治州人民政府双重领导,内设7个职能科室、1个专业部门,下辖辖4个县级烟草专卖局(营销部)。

◎ 海南藏族自治州烟草专卖局(公司)

【基本信息】

【英文名】 Hainan Tibetan Autonomous Prefecture Tobacco Monopoly Bureau (Company)

【拼音】 hai nan zang zu zi zhi zhou yan cao zhuan mai ju (gong si)

【基础词】

【词条属性】

【分类】 专卖管理与“两烟”经营

【概况】 海南藏族自治州烟草专卖局(公司)现有员工70余人,下辖共和、贵德、兴海、贵南、同德5个县级烟草专卖局(营销部),机关内设办公室、企业管理科、专卖监督管理科(专卖稽查支队)等8个部门。

◎ 黄南藏族自治州烟草专卖局(公司)

【基本信息】

【英文名】 Huangnan Tibetan Autonomous Prefecture Tobacco Monopoly Bureau (Company)

【拼音】 huang nan zang zu zi zhi zhou yan cao zhuan mai ju (gong si)

【基础词】

【词条属性】

【分类】 专卖管理与“两烟”经营

【概况】 黄南藏族自治州烟草专卖局(公司)内设办公室(政策法规与体制改革科、烟草学会分会)、企业管理科(安全管理科)、专卖监督管理科(专卖稽查支队)、内管派驻办公室、财务管理科、人事科(党建工作科)、纪检监察科(党组纪检组、审计派驻办公室、规范管理办公室)7个职能科室和营销中心(卷烟销售网络建设办公室)1个专业部门,下辖同仁、尖扎、泽库、河南4个县级烟草专卖局(营销部)。

◎ 玉树藏族自治州烟草专卖局(公司)

【基本信息】

【英文名】 Yushu Tibetan Autonomous Prefecture Tobacco Monopoly Bureau (Company)

【拼音】 yu shu zang zu zi zhi zhou yan cao zhuan mai ju (gong si)

【基础词】

【词条属性】

【分类】　专卖管理与“两烟”经营

【概况】　玉树藏族自治州烟草专卖局(公司)内设 8 个职能科室,下辖称多、治多、杂多、囊谦、曲麻莱 5 个县烟草专卖局(营销部)。

◎ 果洛藏族自治州烟草专卖局(公司)

【基本信息】

【英文名】　Guoluo Tibetan Autonomous Prefecture Tobacco Monopoly Bureau (Company)

【拼音】　guo luo zang zu zi zhi zhou yan cao zhuan mai ju (gong si)

【基础词】

【词条属性】

【分类】　专卖管理与“两烟”经营

【概况】　果洛藏族自治州烟草专卖局(公司)组建于 2004 年 9 月,属于中国烟草总公司青海省公司的全资公司,机关内设办公室(政策法规与体制改革科、烟草学会分会)等 7 个职能部门和营销中心(卷烟销售网络建设办公室)1 个专业部门,下辖 2 个县级烟草专卖局(营销部)。

◎ 宁夏回族自治区烟草专卖局(公司)

【基本信息】

【英文名】　Ningxia Hui Autonomous Region Tobacco Monopoly Bureau (Company)

【拼音】　ning xia hui zu zi zhi qu yan cao zhuan mai ju (gong si)

【核心词】

【词条属性】

【分类】　专卖管理与“两烟”经营

【概况】　宁夏回族自治区烟草专卖局(公司)下辖银川、石嘴山、吴忠、固原、中卫 5 个地市级烟草专卖局(公司),永宁、贺兰、灵武、兴庆区、金凤区、西夏区、平罗、惠农区、大武口区、青铜峡、盐池、同心、利通区、红寺堡区、中宁、海原、沙坡头区、西吉、彭阳、泾源、隆德、原州区 22 个县级烟草专卖局(分公司),宁夏润维商贸有限责任公司 1 个多元化经营企业,中国烟草总公司宁夏回族自治区公司物流中心 1 个专业公司。

【词条关系】

【下辖】　银川市烟草专卖局(公司)

【下辖】　吴忠市烟草专卖局(公司)

【下辖】　中卫市烟草专卖局(公司)

【下辖】　石嘴山市烟草专卖局(公司)

【下辖】　固原市烟草专卖局(公司)

【下辖】　宁夏润维商贸有限责任公司

◎ 银川市烟草专卖局(公司)

【基本信息】

【英文名】　Yinchuan Tobacco Monopoly Bureau (Company)

【拼音】　yin chuan shi yan cao zhuan mai ju (gong si)

【基础词】

【词条属性】

【分类】　专卖管理与“两烟”经营

【概况】　银川市烟草专卖局(公司)成立于 1998 年 1 月,隶属于宁夏回族自治区烟草专卖局(公司)管理,负责辖区内烟草专卖监督管理和烟草制品经营。

◎ 石嘴山市烟草专卖局(公司)

【基本信息】

【英文名】　Shizuishan Tobacco Monopoly Bureau (Company)

【拼音】　shi zui shan shi yan cao zhuan mai ju (gong si)

【基础词】

【词条属性】

【分类】　专卖管理与“两烟”经营

【概况】　石嘴山市烟草专卖局(公司)成立于 1986 年 1 月,隶属于宁夏回族自治区烟草专卖局(公司),内设办公室(政策法规与体制改革科)等 9 个职能科室以及卷烟营销中心、物流配送中心 2 个专业部门,下辖 3 个区(县)烟草专卖局(分公司)。

◎ 吴忠市烟草专卖局(公司)

【基本信息】

【英文名】　Wuzhong Tobacco Monopoly Bureau (Company)

【拼音】　wu zhong shi yan cao zhuan mai ju (gong si)

【基础词】

【词条属性】

【分类】　专卖管理与“两烟”经营

【概况】 吴忠市烟草专卖局(公司)组建于1986年7月,下辖3个县局(分公司)、2个烟草综合管理部、9个职能科室(含2个派驻办公室)和3个专业管理部门,共有持证零售客户5 409户。

◎ 固原市烟草专卖局(公司)

【基本信息】

【英文名】 Guyuan Tobacco Monopoly Bureau (Company)

【拼音】 gu yuan shi yan cao zhuan mai ju (gong si)

【基础词】

【词条属性】

【分类】 专卖管理与"两烟"经营

【概况】 固原市烟草专卖局(公司)成立于1986年,隶属宁夏回族自治区烟草专卖局(公司),负责辖区内烟草专卖监督管理和烟草制品经营。

◎ 中卫市烟草专卖局(公司)

【基本信息】

【英文名】 Zhongwei Tobacco Monopoly Bureau (Company)

【拼音】 zhong wei shi yan cao zhuan mai ju (gong si)

【基础词】

【词条属性】

【分类】 专卖管理与"两烟"经营

【概况】 中卫市烟草专卖局(公司)成立于2004年8月,是宁夏烟草成立最晚的一个地市级局(公司),机关内设办公室(政策法规与体制改革科)、专卖监督管理科(专卖稽查支队)等9个职能科室和卷烟营销中心、物流配送中心2个专业部门,下辖3个县(区)烟草专卖局(分公司)。

◎ 宁夏润维商贸有限责任公司

【基本信息】

【英文名】 Ningxia Runwei Trade L. L. C.

【拼音】 ning xia run wei shang mao you xian ze ren gong si

【基础词】

【词条属性】

【分类】 商贸

【概况】 宁夏润维商贸有限责任公司是由宁夏回族自治区烟草公司及银川、石嘴山、吴忠、固原、中卫市烟草公司共同出资成立的,以卷烟零售为基点、多元化发展的现代商业企业。

◎ 新疆维吾尔自治区烟草专卖局(公司)

【基本信息】

【英文名】 Xinjiang Uygur Autonomous Region Tobacco Monopoly Bureau (Company)

【拼音】 xin jiang wei wu er zi zhi qu yan cao zhuan mai ju (gong si)

【核心词】

【词条属性】

【分类】 专卖管理与"两烟"经营

【概况】 新疆维吾尔自治区烟草专卖局、新疆维吾尔自治区烟草公司成立于1986年1月1日,同年,新疆维吾尔自治区烟草公司上划中国烟草总公司,更名为中国烟草总公司新疆维吾尔自治区公司。新疆维吾尔自治区烟草专卖局(公司)下辖乌鲁木齐、昌吉、博尔塔拉、伊犁、克拉玛依、塔城、阿勒泰、吐鲁番、哈密、巴音郭楞、阿克苏、喀什、和田13个地(州、市)烟草专卖局(公司),石河子市烟草专卖局、克孜勒苏柯尔克孜自治州烟草专卖局2个地(州、市)烟草专卖局及新疆烟草进出口有限责任公司,92个县级烟草专卖局。

【词条关系】

【下辖】 乌鲁木齐市烟草专卖局(公司)

【下辖】 石河子市烟草专卖局

【下辖】 克孜勒苏柯尔克孜自治州烟草专卖局

【下辖】 伊犁哈萨克自治州烟草专卖局(公司)

【下辖】 塔城地区烟草专卖局(公司)

【下辖】 和田地区烟草专卖局(公司)

【下辖】 阿勒泰地区烟草专卖局(公司)

【下辖】 克拉玛依市烟草专卖局(公司)

【下辖】 昌吉回族自治州烟草专卖局(公司)

【下辖】 喀什地区烟草专卖局(公司)

【下辖】 博尔塔拉蒙古自治州烟草专卖局(公司)

【下辖】 吐鲁番市烟草专卖局(公司)

【下辖】 巴音郭楞蒙古自治州烟草专卖局(公司)

【下辖】 哈密市烟草专卖局(公司)

【下辖】 阿克苏地区烟草专卖局(公司)

【下辖】 新疆烟草进出口有限责任公司

◎ 乌鲁木齐市烟草专卖局(公司)

【基本信息】

【英文名】 Urumqi Tobacco Monopoly Bureau (Company)

【拼音】 wu lu mu qi shi yan cao zhuan mai ju (gong si)

【基础词】

【词条属性】

【分类】 专卖管理与"两烟"经营

【概况】 乌鲁木齐市烟草专卖局(公司)成立于1986年5月,下辖乌鲁木齐市区一局、二局、三局、四局、五局5个基层烟草专卖局。

◎ 昌吉回族自治州烟草专卖局(公司)

【基本信息】

【英文名】 Changji Hui Autonomous Prefecture Tobacco Monopoly Bureau (Company)

【拼音】 chang ji hui zu zi zhi zhou yan cao zhuan mai ju (gong si)

【基础词】

【词条属性】

【分类】 专卖管理与"两烟"经营

【概况】 昌吉回族自治州烟草专卖局(公司)于2000年6月正式上划为新疆维吾尔自治区烟草专卖局(公司)直属单位,下辖8个县级烟草专卖局。

◎ 博尔塔拉蒙古自治州烟草专卖局(公司)

【基本信息】

【英文名】 Bortala Mongolian Autonomous Prefecture Tobacco Monopoly Bureau (Company)

【拼音】 bo er ta la meng gu zi zhi zhou yan cao zhuan mai ju (gong si)

【基础词】

【词条属性】

【分类】 专卖管理与"两烟"经营

【概况】 博尔塔拉蒙古自治州烟草专卖局(公司)成立于1997年,下辖2个县级烟草专卖局和2个专卖管理所。

◎ 伊犁哈萨克自治州烟草专卖局(公司)

【基本信息】

【英文名】 Yili Kazak Autonomous Prefecture Tobacco Monopoly Bureau (Company)

【拼音】 yi li ha sa ke zi zhi zhou yan cao zhuan mai ju (gong si)

【基础词】

【词条属性】

【分类】 专卖管理与"两烟"经营

【概况】 伊犁哈萨克自治州烟草专卖局(公司)下辖伊宁县、霍城县、察布查尔锡伯自治县、巩留县、特克斯县、昭苏县、尼勒克县、新源县、伊宁市9个县级烟草专卖局。

◎ 克拉玛依市烟草专卖局(公司)

【基本信息】

【英文名】 Karamay Tobacco Monopoly Bureau (Company)

【拼音】 ke la ma yi shi yan cao zhuan mai ju (gong si)

【基础词】

【词条属性】

【分类】 专卖管理与"两烟"经营

【概况】 克拉玛依市烟草专卖局(公司)内设办公室、专卖监督管理科等职能科室(中心),下辖4个区级烟草专卖局、1个烟草专卖稽查支队、2个烟草专卖稽查大队和4个烟草专卖稽查中队。

◎ 塔城地区烟草专卖局(公司)

【基本信息】

【英文名】 Tacheng Tobacco Monopoly Bureau (Company)

【拼音】 ta cheng di qu yan cao zhuan mai ju (gong si)

【基础词】

【词条属性】

【分类】 专卖管理与"两烟"经营

【概况】 塔城地区烟草专卖局(公司)为新疆维吾尔自治区烟草专卖局(公司)的下属专卖分局。

◎ 阿勒泰地区烟草专卖局(公司)

【基本信息】

【英文名】 Altay Tobacco Monopoly Bureau (Company)

【拼音】 a le tai di qu yan cao zhuan mai ju (gong si)

【基础词】

【词条属性】

【分类】 专卖管理与"两烟"经营

【概况】 阿勒泰地区烟草专卖局(公司)成立于2000年11月,共有8个科室(中心),下辖8个县级烟草专卖局,辖区内有持证零售客户近 3 000 户。

◎ 吐鲁番市烟草专卖局(公司)

【基本信息】

【英文名】 Turpan Tobacco Monopoly Bureau (Company)

【拼音】 tu lu fan shi yan cao zhuan mai ju (gong si)

【基础词】

【词条属性】

【分类】 专卖管理与“两烟”经营

【概况】 吐鲁番市烟草专卖分局(公司)成立于 1986 年,隶属新疆维吾尔自治区烟草专卖局(公司)垂直管理,内设有综合办公室、财务管理科、专卖监督管理办公室等 9 个科室(中心)。

◎ 哈密市烟草专卖局(公司)

【基本信息】

【英文名】 Hami Tobacco Monopoly Bureau (Company)

【拼音】 ha mi shi yan cao zhuan mai ju (gong si)

【基础词】

【词条属性】

【分类】 专卖管理与“两烟”经营

【概况】 哈密市烟草专卖局(公司)于 1988 年 5 月上划新疆维吾尔自治区烟草专卖局(公司),下辖 3 个县级烟草专卖局及哈密三道岭矿区烟草专卖管理所。

◎ 巴音郭楞蒙古自治州烟草专卖局(公司)

【基本信息】

【英文名】 Bayingolin Mongolian Autonomous Prefecture Tobacco Monopoly Bureau (Company)

【拼音】 ba yin guo leng meng gu zi zhi zhou yan cao zhuan mai ju (gong si)

【基础词】

【词条属性】

【分类】 专卖管理与“两烟”经营

【概况】 巴音郭楞蒙古自治州烟草专卖局(公司)隶属新疆维吾尔自治区烟草专卖局(公司),负责巴州地区八县一市、兵团农二师、铁门关市、马兰地区的烟草专卖管理和卷烟营销工作,现辖 10 个县级烟草专卖局。

◎ 阿克苏地区烟草专卖局(公司)

【基本信息】

【英文名】 Aksu Tobacco Monopoly Bureau (Company)

【拼音】 a ke su di qu yan cao zhuan mai ju (gong si)

【基础词】

【词条属性】

【分类】 专卖管理与“两烟”经营

【概况】 阿克苏地区烟草专卖局(公司)成立于 2000 年 1 月,下辖 10 个县级烟草专卖局及 2 个客户服务部。

◎ 喀什地区烟草专卖局(公司)

【基本信息】

【英文名】 Kashgar Tobacco Monopoly Bureau (Company)

【拼音】 ka shi di qu yan cao zhuan mai ju (gong si)

【基础词】

【词条属性】

【分类】 专卖管理与“两烟”经营

【概况】 喀什地区烟草专卖局(公司)内设 9 个职能科室,辖区内塔什库尔干县未成立烟草专卖局。

◎ 和田地区烟草专卖局(公司)

【基本信息】

【英文名】 Hotan Tobacco Monopoly Bureau (Company)

【拼音】 he tian di qu yan cao zhuan mai ju (gong si)

【基础词】

【词条属性】

【分类】 专卖管理与“两烟”经营

【概况】 和田地区烟草专卖局(公司)于 2001 年 3 月正式挂牌成立,机关内设办公室、业务科、财务科、专卖科、信息中心 5 个科室,下辖 5 个县级烟草专卖管理机构。

◎ 石河子市烟草专卖局

【基本信息】

【英文名】 Shihezi Tobacco Monopoly Bureau

【拼音】 shi he zi shi yan cao zhuan mai ju

【基础词】

【词条属性】

【分类】 专卖管理与“两烟”经营

【概况】 石河子市烟草专卖局(公司)从事卷烟营销、专卖管理,现有职工 100 多人,辖区卷烟零售户2 500余户。

◎ 克孜勒苏柯尔克孜自治州烟草专卖局

【基本信息】

【英文名】 Kizilsu Kirghiz Autonomous Prefecture Tobacco Monopoly Bureau (Company)

【拼音】 ke zi le su ke er ke zi zi zhi zhou yan cao zhuan mai ju

【基础词】

【词条属性】

【分类】 专卖管理与“两烟”经营

【概况】 克孜勒苏柯尔克孜自治州烟草专卖局为新疆维吾尔自治区烟草专卖局(公司)的下属专卖分局。

◎ 新疆烟草进出口有限责任公司

【基本信息】

【英文名】 Xinjiang Tobacco Import and Export L. L. C.

【拼音】 xin jiang yan cao jin chu kou you xian ze ren gong si

【基础词】

【词条属性】

【分类】 进出口

【概况】 新疆烟草进出口有限责任公司成立于 1996 年 7 月,为新疆维吾尔自治区烟草专卖局(公司)直属单位。

◎ 大连市烟草专卖局(公司)

【基本信息】

【英文名】 Dalian Tobacco Monopoly Bureau (Company)

【拼音】 da lian shi yan cao zhuan mai ju (gong si)

【核心词】

【词条属性】

【分类】 专卖管理与“两烟”经营

【概况】 大连市烟草专卖局(公司)组建于 1984 年 7 月,在烟草行业内计划单列,享有省级烟草专卖管理权和经营权,是隶属国家烟草专卖局(中国烟草总公司)直接管理的省级局(公司),10 个区(市、县)烟草专卖局(分公司),全市有卷烟零售客户 2.4 万余户。

【词条关系】

【下辖】 大连市普兰店区烟草专卖局(分公司)

【下辖】 大连市瓦房店市烟草专卖局(分公司)

【下辖】 大连市庄河市烟草专卖局(分公司)

【下辖】 大连市金州区烟草专卖局(分公司)

【下辖】 大连市旅顺口区烟草专卖局(分公司)

【下辖】 大连市长海县烟草专卖局(分公司)

【下辖】 大连市西岗区烟草专卖局(分公司)

【下辖】 大连市中山区烟草专卖局(分公司)

【下辖】 大连市沙河口区烟草专卖局(分公司)

【下辖】 大连市甘井子区烟草专卖局(分公司)

【控股】 大连春天物业管理有限公司

◎ 大连市普兰店区烟草专卖局(分公司)

【基本信息】

【英文名】 Dalian Pulandian District Tobacco Monopoly Bureau (Branch Company)

【拼音】 da lian shi pu lan dian qu yan cao zhuan mai dian (fen gong si)

【基础词】

【词条属性】

【分类】 专卖管理与“两烟”经营

【概况】 大连市普兰店区烟草专卖局(公司)成立于 1984 年 11 月,属大连市烟草专卖局(公司)直管。

◎ 大连市庄河市烟草专卖局(分公司)

【基本信息】

【英文名】 Dalian Zhuanghe Tobacco Monopoly Bureau (Branch Company)

【拼音】 da lian shi zhuang he shi yan cao zhuan mai ju(fen gong si)

【基础词】

【词条属性】

【分类】 专卖管理与“两烟”经营

【概况】 大连市庄河市烟草专卖局(分公司)隶属大连市烟草专卖局(公司),负责辖区内卷烟专卖及管理等工作。

◎ 大连市瓦房店市烟草专卖局(分公司)

【基本信息】

【英文名】 Dalian Wafangdian Tobacco Monopoly Bureau (Branch Company)

【拼音】 da lian shi wa fang dian shi yan cao zhuan mai ju (fen gong si)

【基础词】

【词条属性】

【分类】 专卖管理与“两烟”经营

【概况】 大连市瓦房店市烟草专卖局(分公司)隶属大连市烟草专卖局(公司)。

◎ 大连市金州区烟草专卖局(分公司)

【基本信息】

【英文名】 Dalian Jinzhou District Tobacco Monopoly Bureau (Branch Company)

【拼音】 da lian shi jin zhou qu yan cao zhuan mai ju(fen gong si)

【基础词】

【词条属性】

【分类】 专卖管理与“两烟”经营

【概况】 大连市金州区烟草专卖局(分公司)隶属大连市烟草专卖局(公司),负责辖区内卷烟专卖及管理等工作。

◎ 大连市旅顺口区烟草专卖局(分公司)

【基本信息】

【英文名】 Dalian Lvshukou District Tobacco Monopoly Bureau (Branch Company)

【拼音】 da lian shi lü shun kou qu yan cao zhuan mai ju (fen gong si)

【基础词】

【词条属性】

【分类】 专卖管理与“两烟”经营

【概况】 大连市旅顺口区烟草专卖局(分公司)隶属大连市烟草专卖局(公司),负责辖区内卷烟专卖及管理等工作。

◎ 大连市长海县烟草专卖局(分公司)

【基本信息】

【英文名】 Dalian Changhai County Tobacco Monopoly Bureau (Branch Company)

【拼音】 da lian shi chang hai xian yan cao zhuan mai ju (fen gong si)

【基础词】

【词条属性】

【分类】 专卖管理与“两烟”经营

◎ 大连市西岗区烟草专卖局(分公司)

【基本信息】

【英文名】 Dalian Xigang District Tobacco Monopoly Bureau (Branch Company)

【拼音】 da lian shi xi gang qu yan cao zhuan mai ju (fen gong si)

【基础词】

【词条属性】

【分类】 专卖管理与“两烟”经营

◎ 大连市中山区烟草专卖局(分公司)

【基本信息】

【英文名】 Dalian Zhongshan District Tobacco Monopoly Bureau (Branch Company)

【拼音】 da lian shi zhong shan qu yan cao zhuan mai ju (fen gong si)

【基础词】

【词条属性】

【分类】 专卖管理与“两烟”经营

◎ 大连市沙河口区烟草专卖局(分公司)

【基本信息】

【英文名】 Dalian Shahekou District Tobacco Monopoly Bureau (Branch Company)

【拼音】 da lian shi sha he kou qu yan cao zhuan mai ju (fen gong si)

【基础词】

【词条属性】

【分类】 专卖管理与“两烟”经营

◎ 大连市甘井子区烟草专卖局(分公司)

【基本信息】

【英文名】 Dalian Ganjingzi District Tobacco Monopoly Bureau (Branch Company)

【拼音】 da lian shi gan jing zi qu yan cao zhuan mai ju (fen gong si)

【基础词】

【词条属性】

【分类】 专卖管理与“两烟”经营

◎ 大连春天物业管理有限公司

【基本信息】

【英文名】 Dalian Spring Property Management Co., Ltd.

【拼音】 da lian chun tian wu ye guan li you xian gong si

【基础词】

【词条属性】

【分类】 服务管理

【概况】 大连春天物业管理有限公司于 1997 年 4 月注册成立,是大连市烟草专卖局(公司)按后勤工作实行社会化、市场化改革和建立现代企业制度的要求成立的国有股份制企业。

◎ 深圳市烟草专卖局(公司)

【基本信息】

【英文名】 Shenzhen Tobacco Monopoly Bureau (Company)

【拼音】 shen zhen shi yan cao zhuan mai ju (gong si)

【核心词】

【词条属性】

【分类】 专卖管理与"两烟"经营

【概况】 深圳市烟草专卖局、中国烟草总公司深圳市公司组建于 1986 年,下辖 10 个区烟草专卖局(公司)以及深圳中深烟草贸易中心和深圳烟草进出口有限公司。

【词条关系】

【下辖】 深圳中深烟草贸易中心

【下辖】 深圳市坪山新区烟草专卖局(公司)

【下辖】 深圳市大鹏新区烟草专卖局(公司)

【下辖】 深圳市龙华区烟草专卖局(公司)

【下辖】 深圳烟草进出口有限公司

【下辖】 深圳市宝安区烟草专卖局(公司)

【下辖】 深圳市福田区烟草专卖局(公司)

【下辖】 深圳市罗湖区烟草专卖局(公司)

【下辖】 深圳市南山区烟草专卖局(公司)

【下辖】 深圳市光明区烟草专卖局(公司)

【下辖】 深圳市龙岗区烟草专卖局(公司)

【下辖】 深圳市盐田区烟草专卖局(公司)

◎ 深圳市福田区烟草专卖局(公司)

【基本信息】

【英文名】 Shenzhen Futian District Tobacco Monopoly Bureau (Company)

【拼音】 shen zhen shi fu tian qu yan cao zhuan mai ju (gong si)

【基础词】

【词条属性】

【分类】 专卖管理与"两烟"经营

【概况】 1994 年 6 月,深圳市烟草公司名烟总汇成立,1995 年 8 月更名为深圳市烟草福田公司。1997 年 12 月,深圳市烟草专卖局福田分局成立,2003 年 4 月更名为深圳市福田区烟草专卖局,与深圳市烟草福田公司合署办公,现内设办公室(安全科、法规科)、专卖管理科(内部专卖监督管理科)、业务科、财务科。

◎ 深圳市罗湖区烟草专卖局(公司)

【基本信息】

【英文名】 Shenzhen Luohu District Tobacco Monopoly Bureau (Company)

【拼音】 shen zhen shi luo hu qu yan cao zhuan mai ju (gong si)

【基础词】

【词条属性】

【分类】 专卖管理与"两烟"经营

【概况】 深圳市罗湖区烟草专卖局(公司)内设机构有办公室(安全科、法规科)、专卖科(内部专卖管理监督科)、业务科、财务科,其中安全科、法规科与办公室合并办公,专卖科与内部专卖管理监督科合并办公。

◎ 深圳市南山区烟草专卖局(公司)

【基本信息】

【英文名】 Shenzhen Nanshan District Tobacco Monopoly Bureau (Company)

【拼音】 shen zhen shi nan shan qu yan cao zhuan mai ju (gong si)

【基础词】

【词条属性】

【分类】 专卖管理与"两烟"经营

【概况】 深圳市南山区烟草专卖局(公司)是南山区烟草行政主管部门,负责南山区卷烟市场管理和经营工作,现内设办公室(安全科、法规科)、财务科、专卖管理科(内部专卖管理监督科)、业务科。

◎ 深圳市盐田区烟草专卖局(公司)

【基本信息】

【英文名】 Shenzhen Yantian Tobacco Monopoly Bureau (Company)

【拼音】 shen zhen shi yan tian qu yan cao zhuan mai ju (gong si)

【基础词】

【词条属性】

【分类】 专卖管理与“两烟”经营

【概况】 深圳市盐田区烟草专卖局(公司)现内设办公室(安全科、法规科)、专卖管理科(内部专卖管理监督科)、业务科、财务科。

◎ 深圳市宝安区烟草专卖局(公司)

【基本信息】

【英文名】 Shenzhen Baoan District Tobacco Monopoly Bureau (Company)

【拼音】 shen zhen shi bao an qu yan cao zhuan mai ju (gong si)

【基础词】

【词条属性】

【分类】 专卖管理与“两烟”经营

【概况】 深圳市宝安区烟草专卖局(公司)内设办公室(法规科、安全科)、专卖管理科(内管科)等职能科室,下设稽查队和客户服务中心,承担着宝安卷烟市场专卖管理及网络建设、卷烟销售的职责,集卷烟经营与管理于一体。

◎ 深圳市龙岗区烟草专卖局(公司)

【基本信息】

【英文名】 Shenzhen Longgang District Tobacco Monopoly Bureau (Company)

【拼音】 shen zhen shi long gang qu yan cao zhuan mai ju (gong si)

【基础词】

【词条属性】

【分类】 专卖管理与“两烟”经营

【概况】 深圳市龙岗区烟草专卖局(公司)现内设办公室(安全科、法规科)、专卖管理科(内部专卖监督管理科)、业务科、财务科。

◎ 深圳市光明区烟草专卖局(公司)

【基本信息】

【英文名】 Shenzhen Guangming District Tobacco Monopoly Bureau (Company)

【拼音】 shen zhen shi guang ming qu yan cao zhuan mai ju (gong si)

【基础词】

【词条属性】

【分类】 专卖管理与“两烟”经营

【概况】 深圳市光明区烟草专卖局(公司)成立于2007年10月,具有独立法人资格,负责辖区内烟草专卖管理和卷烟经营业务,现内设办公室(安全科、法规科)、专卖科(内部专卖管理监督科)、业务科、财务科。

◎ 深圳市坪山新区烟草专卖局(公司)

【基本信息】

【英文名】 Shenzhen Pingshan New Area Tobacco Monopoly Bureau (Company)

【拼音】 shen zhen shi ping shan xin qu yan cao zhuan mai ju (gong si)

【基础词】

【词条属性】

【分类】 专卖管理与“两烟”经营

【概况】 2009年11月3日,国家烟草专卖局批准设立深圳市坪山新区烟草专卖局和深圳市烟草坪山新区公司。深圳市烟草坪山新区公司于2009年11月18日获深圳市工商局正式核准成立,具有独立法人资格;深圳市坪山新区烟草专卖局与深圳市烟草坪山新区公司合署办公,负责辖区内烟草专卖管理和卷烟经营管理工作,现内设办公室(安全科、法规科)、专卖科(内部专卖管理监督科)、业务科、财务科。2010年1月1日,深圳市坪山新区烟草专卖局(公司)正式开始运营。

◎ 深圳市龙华区烟草专卖局(公司)

【基本信息】

【英文名】 Shenzhen Longhua District Tobacco Monopoly Bureau (Company)

【拼音】 shen zhen shi long hua qu yan cao zhuan mai ju (gong si)

【基础词】

【词条属性】

【分类】 专卖管理与“两烟”经营

【概况】 深圳市龙华区烟草专卖局(公司)隶属深圳市烟草专卖局(公司),负责辖区内的卷烟专卖及管理等工作。

◎ 深圳市大鹏新区烟草专卖局(公司)

【基本信息】

【英文名】 Shenzhen Dapeng New District Tobacco Monopoly Bureau (Company)

【拼音】 shen zhen shi da peng xin qu yan cao zhuan mai ju (gong si)

【基础词】

【词条属性】

【分类】 专卖管理与"两烟"经营

【概况】 深圳市大鹏新区烟草专卖局(公司)属深圳市烟草专卖局(公司)直管。

◎ 深圳中深烟草贸易中心

【基本信息】

【英文名】 Shenzhen Zhongshen Tobacco Trade Center

【拼音】 shen zhen zhong shen yan cao mao yi zhong xin

【基础词】

【词条属性】

【分类】 商贸

【概况】 中国(深圳)烟草贸易中心注册成立于1984年10月,1986年4月更名为深圳中深烟草贸易中心,2008年9月正式上划深圳市烟草专卖局(公司)管理。深圳中深烟草贸易中心现内设办公室(安全科)、财务科、业务科3个部门及烟酒自营商场2家。公司业务范围包括卷烟配送(西丽、观澜、石岩片区)、酒类销售、进出口业务及物业租赁。

◎ 深圳烟草进出口有限公司

【基本信息】

【英文名】 Shenzhen Tobacco Import and Export Co., Ltd.

【拼音】 shen zhen yan cao jin chu kou you xian gong si

【基础词】

【词条属性】

【分类】 进出口

【概况】 深圳烟草进出口有限公司成立于1997年12月,是深圳市烟草专卖局(公司)直属单位。

◎ 河北中烟工业有限责任公司

【基本信息】

【英文名】 China Tobacco Hebei Industrial L. L. C.

【拼音】 he bei zhong yan gong ye you xian ze ren gong si

【核心词】

【词条属性】

【分类】 境内卷烟生产

【概况】 河北中烟工业有限责任公司前身为河北烟草工商分设后成立于2003年6月的河北中烟工业公司。2010年12月,国家烟草专卖局、中国烟草总公司批复同意河北中烟工业公司更名改制为河北中烟工业有限责任公司,并于2011年7月正式挂牌成立。公司下辖张家口卷烟厂有限责任公司、河北白沙烟草有限责任公司(下辖保定卷烟厂)2家具有独立法人资格的卷烟生产企业以及石家庄北方烟机配件有限公司、河北烟草工业教育培训中心。

【词条关系】

【下辖】 张家口卷烟厂有限责任公司

【下辖】 石家庄北方烟机配件有限公司

【下辖】 河北烟草工业教育培训中心

【参股】 河北白沙烟草有限责任公司

【机构-品牌】 新石家庄

【机构-品牌】 大丰收

【机构-品牌】 北戴河

【机构-品牌】 玉兰

【机构-品牌】 钻石

◎ 张家口卷烟厂有限责任公司

【基本信息】

【英文名】 Zhangjiakou Cigarette Factory L. L. C.

【拼音】 zhang jia kou juan yan chang you xian ze ren gong si

【基础词】

【词条属性】

【分类】 境内卷烟生产

【概况】 张家口卷烟厂有限责任公司创建于1939年,是一家有着70年历史的大型国有企业,1992年进入全国烟草行业大型工业企业行列,是中国北方规模最大的单体卷烟生产企业,烟草行业重点工业企业之一,曾连续7年被列入全国

500 家最大工业企业，2006 年改制成有限责任公司。

◎ 河北白沙烟草有限责任公司

【基本信息】

【英文名】 Hebei Baisha Tobacco L. L. C.

【拼音】 he bei bai sha yan cao you xian ze ren gong si

【基础词】

【词条属性】

【分类】 境内卷烟生产

【概况】 河北白沙烟草有限责任公司为中国烟草总公司所属、河北省重点骨干企业，辖保定卷烟厂，年卷烟生产能力为 60 万箱，主要产品有“新石家庄”“白沙”“玉兰”“灵芝”四大系列。

【词条关系】

【下辖】 河北白沙烟草有限责任公司保定卷烟厂

◎ 河北白沙烟草有限责任公司保定卷烟厂

【基本信息】

【英文名】 Baoding Cigarette Factory of Hebei Baisha Tobacco L. L. C.

【拼音】 he bei bai sha yan cao you xian ze ren gong si bao ding juan yan chang

【基础词】

【词条属性】

【分类】 境内卷烟生产

◎ 石家庄北方烟机配件有限公司

【基本信息】

【英文名】 Shijiazhuang North Cigarette Machine Parts Co. ,Ltd.

【拼音】 shi jia zhuang bei fang yan ji pei jian you xian gong si

【基础词】

【词条属性】

【分类】 烟草机械工业

◎ 河北烟草工业教育培训中心

【基本信息】

【英文名】 Hebei Tobacco Industry Education and Training Center

【拼音】 he bei yan cao gong ye jiao yu pei xun zhong xin

【基础词】

【词条属性】

【分类】 教育培训

【概况】 河北烟草工业教育培训中心为隶属河北中烟工业有限责任公司的教育机构，为烟草工业培养人才。

◎ 上海烟草集团有限责任公司

【基本信息】

【英文名】 Shanghai Tobacco Group L. L. C.

【拼音】 shang hai yan cao ji tuan you xian ze ren gong si

【核心词】

【词条属性】

【分类】 境内卷烟生产

【概况】 上海市烟草专卖局成立于 1984 年 2 月。上海烟草集团有限责任公司(简称集团公司)的前身是上海烟草(集团)公司，于 1993 年 11 月由原上海市烟草公司及所属企业改制而成。2011 年 1 月，根据《国家烟草专卖局中国烟草总公司关于上海烟草(集团)公司更名改制和完善公司法人治理结构的批复》，正式更名为上海烟草集团有限责任公司。上海市烟草专卖局、上海烟草集团有限责任公司下辖黄浦分局和黄浦烟草糖酒有限公司一公司、二公司，虹口、静安、徐汇、杨浦、普陀、长宁、闵行、宝山、浦东新区、松江、青浦、嘉定、奉贤、金山、崇明等区(县)烟草专卖局(有限公司)，驻上海铁路专卖局(有限公司)，上海烟草贸易中心有限公司、中国烟草上海进出口有限责任公司、上海卷烟厂、北京卷烟厂、天津卷烟厂、上海高扬国际烟草有限公司、上海烟草储运公司、上海海烟物流发展有限公司、上海烟草集团太仓海烟烟草薄片有限公司、上海烟草集团苏州中华园大饭店有限公司、上海王宝和大酒店有限公司，并控股上海烟草包装印刷有限公司，上海白玉兰烟草材料有限公司、上海牡丹香精香料有限公司等多家企业。

【词条关系】

【下辖】 上海烟草集团有限责任公司上海卷烟厂

【下辖】 上海烟草集团北京卷烟厂有限公司

【下辖】 上海烟草集团有限责任公司天津卷

烟厂

【下辖】 中国烟草上海进出口有限责任公司

【下辖】 上海烟草集团太仓海烟烟草薄片有限公司

【下辖】 上海高扬国际烟草有限公司

【下辖】 上海海烟投资管理有限公司

【下辖】 上海烟草贸易中心有限公司

【下辖】 上海烟草机械有限责任公司

【下辖】 上海烟草集团铁路烟草有限公司

【下辖】 中国烟草博物馆

【参股】 华环国际烟草有限公司

【控股】 上海白玉兰烟草材料有限公司

【控股】 上海牡丹香精香料有限公司

【控股】 上海烟草包装印刷有限公司

【机构-品牌】 牡丹

【机构-品牌】 中南海

【机构-品牌】 红双喜(上海)

【机构-品牌】 大前门

【机构-品牌】 中华

【机构-品牌】 恒大

【机构-品牌】 熊猫

【机构-品牌】 孟菲斯

【机构-品牌】 江山

◎ 上海烟草集团有限责任公司上海卷烟厂

【基本信息】

【英文名】 Shanghai Tobacco Factory of Shanghai Tobacco Group L. L. C.

【拼音】 shang hai yan cao ji tuan you xian ze ren gong si shang hai juan yan chang

【基础词】

【词条属性】

【分类】 境内卷烟生产

【概况】 上海卷烟厂始建于1925年，现为上海烟草集团有限责任公司核心制造单位之一，主要生产“熊猫”“中华”“红双喜”“牡丹”“大前门”等卷烟品牌。

◎ 上海烟草集团北京卷烟厂有限公司

【基本信息】

【英文名】 Beijing Cigarette Factory of Shanghai Tobacco Group Co., Ltd.

【拼音】 shang hai yan cao ji tuan bei jing juan yan chang

【基础词】

【词条属性】

【分类】 境内卷烟生产

【概况】 上海烟草集团北京卷烟厂有限公司前身为北京卷烟厂，始建于1970年，2004年1月1日纳入上海烟草集团有限责任公司管理，2009年8月更名为上海烟草集团北京卷烟厂有限公司。新厂在保持特色工艺、实现升级换代的基础上，采用ERP和MES等先进信息系统，形成生产决策集成管控一体化，工厂系统化、智能化和精细化水平达到更高层次，成为我国混合型卷烟生产、研发、出口、对外技术合作的基地和行业、集团公司在北京的窗口企业。

◎ 上海烟草集团有限责任公司天津卷烟厂

【基本信息】

【英文名】 Tianjin Cigarette Factory of Shanghai Tobacco Group L. L. C.

【拼音】 shang hai yan cao ji tuan you xian ze ren gong si tian jin juan yan chang

【基础词】

【词条属性】

【分类】 境内卷烟生产

【概况】 天津卷烟厂前身为天津大英烟公司工厂，始建于1919年，1952年被中央人民政府接管，改组为国营天津卷烟厂。2004年底加入上海烟草(集团)公司，正式纳入集团化管理，2011年3月，随着上海烟草(集团)公司的改制，更名为上海烟草集团有限责任公司天津卷烟厂。

◎ 上海烟草集团太仓海烟烟草薄片有限公司

【基本信息】

【英文名】 Shanghai Tobacco Group Taicang Haiyan Tobacco Flake Co., Ltd.

【拼音】 shang hai yan cao ji tuan tai cang hai yan yan cao bao pian you xian gong si

【基础词】

【词条属性】

【分类】 薄片生产

【概况】 上海烟草集团太仓海烟烟草薄片有限公司成立于2004年1月，2007年7月开始试生产。公司由原上海烟草(集团)公司、广东省金叶烟草薄片技术开发有限公司共同出资组建，注册资本为3.9亿元。2015年12月，公司完成投资方变更和工商登记注册手续，成为上海烟草集团有限责任公司全资子公司。公司占地面积14.85万平方米，年生产能力为1万吨造纸法烟草薄片。

◎ 上海烟草集团铁路烟草有限公司

【基本信息】

【英文名】 Shanghai Tobacco Group Railway Tobacco Co., Ltd.

【拼音】 shang hai yan cao ji tuan tie lu yan cao you xian gong si

【基础词】

【词条属性】

【分类】 专卖管理与“两烟”经营

【概况】 上海烟草集团铁路烟草有限公司于1992年1月注册成立，有下属分支机构12个，由上海铁路经济开发有限公司、上海烟草集团有限责任公司、上海烟草贸易中心有限公司3个企业股东。

◎ 上海高扬国际烟草有限公司

【基本信息】

【英文名】 Shanghai Gaoyang International Tobacco Co., Ltd.

【拼音】 shang hai gao yang guo ji yan cao you xian gong si

【基础词】

【词条属性】

【分类】 进出口

【概况】 上海高扬国际烟草有限公司创建于1992年2月，系沪港合资企业，投资总额为5 000万美元。公司位于中国最大的保税区——上海外高桥保税区内，占地面积为4.8万平方米，是一家集卷烟生产、销售、进出口贸易、保税仓储为一体的外向型、现代化综合企业。

◎ 上海烟草包装印刷有限公司

【基本信息】

【英文名】 Shanghai Tobacco Package Printing L. L. C.

【拼音】 shang hai yan cao bao zhuang yin shua you xian gong si

【基础词】

【词条属性】

【分类】 卷烟辅助材料生产

【概况】 上海烟草包装印刷有限公司创建于1929年，现为上海烟草集团有限责任公司配套生产企业，投资并管理上海金鼎印务有限公司。公司拥有多台海德堡胶印机、博斯特凹印机、爱克发印前数字制版系统等世界先进的生产设备，能为客户提供包装印刷的一站式服务，主要产品有“中华”“熊猫”“红双喜”“大前门”“牡丹”等卷烟商标印刷品以及“相宜本草”“伽蓝”等知名品牌包装产品。

◎ 上海白玉兰烟草材料有限公司

【基本信息】

【英文名】 Shanghai Magnolia Tobacco Materials Co., Ltd.

【拼音】 shang hai bai yu lan yan cao cai liao you xian gong si

【基础词】

【词条属性】

【分类】 卷烟辅助材料生产

【概况】 上海白玉兰烟草材料有限公司是上海烟草集团有限责任公司下属全资企业，创建于1979年，是一家集滤棒研发、制造为一体的高科技企业，主要生产醋纤滤棒和醋纤复合滤棒（包含中支、细支、爆珠、沟槽等系列特种滤棒），基本覆盖了国内外现有特种滤棒品类，为集团“熊猫”“中华”等卷烟品牌提供了滤棒技术配套服务，目前具有年产150亿支滤棒能力。

◎ 上海牡丹香精香料有限公司

【基本信息】

【英文名】 Shanghai Peony Flavour and Fragrance L. L. C.

【拼音】 shang hai mu dan xiang jing xiang liao you xian gong si

【基础词】

【词条属性】

【分类】 卷烟辅助材料生产

【概况】 上海牡丹香精香料有限公司是上海烟草集团有限责任公司的下属专业企业，主要从事烟用香精香料的研制、开发、生产、销售及其相关领域内的咨询服务，其产品直销上海卷烟厂、北京卷烟厂和天津卷烟厂，属上海烟草集团有限责任公司烟用香精、香料的唯一直供单位，被国家烟草专卖局定为烟用香精香料首批定点供应单位。

◎ 中国烟草上海进出口有限责任公司

【基本信息】

【英文名】 China Tobacco Shanghai Import and Export L. L. C.

【拼音】 zhong guo yan cao shang hai jin chu kou you xian ze ren gong si

【基础词】

【词条属性】

【分类】 进出口

【概况】 中国烟草上海进出口有限责任公司成立于1985年1月，作为上海烟草(集团)公司投资子公司，主要负责集团卷烟的海外市场拓展及建设工作，并承担集团对外合作和国际化发展的重任。

◎ 中国烟草博物馆

【基本信息】

【英文名】 China Tobacco Museum

【拼音】 zhong guo yan cao bo wu guan

【基础词】

【词条属性】

【分类】 博物馆

【概况】 中国烟草博物馆是经国家批准的、由全国烟草行业共同捐资捐物兴建的行业性博物馆，总建筑面积为9 617平方米，设有“烟草发展历程”“烟草农业”“烟草工业”“烟草经贸”“烟草管理”“吸烟与控烟”和“烟草文化”等展馆，藏品丰富、多姿多彩，具有较高的收藏和研究价值。

◎ 上海海烟投资管理有限公司

【基本信息】

【英文名】 Shanghai Haiyan Investment Management Co., Ltd.

【拼音】 shang hai hai yan tou zi guan li you xian gong si

【基础词】

【词条属性】

【分类】 投资管理

【概况】 上海海烟投资管理有限公司成立于2009年10月15日，公司的主营业务有实业投资，投资管理，工程项目管理，资产管理，企业管理咨询，国内贸易等。

◎ 上海烟草贸易中心有限公司

【基本信息】

【英文名】 Shanghai Tobacco Trade Center Co., Ltd.

【拼音】 shang hai yan cao mao yi zhong xin you xian gong si

【基础词】

【词条属性】

【分类】 商贸

【概况】 上海烟草贸易中心有限公司成立于1991年1月，主要经营范围为卷烟、雪茄烟全国购进本省(自治区、直辖市)批发，罚没卷烟全国购进本省(自治区、直辖市)批发，进口卷烟、雪茄烟全国购进本省(自治区、直辖市)批发等。

◎ 江苏中烟工业有限责任公司

【基本信息】

【英文名】 China Tobacco Jiangsu Industrial L. L. C.

【拼音】 jiang su zhong yan gong ye you xian ze ren gong si

【核心词】

【词条属性】

【分类】 境内卷烟生产

【概况】 江苏中烟工业有限责任公司前身为江苏烟草工商分设后于2003年9月成立的江苏中烟工业公司。2008年5月，经国家烟草专卖局、中国烟草总公司批复同意，改制更名为江苏中烟工业有限责任公司。2009年9月，公司成立董事会，12月举行挂牌仪式。公司下辖南京卷烟厂、徐州卷烟厂、淮阴卷烟厂3家不具有法人资格的卷烟生产厂以及南通烟滤嘴有限责任公司、江苏鑫源烟草薄片有限公司2家全资子公司。

【词条关系】

【下辖】 江苏中烟工业有限责任公司南京卷烟厂

【下辖】 江苏中烟工业有限责任公司徐州卷烟厂

【下辖】 江苏中烟工业有限责任公司淮阴卷烟厂

【下辖】 江苏鑫源烟草薄片有限公司

【下辖】 南通烟滤嘴有限责任公司

【机构-品牌】 华西村

【机构-品牌】 苏烟
【机构-品牌】 秦淮
【机构-品牌】 大丰收
【机构-品牌】 南京
【机构-品牌】 梦都
【机构-品牌】 红杉树
【机构-品牌】 一品梅

◎ 江苏中烟工业有限责任公司南京卷烟厂

【基本信息】
【英文名】 Nanjing Cigarette Factory of China Tobacco Jiangsu Industrial L. L. C.
【拼音】 jiang su zhong yan gong ye you xian ze ren gong si nan jing juan yan chang
【基础词】
【词条属性】
【分类】 境内卷烟生产
【概况】 江苏中烟工业有限责任公司南京卷烟厂创建于1948年,拥有国内第一台(套)超高速卷接包卷烟机组、国内先进水平卷烟设备,年卷烟生产能力达80万箱。

◎ 江苏中烟工业有限责任公司徐州卷烟厂

【基本信息】
【英文名】 Xuzhou Cigarette Factory of China Tobacco Jiangsu Industrial L. L. C.
【拼音】 jiang su zhong yan gong ye you xian ze ren gong si xu zhou juan yan chang
【基础词】
【词条属性】
【分类】 境内卷烟生产
【概况】 江苏中烟工业有限责任公司徐州卷烟厂始建于1939年,为江苏中烟工业有限责任公司下属卷烟生产企业,主导卷烟品牌为“苏烟”。

◎ 江苏中烟工业有限责任公司淮阴卷烟厂

【基本信息】
【英文名】 Huaiyin Cigarette Factory of China Tobacco Jiangsu Industrial L. L. C.
【拼音】 jiang su zhong yan gong ye you xian ze ren gong si huai yin juan yan chang
【基础词】
【词条属性】
【分类】 境内卷烟生产
【概况】 江苏中烟工业有限责任公司淮阴卷烟厂创建于1945年,年卷烟生产能力为60万箱,为国家大型企业,全国烟草行业36户重点企业之一。

◎ 南通烟滤嘴有限责任公司

【基本信息】
【英文名】 Nantong Cigarette Filter L. L. C.
【拼音】 nan tong yan lü zui you xian ze ren gong si
【基础词】
【词条属性】
【分类】 卷烟辅助材料生产
【概况】 南通烟滤嘴有限责任公司创建于1981年,是国家烟草专卖局定点的专业化滤嘴生产研发企业,是全国最早使用醋纤丝束生产出烟用滤嘴的厂家,是江苏中烟工业有限责任公司直属单位。

◎ 江苏鑫源烟草薄片有限公司

【基本信息】
【英文名】 Jiangsu Xinyuan Reconstituted Tobacco Co., Ltd.
【拼音】 jiang su xin yuan yan cao bao pian you xian gong si
【基础词】
【词条属性】
【分类】 薄片生产
【概况】 江苏鑫源烟草薄片有限公司成立于2011年10月,为江苏中烟工业有限责任公司全资子公司,位于淮安市清浦区浦发大道66号。公司拥有2 000千克/时造纸法再造烟叶生产线和50千克/时造纸法再造烟叶试验线,年生产再造烟叶能力为1万吨。

◎ 浙江中烟工业有限责任公司

【基本信息】
【英文名】 China Tobacco Zhejiang Industrial L. L. C.
【拼音】 zhe jiang zhong yan gong ye you xian ze ren gong si
【核心词】
【词条属性】
【分类】 境内卷烟生产

【概况】　浙江中烟工业有限责任公司的前身为浙江烟草工商分设后于 2003 年 7 月成立的浙江中烟工业公司。2007 年 11 月，浙江中烟工业公司改制更名为浙江中烟工业有限责任公司。公司下辖杭州卷烟厂、宁波卷烟厂和浙江中烟投资管理有限公司，参股甘肃烟草工业有限责任公司和环球烟草有限责任公司。

【词条关系】

【下辖】　浙江中烟工业有限责任公司杭州卷烟厂

【下辖】　浙江中烟工业有限责任公司宁波卷烟厂

【下辖】　浙江中烟投资管理有限公司

【参股】　甘肃烟草工业有限责任公司

【参股】　环球烟草有限责任公司

【机构-品牌】　利群

【机构-品牌】　雄狮

【机构-品牌】　大红鹰

◎ 浙江中烟工业有限责任公司杭州卷烟厂

【基本信息】

【英文名】　Hangzhou Cigarette Factory of China Tobacco Zhejiang Industrial L. L. C.

【拼音】　zhe jiang zhong yan gong ye you xian ze ren gong si hang zhou juan yan chang

【基础词】

【词条属性】

【分类】　境内卷烟生产

【概况】　浙江中烟工业有限责任公司杭州卷烟厂创建于 1949 年 10 月，经过 50 多年的发展，已经成为全国烟草行业的知名企业。

◎ 浙江中烟工业有限责任公司宁波卷烟厂

【基本信息】

【英文名】　Ningbo Cigarette Factory of China Tobacco Zhejiang Industrial L. L. C.

【拼音】　zhe jiang zhong yan gong ye you xian ze ren gong si ning bo juan yan chang

【基础词】

【词条属性】

【分类】　境内卷烟生产

【概况】　宁波卷烟厂始建于 1925 年，年卷烟生产能力可达 100 万箱，隶属浙江中烟工业有限责任公司。

◎ 浙江中烟投资管理有限公司

【基本信息】

【英文名】　China Tobacco Zhejiang Investment and Management Co., Ltd.

【拼音】　zhe jiang zhong yan tou zi guan li you xian gong si

【基础词】

【词条属性】

【分类】　投资管理

【概况】　浙江中烟投资管理有限公司成立于 2014 年 6 月，隶属浙江中烟工业有限责任公司。

◎ 环球烟草有限责任公司

【基本信息】

【英文名】　Universal Tobacco L. L. C.

【拼音】　huan qiu yan cao you xian ze ren gong si

【基础词】

【词条属性】

【分类】　境外卷烟生产

【概况】　环球烟草有限责任公司成立于 2013 年 12 月，所在地为阿联酋富查伊拉自由区。前身为环球烟草企业，系 2012 年成立、由瓦达尼亚贸易有限责任公司全额控股、具有卷烟生产许可的自由区企业。2013 年，浙江中烟工业有限责任与瓦达尼亚贸易有限责任公司共同对环球烟草企业进行增资，并将其改组为环球烟草有限责任公司，作为双方合资经营的企业，主要从事卷烟生产。公司总投资为 500 万美元，其中，瓦达尼亚贸易有限责任公司持股 60%(厂房设备作价 300 万美元)，浙江中烟工业有限责任占股 40%(两套设备作价 200 万美元)，占地面积为 1 万平方米，年卷烟生产能力为 60 亿支。

◎ 安徽中烟工业有限责任公司

【基本信息】

【英文名】　China Tobacco Anhui Industrial L. L. C.

【拼音】　an hui zhong yan gong ye you xian ze ren gong si

【核心词】

【词条属性】

【分类】　境内卷烟生产

【分类】 雪茄烟生产

【概况】 安徽中烟工业有限责任公司最初为安徽烟草工商分设后于2003年4月成立的安徽中烟工业公司。2010年，经国家局、总公司批复同意，更名改制为安徽中烟工业有限责任公司。2011年6月15日，安徽中烟工业有限责任公司成立董事会；同年6月27日，正式挂牌成立。公司下辖蚌埠卷烟厂、芜湖卷烟厂、合肥卷烟厂、阜阳卷烟厂、滁州卷烟厂5个不具有法人资格的卷烟生产厂以及安徽中烟再造烟叶科技有限责任公司1家全资子公司，控股中烟国际欧洲有限公司，参股华环国际烟草有限公司、双维伊士曼纤维有限公司2家公司。

【词条关系】

【下辖】 安徽中烟工业有限责任公司合肥卷烟厂

【下辖】 安徽中烟工业有限责任公司蚌埠卷烟厂

【下辖】 安徽中烟工业有限责任公司滁州卷烟厂

【下辖】 安徽中烟工业有限责任公司阜阳卷烟厂

【下辖】 安徽中烟工业有限责任公司芜湖卷烟厂

【参股】 双维伊士曼纤维有限公司

【参股】 华环国际烟草有限公司

【控股】 中烟国际欧洲有限公司

【全资】 安徽中烟再造烟叶科技有限责任公司

【机构-品牌】 盛唐

【机构-品牌】 红三环

【机构-品牌】 黄山

【机构-品牌】 都宝

◎ 安徽中烟工业有限责任公司合肥卷烟厂

【基本信息】

【英文名】 Hefei Cigarette Factory of China Tobacco Anhui Industrial L. L. C.

【拼音】 an hui zhong yan gong ye you xian ze ren gong si he fei juan yan chang

【基础词】

【词条属性】

【分类】 境内卷烟生产

【概况】 合肥卷烟厂前身为皖北军区后勤卷烟厂，1949年8月随部队由江苏泗洪县青阳镇迁移至安徽省合肥市。2003年4月，安徽烟草实行工商分设，合肥卷烟厂隶属于安徽中烟工业有限责任公司。

◎ 安徽中烟工业有限责任公司蚌埠卷烟厂

【基本信息】

【英文名】 Bengbu Cigarette Factory of China Tobacco Industrial L. L. C.

【拼音】 an hui zhong yan gong ye you xian ze ren gong si beng bu juan yan chang

【基础词】

【词条属性】

【分类】 境内卷烟生产

【概况】 安徽中烟工业有限责任公司蚌埠卷烟厂（原名东海烟厂）始建于1942年，2003年划归安徽中烟工业有限责任公司，年产卷烟为70万箱左右，主要产品有“黄山”系列卷烟。

◎ 安徽中烟工业有限责任公司芜湖卷烟厂

【基本信息】

【英文名】 Wuhu Cigarette Factory of Anhui Industrial L. L. C.

【拼音】 an hui zhong yan gong ye you xian ze ren gong si wu hu juan yan chang

【基础词】

【词条属性】

【分类】 境内卷烟生产

【概况】 芜湖卷烟厂始建于1949年，其前身为私营长江烟厂，1964年划归中国烟草工业公司，同时更名为国营芜湖卷烟厂，2003年4月开始隶属于安徽中烟工业有限责任公司，年生产卷烟能力达60万箱。

◎ 安徽中烟工业有限责任公司阜阳卷烟厂

【基本信息】

【英文名】 Fuyang Cigarette Factory of China Tobacco Anhui Industrial L. L. C.

【拼音】 an hui zhong yan gong ye you xian ze ren gong si fu yang juan yan chang

【基础词】

【词条属性】

【分类】 境内卷烟生产

【概况】 阜阳卷烟厂始建于1948年，前身是人民烟厂，隶属于安徽中烟工业有限责任公司，现生产能力为30万箱/年。

◎ 安徽中烟工业有限责任公司滁州卷烟厂

【基本信息】

【英文名】 Chuzhou Cigarette Factory of China Tobacco Anhui Industrial L. L. C.

【拼音】 an hui zhong yan gong ye you xian ze ren gong si chu zhou juan yan chang

【基础词】

【词条属性】

【分类】 境内卷烟生产

【概况】 滁州卷烟厂始建于1949年，现占地面积约为30万平方米，拥有全空调的现代化生产车间、国内先进的制丝线和国际先进水平的卷接包设备，年产销卷烟150亿支，现隶属于安徽中烟工业有限责任公司。

◎ 安徽中烟再造烟叶科技有限责任公司

【基本信息】

【英文名】 China Tobacco Anhui Reconstituted Tobacco Technology L. L. C.

【拼音】 an hui zhong yan zai zao yan ye ke ji you xian ze ren gong si

【基础词】

【词条属性】

【分类】 薄片生产

【概况】 安徽中烟再造烟叶科技有限责任公司位于安徽省蚌埠市高新技术开发区，于2011年4月8日注册成立，注册资本为1亿元，是安徽中烟工业有限责任公司的全资子公司。公司遵循市场化运作，独立开展生产经营活动，实行自负盈亏机制，建立并实行独立的薪酬体系和标准。公司占地面积为13.33万平方米，拥有瑞典ANDRITZ公司生产的YANKEE 1台，荷兰AlfaLaval公司生产的DecanterCentrifuge 2台以及上海高新纸机等众多先进生产设备，年设计加工生产能力为10 000吨。公司一期投资4.18亿元，是全国规模较大、技术较为先进的造纸法烟草薄片生产基地之一。

◎ 中烟国际欧洲有限公司

【基本信息】

【英文名】 China Tobacco International Europe Company S. R. L

【拼音】 zhong yan guo ji ou zhou you xian gong si

【基础词】

【词条属性】

【分类】 境外卷烟生产

【概况】 中烟国际欧洲有限公司注册地原位于罗马尼亚布泽乌县(Buzau)巴尔斯果夫镇(Parscov)，2013年5月30日，注册地改为罗马尼亚伊尔霍夫县(Ilfov)班德里蒙(Pandelimon)，经营范围主要为卷烟生产及销售。中烟国际欧洲有限公司是中国烟草在欧洲的唯一生产基地，也是截至2015年底中国国有企业在罗马尼亚投资额最大的一个合资公司。1997年4月，由陕西省烟草公司、原宝鸡卷烟厂(现划归陕西中烟工业有限责任公司)、原中国烟草进出口(集团)公司(现中国烟草国际有限公司)与西安丰佳科技实业发展有限公司(现为丰佳国际集团)共同出资注册成立罗马尼亚宝丰烟草公司，主要卷烟产品为“金丝猴(Golden Monkey)”和“双马(Double Horse)”。2003年，中国烟草进出口(集团)公司(现中国烟草国际有限公司)退出，丰佳国际通过收购其股权后股份提高到50%。2007年8月，罗马尼亚宝丰烟草公司更名为中烟国际欧洲有限公司。2015年6月，第三轮变更的全部商业登记程序完成，注册资本为3 975万美元，股权结构组成中，中国烟草总股权达99.24%，其中安徽中烟工业有限责任公司61.58%、红塔烟草(集团)有限责任公司25.44%、陕西中烟工业有限责任公司12.21%，外方丰佳国际集团0.76%。2015年11月20日，中烟国际欧洲有限公司第一届第七次股东会在北京召开，会议选举产生了第二届董事会，通过了增加3 000万美元投资的决议。公司下设“一厂六部”：工厂、国际市场拓展部、境内销售部、财务部、综合管理部(法务部)、行政管理部、产品研发部。

◎ 双维伊士曼纤维有限公司

【基本信息】

【英文名】 Eastman Shuangwei Fibres L. L. C.

【拼音】 shuang wei yi shi man xian wei you xian gong si

【基础词】

【词条属性】

【分类】 卷烟辅助材料生产

【概况】 双维伊士曼纤维有限公司于2011年5月30日在中国合肥注册成立，股东分别为中国双维投资公司、伊士曼化工香港有限公司、安徽中烟工业有限责任公司和百事佳发展有限公司，主要经营用于制造卷烟滤嘴的二醋酸纤维丝束的研发、生产、销售及售后咨询服务。

◎ 福建中烟工业有限责任公司

【基本信息】

【英文名】 China Tobacco Fujian Industrial L. L. C.

【拼音】 fu jian zhong yan gong ye you xian ze ren gong si

【核心词】

【词条属性】

【分类】 境内卷烟生产

【概况】 福建中烟工业有限责任公司前身为福建烟草工商分设后于2003年11月成立的福建中烟工业公司。2010年12月，经国家烟草专卖局、中国烟草总公司批复同意更名改制为福建中烟工业有限责任公司，2011年7月8日正式挂牌成立。公司下辖龙岩烟草工业有限责任公司、厦门烟草工业有限责任公司2家具有独立法人资格的卷烟生产企业，福建省龙岩金叶复烤有限责任公司1家打叶复烤企业，福建金闽再造烟叶发展有限公司1家烟草薄片生产企业，以及福建鑫叶投资管理集团有限公司1家多元化经营企业。

【词条关系】

【下辖】 福建金闽再造烟叶发展有限公司

【下辖】 厦门烟草工业有限责任公司

【下辖】 龙岩烟草工业有限责任公司

【下辖】 福建鑫叶投资管理集团有限公司

【下辖】 福建省龙岩金叶复烤有限责任公司

【机构-品牌】 石狮

【机构-品牌】 七匹狼

【机构-品牌】 土楼

【机构-品牌】 金桥

◎ 龙岩烟草工业有限责任公司

【基本信息】

【英文名】 Longyan Tobacco Industrial L. L. C.

【拼音】 long yan yan cao gong ye you xian ze ren gong si

【基础词】

【词条属性】

【分类】 境内卷烟生产

【概况】 龙岩烟草工业有限责任公司是由龙岩卷烟厂改制而成的大型国有企业，创办于1951年11月，为福建省最有影响的国有企业之一和中国知名的卷烟制造基地，拥有国内一流、世界先进的卷烟生产设备，卷烟制造技术和工艺质量水平居国内领先，年卷烟生产能力超过120万箱。

◎ 厦门烟草工业有限责任公司

【基本信息】

【英文名】 Xiamen Tobacco Industrial L. L. C.

【拼音】 xia men yan cao gong ye you xian ze ren gong si

【基础词】

【词条属性】

【分类】 境内卷烟生产

【概况】 厦门烟草工业有限责任公司位于厦门市海沧新阳工业区，总资产为112亿元，包括2个生产区、1个烟叶库区，拥有从多国引进的先进设备百余台(套)，具有超过100万箱的卷烟生产能力，其主要品牌“七匹狼”是全国36个名优卷烟之一。

◎ 福建省龙岩金叶复烤有限责任公司

【基本信息】

【英文名】 Fujian Longyan Golden Leaf Redrying L. L. C.

【拼音】 fu jian sheng long yan jin ye fu kao you xian ze ren gong si

【基础词】

【词条属性】

【分类】 打叶复烤

【概况】 福建省龙岩金叶复烤有限责任公司位于福建省龙岩市永定区，2003年4月由原龙岩卷烟厂打叶复烤分厂改制而来，隶属福建中烟工业有限责任公司。公司股东有福建中烟工业有限责任公司、龙岩烟草工业有限责任公司、厦门烟草工业有限责任公司、福建省烟草公司龙岩市公司、上海烟草集团有限责任公司、湖北中烟工业有限责任公司、广东中烟工业有限责任公司7家股东。截至2015年底，公司拥有总资产13.38亿元，其中，固定资产(原值)为11.27亿元，流动资产为3.15亿元。公司拥有2条12 000千克/时打叶复烤生产线。

◎ 福建金闽再造烟叶发展有限公司

【基本信息】

【英文名】 Fujian Jinmin Reconstituted Tobacco Development Co., Ltd

【拼音】 fu jian jin min zai zao yan ye fa zhan you xian gong si

【基础词】

【词条属性】

【分类】 薄片生产

【概况】 福建金闽再造烟叶发展有限公司位于福建省罗源县,创建于2003年3月,注册资本为1.5亿元,由福建中烟工业有限责任公司、厦门烟草工业有限责任公司、龙岩烟草工业有限责任公司共同投资成立,隶属于福建中烟工业有限责任公司。公司占地面积6.52万平方米。

◎ 福建鑫叶投资管理集团有限公司

【基本信息】

【英文名】 Fujian Xinye Investment and Management Group Co., Ltd.

【拼音】 fu jian xin ye tou zi guan li ji tuan you xian gong si

【基础词】

【词条属性】

【分类】 投资管理

【概况】 福建鑫叶投资管理集团有限公司是福建中烟工业有限责任公司下属多元化企业,主要负责经营管理福建卷烟工业系统多元化投资企业,全面履行福建卷烟工业系统多元化企业管理职能,拥有13家全资、控股或参股子公司,涉及印包业、酒店、房地产、物业、旅游等多个领域。

◎ 江西中烟工业有限责任公司

【基本信息】

【英文名】 China Tobacco Jiangxi Industrial L. L. C.

【拼音】 jiang xi zhong yan gong ye you xian ze ren gong si

【核心词】

【词条属性】

【分类】 境内卷烟生产

【概况】 江西中烟工业有限责任公司最初为江西烟草工商分设后于2004年10月成立的江西中烟工业公司。2007年12月,经国家烟草专卖局、中国烟草总公司批复同意,江西中烟工业公司与所属南昌卷烟总厂合并重组为一个法人实体,企业名称为江西中烟工业公司。2009年10月,江西中烟工业公司更名改制为江西中烟工业有限责任公司,下辖南昌卷烟厂、赣州卷烟厂、广丰卷烟厂、井冈山卷烟厂4家不具有法人资格的卷烟生产厂。

【词条关系】

【下辖】 江西中烟工业有限责任公司南昌卷烟厂

【下辖】 江西中烟工业有限责任公司赣州卷烟厂

【下辖】 江西中烟工业有限责任公司井冈山卷烟厂

【下辖】 江西中烟工业有限责任公司广丰卷烟厂

【已撤销】 江西中烟工业有限责任公司兴国卷烟厂

【已撤销】 江西中烟工业有限责任公司赣南卷烟厂

【机构-品牌】 小月兔

【机构-品牌】 赣

【机构-品牌】 庐山

【机构-品牌】 月兔

【机构-品牌】 南方

【机构-品牌】 金圣

◎ 江西中烟工业有限责任公司南昌卷烟厂

【基本信息】

【英文名】 Nanchang Cigarette Factory of China Tobacco Jiangxi Industrial L. L. C.

【拼音】 jiang xi zhong yan gong ye you xian ze ren gong si nan chang juan yan chang

【基础词】

【词条属性】

【分类】 境内卷烟生产

【概况】 南昌卷烟厂创建于1950年,由金星、南方、大众三家私营烟厂合营创办,2009年10月更名为江西中烟工业有限责任公司南昌卷烟厂,年生产卷烟60万箱,先后开发并生产过“壮丽”“南方”“庐山”“海鸟”“金圣”等深受消费者喜爱的品牌。

◎ 江西中烟工业有限责任公司赣州卷烟厂

【基本信息】

【英文名】 Ganzhou Cigarette Factory of China Tobacco Jiangxi Industrial L. L. C.

【拼音】 jiang xi zhong yan gong ye you xian ze ren gong si gan zhou juan yan chang

【基础词】

【词条属性】

【分类】 境内卷烟生产

【概况】 江西中烟有限责任公司赣州卷烟厂成立于2013年,是由原赣南卷烟厂和兴国卷烟厂两厂合一、实施易地技改组建而成,系江西中烟工业有限责任公司的生产点,赣州卷烟厂年生产能力为60万箱。

◎ 江西中烟工业有限责任公司广丰卷烟厂

【基本信息】

【英文名】 Guangfeng Cigarette Factory of China Tobacco Jiangxi Industrial L. L. C.

【拼音】 jiang xi zhong yan gong ye you xian ze ren gong si guang feng juan yan chang

【基础词】

【词条属性】

【分类】 境内卷烟生产

【概况】 广丰卷烟厂前身为江西广丰烟丝厂,创办于1988年;1991年纳入国家计划内管理,更名为江西广丰卷烟厂;经国家烟草专卖局批准,2005年9月起上划为中央预算内企业;2006年12月,更名为南昌卷烟总厂广丰卷烟厂,成为南昌卷烟总厂的生产点;2009年9月,更名为江西中烟工业有限责任公司广丰卷烟厂。

◎ 江西中烟工业有限责任公司井冈山卷烟厂

【基本信息】

【英文名】 Jinggangshan Cigarette Factory of China Tobacco Jiangxi Industrial L. L. C.

【拼音】 jiang xi zhong yan gong ye you xian ze ren gong si jing gang shan juan yan chang

【基础词】

【词条属性】

【分类】 境内卷烟生产

【概况】 江西中烟工业有限责任公司井冈山卷烟厂前身为吉安卷烟厂,创建于1982年,目前为江西中烟工业有限责任公司卷烟制造工厂之一,年产卷烟16万余箱。

◎ 山东中烟工业有限责任公司

【基本信息】

【英文名】 China Tobacco Shandong Industrial L. L. C.

【拼音】 shan dong zhong yan gong ye you xian ze ren gong si

【核心词】

【词条属性】

【分类】 境内卷烟生产

【分类】 雪茄烟生产

【概况】 山东中烟工业有限责任公司前身为山东烟草工商分设后于2004年2月成立的山东中烟工业公司。2009年9月,国家烟草专卖局、中国烟草总公司批复同意山东中烟工业公司更名改制和建立董事会。2010年4月20日,山东中烟工业有限责任公司挂牌成立,下辖济南卷烟厂、青岛卷烟厂、青州卷烟厂、滕州卷烟厂4家不具有法人资格的卷烟生产厂,将军烟草集团有限公司、颐中烟草(集团)有限公司、山东省烟草物资设备有限公司3家全资子公司。

【词条关系】

【下辖】 山东中烟工业有限责任公司济南卷烟厂

【下辖】 山东中烟工业有限责任公司青岛卷烟厂

【下辖】 山东中烟工业有限责任公司滕州卷烟厂

【下辖】 山东中烟工业有限责任公司青州卷烟厂

【全资】 将军烟草集团有限公司

【全资】 颐中烟草(集团)有限公司

【全资】 山东省烟草物资设备有限公司

【机构-品牌】 泰山

【机构-品牌】 哈德门

◎ 山东中烟工业有限责任公司济南卷烟厂

【基本信息】

【英文名】 Ji'nan Cigarette Factory of China Tobacco Shandong Industrial L. L. C.

【拼音】 shan dong zhong yan gong ye you xian ze ren gong si ji nan juan yan chang

【基础词】
【词条属性】
【分类】 境内卷烟生产
【概况】 山东中烟工业有限责任公司济南卷烟厂成立于1996年2月，为山东中烟工业有限责任公司直属非法人卷烟生产厂。

◎ 山东中烟工业有限责任公司青岛卷烟厂

【基本信息】
【英文名】 Qingdao Cigarette Factory of China Tobacco Shandong Industrial L. L. C.
【拼音】 shan dong zhong yan gong ye you xian ze ren gong si qing dao juan yan chang
【基础词】
【词条属性】
【分类】 境内卷烟生产
【概况】 山东中烟工业有限责任公司青岛卷烟厂始建于1919年，是山东最早的机制卷烟生产厂家，在中国烟草发展史上占有重要地位。目前的青岛卷烟厂已发展成为年生产规模突破百万箱、中国北方最大的卷烟厂，主要卷烟产品有"泰山""壹枝笔""哈德门"。

◎ 山东中烟工业有限责任公司滕州卷烟厂

【基本信息】
【英文名】 Tengzhou Cigarette Factory of China Tobacco Shandong Industrial L. L. C.
【拼音】 shan dong zhong yan gong ye you xian ze ren gong si teng zhou juan yan chang
【基础词】
【词条属性】
【分类】 境内卷烟生产
【概况】 滕州卷烟厂始建于1951年，为山东中烟工业有限责任公司直属的四个卷烟生产加工厂之一，主要生产"泰山"等品牌卷烟。

◎ 山东中烟工业有限责任公司青州卷烟厂

【基本信息】
【英文名】 Qingzhou Cigarette Factory of China Tobacco Shandong Industrial L. L. C.
【拼音】 shan dong zhong yan gong ye you xian ze ren gong si qing zhou juan yan chang
【基础词】
【词条属性】
【分类】 境内卷烟生产
【概况】 青州卷烟厂始建于1948年，前身为华东野战军随军卷烟社，现为山东中烟工业有限责任公司生产加工企业之一，主要卷烟品牌有"八喜""将军""泰山""哈德门"。

◎ 颐中烟草(集团)有限公司

【基本信息】
【英文名】 Etsong Tobacco (Group) Co., Ltd.
【拼音】 yi zhong yan cao (ji tuan) you xian gong si
【基础词】
【词条属性】
【分类】 卷烟辅助材料生产
【概况】 颐中烟草(集团)有限公司是一个以卷烟生产、调拨为主业兼多元化经营，集科、工、商、贸、研于一体，跨行业、跨地区、跨所有制、跨国界的大型企业集团，下辖青岛、青州、滕州、菏泽、烟台5个卷烟厂，现行卷烟产品有10多个品牌，年卷烟生产能力位居全国第二。
【词条关系】
【下辖】 颐中(青岛)烟草机械有限公司

◎ 将军烟草集团有限公司

【基本信息】
【英文名】 General Tobacco (Group) Co., Ltd.
【拼音】 jiang jun yan cao ji tuan you xian gong si
【基础词】
【词条属性】
【分类】 境内卷烟生产
【概况】 将军烟草集团有限公司成立于1993年1月，是山东中烟工业有限责任公司的全资子公司，下辖5个卷烟厂，有2家合资烟草公司，主要生产"将军""大鸡""雪莲""沂蒙山"等品牌卷烟。

◎ 山东省烟草物资设备有限公司

【基本信息】
【英文名】 Shandong Tobacco Material Equipment Co., Ltd.
【拼音】 shan dong sheng yan cao wu zi she bei you xian gong si
【基础词】

【词条属性】

【分类】 烟草机械工业

【概况】 山东省烟草物资设备有限公司成立于2000年4月，为山东中烟工业有限责任公司全资子公司。

◎ 颐中(青岛)烟草机械有限公司

【基本信息】

【英文名】 Etsong (Qingdao) Tobacco Machinery Co.,Ltd.

【拼音】 yi zhong (qing dao) yan cao ji xie you xian gong si

【基础词】

【词条属性】

【分类】 烟草机械工业

◎ 河南中烟工业有限责任公司

【基本信息】

【英文名】 China Tobacco Henan Industrial L. L. C.

【拼音】 he nan zhong yan gong ye you xian ze ren gong si

【核心词】

【词条属性】

【分类】 境内卷烟生产

【概况】 河南中烟工业有限责任公司前身为河南烟草工商分设后于2003年10月成立的河南中烟工业公司。2009年8月，河南中烟工业公司改制更名为河南中烟工业有限责任公司。2011年8月，河南中烟工业有限责任公司挂牌成立。公司下辖黄金叶生产制造中心、许昌卷烟厂、安阳卷烟厂、南阳卷烟厂、驻马店卷烟厂、漯河卷烟厂、洛阳卷烟厂7个不具有法人资格的卷烟生产厂，河南卷烟工业烟草薄片有限公司1家薄片生产企业，河南金瑞香精香料有限公司、河南金芒果印刷有限公司、汕头龙华印务有限公司、驻马店发时达工贸有限公司、许昌永昌印务有限公司、河南省新郑金芒果实业总公司、许昌帝豪实业公司、郑州黄金叶实业总公司、安阳市红旗渠集团、南阳双龙实业公司、洛阳烟草服务中心、漯河沙河实业有限公司12家卷烟辅助材料生产企业，1个行业级技术中心，1个博士后科研工作站。

【词条关系】

【下辖】 郑州黄金叶实业总公司

【下辖】 许昌永昌印务有限公司

【下辖】 河南中烟工业有限责任公司南阳卷烟厂

【下辖】 汕头龙华印务有限公司

【下辖】 漯河沙河实业有限公司

【下辖】 河南金瑞香精香料有限公司

【下辖】 南阳双龙实业公司

【下辖】 安阳市红旗渠集团

【下辖】 许昌帝豪实业公司

【下辖】 河南金芒果印刷有限公司

【下辖】 河南中烟工业有限责任公司洛阳卷烟厂

【下辖】 河南卷烟工业烟草薄片有限公司

【下辖】 河南中烟工业有限责任公司漯河卷烟厂

【下辖】 河南中烟工业有限责任公司驻马店卷烟厂

【下辖】 驻马店发时达工贸有限公司

【下辖】 洛阳烟草服务中心

【下辖】 河南中烟工业有限责任公司许昌卷烟厂

【下辖】 河南中烟工业有限责任公司安阳卷烟厂

【下辖】 河南中烟工业有限责任公司黄金叶生产制造中心

【下辖】 河南省新郑金芒果实业总公司

【已撤销】 河南中烟工业有限责任公司新郑卷烟厂

【已撤销】 河南中烟工业有限责任公司郑州卷烟厂

【机构-品牌】 散花

【机构-品牌】 沙河

【机构-品牌】 金许昌

【机构-品牌】 帝豪

【机构-品牌】 红旗渠

【机构-品牌】 黄金叶

◎ 河南中烟工业有限责任公司黄金叶生产制造中心

【基本信息】

【英文名】 Golden Leaf Manufacturing Center of China Tobacco Henan Industrial L. L. C.

【拼音】 he nan zhong yan gong ye you xian ze ren gong si huang jin ye sheng chan zhi zao zhong xin

【基础词】
【词条属性】
【分类】 境内卷烟生产
【概况】 2014 年 8 月,为进一步整合优势资源,河南中烟工业有限责任公司决定将下辖的新郑卷烟厂、郑州卷烟厂合并为新的黄金叶生产制造中心。该黄金叶生产制造中心年产量为 130 万箱,为长江以北规模最大的卷烟生产基地。
【词条关系】
【来源】 河南中烟工业有限责任公司郑州卷烟厂
【来源】 河南中烟工业有限责任公司新郑卷烟厂

◎ 河南中烟工业有限责任公司南阳卷烟厂

【基本信息】
【英文名】 Nanyang Cigarette Factory of China Tobacco Henan Industrial L. L. C.
【拼音】 he nan zhong yan gong ye you xian ze ren gong si nan yang juan yan chang
【基础词】
【词条属性】
【分类】 境内卷烟生产
【概况】 南阳卷烟厂始建于 1950 年,2005 年并入许昌卷烟总厂,成为许昌卷烟总厂的一个分厂,2009 年成为河南中烟工业有限责任公司生产企业之一,年卷烟生产能力为 50 万箱。

◎ 河南中烟工业有限责任公司洛阳卷烟厂

【基本信息】
【英文名】 Luoyang Cigarette Factory of China Tobacco Henan Industrial L. L. C.
【拼音】 he nan zhong yan gong ye you xian ze ren gong si luo yang juan yan chang
【基础词】
【词条属性】
【分类】 境内卷烟生产
【概况】 洛阳卷烟厂始建于 1981 年,1983 年被批准纳入国家计划内,2003 年与安阳卷烟厂、新郑卷烟厂联合重组为河南新郑烟草(集团)公司,2006 年并入河南中烟工业有限责任公司,现为河南中烟工业有限责任公司所属七家卷烟生产骨干企业之一,年生产卷烟能力为 30 万箱,主要生产“黄金叶”“红旗渠”等卷烟。

◎ 河南中烟工业有限责任公司安阳卷烟厂

【基本信息】
【英文名】 Anyang Cigarette Factory of China Tobacco Henan Industrial L. L. C.
【拼音】 he nan zhong yan gong ye you xian ze ren gong si an yang juan yan chang
【基础词】
【词条属性】
【分类】 境内卷烟生产
【概况】 安阳卷烟厂始建于 1945 年 9 月,2009 年成为河南中烟工业有限责任公司生产企业之一,拥有国内一流的制丝、卷接包生产设备,年卷烟生产能力为 60 万箱以上。

◎ 河南中烟工业有限责任公司许昌卷烟厂

【基本信息】
【英文名】 Xuchang Cigarette Factory of China Tobacco Henan Industrial L. L. C.
【拼音】 he nan zhong yan gong ye you xian ze ren gong si xu chang juan yan chang
【基础词】
【词条属性】
【分类】 境内卷烟生产
【概况】 许昌卷烟厂创建于 1949 年,是河南中烟工业有限责任公司的主力生产厂,主要生产“黄金叶”品牌卷烟,年设计生产能力为 60 万箱。

◎ 河南中烟工业有限责任公司漯河卷烟厂

【基本信息】
【英文名】 Luohe Cigarette Factory of China Tobacco Henan Industrial L. L. C.
【拼音】 he nan zhong yan gong ye you xian ze ren gong si luo he juan yan chang
【基础词】
【词条属性】
【分类】 境内卷烟生产
【概况】 漯河卷烟厂始建于 1949 年,2003 年并入郑州卷烟总厂,2009 年成为河南中烟工业有限责任公司生产企业之一,拥有世界先进的卷烟制丝生产线和卷接包设备,年卷烟生产能力为 30 万箱。

◎ 河南中烟工业有限责任公司驻马店卷烟厂

【基本信息】

【英文名】 Zhumadian Cigarette Factory of China Tobacco Henan Industrial L. L. C.

【拼音】 he nan zhong yan gong ye you xian ze ren gong si zhu ma dian juan yan chang

【基础词】

【词条属性】

【分类】 境内卷烟生产

【概况】 驻马店卷烟厂始建于1949年，2003年7月与原许昌卷烟厂实施兼并重组，组建许昌卷烟总厂，2009年成为河南中烟工业有限责任公司生产企业之一，拥有国际先进制丝生产线以及包装和卷接设备，年卷烟生产能力为30万箱。

◎ 河南卷烟工业烟草薄片有限公司

【基本信息】

【英文名】 Henan Cigarette Industry Tobacco Sheet L. L. C.

【拼音】 he nan juan yan gong ye yan cao bao pian you xian gong si

【基础词】

【词条属性】

【分类】 薄片生产

【概况】 河南卷烟工业烟草薄片有限公司位于河南省许昌市建安区工业园区，成立于2006年7月，是河南中烟工业有限责任公司的全资子公司。截至2015年底，公司拥有总资产4.29亿元，有双效真空浓缩系统、幅宽2 640 mm的烟草薄片长网纸机、卧式螺旋沉降式离心机、滚筒式薄片烘干机、预压式打包机、流浆箱等主要设备，年生产能力为1万吨造纸法烟草薄片。

◎ 河南金瑞香精香料有限公司

【基本信息】

【英文名】 Henan Jinrui Flavor and Fragrance Co.,Ltd.

【拼音】 he nan jin rui xiang jing xiang liao you xian gong si

【基础词】

【词条属性】

【分类】 卷烟辅助材料生产

◎ 河南金芒果印刷有限公司

【基本信息】

【英文名】 Henan Golden Mango Printing Co.,Ltd.

【拼音】 he nan jin mang guo yin shua you xian gong si

【基础词】

【词条属性】

【分类】 卷烟辅助材料生产

◎ 汕头龙华印务有限公司

【基本信息】

【英文名】 Shantou Longhua Printing Co., Ltd.

【拼音】 shan tou long hua yin wu you xian gong si

【基础词】

【词条属性】

【分类】 卷烟辅助材料生产

【概况】 汕头龙华印务有限公司成立于1994年3月，受河南中烟工业有限责任公司管理。

◎ 驻马店发时达工贸有限公司

【基本信息】

【英文名】 Zhumadian Fashida Industrial and Trading Co.,Ltd.

【拼音】 zhu ma dian fa shi da gong mao you xian gong si

【基础词】

【词条属性】

【分类】 卷烟辅助材料生产

◎ 许昌永昌印务有限公司

【基本信息】

【英文名】 Xuchang Yongchang Printing Co., Ltd.

【拼音】 xu chang yong chang yin wu you xian gong si

【基础词】

【词条属性】

【分类】 卷烟辅助材料生产

【概况】 许昌永昌印务有限公司是许昌卷烟厂与香港永发印务有限公司合资兴办的印刷企业，是河南省最大的烟标装潢印刷企业之一，主要从事卷烟商标、其他高档彩色商标、画册、书刊等纸质包装产品的设计、印制和销售，现主要为许昌卷烟厂提供配套装潢产品，同时也面向社会生产装潢产品。

◎ 河南省新郑金芒果实业总公司

【基本信息】

【英文名】 Henan Xinzheng Golden Mango Industry Corporation

【拼音】 he nan sheng xin zheng jin mang guo shi ye zong gong si

【基础词】

【词条属性】

【分类】 卷烟辅助材料生产

【概况】 河南省新郑金芒果实业总公司创建于 1994 年 7 月，属于河南中烟工业有限责任公司下属单位，为独立法人，自主经营。

◎ 许昌帝豪实业公司

【基本信息】

【英文名】 Xuchang Dihao Industrial Company

【拼音】 xu chang di hao shi ye gong si

【基础词】

【词条属性】

【分类】 卷烟辅助材料生产

◎ 郑州黄金叶实业总公司

【基本信息】

【英文名】 Zhengzhou Golden Leaf Industrial Corporation

【拼音】 zheng zhou huang jin ye shi ye zong gong si

【基础词】

【词条属性】

【分类】 卷烟辅助材料生产

【概况】 郑州黄金叶实业总公司成立于 1992 年 12 月，主营商业印刷。

◎ 安阳市红旗渠集团

【基本信息】

【英文名】 Anyang Hongqiqu Group

【拼音】 an yang shi hong qi qu ji tuan

【基础词】

【词条属性】

【分类】 卷烟辅助材料生产

【概况】 安阳市红旗渠集团（前身为安阳卷烟厂）始建于 1945 年 9 月，1950 年自山东聊城迁至河南安阳。2006 年 11 月，河南卷烟工业实现一体化重组，安阳市红旗渠集团成为隶属河南中烟工业有限责任公司、以生产加工为主的卷烟生产厂。

◎ 南阳双龙实业公司

【基本信息】

【英文名】 Nanyang Shuanglong Industrial Company

【拼音】 nan yang shuang long shi ye gong si

【基础词】

【词条属性】

【分类】 卷烟辅助材料生产

◎ 洛阳烟草服务中心

【基本信息】

【英文名】 Luoyang Tobacco Service Center

【拼音】 luo yang yan cao fu wu zhong xin

【基础词】

【词条属性】

【分类】 卷烟辅助材料生产

◎ 漯河沙河实业有限公司

【基本信息】

【英文名】 Luohe Shahe Industrial Co.,Ltd.

【拼音】 luo he sha he shi ye you xian gong si

【基础词】

【词条属性】

【分类】 卷烟辅助材料生产

◎ 湖北中烟工业有限责任公司

【基本信息】

【英文名】 China Tobacco Hubei Industrial L. L. C.

【拼音】 hu bei zhong yan gong ye you xian ze ren gong si

【核心词】

【词条属性】

【分类】 境内卷烟生产

【分类】 雪茄烟生产

【概况】 湖北中烟工业有限责任公司前身为湖北烟草工商分设后于 2004 年 1 月 18 日成立的

湖北中烟工业公司。2006 年,湖北中烟工业公司与武汉烟草(集团)有限公司、武汉卷烟厂实行双向合署办公,重组整合为一个法人实体。2007 年 11 月 28 日,湖北中烟工业公司正式更名改制为湖北中烟工业有限责任公司。公司下辖武汉卷烟厂、襄阳卷烟厂、三峡卷烟厂、广水卷烟厂、红安卷烟厂、恩施卷烟厂 6 个不具有企业法人资格的卷烟生产厂以及湖北中烟卷烟材料厂、襄阳市鸿琰实业有限责任公司、宜昌金叶工贸有限责任公司、湖北龙乡印刷包装股份有限公司、湖北宜昌金丝烟草有限公司、统一联邦国际有限公司、红金龙(集团)有限公司 7 家子公司,其中,湖北中国工业有限责任公司控股湖北龙乡印刷包装股份有限公司,其余 6 家为湖北中国工业有限责任公司全资子公司。

【词条关系】

【下辖】 湖北中烟工业有限责任公司武汉卷烟厂

【下辖】 湖北中烟工业有限责任公司红安卷烟厂

【下辖】 湖北中烟工业有限责任公司恩施卷烟厂

【下辖】 湖北中烟工业有限责任公司襄阳卷烟厂

【下辖】 湖北中烟工业有限责任公司广水卷烟厂

【下辖】 湖北中烟工业有限责任公司三峡卷烟厂

【控股】 湖北龙乡印刷包装股份有限公司

【全资】 湖北宜昌金丝烟草有限公司

【全资】 湖北中烟卷烟材料厂

【全资】 宜昌金叶工贸有限责任公司

【全资】 红金龙(集团)有限公司

【全资】 襄阳市鸿琰实业有限责任公司

【全资】 统一联邦国际有限公司

【机构-品牌】 黄金龙

【机构-品牌】 黄鹤楼

【机构-品牌】 红金龙

【机构-品牌】 红双喜(武汉)

◎ 湖北中烟工业有限责任公司武汉卷烟厂

【基本信息】

【英文名】 Wuhan Cigarette Factory of China Tobacco Hubei Industrial L. L. C.

【拼音】 hu bei zhong yan gong ye you xian ze ren gong si wu han juan yan chang

【基础词】

【词条属性】

【分类】 境内卷烟生产

【概况】 武汉卷烟厂是中国历史最悠久的烟草企业之一,其前身是创建于 1916 年的南洋兄弟烟草公司汉口分公司,现为湖北中烟工业有限责任公司的核心企业。

◎ 湖北中烟工业有限责任公司襄阳卷烟厂

【基本信息】

【英文名】 Xiangyang Cigarette Factory of China Tobacco Industrial L. L. C.

【拼音】 hu bei zhong yan gong ye you xian ze ren gong si xiang yang juan yan chang

【基础词】

【词条属性】

【分类】 境内卷烟生产

【概况】 襄阳卷烟厂始建于 1938 年,为湖北中烟工业有限责任公司六大生产点之一,年卷烟生产能力为 50 万箱以上。

◎ 湖北中烟工业有限责任公司恩施卷烟厂

【基本信息】

【英文名】 Enshi Cigarette Factory of China Tobacco Hubei Industrial L. L. C.

【拼音】 hu bei zhong yan gong ye you xian ze ren gong si en shi juan yan chang

【基础词】

【词条属性】

【分类】 境内卷烟生产

【概况】 湖北中烟工业有限责任公司恩施卷烟厂是 2006 年经国家烟草专卖局批准成立、隶属于湖北中烟工业有限责任公司的非独立法人卷烟生产企业,原为清江卷烟厂,组建于 2003 年 8 月,年生产卷烟能力为 50 万箱,主要生产品牌为"红金龙"系列。

◎ 湖北中烟工业有限责任公司三峡卷烟厂

【基本信息】

【英文名】 Sanxia Cigarette Factory of China Tobacco Hubei Industrial L. L. C.

【拼音】 hu bei zhong yan gong ye you xian ze ren gong si san xia juan yan chang

【基础词】
【词条属性】
【分类】 境内卷烟生产
【概况】 三峡卷烟厂创建于1978年，为湖北中烟工业有限责任公司六大生产点之一，该厂拥有设备近1 600台(套)，其中卷烟和雪茄烟制丝生产线各1条，高速卷接包机组7套，雪茄烟生产设备13台(套)，年生产能力为31万箱，其中卷烟26万箱、雪茄烟5万箱，是中国最大的中高档雪茄烟生产基地。

◎ 湖北中烟工业有限责任公司红安卷烟厂

【基本信息】
【英文名】 Hong'an Cigarette Factory of China Tobacco Hubei Industrial L. L. C.
【拼音】 hu bei zhong yan gong ye you xian ze ren gong si hong an juan yan chang
【基础词】
【词条属性】
【分类】 境内卷烟生产
【概况】 红安卷烟厂始建于1981年，1983年纳入国家计划，2003年并入武汉卷烟厂(集团)有限公司，现为湖北中烟工业有限责任公司六大生产点之一，年生产能力为30万箱。

◎ 湖北中烟工业有限责任公司广水卷烟厂

【基本信息】
【英文名】 Guangshui Cigarette Factory of China Tobacco Hubei Industrial L. L. C.
【拼音】 hu bei zhong yan gong ye you xian ze ren gong si guang shui juan yan chang
【基础词】
【词条属性】
【分类】 境内卷烟生产
【概况】 广水卷烟厂1946年建厂，1970年扩建，2008年更名为湖北中烟有限责任公司广水卷烟厂。

◎ 湖北中烟卷烟材料厂

【基本信息】
【英文名】 China Tobacco Hubei Cigarette Material Factory
【拼音】 hu bei zhong yan juan yan cai liao chang
【基础词】
【词条属性】
【分类】 卷烟辅助材料生产
【概况】 湖北中烟卷烟材料厂成立于1991年6月，主要经营滤嘴、滤棒加工，滤嘴、滤棒生产、销售，烟草专用机械购进以及烟用丝束购进等。

◎ 襄阳市鸿琰实业有限责任公司

【基本信息】
【英文名】 Xiangyang Hongyan Industrial L. L. C.
【拼音】 xiang yang shi hong yan shi ye you xian ze ren gong si
【基础词】
【词条属性】
【分类】 卷烟辅助材料生产

◎ 宜昌金叶工贸有限责任公司

【基本信息】
【英文名】 Yichang Golden Leaf Industrial and Trading L. L. C.
【拼音】 yi chang jin ye gong mao you xian ze ren gong si
【基础词】
【词条属性】
【分类】 卷烟辅助材料生产

◎ 湖北龙乡印刷包装股份有限公司

【基本信息】
【英文名】 Hubei Longxiang Printing and Packaging Co., Ltd.
【拼音】 hu bei long xiang yin shua bao zhuang gu fen you xian gong si
【基础词】
【词条属性】
【分类】 卷烟辅助材料生产
【概况】 湖北龙乡印刷包装股份有限公司成立于1997年12月，湖北中烟工业有限责任公司为其股东之一，主要配合红安卷烟厂生产印刷。

◎ 湖北宜昌金丝烟草有限公司

【基本信息】
【英文名】 Hubei Yichang Golden Tobacco Co., Ltd.
【拼音】 hu bei yi chang jin si yan cao you

xian gong si

【基础词】

【词条属性】

【分类】 卷烟辅助材料生产

【概况】 湖北宜昌金丝烟草有限公司成立于2001年，主要经营膨胀烟丝等产品。

◎ 统一联邦国际有限公司

【基本信息】

【英文名】 Unify Federal International Co.，Ltd.

【拼音】 tong yi lian bang guo ji you xian gong si

【基础词】

【词条属性】

【分类】 进出口

◎ 红金龙(集团)有限公司

【基本信息】

【英文名】 Red Golden Dragon (Group) Co.，Ltd.

【拼音】 hong jin long (ji tuan) you xian gong si

【基础词】

【词条属性】

【分类】 卷烟辅助材料生产

【概况】 红金龙(集团)有限公司成立于1990年12月，隶属湖北中烟工业有限责任公司，对外投资湖北新业烟草薄片开发有限公司等3家企业，拥有武汉红金龙信息技术有限公司及武汉红金龙后勤服务有限公司2个全资子公司。

◎ 湖南中烟工业有限责任公司

【基本信息】

【英文名】 China Tobacco Hunan Industrial L. L. C.

【拼音】 hu nan zhong yan gong ye you xian ze ren gong si

【核心词】

【词条属性】

【分类】 境内卷烟生产

【概况】 湖南中烟工业有限责任公司最初为湖南烟草工商分设后于2003年成立的湖南中烟工业公司。2006年11月，湖南中烟工业公司与所属长沙卷烟厂、常德卷烟厂合并重组为一个企业法人，取消长沙卷烟厂、常德卷烟厂法人资格；2007年11月，湖南中烟工业公司改制更名为湖南中烟工业有限责任公司。公司下辖长沙卷烟厂、常德卷烟厂、郴州卷烟厂、零陵卷烟厂、四平卷烟厂、吴忠卷烟厂6个不具有法人资格的卷烟生产厂，控股常德芙蓉烟叶复烤有限责任公司、湘西鹤盛原烟发展有限责任公司、浏阳天福打叶复烤有限责任公司3家具有独立法人资格的烟叶加工企业以及湖南金叶烟草薄片有限责任公司1家具有独立法人资格的烟草薄片加工企业，并持有河北白沙烟草有限责任公司50%的股权。

【词条关系】

【下辖】 湖南中烟工业有限责任公司长沙卷烟厂

【下辖】 湖南中烟工业有限责任公司郴州卷烟厂

【下辖】 湖南中烟工业有限责任公司四平卷烟厂

【下辖】 湖南中烟工业有限责任公司零陵卷烟厂

【下辖】 湖南中烟工业有限责任公司常德卷烟厂

【下辖】 湖南中烟工业有限责任公司吴忠卷烟厂

【参股】 河北白沙烟草有限责任公司

【控股】 湘西鹤盛原烟发展有限责任公司

【控股】 湖南金叶烟草薄片有限责任公司

【控股】 常德芙蓉烟叶复烤有限责任公司

【控股】 浏阳天福打叶复烤有限责任公司

【机构-品牌】 红豆

【机构-品牌】 白沙

【机构-品牌】 芙蓉

【机构-品牌】 相思鸟

【机构-品牌】 芙蓉王

◎ 湖南中烟工业有限责任公司长沙卷烟厂

【基本信息】

【英文名】 Changsha Cigarette Factory of China Tobacco Hunan Industrial L. L. C.

【拼音】 hu nan zhong yan gong ye you xian ze ren gong si chang sha juan yan chang

【基础词】

【词条属性】

【分类】 境内卷烟生产

【概况】 长沙卷烟厂始建于1947年，隶属湖南中烟工业有限责任公司，卷烟年生产能力为150

万箱以上，主要产品为“白沙”系列卷烟。

◎ 湖南中烟工业有限责任公司零陵卷烟厂

【基本信息】

【英文名】 Lingling Cigarette Factory of China Tobacco Hunan Industrial L. L. C.

【拼音】 hu nan zhong yan gong ye you xian ze ren gong si ling ling juan yan chang

【基础词】

【词条属性】

【分类】 境内卷烟生产

【概况】 零陵卷烟厂前身为创办于 1976 年 10 月的零陵地区卷烟厂，1985 年上划中国烟草总公司湖南省烟草公司管理，2006 年 11 月起隶属湖南中烟工业有限责任公司直接管理，2007 年 11 月更名为湖南中烟工业有限责任公司零陵卷烟厂。

◎ 湖南中烟工业有限责任公司常德卷烟厂

【基本信息】

【英文名】 Changde Cigarette Factory of China Tobacco Hunan Industrial L. L. C.

【拼音】 hu nan zhong yan gong ye you xian ze ren gong si chang de juan yan chang

【基础词】

【词条属性】

【分类】 境内卷烟生产

【概况】 常德卷烟厂始建于 1951 年，隶属湖南中烟工业有限责任公司厂区占地面积为 128 万平方米，拥有 6 000 千克/时制丝线 2 条，5 000 千克/时制丝线 1 条，卷包设备 45 台(套)。

◎ 湖南中烟工业有限责任公司郴州卷烟厂

【基本信息】

【英文名】 Chenzhou Cigarette Factory of China Tobacco Hunan Industrial L. L. C.

【拼音】 hu nan zhong yan gong ye you xian ze ren gong si chen zhou juan yan chang

【基础词】

【词条属性】

【分类】 境内卷烟生产

【概况】 湖南中烟工业有限责任公司郴州卷烟厂成立于 2013 年，主要提供卷烟制品等产品与服务。

◎ 湖南中烟工业有限责任公司四平卷烟厂

【基本信息】

【英文名】 Siping Cigarette Factory of China Tobacco Hunan Industrial L. L. C.

【拼音】 hu nan zhong yan gong ye you xian ze ren gong si si ping juan yan chang

【基础词】

【词条属性】

【分类】 境内卷烟生产

【概况】 四平卷烟厂始建于 1948 年，2006 年归属湖南中烟工业有限责任公司，更名为湖南中烟工业有限责任公司四平卷烟厂，成为湖南中烟工业有限责任公司下属 6 个卷烟生产点之一。

◎ 湖南中烟工业有限责任公司吴忠卷烟厂

【基本信息】

【英文名】 Wuzhong Cigarette Factory of China Tobacco Hunan Industrial L. L. C.

【拼音】 hu nan zhong yan gong ye you xian ze ren gong si wu zhong juan yan chang

【基础词】

【词条属性】

【分类】 境内卷烟生产

【概况】 吴忠卷烟厂前身为宁夏吴忠卷烟厂，建厂于 1970 年，是宁夏回族自治区唯一的国有卷烟生产企业。2004 年 8 月，长沙卷烟厂对吴忠卷烟厂实施兼并，吴忠卷烟厂成为长沙卷烟厂吴忠卷烟分厂，2006 年 10 月成为湖南中烟工业有限责任公司所属卷烟生产厂之一，主要生产“白沙”“芙蓉”等品牌卷烟。

◎ 常德芙蓉烟叶复烤有限责任公司

【基本信息】

【英文名】 Changde Furong Tobacco Redrying L. L. C.

【拼音】 chang de fu rong yan ye fu kao you xian ze ren gong si

【基础词】

【词条属性】

【分类】 打叶复烤

【概况】 常德芙蓉烟叶复烤有限责任公司位于湖南省常德市鼎城高新技术产业园内，成立于 2005 年 11 月，隶属湖南中烟工业有限责任公司。

公司由湖南中烟工业有限责任公司，湖南省烟草公司常德、张家界市公司共同出资组建，注册资本为3 721 万元。公司占地面积为 15.7 万平方米，拥有 1 条 12 000 千克/时打叶风分线、1 500 千克/时叶尖处理线、3 000 千克/时叶基处理线、9 600 千克/时复烤线、9 600 千克/时打包线、16 000 千克/时铺叶摆把线，年复烤加工能力为 3 万吨(60 万担)。

◎ 湘西鹤盛原烟发展有限责任公司

【基本信息】

【英文名】 Xiangxi Hesheng Green Leaf Development L. L. C.

【拼音】 xiang xi he sheng yuan yan fa zhan you xian ze ren gong si

【基础词】

【词条属性】

【分类】 打叶复烤

【概况】 湘西鹤盛原烟发展有限责任公司位于湖南省吉首市，成立于 1999 年，由湖南中烟工业有限责任公司和湖南省烟草公司湘西土家族苗族自治州公司共同出资组建，注册资本为 9 000 万元，隶属湖南中烟工业有限责任公司。公司占地面积为 11.2 万平方米，拥有 12 000 千克/时打叶线 1 条、9 600 千克/时烤片线 1 条、3 600 千克/时烤梗线 1 条、12 000 千克/时真空回潮机 1 台、12 000 千克/时打包线 1 条，年设计复烤加工能力为 3 万吨(60 万担)。

◎ 浏阳天福打叶复烤有限责任公司

【基本信息】

【英文名】 Liuyang Tianfu Threshing and Redrying L. L. C.

【拼音】 liu yang tian fu da ye fu kao you xian ze ren gong si

【基础词】

【词条属性】

【分类】 打叶复烤

【概况】 浏阳天福打叶复烤有限责任公司位于湖南省浏阳市永安镇现代产业制造园，成立于 2004 年 12 月，由湖南中烟工业有限责任公司和湖南省烟草公司长沙、衡阳市公司共同出资组建，注册资本为 1.6 亿元，隶属湖南中烟工业有限责任公司。公司占地面积为 10.67 万平方米，拥有 12 000 千克/时分类加工打叶复烤生产线 1 条、6 000 千克/时人机结合精选试验线 1 条，年复烤加工能力为 3 万吨(60 万担)。

◎ 湖南金叶烟草薄片有限责任公司

【基本信息】

【英文名】 Hunan Jinye Tobacco Sheet L. L. C.

【拼音】 hu nan jin ye yan cao bao pian you xian ze ren gong si

【基础词】

【词条属性】

【分类】 薄片生产

【概况】 湖南金叶烟草薄片有限责任公司前身是祁东卷烟厂，位于湖南省衡阳市祁东县。2004 年 4 月，经国家烟草专卖局批准转产成为专门从事再造烟叶的生产厂家，是湖南中烟工业有限责任公司唯一一家具有法人资格的再造烟叶生产加工企业，注册资本为 7 250 万元，其中，湖南中烟工业有限责任公司占 90%股份，广东省金叶科技开发有限公司占 10%股份。公司主要经营范围为废弃烟叶购进、再造烟叶生产销售；烟草专用机械购进；再造烟叶加工。公司占地面积为 11.05 万平方米，拥有再造烟叶生产线 1 条，年设计生产能力为 1 万吨。截至 2015 年底，公司拥有总资产 1.79 亿元，其中，固定资产(原值)为 1.5 亿元，流动资产为 1.48 亿元。

◎ 广东中烟工业有限责任公司

【基本信息】

【英文名】 China Tobacco Guangdong Industrial L. L. C.

【拼音】 guang dong zhong yan gong ye you xian ze ren gong si

【核心词】

【词条属性】

【分类】 境内卷烟生产

【概况】 广东中烟工业有限责任公司前身是成立于 2003 年的广东中烟工业公司，2007 年改制更名为广东中烟工业有限责任公司，是全国烟草行业首家建立董事会的省级工业公司。公司下辖广州卷烟厂、韶关卷烟厂、梅州卷烟厂、湛江卷烟厂 4 家不具有法人资格的卷烟生产厂以及广东双喜投资管理有限公司 1 家全资子公司。

【词条关系】

【下辖】 广东中烟工业有限责任公司广州卷

烟厂

【下辖】 广东中烟工业有限责任公司湛江卷烟厂

【下辖】 广东中烟工业有限责任公司韶关卷烟厂

【下辖】 广东中烟工业有限责任公司梅州卷烟厂

【参股】 深圳烟草工业有限责任公司

【控股】 威尼顿集团有限公司

【控股】 金叶卷烟厂(澳门)有限公司

【全资】 广东双喜投资管理有限公司

【机构-品牌】 椰树

【机构-品牌】 双喜

【机构-品牌】 羊城

【机构-品牌】 红玫

【机构-品牌】 大丰收

◎ 广东中烟工业有限责任公司广州卷烟厂

【基本信息】

【英文名】 Guangzhou Cigarette Factory of China Tobacco Guangdong Industrial L. L. C.

【拼音】 guang dong zhong yan gong ye you xian ze ren gong si guang zhou juan yan chang

【基础词】

【词条属性】

【分类】 境内卷烟生产

【概况】 广州卷烟厂是广东中烟工业有限责任公司下属的生产厂。2003 年 11 月,广州卷烟二厂与广州卷烟一厂联合兼并南海卷烟厂,组建了新的广州卷烟二厂。2007 年 12 月,广州卷烟二厂启动异地技改项目,并于 2011 年底完成搬迁。根据国家烟草专卖局批复意见,搬迁后的广州卷烟二厂更名为广州卷烟厂,从 2012 年 1 月 1 日起正式运行。广州卷烟厂制丝车间有 2 条制丝生产线,并配有 1 条制梗丝线和 2 条干冰膨胀烟丝线;卷接包车间有 54 组卷接包设备,包括 3 组世界先进的、每分钟可以生产 20 000 支卷烟的超高速卷接包机组,此外还有配方库、辅料库、烟丝库、嘴棒库、备件库、成品库 6 个高架库组成的现代物流系统,除烟丝库按照 50 万箱/年的生产能力设计外,其他 5 个物流系统均按照 200 万箱/年的生产能力规划建设。

◎ 广东中烟工业有限责任公司梅州卷烟厂

【基本信息】

【英文名】 Meizhou Cigarette Factory of China Tobacco Guangdong Industry L. L. C.

【拼音】 guang dong zhong yan gong ye you xian ze ren gong si mei zhou juan yan chang

【基础词】

【词条属性】

【分类】 境内卷烟生产

【概况】 梅州卷烟厂始建于 1939 年,2008 年 1 月更名为广东中烟工业有限责任公司梅州卷烟厂,现为广东中烟工业有限责任公司下属卷烟工厂之一。目前,该企业组织内设 14 个科室和 3 个车间,年生产规模约为 40 万箱,当前主要生产“双喜”“五叶神”系列,为广东中烟工业有限责任公司中高端卷烟产品的主要生产基地。

◎ 广东中烟工业有限责任公司韶关卷烟厂

【基本信息】

【英文名】 Shaoguan Cigarette Factory of China Tobacco Guangdong Industrial L. L. C.

【拼音】 guang dong zhong yan gong ye you xian ze ren gong si shao guan juan yan chang

【基础词】

【词条属性】

【分类】 境内卷烟生产

【概况】 韶关卷烟厂始建于 1950 年 6 月 1 日,前身为民生卷烟厂,1964 年更名为韶关卷烟厂,隶属于广东中烟工业有限责任公司。目前,韶关卷烟厂年卷烟生产能力达 56 万箱,主要生产“双喜”系列品牌卷烟。

◎ 广东中烟工业有限责任公司湛江卷烟厂

【基本信息】

【英文名】 Zhanjiang Cigarette Factory of China Tobacco Guangdong Industrial L. L. C.

【拼音】 guang dong zhong yan gong ye you xian ze ren gong si zhan jiang juan yan chang

【基础词】

【词条属性】

【分类】 境内卷烟生产

【概况】 湛江卷烟厂成立于 1978 年 8 月,2005 年广东省烟草工业合并重组后,隶属于广东中烟工业有限责任公司。该卷烟厂内设机构17个，其中科室14个、生产车间3个，拥有制(叶)丝生产线1条、梗丝生产线1条、白肋烟烤机1组、卷接包装机组12台(套)、滤嘴成型机6组，卷烟生产能力为40万箱/年，现阶段年生产规模为25～28万箱。

◎ 广东双喜投资管理有限公司

【基本信息】

【英文名】 Guangdong Shuangxi Investment Management Co., Ltd.

【拼音】 guang dong shuang xi tou zi guan li you xian gong si

【基础词】

【词条属性】

【分类】 投资管理

【概况】 广东双喜投资管理有限公司成立于2013年，为广东中烟工业有限责任公司全资子公司。

◎ 威尼顿集团有限公司

【基本信息】

【英文名】 Viniton Tobacco Co., Ltd.

【拼音】 wei ni dun ji tuan you xian gong si

【基础词】

【词条属性】

【分类】 境外卷烟生产

【概况】 威尼顿集团有限公司位于柬埔寨首都金边市，成立于1993年7月，由广东中烟工业有限责任公司与柬埔寨亚细安国际有限公司合资成立，其中，广东中烟工业有限责任公司占80%股份，柬埔寨亚细安国际有限公司占20%股份。

◎ 金叶卷烟厂(澳门)有限公司

【基本信息】

【英文名】 Jinye Cigarette Factory (Macao) Co., Ltd.

【拼音】 jin ye juan yan chang ao men you xian gong si

【基础词】

【词条属性】

【分类】 境外卷烟生产

【概况】 金叶卷烟厂(澳门)有限公司位于中国澳门特别行政区，成立于1992年，初始投资为2 476万港元，由原广州卷烟二厂(现划归广东中烟工业有限责任公司)、中国烟草总公司广东省公司、香港永发烟草有限公司、澳门南粤(集团)有限公司共同出资组建(分别占股27%、20%、28%、25%)。1993年，香港永发烟草有限公司将14%的股份转让给金叶(香港)烟草国际有限公司，股东变为5个。2001年，香港永发烟草有限公司、澳门南粤(集团)有限公司收回投资，股权由金叶卷烟厂(澳门)有限公司收回。经过两次股东变更，公司股东为广东中烟工业有限责任公司、中国烟草总公司广东省公司、金叶(香港)烟草国际有限公司(分别占股份的27%、20%、53%)，投资额为8 501万港元。

◎ 广西中烟工业有限责任公司

【基本信息】

【英文名】 China Tobacco Guangxi Industrial L. L. C.

【拼音】 guang xi zhong yan gong ye you xian ze ren gong si

【核心词】

【词条属性】

【分类】 境内卷烟生产

【概况】 广西中烟工业有限责任公司的前身为2003年广西烟草工商分设后成立的广西中烟工业公司。2008年9月26日，广西中烟工业公司完成公司制改造，更名为广西中烟工业有限责任公司。公司下辖南宁卷烟厂、柳州卷烟厂2家不具有法人资格的卷烟生产厂，广西中烟天成投资管理有限责任公司、广西真龙物流有限责任公司2家全资子公司，以及广西真龙彩印包装有限公司、广西真龙实业有限责任公司等10家控股公司。

【词条关系】

【下辖】 广西中烟工业有限责任公司南宁卷烟厂

【下辖】 广西中烟工业有限责任公司柳州卷烟厂

【控股】 广西真龙彩印包装有限公司

【控股】 广西真龙实业有限责任公司

【全资】 广西真龙物流有限责任公司

【全资】 广西中烟天成投资管理有限责任公司

【机构-品牌】 真龙

【机构-品牌】 甲天下

◎ 广西中烟工业有限责任公司南宁卷烟厂

【基本信息】

【英文名】 Nanning Cigarette Factory of China Tobacco Guangxi Industrial Co., Ltd.

【拼音】 guang xi zhong yan gong ye you xian ze ren gong si nan ning juan yan chang

【基础词】

【词条属性】

【分类】 境内卷烟生产

【概况】 南宁卷烟厂生产规模达40万箱/年，主要产品有"真龙""刘三姐""大地飞歌""阿牛哥""恭喜""青竹"等卷烟，其中"真龙"卷烟已成为广西的卷烟形象品牌。

◎ 广西中烟天成投资管理有限责任公司

【基本信息】

【英文名】 China Tobacco Guangxi Tiancheng Investment and Management L. L. C.

【拼音】 guang xi zhong yan tian cheng tou zi guan li you xian ze ren gong si

【基础词】

【词条属性】

【分类】 投资管理

【概况】 广西中烟天成投资管理有限责任公司成立于2012年，为广西中烟工业有限责任公司全资子公司。

◎ 广西真龙物流有限责任公司

【基本信息】

【英文名】 Guangxi Zhenlong Logistics L. L. C.

【拼音】 guang xi zhen long wu liu you xian ze ren gong si

【基础词】

【词条属性】

【分类】 烟草物流

【概况】 广西真龙物流有限责任公司成立于2011年，为广西中烟工业有限责任公司下属多元化经营企业，主要为广西中烟工业有限责任公司及其下属子公司提供货物运输、装卸服务等。

◎ 广西真龙彩印包装有限公司

【基本信息】

【英文名】 Guangxi Zhenlong Colour Packing Co., Ltd.

【拼音】 guang xi zhen long cai yin bao zhuang you xian gong si

【基础词】

【词条属性】

【分类】 卷烟辅助材料生产

【概况】 广西真龙彩印包装有限公司成立于1995年，是广西中烟工业有限责任公司与香港福瑞实业投资有限公司共同投资兴建的烟标印刷企业(烟用辅料企业)，广西真龙天瑞彩印包装有限公司为其全资子公司。

◎ 广西真龙实业有限责任公司

【基本信息】

【英文名】 Guangxi Zhenlong Industrial L. L. C.

【拼音】 guang xi zhen long shi ye you xian ze ren gong si

【基础词】

【词条属性】

【分类】 卷烟辅助材料生产

【概况】 广西真龙实业有限责任公司由广西中烟天成投资管理有限责任公司投资建设，于2002年11月注册成立，公司共设11个部门(车间)，主要经营项目有烟用铝箔纸、烟用接装纸、精细化工胶水类、烟用金拉线、纸箱加工等。

◎ 重庆中烟工业有限责任公司

【基本信息】

【英文名】 China Tobacco Chongqing Industrial L. L. C.

【拼音】 chong qing zhong yan gong ye you xian ze ren gong si

【核心词】

【词条属性】

【分类】 境内卷烟生产

【概况】 重庆中烟工业有限责任公司于2015年11月10日挂牌成立。改组拆分原川渝中烟、组建成立重庆中烟，是国家烟草专卖局考虑到川渝两地卷烟生产规模和两地行政区划的实际，为进一步深化两地烟草工业内部改革、实施扁平化管理、推进持续健康发展，在充分征求四川、重庆两省市党委政府意见的基础上而作出的重大改革决定。新成立的重庆中烟工业有限责任公司，系中国烟草总公司全资子公司。公司下辖重庆卷烟厂、涪陵卷烟厂、黔江卷烟厂3个不具有独立法人资格的卷烟生产厂。

【词条关系】

【下辖】 重庆中烟工业有限责任公司重庆卷烟厂

【下辖】 重庆中烟工业有限责任公司黔江卷烟厂

【下辖】 重庆中烟工业有限责任公司涪陵卷烟厂

【机构-品牌】 龙凤呈祥

【机构-品牌】 宏声

【机构-品牌】 天子

◎ 重庆中烟工业有限责任公司重庆卷烟厂

【基本信息】

【英文名】 Chongqing Cigarette Factory of China Tobacco Chongqing Industrial L. L. C.

【拼音】 chong qing zhong yan gong ye you xian ze ren gong si chong qing juan yan chang

【基础词】

【词条属性】

【分类】 境内卷烟生产

【概况】 重庆中烟工业有限责任公司重庆卷烟厂始建于1938年，其前身是香港南洋兄弟烟草公司重庆制造厂，1950年更名为公私合营南洋兄弟烟草公司重庆制造厂，1966年再次更名为国营重庆卷烟厂，现为重庆中烟工业有限责任公司所属生产制造工厂。该卷烟厂卷包车间共有15条生产线，其中3条软包生产线，9条硬包生产线，1条软包硬装生产线，2条中支生产线，卷烟年综合生产能力为50万箱。

◎ 重庆中烟工业有限责任公司黔江卷烟厂

【基本信息】

【英文名】 Qianjiang Cigarette Factory of China Tobacco Chongqing Industrial L. L. C.

【拼音】 chong qing zhong yan gong ye you xian ze ren gong si qian jiang juan yan chang

【基础词】

【词条属性】

【分类】 境内卷烟生产

【概况】 重庆中烟工业有限责任公司黔江卷烟厂前身为始建于1975年的黔江卷烟厂，现为重庆中烟工业有限责任公司所属生产制造工厂。建厂至今，该厂先后历经3次系统性技术改造，目前卷烟年生产能力为40万箱。

◎ 重庆中烟工业有限责任公司涪陵卷烟厂

【基本信息】

【英文名】 Fuling Cigarette Factory of China Tobacco Chongqing Industrial L. L. C.

【拼音】 chong qing zhong yan gong ye you xian ze ren gong si fu ling juan yan chang

【基础词】

【词条属性】

【分类】 境内卷烟生产

【概况】 重庆中烟工业有限责任公司涪陵卷烟厂前身是1964年组建的涪陵农业机械修理厂，1982年转产卷烟，2015年5月易地搬迁至李渡工业园区。该厂现设计生产能力为年产卷烟40万箱。

◎ 四川中烟工业有限责任公司

【基本信息】

【英文名】 China Tobacco Sichuan Industrial L. L. C.

【拼音】 si chuan zhong yan gong ye you xian ze ren gong si

【核心词】

【词条属性】

【分类】 境内卷烟生产

【分类】 雪茄烟生产

【概况】 四川中烟工业有限责任公司成立于2015年11月8日，是按照国家烟草专卖局关于进一步深化川渝烟草工业企业改革的决定和批复意见，在原川渝中烟四川板块基础上组建的。公司下辖成都卷烟厂、什邡卷烟厂、绵阳卷烟厂、西昌卷烟厂4家不具有法人资格的卷烟生产厂，以及长城雪茄烟厂、四川三联卷烟材料有限公司。

【词条关系】

【下辖】 四川中烟工业有限责任公司成都卷烟厂

【下辖】 四川中烟工业有限责任公司什邡卷烟厂

【下辖】 四川中烟工业有限责任公司绵阳卷烟厂

【下辖】 四川中烟工业有限责任公司西昌卷烟厂

【下辖】 四川中烟工业有限责任公司长城雪茄烟厂

【下辖】 四川三联卷烟材料有限公司

【机构-品牌】 龙凤呈祥

【机构-品牌】 娇子

【机构-品牌】 狮牌

【机构-品牌】 长城

【机构-品牌】 山城

【机构-品牌】 宏声

【机构-品牌】 天下秀

【机构-品牌】 五牛

◎ 四川中烟工业有限责任公司成都卷烟厂

【基本信息】

【英文名】 Chengdu Cigarette Factory of China Tobacco Sichuan Industrial L. L. C.

【拼音】 si chuan zhong yan gong ye you xian ze ren gong si cheng du juan yan chang

【基础词】

【词条属性】

【分类】 境内卷烟生产

【概况】 四川中烟工业有限责任公司成都卷烟厂是国家烟草专卖局确定的 34 家重点企业之一，也是四川省政府和成都市政府确定的重点优势企业。

◎ 四川中烟工业有限责任公司西昌卷烟厂

【基本信息】

【英文名】 Xichang Cigarette Factory of China Tobacco Sichuan Industrial L. L. C.

【拼音】 si chuan zhong yan gong ye you xian ze ren gong si xi chang juan yan chang

【基础词】

【词条属性】

【分类】 境内卷烟生产

【概况】 西昌卷烟厂成立于 1985 年，是四川中烟工业有限责任公司卷烟生产厂之一，卷烟生产规模 30 万箱/年，拥有国内最精良的自动化卷烟生产线。

◎ 四川中烟工业有限责任公司绵阳卷烟厂

【基本信息】

【英文名】 Mianyang Cigarette Factory of China Tobacco Sichuan Industrial L. L. C.

【拼音】 si chuan zhong yan gong ye you xian ze ren gong si mian yang juan yan chang

【基础词】

【词条属性】

【分类】 境内卷烟生产

【概况】 绵阳卷烟厂成立于 1952 年，2004 年与成都卷烟厂联合重组，成为成都卷烟厂绵阳分厂，2008 年易地重建技改后年生产能力可达 50 万箱，现为四川中烟工业有限责任公司生产点之一。

◎ 四川中烟工业有限责任公司什邡卷烟厂

【基本信息】

【英文名】 Shifang Cigarette Factory of China Tobacco Sichuan Industrial L. L. C.

【拼音】 si chuan zhong yan gong ye you xian ze ren gong si shi fang juan yan chang

【基础词】

【词条属性】

【分类】 境内卷烟生产

【概况】 什邡卷烟厂始建于 1918 年，时名益川工业社，是中国最早的烟草工业企业之一。

◎ 四川中烟工业有限责任公司长城雪茄烟厂

【基本信息】

【英文名】 Greatwall Cigar Factory of China Tobacco Sichuan Industrial L. L. C.

【拼音】 si chuan zhong yan gong ye you xian ze ren gong si chang cheng xue jia yan chang

【基础词】

【词条属性】

【分类】 境内卷烟生产

【概况】 长城雪茄烟厂成立于 2007 年 9 月 4 日，是目前中国定点生产雪茄烟的四家企业之一，全球最大的单体雪茄工厂，设计产能 50 亿支。

◎ 四川三联卷烟材料有限公司

【基本信息】

【英文名】 Sichuan Sanlian Cigarette Material Co., Ltd

【拼音】 si chuan san lian juan yan cai liao you xian gong si

【基础词】

【词条属性】

【分类】 卷烟辅助材料生产

【概况】 四川三联卷烟材料有限公司于1996年4月5日在成都市工商行政管理局登记成立，生产、经营卷烟滤嘴棒及有关配套产品。

◎ 贵州中烟工业有限责任公司

【基本信息】

【英文名】 China Tobacco Guizhou Industrial L. L. C.

【拼音】 gui zhou zhong yan gong ye you xian ze ren gong si

【核心词】

【词条属性】

【分类】 境内卷烟生产

【概况】 贵州中烟工业有限责任公司最初为贵州烟草工商分设后于2003年7月成立的贵州中烟工业公司。2008年7月，国家烟草专卖局、中国烟草总公司批复同意改制更名为贵州中烟工业有限责任公司。公司下辖贵阳卷烟厂、遵义卷烟厂、毕节卷烟厂、贵定卷烟厂、铜仁卷烟厂5家不具有法人资格的卷烟生产厂以及市场营销中心、兴义烟叶储运站和贵州福贵投资管理有限公司。

【词条关系】

【下辖】 贵州中烟工业有限责任公司贵阳卷烟厂

【下辖】 贵州中烟工业有限责任公司毕节卷烟厂

【下辖】 贵州中烟工业有限责任公司铜仁卷烟厂

【下辖】 贵州中烟工业有限责任公司遵义卷烟厂

【下辖】 贵州中烟工业有限责任公司贵定卷烟厂

【全资】 贵州福贵投资管理有限公司

【全资】 贵州黄果树金叶科技有限公司

【机构-品牌】 遵义

【机构-品牌】 桫椤

【机构-品牌】 黄果树

【机构-品牌】 贵烟

◎ 贵州中烟工业有限责任公司贵阳卷烟厂

【基本信息】

【英文名】 Guiyang Cigarette Factory of China Tobacco Guizhou Industrial L. L. C.

【拼音】 gui zhou zhong yan gong ye you xian ze ren gong si gui yang juan yan chang

【基础词】

【词条属性】

【分类】 境内卷烟生产

【概况】 贵阳卷烟厂始建于1940年，为贵州中烟工业有限责任公司骨干卷烟厂，年卷烟生产能力为120万箱。

◎ 贵州中烟工业有限责任公司贵定卷烟厂

【基本信息】

【英文名】 Guiding Cigarette Factory of China Tobacco Guizhou Industrial L. L. C.

【拼音】 gui zhou zhong yan gong ye you xian ze ren gong si gui ding juan yan chang

【基础词】

【词条属性】

【分类】 境内卷烟生产

【概况】 贵定卷烟厂位于全国四大优质烤烟基地之一的贵州省贵定县，成立于1952年，现为贵州中烟工业有限责任公司直属卷烟厂之一，主要承担卷烟生产任务，年生产能力为30万箱。

◎ 贵州中烟工业有限责任公司铜仁卷烟厂

【基本信息】

【英文名】 Tongren Cigarette Factory of China Tobacco Guizhou Industrial L. L. C.

【拼音】 gui zhou zhong yan gong ye you xian ze ren gong si tong ren juan yan chang

【基础词】

【词条属性】

【分类】 境内卷烟生产

【概况】 铜仁卷烟厂始建于1977年，1984年纳入国家计划内卷烟企业，是贵州中烟工业有限责任公司下属卷烟厂，具有多规格、小批量、特色化、柔性化的加工特点，承担贵州中烟工业有限责任公司特色卷烟的研发及生产任务。

◎ 贵州中烟工业有限责任公司遵义卷烟厂

【基本信息】

【英文名】 Zunyi Cigarette Factory of China Tobacco Guizhou Industrial L. L. C.

【拼音】 gui zhou zhong yan gong ye you xian ze ren gong si zun yi juan yan chang

【基础词】

【词条属性】

【分类】 境内卷烟生产

【概况】 遵义卷烟厂是贵州中烟工业有限责任公司骨干卷烟厂之一，下设15个科室和3个生产车间，年卷烟设计生产能力为70万箱。

◎ 贵州中烟工业有限责任公司毕节卷烟厂

【基本信息】

【英文名】 Bijie Cigarette Factory of China Tobacco Guizhou Industrial L. L. C.

【拼音】 gui zhou zhong yan gong ye you xian ze ren gong si bi jie juan yan chang

【基础词】

【词条属性】

【分类】 境内卷烟生产

【概况】 毕节卷烟厂始建于1974年，是贵州中烟工业有限责任公司骨干卷烟厂之一，拥有先进的卷烟生产设备和技术，年卷烟生产能力为60万箱。

◎ 贵州黄果树金叶科技有限公司

【基本信息】

【英文名】 Guizhou Huangguoshu Golden Leaf Technological Co., Ltd.

【拼音】 gui zhou huang guo shu jin ye ke ji you xian gong si

【基础词】

【词条属性】

【分类】 卷烟辅助材料生产

【概况】 贵州黄果树金叶科技有限公司为贵州中烟工业有限责任公司出资设立的子公司，公司注册资本为4.72亿元，主营烟草薄片生产及烟叶综合利用产品，年产再造烟叶1万吨、烟草提取物5 000吨，是贵州省及安顺市重点招商引资项目。

◎ 贵州福贵投资管理有限公司

【基本信息】

【英文名】 Guizhou Fugui Investment Management Co., Ltd.

【拼音】 gui zhou fu gui tou zi guan li you xian gong si gong si

【基础词】

【词条属性】

【分类】 投资管理

【概况】 贵州福贵投资管理有限公司成立于2013年7月，为贵州中烟工业有限责任公司直属单位。

◎ 云南中烟工业有限责任公司

【基本信息】

【英文名】 China Tobacco Yunnan Industrial L. L. C.

【拼音】 yun nan zhong yan gong ye you xian ze ren gong si

【核心词】

【词条属性】

【分类】 境内卷烟生产

【概况】 云南中烟工业有限责任公司前身为2003年10月云南烟草工商分设后成立的云南中烟工业公司。2004年1月1日，云南中烟工业公司举行挂牌仪式。2010年12月28日，国家烟草专卖局、中国烟草总公司批复同意云南中烟工业公司更名改制为云南中烟工业有限责任公司。2011年1月27日，云南中烟工业有限责任公司挂牌成立。公司集卷烟生产销售、烟草物资配套供应、科研以及多元化经营等为一体，是目前全国卷烟产销规模最大的省级中烟公司。公司拥有卷烟产量规模位居行业前两位的红塔烟草（集团）有限责任公司（下辖玉溪卷烟厂、楚雄卷烟厂、大理卷烟厂、昭通卷烟厂4个不具有法人资格的全资卷烟生产厂）和红云红河烟草（集团）有限责任公司（下辖昆明卷烟厂、红河卷烟厂、曲靖卷烟厂、会泽卷烟厂、新疆卷烟厂、乌兰浩特卷烟厂6个不具有法人资格的全资卷烟生产厂），以及营销中心、技术中心（烟草科学研究院）、云南合和（集团）股份有限公司、云南中烟物资（集团）有限责任公司、云南烟草国际有限公司、云南烟草教育培训中心（云南烟草学校）、云南中烟特有职业（工种）职业技能鉴定站、云南中烟新材料科技有限公司等多家直属单位，并参股或控股云南烟草机械有限责任公司、云南中烟再造烟叶有限责任公司等多家企业。

【词条关系】

【下辖】 红云红河烟草（集团）有限责任公司

【下辖】 红塔烟草（集团）有限责任公司

【下辖】 云南烟草教育培训中心

【下辖】 云南中烟特有职业（工种）职业技能鉴定站

【下辖】 云南合和（集团）股份有限公司

【下辖】 云南中烟新材料科技有限公司

【下辖】 云南烟草科学研究院

【下辖】 云南中烟物资（集团）有限责任公司

【下辖】 云南烟草国际有限公司

【控股】 云南烟草机械有限责任公司

【控股】 云南中烟再造烟叶有限责任公司

◎ 红云红河烟草（集团）有限责任公司

【基本信息】

【英文名】 Hongyunhonghe Tobacco (Group) L. L. C.

【拼音】 hong yun hong he yan cao (ji tuan) you xian ze ren gong si

【核心词】

【词条属性】

【分类】 境内卷烟生产

【概况】 云南中烟工业有限责任公司红云红河烟草（集团）有限责任公司成立于 2008 年 11 月，下辖昆明卷烟厂、红河卷烟厂、曲靖卷烟厂、会泽卷烟厂、新疆卷烟厂、乌兰浩特卷烟厂，控股山西昆明烟草有限责任公司、内蒙古昆明卷烟有限责任公司，主要生产“云烟”“红河”等品牌卷烟。

【词条关系】

【下辖】 红云红河烟草（集团）有限责任公司曲靖卷烟厂

【下辖】 红云红河烟草（集团）有限责任公司红河卷烟厂

【下辖】 红云红河烟草（集团）有限责任公司昆明卷烟厂

【下辖】 红云红河烟草（集团）有限责任公司乌兰浩特卷烟厂

【下辖】 红云红河烟草（集团）有限责任公司会泽卷烟厂

【下辖】 红云红河烟草（集团）有限责任公司新疆卷烟厂

【控股】 缅甸掸邦第一特区果敢卷烟厂

【控股】 内蒙古昆明卷烟有限责任公司

【控股】 曲靖天福烟叶复烤有限责任公司

【控股】 山西昆明烟草有限责任公司

【机构-品牌】 云烟

【机构-品牌】 红山茶

【机构-品牌】 福

【机构-品牌】 小熊猫

【机构-品牌】 呼伦贝尔

【机构-品牌】 雪莲

【机构-品牌】 红河

【机构-品牌】 石林

【机构-品牌】 茶花

【机构-品牌】 雪域

【机构-品牌】 钓鱼台

◎ 红塔烟草（集团）有限责任公司

【基本信息】

【英文名】 Hongta Tobacco (Group) L. L. C.

【拼音】 hong ta yan cao (ji tuan) you xian ze ren gong si

【核心词】

【词条属性】

【分类】 境内卷烟生产

【概况】 红塔烟草（集团）有限责任公司是云南中烟工业有限责任公司下属具有独立法人的核心骨干企业，前身是创建于 1956 年的玉溪烟叶复烤厂。

【词条关系】

【下辖】 红塔烟草（集团）有限责任公司昭通卷烟厂

【下辖】 红塔烟草（集团）有限责任公司玉溪卷烟厂

【下辖】 红塔烟草（集团）有限责任公司大理卷烟厂

【下辖】 红塔烟草（集团）有限责任公司楚雄卷烟厂

【控股】 香港红塔国际烟草有限公司

【控股】 海南红塔卷烟有限责任公司

【参股】 吉林烟草工业有限责任公司

【控股】 红塔辽宁烟草有限责任公司

【机构-品牌】 恭贺新禧

【机构-品牌】 红梅

【机构-品牌】 玉溪

【机构-品牌】 红塔山

◎ 云南烟草科学研究院

【基本信息】

【英文名】 Yunnan Tobacco Science Research Academy

【拼音】 yun nan yan cao ke xue yan jiu yuan

【基础词】

【词条属性】

【分类】 科研院所

【概况】 云南烟草科学研究院(简称云南院)成立于1998年,位于云南省昆明市高新技术开发区,隶属云南中烟工业有限责任公司,是专门从事基础性、前瞻性、共性技术研究的综合科研机构。2014年3月,在云南中烟工业有限责任公司"两统一、两整合"改革中,云南院与云南中烟科技开发部、红塔集团技术中心和红云红河集团技术中心组建云南中烟技术中心,对外不再以云南院的名义承接项目。

◎ 云南中烟新材料科技有限公司

【基本信息】

【英文名】 China Tobacco Yunnan New Material Technology Co., Ltd.

【拼音】 yun nan zhong yan xin cai liao ke ji you xian gong si

【基础词】

【词条属性】

【分类】 卷烟辅助材料生产

【概况】 云南中烟新材料科技有限公司成立于2013年5月,是云南中烟工业有限责任公司直属单位。

◎ 云南烟草国际有限公司

【基本信息】

【英文名】 Yunnan Tobacco International Co., Ltd.

【拼音】 yun nan yan cao guo ji you xian gong si

【基础词】

【词条属性】

【分类】 进出口

【概况】 云南烟草国际有限公司成立于2006年12月,系云南中烟工业有限责任公司全资子公司。

◎ 云南中烟物资(集团)有限责任公司

【基本信息】

【英文名】 China Tobacco Yunnan Materials (Group) L. L. C.

【拼音】 yun nan zhong yan wu zi (ji tuan) you xian ze ren gong si

【基础词】

【词条属性】

【分类】 卷烟辅助材料生产

【概况】 云南中烟物资(集团)有限责任公司成立于1985年5月,为云南中烟工业有限责任公司直属单位。

◎ 云南合和(集团)股份有限公司

【基本信息】

【英文名】 Yunnan Hehe (Group) Co., Ltd.

【拼音】 yun nan he he (ji tuan) gu fen you xian gong si

【基础词】

【词条属性】

【分类】 卷烟辅助材料生产

【概况】 云南合和(集团)股份有限公司(简称合和集团)于2015年1月挂牌成立,是由云南中烟工业有限责任公司(占股12%)、红塔烟草(集团)有限责任公司(占股75%)、红云红河烟草(集团)有限责任公司(占股13%)共同出资,以三家股东所属140多家多元化经营企业为基础,整合重组成立的国有大型股份制公司。

【词条关系】

【下辖】 云南烟草兴云投资股份有限公司

【下辖】 云南中维酒店管理有限责任公司

◎ 云南烟草教育培训中心

【基本信息】

【英文名】 Yunnan Tobacco Education and Training Center

【拼音】 yun nan yan cao jiao yu pei xun zhong xin

【基础词】

【词条属性】

【分类】 教育培训

【概况】 云南烟草教育培训中心原名云南烟草工业干部学校,始建于1983年,目前已成为中国烟草总公司云南省公司下属事业性质的集电大、中专、技工、干部、职工培训为一体的独立办学实体,成为云南烟草人才综合教育培训基地。

◎ 云南中烟工业有限责任公司特有职业(工种)职业技能鉴定站

【基本信息】

【英文名】 Special Occupation (Type of Work) Vocational Skill Appraisal Station of China Tobacco

Yunnan Industrial L. L. C.

【拼音】 yun nan zhong yan gong ye you xian ze ren gong si te you zhi ye (gong zhong) zhi ye ji neng jian ding zhan

【基础词】

【词条属性】

【分类】 教育培训

【概况】 该鉴定站鉴定工种涉及烟叶分级工、烟叶调制工、原烟分级工、烟叶质量检查工、烟叶保管工、卷烟商品营销员、烟机设备修理工(打叶复烤)、打叶复烤工等职业(工种)对应的国家职业资格三级(高级)、国家职业资格四级(中级)、国家职业资格五级(初级)3 个等级,协同国家烟草专卖局鉴定指导中心实施国家职业资格二级(技师)和国家职业资格一级(高级技师)的鉴定工作,鉴定单位覆盖 16 个州(市)局(公司)、云南省烟草烟叶公司和中国烟草云南进出口有限公司等烟叶生产领域的职业(工种)鉴定。

◎ 云南中烟再造烟叶有限责任公司

【基本信息】

【英文名】 China Tobacco Yunnan Reconstituted Tobacco L. L. C.

【拼音】 yun nan zhong yan zai zao yan ye you xian ze ren gong si

【基础词】

【词条属性】

【分类】 薄片生产

【概况】 云南中烟再造烟叶有限责任公司是由云南中烟工业有限责任公司控股的国有股份制企业,主要经营业务是造纸法再造烟叶相关配套工艺技术研究、工艺装备设计开发以及再造烟叶产品的生产和销售。

◎ 红云红河烟草(集团)有限责任公司昆明卷烟厂

【基本信息】

【英文名】 Kunming Cigarette Factory of Hongyunhonghe Tobacco (Group) L. L. C.

【拼音】 hong yun hong he yan cao (ji tuan) you xian ze ren gong si kun ming juan yan chang

【基础词】

【词条属性】

【分类】 境内卷烟生产

【概况】 昆明卷烟厂创建于 1922 年,重组前是中国卷烟工业四大重点骨干企业之一,拥有“云烟”“红山茶”“春城”“香格里拉”“茶花”“大重九”6 个主要品牌。

◎ 红云红河烟草(集团)有限责任公司会泽卷烟厂

【基本信息】

【英文名】 Huize Cigarette Factory of Hongyunhonghe Tobacco (Group) L. L. C.

【拼音】 hong yun hong he yan cao (ji tuan) you xian ze ren gong si hui ze juan yan chang

【基础词】

【词条属性】

【分类】 境内卷烟生产

【概况】 红云红河烟草(集团)有限责任公司会泽卷烟厂始建于 1973 年,年卷烟生产能力为 30 万箱,主要生产“云烟(小熊猫)”“云烟(紫)”“云烟(红)”“红河(硬)”“红河(小熊猫世纪风)”等品牌卷烟。

◎ 红云红河烟草(集团)有限责任公司曲靖卷烟厂

【基本信息】

【英文名】 Qujing Cigarette Factory of Hongyunhonghe Tobacco (Group) L. L. C.

【拼音】 hong yun hong he yan cao (ji tuan) you xian ze ren gong si qu jing juan yan chang

【基础词】

【词条属性】

【分类】 境内卷烟生产

【概况】 曲靖卷烟厂始建于 1966 年,有代表卷烟品牌“福”。

◎ 红云红河烟草(集团)有限责任公司红河卷烟厂

【基本信息】

【英文名】 Honghe Cigarette Factory of Hongyunhonghe Tobacco (Group) L. L. C.

【拼音】 hong yun hong he yan cao (ji tuan) you xian ze ren gong si hong he juan yan chang

【基础词】

【词条属性】

【分类】 境内卷烟生产

【概况】　红河卷烟厂于1985年筹建，1988年投产，2008年11月红云、红河集团实现联合重组后红河卷烟厂成为红云红河集团下属的骨干工厂之一。

◎ 红云红河烟草(集团)有限责任公司乌兰浩特卷烟厂

【基本信息】

【英文名】　Ulan Hot Cigarette Factory of Hongyunhonghe Tobacco (Group) L. L. C.

【拼音】　hong yun hong he yan cao (ji tuan) you xian ze ren gong si wu lan hao te juan yan chang

【基础词】

【词条属性】

【分类】　境内卷烟生产

【概况】　乌兰浩特卷烟厂是红云红河烟草(集团)有限责任公司生产厂之一，现有27个部门，年生产能力达到50万箱。

◎ 红云红河烟草(集团)有限责任公司新疆卷烟厂

【基本信息】

【英文名】　Xinjiang Cigarette Factory of Hongyunhonghe Tobacco (Group) L. L. C.

【拼音】　hong yun hong he yan cao (ji tuan) you xian ze ren gong si xin jiang juan yan chang

【基础词】

【词条属性】

【分类】　境内卷烟生产

【概况】　新疆卷烟厂是新疆唯一的卷烟生产企业，始建于1960年，2008年11月加入红云红河集团。该厂年设计卷烟生产能力为50万箱，主要生产“云烟”“红河”“雪莲”品牌卷烟。

◎ 缅甸掸邦第一特区果敢卷烟厂

【基本信息】

【英文名】　Kokang Cigarette Factory in the First Special Zone of Shan State, Myanmar

【拼音】　mian dian shan bang di yi te qu guo gan juan yan chang

【基础词】

【词条属性】

【分类】　境外卷烟生产

【概况】　缅甸掸邦第一特区果敢卷烟厂成立于1993年，位于缅甸联邦境内掸邦第一特区果敢昔娥寨。企业注册资本为430万元，其中红云红河集团持有64%的股份，云南中烟工业有限责任公司控股的天成(太平洋)有限公司持有18.5%的股份，缅甸掸邦第一特区政府持有17.5%的股份。

◎ 红塔烟草(集团)有限责任公司玉溪卷烟厂

【基本信息】

【英文名】　Yuxi Cigarette Factory of Hongta Tobacco (Group) L. L. C.

【拼音】　hong ta yan cao (ji tuan) you xian ze ren gong si yu xi juan yan chang

【基础词】

【词条属性】

【分类】　境内卷烟生产

【概况】　玉溪卷烟厂创业于1956年，1959年由其生产的第一包“红塔山”问世。1995年9月，在玉溪卷烟厂基础上成立玉溪红塔烟草(集团)有限责任公司；2005年12月，玉溪红塔烟草(集团)有限责任公司更名为红塔烟草(集团)有限责任公司；2007年6月，玉溪卷烟厂恢复建制，承担红塔集团高端高档及主要品牌的卷烟生产任务，年产量为200多万箱，为红塔集团规模最大的生产厂。

◎ 红塔烟草(集团)有限责任公司楚雄卷烟厂

【基本信息】

【英文名】　Chuxiong Cigarette Factory of Hongta Tobacco (Group) L. L. C.

【拼音】　hong ta yan cao (ji tuan) you xian ze ren gong si chu xiong juan yan chang

【基础词】

【词条属性】

【分类】　境内卷烟生产

【概况】　楚雄卷烟厂始建于1974年，1998年与红塔集团构成母子公司体制；2004年9月实现与红塔集团的一体化整合，成为红塔烟草集团核心卷烟工厂之一。

◎ 红塔烟草(集团)有限责任公司大理卷烟厂

【基本信息】

【英文名】　Dali Cigarette Factory of Hongta

Tobacco (Group) L. L. C.

【拼音】 hong ta yan cao (ji tuan) you xian ze ren gong si da li juan yan chang

【基础词】

【词条属性】

【分类】 境内卷烟生产

【概况】 大理卷烟厂创建于1950年，原名苍山烟厂，是云南省最早的部队烟厂之一，1995年7月加入红塔集团，成为红塔烟草(集团)有限责任公司大理卷烟厂，2004年9月取消独立法人资格，实行一体化管理。目前，工厂拥有先进的打叶复烤生产线、制丝线、卷接包装生产线，年卷烟生产能力为50万箱，年烟叶复烤加工能力为60万担。

◎ 红塔烟草(集团)有限责任公司昭通卷烟厂

【基本信息】

【英文名】 Zhaotong Cigarette Factory of Hongta Tobacco(Group) L. L. C.

【拼音】 hong ta yan cao (ji tuan) you xian ze ren gong si zhao tong juan yan chang

【基础词】

【词条属性】

【分类】 境内卷烟生产

【概况】 昭通卷烟厂创建于1970年，1978年被纳入国家计划内，2005年与红河卷烟厂合并重组为红河卷烟总厂，2007年5月依法改制更名为红河烟草(集团)有限责任公司昭通卷烟厂，2008年10月与红塔集团重组整合，更名为红塔烟草(集团)有限责任公司昭通卷烟厂，目前已发展成为一个年综合生产能力达80万箱，拥有现代卷烟生产、物流等配套先进设备的现代化卷烟制造工厂。

◎ 香港红塔国际烟草有限公司

【基本信息】

【英文名】 Hongkong Hongta International Tobacco Co., Ltd.

【拼音】 xiang gang hong ta guo ji yan cao you xian gong si

【基础词】

【词条属性】

【分类】 境外卷烟生产

【概况】 1992年，楚雄卷烟厂在香港创建控股企业雄伟(国际)烟草有限公司。1998年，国家烟草专卖局批准将楚雄卷烟厂的资产划转给红塔集团，同年12月9日，雄伟(国际)烟草有限公司更名为香港红塔国际烟草有限公司，红塔集团控股70%，新加坡仁恒国际投资有限公司30%。2007年，红塔集团将15%的股权划转至云南中烟工业有限责任公司，公司注册资本增加至1.29亿港元。2011年，云南中烟工业有限责任公司将15%的股权划转至其全资子公司云南烟草国际有限公司，公司的股权结构变为：红塔集团控股55%，仁恒国际投资有限公司持股30%，云南烟草国际有限公司持股15%。公司为持有香港特别行政区香烟生产许可证的3家公司之一。

◎ 老挝寮中红塔好运烟草有限公司

【基本信息】

【英文名】 Lao-China Hongta Good Luck Tobacco Co., Ltd.

【拼音】 lao wo liao zhong hong ta hao yun yan cao you xian gong si

【基础词】

【词条属性】

【分类】 境外卷烟生产

【概况】 1992年，老挝寮中好运烟草有限公司在老挝万象市成立，2007年12月更名为老挝寮中红塔好运烟草有限公司，红塔集团控股61%，中国烟草总公司海南省公司持股30%，老挝因得沙伯服装厂持股6%，老挝L·D建筑有限公司持股3%。2012年12月，经过第十一届股东第九次会议、第十六届董事会第五次会议后，中国烟草总公司海南省公司将所占30%股份转让给红塔集团，现在红塔集团持股91%，沙湾万里进出口有限公司持股6%，老挝道沙湾投资建筑集团有限公司持股3%。

◎ 云南中维酒店管理有限责任公司

【基本信息】

【英文名】 Yunnan Zhongwei Hotel Management L. L. C.

【拼音】 yun nan zhong wei jiu dian guan li you xian ze ren gong si

【基础词】

【词条属性】

【分类】 服务管理

◎ 云南烟草兴云投资股份有限公司

【基本信息】

【英文名】 Yunnan Tobacco Xingyun Investment Co., Ltd.

【拼音】 yun nan yan cao xing yun tou zi gu fen you xian gong si

【基础词】

【词条属性】

【分类】 投资管理

◎ 陕西中烟工业有限责任公司

【基本信息】

【英文名】 China Tobacco Shaanxi Industrial L. L. C.

【拼音】 shan xi zhong yan gong ye you xian ze ren gong si

【核心词】

【词条属性】

【分类】 境内卷烟生产

【概况】 陕西中烟工业有限责任公司前身为陕西烟草工商分设后于2003年12月成立的陕西中烟工业公司。2009年9月，经国家烟草专卖局、中国烟草总公司批复同意，更名改制为陕西中烟工业有限责任公司。公司下辖宝鸡卷烟厂、延安卷烟厂、汉中卷烟厂、澄城卷烟厂和旬阳卷烟厂5家不具有法人资格的卷烟生产厂以及具有独立法人资格的陕西中烟投资管理有限公司。

【词条关系】

【下辖】 陕西中烟工业有限责任公司澄城卷烟厂

【下辖】 陕西中烟工业有限责任公司旬阳卷烟厂

【下辖】 陕西中烟工业有限责任公司宝鸡卷烟厂

【下辖】 陕西中烟工业有限责任公司汉中卷烟厂

【下辖】 陕西中烟工业有限责任公司延安卷烟厂

【下辖】 陕西中烟投资管理有限公司

【控股】 蒙古烟草有限责任公司

【机构-品牌】 猴王

【机构-品牌】 好猫

【机构-品牌】 延安

◎ 陕西中烟工业有限责任公司汉中卷烟厂

【基本信息】

【英文名】 Hanzhong Cigarette Factory of China Tobacco Shaanxi Industrial L. L. C.

【拼音】 shan xi zhong yan gong ye you xian ze ren gong si han zhong juan yan chang

【基础词】

【词条属性】

【分类】 境内卷烟生产

【概况】 汉中卷烟厂隶属陕西中烟工业有限责任公司，始建于1975年8月，是陕西烟草工业重点骨干企业，年生产能力为50万箱。

◎ 陕西中烟工业有限责任公司澄城卷烟厂

【基本信息】

【英文名】 Chengcheng Cigarette Factory of China Tobacco Shaanxi Industrial L. L. C.

【拼音】 shan xi zhong yan gong ye you xian ze ren gong si cheng cheng juan yan chang

【基础词】

【词条属性】

【分类】 境内卷烟生产

【概况】 陕西中烟工业有限责任公司澄城卷烟厂原名澄城卷烟厂，2007年12月12日由国家烟草专卖局、中国烟草总公司整体划归陕西中烟工业有限责任公司。

◎ 陕西中烟工业有限责任公司延安卷烟厂

【基本信息】

【英文名】 Yan'an Cigarette Factory of China Tobacco Shaanxi Industrial L. L. C.

【拼音】 shan xi zhong yan gong ye you xian ze ren gong si yan an juan yan chang

【基础词】

【词条属性】

【分类】 境内卷烟生产

【概况】 陕西中烟工业有限责任公司延安卷烟厂于1970年5月在南泥湾正式筹建，后经过3次易地搬迁和技术改造，已由初期9人创业的手工作坊，发展成为年生产卷烟能力为40万箱的国有中型卷烟生产企业，成为陕西烟草工业的骨干企业。

◎ 陕西中烟工业有限责任公司旬阳卷烟厂

【基本信息】

【英文名】 Xunyang Cigarette Factory of China Tobacco Shaanxi Industrial L. L. C.

【拼音】 shan xi zhong yan gong ye you xian ze ren gong si xun yang juan yan chang

【基础词】

【词条属性】

【分类】 境内卷烟生产

【概况】 旬阳卷烟厂创建于1976年，1986年上划为陕西省烟草专卖局(公司)管理，2009年直属陕西中烟工业有限责任公司管理，拥有年产20万箱的卷烟生产线和烟叶复烤30万担的打叶复烤生产线各1条。

◎ 陕西中烟工业有限责任公司宝鸡卷烟厂

【基本信息】

【英文名】 Baoji Cigarette Factory of China Tobacco Shaanxi Industrial L. L. C.

【拼音】 shan xi zhong yan gong ye you xian ze ren gong si bao ji juan yan chang

【基础词】

【词条属性】

【分类】 境内卷烟生产

【概况】 陕西中烟工业有限责任公司宝鸡卷烟厂成立于1949年10月，现已发展成为陕西中烟工业有限责任公司旗下核心卷烟制造工厂、西北地区规模最大的卷烟生产厂家。该厂主要生产"好猫""猴王"等卷烟品牌，年卷烟设计生产能力为100万箱。

◎ 陕西中烟投资管理有限公司

【基本信息】

【英文名】 China Tobacco Shaanxi Investment Management Co., Ltd.

【拼音】 shan xi zhong yan tou zi guan li you xian gong si

【基础词】

【词条属性】

【分类】 投资管理

【概况】 陕西中烟投资管理有限公司为陕西中烟工业有限责任公司下辖的，具有独立法人资格的企业，其对外投资6家公司，经营范围包括项目投资及管理、自营和代理各类商品和技术的进出口业务等。

◎ 蒙古烟草有限责任公司

【基本信息】

【英文名】 Mongolia Tobacco L. L. C.

【拼音】 meng gu yan cao you xian ze ren gong si

【基础词】

【词条属性】

【分类】 境外卷烟生产

【概况】 蒙古烟草有限责任公司位于蒙古国首都乌兰巴托市，成立于2001年。公司是由陕西中烟工业有限责任公司控股并与蒙古阿哈木德音呼其公司、蒙古新大陆公司、中国烟草总公司陕西省公司合资组建的卷烟加工贸易企业，注册资本为137.7万美元，中方投资占51%，蒙方投资占49%。

◎ 黑龙江烟草工业有限责任公司

【基本信息】

【英文名】 Heilongjiang Tobacco Industrial L. L. C.

【拼音】 hei long jiang yan cao gong ye you xian ze ren gong si

【核心词】

【词条属性】

【分类】 境内卷烟生产

【概况】 黑龙江烟草工业有限责任公司成立于2007年11月，下辖哈尔滨卷烟厂、海林卷烟厂、穆棱卷烟厂、绥化卷烟厂4个卷烟生产厂。2009年，公司与湖北中烟工业有限责任公司进行跨省联合、整合重组。公司本部下设21个部门，占地面积为55.6万平方米，有5 000千克/时的制丝生产线1条，3 000千克/时的制丝生产线2条，1 500千克/时的梗丝生产线2条以及卷接包设备37台(套)，年卷烟生产能力为500亿支(100万箱)。

【词条关系】

【下辖】 黑龙江烟草工业有限责任公司哈尔滨卷烟厂

【下辖】 黑龙江烟草工业有限责任公司绥化卷烟厂

【下辖】 黑龙江烟草工业有限责任公司海林卷烟厂

【下辖】 黑龙江烟草工业有限责任公司穆棱卷烟厂

【机构-品牌】 林海灵芝

【机构-品牌】 哈尔滨

【机构-品牌】 龙烟

【机构-品牌】 老仁义

◎ 黑龙江烟草工业有限责任公司哈尔滨卷烟厂

【基本信息】

【英文名】 Harbin Cigarette Factory of Heilongjiang Tobacco Industrial L. L. C.

【拼音】 hei long jiang yan cao gong ye you xian ze ren gong si ha er bin juan yan chang

【基础词】

【词条属性】

【分类】 境内卷烟生产

【概况】 哈尔滨卷烟厂是全国卷烟行业中建厂最早、历史最长的老厂之一，始建于1902年，前身为波兰籍犹太人创办的卷烟手工作坊，1952年收归国有，更名为国营哈尔滨卷烟厂，1982年上划中国烟草总公司黑龙江省公司，2007年10月改制更名为黑龙江烟草工业有限责任公司哈尔滨卷烟厂。

◎ 黑龙江烟草工业有限责任公司穆棱卷烟厂

【基本信息】

【英文名】 Muling Cigarette Factory of Heilongjian Tobacco Industrial L. L. C.

【拼音】 hei long jiang yan cao gong ye you xian ze ren gong si mu ling juan yan chang

【基础词】

【词条属性】

【分类】 境内卷烟生产

【概况】 穆棱卷烟厂始建于1977年5月，初名国营穆棱县雪茄烟厂，产品以机制雪茄型卷烟等为主，1984年上划黑龙江省烟草公司管理，1992年4月经国家烟草专卖局批准更名为穆棱卷烟厂，后划归黑龙江烟草工业有限责任公司，更名为黑龙江烟草工业有限责任公司穆棱卷烟厂。该厂在产品牌有“大丰收（软硬盒）”“老仁义（软盒）”“哈尔滨（黄硬盒）”等品种。

◎ 黑龙江烟草工业有限责任公司海林卷烟厂

【基本信息】

【英文名】 Hailin Cigarette Factory of Heilongjiang Tobacco Industrial L. L. C.

【拼音】 hei long jiang yan cao gong ye you xian ze ren gong si hai lin juan yan chang

【基础词】

【词条属性】

【分类】 境内卷烟生产

【概况】 海林卷烟厂始建于1970年，是以生产卷烟为主的烟草加工企业，2003年12月整合归属哈尔滨卷烟总厂，2007年11月更名为黑龙江烟草工业有限责任公司海林卷烟厂。机构内设5个生产车间、20个科室。

◎ 黑龙江烟草工业有限责任公司绥化卷烟厂

【基本信息】

【英文名】 Suihua Cigarette Factory of Heilongjiang Tobacco Industrial L. L. C.

【拼音】 hei long jiang yan cao gong ye you xian ze ren gong si sui hua juan yan chang

【基础词】

【词条属性】

【分类】 境内卷烟生产

【概况】 黑龙江烟草工业有限责任公司绥化卷烟厂是一家从事卷烟制造的企业，受黑龙江烟草工业有限责任公司管理。

◎ 红塔辽宁烟草有限责任公司

【基本信息】

【英文名】 Hongta Liaoning Tobacco L. L. C.

【拼音】 hong ta liao ning yan cao you xian ze ren gong si

【核心词】

【词条属性】

【分类】 境内卷烟生产

【概况】 2003年12月，红塔辽宁烟草有限责任公司由中国烟草总公司辽宁省公司与红塔烟草（集团）有限责任公司实行股份制合作组建。红塔集团以货币出资，持股比例为51%；辽宁省公司以资产出资，持股比例为49%。2004年，根据国家烟草专卖局《关于调整兰州卷烟厂等8家卷烟工业企业管理体制的通知》要求，中国烟草总公司辽宁省公司所持股权划转至中烟实业发展中心。2005年，红塔集团增持股份，持股比例上升至52.17%，中烟实业持股比例为47.83%。红塔辽宁烟草有限责任公司下辖沈阳卷烟厂、营口卷烟厂，本部下设12个职能部门，占地面积为41.5万平方米，拥有6 500千克/时、6 000千克/时、1 500千克/时制丝生产线各1条，卷接包机组25台(套)，年卷烟生产能力为499.5亿支(99.9万箱)。

【词条关系】

【下辖】 红塔辽宁烟草有限责任公司沈阳卷烟厂

【下辖】 红塔辽宁烟草有限责任公司营口卷烟厂

【机构-品牌】 人民大会堂

◎ 红塔辽宁烟草有限责任公司沈阳卷烟厂

【基本信息】

【英文名】 Shenyang Cigarette Factory of Hongta Liaoning Tobacco L. L. C.

【拼音】 hong ta liao ning yan cao you xian ze ren gong si shen yang juan yan chang

【基础词】

【词条属性】

【分类】 境内卷烟生产

【概况】 沈阳卷烟厂始建于1908年，原名大英烟草公司，后划归辽宁省烟草公司统一管理并正式定名为沈阳卷烟厂，2003年融入红塔辽宁烟草有限责任公司，成为其卷烟生产企业，具有年产30万箱卷烟的生产能力。

◎ 红塔辽宁烟草有限责任公司营口卷烟厂

【基本信息】

【英文名】 Yingkou Cigarette Factory of Hongta Liaoning Tobacco L. L. C.

【拼音】 hong ta liao ning yan cao you xian ze ren gong si ying kou juan yan chang

【基础词】

【词条属性】

【分类】 境内卷烟生产

【概况】 营口卷烟厂始建于1909年，由英国启东烟草公司和日本东亚烟草株式会社合并成为营口卷烟厂，后隶属红塔辽宁烟草有限责任公司，年卷烟生产能力30万箱，主要生产设备状况接近全国先进水平，其主要卷烟品牌为“人民大会堂”。

◎ 吉林烟草工业有限责任公司

【基本信息】

【英文名】 Jilin Tobacco Industrial L. L. C.

【拼音】 ji lin yan cao gong ye you xian ze ren gong si

【核心词】

【词条属性】

【分类】 境内卷烟生产

【概况】 吉林烟草工业有限责任公司成立于2006年12月，由中国烟草实业发展中心与红塔烟草(集团)有限责任公司共同组建。公司下辖延吉卷烟厂、长春卷烟厂，朝鲜平壤白山烟草有限责任公司、朝鲜平壤大同江烟草有限公司、朝鲜罗先新兴烟草会社3家境外企业以及延边友利打叶复烤有限责任公司、延边长白山嘴棒有限公司、延吉长白山文化传媒有限公司。

【词条关系】

【下辖】 吉林烟草工业有限责任公司长春卷烟厂

【下辖】 吉林烟草工业有限责任公司延吉卷烟厂

【控股】 朝鲜平壤大同江烟草有限公司

【控股】 朝鲜平壤白山烟草有限责任公司

【控股】 朝鲜罗先新兴烟草会社

【下辖】 延边友利打叶复烤有限责任公司

【机构-品牌】 长白山

【机构-品牌】 人参

◎ 吉林烟草工业有限责任公司长春卷烟厂

【基本信息】

【英文名】 Changchun Cigarette Factory of Jilin Tobacco Industrial L. L. C.

【拼音】 ji lin yan cao gong ye you xian ze ren gong si chang chun juan yan chang

【基础词】

【词条属性】

【分类】 境内卷烟生产

【概况】 吉林烟草工业有限责任公司长春卷烟厂现有在岗职工1 000余人，主要生产“长白山”“红塔山”等卷烟品牌。

◎ 吉林烟草工业有限责任公司延吉卷烟厂

【基本信息】

【英文名】 Yanji Cigarette Factory of Jilin Tobacco Industrial L. L. C.

【拼音】 ji lin yan cao gong ye you xian ze ren gong si yan ji juan yan chang

【基础词】

【词条属性】

【分类】 境内卷烟生产

【概况】 延吉卷烟厂是隶属吉林烟草工业有限责任公司的全国烟草行业36户重点企业之一，1975年建厂，年卷烟生产能力为50万箱。

◎朝鲜平壤大同江烟草有限公司

【基本信息】

【英文名】 Datongjiang Tobacco Limited Company in Pyongyang, DPRK

【拼音】 chao xian ping rang da tong jiang yan cao you xian gong si

【基础词】

【词条属性】

【分类】 境外卷烟生产

【概况】 大同江烟草有限公司位于朝鲜平壤市乐浪区，成立于2000年。公司是由吉林烟草工业有限责任公司与朝鲜双林贸易会社合资组建的卷烟生产企业，投资总额为120万美元，中方占股51%，朝方占股49%。

◎ 罗先新兴烟草会社

【基本信息】

【英文名】 Rason New and Emerging Tobacco Association

【拼音】 luo xian xin xing yan cao hui she

【基础词】

【词条属性】

【分类】 境外卷烟生产

【概况】 罗先新兴烟草会社位于朝鲜罗先特别市，成立于2001年，是吉林烟草工业有限责任公司在朝鲜独资设立的卷烟生产企业，注册资本为305万美元。

◎ 朝鲜平壤白山烟草有限责任公司

【基本信息】

【英文名】 Pyongyang-Baishan Tobacco Limited Liability Company in DPRK

【拼音】 chao xian ping rang bai shan yan cao you xian ze ren gong si

【基础词】

【词条属性】

【分类】 境外卷烟生产

【概况】 平壤白山烟草有限责任公司位于朝鲜平壤市龙城区，成立于2008年4月23日，公司是由吉林烟草工业有限责任公司与朝鲜烟草进出口商社合资组建的卷烟生产企业，投资总额为400万欧元，其中，中方以设备折价出资，股份占51%；朝方以土地、厂房等配套设施折价出资，股份占49%。

◎ 甘肃烟草工业有限责任公司

【基本信息】

【英文名】 Gansu Tobacco Industrial L. L. C.

【拼音】 gan su yan cao gong ye you xian ze ren gong si

【核心词】

【词条属性】

【分类】 境内卷烟生产

【概况】 甘肃烟草工业有限责任公司前身是始建于1936年的兰州卷烟厂。2002年，兰州卷烟厂与原天水卷烟厂合并，形成“一厂两点”的运行管理模式，2005年1月划归中国烟草实业发展中心管理。2007年12月，兰州卷烟厂改制更名为甘肃烟草工业有限责任公司。2008年8月，公司与浙江中烟工业有限责任公司跨省联合，重组改制。2013年1月，国家烟草专卖局、中国烟草总公司下发文件，甘肃烟草工业有限责任公司成立分支机构兰州卷烟厂，形成“一个公司、两个分支机构(兰州卷烟厂、天水卷烟厂)”的生产经营管理模式。

【词条关系】

【下辖】 甘肃烟草工业有限责任公司兰州卷烟厂

【下辖】 甘肃烟草工业有限责任公司天水卷烟厂

【机构-品牌】 丝绸之路

【机构-品牌】 兰州

◎ 甘肃烟草工业有限责任公司兰州卷烟厂

【基本信息】

【英文名】 Lanzhou Cigarette Factory of Gansu Tobacco Industrial L. L. C.

【拼音】 gan su yan cao gong ye you xian ze ren gong si lan zhou juan yan chang

【基础词】

【词条属性】

【分类】 境内卷烟生产

【概况】 兰州卷烟厂始建于1936年，2002年进入全国行业36户重点工业企业和全国纳税百强企业之列，2002年12月合并天水卷烟厂并成立天水分厂，2012年成为甘肃烟草工业有限责任公司分支机构。

◎ 甘肃烟草工业有限责任公司天水卷烟厂

【基本信息】

【英文名】 Tianshui Cigarette Factory of Gansu Tobacco Industrial L. L. C.

【拼音】 gan su yan cao gong ye you xian ze ren gong si tian shui juan yan chang

【基础词】

【词条属性】

【分类】 境内卷烟生产

【概况】 天水卷烟厂始建于1970年，2002年与兰州卷烟厂完成调整性合并，2005年统一由甘肃省烟草专卖局(公司)划转中国烟草发展实业中心管理。2007年，甘肃烟草工业有限责任公司成立，兰州卷烟厂天水分厂更名为甘肃烟草工业有限责任公司天水卷烟厂。

◎ 内蒙古昆明卷烟有限责任公司

【基本信息】

【英文名】 Inner Mongolia Kunming Cigarette Limited Liability Company

【拼音】 nei meng gu kun ming juan yan you xian ze ren gong si

【核心词】

【词条属性】

【分类】 境内卷烟生产

【概况】 内蒙古昆明卷烟有限责任公司于2003年10月10日挂牌，2004年6月30日正式注册成立，2004年11月调整为中烟实业管理。公司注册资本为12.33亿元，中国烟草实业发展中心占49%股份，红云红河烟草(集团)有限责任公司占51%股份。公司下辖苁蓉物业有限责任公司和呼和浩特卷烟厂劳动服务中心(含纸箱厂)。本部下设16个职能部门，生产厂区占地面积为17万平方米，有4 800千克/时制丝生产线1条、卷接包装机组13台(套)。

【词条关系】

【机构-品牌】 苁蓉

【机构-品牌】 大青山

【机构-品牌】 冬虫夏草

【机构-合作生产品牌】 云烟

【机构-合作生产品牌】 红塔山

【机构-合作生产品牌】 红河

◎ 深圳烟草工业有限责任公司

【基本信息】

【英文名】 Shenzhen Tobacco Industrial L. L. C.

【拼音】 shen zhen yan cao gong ye you xian ze ren gong si

【核心词】

【词条属性】

【分类】 境内卷烟生产

【概况】 深圳烟草工业有限责任公司的前身为成立于1988年的深圳卷烟厂。2007年7月，国家烟草专卖局批复同意深圳卷烟厂改制更名为深圳烟草工业有限责任公司，中国烟草实业发展中心和广东中烟工业有限责任公司分别拥有其70%和30%的股权。公司占地面积30万平方米，拥有制丝生产线、梗丝生产线各1条，卷接包装机组16台(套)，年卷烟生产能力为234亿支(46.8万箱)。

【词条关系】

【下辖】 深圳烟草工业有限责任公司深圳卷烟厂

【机构-品牌】 特美思

【机构-品牌】 双喜

◎ 深圳烟草工业有限责任公司深圳卷烟厂

【基本信息】

【英文名】 Shenzhen Cigarette Factory of Shenzhen Tobacco Industrial L. L. C.

【拼音】 shen zhen yan cao gong ye you xian ze ren gong si shen zhen juan yan chang

【基础词】

【词条属性】

【分类】 境内卷烟生产

◎ 山西昆明烟草有限责任公司

【基本信息】

【英文名】 Shanxi Kunming Tobacco L. L. C.

【拼音】 shan xi kun ming yan cao you xian ze ren gong si

【核心词】

【词条属性】

【分类】　境内卷烟生产

【概况】　山西昆明烟草有限责任公司的前身是始建于1930年的太原卷烟厂。2003年7月，以太原卷烟厂为基础，山西省烟草公司和昆明卷烟厂共同出资组建山西昆明烟草有限责任公司。2004年11月，山西省烟草公司所持股份划转中国烟草实业发展中心，企业行政管理权限也随之上划。2005年11月，红云集团组建，承继原昆明卷烟厂股权。2008年11月，红云集团与红河集团合并组建红云红河集团，承继原红云集团股权。山西昆明烟草有限责任公司下辖云福物业管理有限公司。山西昆明烟草有限责任公司占地面积为18.75万平方米，拥有5 000千克/时制丝生产线1条、1 250千克/时梗丝生产线1条、卷接包装机组14台(套)，年卷烟生产能力为300亿支(60万箱)。

【词条关系】

【下辖】　山西昆明烟草有限责任公司太原卷烟厂

【机构-品牌】　紫气东来

【机构-合作生产品牌】　云烟

【机构-合作生产品牌】　红河

【机构-合作生产品牌】　红塔山

◎ 山西昆明烟草有限责任公司太原卷烟厂

【基本信息】

【英文名】　Taiyuan Cigarette Factory of Shanxi Kunming Tobacco L. L. C.

【拼音】　shan xi kun ming yan cao you xian ze ren gong si tai yuan juan yan chang

【基础词】

【词条属性】

【分类】　境内卷烟生产

【概况】　山西昆明烟草有限责任公司太原卷烟厂现为山西昆明烟草有限责任公司的下属机构。

◎ 海南红塔卷烟有限责任公司

【基本信息】

【英文名】　Hainan Hongta Cigarette L. L. C.

【拼音】　hai nan hong ta juan yan you xian ze ren gong si

【核心词】

【词条属性】

【分类】　境内卷烟生产

【概况】　海南红塔卷烟有限责任公司最初为成立于1978年的琼山卷烟厂，1988年更名为海南省琼州卷烟厂，1990年改名为海南卷烟厂。2002年4月，中国烟草总公司海南省公司与红塔烟草(集团)有限责任公司实行股份制合作，组建海南红塔卷烟有限责任公司，海南省烟草公司持股51%，红塔集团持股49%。2003年7月股份调整后，红塔集团持股比例为51%，海南省烟草公司持股比例为49%。2004年11月，海南省烟草公司所持49%股份划归中国烟草实业发展中心管理。海南红塔卷烟有限责任公司下辖海南宝岛实业公司1个全资子公司。海南红塔卷烟有限责任公司占地面积27万平方米，拥有制丝生产线1条，卷接包装机组9台(套)，滤棒成型机4台(套)，年卷烟生产能力为170亿支(34万箱)。

【词条关系】

【机构-品牌】　椰王

【机构-品牌】　宝岛

【机构-合作生产品牌】　玉溪

【机构-合作生产品牌】　红塔山

【机构-合作生产品牌】　红梅

【机构-合作生产品牌】　云烟

◎ 常德烟草机械有限责任公司

【基本信息】

【英文名】　Changde Tobacco Machinery L. L. C.

【拼音】　chang de yan cao ji xie you xian ze ren gong si

【基础词】

【词条属性】

【分类】　烟草机械工业

【概况】　常德烟草机械有限责任公司(简称常德烟机)成立于1969年，1999年完成公司制改造，是中国最早从事烟草机械产品研发和生产制造的企业之一，下辖常德烟机配件经销服务有限责任公司、常德金叶机械有限责任公司、常德旺达物业服务有限责任公司。

◎ 上海烟草机械有限责任公司

【基本信息】

【英文名】 Shanghai Tobacco Machinery L. L. C.

【拼音】 shang hai yan cao ji xie you xian ze ren gong si

【基础词】

【词条属性】

【分类】 烟草机械工业

【概况】 上海烟草机械有限责任公司(简称上海烟机)前身为始创于1952年的上海烟草公司机械厂,1959年更名为上海轻工业机械制造厂;1970年更名为上海烟草工业机械厂,是中国第一家烟草机械专业生产企业;1999年成为中烟机械集团公司控股企业;2002年改制更名为上海烟草机械有限责任公司。上海烟机下辖上海烟草机械新场铸造有限责任公司、上海中臣烟草机械配件有限责任公司、上海中臣烟草数控技术有限公司、上海英国莫林斯烟草机械零备件寄售站有限公司以及上海烟机综合生活服务部5家企业。

◎ 许昌烟草机械有限责任公司

【基本信息】

【英文名】 Xuchang Tobacco Machinery L. L. C.

【拼音】 xu chang yan cao ji xie you xian ze ren gong si

【基础词】

【词条属性】

【分类】 烟草机械工业

【概况】 许昌烟草机械有限责任公司(简称许昌烟机)位于河南省许昌市,于1958年经国家经济委员会批准创建,1965年划归中国烟草工业公司管理,1969年划归国家轻工业部管理,1987年划归中国烟草总公司管理,1999年划归中国烟草机械集团有限责任公司,2002年改制更名为许昌烟草机械有限责任公司。许昌烟机下辖许昌富思特烟机配件有限公司1个全资子公司。

◎ 秦皇岛烟草机械有限责任公司

【基本信息】

【英文名】 Qinhuangdao Tobacco Machinery L. L. C.

【拼音】 qin huang dao yan cao ji xie you xian ze ren gong si

【基础词】

【词条属性】

【分类】 烟草机械工业

【概况】 秦皇岛烟草机械有限责任公司(简称秦皇岛烟机)前身为中国轻工业机械总公司秦皇岛轻工业机械厂,1989年4月划归中国烟草总公司管理,更名为中国烟草总公司秦皇岛烟草工业机械厂,2002年3月组建为秦皇岛烟草机械有限责任公司。公司下辖秦皇岛弘和机械有限责任公司、秦皇岛金叶物流有限责任公司2家企业。

◎ 北京达特集成技术有限责任公司

【基本信息】

【英文名】 Beijing Date Integrated Technology L. L. C.

【拼音】 bei jing da te ji cheng ji shu you xian ze ren gong si

【基础词】

【词条属性】

【分类】 烟草机械工业

【概况】 北京达特集成技术有限责任公司(简称达特公司)成立于1998年,原名北京达特膨胀烟丝成套设备工程有限责任公司,2002年更名为北京达特烟草成套设备技术开发有限责任公司,2013年更名为北京达特集成技术有限责任公司。达特公司由中国烟草机械集团有限责任公司、五洲工程设计有限公司、秦皇岛烟草机械有限责任公司共同投资组建,注册资本为2 000万元。达特公司集科、工、贸于一体,实施机、光、电、控一体化的成套设备工程,并承揽烟草物流设计(咨询)与集成业务、烟草农业机械集成业务。

◎ 中烟烟机零配件采购服务中心有限责任公司

【基本信息】

【英文名】 China Tobacco Machinery Parts and Components Purchasing and Service Center L. L. C.

【拼音】 zhong yan yan ji ling pei jian cai gou fu wu zhong xin you xian ze ren gong si

【基础词】

【词条属性】

【分类】 烟草机械工业

【概况】 中烟烟机零配件采购服务中心有限责任公司前身为成立于1995年的北京特思达机电技术开发有限责任公司，最初由中国烟草机械集团有限责任公司控股，上海、常德、许昌、秦皇岛烟机公司共同出资组建。2012年9月26日，北京特思达机电技术开发有限责任公司经转股、更名、增资、变更经营范围，由中国烟草机械集团有限责任公司独资组建并更名为中烟烟机零配件采购服务中心有限责任公司，担负行业烟机零配件集中采购管理与服务职责。公司本部下设3个事业部。

◎ 中烟机械技术中心有限责任公司

【基本信息】

【英文名】 China Tobacco Machinery Technology Center L. L. C.

【拼音】 zhong yan ji xie ji shu zhong xin you xian ze ren gong si

【基础词】

【词条属性】

【分类】 烟草机械工业

【概况】 中烟机械技术中心有限责任公司成立于1999年，2012年经中国烟草总公司批复同意进行股权改制，成为中国烟草机械集团有限责任公司的全资子公司，主要负责烟草机械研发与设计。

◎ 云南烟草机械有限责任公司

【基本信息】

【英文名】 Yunnan Tobacco Machinery Group L. L. C.

【拼音】 yun nan yan cao ji xie you xian ze ren gong si

【基础词】

【词条属性】

【分类】 烟草机械工业

【概况】 云南烟草机械有限责任公司(简称云南烟机)由云南中烟工业有限责任公司与中国烟草机械集团有限责任公司共同出资，在原云南烟草机械厂基础上改制组建，于2008年6月正式注册成立。云南烟机经营内容主要包括烟机修理、配套件加工、零配件销售及技术改造、烟用农业机械设计及销售等。

◎ 延边友利打叶复烤有限责任公司

【基本信息】

【英文名】 Yanbian Youli Threshing and Redrying L. L. C.

【拼音】 yan bian you li da ye fu kao you xian ze ren gong si

【基础词】

【词条属性】

【分类】 打叶复烤

【概况】 延边友利打叶复烤有限责任公司位于吉林省延吉市，成立于2003年9月，隶属吉林烟草工业有限责任公司，注册资本为6 054万元，有6 000千克/时整套打叶设备及叶片复烤设备，年复烤加工能力为3万吨(60万担)。

◎ 红河烟叶复烤有限公司

【基本信息】

【英文名】 Honghe Tobacco Redrying Co., Ltd.

【拼音】 hong he yan ye fu kao you xian gong si

【基础词】

【词条属性】

【分类】 打叶复烤

【概况】 红河烟叶复烤有限公司位于云南省红河哈尼族彝族自治州弥勒市，成立于2003年8月8日，由云南省烟草公司红河哈尼族彝族自治州公司和红云红河集团共同出资，由云南省烟草公司红河哈尼族彝族自治州公司控股，注册资金为2亿元。公司占地面积为51.33万平方米，拥有2条12 000千克/时打叶复烤生产线，年复烤加工能力为10万吨(200万担)。

◎ 曲靖天福烟叶复烤有限责任公司

【基本信息】

【英文名】 Qujing Tianfu Tobacco Redrying L. L. C.

【拼音】 qu jing tian fu yan ye fu kao you xian ze ren gong si

【基础词】

【词条属性】

【分类】 打叶复烤

◎ 咸阳烟叶复烤有限责任公司

【基本信息】

【英文名】 Xianyang Tobacco Redrying L. L. C.

【拼音】 xian yang yan ye fu kao you xian ze ren gong si

【基础词】

【词条属性】

【分类】 打叶复烤

【概况】 咸阳烟叶复烤有限责任公司位于陕西省咸阳市，始建于1978年，2003年划归咸阳市烟草专卖局(公司)管理。2006年12月18日，咸阳市烟草公司、宝鸡市烟草公司、商洛市烟草公司、汉中市烟草公司、延安市烟草公司、安康市烟草公司、湖南中烟工业有限责任公司、原川渝中烟工业有限责任公司8家工商企业联手，对原咸阳烤烟复烤厂进行改制，成立咸阳烟叶复烤有限责任公司，注册资本为9 000万元。2008年，公司增资扩股，新增陕西省烟草公司和陕西中烟工业有限责任公司2个股东，湖南中烟工业有限责任公司、咸阳市烟草公司和原川渝中烟工业有限责任公司分别增资，新增股本7 000万元，总注册资本达到1.6亿元。2014年12月，按照中国烟草总公司陕西省公司《关于对咸阳烟叶复烤有限责任公司增加投资的通知》(中烟陕财〔2014〕84号)精神，中国烟草总公司陕西省公司增加投资1.14亿元，咸阳烟叶复烤有限公司总资本达到2.74亿元。公司占地面积为14.85万平方米，拥有9 000千克/时打叶复烤生产线1条，年烟叶加工能力为3万吨(60万担)。截至2015年底，公司总资产为3.83亿元，资产负债率为13.57%。

◎ 山东瑞博斯烟草有限公司

【基本信息】

【英文名】 Shandong Rebirth Tobacco Co., Ltd.

【拼音】 shan dong rui bo si yan cao you xian gong si

【基础词】

【词条属性】

【分类】 薄片生产

【概况】 山东瑞博斯烟草有限公司位于山东省沂水县，成立于2002年6月，注册资本为6 378.5万元，为山东烟叶复烤有限公司的全资子公司，经营范围为烟草薄片委托加工、生产销售、生产技术服务，烟草专用机械购进，烟叶购进，仓储等。公司占地面积为18.11万平方米，拥有1条造纸法再造烟叶生产线，年生产加工能力为6 000吨。

◎ 中国烟草科技信息中心

【基本信息】

【英文名】 China Tobacco Science & Technology Information Center

【拼音】 zhong guo yan cao ke ji xin xi zhong xin

【基础词】

【词条属性】

【分类】 科研院所

【概况】 中国烟草科技信息中心(简称科技信息中心)位于河南省郑州市，是国家烟草专卖局批准建立的行业信息机构，其前身为原国家轻工业部烟草工业科技情报站。1986年4月，经中国烟草总公司批准更名为全国烟草科技情报站，1989年3月更名为全国烟草科技情报中心，1994年更名为中国烟草科技信息中心，业务上由国家烟草专卖局科技司领导和指导，部分业务与行政管理工作由郑州院管理，主要承担国内外烟草科技、经济等烟草类信息的搜集、研究、加工、报道、交流，以及烟草行业信息资源建设工作；承担《烟草科技》期刊的编辑出版工作；承担软科学研究、情报调研、科技评估评价、科技政策研究、烟草知识产权研究、科技查新和信息咨询服务与创新体系建设咨询服务等工作；承担中国烟草科教网的建设、维护与对外服务，承担国家局科技业务管理系统开发与维护。

【词条关系】

【下辖】 《烟草科技》

◎ 中国烟草标准化研究中心

【基本信息】

【英文名】 China Tobacco Standardization Center

【拼音】 zhong guo yan cao biao zhun hua yan jiu zhong xin

【基础词】

【词条属性】

【分类】 科研院所

【概况】 中国烟草标准化研究中心(简称标准化中心)位于河南省郑州市，成立于1995年1月，是国家烟草专卖局批准建立的行业标准化、计量专业机构，隶属于郑州院，业务上受国家烟草专卖局和郑州院领导，国家市场监督管理总局、国家标准化管理委员会参与指导工作。其主要职责是负责全国烟草标准化技术委员会秘书处的日常工作，专门从事烟草标准化的研究及推广，组织重大标准的制（修）订，为行业提供标准体系框架，引导行业科学地制（修）订标准、积极地采用国际标准；作为ISO/TC126烟草及烟草制品技术委员会及其分技术委员会在国内的技术对口单位和SC2烟叶分技术委员会的副主席和联合秘书处承担单位，负责行业国际标准化的日常工作，配合国家烟草专卖局科技司组织行业参与国际标准化活动，承担国际标准投票工作，为行业及时提供国际标准最新信息；负责烟草行业专用计量器具的技术审核、计量标准（基准）建立和量值溯源以及标准物质的研制，负责行业计量体系和计量网络的建立工作。

◎ 国家烟草基因研究中心

【基本信息】

【英文名】 China Tobacco Gene Research Center

【拼音】 guo jia yan cao ji yin yan jiu zhong xin

【基础词】

【词条属性】

【分类】 科研院所

【概况】 国家烟草基因研究中心（简称基因研究中心）成立于2010年，隶属于中国烟草总公司郑州烟草研究院，业务上接受国家烟草专卖局科技司的指导和管理。基因研究中心主要负责开展烟草基因组研究工作，整合利用行业内外科技资源，搭建具有公益性、基础性、战略性的烟草基因研究共享平台，在行业内长期发挥指导、推动、支撑和纽带作用，逐步建成国内一流、国际先进、行业共享的知识创新和人才培养基地。

◎ 国家烟草质量监督检验中心

【基本信息】

【英文名】 National Tobacco Quality Supervision and Inspection Center

【拼音】 guo jia yan cao zhi liang jian du jian yan zhong xin

【基础词】

【词条属性】

【分类】 科研院所

【分类】 烟草质量监督检验

◎ 中国烟草育种研究（南方）中心

【基本信息】

【英文名】 China Tobacco Breeding (South) Research Center

【拼音】 zhong guo yan cao yu zhong yan jiu nan fang zhong xin

【基础词】

【词条属性】

【分类】 科研院所

【概况】 中国烟草育种研究（南方）中心（简称南方中心）成立于1995年，与云南省烟草农业科学研究院实行合署办公。2012年，南方中心由玉溪市搬迁至昆明市，围绕“一高一实”发展目标，实施“研究一粒种子、集成一项技术、解读一片烟叶”攻关，在烟草育种、栽培、植保、烘烤、烟叶质量分析等方面，开展基础研究、应用研究和成果转化推广，特别在生物技术、品种选育、功能基因研究、种子繁育技术、节本增效栽培技术、烟叶安全性领域处于行业引领地位。该中心拥有博士后科研工作站、国家烟草基因工程研究中心、烟草行业烟草生物技术育种重点实验室、云南省烟草农业工程技术中心、中美烟草分子育种联合实验室、烟草种质资源库和世界烟草品种园等创新平台，组建有生物技术育种、常规育种与种子技术、功能基因研究、基因规模化鉴定平台、栽培技术研究、植保技术研究、特色优质烟叶研究、烘烤技术研究8个研究团队。

【词条关系】

【合署办公】 云南省烟草农业科学研究院

◎ 云南省烟草农业科学研究院

【基本信息】

【英文名】 Yunnan Academy of Tobacco Agriculture Science

【拼音】 yun nan sheng yan cao nong ye ke xue yan jiu yuan

【基础词】

【词条属性】

【分类】 科研院所

【概况】 云南省烟草农业科学研究院位于云南省昆明市，前身是成立于1955年的云南省烟草科学研究所，2009年3月更名为云南省烟草农业科学研究院，是云南省烟草专卖局（公司）的直属科研机构，与中国烟草育种研究（南方）中心实行合署办公。

◎ 中国烟草东北农业试验站

【基本信息】

【英文名】 China Tobacco Northeast Agricultural Test Station

【拼音】 zhong guo yan cao dong bei nong ye shi yan zhan

【基础词】

【词条属性】

【分类】 科研院所

【概况】 中国烟草东北农业实验站（简称东北站）位于黑龙江省牡丹江市，始建于1985年。1995年，经国家烟草专卖局批准在黑龙江省烟草科学研究所的基础上成立中国烟草东北农业试验站，隶属于黑龙江省烟草专卖局（公司）。1998年，依托东北站成立中国烟草进出口烟叶检测站。2008年1月，黑龙江省烟草科学研究所变更为中国烟草总公司黑龙江省公司牡丹江烟草科学研究所，隶属黑龙江省烟草专卖局（公司）。东北站承担烤烟新品种选育、生物技术研究、烤烟栽培技术研究与推广、烤烟生产配套机械研究、植物营养与肥料、病虫害防治技术、烘烤技术研究及全国进出口烟叶及其制品的转基因检测和监测工作。东北站下设6个科研业务科室和2个后勤管理服务科室。

【词条关系】

【合署办公】 中国烟草总公司黑龙江省牡丹江烟草科学研究所

【合署办公】 中国烟草进出口烟叶检测站

◎ 中国烟草进出口烟叶检测站

【基本信息】

【英文名】 China Tobacco Import and Export Tobacco Inspection Station

【拼音】 zhong guo yan cao jin chu kou yan ye jian ce zhan

【基础词】

【词条属性】

【分类】 科研院所

【概况】 1998年，依托中国烟草东北农业实验站成立中国烟草进出口烟叶检测站。

◎ 中国烟草总公司黑龙江省公司牡丹江烟草科学研究所

【基本信息】

【英文名】 Mudanjiang Tobacco Science Research Institute of Heilongjiang Branch of China National Tobacco Corporation

【拼音】 zhong guo yan cao zong gong si hei long jiang sheng gong si mu dan jiang yan cao ke xue yan jiu suo

【基础词】

【词条属性】

【分类】 科研院所

【概况】 1995年，经国家烟草专卖局批准，在黑龙江省烟草科学研究所的基础上成立中国烟草东北农业试验站，隶属于黑龙江省烟草专卖局（公司）。1998年，依托东北站成立中国烟草进出口烟叶检测站。2008年1月，黑龙江省烟草科学研究所变更为中国烟草总公司黑龙江省公司牡丹江烟草科学研究所，隶属黑龙江省烟草专卖局（公司）。

◎ 中国烟草东南农业试验站

【基本信息】

【英文名】 China Tobacco Southeast Agricultural Test Station

【拼音】 zhong guo yan cao dong nan nong ye shi yan zhan

【基础词】

【词条属性】

【分类】 科研院所

【概况】 中国烟草东南农业试验站（简称东南站）于1995年5月在福建三明成立，2002年初迁到福州，与福建省烟草专卖局烟草农业科学研究所（以下简称省烟科所）实行“一套班子、两块牌子”管理，隶属于福建省烟草专卖局（公司）管理。2004年，东南站的异地搬迁工作全面完成，东南站在福州市晋安区宦溪镇设有科研基地，在龙岩、南平、三明3个主产烟区设立了省烟科所分所（烟叶生产技术中心），形成了以东南站（省烟科所）为龙头，龙岩、三明、南平3个分所（烟叶生产技术中心）和9个产烟县烟叶生产技术实验推广站组成的“139”烟草农业科研体系。东南站下设6个研究室和福建省烟草病虫害预测预报及综合防治站。

【词条关系】

【合署办公】 福建省烟草专卖局烟草农业科学研究所

◎ 福建省烟草专卖局烟草农业科学研究所

【基本信息】

【英文名】 Tobacco Agricultural Institute of Fujian Tobacco Monopoly Bureau

【拼音】 fu jian sheng yan cao zhuan mai ju yan cao nong ye ke xue yan jiu suo

【基础词】

【词条属性】

【分类】 科研院所

【概况】 福建省烟草专卖局烟草农业科学研究所与中国烟草东南农业试验站实行"一套班子、两块牌子"管理，隶属福建省烟草专卖局(公司)。

◎ 中国烟草白肋烟试验站

【基本信息】

【英文名】 China Tobacco Burley Tobacco Test Station

【拼音】 zhong guo yan cao bai lei yan shi yan zhan

【基础词】

【词条属性】

【分类】 科研院所

【概况】 1997 年 7 月，国家烟草专卖局决定在湖北省建立中国烟草白肋烟试验站(简称白肋烟站)，并与湖北省烟草科研所合署办公，隶属湖北省烟草专卖局(公司)。2002 年 8 月，白肋烟站由湖北省恩施市搬迁到武汉市。白肋烟站下设 4 个研发中心、4 个研发服务部门和 2 个综合管理部门。

【词条关系】

【合署办公】 湖北省烟草科学研究院

◎ 湖北省烟草科学研究院

【基本信息】

【英文名】 Hubei Academy of Tobacco Science

【拼音】 hu bei sheng yan cao ke xue yan jiu yuan

【基础词】

【词条属性】

【分类】 科研院所

【概况】 湖北省烟草科学研究院是全国唯一的白肋烟农业科研单位，其前身为成立于 1986 年的湖北省鄂西烟草科研所，1991 年 5 月组建湖北省白肋烟研究所，1997 年 6 月更名为湖北省烟草科研所。1997 年 7 月，国家烟草专卖局决定在湖北省建立中国烟草白肋烟试验站，并与湖北省烟草科研所合署办公，隶属湖北省烟草专卖局(公司)。2002 年 8 月，湖北省烟草科研所由湖北省恩施市搬迁到武汉市；2013 年 7 月更名为湖北省烟草科学研究院，承担全国白肋烟和全省烤烟及其他晾晒烟的农业技术等方面的科学研究，承担国家烟草专卖局、湖北省烟草专卖局(公司)下达的科研任务，承担全省烟叶和土壤样品的重点指标的化验检测任务，负责全国白肋烟和全省烟草良种繁殖、包衣加工、计划调拨与经营，负责湖北省烟叶生产新技术推广的咨询、培训等科技服务工作，指导湖北省烟区病虫害预测预报及综合防治和先进实用烟叶生产技术推广。

◎ 中国烟草西南农业试验站

【基本信息】

【英文名】 China Tobacco Southwest Agricultural Test Station

【拼音】 zhong guo yan cao xi nan nong ye shi yan zhan

【基础词】

【词条属性】

【分类】 科研院所

【概况】 中国烟草西南农业试验站(简称西南站)于 1999 年在贵阳成立，与贵州省烟草科学研究院合署办公，隶属贵州省烟草专卖局(公司)。西南站主要从事烟草农业科技知识创新，以应用研究为主，兼顾基础研究。西南站办公地点在贵阳，在福泉和龙岗建有 2 个基地。西南站下设 3 个研究中心、3 个科研业务部门和 7 个管理后勤部门。

【词条关系】

【合署办公】 贵州省烟草科学研究院

◎ 贵州省烟草科学研究院

【基本信息】

【英文名】 Guizhou Academy of Tobacco Science

【拼音】 gui zhou sheng yan cao ke xue yan jiu yuan

【基础词】

【词条属性】

【分类】 科研院所

【概况】 贵州省烟草科学研究院与中国烟草西南农业试验站合署办公，隶属贵州省烟草专卖局(公司)。

◎ 中国烟草中南农业试验站

【基本信息】

【英文名】 China Tobacco Central-South Agricultural Experiment Station

【拼音】 zhong guo yan cao zhong nan nong ye shi yan zhan

【基础词】

【词条属性】

【分类】 科研院所

【概况】 中国烟草中南农业试验站(简称中南站)位于湖南省长沙市，是国家烟草专卖局批准成立的5个烟草农业试验站之一，于1997年初筹建，2000年7月正式挂牌成立。2007年，为优化整合烟草农业科技资源，构建湖南烟草农业科技创新平台，提高自主创新能力和烟叶原料有效供应水平，湖南省烟草专卖局(公司)、湖南中烟工业有限责任公司和湖南农业大学三方联合共建中南站。2013年12月，国家烟草专卖局批复湖南省烟草专卖局(公司)设立湖南省烟草科学研究所，代表湖南省烟草专卖局(公司)参与中南站的科研活动。湖南省烟草科学研究所与中南站合署办公。中南站下设长沙、永州、郴州、湘西、衡阳、湖南农大、湖南中烟技术中心农业所7个试验基地，各试验基地设置烟草品种研究室、烟草农艺研究室、植保研究室综合实验室和技术推广部等部门。

【词条关系】

【合署办公】 湖南省烟草科学研究所

◎ 湖南省烟草科学研究所

【基本信息】

【英文名】 Hunan Tobacco Science Institute

【拼音】 hu nan sheng yan cao ke xue yan jiu suo

【基础词】

【词条属性】

【分类】 科研院所

【概况】 2013年12月，国家烟草专卖局批复湖南省烟草专卖局(公司)设立湖南省烟草科学研究所，代表湖南省烟草专卖局(公司)参与中国烟草中南农业试验站的科研活动，与中国烟草中南农业试验站合署办公。

◎ 中国农业科学院烟草研究所

【基本信息】

【英文名】 Tobacco Research Institute of Chinese Academy of Agricultural Sciences

【拼音】 zhong guo nong ye ke xue yuan yan cao yan jiu suo

【核心词】

【词条属性】

【分类】 科研院所

【概况】 中国农业科学院烟草研究所始建于1958年，原址位于山东省青州市，1959年经山东省人民委员会批准增名“山东省烟草研究所”，1987年经国家科学技术委员会批准增挂“中国烟草总公司青州烟草研究所”(简称青州所)牌子，2004年10月搬迁至青岛，受中国农业科学院、中国烟草总公司和山东省政府领导，主要开展烟草农业科学研究和成果转化工作。

【词条关系】

【下辖】 《中国烟草科学》

【合署办公】 中国烟草总公司青州烟草研究所

◎ 中国烟草总公司青州烟草研究所

【基本信息】

【英文名】 Qingzhou Tobacco Research Institute of China National Tobacco Company

【拼音】 zhong guo yan cao zong gong si qing zhou yan cao yan jiu suo

【核心词】

【词条属性】

【分类】 科研院所

【概况】 中国烟草总公司青州烟草研究所(简称青州所)下设4个职能部门、8个研究室(中心)、3个服务机构及2个产业转化机构；建有19个国内创新平台和3个国际合作平台。青岛中烟种子有限责任公司、上海烟草集团有限责任公司原料研究一室、山东中烟工业有限责任公司原料研发中心等科技成果转化平台也设在青州所。中国烟草遗传育种研究(北方)中心挂靠青州所。

【词条关系】

【下辖】《中国烟草科学》

◎ 中国烟草遗传育种研究(北方)中心

【基本信息】

【英文名】 China Tobacco Heredity Breeding (North) Research Center

【拼音】 zhong guo yan cao yi chuan yu zhong yan jiu bei fang zhong xin

【基础词】

【词条属性】

【分类】 科研院所

【概况】 中国烟草遗传育种研究(北方)中心成立于 1999 年,为非独立法人科研事业机构,挂靠中国烟草总公司青州烟草研究所。

【词条关系】

【挂靠】 中国烟草总公司青州烟草研究所

◎ 国家烟草栽培生理生化研究基地

【基本信息】

【英文名】 National Tobacco Physiology and Biochemistry Research Center

【拼音】 guo jia yan cao zai pei sheng li sheng hua yan jiu ji di

【基础词】

【词条属性】

【分类】 科研院所

【概况】 国家烟草栽培生理生化研究基地(简称生理生化基地)于 1997 年组建,位于河南省郑州市,受国家烟草专卖局和河南农业大学领导,是从事烟草生产理论和技术创新研究,开展技术推广和服务,培养高层次人才的科学研究机构。在生理生化基地基础上建设有烟草行业烟草栽培重点实验室。生理生化基地立足于整合河南农业大学与烟草专业相关科技资源,做强烟草学科,拥有烟草栽培生理、烟草遗传育种、烟草调制加工、烟草化学、烟草品质生态、烟草工艺和烟草生物技术 7 个学术团队。

【词条关系】

【挂靠】 河南农业大学

◎ 河南农业大学

【基本信息】

【英文名】 Henan Agricultural University

【拼音】 he nan nong ye da xue

【基础词】

【词条属性】

【分类】 科研院所

◎ 河南省烟草科学研究所

【基本信息】

【英文名】 Henan Tobacco Science Research Institute

【拼音】 he nan sheng yan cao ke xue yan jiu suo

【基础词】

【词条属性】

【分类】 科研院所

【概况】 河南省烟草科学研究所位于河南省郑州市,于 2014 年 12 月 10 日成立,为河南省烟草专卖局(公司)的专业部门。河南省烟草科学研究所主要职责:承担全省系统科技创新、管理创新等重点科研项目攻关任务,重点开展烟草新品种培育、烟叶栽培、植物保护、烘烤调制、资源环境等烟草农业科学和应用技术研究;承担国家烟草专卖局和河南省烟草专卖局(公司)下达的烟草农业科研任务和本系统重大科技成果推广与应用;提供烟草农业新技术、新工艺、新方法技术示范及培训服务;承担对地市级公司技术中心科学研发等方面的业务指导工作等。河南省烟草科学研究所下设烟草育种、烟草植保、烟草栽培、烘烤与分级、管理创新 5 个研究室和 1 个综合办公室。

◎ 河南省农业科学院烟草研究所

【基本信息】

【英文名】 Tobacco Research Institute of Henan Academy of Agricultural Sciences

【拼音】 he nan sheng nong ye ke xue yuan yan cao yan jiu suo

【基础词】

【词条属性】

【分类】 科研院所

【概况】 1979 年,河南省烟草公司烟草研究所归并入河南省农业科学院,2013 年 4 月更名为河南省农业科学院烟草研究所，业务上归河南省农科院和河南省烟草专卖局（公司）管理，下设5个科研科室和3个职能管理部门，河南省烟草病虫害预测预报网及综合防治站和河南省农科院烟草学重点实验室均挂靠在该所。

【词条关系】

【合署办公】 河南省烟草公司烟草研究所

◎ 河南省烟草公司烟草研究所

【基本信息】

【英文名】 Tobacco Research Institute of Henan Tobacco Company

【拼音】 he nan sheng yan cao gong si yan cao yan jiu suo

【基础词】

【词条属性】

【分类】 科研院所

【概况】 河南省烟草公司烟草研究所位于河南省许昌市，是全国建立最早的烟草研究机构之一，1979年归并入河南省农业科学院，2013年4月更名为河南省农业科学院烟草研究所。

◎ 安徽省农业科学院烟草研究所

【基本信息】

【英文名】 Tobacco Research Institute, Anhui Academy of Agricultural Sciences

【拼音】 an hui sheng nong ye ke xue yuan yan cao yan jiu suo

【基础词】

【词条属性】

【分类】 科研院所

【概况】 安徽省农业科学院烟草研究所成立于1947年，1962年划归安徽省农业科学院管理，1992年实行安徽省农业科学院、安徽省烟草公司双重领导，隶属于安徽省农业科学院，增挂“安徽省烟草公司烟草研究所”（简称安徽烟草所）牌子。2005年12月，安徽烟草所从凤阳县回迁至合肥设计院部，2008年安徽省农业科学院玉米研究中心挂靠安徽省农业科学院烟草研究所。该所是全国成立较早的3个省级烟草研究所之一，是安徽省从事烟草科学研究的专业科研单位，下设7个机构；拥有烟草育种、栽培、植保、烘烤4个专业学科，测试分析中心、生物技术中心2个试验平台，安徽凤阳、合肥、宣城及海南乐东（南繁基地）4个试验基地；主要从事烟草基础材料创制与杂交育种、烟草营养与栽培生理、烟叶烘烤与调制、烟草植物保护、烟叶香气物质测试分析等相关研究。

【词条关系】

【合署办公】 安徽省烟草公司烟草研究所

◎ 安徽省烟草公司烟草研究所

【基本信息】

【英文名】 Tobacco Research Institute of Anhui Tobacco Company

【拼音】 an hui sheng yan cao gong si yan cao yan jiu suo

【基础词】

【词条属性】

【分类】 科研院所

【概况】 安徽省烟草公司烟草研究所与安徽省农业科学院烟草研究所合署办公，实行安徽省农业科学院、安徽省烟草公司双重领导。

◎ 英美烟草公司

【基本信息】

【英文名】 British American Tobacco P. L. C.

【拼音】 ying mei yan cao gong si

【基础词】

【词条属性】

【分类】 国外烟草公司

【概况】 英美烟草公司是1902年组建的烟草集团。公司产品包括若干世界上著名的卷烟品牌，例如“登喜路”“好彩”“健牌”“555”“乐富门”“彼德·史蒂文森”“金边臣”等。

【词条关系】

【类比】 菲利普·莫里斯公司

【类比】 日本烟草公司

【类比】 中国烟草总公司

【类比】 雷诺烟草公司

◎ 日本烟草公司

【基本信息】

【英文名】 Japan Tobacco Inc.

【拼音】 ri ben yan cao gong si

【基础词】

【词条属性】

【分类】 国外烟草公司

【概况】　日本烟草公司成立于日本烟草和盐业公共公司解体后的1985年。1999年，公司获得了雷诺烟草公司的国际业务。

【词条关系】

【类比】　雷诺烟草公司

◎ 雷诺烟草公司

【基本信息】

【英文名】　R. J. Reynolds Tobacco Company

【拼音】　lei nuo yan cao gong si

【基础词】

【词条属性】

【分类】　国外烟草公司

【概况】　雷诺烟草公司(RJRT)是美国第二大烟草公司，其制品约占美国销售卷烟的四分之一。雷诺烟草公司的主要品牌有“骆驼”“云丝顿”“沙龙”“优势”。1999年，雷诺公司将国际烟草业务出售给了日本烟草公司。

【词条关系】

【类比】　日本烟草公司

◎ 菲利普·莫里斯公司

【基本信息】

【英文名】　Phillip Morris Incorporated

【拼音】　fei li pu mo li si gong si

【基础词】

【词条属性】

【分类】　国外烟草公司

【概况】　菲利普·莫里斯公司是一家跨国的烟草、食品和饮料公司，也是世界上最大的私有卷烟制造商。该公司在19世纪末创始于英国，一个名叫菲利普·莫里斯的人在伦敦开了一家小烟店。1902年，他在纽约成立一个代理机构。1919年，该机构迁往弗吉尼亚，改立为菲利普·莫里斯有限公司。1955年，公司改名为菲利普·莫里斯公司，最主要的国际品牌有“万宝路”“百乐门”“百士克”“邦德街”“菲利普·莫里斯”“皮特·杰克逊”“莫拉蒂”等。

◎ 韩国烟草人参公社

【基本信息】

【英文名】　Korea Tobacco & Ginseng Corporation

【拼音】　han guo yan cao ren shen gong she

【基础词】

【词条属性】

【分类】　国外烟草公司

【概况】　韩国烟草人参公社始创于1899年，经过了100多年的发展，已经成为韩国烟草产业的中心，建有韩国国内烟草生产厂4家、海外烟草生产厂4家、原料厂2家、印刷厂1家，品牌以“ESSE”为首，另外还有“PINE”“CARNIVAL”“CIMA”“RAISON”等10多个系列品牌。

2.3　烟草科技词系统:国内卷烟(含雪茄型)主要品牌及规格

◎ 白沙

【基本信息】

【拼音】　bai sha

【基础词】

【词条关系】

【品牌-规格】　白沙(和·和气生财)

【品牌-规格】　白沙(软精品)

【品牌-规格】　白沙(8 mg绿和)

【品牌-规格】　白沙(软)

【品牌-规格】　白沙(硬尚品蓝)

【品牌-规格】　白沙(硬尚品红)

【品牌-规格】　白沙(软香槟)

【品牌-规格】　白沙(8 mg精品)

【品牌-规格】　白沙(硬金典)

【品牌-规格】　白沙(硬百鹤呈祥)

【品牌-规格】　白沙(硬)

【品牌-规格】　白沙(和天下)

【品牌-规格】　白沙(硬尚品金)

【品牌-规格】　白沙(新精品)

【品牌-规格】　白沙(硬尚品白)

【品牌-规格】　白沙(精品)

【品牌-规格】　白沙(硬香槟)

【品牌-规格】　白沙(精品2代)

【品牌-规格】　白沙(红和)

【品牌-规格】　白沙(绿和)

【品牌-规格】　白沙(珍品)

【品牌-规格】　白沙(银世界)

◎ 北戴河

【基本信息】

【拼音】　bei dai he

【基础词】

【词条关系】

【品牌-规格】 北戴河(硬混 5 mg)

【品牌-规格】 北戴河(软)

◎ 茶花

【基本信息】

【拼音】 cha hua

【基础词】

【词条关系】

【品牌-规格】 茶花(94 mm)

◎ 苁蓉

【基本信息】

【拼音】 cong rong

【基础词】

【词条关系】

【品牌-规格】 苁蓉(祥和)

◎ 大丰收

【基本信息】

【拼音】 da feng shou

【基础词】

【词条关系】

【品牌-规格】 大丰收(硬)

【品牌-规格】 大丰收(软)

◎ 大红鹰

【基本信息】

【拼音】 da hong ying

【基础词】

【词条关系】

【品牌-规格】 大红鹰(软蓝)

【品牌-规格】 大红鹰(软)

【品牌-规格】 大红鹰(银)

【品牌-规格】 大红鹰(软精品)

【品牌-规格】 大红鹰(软新品)

◎ 大前门

【基本信息】

【拼音】 da qian men

【基础词】

【词条关系】

【品牌-规格】 大前门(硬)

【品牌-规格】 大前门(软)

【品牌-规格】 大前门(短支)

◎ 大青山

【基本信息】

【拼音】 da qing shan

【基础词】

【词条关系】

【品牌-规格】 大青山(软)

【品牌-规格】 大青山(红)

【品牌-规格】 大青山(昭君和亲)

【品牌-规格】 大青山(套马杆)

【品牌-规格】 大青山(狼图腾)

◎ 帝豪

【基本信息】

【拼音】 di hao

【基础词】

【词条关系】

【品牌-规格】 帝豪(国风)

【品牌-规格】 帝豪(一代天骄)

【品牌-规格】 帝豪(盛世金典)

◎ 钓鱼台

【基本信息】

【拼音】 diao yu tai

【基础词】

【词条关系】

【品牌-规格】 钓鱼台(硬景泰蓝 94 mm)

◎ 冬虫夏草

【基本信息】

【拼音】 dong chong xia cao

【基础词】

【词条关系】

【品牌-规格】 冬虫夏草(和润)

【品牌-规格】 冬虫夏草(硬)

◎ 都宝

【基本信息】

【拼音】 du bao

【基础词】

【词条关系】

【品牌-规格】 都宝(纯正 9 号)

【品牌-规格】 都宝(纯正 3 号)
【品牌-规格】 都宝(硬红新)
【品牌-规格】 都宝(软新)
【品牌-规格】 都宝(纯正 6 号)

◎ 芙蓉

【基本信息】
【拼音】 fu rong
【基础词】
【词条关系】
【品牌-规格】 芙蓉(黄)
【品牌-规格】 芙蓉(黄后)
【品牌-规格】 芙蓉(软红)

◎ 芙蓉王

【基本信息】
【拼音】 fu rong wang
【基础词】
【词条关系】
【品牌-规格】 芙蓉王(硬)
【品牌-规格】 芙蓉王(软黄)
【品牌-规格】 芙蓉王(蔚蓝星空)
【品牌-规格】 芙蓉王(软蓝)
【品牌-规格】 芙蓉王(软金)
【品牌-规格】 芙蓉王(钻石)
【品牌-规格】 芙蓉王(硬蓝)

◎ 福

【基本信息】
【拼音】 fu
【基础词】
【词条关系】
【品牌-规格】 福(软精品)
【品牌-规格】 福(软红)

◎ 赣

【基本信息】
【拼音】 gan
【基础词】
【词条关系】
【品牌-规格】 赣(蓝)
【品牌-规格】 赣(佳品)
【品牌-规格】 赣(珍品)

◎ 恭贺新禧

【基本信息】
【拼音】 gong he xin xi
【基础词】
【词条关系】
【品牌-规格】 恭贺新禧(软)

◎ 贵烟

【基本信息】
【拼音】 gui yan
【基础词】
【词条关系】
【品牌-规格】 贵烟(萃)
【品牌-规格】 贵烟(硬黄精品)
【品牌-规格】 贵烟(5 mg 新喜格)
【品牌-规格】 贵烟(7 mg 喜格)
【品牌-规格】 贵烟(软高遵义)
【品牌-规格】 贵烟(行者)
【品牌-规格】 贵烟(玉液 1 号)
【品牌-规格】 贵烟(流金岁月)
【品牌-规格】 贵烟(金百合)
【品牌-规格】 贵烟(福天下)
【品牌-规格】 贵烟(跨越)
【品牌-规格】 贵烟(国酒香·30)
【品牌-规格】 贵烟(多彩)
【品牌-规格】 贵烟(盛世)
【品牌-规格】 贵烟(福)
【品牌-规格】 贵烟(软北纬二十七度)
【品牌-规格】 贵烟(蓝色的爱)
【品牌-规格】 贵烟(好彩)
【品牌-规格】 贵烟(硬高遵义)
【品牌-规格】 贵烟(细支国酒香·30)
【品牌-规格】 贵烟(扁盒印第安火种)
【品牌-规格】 贵烟(黄金方)
【品牌-规格】 贵烟(新好彩)
【品牌-规格】 贵烟(喜满意)
【品牌-规格】 贵烟(玉液 2 号)
【品牌-规格】 贵烟(新贵)
【品牌-规格】 贵烟(硬小国酒香)
【品牌-规格】 贵烟(印第安火种)
【品牌-规格】 贵烟(魔力)
【品牌-规格】 贵烟(洞藏成香)
【品牌-规格】 贵烟(喜)

【品牌-规格】 贵烟(甜乡洞藏)

◎ 哈德门

【基本信息】

【拼音】 ha de men

【基础词】

【词条关系】

【品牌-规格】 哈德门(壹号)

【品牌-规格】 哈德门(精品)

【品牌-规格】 哈德门(软)

【品牌-规格】 哈德门(金典)

◎ 哈尔滨

【基本信息】

【拼音】 ha er bin

【基础词】

【词条关系】

【品牌-规格】 哈尔滨(锦绣)

【品牌-规格】 哈尔滨(太阳岛)

【品牌-规格】 哈尔滨(龙烟祥和)

【品牌-规格】 哈尔滨(硬龙烟禧龙)

【品牌-规格】 哈尔滨(软黄)

【品牌-规格】 哈尔滨(喜临门)

【品牌-规格】 哈尔滨(龙烟金安)

【品牌-规格】 哈尔滨(世纪 nob)

【品牌-规格】 哈尔滨(世纪老巴夺)

◎ 好猫

【基本信息】

【拼音】 hao mao

【基础词】

【词条关系】

【品牌-规格】 好猫(软神韵)

【品牌-规格】 好猫(富贵)

【品牌-规格】 好猫(炫蓝)

【品牌-规格】 好猫(长乐)

【品牌-规格】 好猫(步步高)

【品牌-规格】 好猫(盛世)

【品牌-规格】 好猫(天赋)

【品牌-规格】 好猫(细支长乐)

【品牌-规格】 好猫(招财进宝)

【品牌-规格】 好猫(非常)

【品牌-规格】 好猫(猴王磨砂)

【品牌-规格】 好猫(如意)

【品牌-规格】 好猫(金延安)

【品牌-规格】 好猫(吉祥)

【品牌-规格】 好猫(招财猫 1600)

【品牌-规格】 好猫(细支天赋)

◎ 恒大

【基本信息】

【拼音】 heng da

【基础词】

【词条关系】

【品牌-规格】 恒大(硬红)

【品牌-规格】 恒大(全开式烟魁)

◎ 红豆

【基本信息】

【拼音】 hong dou

【基础词】

【词条关系】

【品牌-规格】 红豆(硬白)

◎ 红河

【基本信息】

【拼音】 hong he

【基础词】

【词条关系】

【品牌-规格】 红河(软乙)

【品牌-规格】 红河(软甲)

【品牌-规格】 红河(硬 99)

【品牌-规格】 红河(软 88)

【品牌-规格】 红河(道)

【品牌-规格】 红河(硬 V8)

【品牌-规格】 红河(硬运)

【品牌-规格】 红河(硬甲)

【品牌-规格】 红河(硬 88)

【品牌-规格】 红河(软运)

【品牌-规格】 红河(硬 66)

【品牌-规格】 红河(小熊猫清和风)

【品牌-规格】 红河(软 99)

【品牌-规格】 红河(小熊猫世纪风)

【品牌-规格】 红河(硬乙)

【品牌-规格】 红河(硬)

◎ 红金龙

【基本信息】

【拼音】 hong jin long

【基础词】

【词条关系】

【品牌-规格】 红金龙(硬佳品)

【品牌-规格】 红金龙(硬晓楼银)

【品牌-规格】 红金龙(硬南洋大楼)

【品牌-规格】 红金龙(晓信天游)

【品牌-规格】 红金龙(硬黄佳品)

【品牌-规格】 红金龙(软双龙)

【品牌-规格】 红金龙(硬神州腾龙)

【品牌-规格】 红金龙(硬火之舞)

【品牌-规格】 红金龙(硬红精品)

【品牌-规格】 红金龙(硬晓楼)

【品牌-规格】 红金龙(软九州腾龙)

【品牌-规格】 红金龙(软精品)

【品牌-规格】 红金龙(硬唐韵)

【品牌-规格】 红金龙(软金蝶)

【品牌-规格】 红金龙(硬虹之彩)

【品牌-规格】 红金龙(硬晓楼金)

【品牌-规格】 红金龙(硬百年)

【品牌-规格】 红金龙(软蓝九州腾龙)

【品牌-规格】 红金龙(硬红)

【品牌-规格】 红金龙(硬蓝爱你)

【品牌-规格】 红金龙(硬红火之舞)

【品牌-规格】 红金龙(硬爱你爆珠)

【品牌-规格】 红金龙(硬福满多)

【品牌-规格】 红金龙(软红九州腾龙)

【品牌-规格】 红金龙(硬祥龙)

【品牌-规格】 红金龙(软长城)

【品牌-规格】 红金龙(软虹之彩)

【品牌-规格】 红金龙(晓楼)

【品牌-规格】 红金龙(硬喜)

◎ 红玫

【基本信息】

【拼音】 hong mei

【基础词】

【词条关系】

【品牌-规格】 红玫(软)

【品牌-规格】 红玫(硬金)

◎ 红梅

【基本信息】

【拼音】 hong mei

【基础词】

【词条关系】

【品牌-规格】 红梅(硬春)

【品牌-规格】 红梅(硬黄)

【品牌-规格】 红梅(软黄)

【品牌-规格】 红梅(软顺)

【品牌-规格】 红梅(软白)

【品牌-规格】 红梅(硬蓝春)

◎ 红旗渠

【基本信息】

【拼音】 hong qi qu

【基础词】

【词条关系】

【品牌-规格】 红旗渠(长河之韵)

【品牌-规格】 红旗渠(新世纪)

【品牌-规格】 红旗渠(世纪之光)

【品牌-规格】 红旗渠(天河之星)

【品牌-规格】 红旗渠(软红)

【品牌-规格】 红旗渠(天行健)

【品牌-规格】 红旗渠(银河之光)

【品牌-规格】 红旗渠(硬金)

【品牌-规格】 红旗渠(新开元)

【品牌-规格】 红旗渠(芒果)

◎ 红三环

【基本信息】

【拼音】 hong san huan

【基础词】

【词条关系】

【品牌-规格】 红三环(红)

【品牌-规格】 红三环(幸福篇)

【品牌-规格】 红三环(软黄)

【品牌-规格】 红三环(喜庆)

【品牌-规格】 红三环(硬黄)

【品牌-规格】 红三环(渡江)

◎ 红山茶

【基本信息】

【拼音】 hong shan cha

【基础词】
【词条关系】
【品牌-规格】 红山茶(紫)
【品牌-规格】 红山茶(软)
【品牌-规格】 红山茶(特红)

◎ 红杉树

【基本信息】
【拼音】 hong shan shu
【基础词】
【词条关系】
【品牌-规格】 红杉树(软贡)
【品牌-规格】 红杉树(软红)
【品牌-规格】 红杉树(新醇)
【品牌-规格】 红杉树(硬新)

◎ 红双喜(上海)

【基本信息】
【拼音】 hong shuang xi (shang hai)
【基础词】
【词条关系】
【品牌-规格】 红双喜(硬江山珍品)
【品牌-规格】 红双喜(硬江山精品)
【品牌-规格】 红双喜(硬 8 mg)
【品牌-规格】 红双喜(硬特)
【品牌-规格】 红双喜(硬星派)
【品牌-规格】 红双喜(硬晶派)
【品牌-规格】 红双喜(硬上海)
【品牌-规格】 红双喜(硬尚派)
【品牌-规格】 红双喜(硬百顺)
【品牌-规格】 红双喜(软 8 mg)
【品牌-规格】 红双喜(硬津门恒大)
【品牌-规格】 红双喜(硬)
【品牌-规格】 红双喜(硬精品)

◎ 红双喜(香港)

【基本信息】
【拼音】 hong shuang xi (xiang gang)
【基础词】
【词条关系】
【品牌-规格】 红双喜(软)

◎ 红双喜(武汉)

【基本信息】
【拼音】 hong shuang xi (wu han)
【基础词】
【词条关系】
【品牌-规格】 红双喜(硬)

◎ 红塔山

【基本信息】
【拼音】 hong ta shan
【基础词】
【词条关系】
【品牌-规格】 红塔山(细支传奇)
【品牌-规格】 红塔山(传奇)
【品牌-规格】 红塔山(硬新势力)
【品牌-规格】 红塔山(英雄)
【品牌-规格】 红塔山(硬经典 150)
【品牌-规格】 红塔山(软世纪)
【品牌-规格】 红塔山(硬国际 100)
【品牌-规格】 红塔山(硬经典 100)
【品牌-规格】 红塔山(硬欣经典)
【品牌-规格】 红塔山(软经典 1956)
【品牌-规格】 红塔山(软新)
【品牌-规格】 红塔山(软经典 100)
【品牌-规格】 红塔山(硬经典Ⅱ代)
【品牌-规格】 红塔山(硬恭贺新禧)
【品牌-规格】 红塔山(硬经典 1956)
【品牌-规格】 红塔山(硬大经典)
【品牌-规格】 红塔山(硬世纪)
【品牌-规格】 红塔山(大师)

◎ 宏声

【基本信息】
【拼音】 hong sheng
【基础词】
【词条关系】
【品牌-规格】 宏声(软蓝)
【品牌-规格】 宏声(硬)
【品牌-规格】 宏声(软)
【品牌-规格】 宏声(硬特)
【品牌-规格】 宏声(软特)
【品牌-规格】 宏声(精品)

◎ 猴王

【基本信息】
【拼音】 hou wang
【基础词】

【词条关系】
【品牌-规格】　猴王(软红)
【品牌-规格】　猴王(软蓝)
【品牌-规格】　猴王(软紫)
【品牌-规格】　猴王(金)

◎ 呼伦贝尔

【基本信息】
【拼音】　hu lun bei er
【基础词】
【词条关系】
【品牌-规格】　呼伦贝尔(金)
【品牌-规格】　呼伦贝尔(草原情)

◎ 华西村

【基本信息】
【拼音】　hua xi cun
【基础词】
【词条关系】
【品牌-规格】　华西村(UV)
【品牌-规格】　华西村(金)
【品牌-规格】　华西村(经典)
【品牌-规格】　华西村(软)

◎ 黄果树

【基本信息】
【拼音】　huang guo shu
【基础词】
【词条关系】
【品牌-规格】　黄果树(佳品遵义)
【品牌-规格】　黄果树(长征・1935)
【品牌-规格】　黄果树(金时代)
【品牌-规格】　黄果树(蓝佳品)
【品牌-规格】　黄果树(佳品)
【品牌-规格】　黄果树(万里长征)
【品牌-规格】　黄果树(长征・红星照耀)
【品牌-规格】　黄果树(新长征)
【品牌-规格】　黄果树(红色经典)
【品牌-规格】　黄果树(长征)
【品牌-规格】　黄果树(硬)
【品牌-规格】　黄果树(软红色经典)
【品牌-规格】　黄果树(典藏)
【品牌-规格】　黄果树(软)

◎ 黄鹤楼

【基本信息】
【拼音】　huang he lou
【基础词】
【词条关系】
【品牌-规格】　黄鹤楼(硬雅韵)
【品牌-规格】　黄鹤楼(硬感恩)
【品牌-规格】　黄鹤楼(硬平安)
【品牌-规格】　黄鹤楼(硬峡谷柔情)
【品牌-规格】　黄鹤楼(软 1916)
【品牌-规格】　黄鹤楼(软紫金)
【品牌-规格】　黄鹤楼(硬论道)
【品牌-规格】　黄鹤楼(硬品道)
【品牌-规格】　黄鹤楼(硬金砂)
【品牌-规格】　黄鹤楼(天下名楼)
【品牌-规格】　黄鹤楼(软蓝)
【品牌-规格】　黄鹤楼(硬鸿运)
【品牌-规格】　黄鹤楼(硬峡谷情细支)
【品牌-规格】　黄鹤楼(硬祝福)
【品牌-规格】　黄鹤楼(软论道)
【品牌-规格】　黄鹤楼(硬雅香)
【品牌-规格】　黄鹤楼(软红论道)
【品牌-规格】　黄鹤楼(硬梯杷)
【品牌-规格】　黄鹤楼(软金砂)
【品牌-规格】　黄鹤楼(硬心兰)
【品牌-规格】　黄鹤楼(软红)
【品牌-规格】　黄鹤楼(软珍品)
【品牌-规格】　黄鹤楼(硬满天星)
【品牌-规格】　黄鹤楼(硬红景天)
【品牌-规格】　黄鹤楼(硬天下胜景)
【品牌-规格】　黄鹤楼(硬 8 度)
【品牌-规格】　黄鹤楼(软漫天游)
【品牌-规格】　黄鹤楼(硬银紫)
【品牌-规格】　黄鹤楼(软三口品)
【品牌-规格】　黄鹤楼(软满天星)
【品牌-规格】　黄鹤楼(软雅韵)
【品牌-规格】　黄鹤楼(硬珍品)
【品牌-规格】　黄鹤楼(硬漫天游)
【品牌-规格】　黄鹤楼(硬嘉禧缘)
【品牌-规格】　黄鹤楼(硬红)
【品牌-规格】　黄鹤楼(硬为了谁・海彩)
【品牌-规格】　黄鹤楼(软鸿运)
【品牌-规格】　黄鹤楼(硬攀登)

【品牌-规格】 黄鹤楼(硬问道)
【品牌-规格】 黄鹤楼(硬 1916)
【品牌-规格】 黄鹤楼(硬为了谁・大彩)
【品牌-规格】 黄鹤楼(硬为了谁・精彩)

◎ 黄金龙

【基本信息】
【拼音】 huang jin long
【基础词】
【词条关系】
【品牌-规格】 黄金龙(硬)
【品牌-规格】 黄金龙(软黄)

◎ 黄金叶

【基本信息】
【拼音】 huang jin ye
【基础词】
【词条关系】
【品牌-规格】 黄金叶(软盛世金典)
【品牌-规格】 黄金叶(流金岁月)
【品牌-规格】 黄金叶(小目标)
【品牌-规格】 黄金叶(龙门)
【品牌-规格】 黄金叶(天叶)
【品牌-规格】 黄金叶(红南阳)
【品牌-规格】 黄金叶(茗仕之风)
【品牌-规格】 黄金叶(软大金圆)
【品牌-规格】 黄金叶(尚酷)
【品牌-规格】 黄金叶(黄金眼)
【品牌-规格】 黄金叶(上河图)
【品牌-规格】 黄金叶(金尚酷)
【品牌-规格】 黄金叶(喜满堂)
【品牌-规格】 黄金叶(金万柿如意)
【品牌-规格】 黄金叶(乐途)
【品牌-规格】 黄金叶(硬帝豪)
【品牌-规格】 黄金叶(金满堂)
【品牌-规格】 黄金叶(百年浓香)
【品牌-规格】 黄金叶(硬大金圆双十支)
【品牌-规格】 黄金叶(软红大金圆)
【品牌-规格】 黄金叶(红旗渠)
【品牌-规格】 黄金叶(商鼎)
【品牌-规格】 黄金叶(天香)
【品牌-规格】 黄金叶(天韵)
【品牌-规格】 黄金叶(爱尚)
【品牌-规格】 黄金叶(硬福满堂)
【品牌-规格】 黄金叶(世纪之星)
【品牌-规格】 黄金叶(软福满堂)
【品牌-规格】 黄金叶(小天叶)
【品牌-规格】 黄金叶(天香细支)

◎ 黄山

【基本信息】
【拼音】 huang shan
【基础词】
【词条关系】
【品牌-规格】 黄山(新概念细长支)
【品牌-规格】 黄山(金纯和)
【品牌-规格】 黄山(新视界)
【品牌-规格】 黄山(硬中国风)
【品牌-规格】 黄山(贵宾迎客松)
【品牌-规格】 黄山(软新概念)
【品牌-规格】 黄山(红皖烟)
【品牌-规格】 黄山(硬新一品)
【品牌-规格】 黄山(万象)
【品牌-规格】 黄山(软一品)
【品牌-规格】 黄山(软红)
【品牌-规格】 黄山(硬新概念)
【品牌-规格】 黄山(硬)
【品牌-规格】 黄山(新制皖烟)
【品牌-规格】 黄山(大壹品)
【品牌-规格】 黄山(软金皖)
【品牌-规格】 黄山(硬锦绣)
【品牌-规格】 黄山(软锦绣)
【品牌-规格】 黄山(金皖烟)
【品牌-规格】 黄山(国宾迎客松)
【品牌-规格】 黄山(新锐一品)
【品牌-规格】 黄山(金上品)
【品牌-规格】 黄山(软经典皖烟)
【品牌-规格】 黄山(上品)
【品牌-规格】 黄山(中国风)
【品牌-规格】 黄山(软集美)
【品牌-规格】 黄山(硬经典皖烟)
【品牌-规格】 黄山(智者零壹零)
【品牌-规格】 黄山(嘉宾迎客松)

◎ 甲天下

【基本信息】
【拼音】 jia tian xia
【基础词】

【词条关系】
【品牌-规格】 甲天下(红)
【品牌-规格】 甲天下(珍品)
【品牌-规格】 甲天下(富)
【品牌-规格】 甲天下(山水)
【品牌-规格】 甲天下(漓江)
【品牌-规格】 甲天下(精品)

◎ 江山

【基本信息】
【拼音】 jiang shan
【基础词】
【词条关系】
【品牌-规格】 江山(硬一统)

◎ 将军

【基本信息】
【拼音】 jiang jun
【基础词】
【词条关系】
【品牌-规格】 将军(天下第一泉)
【品牌-规格】 将军(混合)
【品牌-规格】 将军(琥珀)
【品牌-规格】 将军(尚勇)

◎ 娇子

【基本信息】
【拼音】 jiao zi
【基础词】
【词条关系】
【品牌-规格】 娇子(新概念出口)
【品牌-规格】 娇子(红芙蓉)
【品牌-规格】 娇子(蓝天之娇子)
【品牌-规格】 娇子(龙韵天娇)
【品牌-规格】 娇子(时代阳光)
【品牌-规格】 娇子(软金天娇)
【品牌-规格】 娇子(红天之娇子)
【品牌-规格】 娇子(格调)
【品牌-规格】 娇子(X 玫瑰)
【品牌-规格】 娇子(硬黄天子)
【品牌-规格】 娇子(硬龙凤呈祥)
【品牌-规格】 娇子(金沙神韵)
【品牌-规格】 娇子(天之娇子)
【品牌-规格】 娇子(雅韵天娇)
【品牌-规格】 娇子(黑)
【品牌-规格】 娇子(蓝)
【品牌-规格】 娇子(红新概念)
【品牌-规格】 娇子(胜利)
【品牌-规格】 娇子(X 龙韵细支)
【品牌-规格】 娇子(宽窄)
【品牌-规格】 娇子(硬阳光)
【品牌-规格】 娇子(锦绣)
【品牌-规格】 娇子(硬阳光 100)
【品牌-规格】 娇子(X 星座细支)
【品牌-规格】 娇子(X 2013 细支)
【品牌-规格】 娇子(红)
【品牌-规格】 娇子(软传奇天子)
【品牌-规格】 娇子(传奇天子)
【品牌-规格】 娇子(软禧缘龙凤)
【品牌-规格】 娇子(梦幻九寨)
【品牌-规格】 娇子(悦)
【品牌-规格】 娇子(黄天之娇子出口)
【品牌-规格】 娇子(精品)
【品牌-规格】 娇子(风尚)
【品牌-规格】 娇子(宽窄自在细支)
【品牌-规格】 娇子(软时代阳光)
【品牌-规格】 娇子(软蓝天之娇子)
【品牌-规格】 娇子(红传奇天子)
【品牌-规格】 娇子(宽窄如意)
【品牌-规格】 娇子(硬龙凤世纪朝)
【品牌-规格】 娇子(清甜香)
【品牌-规格】 娇子(功夫经典)
【品牌-规格】 娇子(软红天娇出口)
【品牌-规格】 娇子(硬龙凤喜庆)
【品牌-规格】 娇子(软龙涎香)
【品牌-规格】 娇子(PRIDE 国际)
【品牌-规格】 娇子(蓝时代)
【品牌-规格】 娇子(格调细支)
【品牌-规格】 娇子(金天子)
【品牌-规格】 娇子(软龙凤魅力朝)
【品牌-规格】 娇子(龙涎香)
【品牌-规格】 娇子(软黄天子)
【品牌-规格】 娇子(软红天之娇子)
【品牌-规格】 娇子(九寨沟)
【品牌-规格】 娇子(硬龙凤喜庆新)
【品牌-规格】 娇子(新概念)
【品牌-规格】 娇子(硬龙凤珍品)
【品牌-规格】 娇子(X 生肖)

【品牌-规格】 娇子(清甜香黄)
【品牌-规格】 娇子(X)
【品牌-规格】 娇子(X 金桂)
【品牌-规格】 娇子(软金沙神韵)
【品牌-规格】 娇子(软红)
【品牌-规格】 娇子(软阳光)
【品牌-规格】 娇子(龙涎香细支)
【品牌-规格】 娇子(绿时代阳光)
【品牌-规格】 娇子(祥云)
【品牌-规格】 娇子(盛世天娇)

◎ 金桥

【基本信息】
【拼音】 jin qiao
【基础词】
【词条关系】
【品牌-规格】 金桥(冰爽薄荷爆珠)
【品牌-规格】 金桥(冰爽双爆珠)
【品牌-规格】 金桥(软混)
【品牌-规格】 金桥(红国际)
【品牌-规格】 金桥(英伦奶香)
【品牌-规格】 金桥(硬)

◎ 金圣

【基本信息】
【拼音】 jin sheng
【基础词】
【词条关系】
【品牌-规格】 金圣(庐山)
【品牌-规格】 金圣(软红)
【品牌-规格】 金圣(大赢家)
【品牌-规格】 金圣(金叶天香・滕王阁)
【品牌-规格】 金圣(硬升级版)
【品牌-规格】 金圣(吉品)
【品牌-规格】 金圣(硬典藏)
【品牌-规格】 金圣(智圣出山)
【品牌-规格】 金圣(典藏本草香)
【品牌-规格】 金圣(典藏花开富贵)
【品牌-规格】 金圣(硬黑老虎・行云)
【品牌-规格】 金圣(软升级版)
【品牌-规格】 金圣(大吉品)
【品牌-规格】 金圣(典藏瑞香)
【品牌-规格】 金圣(软滕王阁)
【品牌-规格】 金圣(蓝)
【品牌-规格】 金圣(本草瑞香)
【品牌-规格】 金圣(滕王阁细支)
【品牌-规格】 金圣(祥和)
【品牌-规格】 金圣(鸳鸯喜)
【品牌-规格】 金圣(软天成)
【品牌-规格】 金圣(硬黑老虎)
【品牌-规格】 金圣(红瑞香)
【品牌-规格】 金圣(硬时代祥和)
【品牌-规格】 金圣(圣地井冈山)
【品牌-规格】 金圣(硬红瑞香)
【品牌-规格】 金圣(更上一层楼・滕王阁)
【品牌-规格】 金圣(软)
【品牌-规格】 金圣(软瑞香)
【品牌-规格】 金圣(硬时代)
【品牌-规格】 金圣(香两岸・滕王阁)
【品牌-规格】 金圣(硬红十二生肖)
【品牌-规格】 金圣(时代尚品)
【品牌-规格】 金圣(紫光・滕王阁)
【品牌-规格】 金圣(渔舟唱晚・滕王阁)
【品牌-规格】 金圣(硬黑老虎・天成)
【品牌-规格】 金圣(吉品升级版)
【品牌-规格】 金圣(硬长天一色・滕王阁)
【品牌-规格】 金圣(硬黑老虎・天逸)
【品牌-规格】 金圣(盛世典藏)
【品牌-规格】 金圣(时代 15)
【品牌-规格】 金圣(时代福)
【品牌-规格】 金圣(硬蓝色经典)
【品牌-规格】 金圣(硬红)
【品牌-规格】 金圣(赣)
【品牌-规格】 金圣(硬)
【品牌-规格】 金圣(原生工坊)
【品牌-规格】 金圣(庐山有滋有味)
【品牌-规格】 金圣(长天・滕王阁)

◎ 金许昌

【基本信息】
【拼音】 jin xu chang
【基础词】
【词条关系】
【品牌-规格】 金许昌(软红)
【品牌-规格】 金许昌(硬红)

◎ 兰州

【基本信息】
【拼音】 lan zhou

【基础词】
【词条关系】
【品牌-规格】　兰州(软珍品)
【品牌-规格】　兰州(硬珍品)
【品牌-规格】　兰州(飞天梦)
【品牌-规格】　兰州(软黄)
【品牌-规格】　兰州(软飞天)
【品牌-规格】　兰州(16 支吉祥)
【品牌-规格】　兰州(桥)
【品牌-规格】　兰州(软红)
【品牌-规格】　兰州(硬红)
【品牌-规格】　兰州(硬经典)
【品牌-规格】　兰州(硬吉祥)
【品牌-规格】　兰州(细支珍品)
【品牌-规格】　兰州(硬如意)
【品牌-规格】　兰州(硬六味)
【品牌-规格】　兰州(飞天)
【品牌-规格】　兰州(陇飞九天)
【品牌-规格】　兰州(硬丝绸之路)
【品牌-规格】　兰州(智在)
【品牌-规格】　兰州(硬精品)
【品牌-规格】　兰州(细支飞天梦)
【品牌-规格】　兰州(硬黄)
【品牌-规格】　兰州(硬蓝)

◎ 老仁义

【基本信息】
【拼音】　lao ren yi
【基础词】
【词条关系】
【品牌-规格】　老仁义(吉祥)
【品牌-规格】　老仁义(和谐)

◎ 利群

【基本信息】
【拼音】　li qun
【基础词】
【词条关系】
【品牌-规格】　利群(阳光)
【品牌-规格】　利群(8 mg 长嘴)
【品牌-规格】　利群(软老版)
【品牌-规格】　利群(长嘴)
【品牌-规格】　利群(新版)
【品牌-规格】　利群(老版)
【品牌-规格】　利群(硬)
【品牌-规格】　利群(软蓝)
【品牌-规格】　利群(蓝天)
【品牌-规格】　利群(8 mg 新版)
【品牌-规格】　利群(神州)
【品牌-规格】　利群(软金色阳光)
【品牌-规格】　利群(西子阳光)
【品牌-规格】　利群(休闲)
【品牌-规格】　利群(休闲云端)
【品牌-规格】　利群(软长嘴)
【品牌-规格】　利群(软红长嘴)
【品牌-规格】　利群(薄荷)
【品牌-规格】　利群(环球阳光)
【品牌-规格】　利群(红利)
【品牌-规格】　利群(西湖恋)
【品牌-规格】　利群(逍遥)
【品牌-规格】　利群(钱塘)
【品牌-规格】　利群(软 5 mg)
【品牌-规格】　利群(金色阳光)
【品牌-规格】　利群(江南忆)

◎ 林海灵芝

【基本信息】
【拼音】　lin hai ling zhi
【基础词】
【词条关系】
【品牌-规格】　林海灵芝(蓝色经典)
【品牌-规格】　林海灵芝(如意)
【品牌-规格】　林海灵芝(硬白)
【品牌-规格】　林海灵芝(祥瑞 8 mg)
【品牌-规格】　林海灵芝(硬扁 16 支)
【品牌-规格】　林海灵芝(硬红)
【品牌-规格】　林海灵芝(软白)

◎ 龙凤呈祥

【基本信息】
【拼音】　long feng cheng xiang
【基础词】
【词条关系】
【品牌-规格】　龙凤呈祥(鸿运朝天门)
【品牌-规格】　龙凤呈祥(佳品)
【品牌-规格】　龙凤呈祥(硬世纪朝天门)
【品牌-规格】　龙凤呈祥(软龙凤禧缘)
【品牌-规格】　龙凤呈祥(硬喜庆珍品)

【品牌-规格】 龙凤呈祥(硬喜庆新)
【品牌-规格】 龙凤呈祥(三峡情)
【品牌-规格】 龙凤呈祥(花开富贵)
【品牌-规格】 龙凤呈祥(硬)
【品牌-规格】 龙凤呈祥(软魅力朝天门)
【品牌-规格】 龙凤呈祥(百年好合)

◎ 龙烟

【基本信息】
【拼音】 long yan
【基础词】
【词条关系】
【品牌-规格】 龙烟(祥和)
【品牌-规格】 龙烟(北国风光)

◎ 庐山

【基本信息】
【拼音】 lu shan
【基础词】
【词条关系】
【品牌-规格】 庐山(黄精品)
【品牌-规格】 庐山(精品)
【品牌-规格】 庐山(大红运)
【品牌-规格】 庐山(银)
【品牌-规格】 庐山(硬)
【品牌-规格】 庐山(软)
【品牌-规格】 庐山(新)
【品牌-规格】 庐山(好运)

◎ 孟菲斯

【基本信息】
【拼音】 meng fei si
【基础词】
【词条关系】
【品牌-规格】 孟菲斯(硬红)
【品牌-规格】 孟菲斯(硬蓝)

◎ 梦都

【基本信息】
【拼音】 meng du
【基础词】
【词条关系】
【品牌-规格】 梦都(薄荷型)
【品牌-规格】 梦都(七彩)

◎ 牡丹

【基本信息】
【拼音】 mu dan
【基础词】
【词条关系】
【品牌-规格】 牡丹(软)
【品牌-规格】 牡丹(硬)

◎ 南方

【基本信息】
【拼音】 nan fang
【基础词】
【词条关系】
【品牌-规格】 南方(软红)
【品牌-规格】 南方(千禧)

◎ 南京

【基本信息】
【拼音】 nan jing
【基础词】
【词条关系】
【品牌-规格】 南京(红华西)
【品牌-规格】 南京(壹品)
【品牌-规格】 南京(九五)
【品牌-规格】 南京(绿梦都)
【品牌-规格】 南京(硬珍品)
【品牌-规格】 南京(佳品)
【品牌-规格】 南京(雨花石)
【品牌-规格】 南京(红)
【品牌-规格】 南京(一品梅金)
【品牌-规格】 南京(金陵十二钗烤烟)
【品牌-规格】 南京(绿)
【品牌-规格】 南京(红梦都)
【品牌-规格】 南京(大观园)
【品牌-规格】 南京(新版)
【品牌-规格】 南京(炫赫门)
【品牌-规格】 南京(84 mm 金陵十二钗)
【品牌-规格】 南京(细支九五)
【品牌-规格】 南京(一品梅硬佳品)
【品牌-规格】 南京(五星)
【品牌-规格】 南京(软九五)
【品牌-规格】 南京(红一品梅)
【品牌-规格】 南京(红杉树精品)

【品牌-规格】　南京(红楼卷)
【品牌-规格】　南京(金陵十二钗薄荷型)
【品牌-规格】　南京(金陵十二钗中式混合型)
【品牌-规格】　南京(喜庆)

◎ 七匹狼

【基本信息】
【拼音】　qi pi lang
【基础词】
【词条关系】
【品牌-规格】　七匹狼(豪情)
【品牌-规格】　七匹狼(通泰)
【品牌-规格】　七匹狼(大通仙)
【品牌-规格】　七匹狼(金)
【品牌-规格】　七匹狼(通仙)
【品牌-规格】　七匹狼(软灰)
【品牌-规格】　七匹狼(蓝)
【品牌-规格】　七匹狼(鸿福)
【品牌-规格】　七匹狼(豪迈)
【品牌-规格】　七匹狼(16 支通仙)
【品牌-规格】　七匹狼(软红)
【品牌-规格】　七匹狼(豪运)
【品牌-规格】　七匹狼(16 支通泰)
【品牌-规格】　七匹狼(白)
【品牌-规格】　七匹狼(纯典)
【品牌-规格】　七匹狼(纯香)
【品牌-规格】　七匹狼(尚品)
【品牌-规格】　七匹狼(圣典)
【品牌-规格】　七匹狼(16 支纯香)
【品牌-规格】　七匹狼(厦门)
【品牌-规格】　七匹狼(鸿运)
【品牌-规格】　七匹狼(雅典)
【品牌-规格】　七匹狼(红)
【品牌-规格】　七匹狼(小通仙)
【品牌-规格】　七匹狼(红金)
【品牌-规格】　七匹狼(古田)
【品牌-规格】　七匹狼(通运)
【品牌-规格】　七匹狼(通福)
【品牌-规格】　七匹狼(纯雅)
【品牌-规格】　七匹狼(16 支通运)

◎ 秦淮

【基本信息】
【拼音】　qin huai
【基础词】
【词条关系】
【品牌-规格】　秦淮(软蓝)

◎ 人参

【基本信息】
【拼音】　re shen
【基础词】
【词条关系】
【品牌-规格】　人参(百年星辰)
【品牌-规格】　人参(硬佳品生命源)

◎ 人民大会堂

【基本信息】
【拼音】　ren min da hui tang
【基础词】
【词条关系】
【品牌-规格】　人民大会堂(国典 1959)
【品牌-规格】　人民大会堂(硬红)
【品牌-规格】　人民大会堂(红星)
【品牌-规格】　人民大会堂(古瓷细支)
【品牌-规格】　人民大会堂(盛世典藏)
【品牌-规格】　人民大会堂(太和)
【品牌-规格】　人民大会堂(御廷兰香)
【品牌-规格】　人民大会堂(本香)
【品牌-规格】　人民大会堂(软红)
【品牌-规格】　人民大会堂(古瓷 8 mg)
【品牌-规格】　人民大会堂(御廷兰香细支)
【品牌-规格】　人民大会堂(硬红细支)

◎ 散花

【基本信息】
【拼音】　san hua
【基础词】
【词条关系】
【品牌-规格】　散花(软蓝)

◎ 沙河

【基本信息】
【拼音】　sha he
【基础词】
【词条关系】
【品牌-规格】　沙河(吉祥)

◎ 山城

【基本信息】

【拼音】 shan cheng

【基础词】

【词条关系】

【品牌-规格】 山城(软蓝)

◎ 盛唐

【基本信息】

【拼音】 sheng tang

【基础词】

【词条关系】

【品牌-规格】 盛唐(金)

【品牌-规格】 盛唐(吉祥如意)

◎ 狮牌雪茄

【基本信息】

【拼音】 shi pai xue jia

【基础词】

【词条关系】

【品牌-规格】 狮牌雪茄(原味)

【品牌-规格】 狮牌雪茄(雄风)

【品牌-规格】 狮牌雪茄(微型)

【品牌-规格】 狮牌雪茄(草莓)

【品牌-规格】 狮牌雪茄(特香)

◎ 石林

【基本信息】

【拼音】 shi lin

【基础词】

【词条关系】

【品牌-规格】 石林(硬)

【品牌-规格】 石林(软精品)

【品牌-规格】 石林(软)

◎ 石狮

【基本信息】

【拼音】 shi shi

【基础词】

【词条关系】

【品牌-规格】 石狮(软富健)

【品牌-规格】 石狮(沉香)

◎ 双喜

【基本信息】

【拼音】 shuang xi

【基础词】

【词条关系】

【品牌-规格】 双喜(彩悦)

【品牌-规格】 双喜(硬国际)

【品牌-规格】 双喜(硬紫红玫王)

【品牌-规格】 双喜(大国喜)

【品牌-规格】 双喜(硬金五叶神)

【品牌-规格】 双喜(硬盛世好日子)

【品牌-规格】 双喜(典藏五叶神)

【品牌-规格】 双喜(硬祥云好日子)

【品牌-规格】 双喜(软卓越好日子)

【品牌-规格】 双喜(软红五叶神)

【品牌-规格】 双喜(百年红)

【品牌-规格】 双喜(硬精品好日子)

【品牌-规格】 双喜(硬经典 1906)

【品牌-规格】 双喜(硬吉祥好日子)

【品牌-规格】 双喜(软经典 1906)

【品牌-规格】 双喜(经典工坊)

【品牌-规格】 双喜(硬蓝红玫王)

【品牌-规格】 双喜(国喜细支)

【品牌-规格】 双喜(硬红逸品)

【品牌-规格】 双喜(硬银五叶神)

【品牌-规格】 双喜(软经典)

【品牌-规格】 双喜(硬金樽好日子)

【品牌-规格】 双喜(满堂红)

【品牌-规格】 双喜(硬阳光好日子)

【品牌-规格】 双喜(金 01)

【品牌-规格】 双喜(硬经典)

【品牌-规格】 双喜(邮喜)

【品牌-规格】 双喜(硬 01)

【品牌-规格】 双喜(软锦绣好日子)

【品牌-规格】 双喜(百年经典)

【品牌-规格】 双喜(盛世)

【品牌-规格】 双喜(软 01)

【品牌-规格】 双喜(硬逸品)

【品牌-规格】 双喜(硬绿五叶神)

【品牌-规格】 双喜(和喜)

【品牌-规格】 双喜(硬祥和好日子)

【品牌-规格】 双喜(硬红五叶神)

【品牌-规格】 双喜(传奇)

【品牌-规格】　双喜(软盛世好日子)
【品牌-规格】　双喜(喜百年)
【品牌-规格】　双喜（硬红 1906)
【品牌-规格】　双喜(硬世纪经典)
【品牌-规格】　双喜(珍藏)
【品牌-规格】　双喜(硬)
【品牌-规格】　双喜(典藏逸品)
【品牌-规格】　双喜(软金 1906)
【品牌-规格】　双喜(软珍品好日子)
【品牌-规格】　双喜(软如意好日子)
【品牌-规格】　双喜(花悦)
【品牌-规格】　双喜(软)
【品牌-规格】　双喜(软蓝红玫王)
【品牌-规格】　双喜(鸿喜)
【品牌-规格】　双喜(软国际)
【品牌-规格】　双喜(硬红玫王)

◎ 丝绸之路

【基本信息】
【拼音】　si chou zhi lu
【基础词】
【词条关系】
【品牌-规格】　丝绸之路(软)

◎ 苏烟

【基本信息】
【拼音】　su yan
【基础词】
【词条关系】
【品牌-规格】　苏烟(七星)
【品牌-规格】　苏烟(沉香)
【品牌-规格】　苏烟(吉祥)
【品牌-规格】　苏烟(天星)
【品牌-规格】　苏烟(软金砂 XS)
【品牌-规格】　苏烟(五星红杉树)
【品牌-规格】　苏烟(东渡顺)
【品牌-规格】　苏烟(软金砂)
【品牌-规格】　苏烟(金砂 2)
【品牌-规格】　苏烟(新星)

◎ 桫椤

【基本信息】
【拼音】　suo luo
【基础词】
【词条关系】
【品牌-规格】　桫椤(红)

◎ 泰山

【基本信息】
【拼音】　tai shan
【基础词】
【词条关系】
【品牌-规格】　泰山(华贵)
【品牌-规格】　泰山(软红八喜)
【品牌-规格】　泰山(望岳)
【品牌-规格】　泰山(心悦)
【品牌-规格】　泰山(8 mg)
【品牌-规格】　泰山(硬蓝将军)
【品牌-规格】　泰山(硬红八喜)
【品牌-规格】　泰山(红将军)
【品牌-规格】　泰山(普照)
【品牌-规格】　泰山(沂蒙山)
【品牌-规格】　泰山(天秀)
【品牌-规格】　泰山(白将军)
【品牌-规格】　泰山(佛光)
【品牌-规格】　泰山(乐章)
【品牌-规格】　泰山(宏图)
【品牌-规格】　泰山(锦秀)
【品牌-规格】　泰山(新东方)
【品牌-规格】　泰山(双马)
【品牌-规格】　泰山(硬神秀)
【品牌-规格】　泰山(东方)
【品牌-规格】　泰山(6 mg)
【品牌-规格】　泰山(将军)
【品牌-规格】　泰山(新品)
【品牌-规格】　泰山(红秀)
【品牌-规格】　泰山(平安)
【品牌-规格】　泰山(八喜)
【品牌-规格】　泰山(青秀)
【品牌-规格】　泰山(祥秀)
【品牌-规格】　泰山(儒风)

◎ 特美思

【基本信息】
【拼音】　te mei si
【基础词】
【词条关系】
【品牌-规格】　特美思(硬精品)

◎ 天下秀

【基本信息】

【拼音】 tian xia xiu

【基础词】

【词条关系】

【品牌-规格】 天下秀(红)

【品牌-规格】 天下秀(红名品)

【品牌-规格】 天下秀(红天地)

【品牌-规格】 天下秀(金)

【品牌-规格】 天下秀(佳品)

◎ 天子

【基本信息】

【拼音】 tian zi

【基础词】

【词条关系】

【品牌-规格】 天子(金)

【品牌-规格】 天子(软传奇)

【品牌-规格】 天子(小天子)

【品牌-规格】 天子(红传奇)

【品牌-规格】 天子(千里江山)

【品牌-规格】 天子(重庆直辖 20 年)

【品牌-规格】 天子(重庆红)

【品牌-规格】 天子(壹号)

【品牌-规格】 天子(硬黄)

◎ 土楼

【基本信息】

【拼音】 tu lou

【基础词】

【词条关系】

【品牌-规格】 土楼(1575)

【品牌-规格】 土楼(礼)

◎ 五牛

【基本信息】

【拼音】 wu niu

【基础词】

【词条关系】

【品牌-规格】 五牛(硬绿新)

【品牌-规格】 五牛(硬金)

【品牌-规格】 五牛(绿)

◎ 相思鸟

【基本信息】

【拼音】 xiang si niao

【基础词】

【词条关系】

【品牌-规格】 相思鸟(软)

◎ 小熊猫

【基本信息】

【拼音】 xiao xiong mao

【基础词】

【词条关系】

【品牌-规格】 小熊猫(红世纪风)

【品牌-规格】 小熊猫(软红世纪风)

【品牌-规格】 小熊猫(清和风)

◎ 小月兔

【基本信息】

【拼音】 xiao yue tu

【基础词】

【词条关系】

【品牌-规格】 小月兔(喜庆版)

◎ 新石家庄

【基本信息】

【拼音】 xin shi jia zhuang

【基础词】

【词条关系】

【品牌-规格】 新石家庄(软)

◎ 雄狮

【基本信息】

【拼音】 xiong shi

【基础词】

【词条关系】

【品牌-规格】 雄狮(新)

【品牌-规格】 雄狮(红老版)

【品牌-规格】 雄狮(红)

【品牌-规格】 雄狮(硬)

【品牌-规格】 雄狮(薄荷)

◎ 熊猫

【基本信息】

【拼音】 xiong mao

【基础词】
【词条关系】
【品牌-规格】 熊猫(硬时代版)
【品牌-规格】 熊猫(硬 5 盒时代版出口)

◎ 雪莲

【基本信息】
【拼音】 xue lian
【基础词】
【词条关系】
【品牌-规格】 雪莲(软蓝)
【品牌-规格】 雪莲(软红新品)
【品牌-规格】 雪莲(红世纪经典)
【品牌-规格】 雪莲(蓝精品)

◎ 雪域

【基本信息】
【拼音】 xue yu
【基础词】
【词条关系】
【品牌-规格】 雪域(软)
【品牌-规格】 雪域(硬)

◎ 延安

【基本信息】
【拼音】 yan an
【基础词】
【词条关系】
【品牌-规格】 延安(软红)
【品牌-规格】 延安(硬红)
【品牌-规格】 延安(五星)
【品牌-规格】 延安(软)
【品牌-规格】 延安(红色记忆)
【品牌-规格】 延安(硬)
【品牌-规格】 延安(1935)

◎ 羊城

【基本信息】
【拼音】 yang cheng
【基础词】
【词条关系】
【品牌-规格】 羊城(软红)
【品牌-规格】 羊城(软白)
【品牌-规格】 羊城(软薄荷)
【品牌-规格】 羊城(硬红)

◎ 椰树

【基本信息】
【拼音】 ye shu
【基础词】
【词条关系】
【品牌-规格】 椰树(硬)
【品牌-规格】 椰树(硬绿)
【品牌-规格】 椰树(软)

◎ 椰王

【基本信息】
【拼音】 ye wang
【基础词】
【词条关系】
【品牌-规格】 椰王(硬金)
【品牌-规格】 椰王(硬绿)

◎ 一品梅

【基本信息】
【拼音】 yi pin mei
【基础词】
【词条关系】
【品牌-规格】 一品梅(特制 1906)
【品牌-规格】 一品梅(世纪佳品)
【品牌-规格】 一品梅(硬红)
【品牌-规格】 一品梅(淡黄)

◎ 玉兰

【基本信息】
【拼音】 yu lan
【基础词】
【词条关系】
【品牌-规格】 玉兰(软)
【品牌-规格】 玉兰(银)
【品牌-规格】 玉兰(金 2 代)

◎ 玉溪

【基本信息】
【拼音】 yu xi
【基础词】
【词条关系】
【品牌-规格】 玉溪(软)

【品牌-规格】 玉溪(细支清香世家)
【品牌-规格】 玉溪(硬 8090)
【品牌-规格】 玉溪(硬和谐)
【品牌-规格】 玉溪(软初心)
【品牌-规格】 玉溪(软尚善)
【品牌-规格】 玉溪(壹零捌)
【品牌-规格】 玉溪(硬)
【品牌-规格】 玉溪(软小庄园)
【品牌-规格】 玉溪(硬庄园 16 支)
【品牌-规格】 玉溪(细支庄园)
【品牌-规格】 玉溪(人民大会堂盛世典藏)
【品牌-规格】 玉溪(高配版)
【品牌-规格】 玉溪(软弘毅)
【品牌-规格】 玉溪(软和谐)
【品牌-规格】 玉溪(透明)
【品牌-规格】 玉溪(硬大成)
【品牌-规格】 玉溪(细支初心)
【品牌-规格】 玉溪(软阿诗玛)
【品牌-规格】 玉溪(人民大会堂本香)
【品牌-规格】 玉溪(软境界)
【品牌-规格】 玉溪(创客)
【品牌-规格】 玉溪(初心)
【品牌-规格】 玉溪(软红人民大会堂)
【品牌-规格】 玉溪(田园)
【品牌-规格】 玉溪(硬小庄园)

◎ 月兔

【基本信息】
【拼音】 yue tu
【基础词】
【词条关系】
【品牌-规格】 月兔(硬)
【品牌-规格】 月兔(特醇)
【品牌-规格】 月兔(世纪月兔春)
【品牌-规格】 月兔(金典月兔春)
【品牌-规格】 月兔(月兔王)

◎ 云烟

【基本信息】
【拼音】 yun yan
【基础词】
【词条关系】
【品牌-规格】 云烟(12 mg 苁蓉)
【品牌-规格】 云烟(侧开大重九)
【品牌-规格】 云烟(清甜香)
【品牌-规格】 云烟(软珍品)
【品牌-规格】 云烟(软金雪莲)
【品牌-规格】 云烟(福)
【品牌-规格】 云烟(绿呼伦贝尔)
【品牌-规格】 云烟(红印象)
【品牌-规格】 云烟(软礼印象)
【品牌-规格】 云烟(软珍品浙江版)
【品牌-规格】 云烟(印象)
【品牌-规格】 云烟(94 mm 印象)
【品牌-规格】 云烟(紫)
【品牌-规格】 云烟(9+1 大重九)
【品牌-规格】 云烟(Win)
【品牌-规格】 云烟(软大重九)
【品牌-规格】 云烟(小熊猫)
【品牌-规格】 云烟(5 mg 印象)
【品牌-规格】 云烟(软紫)
【品牌-规格】 云烟(金福)
【品牌-规格】 云烟(软印象)
【品牌-规格】 云烟(软小熊猫)
【品牌-规格】 云烟(软苁蓉)
【品牌-规格】 云烟(硬珍品)
【品牌-规格】 云烟(双龙)
【品牌-规格】 云烟(红)
【品牌-规格】 云烟(大紫)
【品牌-规格】 云烟(软如意)

◎ 长白山

【基本信息】
【拼音】 chang bai shan
【基础词】
【词条关系】
【品牌-规格】 长白山(丹韵)
【品牌-规格】 长白山(原味)
【品牌-规格】 长白山(天韵)
【品牌-规格】 长白山(德容天下)
【品牌-规格】 长白山(5 mg)
【品牌-规格】 长白山(银)
【品牌-规格】 长白山(高山流水)
【品牌-规格】 长白山(东方神韵)
【品牌-规格】 长白山(硬东方神韵)
【品牌-规格】 长白山(香魁)
【品牌-规格】 长白山(揽胜)
【品牌-规格】 长白山(鸿运)

【品牌-规格】　长白山(软红)
【品牌-规格】　长白山(人参)
【品牌-规格】　长白山(金人参)

◎ 长城

【基本信息】
【拼音】　chang cheng
【基础词】
【词条关系】
【品牌-规格】　长城(132 微型雪茄)
【品牌-规格】　长城(软传奇)

◎ 真龙

【基本信息】
【拼音】　zhen long
【基础词】
【词条关系】
【品牌-规格】　真龙(前程似锦)
【品牌-规格】　真龙(娇子)
【品牌-规格】　真龙(软娇子)
【品牌-规格】　真龙(娇子 8 mg)
【品牌-规格】　真龙(美人香草)
【品牌-规格】　真龙(馨云)
【品牌-规格】　真龙(龙天下)
【品牌-规格】　真龙(燃情时光)
【品牌-规格】　真龙(起源)
【品牌-规格】　真龙(轩云)
【品牌-规格】　真龙(一带山河)
【品牌-规格】　真龙(软海韵)
【品牌-规格】　真龙(致青春)
【品牌-规格】　真龙(甲天下)
【品牌-规格】　真龙(锦绣)
【品牌-规格】　真龙(神韵)
【品牌-规格】　真龙(今世缘)
【品牌-规格】　真龙(壮丽)
【品牌-规格】　真龙(巴马天成)
【品牌-规格】　真龙(金韵)
【品牌-规格】　真龙(珍品)
【品牌-规格】　真龙(福禄寿禧)
【品牌-规格】　真龙(巴马天和)
【品牌-规格】　真龙(海韵细支)
【品牌-规格】　真龙(祥云)
【品牌-规格】　真龙(中国龙)
【品牌-规格】　真龙(佳韵)
【品牌-规格】　真龙(盛世)
【品牌-规格】　真龙(真男儿)
【品牌-规格】　真龙(禅韵)
【品牌-规格】　真龙(天翔)
【品牌-规格】　真龙(晶钻刘三姐)
【品牌-规格】　真龙(海韵)
【品牌-规格】　真龙(凌云)
【品牌-规格】　真龙(灵韵)
【品牌-规格】　真龙(鸿韵)
【品牌-规格】　真龙(清云)

◎ 中华

【基本信息】
【拼音】　zhong hua
【基础词】
【词条关系】
【品牌-规格】　中华(硬 10 mg)
【品牌-规格】　中华(大中华)
【品牌-规格】　中华(软)
【品牌-规格】　中华(5000)
【品牌-规格】　中华(硬 10 mg 12 支)
【品牌-规格】　中华(硬 10 mg 5 支)
【品牌-规格】　中华(全开式)
【品牌-规格】　中华(硬)

◎ 中南海

【基本信息】
【拼音】　zhong nan hai
【基础词】
【词条关系】
【品牌-规格】　中南海(特高)
【品牌-规格】　中南海(软蓝色时光)
【品牌-规格】　中南海(硬 94 mm 细支浪漫风情)
【品牌-规格】　中南海(5 mg 细支)
【品牌-规格】　中南海(硬酷爽风尚)
【品牌-规格】　中南海(8 mg)
【品牌-规格】　中南海(5 mg)
【品牌-规格】　中南海(金 8 mg)
【品牌-规格】　中南海(10 mg)
【品牌-规格】　中南海(硬 1 mg)
【品牌-规格】　中南海(3 mg)
【品牌-规格】　中南海(蓝色风尚)
【品牌-规格】　中南海(软精品)
【品牌-规格】　中南海(浓味)

◎ 钻石

【基本信息】
【拼音】 zuan shi
【基础词】
【词条关系】
【品牌-规格】 钻石(硬锦绣)
【品牌-规格】 钻石(玉兰 120 mm 白)
【品牌-规格】 钻石(硬蓝)
【品牌-规格】 钻石(金石)
【品牌-规格】 钻石(传奇子龙)
【品牌-规格】 钻石(荷花)
【品牌-规格】 钻石(硬金)
【品牌-规格】 钻石(84 mm 时尚)
【品牌-规格】 钻石(吉祥)
【品牌-规格】 钻石(硬蓝新一代)
【品牌-规格】 钻石(软珍品)
【品牌-规格】 钻石(本香)
【品牌-规格】 钻石(自在)
【品牌-规格】 钻石(软荷花)
【品牌-规格】 钻石(硬特醇)
【品牌-规格】 钻石(平安)
【品牌-规格】 钻石(盛世迎宾)
【品牌-规格】 钻石(细支尚风心世界)
【品牌-规格】 钻石(银玉兰)
【品牌-规格】 钻石(软中国红)
【品牌-规格】 钻石(荷花绿水青山)
【品牌-规格】 钻石(软红)
【品牌-规格】 钻石(双喜)
【品牌-规格】 钻石(硬红)
【品牌-规格】 钻石(硬珍品)
【品牌-规格】 钻石(硬玫瑰 8 mg)
【品牌-规格】 钻石(避暑山庄)
【品牌-规格】 钻石(西柏坡 1949)
【品牌-规格】 钻石(硬中国红)
【品牌-规格】 钻石(一品荷花)
【品牌-规格】 钻石(时尚景泰)
【品牌-规格】 钻石(洪荒之绿)
【品牌-规格】 钻石(红石 2 代)
【品牌-规格】 钻石(细支尚风)
【品牌-规格】 钻石(时尚)
【品牌-规格】 钻石(扁蓝 in 时尚)
【品牌-规格】 钻石(软如意)
【品牌-规格】 钻石(绿石 2 代)
【品牌-规格】 钻石(软绿)
【品牌-规格】 钻石(鸿运)
【品牌-规格】 钻石(经典醇和)
【品牌-规格】 钻石(细支荷花)
【品牌-规格】 钻石(硬红国嘴 120)
【品牌-规格】 钻石(经典浓情)
【品牌-规格】 钻石(硬迎宾)
【品牌-规格】 钻石(金玉兰)
【品牌-规格】 钻石(硬蓝 10 支 120 mm)
【品牌-规格】 钻石(软景泰)

◎ 遵义

【基本信息】
【拼音】 zun yi
【基础词】
【词条关系】
【品牌-规格】 遵义(新佳品)
【品牌-规格】 遵义(软)

2.4 烟草科技词系统:国内主要烤烟栽培品种

◎ G140

【基本信息】
【拼音】 G140
【基础词】

◎ G28

【基本信息】
【拼音】 G28
【基础词】

◎ G80

【基本信息】
【拼音】 G80
【基础词】

◎ K326

【基本信息】
【拼音】 K326
【基础词】

◎ K346

【基本信息】

【拼音】 K346

【基础词】

◎ KRK26

【基本信息】

【拼音】 KRK26

【基础词】

◎ NC102

【基本信息】

【拼音】 NC102

【基础词】

◎ NC297

【基本信息】

【拼音】 NC297

【基础词】

◎ NC55

【基本信息】

【拼音】 NC55

【基础词】

◎ NC71

【基本信息】

【拼音】 NC71

【基础词】

◎ NC82

【基本信息】

【拼音】 NC82

【基础词】

◎ NC89

【基本信息】

【拼音】 NC89

【基础词】

◎ PVH09

【基本信息】

【拼音】 PVH09

【基础词】

◎ PVH1452

【基本信息】

【拼音】 PVH1452

【基础词】

◎ RG11

【基本信息】

【拼音】 RG11

【基础词】

◎ RG17

【基本信息】

【拼音】 RG17

【基础词】

◎ RGH51

【基本信息】

【拼音】 RGH51

【基础词】

◎ V2

【基本信息】

【拼音】 V2

【基础词】

◎ **安烟** 1 **号**

【基本信息】

【拼音】 an yan 1 hao

【基础词】

◎ **安烟** 2 **号**

【基本信息】

【拼音】 an yan 2 hao

【基础词】

◎ **毕纳** 1 **号**

【基本信息】

【拼音】 bi na 1 hao

【基础词】

◎ **川烟** 1 **号**

【基本信息】

【拼音】 chuan yan 1 hao

【基础词】

◎ 翠碧一号

【基本信息】
【拼音】 cui bi yi hao
【基础词】

◎ 广遵 2 号

【基本信息】
【拼音】 guang zun 2 hao
【基础词】

◎ 广遵 4 号

【基本信息】
【拼音】 guang zun 4 hao
【基础词】

◎ 贵烟 11

【基本信息】
【拼音】 gui yan 11
【基础词】

◎ 贵烟 202

【基本信息】
【拼音】 gui yan 202
【基础词】

◎ 贵烟 4 号

【基本信息】
【拼音】 gui yan 4 hao
【基础词】

◎ 贵烟 8 号

【基本信息】
【拼音】 gui yan 8 hao
【基础词】

◎ 红花大金元

【基本信息】
【拼音】 hong hua da jin yuan
【基础词】

◎ 吉烟 5 号

【基本信息】
【拼音】 ji yan 5 hao
【基础词】

◎ 吉烟 7 号

【基本信息】
【拼音】 ji yan 7 hao
【基础词】

◎ 吉烟 9 号

【基本信息】
【拼音】 ji yan 9 hao
【基础词】

◎ 金海 1 号

【基本信息】
【拼音】 jin hai 1 hao
【基础词】

◎ 金神农 1 号

【基本信息】
【拼音】 jin shen nong 1 hao
【基础词】

◎ 韭菜坪 2 号

【基本信息】
【拼音】 jiu cai ping 2 hao
【基础词】

◎ 辽烟 17

【基本信息】
【拼音】 liao yan 17
【基础词】

◎ 辽烟 18

【基本信息】
【拼音】 liao yan 18
【基础词】

◎ 辽烟 19

【基本信息】
【拼音】 liao yan 19
【基础词】

◎ 龙江 851

【基本信息】
【拼音】 long jiang 851

【基础词】

◎ 龙江 911

【基本信息】
【拼音】 long jiang 911
【基础词】

◎ 龙江 915

【基本信息】
【拼音】 long jiang 915
【基础词】

◎ 龙江 925

【基本信息】
【拼音】 long jiang 925
【基础词】

◎ 龙江 935

【基本信息】
【拼音】 long jiang 935
【基础词】

◎ 龙江 981

【基本信息】
【拼音】 long jiang 981
【基础词】

◎ 闽烟 12

【基本信息】
【拼音】 min yan 12
【基础词】

◎ 闽烟 38

【基本信息】
【拼音】 min yan 38
【基础词】

◎ 闽烟 57

【基本信息】
【拼音】 min yan 57
【基础词】

◎ 闽烟 7 号

【基本信息】
【拼音】 min yan 7 hao
【基础词】

◎ 闽烟 9 号

【基本信息】
【拼音】 min yan 9 hao
【基础词】

◎ 南江 3 号

【基本信息】
【拼音】 nan jiang 3 hao
【基础词】

◎ 秦烟 1 号

【基本信息】
【拼音】 qin yan 1 hao
【基础词】

◎ 秦烟 201

【基本信息】
【拼音】 qin yan 201
【基础词】

◎ 秦烟 95

【基本信息】
【拼音】 qin yan 95
【基础词】

◎ 秦烟 96

【基本信息】
【拼音】 qin yan 96
【基础词】

◎ 秦烟 97

【基本信息】
【拼音】 qin yan 97
【基础词】

◎ 秦烟 98

【基本信息】
【拼音】 qin yan 98
【基础词】

◎ 湘烟 2 号

【基本信息】
【拼音】 xiang yan 2 hao

【基础词】

◎ 湘烟 3 号

【基本信息】

【拼音】 xiang yan 3 hao

【基础词】

◎ 湘烟 4 号

【基本信息】

【拼音】 xiang yan 4 hao

【基础词】

◎ 湘烟 5 号

【基本信息】

【拼音】 xiang yan 5 hao

【基础词】

◎ 豫烟 10 号

【基本信息】

【拼音】 yu yan 10 hao

【基础词】

◎ 豫烟 11 号

【基本信息】

【拼音】 yu yan 11 hao

【基础词】

◎ 豫烟 2 号

【基本信息】

【拼音】 yu yan 2 hao

【基础词】

◎ 豫烟 3 号

【基本信息】

【拼音】 yu yan 3 hao

【基础词】

◎ 豫烟 4 号

【基本信息】

【拼音】 yu yan 4 hao

【基础词】

◎ 豫烟 6 号

【基本信息】

【拼音】 yu yan 6 hao

【基础词】

◎ 豫烟 7 号

【基本信息】

【拼音】 yu yan 7 hao

【基础词】

◎ 豫烟 8 号

【基本信息】

【拼音】 yu yan 8 hao

【基础词】

◎ 豫烟 9 号

【基本信息】

【拼音】 yu yan 9 hao

【基础词】

◎ 粤烟 97

【基本信息】

【拼音】 yue yan 97

【基础词】

◎ 粤烟 98

【基本信息】

【拼音】 yue yan 98

【基础词】

◎ 云烟 100

【基本信息】

【拼音】 yun yan 100

【基础词】

◎ 云烟 105

【基本信息】

【拼音】 yun yan 105

【基础词】

◎ 云烟 110

【基本信息】

【拼音】 yun yan 110

【基础词】

◎ 云烟 201

【基本信息】

【拼音】 yun yan 201

【基础词】

◎ 云烟 202

【基本信息】
【拼音】 yun yan 202
【基础词】

◎ 云烟 317

【基本信息】
【拼音】 yun yan 317
【基础词】

◎ 云烟 85

【基本信息】
【拼音】 yun yan 85
【基础词】

◎ 云烟 87

【基本信息】
【拼音】 yun yan 87
【基础词】

◎ 云烟 97

【基本信息】
【拼音】 yun yan 97
【基础词】

◎ 云烟 99

【基本信息】
【拼音】 yun yan 99
【基础词】

◎ 中烟 100

【基本信息】
【拼音】 zhong yan 100
【基础词】

◎ 中烟 101

【基本信息】
【拼音】 zhong yan 101
【基础词】

◎ 中烟 104

【基本信息】
【拼音】 zhong yan 104
【基础词】

◎ 中烟 201

【基本信息】
【拼音】 zhong yan 201
【基础词】

◎ 中烟 202

【基本信息】
【拼音】 zhong yan 202
【基础词】

◎ 中烟 203

【基本信息】
【拼音】 zhong yan 203
【基础词】

◎ 中烟 206

【基本信息】
【拼音】 zhong yan 206
【基础词】

◎ 中烟 90

【基本信息】
【拼音】 zhong yan 90
【基础词】

◎ 中烟 92

【基本信息】
【拼音】 zhong yan 92
【基础词】

◎ 中烟 98

【基本信息】
【拼音】 zhong yan 98
【基础词】

◎ 遵烟 1 号

【基本信息】
【拼音】 zun yan 1 hao
【基础词】

2.5 烟草科技词系统:烟草行业主要媒体

◎《烟草通讯》

【基本信息】

【英文名】 *Tobacco Reporter*

【拼音】 《yan cao tong xun》

【基础词】

【词条属性】

【概况】 《烟草通讯》是烟草业的专业杂志,由斯拜康国际公司出版,公司在美国的罗利市。

◎《国际烟草杂志》

【基本信息】

【英文名】 *Tobacco Journal International*

【拼音】 《guo ji yan cao za zhi》

【基础词】

【词条属性】

【概况】 《国际烟草杂志》是烟草业的专业杂志,1963年创刊,由莱茵美茵出版集团出版,本部在德国美因茨。该集团还出版《烟草百科全书》《国际烟草杂志年鉴》《国际烟草杂志在线》。

【词条关系】

【英文缩写】 TJI

◎《东方烟草报》

【基本信息】

【英文名】 *East Tobacco Newspaper*

【拼音】 《dong fang yan cao bao》

【基础词】

【词条属性】

【概况】 《东方烟草报》是中国烟草行业唯一具有国内统一刊号的报纸,是面向烟草行业和全国公开发行的烟草主流媒体,于1992年7月正式创刊。《东方烟草报》电子版网站于1999年12月建立,2002年5月正式更名为东方烟草网(www.eastobacco.com)。

【词条关系】

【隶属】 《东方烟草报》社有限公司

◎ 东方烟草网

【基本信息】

【英文名】 East Tobacco News Website

【拼音】 dong fang yan cao wang

【基础词】

【词条属性】

【概况】 东方烟草网为《东方烟草报》电子版网站,网址:http://www.eastobacco.com/。

【词条关系】

【隶属】 《东方烟草报》社有限公司

◎《中国烟草学报》

【基本信息】

【英文名】 *Acta Tobacaria Sinica*

【拼音】 《zhong guo yan cao xue bao》

【基础词】

【词条属性】

【概况】 《中国烟草学报》创刊于1992年,是中国科学技术协会主管、中国烟草学会主办的覆盖烟草工业、农业、经济管理及相关领域的学术理论期刊,以活跃学术气氛、传播科学思想、促进理论思维、服务中心工作为办刊宗旨。读者对象为烟草行业及相关领域的科研人员、大专院校师生、管理者及生产技术人员。

◎《烟草科技》

【基本信息】

【英文名】 *Tobacco Science & Technology*

【拼音】 《yan cao ke ji》

【基础词】

【词条属性】

【概况】 《烟草科技》创办于1957年,是我国烟草行业创刊最早、发行量最大和影响面最广的综合性烟草科学研究和技术开发类学术刊物,由国家烟草专卖局主管、中国烟草总公司郑州烟草研究院主办、《烟草科技》编辑部编辑出版。《烟草科技》主要刊登烟草工业、农业及科技管理等方面的学术论文、研究报告及反映国内外烟草科研进展、学术动态的综述性文章,设置的主要栏目有烟草农学与分子生物学、烟草化学与毒理学、烟草工艺与设备等。《烟草科技》紧密围绕国家烟草专卖局的科研工作重点选题组稿,是行业创新业绩考核、企业技术中心认定、行业重点实验室评估评价的重要基础数据来源期刊,也是国家烟草专卖局指定的国际学术交流刊物。

◎《中国烟草科学》

【基本信息】

【英文名】 *Chinese Tobacco Science*

【拼音】《zhong guo yan cao ke xue》

【基础词】

【词条属性】

【概况】《中国烟草科学》是由中华人民共和国农业农村部主管，中国农业科学院烟草研究所、中国烟草总公司青州烟草研究所主办的学术类科技期刊（双月刊），1979年创刊，全国公开发行。订阅范围覆盖全国烟草生产区域。《中国烟草科学》主要刊载我国烟草科学研究和烟草生产技术方面的科研成果、生产新技术、现代化管理等学术论文，此外还刊登烟草研究领域具有一定前瞻性的综述文章，辟有烟草遗传育种、栽培技术、调制加工、生理生化、植物保护、综述或专论、品质化学等栏目。

◎ 中国烟草科教网

【基本信息】

【英文名】 China Tobacco Science and Education Website

【拼音】 zhong guo yan cao ke jiao wang

【基础词】

【词条属性】

【概况】 中国烟草科教网由国家烟草专卖局科技司主管，中国烟草总公司郑州烟草研究院主办，中国烟草科技信息中心承办。网址：http://www.tobaccoinfo.com.cn/。

【词条关系】

【隶属】 中国烟草科技信息中心

◎ 中国烟草资讯网

【基本信息】

【英文名】 China Tobacco Information Website

【拼音】 zhong guo yan cao zi xun wang

【基础词】

【词条属性】

【概况】 中国烟草资讯网由国家烟草专卖局主管，《中国烟草》杂志社有限公司主办。网址：http://www.echinatobacco.com/。

【词条关系】

【隶属】《中国烟草》杂志社有限公司

烟草科技词系统实例汉语拼音索引(部分)

C

D

E

F

G

H

J

K

L

M

N

P

Q

R

S

T

W

X

Y

Z